Roland Linowski
Stille Erde

Die brutalen Auswüchse der Zwangskollektivierung und der „Säuberungen" lagen hinter ihnen. Jetzt musste es einfach besser werden!

Den Krieg – der nun über sie kommen wird – hatten sie weder verschuldet noch gewollt. Sie hatten keinen Deutschen bedroht und kein Interesse daran, die Ideale der Bolschewisten in fremde Länder zu tragen. Sie wussten noch nicht, dass sie dennoch von den Nazis zu wertlosen Untermenschen erklärt worden waren – nicht würdig, die russische Erde zu bestellen. Bestenfalls geeignet, deutschen Bauern zukünftig als Knechte und Mägde zu dienen. Müde vom Tagwerk schliefen sie ahnungslos in ihren Betten, während die Deutsche Wehrmacht den Bug überschritt.

Und die, die da kommen werden? Waren unter ihnen keine Familienväter, keine Christen, keine Humanisten? Waren denn mein Vater und die Brüder Hofschneider Mordbrenner, Bestien in menschlicher Gestalt? Was um alles in der Welt hätten sie tun können, um diesen Krieg zu verhindern?

„Nichts, Hans – selbst, wenn sie es gewollt hätten. Selbst, wenn sie lieber ihr Leben hergegeben hätten, anstatt in diesen Krieg zu ziehen", meldete sich das Dreiäugige, dem kein Gedanke verborgen blieb. „Wenn sich dein drittes Auge geöffnet hat, wird auch dir dieser Umstand kein Rätsel bleiben. Jetzt aber sollst du den Mann kennenlernen, den dein Schwiegervater gerne noch einmal treffen wollte. Dort in diesem Holzhaus wohnt der alte Mamedow, der sterben möchte und nicht ahnt, was ihm in den nächsten Monaten noch alles abverlangt werden wird. Nun komm schon, der ganze Krieg liegt in dieser Nacht noch vor dir!"

Hans Mascharek schwebte über dem zerlegenen Bett eines alten Mannes, der im morgendlichen Dämmerlicht zu ihm aufblickte, ohne ihn sehen zu können.

Igor Mamedow

Als die Hähne erst verschlafen zu krächzen und dann aufopferungsvoll zu krähen beginnen, ist Igor Mamedow schon seit längerer Zeit wach. Heute vor 40 Jahren hat er seine Natascha und ihr tot geborenes Töchterchen begraben. Im Traum ist ihm seine junge Frau erschienen. Sie hat mit ihm gesprochen und ihn mit ihren großen Augen fröhlich angeblickt. Er ist aufgewacht und hat einen zarten Lufthauch gespürt. Mit klopfendem Herzen hat er leise nach Natascha gerufen. Doch im Zimmer ist es still, finster und leer geblieben. Sofort hat sich Schwermut auf seine Seele gesenkt und ihm Tränen in die Augen getrieben.

Seither liegt er wach und lässt es zu, dass ihn Erinnerungen bestürmen. Erinnerungen an jene ferne Zeit, in der Natascha in sein schwieriges Leben getreten ist.

Als sei es gestern gewesen, erinnert sich Igor Mamedow an den Tag, an dem sein Ziehvater, der Dorfgeistliche Vater Nikolai, mit ihm zum alten Gutsherrn gegangen ist – einen Tag nach seiner Rückkehr vom Militär. Trotz so vieler rasch verflogener Jahre hört er deutlich Vater Nikolais Stimme: „Es wird Zeit, dass du es lernst auf eigenen Füßen zu stehen. Deshalb wirst du nicht mehr bei mir, sondern auf dem Gut leben. Ich habe dich schon angekündigt. Man hat dort nicht vergessen, wie zuverlässig du vor deiner Dienstzeit gearbeitet hast. Andrej Alexandrowitsch erwartet uns heute. Für dich aber habe ich Semjon, die Waise, zu mir genommen. Fürs Gut taugt er nicht, weil er ein rechter Tollpatsch ist, aber in der Kirche und auf dem Friedhof geht er mir leidlich zur Hand."

Vater Nikolai, der Gütige! Igor Mamedow lässt seine Erinnerungen zu jenem denkwürdigen Tag zurückeilen.

„Verehrtester Andrej Alexandrowitsch“, begrüßt Vater Nikolai den Gutsherrn mit seiner ruhigen Bassstimme, „wie besprochen bringe ich Ihnen einen der vielen geborenen und einen der wenigen überlebenden Mamedows. Er hat nicht nur Kraft und Ausdauer, sondern er kann auch Rechnen und Schreiben wie ein Bebrillter.“

Der Gutsherr sieht nicht gerade zufrieden aus. „Wieso bringen Sie mir einen Muselmanen?“

Vater Nikolai blickt den Gutsherrn erstaunt an. „Wieso Muselmane? Die Mamedows gehören zu den Alteingesessenen. Schon seine Urgroßeltern waren Russen.“

„Seit wann heißen Russen Mamedow?“, wundert sich der Gutsherr.

„Wer kann das schon wissen? Russe ist Russe und Christ ist Christ“, gibt ihm Vater Nikolai zu bedenken.

„Nun, dann eben ein Russe mit einem muselmanischen Namen. Sei’s drum“, murrt der Gutsherr.

Wie es sich für einen Gedienten gehört erträgt Igor Mamedow den strengen Blick des Gutsherrn Andrej Alexandrowitsch Leonow, der ihn aufmerksam mustert und ihn dann anknurrt: „Das Militär hast du, wie’s scheint, gut überlebt. Dass du zupacken kannst und von der Gutswirtschaft schon dies und das verstehst, hat mir der Gutsverwalter berichtet. Ihm sollst du ab heute wieder zur Hand gehen. Diesmal wirst du neben dem Gutshaus bei den Bediensteten wohnen. Denk an das Schicksal deines Vaters und halt dich vom Wodka fern. Bist du so gelehrig und fleißig, wie man es mir erzählt hat, wird es dein Schaden nicht sein.“

Igor Mamedow errötet vor Freude. Er will sich bedanken, traut es sich aber nicht.

Andrej Alexandrowitsch denkt kurz nach und sagt dann fest und bestimmt wie ein Offizier auf dem Kasernenhof: „Eine Bedingung, Soldat, musst du mir allerdings erfüllen. Es wird Zeit, dass du eine Familie gründest. Du wirst Natascha, die Waise aus der Küche, zur Frau nehmen. Als du beim Militär warst, hat der Typhus ihren Eltern ein schnelles Ende bereitet. Auch für sie wird es Zeit, einen Mann zu erfreuen und russische Kinderchen in die Welt zu setzen. Sie wird dir gefallen, denn an ihr ist alles dran, was einem Mann an einem Mädchen gefallen kann."

Schelmisch blickt Andrej Alexandrowitsch auf Vater Nikolai, an dessen Erstaunen er sich sichtbar erfreut. „Werden Sie die beiden im Namen Gottes und aller Heiligen trauen, Vater Nikolai?"

„An der Heiligen Russischen Kirche und der Muttergottes soll's nicht liegen", brummt Vater Nikolai irritiert. Doch als er die Verlegenheit seines Schützlings sieht, überzieht ein Schmunzeln sein Gesicht. „Na, na, Soldat", sagt er mit gütigem Tonfall, „hässlich ist sie nicht, und wie ein Drache verschlingen, wird sie dich auch nicht. Andrej Alexandrowitsch hat recht. Es wird Zeit für dich und für Natascha."

Was für eine rasche Wendung! Kaum hat sich Igor Mamedow auf seine neue Arbeit gefreut, schon trifft ihn die Aussicht auf eine baldige Heirat wie ein Faustschlag vom wortkargen Dorfschmied Afanassij Danilowitsch Usow. Das Blut schießt ihm mit Macht ins Gesicht. Verlegen und Hilfe suchend blickt er Vater Nikolai an.

Andrej Alexandrowitsch genießt die Überraschung des Dorfgeistlichen und die Verlegenheit des frisch ernannten Bräutigams. Um sein Vergnügen zu verlängern, schickt er sogleich den Diener Badko in die Küche.

Als Badko Natascha durch die Tür schiebt, bekommt Igor Mamedow weiche Knie. Auch Natascha steht wie angewurzelt. Sie atmet schnell, sieht kurz zu den drei Männern hinüber, wird noch verlegener und blickt wie gebannt auf den Fußboden.

„Nun komm schon her, du Dumme!", sagt Andrej Alexandrowitsch. „Einen schönen, kräftigen Burschen hab ich dir ausgesucht. Noch dazu mit Vater Nikolais Segen. Na, was ist?"

Doch Natascha steht da, als wäre sie von der Gutsküche in die Küche des Teufels geraten. „Dann geh du zu ihr!", verlangt Andrej Alexandrowitsch von Igor Mamedow und lacht dröhnend.

„Aber Andrej Alexandrowitsch!" Vater Nikolais Stimme klingt vorwurfsvoll.

Andrej Alexandrowitsch amüsiert sich weiter: „Was stehst du da wie angewurzelt? Hast gedient und bringst nicht den Mut auf, ein paar Schritte auf dein Glück zuzugehen. Was sagt man dazu?"

Unbeholfen stakst Igor Mamedow auf Natascha zu. Die Stimme versagt ihm. Er muss alle Kraft aufbringen, um mit gepresster Stimme sagen zu können: „Guten Tag, Natascha. Ich bin Igor, der Sohn vom Mamedow, den sie erschlagen haben. Bin vom Dienst zurückgekommen." Er befürchtet zu ersticken und ist ärgerlich, weil er sich nicht wie ein gedienter Soldat benehmen kann.

Natascha ist einen Kopf kleiner und steht noch immer mit gesenktem Blick und wie angewurzelt an der Stelle, an die sie der Diener Badko geschoben hat. Wie durch einen Schleier sieht Igor Mamedow ihren schlanken, gebräunten Hals und ihr kräftiges, dunkelblondes Haar, das zu einem Zopf geflochten ist, der ihr bis unter die Schulterblätter reicht.

Für einen Augenblick hebt Natascha ihren Kopf und sieht ihn mit ihren großen braunen Augen an. Ihr Blick dringt ihm mit Macht in die Seele. Ein ihm unbekanntes Gefühl durchströmt seine Brust, als er in Nataschas Augen Güte und scheue Zuneigung erkennt. Keine Frau hat ihn je mit so viel Wärme angeblickt. Das seltsame, unbekannte Gefühl lähmt seine Zunge. Wie der Stotterer Fedja Rachmanow stammelt er: „Wir werden schon sehen, Natascha. Wenn du willst, werden wir sehen."

Natascha hebt erneut ihren lieblichen Kopf. Freude blitzt in ihren Augen. „Es ist – ach, was rede ich da", sagt sie hastig, dreht sich um und läuft davon.

„Nun lauf ihr schon nach!", ruft Andrej Alexandrowitsch und lacht schallend. „Na, geh schon, du Glückspilz. Melde dich beim Verwalter."

Igor Mamedow läuft wie ein Traumwandler umher und denkt fortwährend an die schöne Natascha. Wenn er sie sieht, galoppiert sein Herz den Hals hinauf.

Natascha summt und singt bei der Arbeit.

„Wart's ab, wart's ab!", sagt ihr die dicke Köchin Irina Pankowa.

„Haut dir so ein Mannsbild zum ersten Mal in die Fresse, wird dir das Singen schnell vergehen. Schnaufend wie die Bullen besteigen sie unsereinen und lassen uns dann mit den Schreihälsen allein. Wirst schon sehen!“

Natascha lacht über die Köchin. Sie freut sich auf den schönen, kräftigen Mann, der wie durch Zauberei in ihr armseliges Leben getreten ist.

Zum ersten Mal in ihrem Leben erfahren Natascha und Igor Mamedow Zärtlichkeit. Minutenlang können sie beieinandersitzen, sich streicheln und drücken, ohne ein Wort zu sagen.

Nach der Hochzeit entdecken sie ihre Lust aneinander. Ungehemmt schießt sie aus ihnen heraus und lässt sie kaum zur Besinnung kommen. So, als wollte sie das Leben mit wilder Lust für ihre schwere Kindheit und Jugend entschädigen. Sie sehnen sich nach ihren Körpern und stürzen sich aufeinander, bis die Erschöpfung eine Pause erzwingt. Lässt sie die Lust zunächst aufblühen wie frisch gegossene Blumen, bekommen sie bald dunkle Ringe unter ihren Augen. Ihre häufigen und geräuschvollen Kopulationen bleiben anderen Leuten nicht lange verborgen und sorgen auf dem Gut für fröhlichen Spott.

In sechs Jahren werden ihnen, mit oder ohne Gottes Hilfe, vier gesunde Kinder geboren. Zuerst Tochter Irina, dann zwei Söhne – Nikolai und Stepan – und zum Schluss Töchterchen Larissa.

Der Gutsverwalter spottet: „Geht es mit euch so weiter, werden wir bald auf jedem Feld und in jedem Stall über einen Mamedow oder eine Mamedowa stolpern.“ Bei der Taufe der Jüngsten sagt Vater Nikolai: „Wie ich sehe, arbeitet ihr fleißig daran, aus Tichaja Semlja, Sankt Igorograd zu machen.“

Igor Mamedow ist der Spott lästig. Er muss an seine Kindheit und die vielen Geschwister in der elterlichen Hütte denken.

Einmal, während die Kinder schlafen, geht er mit Natascha am Fluss spazieren. Als sie im aufgeschossenen Ufergras liegen und seine schöne Natascha mit unbekümmerter Hand nach ihm greift, redet er ihr ins Gewissen: „Natascha, es fällt mir schwer, es dir zu sagen. Aber wir sollten vernünftiger sein und uns nicht mehr so ungehemmt der Lust hingeben. Vater Nikolai mahnt uns schon wegen der vielen Kinderchen, die dann noch kommen werden."

Natascha aber macht sich lustig über ihn: „Was redest du da, Liebster? Bist doch sonst ein eifriges Böcklein. Überleg doch: Wie kann es vernünftig sein, es nicht mehr zu tun? Glaub nicht, dass ich ihn loslasse. Sieh nur, wie viel Spaß es ihm macht. Ich werde ihn gleich erlösen und mich an ihm erfreuen." Während sie ihn umwirbt, strahlen ihre Augen in fröhlicher Erwartung und der Duft ihres Körpers trübt ihm die Sinne.

Natascha ist unersättlich, und er ist zu schwach, um ihrer zärtlichen und Lust versprechenden Werbung widerstehen zu können. Während bei anderen Paaren die Lust gewöhnlich mit der Zahl der gemeinsamen Jahre abnimmt, erfährt sie bei Igor und Natascha eine stetige Steigerung und will nicht nachlassen. Die körperliche Lust bestimmt ihre freie Zeit. Dabei vernachlässigen sie weder die Fürsorge für ihre Kinder, noch ihre Arbeitspflichten. Es scheinen ihnen Flügel zu wachsen und unerschöpfliche Kräfte aus Körper und Seele zu strömen. Schön ist das Leben in jenen Tagen.

Nur langsam löst sich Igor Mamedow von den Erinnerungen an seine unbekümmerte und fröhliche Natascha. Die Vorstellungen ihres lieben Gesichtes und ihres warmen, weichen Körpers bedrücken ihn wieder wie so oft in all den Jahren und bleiben als schmerzende Wunde auf seiner Seele zurück.

Wer weiß, wie alles gekommen wäre, hätten wir auf Vater Nikolai gehört, unsere Lust beherrscht und kein fünftes Kind gezeugt, quält sich Igor Mamedow mit seinen vertrackten Gedanken. War es die Strafe Gottes für unsere ungehemmte Lust, dass sich das Kind in Nataschas Leib quer gelegt hat?

Hunderten Kindern hatte die alte Muchowa aus Frauenleibern auf die Welt geholfen und sie mit rauer Hand in den armseligen Hütten begrüßt. Mitunter waren Kinder tot oder verkrüppelt zur Welt gekommen. Man hatte sie ohne viel Federlesens begraben. Was tot war, war tot, was verkrüppelt war, wurde erstickt, weil es schon schwer genug war, gesunde Kinder zu ernähren. Die Leute nahmen es hin, machten ein neues oder ließen es bleiben. Noch seltener als Kinder waren Frauen bei einer Entbindung gestorben.

Doch als Natascha mit dem fünften Kind niedergekommen war, hatte die alte Muchowa die Verzweiflung gepackt. Händeringend und sich bekreuzigend war sie durch die Stube gelaufen und hatte Gott angefleht, er möge ihr und Natascha beistehen.

Gott war taub geblieben. Tot war das Kind gekommen und Natascha ein paar Stunden später verblutet. Morgens ein aufgeregter, erwartungsfroher Papa, abends ein trauriger Witwer mit vier kleinen Kindern. „Ach Natascha, Natascha", sagt Igor Mamedow leise in die Stille des Raumes hinein, „warum hat Gott uns so gestraft? Gefehlt hast du mir in all den Jahren, du Liebe, und ich verfluche den Tag, an dem ich den Samen für das fünfte Kind in deinen Leib fließen ließ."

Ein alter Mann bist du geworden, denkt Igor Mamedow, aber die Sehnsucht nach Natascha brennt dir noch immer in der Seele. Dabei wirst du bald 69 und solltest längst in der Grube liegen.

Trüb und traurig ist sein Gemüt an diesem Morgen. Er ist erleichtert, als die Zeit zum Aufstehen gekommen ist.

Igor Mamedow liebt die Morgendämmerung. Seit er nicht mehr im Kolchos tätig ist, steht er gerne mit den Hühnern auf.

Heute beginnt einer seiner bequemeren, der „wäschefreien" Tage, denn er wechselt seine Unterwäsche in der Regel nur jeden zweiten Tag. Sie dient ihm zugleich als Nachtwäsche. Heute ist kein Wechseltag.

Stöhnend zieht er sich Hose und Stiefel an, geht mit steifen Beinen auf den Hof und wäscht sich am Brunnen.

Als er jung war, hat er oft ein Morgenbad im Fluss genommen. Doch im Alter ist ihm der Weg zu weit geworden. Er will sich auch nicht die Blöße geben und anderen Leuten seinen verfallenen Körper zeigen. Besonders ärgerlich ist ihm der Anblick seiner Beine: dünn wie Nägel, krumm wie bei einem mongolischen Reiter, ihre gelbliche Haut durchsichtig. Wären nicht ein paar Männerhaare dran, könnte man glauben, es wären Hühnerbeine. So was kann man Fremden nicht beim Baden zeigen. Sie könnten sich zu Tode erschrecken, die Ärmsten. Außerdem hat ihm sein Freund und Nachbar Kolja Prischin erklärt, in ihrem Alter wäre ein kaltes Bad gefährlich fürs Herz.

In den matt gewordenen Spiegel blickt er schon lange nicht mehr.

„Du blickst als gestandener Mann hinein, und ein zerzauster Geißbock blinzelt heraus", hat er Kolja eines Tages mitgeteilt. Der hat ohne Umschweife zugestimmt und hinzugefügt: „Wenn du am Morgen hineinblickst, ist dir der Tag verdorben. Blickst du dagegen am Abend hinein, kannst du vor Verzweiflung nicht einschlafen. Wir beide sollten uns besser gegenseitig mitteilen, dass wir noch schneidige Kerle sind. Das muss bis auf weiteres genügen. Spiegel haben in unseren Häusern nichts mehr verloren. Im nächsten Leben wird man weitersehen."

Nach dem Waschen bringt Igor Mamedow den kleinen Ofen auf Vordermann, bereitet sich ein Glas Tee zu und setzt sich damit ans Fenster. Er zündet sich eine Selbstgedrehte an und schlürft laut den heißen Tee.

Sein Haus liegt am Rand des Dorfes. Von hier aus kann er einen großen Teil des Dorfes, einen Teil der Felder und die große Weide überblicken, die bis zum Wald am fernen Horizont reicht.

Die Frühsommernacht ist kalt gewesen. Über der Weide liegt der Morgendunst wie ein dickes, faltiges Laken. Der Dunst verschluckt die Beine der genügsamen Kolchospferde, die fast das ganze Jahr über nachts auf der Weide bleiben.

Igor Mamedow öffnet das Fenster, damit ihn die Machorkawolken nicht einhüllen. Still und menschenleer ist der Morgen. Kein Laut dringt von der Weide herüber. Die Stille streichelt seine traurige Seele. Ruhig und ohne Wehmut denkt er an den Tod, der ihn sicher schon ins Auge gefasst hat, weil es langsam unanständig ist, in seinem Alter noch immer im Dorf herumzulaufen. Nun, ich werd mich beim knochigen Gevatter nicht beklagen, sagt er sich. In meinem Alter kann es schnell gehen. Jetzt, nachher oder morgen, was macht das in meinem Alter noch für einen Unterschied? Du gehst zu rasch über den Hof, wie Fedja Maligin, oder du drückst zu kräftig auf dem Donnerbalken, wie Artjom Kassanow, und schon legen sie dich in die Grube und versaufen fröhlich dein Fell.

Die Hähne haben ihre Morgenpflicht erfüllt. Das Dorf erwacht. In den Ställen fordert das Vieh lautstark seinen Anteil am Dorfleben ein. Igor Mamedow hört Irina Prischinas verschlafene Stimme und das Scheppern von Eimern. Wenn die liebenswerte Nachbarin auf den Hof geht, ist es Zeit, sich auf Altmännerart nützlich zu machen.

Während Igor Mamedow zum Stall schlurft, sieht er Kusma Konew gemächlich den Weg zur Pferdeweide hinuntersäbeln.

Kein Alter im Dorf hat krummere Beine, krumm wie Türkensäbel sind sie. Igor Mamedow ruft dem Säbler einen derben Morgengruß hinüber.

Kusma Konew bleibt kurz stehen, hebt grüßend den Arm, flucht aus Gewohnheit und gibt Antwort auf Bauernart.

„Na, ihr Quälgeister, seid froh, dass euch der Herrgott in der Höh nicht als Frösche geschaffen hat. Die müssen sich in der rauen Natur durchschlagen“, begrüßt Igor Mamedow seine Tiere. Ein großes und zwei kleine Schweine, zwei Ziegen, ein Schaf, sieben Hühner und zwölf Kaninchen.

Er lässt die fröhlichen Schweine hinaus in die abgezäunte Suhle, führt das träge Schaf und die ungestümen Ziegen auf die Wiese und pflockt sie an. Zum Schluss dürfen die Hühner ins Freie, um überall nach Lust und Laune zu scharren. Jetzt endlich kann er den Kaninchen Grünfutter vorwerfen. „An euch hab ich nur Freude, meine Lieben. Krakeelt nicht herum und macht nur kleine Kügelchen unter euch. Verzeiht mir, wenn ich euch eines Tages das Fell über die Ohren ziehe. Trifon wird der Nächste von euch sein.“

Seit er allein im Haus lebt, spricht er mit den Tieren wie einst Noah in der Arche. Je länger er mit ihnen unter einem Dach lebt, umso sicherer empfindet er, dass sie ihn verstehen. Im Gegensatz zu den Menschen zeigen sie ihm offen, welche Absichten sie verfolgen.

„Kaum hast du einen halben Satz gesagt, schon widersprechen

dir die Weiber“, hat ihm sein Freund Kolja Prischin erklärt. „Das Vieh aber frisst stumm und dankbar sein Futter und hört dir aufmerksam zu. Vielleicht sollten wir uns mehr Vieh und weniger Weiber halten.“

Nachdem er das Vieh versorgt hat, kümmert er sich um den Garten. Doch kaum steht die Sonne über dem Hausdach, sticht sie erbarmungslos. Er spürt einen leichten Schwindel und hält es für klüger, Schatten zu suchen. Er denkt an die Leute, die auf die Felder müssen und hadert mit der Sonne: Die Sorglose scheint unbekümmert in die Welt hinein und schert sich nicht um Bauern und alte Leute.

Er holt sich die stumpfe Sense und die Kiste mit den rostigen Nägeln, die gerade geklopft werden müssen, damit er mit ihnen Zaun und Gatter reparieren kann.

Der Morgenlärm verebbt. Das Vieh ist versorgt und gemolken. Die Bauern haben die Kolchospferde bei Kusma Konew abgeholt und angeschirrt. Sie laden die Geräte auf die Wagen und machen sich auf den Weg zu den Feldern. Das Tuckern der beiden Kolchostraktoren ist inzwischen nur noch als leises Summen aus der Ferne zu vernehmen.

Beim Tuckern der Traktoren muss Igor Mamedow stets an den mutigen ersten Kolchosvorsitzenden Oleg Baschkow denken, der als Fremder ins Dorf gekommen ist, weil es seine Partei so gewollt hat. Oleg Baschkow hat die kommunistische Obrigkeit in der Stadt so lange bestürmt und bedroht, bis diese ein Einsehen mit dem Kolchos „Roter Oktober“ gehabt und zwei der seltenen Traktoren herausgerückt hat.

Was für ein Segen Oleg Baschkow für den Kolchos und das Dorf gewesen ist und wie schändlich man es ihm vergolten hat. Bei diesem Gedanken dengelt Igor Mamedow die Sense und wirft dabei einen Blick auf das Chaos in der Nagelkiste. Es scheint so, als ob man in Tichaja Semlja darauf aus ist, alle Wohltäter beizeiten lustvoll zu massakrieren. Ob Oleg Baschkow, ob den umsichtigen jungen Gutsherrn oder den gütigen Dorfgeistlichen und seine Mönche –

man hat sie auf eine Weise um ihr Lebenswerk gebracht, dass mir seither das Wort Nächstenliebe wie bitterer Hohn in den Ohren klingt.

Dem jungen Gutsherrn Alexander Andrejewitsch Leonow haben vom damaligen Starosta Kasanow aufgewiegelte Bauern erst im Haus alles kurz und klein geschlagen. Sein Vater, Andrej Alexandrowitsch, hat den modernsten und ertragreichsten Gutshof des gesamten Gebietes aufgebaut, eine Schule und eine Kirche mit Popenhaus errichten lassen und schließlich Vater Nikolai und zwei Mönche ins Dorf geholt. Sein Sohn hat sich wie sein Vater nicht nur um den Gutshof, sondern stets auch um das Dorf gekümmert. Zum Dank haben sie sich vor seinen Augen über seine Frau und die Töchter hergemacht. Die betrunkenen Bestien haben die zarten und gutmütigen Geschöpfe noch bestiegen, als diese bereits ohnmächtig gewesen sind und schließlich die Unglücklichen mit Knüppeln erschlagen. Den Gutsherrn haben sie nackt an ein Tor genagelt und während des Gelages so lange ihren Spott mit ihm getrieben, bis der Himmel ihm Gnade erwiesen hat. Die ganze Nacht haben sie gezecht und gefeiert. Ich selbst bin ihnen damals nur knapp entkommen.

Dem gütigen Vater Nikolai und seinen beiden Mönchen, denen die Kinder im Dorf so viel zu verdanken haben, haben heldenhafte Soldaten einer roten Reiterschwadron das Lebenslicht ausgeblasen. Damit die Dorfbevölkerung hat sehen können, wie wenig die aufgeklärten Reiter der Weltrevolution von einem Gott im Himmel und dessen Dienern auf Erden halten, haben sie die Geistlichen an Stricken vor die Kirche geschleift und sie dort mit ihren Säbeln zerstückelt. Ein Reiter hat gerufen „Da habt ihr euren Gott, ihr Engelfurzer!“ Die Soldaten haben gelacht und danach ihren Spott mit dem tollpatschigen Kirchengehilfen Semjon getrieben. Sie haben ihm mehrere Zähne ausgeschlagen, ein Bein gebrochen und ihn gezwungen, auf den Leichen der Niedergemachten seine Notdurft zu verrichten. Seither ist Semjon lahm und wirr und segnet jeden, der ihm über den Weg läuft.

Nach jeder Bluttat hat es geheißen: Das Alte muss weg. Aber

warum muss etwas weg, nur weil es alt ist? Und warum dann Oleg Baschkow? Mit Leib und Seele hat er das Neue aufbauen wollen. Für den Kolchos und das Dorf hätte er sich in Stücke reißen lassen. Er hat mich oft an die Gutsherren erinnert. Die gleiche Leidenschaft für neue Anbaumethoden, für neue Getreidesorten und neue Viehrassen. Technik hat er im Dorf haben wollen und gebildete Bauern. „Ein Dorf ist doch kein Wodkafass und keine Schweinesuhle!“ Diesen Satz hat er im Zorn oft zum Besten gegeben.

Auch sein Traum zerstob im verwirrten Russland wie Spreu im Wind, als mit dem jungen Konew die proletarische Weltrevolution im gestreckten Galopp ins Dorf geritten kam.

Oleg Baschkow wollte eine Kollektivierung, die zu den Menschen und den Möglichkeiten des Dorfes passte. Erst Traktoren, stählerne Pflugscharen und Maschinen, dann größere Felder. Erst mehr Futter, dann mehr Vieh. Erst einen Kindergarten und eine Kolchosküche, dann die Frauen im Kolchos arbeiten lassen.

Der junge Konew aber wollte alles sofort und zugleich. Mit nie erlahmendem Eifer suchte er im Dorf nach Kulaken und Feinden des proletarischen Fortschritts und machte ihnen ein schnelles Ende.

Fast jede Woche kam ein Auto aus der Stadt und fuhr mit Leuten aus dem Dorf davon. Als sie eines Tages auch Oleg Baschkow abgeholten, spuckte mein Freund Kolja Prischin aus. „Bah, am Ende wird der Übergeschnappte allein aufs Feld müssen. Bringt nur Schande über seinen Vater.“

Der Motor sprang ihnen nicht an, dem Lumpenpack. Und Oleg Baschkow? „Was machst du da, Genosse?“, sagte er zum Fahrer und half ihm, den Motor zum Brummen zu bringen. Und ab in die Stadt.

Angewidert von solchen Erinnerungen spuckt Igor Mamedow aus und schärft die Sense vor Wut wie ein Besessener. Hab mich in Rage gedacht. Am besten ich rauch mir eine. Hunger hab ich inzwischen auch.

Igor Mamedow macht sich auf den Weg zur Kolchosküche. Dort fällt in der Woche für die Alten immer etwas ab. Sonntags, wenn sie nicht auf die Felder müssen, sorgen seine Töchter abwechselnd für ihn. Gute Gelegenheit nach dem Rechten zu sehen und den halbwüchsigen Enkeln Geschichten zu erzählen.

Obwohl ihm vom Rauchen der Magen geknurrt hat, hält sich jetzt sein Appetit in Grenzen. Die Erinnerungen und die Hitze sind mir wohl auf den Magen geschlagen, vermutet er. Überhaupt sind mir die Kinderportionen, die ich im Kolchos verdrücke, nicht so wichtig. Wichtig ist einzig, dass ich dort unter meinesgleichen bin und mit den Alten die verrückte neue Zeit unter die Lupe nehmen kann.

Als er sich dem ehemaligen Gutshaus nähert, in dem jetzt der Dorfsowjet, die Kolchosverwaltung und die Kommunistische Partei samt Komsomol untergebracht sind, bemerkt er erstaunt ein lebhaftes Treiben. Leute reden durcheinander und Melder reiten mit angespannten Gesichtern auf die Felder oder kommen von dort zurück. Der schweißüberströmte junge Konew springt vom Pferd und stürmt über die Terrasse in sein Büro.

Igor Mamedow ist besorgt. So kündigten sich in der Regel unangenehme Ereignisse an.

Der Erste, den er ansprechen kann, ist der alte Dawidow. „Sie machen an der Grenze mobil, weil sie dem Hitler verpflichtet sind und ihm helfen müssen“, erklärt ihm dieser mit wichtiger Miene.

„Was redest du da, Großvater!“, fährt ihn Aljoscha Sedow an. „Die verfluchten Deutschen haben uns überfallen. Seit heute früh ist Krieg gegen Hitler. Wir machen mobil. Ich bin auch schon einberufen.“

„Da hörst du's. Der Hitler“, sagt der alte Dawidow.

Der Schreck sitzt tief. Igor Mamedow ist erleichtert, als er seinen Freund Kolja Prischin auf sich zukommen sieht. Kolja hat feuchte Augen. „Die Menschen werden nie gescheit“, sagt er traurig. „Geht es ihnen zwei Tage gut, langweilen sie sich am dritten und zetteln einen Krieg an. Was sagst du dazu?“

„Der Leibhaftige muss diese Verrückten besprungen haben. Das Heu ist gerade eingefahren. Doch anstatt an das Getreide zu denken, machen sie Krieg, deine Deutschen“, schimpft Igor Mamedow in Anspielung auf Koljas deutschen Großvater.

„Zum Teufel mit den verfluchten Deutschen! Lass uns gehen.“ Kolja Prischin drängt es heim. „Sonst schickt uns der junge Konew am Ende noch als rüstige Gardeschützen an die Front. Der redet schon wieder mit glänzenden Augen wirres Zeug. Mit einem Krieg kann so einer, wie's scheint, gut leben. Ich aber mache mir Sorgen um die jungen Männer im Dorf. Gibt es Krieg, gibt es Elend, traurige Eltern und Witwen. Bah!“ Wieder spuckt er aus.

Auf dem Nachhauseweg sagt Kolja Prischin: „Wenn ich wüsste, dass sie Russland achten und nur Stalin in die Suppe spucken wollen, würde ich sagen: sollen sie. Doch, um zu Stalin zu kommen, werden sie wohl hausen wie einst die Mongolen.“

„Hör auf!“, ärgert sich Igor Mamedow. „Stalin ist das eine, Krieg ein anderes. Sie haben hier nichts verloren. Zum Teufel mit ihnen. Meine Enkelsöhne müssen in den Krieg ziehen. Als ob ich nicht schon genug an meinen gefallenen Söhnen zu tragen habe.“

Dann überlegen sie, wessen Söhne und wessen Enkel wohl auch an die Front müssen.

Bei jedem neuen Namen flucht Kolja. Nur der Gedanke, dass sie bei dieser unerfreulichen Angelegenheit vielleicht den jungen Konew loswerden, stimmt sie am Ende etwas milder.

Obwohl jetzt ein Teil des Gartens im Schatten der Gebäude liegt, geht Igor Mamedow die Arbeit nicht von der Hand. Lustlos kratzt er im Boden herum. Die Nachricht vom Krieg lastet auf seiner Seele. Wozu sich noch mühen, wenn am Ende alles hin ist?

Dann kommen nacheinander die Kinder und Enkel vorbei. Sie sind besorgt und wollten wissen, ob ihn die frohe Botschaft aus dem Dorflautsprecher schon erreicht hat. „Die Deutschen statten uns einen überraschenden Besuch ab. Sie haben nur vergessen Speck und Wodka mitzubringen“, sagt sein Schwiegersohn Wladimir mit finsterem Gesicht. Die Töchter weinen. Zwei ihrer Söhne sind bereits einberufen worden. Die Einberufenen halten sich gerade, als sie sich von ihrem Großvater verabschieden. Was soll er ihnen mit auf den Weg geben? „Kommt gesund wieder“, sagt er. Kolja und Irina Prischin stehen am Zaun und weinen.

Als er später das Vieh in den Stall bringt, denkt er: So wie ich euch treiben jetzt Generäle die jungen Männer vor sich her.

Während er zum Haus hinübergeht, kommt Kusma Konew von der Weide zurück und säbelt am Zaun vorbei. Kaum hat Kusma seinen Mitstreiter aus Guts- und Kolchoszeiten entdeckt, flucht er und schimpft los: „Wenn sie uns schon die jungen Männer vor der Ernte wegholen, dann sollen sie uns wenigstens genug kräftige Pferde lassen.“

„Deine Klepper schaffen es ja nicht einmal bis an die Front. Setzt sich einer drauf, brechen sie auseinander“, frotzelt Igor Mamedow.

„Soldaten sind doch keine breitarschigen Dorfweiber“, brummt Kusma Konew beleidigt zurück und säbelt weiter.

Im Haus isst Igor Mamedow eine Scheibe weiches Brot mit Griebenfett, schlürft seinen Tee und raucht träg dahinschwebende Machorkawolken in den Abendhimmel.

Er lauscht in den friedlichen Abend hinein. Die Vögel haben tagsüber so fröhlich gesungen als wäre der Krieg nur ein Hirngespinst, das aus dem Dorflautsprecher in Menschenköpfe gedrungen ist und sich dort eingenistet hat. Nun sind die gleichgültigen Sänger müde geworden. Dafür geben jetzt die Grillen und Heimchen kein schlechteres Konzert als vorhin die Vögel. Auch die Blumen und Kräuter im Garten duften, als gäbe es keinen neuen Krieg. Alles ringsum blüht. Es keimt und wächst. Die Natur schert sich nicht um Menschenkrieg und Menschenfrieden. Sie ist da und fertig. Mit diesem Gedanken geht Igor Mamedow zu Bett.

Ein Fremder würde wohl nicht heraushören, ob meine Knochen so laut knarren oder das alte Bett, in dem ich seit zwei Jahren schlafe, weil es mir zu schwer geworden war, auf den Ofen zu kommen, sinniert er.

Sein Körper ist bleischwer und seine Seele traurig und müde, aber die trübseligen Gedanken lassen ihn nicht einschlafen. Er erinnert sich an seine Söhne, an seine Militärzeit, an die vergangenen

Kriege und an den neuen. Natascha taucht in seinen Gedanken wieder auf, Vater Nikolai und Kolja der Spötter. Seine Gedanken purzeln durcheinander. Er kann sie nicht aufreihen und in eine vernünftige Ordnung bringen.

Wie's scheint, können die Menschen nicht ohne Krieg leben. Mal ziehen wir gegen die Deutschen – nun ziehen die Deutschen gegen uns. Und wenn's nicht die Deutschen sind, dann die Türken, die Tataren oder die Polen. Wenn es so noch nicht reicht, machen wir eben Revolutionen und Bürgerkriege. Und nun wieder einmal die Deutschen.

Koljas deutscher Großvater fällt ihm ein. Der war mit einer Kalmückin ins Dorf gekommen und hatte sich als Tischler, Schuster und Sattler nützlich gemacht. Wegen ihres Fleißes, ihrer Hilfsbereitschaft und ihrer freundlichen Art waren ihnen die anfangs misstrauischen Leute im Dorf bald wohlgesonnen gewesen. Kein Haus im Dorf war schöner gewesen und kein Garten üppiger. Ist eben ein Deutscher, hatte es im Dorf geheißen, die Kalmückin verzeihen wir ihm. Nur, wenn wir auf Männerart feiern, bastelt er an seinem Haus herum oder verschwindet in seinem Garten. Richtet wohl die Grashalme aus und hält sich für was Besseres. Was soll man da von ihm halten?

Aber seine Landsleute? Was haben diese Übergeschnappten bei uns verloren? Nun gut, was hatten meine Söhne in Deutschland und Polen verloren?

Schwer genug ist es gewesen, sie ohne Natascha großzuziehen. Verneigen muss ich mich vor meiner Schwester, vor den Prischins und vor der Frau des Buchhalters. Wie hätte ich ohne sie die Kinder durch die Zeit bringen können?

Später hat sich Irina, die Älteste, ihrer Geschwister angenommen. Schwer hat sie's gehabt und sich darüber nie beklagt.

Früh hab ich die Söhne an die Arbeit gewöhnt. Sie haben sich beizeiten auf dem Gut nützlich gemacht und wuchsen zu kräftigen jungen Männern heran. Wie die Jüngste, Larissa, waren sie ihrer Mutter wie aus dem Gesicht geschnitten. Nur in Irinas Gesichtszügen hat man den Vater erkannt. Ihre Art aber haben die beiden Jüngsten von Natascha geerbt – unbekümmert und fröhlich. Irina und Nikolai sind nach mir gekommen – stilles Blut und nachdenklicher Sinn. Zwei feurige Rennpferde und zwei nimmermüde Ackergäule, so hat es der Herrgott gewollt.

Schwer ist es gewesen die vier zu ernähren und zu kleiden, aber sie haben mir und anderen nur Freude gebracht.

Als sie erwachsen gewesen sind, hab ich gedacht, mit Gottes Hilfe wäre das Schlimmste überstanden. Da kam aus heiterem Himmel der große Krieg. Nikolai musste gleich 1914 an die Front. Mit Pflichtgefühl und Siegeswillen ist er ins Feld gezogen. Nur zweimal hat er mir geschrieben. Erst im Frühjahr 1916 kam er zu einem Kurzurlaub ins Dorf. Erschreckt hat er mich mit seinen düsteren Gedanken. „Wie hat es uns bluten lassen, das Generalspack! Wenn kein Wunder geschieht, Vater, werden wir den verdammten Krieg verlieren. Für welches Pack bluten und leiden wir dort? Sollen wir den Krieg doch verlieren. Wenn er nur schnell zu Ende geht, dann kann dieses Lumpenpack wenigstens unseren Stepan nicht mehr holen."

Doch der Krieg dauerte und dauerte. So haben sie im Sommer 1916 auch Stepan geholt.

Fast zwei Jahre hab ich im Ungewissen gelebt. Mit Gedanken an die Söhne bin ich eingeschlafen und mit Gedanken an sie aufgewacht. Gebetet hab ich für sie und Kerzen angezündet, denn viele tote Soldaten hatte unser Dorf zu beklagen und mehrere Krüppel liefen durchs Dorf oder lagen betrunken herum. Jeden Heimkehrer hab ich mit klopfendem Herzen befragt, doch keiner konnte mir etwas Verbindliches sagen. Wie es hieß, war der Krieg gegen die Deutschen längst zu Ende und in Petersburg gab es keinen Zaren mehr. Doch von Nikolai und Stepan kam kein Lebenszeichen.

Im Frühjahr 1918 kam ein Gutsarbeiter ins Büro des Gutshauses gestürzt, fuchtelte mit seinen Armen und sagte mit wichtiger Miene: „Ein Reiter ist auf dem Hof vom Pferd gestiegen. Ich denke: Den kennst du doch! Das ist doch selbstredend dem Mamedow sein Nikolai. Nun geh schon raus und begrüß ihn!"

Nikolai sah abgemagert aus. Er war noch düsterer und trauriger geworden. Tränen traten ihm in die Augen, als er mich sah. Er umarmte mich. Anders als früher. Nicht aus Respekt, sondern wie einen, bei dem er Halt suchte.

„Lass uns nach Hause gehen. Dein Pferd muss versorgt werden. Ich werde gleich nach Irina und Larissa schicken. Wir werden auftragen, was im Haus ist. Kann es einen besseren Grund zum Feiern geben? Lass uns gehen, denn ich kann nicht mehr im Gutshaus wohnen. Ich hab mir ein verlassenes Haus am Dorfrand hergerichtet. Gleich neben dem der Prischins und nicht sehr weit von dem der Konews. Es wird dir gefallen. Arbeit gibt es dort, genug für drei oder vier Männer. Ein kleines Stück Land hab ich auch. Es will bestellt werden und im Stall steht Vieh."

Stumm, mit gesenktem Kopf und hängenden Schultern ging Nikolai mit seinem Pferd neben mir her. Auf halbem Weg blieb er plötzlich stehen, presste den Atem durch die Nase und stöhnte. „Auf der Seele brennt es mir wie Feuer, Vater. Bis nach Hause kann ich es nicht verschweigen, weil es mir die Luft nimmt, dich so erfreut neben mir zu sehen. Ich muss es dir sagen, ertrag es wie ein Mann: Sie haben uns unseren Stepan hingemacht, die Verfluchten."

Wie versteinert stand ich im Schlamm der Dorfstraße. Kälte kroch mir in die Glieder. Der Schreck presste mir die Brust zusammen und in meinem Kopf hämmerte es: Nein, nein, nicht unseren fröhlichen Stepan! Als ich zu zittern begann, umarmte mich Nikolai. Ein trockenes Schluchzen schüttelte ihn und die Worte wollten ihm nur schwer über die Lippen kommen. „Ohne Artillerieunterstützung haben sie uns wie Vieh gegen die Deutschen getrieben.

Wie Vieh, Vater. Stepans Kompanie rannte, nur 200 Meter von uns entfernt, wie wir mit Bajonetten gegen die deutschen Stellungen an. Wir wurden niedergemäht, wie Gras von einer Sense. Wie Vieh hat man uns getrieben, wie Vieh wurden viele von uns abgeschlachtet und wie Vieh in fremder Erde verscharrt. Unseren Stepan, Vater! Wofür? Für die Laune eines verdorbenen Generals."

Fassungslos stand ich und wie gelähmt. Nikolai gewann als erster seine Haltung zurück. „Kann sein, dass uns die Leute sehen", sagte er leise. „Wir sollten uns wieder auf den Weg machen, so schwer es uns auch fallen mag."

Nie habe ich mich meinem Nikolai so nahe gefühlt, wie damals auf der schlammigen Dorfstraße. Männer dürfen sich nicht gehen lassen, so groß die Schläge auch sein mögen, die das Leben für sie bereithält.

„Ja, lass uns gehen", sagte ich, nachdem ich den Schmerz hinter die Schranken verwiesen hatte. „Ich werde nach den Mädchen schicken. Wir werden tapfer sein, ihnen die Freude über deine Heimkehr gönnen. Erst nach dem Essen werden wir ihnen das Herz beschweren und unseres Stepans schmerzlich gedenken."

Zuerst kam Larissa. Mit einem Freudenschrei flog sie durch die Stube und sprang Nikolai an den Hals. Ihre Arme auf seinem Rücken verschränkt, ihre Beine um seine Hüfte geschwungen. So hatte sie sich schon als kleines Mädchen an Nikolai geklammert. „Dass du gesund heimgekommen bist, mein Bärchen!" Freudentränen liefen über ihre Wangen.

Mit Blicken forderte ich Nikolai auf, tapfer zu bleiben. „Was für eine schöne Frau du geworden bist", sagte er. „Die Männer werden deinen Ossip beneiden."

Larissa errötete und wurde verlegen. „Ein Kindchen wird auch bald kommen. Du sollst Taufpate sein."

Irina kam später. Still war ihre Freude. Stumm umarmte sie Nikolai. Eine kleine Ewigkeit lag ihr Kopf an seiner Brust. „Was für ein Glück, Nikolai, was für ein Glück!", sagte sie nach einer Weile. Und dieses Glück strahlte aus ihren Augen.

„Genug mit dem Geflenne", sagte ich, „Seht zu, dass ihr euren Bruder bewirtet! Ihre Männer, Nikolai, musst du wissen, sind noch auf dem Feld und kommen später."

Es gelang Nikolai, den traurigen Augenblick hinauszuzögern. Er befragte seine Schwestern nach ihren neuen Familien. Schon schnatterten sie los, wie die Enten auf Kolja Prischins Hof.

Plötzlich sagte Irina: „Wie schön wäre es jetzt, wenn Stepan zur Tür hereinkommen würde. Wie früher wäre es, wie früher."

Nikolai und ich, wir erschraken und die Augen wurden uns feucht.

„Die Wahrheit, Vater, will mit Macht heraus", rief Nikolai in seinem Schmerz. „Bis nach dem Essen kann sie nicht mehr warten. Hört zu, liebe Schwestern, unser Stepan wird nie wieder zu dieser Tür hereinkommen und über uns spötteln. In der Fremde hat man ihn hingemacht und mit ihm auch sein fröhliches Lachen begraben. Später wollten wir es euch sagen, nicht gleich die Wiedersehensfreude vergällen."

Hin war die Freudenmahlzeit. Die Töchter hingen mir weinend am Hals. Nikolai erleichterte seine Seele und beschwerte die unsrigen: „Um unseres Stepans willen, kann ich nicht im Dorf bleiben, solange das alte Offizierspack noch frech sein Haupt erhoben hat. Den Bolschewiken will ich helfen, es auszutilgen. Unserem Stepan bin ich's schuldig. Wie könnte ich im Dorf leben, ohne dem Pack unseren Stepan auf Soldatenart vergolten zu haben."

„Bleib hier. Wir haben nur noch dich. Warum gegen Landsleute ziehen? Stepan machst du damit nicht wieder lebendig. Ob Rote oder Weiße, das Dorf hat genug geblutet. Lasst uns gemeinsam die Felder bestellen. Wovon sollen die Menschen leben?"

Doch Nikolai ließ sich von seinem Entschluss nicht abringen und zog erneut in den Krieg. Wieder lag ich nachts oft wach und betete zu Gott, er möge den gottlosen Bolschewiken wenigstens dieses eine Mal helfen, damit sie den Generälen ein schnelles Ende machen. Auch diesmal blieben die Nachrichten aus. Nur einen Brief bekam ich in zwei Jahren.

An einem schönen Sommertag im Jahre 1920 klopfte es laut und ein hochgewachsener Soldat trat ein. Er druckste herum und sagte dann: „Wegen deinem Nikolai bin ich gekommen, Väterchen, wegen Nikolai. Bin auf dem Weg in mein Dorf. Man hat mich letzte Woche demobilisiert. So heißt das jetzt, wenn sie dich nach Hause schicken, musst du wissen. Wegen der vielen Wunden und wegen des Fiebers, das mich hin und wieder schüttelt. Splitter hab ich im Leib, dass es seine Pracht damit hat. Trotz der schlechten Verpflegung, mag ich davon wohl ein ganzes Pud schwerer geworden sein."

Mit klopfendem Herzen bewirtete ich ihn und bat ihn, mir von Nikolai zu erzählen.

„Was gibt's schon groß zu erzählen, Väterchen", sagte er und ließ sich Speck und Wodka schmecken. „Immer das Gleiche ist's auf dieser Erde mit dem Menschenvolk: Das Leben ist dir ein einziger Haufen Scheiße.

Was deinen Nikolai betrifft, so hat ihm ein polnischer Granatsplitter den Leib aufgerissen. Drei Tage musste dein Nikolai leiden, ehe der Himmel ein Einsehen mit ihm hatte. Gott, musst du wissen, ist uns Bolschewiken nicht gewogen.

Wir haben ihn mit allen Ehren begraben, denn er war tapfer und wir liebten ihn sehr. Aber ein Kreuz wirst du dort wohl nicht mehr finden. Die Polen werden es nicht dulden. Ein Papierchen vom Kommandeur hab ich dir mitgebracht, in dem steht, dass dein Nikolai als tapferer Mann für die Sowjetmacht gefallen ist." Er griff in seine Uniformtasche und zog ein Schreiben hervor. Als er es in der Hand hielt, wurde er verlegen, räusperte sich, strich sich mit der freien Hand über seinen Schnauzbart und sagte dann, ohne mir in die Augen zu blicken: „Nun gut, Väterchen, im Namen der ruhmreichen bolschewistischen Partei will ich den traurigen Nachrichten ein Ende bereiten und gehen. Einen weiten Weg hab ich noch vor mir. Gott vergelt' dir die Bewirtung. Ein einziger Haufen Scheiße ist dir die Welt. Und dabei wird es bleiben."

Igor Mamedow wird aus seinen Erinnerungen gerissen, als er das Salz seiner Tränen schmeckt.

Flennst du nach so vielen Jahren immer noch herum? fragt eine Stimme in ihm. Und eine andere antwortet: Wie kann ein Vater den Tod seiner Söhne verwinden? Wenn mir nur einer geblieben wäre! Beide hin – und wofür?

Während die Tränen trocknen, denkt er an den neuen Krieg, der irgendwo in der Ferne gierig junge Männer verschlingt. So, als gäbe es zu viele davon, als hätten sie daheim keine Frauen, Kinder, Eltern und Geschwister.

Er denkt an seine Enkel und an die zusätzlichen Lasten, die dem Dorf nun aufgebürdet werden. Einen breiten Arsch hat so ein Krieg. Setzt er sich damit auf das Dorf, wird er es auspressen und mit unserem Elend und unserer Trauer seinen Spott treiben.

Wird der Krieg bis nach Tichaja Semlja kommen wie damals mit dem verrückten Franzosenkaiser? Möglich ist alles. Die Deutschen sind stärker als die Franzosen.

Nein, ich will diesen Krieg nicht mehr erleben. Wie der neue Krieg auch ausgehen mag: Das Dorf wird um viele Söhne und Männer trauern müssen. Wenn es schlimm kommt, wird es zerstört werden.

Sterben will ich vorher. Hab ich denn nicht schon genug erlebt?

Nach Jahren des grimmigen Schweigens öffnet Igor Mamedow in dieser Nacht Gott sein Herz. Er bittet den unsichtbaren Schöpfer des Universums um Vergebung für sein langes Schweigen und betet zu ihm, er möge ihn sterben lassen.

Der Alte betet zu einem Gott, der, falls es ihn gibt, nicht gerade zimperlich mit ihm umgegangen ist, dachte Hans Mascharek. Wie ich den Allmächtigen kenne, wird er auch jetzt keine Rücksicht auf den Sterbewunsch des alten Mannes nehmen.

„Nein“, sagte das Dreiäugige, „er wird gleich aus einem lebensmüden alten Mann einen Starosta in schwieriger Zeit machen. Wen Gott einmal in seinem Blickfeld hat, den lässt er nicht mehr daraus verschwinden.

Ehe du dich wieder zu Erwin Hofschneider begibst, sollst du noch Zeuge der Amtseinführung des Starostas Igor Mamedow werden. Er ist eines der vielen Kinder eines versoffenen Bauern, Ziehsohn und ‚Wunderkind‘ des ehemaligen Dorfgeistlichen. Er brachte es zum Buchhalter und Verwalter auf dem Gutshof. Dort wurde er nach der Revolution von den neuen Machthabern zunächst verjagt, dann von ihnen zurückbeordert, erst zum Buchhalter, dann zum Leiter der Feldwirtschaft im Kolchos bestimmt und schließlich vom Sohn des alten Konews all seiner Ämter enthoben. Er, der jung zum Witwer mit vier kleinen Kindern geworden war, beide Söhne in vergangenen Kriegen verloren hat, wird durch die Wirren des neuen Krieges mit der Bürde eines Starostas geschlagen.“

„Fehlen nur noch die körperlichen Gebrechen, dann hätten wir einen zweiten Hiob“, kam es Hans Mascharek in den Sinn.

„Nein“, sagte das Dreiäugige, „denn mit Hiob hatte Gott ein Einsehen.“

„Wird die Deutsche Wehrmacht das Dorf bald besetzen?“, wollte Hans Mascharek wissen.

„Schon sehr bald“, antwortete ihm das Dreiäugige. „Um das Verhalten der alten Bauern von Tichaja Semlja bei der Besetzung ihres Dorfes verstehen zu können, musst du einen kurzen Blick auf ihre Geschichte werfen, die ein winziger, aber notwendiger Teil der Weltgeschichte ist.“

Dann belehrte ihn das Dreiäugige: „Die Weltgeschichte hat mächtige Kaiser, gottgesandte Päpste, ordengeschmückte Marschälle und mitunter einen trinkfesten Generalissimus. Sie hat ihre Völker und Schlachtfelder, ihre Haupt- und Großstädte, aber kaum Dörfer. Da ist ein Dorf? Na gut. Und wenn es nicht da ist? Auch gut. Wenn es aber da ist, dann braucht es keinen Platz in der Weltgeschichte, sondern eine Obrigkeit.

Die Altvorderen von Tichaja Semlja hatten weder Zeit noch Veranlassung, über eine Obrigkeit nachzudenken. Ihr Leben lag ausgebreitet vor ihnen, wie die weite russische Landschaft. Da gab es einen sichtbaren Anfang, die eigenen Füße, und da war ein sichtbares Ende, der Horizont. Hier und nirgendwo sonst galt es, den biblischen Fluch einzulösen und im Schweiße des Angesichts sein Brot zu essen. Über dieser scharf begrenzten Landschaft wölbte sich ein Himmel aus Sorgen und Nöten.

Kein Bauer blickte sehnsüchtig zum fernen Horizont. Wer in die Ferne blickte, suchte dort misstrauisch nach den Vorboten drohender Gefahr: Reitervolk zumeist, mit gierigen Augen, hungrigen Mäulern, durstigen Kehlen und geilen Schwänzen.

Waren es wenige, zeigte man ihnen Bauernfäuste. Waren es viele, gab man Fersengeld und versteckte sich mit Pferden und Kühen in den Wäldern. Man musste froh sein, wenn sie nur plünderten und nicht auch noch die Häuser anzündeten. Verstecktes Getreide fanden sie selten. Vom Kleinvieh aber blieb nie etwas übrig. Gab es nichts mehr zu holen, zogen sie weiter, bis ihre lustigen Tage gezählt waren.

Fern von den Dörfern schossen im endlosen Russland Städte aus dem Boden wie Pilze nach einem Gewitterregen. Auch zwei Tagesritte von Tichaja Semlja dehnte sich bald eine Stadt aus und im fernen Moskau und im noch ferneren Peterburg regierten machtbesessene Zaren, die ehrgeizige Pläne verfolgten.

Alle Sehnsüchte, die in den erstaunlichen Zarenköpfen wüteten, nahmen in den russischen Dörfern ihren Anfang und fanden dort ihr erbärmliches Ende.

Die Zarensehnsüchte kamen als hochwohlgeborene Obrigkeiten geschmückt in die russischen Dörfer. Sie spreizten sich vor den erstaunten Bauern wie Gockel auf einem Hühnerhof und machten den misstrauischen Brummschädeln Beine. Sie brachten die Menschen in den Dörfern so gründlich um die Früchte ihrer Arbeit, dass diesen vor Schreck die Kinnladen herunterklappten. Nicht nur fremdes Reitervolk, sondern auch die Zarenobrigkeit hatte gierige Augen, hungrige Mäuler, durstige Kehlen und geile Schwänze. Das Reitervolk zog weiter. Die Obrigkeit blieb. Eine Obrigkeit mehr oder eine weniger, das macht den Leuten von Tichaja Semlja seit den Zaren, der Revolution und allem, das danach kam, nicht mehr viel aus."

Obrigkeiten

Igor Mamedow hat in seinem langen Leben viele Obrigkeiten kommen und gehen gesehen – unbekümmerte, wohltätige, rücksichtslose, gescheite und dumme. Die neue, die deutsche, hat er noch nicht so recht durchschaut. Knall und Fall ist sie ins Dorf gekommen, ohne auf die Sterbelust eines alten Mannes Rücksicht zu nehmen. Ein Überfall, der den Leuten von Tichaja Semlja vor lauter Schreck keine Zeit zum Staunen gelassen hat.

Folgendes ist geschehen:

„Im Dorflautsprecher heißt es, dass die Deutschen nur noch langsam vorankommen und bald zum Stehen gebracht sein werden", sagt Kolja Prischin. „Aber der junge Konew ist immer öfter in der Stadt bei den hohen Genossen und kommt jedes Mal mürrischer von dort zurück. Entweder ist er ein Miesepeter geworden oder im Lautsprecher erzählen sie uns Märchen und Schwänke."

Es gibt viele Gerüchte. Eines besagt, der junge Konew soll, zusammen mit dem Dorflehrer Zwetkow, in den Wäldern Männer sammeln und Waffen- und Versorgungslager anlegen. Wozu, wenn die Deutschen noch weit weg sind und ohnehin bald geschlagen sein werden?

Anfang September ist das Getreide eingebracht. Dreschmaschinen und Dreschflegel haben diesmal schneller und gründlicher als üblich gearbeitet. Lastwagen und Fuhrwerke bringen das Getreide zum nächsten Bahnhof. Die täglich verkündete Parole „Alles für die Front!" klingt schmerzhaft in Bauernohren. Viel zu wenig bleibt als Saatgut und zum Verzehr im Dorf. Kartoffeln, Kohl und Rüben stehen fest in Reih und Glied und zeigen mit ihrem Kraut an, dass sie noch wachsen.

Ohne sich wie die Menschen um die weltpolitische Lage zu

kümmern, ziehen die Traktoren trotzig erste Furchen in die abgeernteten Felder. Schließlich können die Menschen auch im Krieg nicht auf ihre Mahlzeiten verzichten. Wo sollen sie herkommen, wenn nicht von den Feldern? Die Generäle und ihre Soldaten wollen nicht hungrig in die blutigen Schlachten ziehen, aber um die notwendige Arbeit auf den Feldern machen sie sich keine Gedanken. Sie können während einer Schlacht essen. Doch die Bauern können beim Geschützbedienen nicht Pflügen.

Wieder einmal ist das Dorf zur Heimstatt einer Notgemeinschaft geworden, die mit vielen Sorgen schwanger geht. Und dennoch nehmen die Bauern fast erfreut zur Kenntnis, dass sich der Krieg wie ein reines Tuch auf die vergangenen Missetaten und Streitereien gelegt hat und die Leute im Dorf zwingt, ihre Kraft nun auf ein einziges Ziel zu konzentrieren. Was bisher ihre Gemüter heftig erregte, ist augenblicklich bedeutungslos geworden und erreicht nicht einmal mehr den Status eines lächerlichen Nebengeplänkels.

Neu ist auch, dass die im Dorf verbliebenen Männer unter 50 Jahren zweimal wöchentlich an militärischen Übungen teilzunehmen haben, die am Dorfrand durchgeführt werden. Anfangs hatte der Befehl auch denen unter 60 gegolten. Doch deren Anblick konnte der schneidige Reserveoffizier Tscheljuskin nicht lange ertragen. Er schickte sie mit der Bemerkung nach Hause, sie wären selbst für die eigene Feldküche eine ständige Bedrohung.

Amüsiert beobachten Igor Mamedow und Kolja Prischin die „Ertüchtigungsübungen für Rheumakranke“.

„Hör nur, wie ihre Gelenke krachen. Fehlt nur noch Sinaida Achmatowa als Kompaniechefin“, spottet Kolja Prischin.

„Und wir beide als Geheimwaffe für außergewöhnliche Fälle“, nimmt Igor Mamedow den vergnüglichen Faden auf. Schon wird er wieder ernst: „Wir sollten nicht lachen, Kolja. Traurig ist mir bei der Vorstellung von Gefechten im Dorf. Das möchte ich nicht mehr erleben.“

Als die Leute in der Ferne ein dumpfes Grollen vernehmen, das an- und abschwillt, aber kein Ende nimmt, ahnten sie zum ersten Mal, dass die Front näher sein muss, als der junge Konew es ihnen glauben machen will.

Am nächsten Tag donnern zwei deutsche Flugzeuge über das Dorf. Der junge Konew wird immer nervöser und befiehlt, das Notwendigste zu packen und sich auf eine Evakuierung des Dorfes vorzubereiten. Wie festgenagelt sitzt er seit dem Morgen am einzigen Telefon im Dorf und versucht verzweifelt, eine Verbindung mit der Stadt herzustellen.

Inzwischen streiten Männer und Frauen aufgebracht darum, was mitgenommen und welche Fluchtrichtung eingeschlagen werden soll.

Gegen Abend tauchen im Dorf versprengte Rotarmisten auf. Einer mit einem schmutzigen, blutigen Verband am Unterarm ruft: „Die Deutschen werden bald hier sein, ihr Nachtmützen! Wollt sie wohl freudig mit Brot und Salz empfangen? Nach Osten könnt ihr nicht mehr. Dort stehen schon die Deutschen und warten darauf, euch die Ärsche zu küssen. In die Wälder müsst ihr, in die Wälder! Nachsicht kennen die Deutschen nicht. Machen alles nieder."

Erschrocken und zornig packen die Leute von Tichaja Semlja das Notwendigste zusammen, werfen es fluchend auf Wagen und Karren und machen sich auf in die Ungewissheit des Waldlebens.

Der junge Konew lässt die Parole ausgeben: Lebenswichtiges mitnehmen, Überflüssiges zurücklassen, kein Vieh, keine Vorräte und keine Fahrzeuge für die Deutschen.

Schnell steht fest, wer überflüssig ist und somit in den Wäldern nichts zu suchen hat: Alte, Kranke und Kinder. Säuglinge werden von den Müttern mitgenommen. Selbst Hochschwangere bleiben aus Angst vor den Deutschen nicht zurück. Halbwüchsige gelten als belastbar und ziehen mit in die Wälder.

Am Waldrand werden die Fliehenden von bewaffneten Männern empfangen, die darüber entscheiden, was entweder gut versteckt, zerstört oder in die Wälder verbracht werden muss. Später stößt der junge Konew zu ihnen und übernimmt sofort herrisch das Kommando. Wer sich seinen Befehlen widersetze, werde auf der Stelle erschossen.

In wenigen Minuten verwandeln sich Bäuerin und Bauer, Traktorist und Lehrer, Kindergärtnerin und Buchhalter in Partisanin oder Partisan. Der Wald ist ihnen jetzt Heimat, Schutzraum und Ausbildungszentrum. „Tod den faschistischen Okkupanten!“, ruft der junge Konew. „Vereidigt und eingewiesen wird morgen im Lager.“

Igor Mamedow ist traurig über die plötzliche Flucht seiner Töchter und ihrer Familien. Obwohl sein Verhältnis zu Schwiegersöhnen und Enkelkindern unter der Sowjetmacht kühler geworden ist, weil sie ohne Gottesglauben leben und alles Neue für besser halten als alles Alte, bedrückt ihn die bevorstehende Einsamkeit weit mehr als die Furcht vor den anrückenden Deutschen. Was wird schon sein? Im Dorf gibt es nichts mehr zu holen und irgendwann werden sich die verrückten Deutschen wieder davonmachen.

Was macht es schon, wenn sie mich töten? kommt es ihm in den Sinn. Am Ende muss ich ihnen dafür noch dankbar sein. Vielleicht hat Gott meine Gebete gehört und schickt jetzt die Deutschen, damit sie ein schnelles Ende mit mir machen.

Immer, wenn er seine Gedanken klären will, zieht es ihn zu Kolja hinüber. Der sitzt mit seiner Irina seelenruhig beim Tee. So, als wäre das Osterfest zu feiern und nicht die Ankunft der Deutschen zu beklagen. „Wie du siehst, fehlen nur noch ein paar Kerzen und die Ikone“, begrüßt ihn Kolja. „Setz dich. Trink mit uns Tee und teil mit uns die bittere Freude auf die Deutschen. Der Anblick meiner Alten wird ihnen die Siegesparade gründlich verderben. Wenn sie dann noch uns beiden Recken sehen, werden sie erschrecken und schreiend davonlaufen.

Aber genug damit. Wie’s scheint, werden die Deutschen unser Dorf eine Weile besitzen, weil sich Stalins ruhmreiche Adler als durcheinanderschwirrende Sperlinge entpuppt haben.

Aber was für ein Besitz ist das schon. Bah! Wir Alten klappern mit den Knochen und taugen nur noch für lautstarke Blähungen. Vieh ist nicht mehr da und den Kindern werden die Deutschen nichts anhaben. Alles in allem keine hoffnungslose Lage.“

Was für ein Glück, dass ich Kolja zum Nachbarn habe, denkt

Igor Mamedow. Er ist verärgert, weil man das Dorf so lange über seine Lage im Unklaren gelassen hat. „Wie um alles in der Welt haben es die Deutschen geschafft, so schnell so weit vorzustoßen? Warum überlässt man nun Alte und Kinder ihrem Schicksal? Was gibt es da zu schmunzeln, du Teufelsanbeter?"

„Kleingläubig bist du geworden", sagt Kolja Prischin mit fröhlichen Augen. „Der große Stalin hat alles sorgfältig bedacht. Er überlässt den Deutschen so viel russische Erde, weil dann die Rückeroberung prächtiger ausfallen kann. Stell dir vor, er hätte die Deutschen schon an der Grenze geschlagen. Was für ein jämmerliches Krieglein wäre das gewesen. Jammere nicht herum, sondern freue dich auf die großartigen Siege und die vielen Orden, die kommen werden."

Während Irina Prischina seufzend den Tisch abräumt, beraten die beiden Alten noch eine Weile darüber, wie man sich den Deutschen gegenüber verhalten soll, ohne die Ehre des Dorfes zu beschmutzen.

„Wir müssen das Dorf erhalten, die Kinder beschützen und möglichst viel verstecken", sagt Igor Mamedow. Als er aufsteht, um in sein Haus zu gehen, fügt er hinzu: „Und uns Alte über den Winter bringen. Alles andere wird sich noch früh genug finden"

Wie unwirklich mit einem Mal alles geworden ist, denkt Igor Mamedow, als er in seinem Bett liegt und durch das Fenster die funkelnden Sterne sieht. Alles ist so schnell gekommen. Nur ein paar Stunden und schon ist das Dorf fast menschenleer und in Angst erstarrt. Was soll nur werden? Wenn uns die Deutschen hinmachen, was wird dann aus den Kindern? Kolja muss auf die Deutschen einreden. Wozu hatte er sonst einen deutschen Großvater?

Der ferne Geschützdonner lässt ihn nicht zur Ruhe kommen. Seine Gedanken sind bei den Leuten in den Wäldern. Wie können sie dort leben, ohne ein Dach über dem Kopf? Wäre es nicht richtiger gewesen, auch die Halbwüchsigen im Dorf zu lassen. Sie wären uns Alten und den Kleinen eine tüchtige Hilfe gewesen. Der junge Konew hat es verboten, weil die Deutschen angeblich alle Halbwüchsigen und alle noch Arbeitsfähigen zur Zwangsarbeit nach Deutschland bringen würden.

Was wollen sie dort in Deutschland mit all diesen Menschen anfangen? Wer arbeiten soll, muss schließlich versorgt werden. Wäre es da nicht richtiger, alle hier im Dorf zu lassen und sie für die Deutschen auf die Felder zu schicken? Der junge Konew hätte besser sagen sollen: Niemand soll für die Deutschen die Felder bestellen und abernten – auch die Halbwüchsigen nicht. Sich um die Alten zu kümmern ist jetzt nicht die Zeit.

Am Morgen kommt der Krieg ohne Gemetzel und Plünderung nach Tichaja Semlja. Zuerst sehen die Leute eine riesige Staubwolke, die rasch näher kommt. Einige Minuten später knattern und brummen die Deutschen mit Motorrädern und kleinen Panzerwagen ins Dorf. Ohne Hast riegeln sie das Dorf ab und durchsuchen alle Gebäude. Sie fragen nach russischen Soldaten, Partisanen und Waffen, verteilen Zettel und brausen auf der einzigen Straße nach Osten davon.

Die Deutschen haben die Leute aufgeschreckt wie einen Wespenschwarm. Lautstark und gestikulierend ereifern sich die Alten über die geringschätzige und rücksichtslose Art, mit der die ungebetenen Gäste ihre Häuser durchsucht haben. Kommen aus dem fernen Deutschland hierher und wühlen in unseren Schränken und Sachen herum!

Doch bald beruhigen sie sich und beginnen, sich über das Aussehen der Deutschen lustig zu machen. Auf die Frage, warum die Deutschen so schnell aus dem Dorf geprescht sind, gibt Kolja Prischin eine einleuchtende Antwort: „Sie haben die Zierde des Dorfes, unsere Weiber, gesehen. Da ist ihnen der Schreck so in die Glieder gefahren, dass sie lieber das Weite gesucht haben."

Sinaida Achmatowa, die Breithüftige und Vollbusige, baut sich vor ihm auf und wettert: „Stehst zerzaust vor mir, als wärest du soeben der Hölle entsprungen. Solltest in den Spiegel sehen, Gevatterchen. Dann würdest du dich erschrocken abwenden und den Deutschen nachlaufen, du triefäugiger Bock."

Die Alten lachen. Sie lachen über Sinaida und Kolja und über die vielen Lücken zwischen ihren Zähnen, die beim Lachen sichtbar werden.

„Was haben sie da geschrieben, die verdammten Deutschen? Igor Grigorjewitsch soll es vorlesen“, fordert der alte Dawidow.

Heutzutage können fast alle jungen Leute im Dorf lesen und schreiben. Doch unter den Alten gibt es viele, die gut ohne den Buchstabensalat auskommen. Es genügt ihnen, wenn andere aus den vielen Papierchen vorlesen, die die Obrigkeit für das gemeine Volk bestimmt hat.

In seiner Jugend ist Igor Mamedow einer der wenigen Leute im Dorf gewesen, die gut lesen und schreiben konnten. Bald hatte es sich ergeben, dass er von den Alten als Vorleser in die Pflicht genommen worden war. Daran erinnert sich jetzt der alte Dawidow und die anderen Alten halten seinen Vorschlag für angemessen.

Widerwillig nimmt Igor Mamedow das Flugblatt in die Hand.

„Ruhe im Bordell!“, ruft der alte Dawidow mit seiner piepsigen Stimme. Wieder müssen die Alten lachen. Sinaida Achmatowa gibt allen den Rest, als sie den alten Dawidow auf ihre spitze Zunge nimmt: „Kannst kaum noch deine Hand vor den Augen sehen. Wie willst du da die Bordelltür finden? Hineintragen müsste man dich. Und drinnen? Ein Regenwurm hängt dir zwischen den Beinchen – zu nichts Vernünftigem zu gebrauchen.“

„Die Deutschen schreiben“, sagt Igor Mamedow laut in das Gelächter hinein. Sofort wird es ruhig. Er beginnt vorzulesen.

„Bekanntmachung!

Russen! Der deutsche Soldat kommt nicht als Eroberer, sondern als Befreier von einem verbrecherischen Regierungssystem, das schaffende Bauern und Arbeiter ausbeutete und versklavte. Nach Tagen harten Kampfes, die Chaos und Zerstörung brachten, zieht mit den deutschen Soldaten Ordnung und Sicherheit ein.

Russen! Wir Soldaten legen Wert darauf, dass ihr ruhig eurer Arbeit nachgehen könnt; wir müssen aber auch von euch verlangen, dass ihr einzelne Verbrecher und bewaffnete Banden nicht unterstützt.

Wer uns dagegen hilft, den Bolschewismus auszurotten, wird von uns mit Vieh, Lebensmitteln, Sprit und Tabak belohnt werden.“

„Hör sich das einer an!“, unterbricht Igor Mamedow verärgert das

Lesen. „Wir sollen ihnen unsere Kinder in den Wäldern ausliefern. Sie gegen Wodka und Machorka eintauschen. Tauschhandel auf Deutsch."

„Zum Teufel mit den übergeschnappten Deutschen! Was glauben die, wer wir sind, das Pack?", ruft einer in das empörte Gemurmel hinein. „Ruhe! Lies weiter Igor Grigorjewitsch, lies!", verlangt eine Frauenstimme.

Igor Mamedow räuspert sich und liest: „Die deutsche Wehrmacht ist aber nicht gewillt, weitere Verbrechen und feindselige Handlungen zu dulden, die zum Teil mit eurem Wissen und mit eurer Unterstützung begangen werden. Daher werden ab sofort folgende verschärfte Bestimmungen erlassen:

1. Wer einem Rotarmisten oder Partisanen Unterschlupf gewährt, ihm Nahrungsmittel aushändigt oder durch Nachrichtenvermittlung unterstützt, wird mit dem Tode bestraft und erhängt. Dieses gilt auch für weibliche Personen. Hiervon wird nur dann abgesehen, wenn erwiesen ist, dass der Betreffende das Vorkommnis sofort der nächsten Wehrmachtsdienststelle gemeldet hat.
2. Wenn irgendwo ein Überfall, eine Sprengung oder eine sonstige Beschädigung deutscher Wehrmachtseinrichtungen wie Fernsprechkabel, Eisenbahnen usw. erfolgt, werden die Schuldigen am Tatort als abschreckendes Beispiel erhängt. Sind die Täter nicht sofort zu ermitteln, so werden aus der Bevölkerung Geiseln festgenommen; diese Geiseln werden erhängt, wenn die Täter oder der Tat dringend Verdächtigte oder sonstige Spießgesellen der Täter nicht binnen 24 Stunden beigebracht werden. Wird die feindselige Handlung an der gleichen Stelle oder in nächster Nähe wiederholt, so wird jeweils die doppelte Anzahl von Geiseln festgenommen bzw. erhängt werden.

Im Felde, September 1941
Oberbefehlshaber der Armee

Es gibt lange Gesichter und ungehaltenes Murren. Erst als der alte Dawidow die Sache auf den Punkt bringt, hellen sich die finsteren Mienen wieder auf: „Hin und wieder einen aufhängen, das kennen wir schon. Aber warum gleich alle?"

Umgehend wird beschlossen, alle Zettel einzusammeln und zu verbrennen. „Wenn keiner was weiß, ist es am besten für alle", überlegt Igor Mamedow laut. „Aber hier ist noch ein anderer Zettel."

„Lies vor!"

„Hier steht, dass jedes Dorf einen Starosta und dessen Stellvertreter zu bestimmen hat, sonst werden die Deutschen sie in Kürze einsetzen."

„Die Pest soll sie holen", sagt der aus Scham über seinen Sohn maulfaul gewordene Kusma Konew zur Überraschung der schimpfenden Gemeinde. „Holt sie die Pest aber nicht, ist es besser, wir bestimmen unseren Starosta und nicht die fremde Bagage."

Ohne Federlesens beschließen die Alten, ein deutsches Flugblatt nie gesehen und ein anderes sofort als Aufforderung verstanden zu haben. Ebenso flink entscheiden sie, ihren Ältesten als Starosta und ihren Zweitältesten als dessen Stellvertreter einzusetzen. Da hilft den beiden Auserwählten alle Gegenwehr nichts. Der Älteste im Dorf ist nun einmal Igor Mamedow und der Zweitälteste Kusma Konew. Augenblicklich werden sie zu Starosten bestimmt. Eine Residenz wird sich finden lassen.

„Am Ende wird aus dir noch ein Hochwohlgeborener", stichelt Kolja Prischin auf dem Nachhauseweg.

„Lass den Spott", erwidert Igor Mamedow mit düsterem Gesicht. „Ihr macht aus mir Hals über Kopf einen Starosta, aber ich will sterben. Bis oben hin steht es mir, dieses vergnügliche Leben."

Schluss ist's mit dem Spott. Kolja Prischin bleibt stehen, sucht den Blick seines Freundes und sagt ernst: „Verzeih den Spott, Igor. Wenn das Dorf schon einen Starosta von deutschen Gnaden haben muss, dann kann es keinen besseren als dich geben. Das Sterben aber vergiss erst einmal. Damit ist vorläufig Pustekuchen. Wer soll denn für die deutsche Obrigkeit das Bein heben und sie mit behaglichen

Bauernfurzen begrüßen?“

„Was dir nur so durch den Kopf geht, du Spottdrossel. Aber sterben möcht ich am liebsten. Denn das Leben im Dorf wird nur Kummer bringen. Denk an die viele Arbeit, die getan werden müsste und an den Winter. Wir Alten werden uns plagen und dabei hungern und frieren. Wozu braucht unser Dorf da einen Starosta? Die Toten können wir auch so zählen.“

Zu Hause versucht Igor Mamedow seine wirren Gedanken zu ordnen, die sich wie unerzogene Kinder benehmen. Nüchtern bleiben und der Wahrheit ins Gesicht blicken, denkt er. Überall sind jetzt die Deutschen, aber das Dorf haben sie schnell wieder verlassen. War den Herumtreibern wohl nicht wichtig genug. Sind sie nicht hier, bin ich auch kein Starosta von deutschen Gnaden. Kommen die Verfluchten aber wieder, was anzunehmen ist, werden sie sich meiner auf Soldatenart annehmen. Und was, wenn dann die Unsrigen aus den Wäldern kommen? Was machst du da mit den Deutschen, Väterchen? werden sie mich fragen.

Diese verschlagenen Alten! Fein haben sie sich das ausgedacht. Bestimmen mich, mir nichts dir nichts, zum Starosta und humpeln amüsiert nach Hause. Sieh zu, wie du mit uns und der neuen Obrigkeit fertig wirst.

Nichts werde ich tun. Ich kenne die Alten. Haben sie erst einmal eine Obrigkeit, lassen sie fünfe gerade sein und warten auf Weisungen. Was sie sich so denken, deine buckligen Landsleute! Warum ich? Kusma Konew ist jünger und hat seit vorgestern nur noch zwei Pferde zu betreuen. Der hat jetzt genug Zeit. Soll er doch das Zepter schwingen und als neue Obrigkeit durchs Dorf säbeln. Würde doch passen: Sein Sohn ist die Obrigkeit von Stalins Gnaden, und er ist die Obrigkeit von deutschen Gnaden.

Sogleich ärgert er sich, weil es nicht recht ist, so über Kusma Konew zu denken. Er grübelt weiter vor sich hin. So wie einst der Eremit Alexej in seiner Hütte am Waldrand.

Dabei ist die unverfrorene Wahl gar nicht rechtsgültig, überlegt er. Ich habe nichts unterschrieben und keinen Eid abgelegt. Wer weiß schon, ob die Deutschen nicht einen anderen einsetzen werden? Vielleicht bringen sie einen her. Wie damals die Bolschewiken den Oleg Baschkow als Kolchosvorsitzenden und den jungen Konew als Parteisekretär ins Dorf geschickt haben.

Wieder will der Schlaf nicht kommen. In der Stille der Nacht hört er das leise Grollen der Front. Diesmal kommt das Grollen aus Nordosten. Weit im Osten sind sie schon, die Deutschen. Machen unsere Söhne hin, die Lumpen. Werden auf Moskau marschieren wie der verrückte Franzosenkaiser. Unser Dorf aber haben sie erst einmal links liegen gelassen. Werden bestimmt wiederkommen und mich alten Mann auf Trab bringen wollen.

Was kann ihnen an unserem entlegenen Dorf liegen? Hier gibt es nur noch alte Leute, Kinder, kaum Vieh und wenig Saatgetreide. Die Kartoffeln, den Kohl und die Rüben werden sie haben wollen.

Wer soll sie ohne Traktoren und Pferde ernten? Wir Buckligen und Krummbeinigen werden zusehen müssen, dass wir genug für uns aus der Erde holen, um mit den Kindern über den Winter zu kommen. Und nächstes Jahr? Wer wird dann pflügen, säen, pflanzen, Brennholz schlagen? Wir Humpelbeine? Kommt ein langer, strenger Winter, ist's aus mit uns. Sterben wir Alten – na gut. So ist's nun mal mit dem Menschenvolk auf Erden. Wenn aber die Kinder sterben, nein, das will ich nicht auch noch erleben müssen. Hab schon genug junge Leute überlebt. Wie Steine liegen sie mir auf der Seele.

Wieder sucht Igor Mamedow Trost im Gebet und fleht hingebungsvoll seinen Tod herbei. Diesmal beginnt er mit dem Erlöser Jesus Christus, der bei den letzten Gebeten zu kurz gekommen ist. Dann betet er zur Heiligen Jungfrau und bittet auch sie um ein Einsehen. Gott aber spart er sich für den Fall auf, dass ihn dieser auch noch mit einem Starostaleben von deutschen Gnaden prüfen wird.

Als die Deutschen zum zweiten Mal ins Dorf kommen, ist die Staubwolke kleiner. Ihre kleine Kolonne zählt nur vier Motorräder und drei gepanzerte Wagen. Wieder durchsuchen sie die Häuser und verlangen, dass sich alle Bewohner vor dem Kolchosgebäude versammeln sollen.

Igor Mamedow macht sich zusammen mit den Prischins und den Konews auf den Weg. „Werden uns wohl eine Parteitagsrede auf Deutsch halten wollen, diese Zwielichtigen“, vermutet Kolja Prischin.

„Wegen des Alters und der Schande möchte ich am liebsten sterben“, gibt sich Igor Mamedow seiner Gemütsverfassung hin.

Auf der Terrasse vor dem Kolchosgebäude stehen deutsche Soldaten und ein Zivilist in einem zerknitterten dunkelblauen Anzug. Die drei Stufen hohe Terrasse ist auf Weisung des jungen Konew errichtet worden, damit die Leute besser den schwülstigen Reden der Parteifunktionäre zuhören und sich danach deren verwickelte Argumentation zu eigen machen konnten.

Von dieser Terrasse aus blicken die deutschen Soldaten streng auf die gebrechliche Dorfgemeinschaft. Ein Offizier tritt zusammen mit dem Zivilisten nach vorn und erklärt den Leuten die deutschen Gepflogenheiten auf russischer Erde. Seine Stimme klingt so, wie es sich für eine Offiziersobrigkeit gehört. Dieser Tonfall ist den Alten vertraut. Irgendeine Obrigkeit hat es immer gegeben. Zu mehr als die alte wird die neue wohl auch nicht taugen. Lassen wir sie also reden. Der Zivilist ist ein Russe, der die Rede des Offiziers übersetzt: „Leute von Tichaja Semlja! Stalin und seine Bolschewisten sind vernichtet. Ihr seid frei von der bolschewistischen Unterdrückung. Euer Dorf steht so lange unter dem Befehl des deutschen Standortkommandanten, bis eine neue russische Zivilverwaltung aufgebaut ist.

Der Kommandant, Oberst Findeisen, als dessen Vertreter der Herr Offizier zu euch spricht, verlangt, dass ihr so wie bisher im Kolchos eurer Arbeit nachgeht. Die Kolchoswirtschaft wird von den Deutschen nicht angetastet. Die Ernte muss unter allen Umständen vor Wintereinbruch geborgen werden. Wenn ihr friedlich eurer Arbeit nachgeht, habt ihr nichts zu befürchten. Dann wird euch die neue Verwaltung nach Kräften unterstützen. Die Deutschen kämpfen nicht gegen russische Bauern. Sie kämpfen gegen den Tyrannen Stalin und seine kommunistischen und jüdischen Handlanger.“

Der Herr Offizier hat Fragen. „Der Herr Offizier will wissen, wo die jungen Leute, das Vieh und das Getreide geblieben sind. Er will auch wissen, ob das Dorf schon einen Starosta und dessen Vertreter nach deutschem Recht eingesetzt hat."

Keck, wie es seine Art ist, piepst ihm der alte Dawidow entgegen: „Sag deinem Offizier, dass sich die jungen Leute beizeiten aus dem Staub gemacht haben. Er soll nicht glauben, dass sie mit leeren Taschen nach Osten gezogen sind. Alles haben sie mitgenommen: Traktoren, Wagen, Vieh und Vorräte. Wir Alten und die Kinder waren ihnen zu fußlahm. Sag deinem Offizier, dass wir hier geboren sind und hier auch neben den Vätern begraben sein wollen. Angst vor dem Sterben haben wir nicht. Nur die Kinder soll er als Christenmensch verschonen. Was aber die Ernte angeht, sieh uns an! Wie sollen wir von der Zeit Geschlagenen ohne Pferde und Wagen Kartoffeln und Rüben von den Feldern holen? Das Getreide aber, musst du wissen, ist auch ohne uns längst über alle Berge. Amen."

Diese muntere Rede zaubert ein vorsichtiges Lächeln auf die zerfurchten Bauerngesichter. Dagegen verfinstert sich das Gesicht des Offiziers. Schlagartig erkennt er, dass diesem Dorf im Moment keinerlei strategische Bedeutung zukommt. Weder für das aufstrebende Deutsche Reich noch für die Partisanen. Einzig ein paar Kohlköpfe und einige Tonnen Kartoffeln und Rüben sind hier noch von Interesse. Wie die Alten und Kinder über den Winter kommen, ist nicht mein Problem; im Frühjahr wird man weitersehen, entscheidet er für sich. Man kann arbeitsfähige Russen aus der Stadt zur Arbeit herbringen und Vieh aufstallen.

Er will die Versammlung auflösen lassen. Doch dann gebietet ihm sein Ordnungssinn, wie befohlen, Staroste einzusetzen. Obwohl er keinen rechten Sinn darin sieht, den zum Sterben verurteilten Al ten noch eine Obrigkeit zu verordnen, gibt er dem Dolmetscher seine Befehle.

„Der Herr Offizier verlangt, dass ihr jetzt euren Starosta und dessen Vertreter bestimmt. Gibt es schon Vorschläge? Wenn nicht, wird der Herr Offizier darüber entscheiden."

„Haben wir längst bestimmt. Igor Grigorjewitsch Mamedow und Kusma Fjodorowitsch Konew."

„Ja, den Mamedow und den Konew. Die haben schon auf dem Gut und im Kolchos viel Verantwortung getragen und sich mit uns herumgeplagt, dass es seine Art hatte."

„Außerdem sind sie geachtete Leute."

„Und unsere Ältesten sind sie sowieso."

„Schon gut, schon gut! Sollen vortreten!", ruft der Dolmetscher.

Warum mich alten Mann? denkt Igor Mamedow, während er von den Alten wohlwollend nach vorn geschoben wird. Die öffentliche Zuneigung seiner Leidensgenossen ist gar nicht übel. Ein wenig Rührung kommt auf. Doch sofort meldet sich der strenge Zensor unter seinem Schädeldach: Kann es denn etwas Dümmeres geben, als ein Starosta von deutschen Gnaden zu sein? Und wissen sie denn nicht, dass du sterben willst?

„Gibt es Einwände?", fragt der Dolmetscher. „Also keine. Der Herr Offizier wird euch jetzt vereidigen und in das Amt einsetzen. Hebt eure rechte Hand. So. Mamedow ist ab sofort Starosta und Konew sein Stellvertreter. Ihr seid nun verpflichtet, die Befehle des Standortkommandanten im Dorf auszuführen. Von euch wird man Rechenschaft fordern. Ihr aber", verlangt er von den Alten, „habt euren Starosten ab sofort zu gehorchen – und zwar ohne Wenn und Aber. Im Kolchosgebäude werden sie ihren Platz haben. Sie sind jetzt die Dorfobrigkeit. Ist das klar?"

„Klar wie Kloßbrühe", ertönt die Fistelstimme des alten Dawidow. „Nur zum Feiern haben wir keinen Grund, musst du wissen."

Der Offizier hat seine lästige Pflicht erfüllt. Er droht den Alten verschiedene Strafen für den Fall an, dass sie deutsche Befehle nicht befolgten und lässt die Namen der beiden Staroste in eine Liste eintragen. Als Igor Mamedow und Kusma Konew auf der Liste unterschrieben haben, fährt er, zufrieden mit seinen Soldaten und dem Dolmetscher, ins nächste Dorf, das lächerliche dreißig Kilometer entfernt am Rand eines großen Waldes liegt.

Igor Mamedow und Kusma Konew stehen noch eine Weile unbeholfen auf der Terrasse. „Wie soll es weitergehen, Igor Grigorjewitsch? Du bist jetzt unser Starosta, also sag was!“, fordert der alte Dawidow, als die frisch ernannten Staroste zum gemeinen Volk hinabsteigen wollen.

„Wozu reden?“, erwidert Igor Mamedow verärgert. „Von der Zeit seid ihr gezeichnet wie ich. Was gibt’s da noch zu sagen? Jeder muss vorsorgen, damit er über den Winter kommt. Jeder muss aber auch an die vom Schicksal Geschlagenen und an die Kinder denken. Ohne Kinder hat das Dorf keine Zukunft. Wofür haben wir uns dann wie unsere Väter geplagt?

Geht also nach Hause und tut, was getan werden muss. Eine Dorfobrigkeit braucht ihr dafür nicht. Gibt es aber Kuddelmuddel unter euch, werden wir krummbeinigen Staroste euch unsere Fußlappen um die Ohren schlagen.

In zwei Wochen müssen wir an die Kartoffeln denken. Zwei Pferde sind Kusma Fjodorowitsch geblieben. Stehen auf der Weide und kümmern sich nicht um den Krieg. Irgendein Gefährt werden wir auch zusammenzimmern. Für die Deutschen aber gehen wir nicht auf die Felder. Haben genug mit uns zu tun. Und die aus den Wäldern kommen von allein, um sich zu bedienen.“

Zufrieden mit der Rede der neuen Dorfobrigkeit gehen die Alten auseinander. Lachend und schimpfend staken, säbeln und hinken sie in ihre armseligen Holzhäuser, die geduldig schweigend zwischen den leeren Scheunen und Ställen liegen.

„Mut müssen wir uns machen, so schwer uns alten Sündern das auch fallen mag“, sagt auf dem Nachhauseweg Kolja Prischin.

Igor Mamedow sieht ihn traurig an. „Kolja, mein Lieber, dir werd ich’s sagen. Wären nicht die unbekümmerten Kinder und das unschuldige Federvieh, würde ich gerne auf diese kugelige Erde scheißen.“

Am Abend sitzt Igor Mamedow auf der Bank vor seinem Haus und blickt auf das stille Dorf. Ist es dem Tod geweiht? Wer kann das wissen. Und ich selbst? Sterben möcht ich. Doch hab ich ein Recht dazu? Wenn Gott meine Zeit für gekommen hält, wird er mit mir ein Ende machen.

Er erinnert sich an seinen Ziehvater, den Popen Vater Nikolai, und an dessen prunkvolle Bibel, die er einst, aus Angst vor seinen kommunistischen Brüdern, unter dem Schuppen vergraben hat. Vielleicht ist sie längst vermodert?

Sehnsucht nach Trost überkommt ihn. In der Dunkelheit gräbt er die gut verpackte Kiste aus dem Sand und trägt sie ins Haus. Er zündet die Petroleumlampe an und öffnet vorsichtig den Kistendeckel. Als er die unversehrte Bibel in seinen Händen hält, treten ihm vor Rührung Tränen in die Augen. Ein Geschenk Gottes an die geplagten Menschen hat Vater Nikolai die Bibel genannt.

Igor Mamedow holt die Petroleumlampe näher heran und sucht in dem dicken, schweren Buch nach den Stellen, die er liebt. Als er bei Hiob angekommen ist, fällt ihm sein Disput mit Vater Nikolai ein. Empört bin ich gewesen, erinnert er sich, weil Gott seinen treuen Diener Hiob an den Leibhaftigen verwettet hat. „Um seiner Eitelkeit willen hat er den Hiob geschlagen und Sünde auf sich geladen", hab ich damals zu Vater Nikolai gesagt. Und er darauf: „Schweig, schweig, schweig! Bei allen Heiligen, schweig, du Verwirrter!" An seine Brust hat er mich gedrückt und geflüstert: „Schweig vor Gott, denn es ist uns Menschen nicht erlaubt, über Gottes Werk zu richten. Schweig, um alles in der Welt. Möge Gott uns unseren Hochmut verzeihen."

Igor Mamedow blättert weiter zum Prediger Salomo, der ihn oft getröstet hat. Meine Augen sind schlechter geworden, bemerkt er, als die Buchstaben vor seinen Augen verschwimmen. Mit ausgestreckten Armen geht es so leidlich. Hin und wieder treten ihm beim Lesen Tränen in die Augen. Doch am Ende ist er von den Weisheiten des Predigers getröstet. So wie einst, als ihn seine Natascha vor der Zeit verlassen hat. „Ein jegliches hat seine Zeit, und alles Vornehmen unter dem Himmel hat seine Stunde."

Zum ersten Mal seit vielen Tagen schläft er tief und fest. Als er erwacht, steht die Sonne schon am Himmel und das Kleinvieh krakeelt, als wäre sein letztes Stündlein gekommen. Am Ende hält man mich noch für faul, schämt er sich. Und das als frisch gebackener Starosta!

Die Alten ernten aus ihren Gärten, was zu ernten und schlachten das wenige, das noch zu schlachten ist. Es wird eingelegt, eingekocht, gepökelt, getrocknet und geräuchert. Zum Schluss gilt es Verstecke zu finden, die vor Deutschen und Partisanen sicher sind. Beim Anblick ihrer kümmerlichen Vorräte haben alle den gleichen Gedanken: Wie sollen wir damit über Winter und Frühjahr kommen? „Wir sollten es den Bären nachmachen", schlägt Kolja Prischin vor.

Igor Mamedow listet auf, wer noch im Dorf lebt und wer noch so gut bei der Sache ist, dass er auf die Felder kann. 163 Alte und 46 Kinder leben noch im Dorf. Vor dem Krieg waren es über sechshundert Menschen gewesen. Gemeinsam legen sie fest, wer auf die Felder geht und wer sich beim Verstecken der gemeinsamen Notvorräte nützlich machen kann.

„Musst mit deinen Kleppern fahren, was das Zeug hält. Red ihnen gut zu, damit sie nicht vor getaner Arbeit krepieren, deine gewesenen Gäule", verlangt Kolja Prischin von Kusma Konew.

„Pass lieber auf deine morschen Knochen auf, wenn du dich bückst", knurrt dieser zurück.

Der alte Dawidow kommt den Starosten und Kolja Prischin auf der Dorfstraße entgegen. „Wie von Zauberhand sind neue Zettelchen ins Dorf geflattert. Nun lies schon!"

„Von den Partisanen sind sie, nicht von den Deutschen", erklärt ihm Igor Mamedow und liest dem Alten vor: „Mit dem Ziele, die räuberische Tätigkeit der faschistischen Gegner und ihrer Knechte zu unterbinden, befehle ich: Allen Mitbürgern ist kategorisch untersagt, Brot, Viehfutter, Kartoffeln sowie andere Nahrungsmittel an die deutschen Okkupanten abzuliefern.

Personen, die diesem Befehl zuwiderhandeln, werden wie Schädlinge der Sowjetunion hingerichtet.

Die Kommandeure der Partisanen-Einheiten stellen geheime Posten auf Straßen, bei Lebensmittelwaagen und Abgabepunkten auf.

Starosten, welche die Anordnungen der Deutschen ausführen, werden sofort umgebracht.

Genossen! Bauern und Bäuerinnen! Gebt den faschistischen Räubern kein Kilogramm Brot, Fleisch, Kartoffeln und andere Lebensmittel!“

Kolja Prischin spuckt aus. „Bah! Wie’s aussieht, haben wir jetzt drei Obrigkeiten im Dorf. Euch zwei blutjungen Staroste, die Deutschen und die in den Wäldern. Mit euch Starosten werden wir wohl auf Bauernart fertig werden. Mit den beiden anderen aber sehe ich schwarz. Du magst ihnen alles oder nichts geben, sie werden uns einen Strick um den Hals legen. Auf ein russisches Bäuerlein mehr oder weniger kommt es ihnen nicht an. Selbst wenn wir am Dorfrand Schilder aufstellen würden, auf denen zu lesen wäre: ‚Genossen Feinde und Genossen Partisanen! In diesem Dorf könnt ihr nach Herzenslust requirieren‘, würde sie das nicht davon abhalten, uns hinzumachen. Wer möchte da nicht mit freudigem Herzen Starosta sein?“

„Packen wollen sie uns also wie hungrige Enten einen Frosch. Mag euer Dorf dabei zugrunde gehen. Suchen wir uns eben ein neues. Ein brüderliches Unternehmen ist dir doch so ein Krieg. Warum suchen sich diese Reisigen immer wehrlose Dörfer aus?“, schimpft Kusma Konew.

„Hör mal, mein lieber Stellvertreter, machen wir was, sind wir hin. Machen wir nichts, sind wir auch hin. Also machen wir was. Haben wir in zwei Wochen nicht genug Kartoffeln ins Dorf gebracht, wird ihnen der erste Frost bald ein süßes Ende bereiten. Rüben und Kohl brauchen wir auch. Wir Fußlahmen sollten sehen, dass wir auf die Felder kommen und uns nicht um wirre Zettel der verwirrten Obrigkeiten kümmern“, beendet Igor Mamedow das Lamento der alten Männer.

„Es wird Zeit, den Starosta der Gebrechlichen und der Kinder zunächst zu verlassen", drängte das Dreiäugige.

„Hat er, hat das Dorf zwischen Besatzern und Partisanen überhaupt eine Chance?", fragte Hans Mascharek.

„Alles zu seiner Zeit. Wie oft soll ich dir das noch sagen? Wichtig ist zunächst nur, dass du sehen konntest, welch schwere Zeiten hinter dem alten Mamedow und hinter seinem Dorf lagen, ehe die Deutschen es mit ihrem Krieg bedrohten. Den russischen Bauern von Tichaja Semlja ist ihr Fell vom Leben so gegerbt worden, dass sie sich jedem neuen Schicksalsschlag fügen. Sie denken nicht an Widerstand gegen die Deutschen, sondern ans Überleben der ihnen anvertrauten Kinder. Das ist schon für Dreißigjährige im Frieden nicht leicht. Aber für Fünfzig- oder Sechzigjährige im Krieg? Du wirst es bald wissen.

Doch jetzt ist es an der Zeit, mit Erwin Hofschneiders Regiment durch Russland zu marschieren. Ich nehme bereits einen Geruch wahr, der den Soldaten nichts Gutes verheißt. Kannst du riechen, was in der Luft liegt?"

Das war das Erstaunliche an Hans Maschareks neuer Situation: Er schwebte ohne seinen Körper leicht und schnell dahin, aber er sah, hörte und roch alles. Es war eine wunderbare Erfahrung für ihn, den behäbigen Klotz los zu sein, den er bis vor kurzem und von morgens bis abends durchs Leben schleppen musste.

Vom Dreiäugigen dazu aufgefordert, schnupperte er in die russische Luft hinein. Roch es nicht ein wenig nach Schnee?

„Genau", sagte das Dreiäugige, „ehe du dich versiehst, wird es Winter sein. Das Drama des kommenden Winters kann ich dir auf keinen Fall vorenthalten."

Und schon klärte ihn das Dreiäugige über den russischen Winter auf: „Nichts ist so sicher wie ein langer und kalter russischer Winter. Er ist gewiss wie die flimmernde Hitze der Wüsten, zuverlässig wie die über den Ozean peitschenden Stürme, unaufschiebbar wie die Phasen des bedächtigen Mondes.

Bitter sind die Erfahrungen der Menschen. Eine Nachlässigkeit, eine leichtsinnige Handlung genügt und schon packt sie die eisige Faust des grimmigen Gesellen.

In ihren Wintervorbereitungen sind die wilden Tiere nicht dümmer als die Menschen, aber gescheiter als einst der Franzosenkaiser oder in diesem Winter die deutsche Generalität. Die Tiere fressen sich im Herbst Speck auf die Rippen, legen sich Vorräte an, lassen sich ein dickes Fell wachsen, vergraben sich in der Erde und halten Winterschlaf.

Die Russen haben den Tieren manches abgeschaut. Sie achten darauf, dass die Dächer und Wände ihrer Häuser dicht, die Scheunen und Speisekammern gefüllt und die Brennholzstapel hoch sind. Sie fertigen sich Pelzmäntel, Fellmützen und Filzstiefel und gehorchen der Uhr des Lebens, die im Winter langsamer geht als im Sommer. Der Winter ist ihnen beschwerlich, aber kein Unglück. Die Feldarbeit ruht. Die langen Abende sind wie geschaffen für Weibergeschwätz und Männergezänk. Es wird gefeiert und mit Hingabe manches Kind gezeugt.

Gefürchtet sind Winter ohne Schnee. Sie machen der Saat den Garaus und im Frühjahr fehlt das Schmelzwasser. Mitunter meint es der Winter zu gut mit der Saat und schüttet tagelang den Schnee aus prallen Wolken. Dann ersticken die Schneeberge das Dorfleben, weil das Freischaufeln der Dorfwege über die Kräfte der Leute geht.

An solchen Tagen kann die Stimmung in den Holzhäusern schwermütig oder gereizt sein und sich in Saufgelagen und Prügeleien entladen.

Der Winter mag so oder so sein, am Ende dauert er immer zu lange und die Leute im Dorf sehnen den Frühling herbei.

Sind die Winter im Frieden mitunter eine ziemliche Plage, so sind sie im Krieg stets eine Katastrophe. Mit ihren stupiden Kriegen bringen die Menschen das empfindsame Wechselspiel der Natur so gründlich durcheinander, dass Hungersnöte den Zerstörungen, dem Morden und den Plünderungen ebenso sicher folgen wie der Donner dem Blitz.

Die beschränkten Feldherren und ihre eitlen Generäle träumen von kühnen Handstreichen, ruhmreichen Schlachten und einer Erwähnung in verlogenen Geschichtsbüchern. In ihren Köpfen ist kein Platz für das Leid der Soldaten und Völker. Skrupellos und nachlässig schmieden sie ihre tollwütigen Pläne. Ständig fehlt ihnen der Sinn für wesentliche Details.

Und ihre politischen Führer? Verblendet vom Rausch der Macht und von ihren Unheil stiftenden Ideologien. In Stalins Kopf kommen die Deutschen nie vor die Tore Moskaus und Hitler lässt den russischen Winter aus den Planungen seiner Generäle streichen. Der Winter hat für sie erst stattzufinden, wenn die Rote Armee geschlagen und Moskau erobert ist.

Doch genug der Vorrede. Du fliegst jetzt zurück zum Bug, um zu sehen, wie es Erwin Hofschneider ergeht, der zunächst weder an den russischen Winter noch an das Dorf Tichaja Semlja denkt.“

Väterchen Frost

Dieser Feldzug ist anders.

Bei den beiden anderen Feldzügen ist Erwin Hofschneiders Regiment gleich nach Überschreiten der Grenzen in Kämpfe verwickelt worden. Diesmal stößt sein Regiment vor, ohne kämpfen zu müssen.

Dennoch ist der Vormarsch eine Tortur für Soldaten und Pferde. Auf den wenigen befestigten Straßen rollen die Panzer und andere motorisierte Einheiten schnell nach Osten, um der Roten Armee in den Rücken fallen zu können. Den Infanterieeinheiten bleibt die undankbare Aufgabe, die Räume zwischen den motorisierten Verbänden „auszufüllen", wie es im militärischen Sprachgebrauch heißt. In diesen Räumen gibt es kaum befestigte Wege. Der Vormarsch erfolgt durch unbefestigtes Gelände, durch knöcheltiefen Sand und lehmigen Staub, der sich bei Regen sofort in zähen Schlamm verwandelt. Hinzu kommen Hitze, Wasser und Futtermangel. Die befohlenen Tagesmärsche sind auf den Karten lächerlich kurz. Für die Soldaten und ihre Pferde aber bedeuten sie endlose Quälereien, die sie nur bewältigen können, wenn sie ihre kleiner und kleiner werdenden Kraftreserven verbrauchen.

Schon in den ersten Kriegstagen erkennt Erwin Hofschneider wie schwierig es ist, in den unerschlossenen Weiten Russlands den Nachschub sicherzustellen. Soldaten und Pferde werden erbarmungslos vorwärts getrieben, ohne sie ausreichend versorgen zu können. Das lässt für ihn nur eine Schlussfolgerung zu: Ist der Feldzug nicht schnell zu Ende, werden wir in große Bedrängnis geraten.

Im Gegensatz zu seinem Freund Macke beunruhigt ihn dieser Gedanke nicht. Er versteht ihn als unabweisbare Forderung, seinen Männern und den Pferden das Äußerste abzuverlangen. Wir müssen und wir werden es schnell schaffen! Diese Faust im Nacken treibt sie nach Osten.

Bald zeichnen sich die Strapazen in den Gesichtern ab, die schon nach wenigen Tagen erstarren und wie versteinert wirken.

Die Pferde leiden nicht weniger als die Soldaten. Sie magern zusehends ab und müssen immer brutaler angetrieben werden. Um ihnen Erleichterung zu verschaffen, marschieren die Soldaten mitunter längere Strecken an ihrer Seite. Während die Männer ihre schmerzenden Beine mechanisch durch Sand und Schlamm bewegen, denken sie bald nur noch eines: Wie weit, um alles in der Welt, ist es noch bis Moskau? Noch sehr weit, Soldat, noch sehr, sehr weit, lautet die entmutigende Antwort. Scheinbar endlos dehnt sich die russische Ebene bis zum fernen Horizont. Dort angekommen, sehen ihre Augen das gleiche Panorama: flaches Land und ein ferner Horizont. Russland will allem Anschein nach kein Ende nehmen.

Schlimm ist es nach jeder Rast. Hunger, Durst und ein kurzer Schlaf auf der Erde lassen kaum eine Erholung zu. Die erschöpften Körper verweigern dem Willen ihrer Gehirne minutenlang den Gehorsam. Nur die Härte des Befehls und die strenge Erziehung zur Disziplin bringt die Soldaten auf die Beine. Müde, mit steifen Beinen, erheben sie sich und setzen ihren qualvollen Weg nach Osten fort. Ein Bach oder ein Brunnen, das Eintreffen eines Versorgungsfahrzeugs oder eine saftige Weide werden für kurzes Rasten genutzt. Bei jeder Rast gilt die älteste aller Reiterweisheiten: erst das Pferd, dann der Mann. Die bei solchen Rasten verlorene Zeit muss am gleichen Tag wieder aufgeholt werden.

Auf ihrem Marsch kommen sie nur selten durch Dörfer. Dann müssen sich die Bauern, traurig oder wütend, von allem trennen, was den Deutschen nützlich scheint, vor allem von gesunden, kräftigen Pferden und von stabilen Wagen. Dafür bleiben kranke und schwache Pferde in den Dörfern zurück.

So reiten und marschieren sie, ohne direkt in Kämpfe verwickelt zu werden, zum Dnepr. Mitunter hören sie ganz in der Nähe Gefechtslärm und begegnen verwundeten und gefangenen Rotarmisten, die nach Westen geführt werden.

Erst am Dneprufer geraten sie zum ersten Mal unter massiven

Beschuss. Ihr Regiment hat die ersten Verluste.

Nach heftiger Artillerievorbereitung gelingt es einer Vorauseinheit, am Ostufer einen Brückenkopf zu bilden und eine Pontonbrücke zu errichten. An diesem Nadelöhr auf der Ostseite stauen sich nachrückende Einheiten. Brückenkopf, Brücke und Stauraum werden zu lohnenden Zielen für die russischen Geschütze, die erstaunlich treffsicher feuern. Schwere deutsche Artillerie geht am Westufer in Stellung und feuert bald aus allen Rohren. Leichte Geschütze und Granatwerfer setzen über, um den Brückenkopf befestigen zu helfen.

Das ist die Situation, die Erwin Hofschneider vorfindet, als er mit seinen Männern das westliche Ufer erreicht. Seine Schwadron geht in Deckung und er will sich beim Stab Instruktionen für das Überschreiten des Dnepr holen.

Dort erfährt er von der schweren Verwundung seines Regimentskommandeurs. Diese Nachricht macht ihn betroffen. Er mag diesen geradlinigen und umsichtigen Mann.

„Ab sofort habe ich hier das Kommando. Wie Sie sehen, ist gemütliches Brückenreiten heute nicht möglich“, sagt der schlecht gelaunte Bataillonskommandeur, ein Hauptmann, den ein Granatsplitter am linken Oberarm getroffen hat. Unter der offenen Jacke hängt sein verbundener Arm in einer Schlinge. Der Verband ist blutig. Müde, mürrisch und unrasiert, seinen Rücken an einen Panzerwagen gelehnt, sieht er aus wie ein verkaterter Freier. „Vor morgen früh können die Pferde nicht auf die andere Seite. Suchen Sie sich eine gute Deckung und lassen Sie Pferde und Soldaten versorgen. Ein paar Stunden Schlaf können Ihre Männer sicher gebrauchen.“

Erwin Hoffschneider schickt zwei Wachtmeister zum Regimentsstab, um die Versorgungslage aufklären zu lassen. Er hofft auf ein Eintreffen der Rückwärtigen Dienste mit den Wäschefahrzeugen. Seit Beginn des Feldzuges vor sieben Wochen haben er und seine Männer keine Gelegenheit gehabt, ihre Unterwäsche zu wechseln.

Als die Wachtmeister gegangen sind, gibt er den Befehl weiter, die Pferde in eine Senke zu führen und dort grasen zu lassen. Die

Munitionswagen sinken aber so tief ein, dass er einwilligt, die Pferde auszuspannen und sie im gebührenden Abstand von der Munition grasen zu lassen. Die leichten und leeren Wagen können in die Senke gezogen werden. Die Soldaten schaufeln sich flache Schützenmulden, legen sich hin und schlafen erschöpft ein. Die wachhabenden Soldaten dösen vor sich hin. Mitunter sehen sie gelangweilt nach den Pferden und warten sehnsüchtig auf die ausgesandten Wachtmeister.

Die Pferde grasen gelassen und nicht ohne Würde. Sie genügen sich selbst und nehmen kaum Anteil an den mörderischen Machenschaften der Menschen. Nur bei nahen Einschlägen heben sie kurz ihre Köpfe, um gleich darauf wieder dem saftigen Gras ihre ganze Aufmerksamkeit zu schenken.

In der Senke steht eine Hütte, die sich Erwin Hofschneider zusammen mit zwei Offizieren für die Nacht reserviert. Dann steigt er zum Rand des Hügels hinauf und blickt mit dem Feldstecher auf die Pontonbrücke und das andere Ufer.

Ein brennender Tankwagen blockiert die Brücke. Vor Erwin Hofschneiders Augen wird ein weiteres Fahrzeug getroffen. Da die Flammen aus den Fahrerhäusern schlagen, können die Wagen weder ins Wasser geschoben noch von der Brücke gezogen werden.

Trotz des massiven Beschusses von deutschen Geschützen, lässt das Feuer der Russen nicht nach. Die Einschläge der russischen Granaten liegen gut. Das Übersetzen kommt ins Stocken und die Soldaten auf der Brücke geraten in Panik.

Erleichtert beobachtet Erwin Hofschneider ein Stuka Geschwader, das sich heulend auf die russischen Stellungen stürzt, die hinter dem anderen Ufer liegen. Die deutsche Lufthoheit ist auffällig. Seit Tagen haben sie kein russisches Flugzeug gesehen. Die Sorge, aus der Luft angegriffen zu werden, hat sich schon in den ersten Tagen des Feldzuges verflüchtigt.

Kurze Zeit später lässt der russische Beschuss schlagartig nach und die eigene Artillerie stellt ihr Feuer ein. Die Brücke wird von den Fahrzeugwracks geräumt und das Übersetzen über den Dnepr kommt am Nachmittag zügig voran.

Die Russen haben uns gezeigt, dass sie noch da sind und ihr Handwerk verstehen. Wie sie den Brückenbereich im indirekten Beschuss belegt haben – alle Achtung, denkt Erwin Hofschneider. Wehe uns, wenn wir ihnen Zeit lassen sich zu sammeln und in gute Verteidigungsstellungen einzugraben!

In der Senke findet er seine Männer in zufriedener Stimmung vor. Die beiden Wachtmeister haben so viel Verpflegung herangebuckelt, wie sie tragen konnten. Sie melden, dass die Versorgungsfahrzeuge ausgetauscht werden können. Nur das Wäschefahrzeug habe anscheinend der Erdboden verschluckt.

Im Schutz der Dunkelheit lässt Erwin Hofschneider die Versorgungsfuhrwerke tauschen und die Pferde am Fluss tränken. Am Morgen setzen sie ausgeruht und gut versorgt über den Dnepr und ziehen weiter in Richtung Brjansk.

Östlich des Dnepr nimmt der Widerstand der Russen zu und das Regiment muss immer häufiger den Widerstand versprengter Einheiten der Roten Armee brechen. Gefangene werden bei diesen Geplänkeln nicht gemacht.

Erwin Hofschneider hält es nicht nur rechtlich, sondern auch militärisch für äußerst bedenklich, diejenigen, die sich ergeben, genauso zu behandeln, wie diejenigen, die sich nicht ergeben. Spricht sich das unter den Russen herum, werden sie in ihrer Verzweiflung bis zum bitteren Ende kämpfen.

Er hofft keine Gefangenen machen zu müssen. Wer soll einzelne Gefangene oder kleine Gruppen nach hinten bringen? Wer soll für die Gefangenen Lager einrichten, sie dort bewachen, versorgen, verpflegen?

„Die Russen sind keine Menschen wie wir, jede Rücksichtnahme ist nicht nur unangebracht, sondern verwerflich“, hat der neue Regimentskommandeur seinen Offizieren mit auf den Weg gegeben. „Wir kämpfen hier nicht gegen feindliche Kameraden, sondern gegen asiatische Untermenschen.“

Das leuchtete Erwin Hofschneider, trotz seiner Bedenken, bei der Schwere und dem Zeitdruck des Feldzuges ein.

Doch als seine Männer die ersten russischen Gefangenen bringen, denkt er nicht pflichtgemäß an seinen militärischen Auftrag, sondern an die Worte, die seine Mutter ihren Söhnen ans Herz gelegt hat, als diese in diesen Krieg gezogen sind: „Befleckt euch nicht mit dem Blut unschuldiger Menschen." Unschuldig sind die Gefangenen nicht, aber wehrlos. In seiner Gewissensnot überstellt er die fünf Gefangenen dem Regimentsstab. Das bringt ihm einen schweren Rüffel seines Regimentskommandeurs ein. Gefangene seien an Ort und Stelle zu erschießen. Wenn er Skrupel habe, müsse er dafür sorgen, dass keine Gefangenen gemacht werden. Die fünf Russen werden vor seinen Augen erschossen.

Erschrocken reitet er nach vorn. Er schämt sich als Offizier vor seinem Kommandeur und als Sohn vor seiner Mutter. Am nächsten Tag befiehlt er, keine Gefangenen zu machen.

Noch schlimmer als die kleinen Scharmützel sind einige Regentage, die den Boden in zähen Schlamm verwandeln. Der Schlamm saugt Soldaten und Pferden die Kraft aus der Muskulatur und gibt ihnen einen Vorgeschmack auf die Regenzeit im Herbst. Immer öfter bleiben die schweren Fuhrwerke stecken und müssen mit vereinten Kräften aus den Schlammlöchern gezogen werden, die sich mit jedem Fahrzeug vergrößern und vertiefen. Vor Anstrengung quellen Menschen und Tieren die Augen aus den Höhlen und ihre heftig klopfenden Halsschlagadern zeichnen sich unter der Haut der Soldaten und den Fellen der Pferde wie Röhren ab, die dem gewaltigen Druck nicht mehr standhalten können und in wenigen Augenblicken zu platzen drohen. Menschen und Tiere plagen sich mit keuchenden Lungen und zitternden Beinen.

Ständig gibt es nun Zwischenfälle und sie liegen immer häufiger unter Beschuss.

Einmal geraten sie unter Maschinengewehrfeuer, als sie aus einem Waldstück auf freies Feld kommen. Es bleibt ihnen keine Zeit, im Wald Schutz zu suchen, denn plötzlich setzt Granatwerferfeuer ein. Die Wucht einer Explosion schleudert Erwin Hofschneider aus dem Sattel. Instinktiv will er sofort die Zügel des verwirrten Pferdes ergreifen, als ihm dessen blutige Eingeweide ins Gesicht klatschen. Das Pferd läuft noch einen Schritt nach vorn und bricht dann leise wiehernd zusammen. Es versucht den Kopf zu heben, dann bleibt es reglos liegen.

Erst als die Russen niedergekämpft sind, realisiert Erwin Hofschneider erschrocken den Tod des Hengstes, der ihm ein treuer Freund gewesen ist. Auf ihm ist er dreimal durch Polen, zweimal durch Frankreich und nun bis in die Nähe von Brjansk geritten.

Im Krieg gibt es Wichtigeres, als um ein totes Pferd zu trauern. Ein toter Kamerad muss begraben, fünf Schwerverwundete müssen zurückgebracht, mehrere Leichtverletzte verbunden werden.

Die Nadelstiche der Russen verzögern den Vormarsch und lassen die erschöpften Soldaten nicht zur Ruhe kommen.

Trotz der Strapazen bleiben die eigenen Verluste gering und die der Russen sehr hoch. Dies nährt die Hoffnung der Soldaten, dass der Feldzug bald zu einem siegreichen Ende kommen muss. Schließlich haben sie bereits zwei Drittel des Weges vom Bug nach Moskau zurückgelegt. Viele Reserven konnte der Russe, nach all seinen Verlusten, nicht mehr haben.

Völlig überraschend kommt daher für alle der Befehl, Stellung zu beziehen. Bisher ist die eigene Taktik, schnell vorzustoßen und die Russen nicht zur Besinnung kommen zu lassen, voll aufgegangen. Jetzt anzuhalten bedeutet, das Erreichte aufs Spiel zu setzen. Welchen Grund kann es dafür geben?

Besorgt sucht Erwin Hofschneider ein Gespräch mit seinem Freund Oberleutnant Macke, mit dem er seit Beginn des Feldzuges nur einige Male kurz sprechen konnte, als er Pferde aus dessen Schwadron behandeln musste.

„Meine Meinung über diesen Feldzug kennst du bereits“, sagt Macke ohne Bitterkeit in der Stimme. „Dass man uns hier halten lässt, zeigt einmal mehr, in welches Abenteuer uns die Heeresleitung gestürzt hat.“

„Wir kennen doch die Gesamtlage nicht, Alfred. Im Generalsstab werden sie einen Grund dafür haben, so zu verfahren. Der Divisionskommandeur soll durchblicken lassen haben, dass die anderen Heeresgruppen zu weit zurückhängen. Was für uns hier unverständlich ist, mag aus der Gesamtschau notwendig sein."

„Du musst unsere Obersten nicht in Schutz nehmen, Erwin. Uns hier festzuhalten, ist eine Dummheit, die niemand mit der Lage an anderen Frontabschnitten begründen kann. Bald wird der Herbstregen einsetzen. Du hast erlebt, was einige Regentage für uns bedeutet haben. Das war nur ein leichter Aufgalopp für das, was kommen wird. Hält uns der Schlamm zu lange auf, werden wir schon weit vor Moskau den Wintereinbruch erleben. Dann gnade uns Gott.

Und noch etwas macht den Haltebefehl so gefährlich dumm: Jeden Tag, den wir hier stehen, nutzen die Russen dankbar, um ihre Stellungen zu befestigen und Reserven aufzufüllen. Was wir jetzt nicht schnell nehmen, werden wir nur noch mit großen Verlusten nehmen können.

Schau mich nicht so verärgert an. Glaubst du, mir macht es Freude, die Kassandra zu spielen? Glaubst du, ich habe weniger Offiziersehre im Leib als du?"

„Ich weiß nicht, aber deine Schwarzmalerei ist nun einmal nicht nach meinem Geschmack. Ich sehe, was wir schon erreicht haben. Darauf können wir stolz sein. Stattdessen verbreitest du Untergangsstimmung. Das geht mir gegen den Strich. Der Russe hat schon so viel Prügel bezogen, dass er uns nur noch Nadelstiche versetzen kann. In ein paar Wochen werden wir Moskau eingenommen haben. Dann werde ich einige ernste Worte mit dir sprechen."

„Träume süß und glaube fest", sagt Macke spöttisch.

Ende September wird der Vormarsch fortgesetzt, ohne dass Erwin Hofschneider dazu gekommen ist seine Unterwäsche zu wechseln. Die Wäschefahrzeuge blieben unauffindbar. So wäscht er seine Unterwäsche einige Male mit Seife und flickt die größeren Löcher.

Ehe sie aufbrechen, erhält er zwei Feldpostbriefe. Mutter schreibt, zu Hause wäre alles in Ordnung. Ludwig habe sich aus Russland gemeldet, das habe sie erleichtert. Vater habe es mit einem Mal im Rücken und wäre jetzt beim Luftschutz. Der zweite Brief ist von seiner Verlobten. Irmgard schreibt, sie wäre stolz auf ihn und die siegreiche Wehrmacht. Sie denke oft an ihn und werde geduldig auf ihn warten. Zu Hause gehe es allen gut.

Wie weit entrückt mir die Menschen inzwischen sind, die mir am nächsten stehen sollten, denkt er, nachdem er die sauber geschriebenen Briefe gelesen hat.

Während des Vormarsches hat er an nichts anderes denken können als an seine täglichen Pflichten: Gelände aufklären, reiten, marschieren, Pferde behandeln, Feinde bekämpfen, Versorgung und Rücktransporte organisieren, Befehle befolgen und erteilen. Erschöpfung und die ständige Anspannung verengten die Gedanken auf die Notwendigkeiten des Krieges. Hier gibt es niemanden, der ihm näher steht als seine Kameraden. Die Welt daheim ist nur noch eine schwache Erinnerung an eine unwirkliche Zeit.

Was soll ich den Lieben schreiben? fragt er sich. Unser Leben können sie nicht verstehen. Selbst Vater nicht mehr, obwohl er Soldat war.

Als er sieht, wie eifrig seine Kameraden schreiben, damit der Kurier die Briefe gleich wieder mitnehmen kann, bezwingt er seine Unlust. Zu Hause warten sie auf ein Lebenszeichen von dir!

Mit diesem Gedanken überwindet er sich und schreibt zwei belanglose Antwortbriefe. Beide enden mit dem Hinweis auf ein baldiges Ende des Feldzuges.

Im Oktober werden die Russen bei Brjansk und Wjasma eingeschlossen und es fällt der erste Schnee. Regen und Schnee wechseln einander ab. Die herbstliche Schlammzeit beginnt Soldaten und Pferde zu quälen. In den Nächten gibt es den ersten Frost.

Ende Oktober setzt Dauerfrost ein und das Regiment verbraucht sich auf dem kräftezehrenden Weg nach Tula. Die Thermometersäule sinkt und sinkt. Die Spurrinnen sind festgefroren und unter dem Schnee nicht erkennbar. Die Fahrwerke der Wagen werden so extrem belastet, dass immer häufiger Achsen und Räder Schaden nehmen. Die Pferde verletzen sich an gefrorenen Kanten und Eissplittern, kommen ins Rutschen und stürzen. Knochenbrüche sind ihr Todesurteil.

Schlimmer als die Mühen des Weges sind die beißende Kälte und die erbarmungslosen Schneestürme. Zum ersten Mal in seiner Militärzeit zweifelt Erwin Hofschneider an einer umsichtigen Planung des Feldzuges. Da die Soldaten weiterhin mit Sommerausrüstung kämpfen müssen, sind sie der Kälte stärker ausgesetzt als die meisten Russen. Am wenigsten geeignet ist das Schuhwerk. Die Kälte dringt schnell durch das dünne Leder. Erste Erfrierungen treten auf. Nur sporadisch kommen Wintersachen nach vorn.

Die frierenden Soldaten nehmen den Toten alle brauchbaren Kleidungsstücke ab. Begehrt sind die Filzstiefel und die Wattesachen der Russen. Um sich gegen das Erfrieren zu wehren, ist den Soldaten bald jedes noch so abenteuerliche Aussehen recht. Die Schwadron ähnelt mehr und mehr einem marodierenden Haufen.

Solange Soldaten und Pferde ausreichend verpflegt werden können und in Bewegung bleiben, halten sich die Ausfälle in Grenzen. Das Drama beginnt, als die Temperatur auf 30 Grad unter null sinkt und immer mehr Panzer und Kraftwagen ausfallen. Die Front rückt kaum noch vorwärts und der befürchtete Teufelskreis beginnt: Um nicht zu erfrieren, müssen Soldaten und Pferde in Bewegung bleiben. Diese Bewegung verbraucht Energie, die durch den zunehmenden Ausfall der Transportfahrzeuge nicht mehr aufgefüllt werden kann. Eine chronische Unterversorgung ist die Folge.

Die hungrigen Pferde leiden ebenso unter der Kälte wie die Soldaten. Schlimm trifft es Wallache, die infolge von Operationsfehlern bei der Kastration ihre Penisse nicht mehr vollständig in den schützenden Schlauch zurückziehen können. Mit Erfrierungen müssen sie ein zweites Mal für ihre Kastration leiden. Sie werden erschossen.

Völlig erschöpft kommt das Regiment in der Nähe von Tula zum Stehen. Vier Monate lang ist es unter Strapazen durch Russland gezogen, hat dabei fast ein Fünftel seiner Soldaten und Pferde und fast die Hälfte seiner Fahrzeuge verloren. Nun liegt es ausgelaugt und mutlos in den Schneefeldern vor Tula und hat unter freiem Himmel täglich Opfer zu beklagen.

Leid kommt zu Leid, Verzweiflung zu Verzweiflung. Völlig

überraschend beginnt die Rote Armee Anfang Dezember eine Offensive. Ihre Feuerkraft ist gewaltig, ihre Soldaten sind gut ausgerüstet. Schnell werfen sie die deutschen Divisionen aus ihren Stellungen. Auch Erwin Hofschneiders Regiment muss sich rasch zurückziehen, um nicht gleich beim ersten Ansturm der Russen aufgerieben zu werden.

Freund Macke und Ludwig haben recht, Russland kann man nicht ungestraft erobern! Dieser furchtbare, dieser lähmende Gedanke bestürmt nun auch Erwin Hofschneider. Die Russen haben die Atempause im September gut genutzt. Alles mühsam Erreichte ist auf der Stelle verloren. Dies ist sein dritter Feldzug, doch noch nie hat er sich mit seinen Männern zurückziehen müssen. Stets hat es nur eine Richtung gegeben: vorwärts bis zum Sieg.

Wie konnte es ausgerechnet den Russen gelingen, uns zum Rückzug zu zwingen? Kesselschlacht um Kesselschlacht haben wir sie besiegt. Hunderttausende Soldaten sowie eine Unmenge Waffen und Ausrüstungen haben sie dabei verloren. Viele ihrer wichtigen Industriegebiete sind in unserer Hand. Wo um alles in der Welt kommen plötzlich die neuen russischen Divisionen her? Haben wir die Russen unterschätzt?

Du darfst nicht aufgeben! Gibst du auf, geben auch deine Kameraden auf. Du bist ihr Offizier. Solange du ihnen vorangehst, bleibt ihnen eine winzige Hoffnung.

Mit diesen Gedanken quält Erwin Hofschneider seinen entkräfteten, geschundenen Körper durch die erbarmungslos gleichgültige Schneewüste. Etwas Unbegreifliches, Unvorstellbares ist mit ihm geschehen. Er ist lebendig und tot zugleich. Zum ersten Mal in seinem Leben hört er das verlockende Flüstern des Todesengels: Warum quälst du dich so, Soldat? Du hast gegeben, was du geben konntest. Niemand wird dir Vorwürfe machen, wenn du jetzt aufgibst. Wenn ein Mensch so am Ende ist wie du, muss er aufgeben. Wer hätte das Recht, mehr von dir zu verlangen? Leg dich in den weichen, makellosen Schnee und schließe deine Augen. Sanft werde ich dich erlösen von all den sinnlos gewordenen Qualen. Hab keine Furcht. Ich bin bei dir. Schlaf, Soldat, schlaf ein. Stiller Friede wird um dich sein.

Dass ihn der Lebensmut verlassen hat, ist erschreckend genug. Doch viel erstaunlicher ist es, dass ihn diese Erkenntnis nicht mehr schmerzt. Was ihn noch auf den Beinen hält, ist die ihm anerzogene eiserne Disziplin des Offiziers. Seine Verantwortung für Soldaten und Pferde und die Befehle seiner Vorgesetzten sind stärker als die verführerischen Einflüsterungen des Todesengels – noch, aber wie lange?

Bei Beginn des Rückzuges hat er seine einzige Aufgabe darin gesehen, möglichst alle Kameraden und Pferde durchzubringen. Inzwischen hat er über die Hälfte seiner Kameraden und fast alle Pferde verloren. Wenn ich noch viele Kameraden verliere, gibt es keine Rechtfertigung mehr selbst zu überleben, denkt er, ohne darüber zu erschrecken. Trifft mich bis dahin keine Kugel, werde ich mich hinlegen und dem sanften Gesang des Todesengels folgen. Sterben wie ein Soldat, der alles gegeben hat. Wie seine Männer und die Pferde, die er auf unterschiedliche Weise verloren hat.

Wenige Männer und fast alle Pferde haben die noch Lebenden still verlassen. Die meisten Pferde verhungerten, nachdem sie vergeblich unter dem Schnee nach Futter gesucht oder das wertlose Stroh von den Dächern verlassener Hütten gefressen hatten. Sie taumelten, fielen um und starben. Auch einige Soldaten starben still. Eine Kugel oder ein Splitter zerschmetterte ihren Kopf oder traf ihr Herz. Einige waren in Situationen, in denen jeder nur an sein eigenes Überleben denken konnte, verzweifelt liegen geblieben und bei Temperaturen von 40 Grad unter Null erfroren. Das waren die leisen Fälle.

Die meisten Soldaten und einige Pferde traf dagegen das noch größere Unglück: nicht sofort tot zu sein. Plötzlich fehlten ihnen Gliedmaßen oder ein Teil ihres Kopfes oder ihre Innereien quollen ihnen aus zerfetzten Bäuchen. Die Verwundeten lagen schreiend und wimmernd auf der verschneiden russischen Erde, riefen nach ihren verzagten Kameraden, den verzweifelten Sanitätern, flehten zum gleichgültigsten aller Götter, dem Menschengott, und klagten ihr Elend den einzigen Menschen, die ihnen in ihren Nöten stets beigestanden hatten, ihren Müttern. Starben sie nach qualvollen Minuten, Stunden, Tagen, waren ihre Kameraden erleichtert. Sie empfanden den Tod ihrer unglücklichen Kameraden als Erlösung und Gnade.

Die schwer verwundeten Pferde aber gaben Laute von sich, die ein Soldat weder vergessen noch beschreiben kann. Wer könnte darüber ohne Scham und Verzweiflung sprechen? Das Universum des Leidens hatte seine Pforten geöffnet und den sterbenden Pferden eine Stimme gegeben, damit die Menschen im Schicksal der Pferde ihre eigene Schande erkennen konnten. Wenn die Pferde in ihrem Elend laut klagten, weinten die auf die Magerkost des Krieges gesetzten Seelen der geschundenen Soldaten in tiefster Verzweiflung. Die Pferde klagten die menschliche Verdorbenheit an.

Mann um Mann und Pferd um Pferd hat Erwin Hoffschneiders Regiment auf dem in Etappen vorgenommenen Rückzug verloren. Er fragt sich, wie es möglich ist, neben den körperlichen Qualen des Krieges, all die seelischen Qualen ertragen zu können, die mit dem Verlust von treuen Kameraden und zutraulichen Pferden verbunden sind. Waren diese Qualen nur erdacht worden, um aus Burschen Männer werden zu lassen? So jedenfalls denken viele seiner Kameraden. Auch er selbst hat noch vor wenigen Wochen so gedacht. Doch eine Auslese der Stärksten und Tapfersten kann der Krieg nicht sein. Zu viele gestandene Männer hat er inzwischen sterben gesehen, um diesem Rechtfertigungsgedanken weiterhin und ohne zu zweifeln folgen zu können.

Nein, für seine Kameraden musste niemand neue Qualen und neues Schlachtgetümmel ersinnen, um aus ihnen tapfere Männer machen zu können. Worin konnte irgendein Nutzen bestehen, wenn der Krieg, ohne mit einer Wimper zu zucken, diese tapferen Männer wie ein nimmersatter Moloch verschlang?

Schwerer und schwerer ist es geworden, dem alltäglichen Elend der Soldaten noch einen Sinn abzugewinnen. Eine unausgesprochene

Frage belastet die Gemüter vieler Soldaten: Was haben wir in diesem fernen, fremden, lebensfeindlichen Land verloren?

Inzwischen ist Erwin Hofschneiders Regiment auf Bataillonsstärke geschrumpft. Der neue Regimentskommandeur und zwei Bataillonskommandeure sind gefallen. Ein Bataillonskommandeur führt jetzt das Regiment. Längst hat er Erwin Hofschneiders Schwadron mit der seines Freundes Macke zusammengeführt und unter Mackes Kommando gestellt.

Als sich auch die Russen erschöpft haben und die Auffangstellungen westlich Kirows fast erreicht sind, gerät die Schwadron wieder in einen Hinterhalt der Partisanen. Nachdem der Angriff abgewehrt ist, wird Erwin Hofschneider zu seinem Freund Macke gerufen.

Macke liegt auf seinem Mantel. Ein Sanitäter hat Mackes Uniformjacke geöffnet und versucht eine heftige Blutung unter dem linken Arm zu stoppen.

„Sehen Sie sich diesen Mist an“, sagt der Sanitäter leise zu Erwin Hofschneider, „genau in die Achselhöhle. Wie soll ich hier die Blutung stillen?“

Erwin Hofschneider ist erschrocken, als er sieht, wie viel Blut sein Freund schon verloren hat. Die Achsel ist zerfetzt und das Schultergelenk liegt frei. Unter dem Verband quillt das Blut auf Jacke und Mantel. Die Wunde pulsiert im Rhythmus des Herzens. Bleich, mit geschlossenen Augen, liegt Macke auf seinem besudelten Mantel und atmet nur sehr flach. „Wir müssen ihn durchbringen!“, schreit Erwin Hofschneider den Sanitätsgefreiten an. Der drückt mit seinen blutverschmierten Händen verlegen in dem getränkten Verband herum und sagt ruhig: „Nur eine sofortige Operation hätte ihm helfen können. So aber muss er sterben. Mit einer Handvoll Verbandsstoff kann ihn niemand am Leben halten. Sehen Sie, das Blut hört auf zu quellen.“

„Verdammt, verdammt, verdammt!“, schreit Erwin Hofschneider seine Verzweiflung hinaus. Freund Macke atmet nicht mehr.

Als Erwin Hofschneider im sauberen Lazarettbett liegt, erscheint ihm sein Überleben wie ein unerklärbares Wunder. Die intensiven Erinnerungen zwingen ihn, immer wieder eine Bilanz des Feldzuges zu ziehen. Der Vormarsch bei geringen Verlusten und die Katastrophe des Winters. Mehr als die Hälfte seiner Männer ist gefallen oder erfroren. Keiner der Überlebenden ist noch gesund, Wunden und Erfrierungen wohin er sieht. Als junge, siegesgewisse Soldaten haben sie den Bug überschritten, als mutlose, alte Männer die Auffangstellungen erreicht. Ausgehungert, verlaust und in Lumpen gehüllt, an Körper und Seele verwundet.

Außer von Läusen ist Erwin Hofschneider auch von der Krätze befallen. Kein Wunder, denn seit fast acht Monaten ist er nicht in der Lage gewesen, seine Unterwäsche zu wechseln. Angeekelt nimmt ihm ein Sanitäter die zerlöcherte, schmutzige, verschwitzte und verlauste Unterwäsche ab und sorgt dafür, dass sie sofort verbrannt wird. Nach Dampfbad und Haarschnitt muss er seinen abgemagerten Körper mit einer übel riechenden Emulsion gegen die Krätze einreiben. Die Erfrierungen an seinen Zehen sind zum Glück nicht so schlimm, wie er es befürchtet hat. Nur die kleinen Zehen werden ihm abgenommen. Er muss nicht das Schicksal vieler Kameraden teilen, denen mitunter alle Zehen amputiert werden müssen.

Es sind immer die gleichen Bilder, die in seinen Erinnerungen auftauchen: das würdelose Sterben seiner Kameraden und das bedauernswerte Ende der Pferde. Das Elend in der russischen Schneewüste hat alle Unterschiede mit froststarrer Hand verwischt. Hunger, Kälte und Krieg haben sich auf jedes atmende Wesen gestürzt und peinigten es grausam. Offiziere und Soldaten, Soldaten und Pferde waren in diesen Tagen nur eines: verzweifelte Kreaturen, die in einem Meer aus tausend Plagen dahintrieben.

Erwin Hofschneider sieht auf seinen abgemagerten, geschundenen Körper. Die Emulsion glänzt auf seiner weißen Haut und betont die Konturen. Ihr ekelhafter Geruch sticht ihm in die Nase. Wie ein einbalsamierter Leichnam, denkt er.

Beim Anblick des sauberen Lakens kommen die Erinnerungen

an seine gefallenen Kameraden mit Macht zurück. Erinnerungen an all die Männer, für die er verantwortlich gewesen ist und deren Tod er hilflos ansehen musste. Hätte ich, mit mehr Können und Umsicht, einige dieser Unglücklichen retten können? Warum haben wir, habe ich so versagt? Was hätte ich noch tun können?

Wieder denkt er an seinen Freund Macke. Er hatte recht und musste sterben. Ich habe ihm nicht geglaubt und bin am Leben. Alle Strapazen hatte Macke mit seinen Soldaten geteilt und ihnen beim schwierigen Überleben in einer feindseligen Welt geholfen. Inmitten seiner Soldaten hatte er Dutzende Angriffe russischer Soldaten und Partisanen abgewehrt.

Er sieht seinen verblutenden Freund im Schnee liegen. Wie kann ich jemals vergessen, dass wir ihn nicht einmal begraben konnten? Als sie ihm die Stiefel auszogen, damit sie den Russen nicht in die Hände fielen, konnte ich seine erfrorenen Zehen sehen. Blutverschmiert, im offenen Mantel und ohne Stiefel hatten wir ihn im Schnee zurückgelassen, um den vorrückenden Russen zu entkommen. So würdelos war das Sterben eines tapferen Freundes gewesen, so würdelos.

Erwin Hofschneider dreht sich – mit dem Gesicht zur Wand – und weint.

„So ein Wahnsinn und so ein sinnloses Leid“, stellte Hans Mascharek nüchtern fest.

„Dabei hat der Krieg erst begonnen“, sagte das Dreiäugige, „sozusagen der Aufgalopp für das größte Inferno seit der Sintflut. Das Elend auf der anderen Seite hast du ja noch gar nicht gesehen.“

„Warum hat sich mein Schwiegervater nie die Seele erleichtert und nie mit seinen Angehörigen darüber gesprochen?“

„Er wollte keinen damit belasten. Und: Wie hätten Menschen, die das nicht erlebt haben, ihn verstehen können?“

„Ich hätte ihn verstanden“, sagte Hans Mascharek mit dem Brustton der Überzeugung.

„Sei dir nicht zu sicher. Jetzt, da du alles gesehen hast, kannst du ihn verstehen. Aber damals, als dich die Berufs- und Familienpflichten gefordert und deinen Lebensrhythmus bestimmt haben?“

„Und wie ist es meinem Vater ergangen?“

„Dieser russische Winter ist ihm noch erspart geblieben. Doch in einigen Tagen wird auch er eingezogen. Ein Bauernhof, drei Kinder und sein Alter sind nach diesem Gemetzel keine Gründe mehr, ihn zu schonen.

In Tichaja Semlja wirst du ihn wiedersehen. Schau also nach, wie es den Alten und Kindern dort ergangen ist.“

Das Dreiäugige hatte es kaum ausgesprochen, da schwebte Hans Mascharek wieder über Igor Mamedows Stube.

Igor Mamedows Blick gleitet aufmerksam über die bizarren Eisblumen am Fenster. Sosehr er sich auch müht, gleiche Muster zu finden: jede Eisblume, jedes Eiskristall ist anders gewachsen. „Gott hat dafür gesorgt, dass es nichts zweimal gibt. Alles von ihm Geschaffene ist einmalig“, erinnert er sich an Vater Nikolais Worte. „Der Gedanke von der Gleichheit ist eine Illusion unwissender oder verblendeter Menschen.“

Bei welcher Gelegenheit ist das geschehen? Ich muss damals erst 16 oder 17 Jahre alt gewesen sein. Ich habe ihn damals gefragt, ob es wirklich nichts Gleiches gebe. Und er darauf: „Rein gar nichts. Manche Unterschiede springen dir wie der Leibhaftige direkt ins Gesicht, andere dagegen musst du mit dem Vergrößerungsglas suchen.“

„Dann sind also nicht alle Menschen vor Gott gleich?“, habe ich damals wissen wollen.

„Was fragst du da für dummes Zeug? Wie können sie vor ihm gleich sein, wenn er sie unterschiedlich geschaffen hat?“, so Vater Nikolai.

Diese seltsame Welt, denkt Igor Mamedow. Nichts in ihr ist neu und nichts ist gleich. Nur die Kommunisten kommen unbekümmert und fröhlich daher und wollen alles neu und alle gleichmachen. Für Vater Nikolai ist ihr Tun gegen die göttliche Weltordnung gerichtet und somit zum Scheitern verurteilt gewesen. Er hat Gott gegen die ungläubigen Menschen verteidigt, der gütige Vater Nikolai. Gott aber hat zugesehen, wie ihn die Kommunisten mit ihren Säbeln niedergemacht haben. Was ist am Ende von einem Gott zu erwarten, der seinen eigenen Sohn ans Kreuz schlagen ließ?

Was soll’s. Ich bin nicht allwissend, darf nicht richten, was ich nicht verstehe und werde mit einem großen Sack voll Fragen sterben.

Er erhebt sich stöhnend. Im Bett ist es angenehm warm, aber die Knochen schmerzen unerträglich, sobald er zu lange liegt. Es wird auch Zeit den Ofen nachzuheizen, damit die Stube nicht zu sehr auskühlt. Vielleicht, überlegt er, erbarmt sich Kolja des Schnees und schaufelt das restliche Wegstück zu mir frei. Dann will er mit Tee bewirtet sein, und nicht von einem verschlafenen Gespenst in Unterwäsche begrüßt werden. Eine Plage ist's mit dem vielen Schnee für uns Alte.

Der Schnee hat sich zuerst ganz sanft auf das Dorf gelegt. Doch dann hat es fast eine ganze Woche geschneit. Wie das weiche erstickende Federkissen der alten Muchowa hat sich der Schnee auf das Dorf geworfen und das gewohnte Leben unter sich begraben. Ohne Pferde ist es den Alten nicht möglich, die Wege zu beräumen. Sie sind zufrieden, wenn sie die Wege zu ihren Schuppen und Ställen und zu ihren Nachbarn freischaufeln können.

Mit Kolja Prischin ist Igor Mamedow übereingekommen, den Weg von Haustür zu Haustür nach dem Lustprinzip freizuschaufeln. Wem die Schaufellust in die alten Knochen fahre, der schippe so lange, bis Lust oder Kraft nachlassen. Wer an die Tür des anderen klopfe, habe sich augenblicklich das Recht auf eine angemessene Bewirtung verdient.

Mitunter treffen sie sich auf halbem Weg. Dann sagt Kolja für gewöhnlich: „Willst dir wohl die Bewirtung ersparen? Lass uns das Bewirtungsrecht ausknobeln."

Igor Mamedow hackt dünne Späne von einem Holzscheit, legt sie in die Restglut und bläst, bis in seinen Augen kleine, fröhliche Funken ihren Schabernack treiben.

Als das Feuer brennt, sieht er auf den Rest des Brennholzes. Es ist Zeit Nachschub vom Schuppen ins Haus zu schaffen. Die Scheite auf seinen Armen überlegt er, wie es weitergehen wird: Bleibt es so kalt, hab ich noch für drei Wochen Holz; wird es milder, für sechs. Dann ist schon Frühjahr. Bleibt es aber so kalt, werde ich mich mit Kolja einigen, gemeinsam um einen Ofen zu sitzen. Nachts muss es auch so gehen.

Nicht nur das Holz geht zur Neige. Brot, Fleisch und Speck gibt es schon lange nicht mehr. Er hat kaum noch Mehl und Zucker. Seit Tagen lebt er von Kartoffeln, Salz und Zwiebeln. Mitunter kocht er sich eine Rübe oder einen Kohlkopf, obwohl er davon solche Blähungen bekommt, dass er sich schämen würde, wenn Kolja überraschend hereinkäme. An besonderen Tagen genehmigt er sich zu den

Kartoffeln einen halben Löffel Schmalz oder eine eingelegte Gurke. Nach einer so üppigen Schlemmerei schiebt er stets einen Fastentag ein. Schlürft er Tee, vergeht der Hunger für eine Weile.

Als das Feuer brennt, geht er vor die Tür und reibt sich Hände und Gesicht mit Schnee ein. Der Frost zwickt an Nase und Ohren. Am besten, man wäscht sich mit Mütze und Schal, denkt er. Zum Glück ist kein neuer Schnee gefallen. Ich werd das restliche Wegstück zu Kolja freischaufeln, das letzte Mehl mitnehmen und Koljas liebenswerte Irina bitten, uns davon Plinsen zu backen. Dann hat die liebe Seele Ruh.

Wieder in der Stube, denkt er an die Familien seiner Töchter in den Wäldern und an die beiden Enkelsöhne, die als Soldaten in Schnee und Kälte gegen das deutsche Lumpenpack kämpfen müssen. Hat Gott mir schon beide Söhne genommen, soll er mir Töchter und Enkelkinder lassen. Genug gebüßt hab ich schon.

Einen Vorteil hat der viele Schnee. Seit das Dorf eingeschneit ist, haben sich weder die Deutschen noch die Partisanen im Dorf sehen lassen. Wozu auch? Um uns Gewesene zu begaffen?

Das war im Herbst noch anders gewesen. Als die Partisanen bemerkten, wie nachlässig die Deutschen mit dem Dorf umgingen, holten sie sich gemütlich Kartoffeln, Kohl und Rüben von den Feldern und sahen bei ihren Alten nach dem Rechten. Ohne Igor Mamedow ins Vertrauen zu ziehen, bauten sie ihr Informationssystem im Dorf auf. Ihm aber drohten sie: Lass dich nicht mit den Faschisten ein! Wir erfahren alles. Mit Starosten von deutschen Gnaden machen wir kurzen Prozess.

Doch dann bekam der junge Konew mit, dass seine Männer – aus Mitleid mit den Alten – bei der Nahrungsmittelrequirierung nachsichtig waren. Er befahl daraufhin, dass kein Partisan das Dorf aufsuchen dürfe, aus dem er stamme. Fortan tauchten zur Verärgerung der Alten nur noch fremde Partisanen im Dorf auf, nahmen Nahrungsmittel und Kleinvieh mit, ohne sich um das weitere Schicksal der Alten zu kümmern.

Wichtig ist es, sich so einzurichten, dass sie immer etwas, aber nie alles finden. Traurig erinnert sich Igor Mamedow daran, wie es Ossip Achmatow ergangen ist. Der begrüßte die fremden Partisanen mit den Worten: „Wie ihr seht, wissen wir selbst nicht, wovon wir leben sollen. Finden werdet ihr bei uns nur ein paar Rüben. Nehmt sie in Gottes Namen mit, verhungern müssen wir eh."

„Seht sie euch an, Genossen! Er feist wie ein Eber und sie feist wie eine Sau, aber im Haus wollen sie nichts haben", höhnte einer der bewaffneten Männer. „Lasst uns nach all den schönen Sachen suchen, mit denen man sich in diesem Haus mästet, während wir für Mütterchen Russland hungern und bluten."

Sie fingen an in Schränken und Truhen zu wühlen. Dabei stießen sie die schimpfende Sinaida Achmatowa so beiseite, dass sie umfiel. Da platzte dem unduldsamen Ossip Achmatow der Kragen: „Ihr benehmt euch schlimmer als die Deutschen. Ihr seid keine Partisanen, ihr seid Banditen!" Schwuppdiwupp bekam er eins mit dem Gewehrkolben an den Kopf und lag blutend auf dem Boden. Das brachte seine Sinaida in Rage. Mit einem Besen ging sie auf die dreisten Männer los. „An einem Weib vergreifen wir uns nicht, selbst, wenn es tollwütig ist", schimpften die Männer. Lachend und fluchend verließen sie das Haus, drehten auf dem Nachbarhof drei Gänsen die Hälse um und ritten davon. Ossip Achmatow aber war eine Stunde später gestorben.

So erging es dem armen Ossip, denkt Igor Mamedow und seufzt. Ein Gansbraten stimmte die lieben Partisanen froh und ein toter Alter ließ sie nicht traurig werden.

Auch sonst hing fast alles von Zufällen ab. Manche Häuser durchsuchten sie mehrmals, andere nie. Die einen nahmen rücksichtslos alles mit, andere waren einsichtig.

Mir erwiesen die Liebenswerten zweimal die Ehre. Das erste Mal war mein Schwiegersohn Wladimir dabei und erzählte mir, wie sie im Wald leben. Dort hausen sie in Hütten, Zelten und Unterständen. Es gebe Unterricht für die Kinder und eine Ärztin, die Sanitäterinnen ausbilde. Warme Sachen haben sie, nur die Lebensmittel seien streng rationiert und sie hungern. Bei ihren Einsätzen seien einige Männer und eine Frau aus unserem Dorf gefallen. Für die Verwundeten fehle Verbandszeug, Desinfektions- und Narkosemittel. Seife sei eine Kostbarkeit; Wodka verboten. Machorka gebe es zum Glück ausreichend. Beiläufig erwähnte Wladimir den Tod der mitgenommenen Säuglinge.

Gemeinsam schlachteten wir die beiden kleinen Schweine. Dann gab ich Wladimir noch einen halben Sack Weizen und einen Sack Kartoffeln mit. Beim Abschied stiegen Wladimir Tränen in die Augen: „Verzeih uns, Vater. Dauert der Krieg noch lange, wird er bald Ungeheuer aus uns machen. Was sollen wir nur tun?“

Als bereits der erste Schnee lag, kamen fremde Partisanen ins Dorf. Schlimm erging es damals nicht nur den Achmatows, sondern auch den Dawidows. Ihnen nahmen sie alle Kartoffeln, die Hühner und die Kaninchen weg. Als der alte Dawidow sie fragte, wie er nun mit seiner Frau den Winter überleben solle, antworteten sie ihm lachend: „Dir wird schon was einfallen, Alter. Und wenn nicht, ist's auch nicht schlimm. Hast lange genug gelebt. Wozu ist einer wie du noch da?“

Die Männer, die in mein Haus kamen, ließen dagegen mit sich reden. Auch wenn es am Anfang nicht danach aussah. Wegen der Kälte hatte ich das mir verbliebene Kleinvieh mit ins Haus genommen. Das stach den Partisanen sofort ins Auge.

„Seht nur, Brüder! Für die nächsten Tage ist unsere Verpflegung, wie's scheint, gesichert“, rief ein verwegener Partisan. Da legte ich mich sofort ins Zeug: „Was wollt ihr mit den dürren Ziegen? Drei Happen und schon sind sie weg. An ihrem zähen Fleisch werdet ihr keine Freude haben. Artjom, der Bock, hat zwar nur Unsinn in seinem Ziegenschädel, aber mitunter bespringt er Marja, die geile Ziege. Im Frühjahr wird sie lammen. Ihre Milch wird den Kindern helfen, den Krieg zu überleben. Nehmt in Gottes Namen das Schaf und einige Hühner mit und lasst dem Dorf die Ziegen. Euren Mut bewundern wir. Nehmt ihr aber alles Vieh und Saatgut mit, was soll dann im nächsten Jahr werden?“

„Das nächste Jahr, Väterchen Graubart, ist uns so fern wie der

Mond und so egal wie der Unterrock der gewesenen Zarin Alexandra. Im Krieg zählt nur das Heute. Du bist noch am Leben? Gut. Du bist auch morgen noch am Leben? Nicht auszuhalten. Ob du aber übermorgen noch am Leben bist, weiß nicht einmal der Himmel. Wozu also an Übermorgen denken? Kurz, Großväterchen, denkt der Mensch im Krieg, und er tut gut daran", sagte der Anführer mit überheblicher Miene und wandte sich seinen Männern zu: „Steht nicht rum wie Vogelscheuchen. Schlachtet im Namen des Großen Vaterländischen Krieges das Schaf. Die Ziegen aber rührt nicht an. Sollen sie dem Alten die Stube vollscheißen. Die Hühner aber nehmt mit. Und wie sieht's mit Kartoffeln und Graupen aus, Großväterchen?"

Eine Antwort kam mir rasch über die Zunge: „Mein letztes Getreide haben andere Partisanen mitgenommen. Die restlichen Kartoffeln aber lasst mir. Ehe ihr damit im Wald seid, sind sie erfroren. Mich aber werden sie, so Gott will, durch den Winter bringen."

Der Anführer betrachtete mich schmunzelnd und antwortete: „Willst wohl mit mir handeln wie die Juden auf dem Markt? Lassen wir Gott aus dem Spiel und teilen wir brüderlich. Wie ich sehe, hast du noch zwei Sack Kartoffeln. Nehmen wir also einen davon mit. In Stroh verpackt und am Pferdekörper werden wir ihn unbeschadet ins Lager bringen. Musst dir eben den Strick enger binden und schon wird es gehen."

Unzufrieden mit diesem Ausgang fragte ich: „Bald habt ihr uns Alten alles genommen. Was wird dann?"

„Dann, ihr Zahnlosen, seht euch vor. Vielleicht kommen wir dann, um euch zu schlachten. Wär doch schade, wenn ihr nutzlos in der Erde vermodert."

Die Partisanen bogen sich vor Lachen und ritten erheitert davon.

Alles in allem haben Kolja und ich noch Glück gehabt, überlegt Igor Mamedow zum Schluss. „Und ihr beiden auch", sagt er zu seinen Ziegen. „Du", wendet er sich an Artjom, „kannst deine Marja weiter bespringen und mich mit deinen Hörner piesacken." Artjom sieht ihn gelangweilt aus seinen Ziegenschlitzen an und erleichtert sich ungeniert ins Stroh.

Wie Krieg und Not doch viele Menschen verändern und ihre wahre Natur ans Licht bringen. Schwer atmend, einen weiteren Armvoll Holz ins Haus tragend, erinnert er sich an die große Hungersnot von 1891. Damals waren ein Stück Brot, ein Dörrfisch oder ein Streifen Pökelfleisch Gründe, einander totzuschlagen. In einigen Dörfern gab es Kannibalismus innerhalb der Familien. In den meisten Familien ging es zu wie unter Tieren. Die Kräftigen nahmen den Schwachen alles weg. Alte, Kinder und Kranke verhungerten zuerst. Wenige blieben auch in ihrem Elend Christenmenschen, teilten bis nichts mehr da war und starben dann gemeinsam mit den anderen.

Und im Krieg? Viele prachtvolle, kerngesunde Männer wie mein Nikolai und mein Stepan kamen um und so mancher Tunichtgut kehrte ohne eine Schramme zurück. Auf zehn gefallene Prachtkerle kam wohl nur ein gefallener Tunichtgut. Und die Prachtkerle, die wiederkamen? Stumm und verbittert schütteten sie den Wodka literweise in sich hinein.

Nein, für mich haben Kriege und Nöte keinen Nutzen, wie einige Leute im Dorf es in ihrem Leichtsinn behaupten. Sie sehen darin eine natürliche Auswahl, die es von Zeit zu Zeit geben muss, damit die Männer nicht zu Schlappschwänzen werden und unter die Fuchtel der Weiber geraten. Was für eine Auswahl ist das schon, wenn das Unterste nach oben gekehrt wird und das Grobschlächtige obenauf sitzt?

Als ich Vater Nikolai einmal danach gefragt habe, ob Kriege und Hungersnöte nach Gottes Geschmack seien, hat er mir gesagt: „Was Gott will, können wir Menschen nicht wissen. Aber unser Erlöser Jesus Christus will, dass wir in Frieden miteinander leben und uns gegenseitig helfen, damit uns das Leben leichter wird. Raub und Krieg sind ihm ein Gräuel. Nicht in Gott, sondern in schlechten Menschen haben sie ihren Anfang.“

„Und wenn fremde Soldaten ins Dorf kommen und unsere Familien hinmachen?“, hab ich Wirrkopf gefragt. Da wurde Vater Nikolai brummig. „Hab ich dich damals zu mir genommen, damit du mich nun mit deinen verzwickten Fragen quälst? Hab ich dir nicht erklärt, was Jesus Christus will? Hat er nicht gesagt, wer dich auf die rechte Wange schlägt, dem halte die linke hin? Hat er nicht gesagt, wer zum Schwert greift, wird durch das Schwert umkommen? Hat er nicht gesagt, selig sind die Friedfertigen und du sollst nicht töten?

Was also fragst du Quälgeist mich? Wie soll denn ein Christenmensch weiterleben können, wenn er seinen Bruder erschlagen hat, du Einfaltspinsel? Für Gott zu sterben, das mag angehen. Für Gott zu töten, ist eine schwere Sünde. Kommen Verblendete, um deine Familie hinzumachen, dann stell dich vor deine Familie und lass dich als Erster erschlagen. Bei Gott wird deine Seele dann leben und die des Mörders wird keine Ruhe finden."

„Wie kommt es dann, dass der Feldgeistliche in Smolensk unsere Waffen gesegnet und den Feinden Russlands im Namen Gottes Tod und Verderben gewünscht hat?"

„Was für ein Geistlicher kann so einer schon sein? Wir haben Nächstenliebe und Friedfertigkeit zu predigen, nicht Tod und Verderben. Eine Schande für die Christenheit ist so einer", ärgerte sich Vater Nikolai. „Als man dich zum Militärdienst geholt hat, war ich verzweifelt. Jeden Tag hab ich für dich gebetet, Gott möge verhindern, dass man dich in einen Krieg schickt und du zum Mörder wirst."

Igor Mamedow überlässt sich seinen Gedanken an eine vergangene Zeit. Wenn er an Vater Nikolai denkt, erscheint vor seinen Augen häufig auch die Gestalt von Koljas Großmutter, einer Kalmückin. Bald hieß es, sie lebe nach geheimen Lehren und ohne Christenglauben. In die Kirche kam Koljas deutscher Großvater stets allein. Die Leute ließen ihm das nicht lange durchgehen. Da machte sich Vater Nikolai auf den Weg zu den Prischins. Zufrieden kam er zurück und teilte seiner Gemeinde mit, dass die Kalmückin keine Ungläubige, sondern eine Andersgläubige wäre. Sie bete regelmäßig. Da könnten sich einige im Dorf eine Scheibe von abschneiden. Nur heiße ihr Erlöser nicht Jesus Christus, sondern Buddha. Gekreuzigt habe man den Buddha zwar nicht, was für Friedfertigkeit der Menschen spreche, unter denen er gepredigt habe. Auch er sei aufgefahren in den Himmel und helfe von dort aus den Menschen, Trost und Erlösung zu finden. Wie Jesus Christus habe Buddha Reichtum verachtet, weil dieser Not und Knechtschaft bringe und die Herzen der Menschen verhärte. „Da sie in diesem Glauben aufgewachsen ist, sollten wir sie gewähren lassen und sie wie einen Christenmenschen achten. Da sie für euch und das Wohlergehen des Dorfes betet, wird Gott ein Einsehen mit ihr und mit uns haben."

Dank Vater Nikolai war Tichaja Semlja so ein Religionskrieg erspart geblieben. Bald erfreuten sich alle an der stillen, fleißigen Kalmückin, die alle Leute im Dorf mit ihren gütigen Augen anblickte, die Verstockten ebenso wie die Einsichtigen.

Wenn bei Festlichkeiten der Wodka floss, wurde Koljas Großmutter von vielen Männern und Frauen gedrückt und geküsst, denn sie war nicht nur sanft, sondern auch schön.

Ihre Tochter war gütig und schön wie sie. Sie nahm den Schwerenöter Prischin zum Mann und machte aus ihm einen anständigen Kerl. Ohne diese beiden gäbe es meinen Freund Kolja nicht und das Leben hätte es schlechter mit mir gemeint.

Wie die Gedanken im Alter abirren, dahin und dorthin fliegen, ohne auf Ort und Zeit Rücksicht zu nehmen, wundert sich Igor Mamedow und erinnert sich daran, dass er zu Kolja und nicht zu dessen gewesener Großmutter aufbrechen wollte. Da Koljas Frau Irina seit Tagen kränkelt, versucht er Marja zu melken, um etwas Ziegenmilch mitnehmen zu können. Klein und schlaff hängt das Euter zwischen den dürren Beinen der Ziegenschönheit. Mit Mühe und ungehaltenem Gemecker gibt sie nicht viel mehr als eine Tasse Milch her. Bei der Verpflegung! scheint ihr Blick zu sagen.

Nachdem er seufzend die Melkerei beendet hat, zieht er sich die dicken Filzstiefel und die Wattesachen an, setzt die Pelzmütze auf, nimmt die Fellhandschuhe und beginnt das letzte Stückchen Weg zu Kolja hinüber freizuschaufeln. Früher wäre das eine lächerliche Sache gewesen, aber nun kommt sein ausgehungerter Körper schnell in Atemnot. Er muss zwei Pausen einlegen, weil ihm die vom Frost ausgetrocknete Luft mit ihren unsichtbaren Nägeln in die Lunge sticht.

Als der Weg frei ist, nimmt er die Milch und das restliche Mehl und geht zwischen dem aufgetürmten Schnee zu Koljas Haus hinüber. Die alte Spottdrossel empfängt ihn niedergeschlagen. „Gut, dass du gekommen bist, Igor. Meiner Irina geht es schlecht. In ihrer Lunge rasselt es, da wird mir angst und bange. Gestern war sie noch heiß wie ein Backofen, aber heute fühlt sie sich eiskalt an. Sie ist ganz schwach. Dass sie mich vorhin zu dir schicken wollte, hat mir den Rest gegeben. Wie soll ich leben, wenn sie nicht mehr da ist? Wie die Turteltäubchen haben wir gelebt, wie die Turteltäubchen."

Gewöhnlich nennt Kolja seine Frau nur „meine Alte". Da er sie heute bei ihrem Vornamen nennt und sie als Turteltäubchen bezeichnet, muss es schlimm um sie stehen. Igor Mamedow versucht, seinen Freund zu trösten: „Ach was, wem von uns Alten rasselt es nicht hin und wieder in der Lunge. Deine Irina wird uns noch überleben. Wirst sehen. Ziegenmilch hab ich mitgebracht, die wird ihr schnell wieder auf ihre krummen Beine helfen. Wenn der Frühling kommt, ist alles vergessen."

Kolja blickt ihn traurig an und schüttelt den Kopf. Na so was, wundert sich Igor Mamedow, so habe ich Kolja ja noch nie erlebt.

Dass eine Lunge so rasseln kann! Igor Mamedow erschrickt, als er an Irina Prischinas Bett tritt. Bleich, mit eingefallenen Wangen liegt sie da. Schweiß glänzt auf ihrem Gesicht.

Kolja beugt sich zu ihr nieder und sagt nahe an ihrem Ohr: „Igor ist gekommen." So langsam, als hinge an jedem Lid ein pudschweres Gewicht, öffnet sie einen Spaltbreit ihre Augen. Als sie Igor erkennt, versucht sie zu lächeln.

Igor Mamedow weiß vor Schreck nicht so recht, was er ihr sagen soll. „Ziegenmilch und Mehl hab ich dir mitgebracht. Mit der Milch werden wir dich hochpäppeln, damit du uns von dem Mehl Plinsen backen kannst. Im Frühjahr aber werden wir uns an Marjas Zicklein und den bunten Krokussen erfreuen."

Irina Prischina versucht, ihm etwas zu sagen. Er muss sich über ihr Bett beugen und sein Ohr in die Nähe ihres Mundes bringen. Nur ein Hauch ist ihre Stimme. Es fällt ihm schwer zwischen dem Rasseln und Husten ihre Worte zu verstehen: „Wie ein Christenmensch möchte ich sterben. Du bist bei Vater Nikolai aufgewachsen. Hilf mir zu Gott hinüber. Die Plinsen werdet ihr allein backen müssen."

Igor Mamedow ist nicht mehr nach Ziegenmilch und Plinsen zumute. Er betet langsam ein Vaterunser. Dann nimmt er die kalte Hand der Sterbenden und spricht ihr leise ins Ohr: „Längst vergeben hat dir der Allmächtige wegen deiner Güte. Aufnehmen würde er dich mit Freude. Bei deinem Kolja aber werden wohl selbst hundert Vaterunser nicht ausreichen. Du solltest ihm ins Gewissen reden, sonst ist es am Jüngsten Tag aus mit ihm und du musst allein ins Paradies.

Schlafen sollst du, hat mir der Herrgott gesagt und gesund werden für deinen Kolja. Zum Sterben ist noch Zeit genug. Wie sollen wir Gebrechlichen dir auch bei diesem Frost ein Grab schaufeln? Hab ein Einsehen und bleib bei uns. Für einen weiteren Frühling wird's reichen müssen."

Hört sie ihn noch? Das Rasseln wird leiser. Dann verstummt es.

„Hör doch, was Igor sagt. Leben sollst du, leben!"

Das kann die Gütige schon nicht mehr hören.

Später drücken die beiden Alten der gewesenen Irina Prischina die Augen zu, legen ihr die Arme auf die Brust, falten ihr die Hände und weinen Altmännertränen.

Igor Mamedow lässt seinen Freund Kolja mit der Toten allein. An der Tür überlegt er, wie sie die Gütige in die Erde bringen sollen.

Er erinnert sich daran, wie er das Problem im Spätherbst mit den Alten im Dorf erörterte, als der erste Schnee fiel. Solange das Leben im Dorf pulsierte und jung und alt durcheinandersprangen, war ein Begräbnis eine geringfügige Sache. Traktoren und Pferde beräumten mit Schneepflügen die Wege und auf dem Friedhof wurden Gräber auf Vorrat ausgehoben. Die Erde wurde frostsicher gelagert.

Doch nun kann niemand durch den tiefen Schnee zum Friedhof gehen und die Alten sind zu schwach, um gegen den Frost anzugraben.

„Untersteht euch, im Winter zu sterben!", habe ich deshalb den Alten gesagt. „Lasst euch damit Zeit bis zum Frühjahr. Dann sterbt von mir aus in Gottes Namen.“

Irina, die Stille, Herzensgute hat nicht auf das Frühjahr warten wollen.

Nun ist guter Rat teuer. Sie zum Friedhof zu bringen, geht über unsere Kräfte, überlegt er. Vielleicht kann ich mich zu Kusma Konew durchschlagen? Von seinen letzten zwei Pferden ist eines bei der Rübenernte krepiert. Immerhin hat er noch die Stute Dunja.

Da Kusma nicht weit von hier wohnt, macht sich Igor Mamedow auf den Weg. Doch schon nach wenigen Metern steckt er in einer brusthohen Schneewehe so fest, dass er Mühe hat, sich aus der unbarmherzigen Umklammerung zu befreien.

„Komm zurück! Eine Leiche reicht mir fürs Erste“, ruft ihm Kolja zu, der es nicht lange bei der Toten ausgehalten hat und die Nähe seines Freundes sucht, um sich den Schmerz von der Seele zu reden.

Erschöpft nach Luft schnappend quält sich Igor Mamedow zurück auf seinen Hof. Kolja hilft ihm ins Haus. „Schikaniere dein altes Herz nicht so grausam. Stirbst du mir auch noch weg, werd ich mich auf der Stelle aufhängen. Darauf kannst du einen ziehen lassen.“

Am nächsten Tag schaufeln sie einen Pfad in Koljas Garten bis zu der Stelle frei, die sie sich für Irina Prischinas Grab ausgesucht haben. Zum Glück hat der hohe Schnee dafür gesorgt, dass der Boden darunter nicht sehr tief gefroren ist. Dennoch plagen sie sich mit Hacke, Spaten und Schaufel. Als sie die Hälfte der Arbeit erledigt haben, sind sie mit ihren Kräften am Ende. „Morgen schaffen wir es. Ein Glück, dass wir sie in den kalten Vorraum gelegt haben. So kann sie uns wenigstens nicht verwesen, ehe wir beiden Kraftlosen mit ihrem Grab fertig sind“, sagt Kolja mit einer vor Erschöpfung heiseren Stimme. Dann decken sie das halb fertige Grab ab.

Am Tag darauf legen sie die in Tücher gewickelte Verstorbene in das mühsam ausgehobene Grab und Igor Mamedow hält eine Grabrede, die Kolja ans Herz geht: „Liebste Irina, Gott hat wie wir gesehen, was für eine gütige Frau und Nachbarin du gewesen bist. Mit Freude wird er deine Seele zu sich nehmen und dafür sorgen, dass deinem Körper die Erde leicht wird. Verzeih uns alten Sündern, weil wir den Weg zum Friedhof nicht geschafft haben und dich nicht neben die Deinigen legen konnten. Hier aber bist du näher bei uns Knastern und im Frühjahr werden über dir die Krokusse blühen. Marjas Zicklein wird es eine Freude sein, über dich hinwegzuspringen. Wirst schon sehen. Und nun leb wohl. Nicht einmal Blumen können wir dir mitgeben und einen Sarg haben wir auch nicht. Nur viel Trauer, weil du nicht mehr bei uns bist. Ruhe in Frieden."

„Sag ihr noch, dass wir auch Margeriten neben die Krokusse pflanzen werden, die hatte sie von allen Blumen am liebsten." Was für ein Mensch wäre Igor Mamedow gewesen, wenn er seinem Freund diesen Wunsch nicht erfüllt hätte?

Während sie das Grab mit gefrorenen Erdklumpen zuschaufeln, unter denen Irinas Überreste Stück um Stück verschwinden, seufzen sie hin und wieder. Igor Mamedow bekommt feuchte Augen. Kolja aber, dem Witzbold und Spötter, laufen die Tränen wie Rinnsale über sein zerfurchtes Gesicht. Da ihr Fließen nicht aufhören will, sagt Igor Mamedow: „Hör mal, wirst noch blind werden von dem Geflenne. Gefrieren dir schon im Gesicht, die Tränen. Lebendig wird deine Irina dennoch nicht wieder."

Als sie mit ihrer bitteren Arbeit fertig sind und Kolja sich beruhigt hat, halten sie in Koljas Haus das Totenmahl. Igor Mamedow stellt die uralte Pfanne auf den Herd und bereitet aus seinem restlichen Mehl drei kleine Plinsen.

Am Tisch gedenken sie noch einmal der liebenswerten Toten, beten für ihre Seele und essen je eine Plinse. Die dritte, die für Irina, teilen sie sich.

Frühlingserwachen

Der grimmige Winter hat sich fest in das Dorf Tichaja Semlja verkrallt. Die Leute trauen ihm noch allerhand Gemeinheiten zu.

Doch plötzlich dreht sich der Wind und rüttelt tagelang an Fenstern und Türen. Der fauchende Bursche bläst die eisige Winterluft vergnügt zum Dorf hinaus und sorgt für die erste frostfreie Nacht des noch jungen Jahres.

Der Schnee sackt in sich zusammen. Er verwandelt sich lautlos in Wasser, tropft von den Dächern, bildet Rinnsale und Pfützen. Was die Erde nicht aufnehmen kann, fließt der „Wilden Nonne" zu. Das Flüsschen spreizt sich gewichtig, ergießt sich über das Eis und überschwemmt verwegen Wiesen und Weiden.

Der plötzliche Wetterumschwung peinigt Igor Mamedow. Am Morgen fühlt er sich so schlapp wie noch nie in seinem Leben. Sein Herz klopft schwach und unregelmäßig. Der fleißigen Olga – so nennt er gerne sein in die Jahre gekommenes Herz – werd ich alter Sünder eine Last, denkt er. Stottert verärgert, weil ich nicht das Zeitliche segnen will. Hab noch ein wenig Geduld, meine Fleißige, ich werd mich bemühen. Haben uns bisher gut vertragen, sollten es auf Christenart zu Ende bringen.

Um Brennholz zu sparen, hat Kolja Prischin zwei Wochen in Igor Mamedows Haus gewohnt, und es mit einer beachtlichen Menge Darmgas gefüllt. „Einer muss schließlich etwas gegen den Ziegengestank in deinem Haus tun."

Vor vier Tagen sind ihre Brennholzvorräte zu Ende gegangen und die restlichen Lebensmittel haben einen so kläglichen Anblick geboten, dass Igor Mamedow zu seinem Freund gesagt hat: „Suchen wir uns aus, ob wir verhungern oder erfrieren wollen." Darauf hat Kolja erwidert: „Am besten wird es sein, wenn wir hungrig erfrieren."

Als sich das letzte Brennholz in kalte Asche verwandelt hat und nichts mehr gekocht werden kann, haben sich die beiden Freunde in ihre Betten verkrochen und alles weitere dem Schicksal überlassen.

Igor Mamedow hat Kolja traurig nachgeblickt, als der zu seinem Haus hinübergestapft ist, um dort zu sterben. „Jeden Knochen hab ich mir auf deinem Ofen durcheinandergerüttelt. Wenn schon sterben, dann in bequemer Lage. Ein wenig Spaß muss das Sterben schon machen. Erfrieren kann ich in meinem Bett besser als hier.“ Mit diesen Worten hat sich Kolja auf seinen letzten Weg gemacht.

Am Mittag fühlt sich Igor Mamedow besser. Die Sonne scheint. Er will versuchen, sie ein letztes Mal zu begrüßen und setzt sich auf die Bettkante. Sein Herz klopft wild. Als er steht, zittern die dünnen Beine. Er muss sich nicht anziehen, denn er hat dick bekleidet in der kalten Stube gelegen. Vorsichtig und sich abstützend geht er vor die Tür. Warm empfängt ihn gleißendes Sonnenlicht.

Die Sonnenstrahlen tragen unsichtbare Lebensgeister in seinen geschundenen Greisenkörper. Die Sorglose will mich also mit ihren Strahlen umstimmen, denkt er gerührt. Die Sonne wärmt ihm nicht nur Körper und Seele, sondern bringt auch seine Gedanken wieder in Schwung. Ist es vor Gott gerechtfertigt, sich hinzulegen und zu sterben, bloß, weil man das Leben satt hat? Hat ein Starosta das Recht, die Brocken hinzuschmeißen und zu sterben? Gerade jetzt braucht das Dorf eine ordnende Hand, damit die Kinder das Frühjahr überleben können. Die kraftlosen Alten rechnen mit dir. Nicht der Winter, sondern das Frühjahr wird dem Dorf den Garaus machen wollen. Gibst du auf, geben auch die Alten auf.

Er blinzelt in die Sonne. Du Sorglose hast gut scheinen, gibt er der Sonne zu verstehen, für mich aber ist jeder neue Tag eine Qual.

Widerstrebend und mit feuchten Augen entscheidet er sich, es noch so lange zu versuchen, bis den Kindern im Dorf geholfen ist. Wer, wenn nicht ich, kann den Alten klarmachen, dass die Kinder wichtiger sind als sie und ich?

Als er dies unter der milden Frühlingssonne mit den himmlischen Mächten geklärt hat, geht er zum Brunnen und öffnet dessen

Holzabdeckung. Mit dem Eimer schöpft er das klare Wasser aus der Tiefe und trinkt. Das kalte Wasser schmerzt in seinem zahnlosen Mund, als er es dort anwärmt, um seinen leeren Magen zu schonen. Sofort beginnen seine Eingeweide zu rumoren. „Möchtet wohl mit Pasteten bewirtet werden, ihr Dummen", sagt er leise und wankt langsam zu Koljas Haus hinüber.

„Bist du schon tot, oder furzt du der Menschheit noch immer ins Gesicht?", krächzt er heißer vor Schwäche in die beklemmende Stille der Stube. Da Kolja nicht antwortet, bekommt er einen gehörigen Schreck. Er wird nur schlafen, versucht er sich zu beruhigen. Er ist erleichtert, als er Koljas schwache Stimme vernimmt: „Ein scheintoter Furzer bin ich inzwischen, du Leichenfledderer." Zugedeckt bis zur Unterlippe liegt sein lieber Kolja regungslos in seinem Bett und denkt nicht daran, seine Augen zu öffnen. Nach einer kleinen Pause fügt er hinzu: „Hab schon ans Tor geklopft, musst du wissen. Nur aufgemacht haben sie mir dort nicht."

Erleichtert von diesen untrüglichen Lebenszeichen und angerührt von der schwachen Stimme seines Freundes sagt Igor Mamedow: „Auch bei mir haben es die Himmlischen nicht zugelassen. Kümmere dich erst um die Dorfkinder, dann klopfe wieder an, haben sie gesagt. Und deinen Freund, den Prischin, den lassen wir nicht ein, weil er uns den Himmel zufurzen würde. Außerdem ist er uns viel zu jung.

Da hast du's. Das Fenster werd ich jetzt aufmachen und die Frühlingsluft hereinlassen. Frisches Wasser werd ich dir holen. In der Frühlingssonne will ich dich stehen sehn. Eher geh ich nicht weg. Dann werd ich versuchen, zu Kusma durchzukommen. Der Schnee ist inzwischen nur noch knöcheltief. Wie ich Kusma kenne, hat er den Partisanen weniger herausgerückt als wir beiden Gebefreudigen. Brennholz aber hat er gestapelt, als müsste er das ganze Dorf durch den Winter bringen. Ich werd dem Faulpelz Beine machen, damit er seine Dunja anspannt, um Kartoffeln aus dem Versteck zu holen. Vielleicht hat er genug übrig, damit wir beiden wieder zu Kräften kommen. Ende der Predigt."

Er öffnet das Fenster. Die milde Frühlingsluft strömt ins kalte Zimmer. Sie beeilt sich auf dem Weg zu Koljas Bett und kriecht dem Scheintoten behänd in die Nasenlöcher. Aus seinen Augenwinkeln quellen Tränen und rinnen zögernd über die faltigen Schläfen. Es gibt aber zu viele Falten und so trocknen die Tränen, bevor sie die großen Ohren erreicht haben. Mit geschlossenen Augen sagt Kolja leise zu seinem Freund: „Hör mal, du heiliger Igor, ich kann den Frühling riechen."

Als Igor Mamedow entkräftet auf Kusma Konews Hof taumelt, kommt ihm dieser gerade noch rechtzeitig entgegen und fängt ihn auf. Er stützt ihn und hilft ihm in die Stube. „Setz dich und sag nichts. Komm erst wieder zu Kräften. Trinken musst du, trinken. Siehst aus wie eine Dörrpflaume. Wie konntest du jetzt schon den Weg durch den Schnee wagen? Siehst drei Sonnenstrahlen und rennst los. Dabei solltest du alt genug sein, um zu wissen, was für eine Strapaze der nasse Schnee ist."

Igor Mamedow sieht alles verschwommen und hört Kusmas Stimme wie von weit her. Schwach bin ich inzwischen geworden, denkt er. Noch ein paar Schritte weiter und schon wäre es aus mit mir gewesen.

Tamara Konewa, die Vergrämte, bringt ihm eine Tasse lauwarmen Kräutertees. Schnaufend wie ein Igel trinkt er langsam den Tee. Widerwillig kehren die Lebensgeister in seinen ausgemergelten Körper zurück. Nach einer Weile kann er sprechen. „Nicht Unvernunft, sondern Not und Sorgen treiben mich zu dir. Kolja und ich, wir sind am Ende. Koljas Irina haben wir schon begraben müssen."

Tamara Konewa bekreuzigt sich erschrocken und sagt: „Gott sei ihrer armen Seele gnädig!"

Kusma fährt seine Frau verärgert an. „Flenn von mir aus, denn Irina Prischina war ein prächtiges Weibsbild. Gott aber lass aus dem Spiel. Lässt es zu, dass die Menschen am Ende ihrer schweren Tage verscharrt werden müssen wie Unrat. Koch lieber Mehlsuppe, damit wir unseren fußlahmen Starosta wieder ins Leben zurückholen."

„Du musst unseren Starosta nicht füttern", rüffelt Kusma Konew seine Frau, die dem zitternden Igor Mamedow besorgt den Teller hält. Vorsichtig, Löffel für Löffel, schlürft Igor Mamedow die heiße Suppe, die ihm Gaumen, Speiseröhre und Magen liebkost. Dabei erinnert er sich daran, wie er sein letztes Mehl zu Plinsen für Irina Prischinas Leichenmahl verbacken hat. Nun füttert ihn Kusma mit seinem Mehl, damit er noch eine Weile unter den Lebenden zubringen kann.

Zum ersten Mal seit Wochen fühlt er einen vollen Magen. Er bedankt sich so überschwänglich bei seinem Nachbarn, dass Kusma verlegen wird und seine Hilfe kleinzureden beginnt. „Was kann es schon groß sein, einem wie dir zu helfen. Mich haben die Partisanen verschont. Hatten wohl Angst vor meinem rücksichtslosen Juri. Da hab ich gut lachen. Drei Monate kann ich mit meinem Weib noch gut von den Vorräten leben. Auch Dunja, die Genügsame, ist gut durch den Winter gekommen. Steht gelangweilt auf dem Hof herum und wartet darauf, dass ich sie anspanne. Selbst die Kuh hat mir keiner genommen. Nur, einen Bullen werd ich für sie nicht mehr finden. Sie könnte wieder kalben."

„Ich kann ihr ja meinen Ziegenbock Artjom schicken", schlägt Igor Mamedow vor, ohne dabei eine Miene zu verziehen.

„Willkommen unter den Lebenden!" Kusmas Augen lachen. „Kaum sind die Lebensgeister wieder da, denkst du dir Unsinn aus. Bleib noch einen Tag hier, und wir werden allen Kummer weglachen, so wie früher."

„Wir müssen an Kolja denken. Seit wir seine Irina begraben haben, ist er nicht mehr der Alte. Und ausgehungert ist er wie ich. Wenn wir ihm nicht schnell helfen, wird er sterben. Wer soll dann Schabernack mit uns treiben?", sagt Igor Mamedow mit ernstem Gesicht. „An das Dorf und die Kinder müssen wir auch denken. Schlimm wär's, wenn wir sie nicht durch den Krieg bringen würden. Schließlich sind wir beide jetzt Staroste von deutschen Gnaden."

Kusmas Gesicht verfinstert sich. „Die verdammten Deutschen können mir gestohlen bleiben. Vielleicht ist es schon aus mit ihnen, vielleicht aber auch nicht. Auf dem Mond leben wir hier, mein Lieber.

Lass uns also Brennholz laden und für Kolja und dich Verpflegung einsacken. Ohne euch hab ich keine Freude mehr am Dorf. Ich werd euch füttern und eure Stuben einheizen, bis die Funken aus den Schornsteinen sprühen."

Beim Brennholzladen bekommt Igor Mamedow erneut einen Schwächeanfall und muss sich setzen. Tamara Konewa kümmert sich um ihn, während Kusma eine Brennholzfuhre packt, deren Anblick Igor Mamedow einen Schreck einjagt. „Genug, genug! Deiner Dunja wird's zu schwer werden, und wir bleiben im nassen Schnee stecken."

„Bah, was redest du Kraftloser da! Gutes Holz hab ich euch ausgesucht. Leicht wie Federn sind die Scheite. Brennen, dass ihr eure Freude daran haben werdet. Dunja wird ihr Gewicht nicht spüren. Auch du wiegst inzwischen kaum mehr als drei Holzscheite. Bleiben summa summarum nur ich und der Schlitten. Um den Schlitten musst du dir keine Sorgen machen. Der ist noch von Koljas Vater. Sieht aus wie ein Pockennarbiger, rutscht aber wie geschmiert über Eis und Schnee."

Während sich Igor Mamedow dankbar von Tamara Konewa verabschiedet, hat diese Tränen in den Augen und bekreuzigt sich mehrmals. „Dass ihr mir die Suppe für Kolja nicht verschüttet!"

„Eine Plage ist's mit ihr geworden", ärgert sich Kusma Konew. „Hat sie mal eine Minute nichts Rechtes zu tun, fängt sie an, sich zu bekreuzigen wie der Patriarch von Moskau. Dabei hat sie einen Kommunisten in die Welt gesetzt, an dem du dir Hände und Füße wärmen kannst."

Ehe sich Dunja mit dem Schlitten in Bewegung setzt, erleichtert sie sich in den Schnee. „Das bringt Glück", sagt Kusma Konew und schmunzelt. „Hüh, du Schamlose!"

Es geht besser als Igor Mamedow es gedacht hat. Dunjas Kopf wiegt sich unternehmungslustig und er lobt erstaunt ihr forsches Ausschreiten.

„Wenn sie ihr Schicksal erzählen könnte, würdest du weinen. Ich aber hab die Unglückliche in mein Herz geschlossen. Genügsam, zäh und fleißig ist sie. Nur ihr Temperament ist eine Plage. Es ist so feurig wie das eines Salamanders bei Frost. Aber Kraft hat die Gute noch immer. Könnte noch gut zwei- oder dreimal fohlen."

„Du darfst meinen Artjom mit der Beschälerei nicht überfordern", meldet Igor Mamedow fröhlich seine Bedenken an.

Sie malen sich aus, auf welche Weise der Ziegenbock Artjom zuerst Kusmas Kuh und dann die Stute Dunja besteigen könnte.

Ein seltsames Gespann zuckelt da am Rand von Tichaja Semlja durch den schmelzenden Schnee. Vorn die unermüdlich nickende Stute Dunja. Dahinter ein gekerbter, knorriger Schlitten mit einer abenteuerlich wankenden Brennholzfuhre und zwei runzligen Alten, die sich vor Lachen biegen und dabei ihre prachtvollen Zahnlücken zeigen. Die zwei lachen und lachen. Widerstrebend hören sie erst damit auf, als Igor Mamedow schmerzhafte Stiche unter dem Rippenbogen verspürt. Gut gelaunt fahren sie auf Kolja Prischins Hof.

Als Kusma Konew einen Armvoll Holzscheite vor den Ofen fallen lässt und sich auf das Bett zubewegt, öffnet Kolja Prischin die Augen.

„Was dir so einfällt!", ruft Kusma. „Holz und Suppe haben wir dir mitgebracht und herzliche Grüße von meiner Alten. Schluss ist's mit dem Sterben. Deinen Igor hab ich schon auf die Beine geholfen. Jetzt bist du an der Reihe."

„Kannst bald wieder einen ziehen lassen, dass die Wände wackeln und das Vieh davonläuft", fügt Igor Mamedow hinzu.

Kolja Prischin beobachtet gerührt, wie sich seine Nachbarn um das Feuer kümmern. Während Igor Mamedow frisches Wasser für den Tee holt, stellt Kusma Konew den Suppentopf aufs Feuer und plaudert, was das Zeug hält. „Wenn meine Alte auch sonst zu nichts mehr zu gebrauchen ist – zwei Dinge kann sie noch immer: Sich bekreuzigen und Suppe kochen. Deinen Igor hat sie mit ihrer Suppe unter die Lebenden zurückgeholt, und dich werden wir damit ebenfalls ins irdische Schlamassel zurückbefördern. Ans Himmelstor hast du zum Glück vergeblich geklopft. Hättest an den Höllenschlund klopfen sollen. Dort kommen Spötter wie du hin. Sie leben dort zusammen mit liederlichen Weibern, Kartenspielern und Wodkatrinkern und können ein fröhliches Leben führen. Das hat mir einer erzählt, der schon mal dort gewesen ist. Was willst du im Himmel? Sitzt auf einer Wolke und gähnst gelangweilt."

Am nächsten Tag geht Kolja Prischin auf wackligen Beinen vor die Tür. Mein wievieltes Leben ist das? fragt er sich. Und wieder rollen ihm Tränen über das faltige Gesicht.

Kaum ist die Dorfobrigkeit zu Kräften gekommen, will sie im Dorf nach dem Rechten sehen. Die Temperatur ist wieder gesunken. Kusma Konew hält es für besser, Igor Mamedow mit dem Pferdeschlitten abzuholen und durchs Dorf zu fahren.

Den Weg zum Kolchosgebäude schafft Dunja erstaunlich gut. Zwölf Gehöfte liegen am Weg. Das Ergebnis ihrer Nachforschungen ist beunruhigend. Einige Alte kommen vor die Tür, andere öffnen nur die Fenster. Alle sind schwach und klagen. Ein Alter und ein Kind sind in den wenigen bisher aufgesuchten Häusern gestorben. Auf zwei Höfen sind keine Fußspuren zu sehen und es meldet sich niemand. Das verheißt nichts Gutes. Da auf diesen Höfen der Schnee noch sehr tief ist, geben sie den Versuch auf, an die Türen zu gelangen. Der Weg zum Kolchosgebäude dauert so fast zwei Stunden. Kein Hund kläfft sie unterwegs an.

Im Kolchosgebäude gibt es noch Brennholz und einen Eimer mit Kohlen. Kusma Konew heizt den Ofen an und holt Teewasser. Als das Wasser auf dem Ofen steht, nimmt er einen alten Holzeimer, um damit Wasser für Dunja zu schöpfen. Die Stute trinkt sich ohne Hast satt und macht sich dann gemächlich über das Heu her, das ihr Kusma Konew vor die Hufe geworfen hat.

Igor Mamedow wischt mit seinem Ellbogen den Staub vom Tisch, legt sich den Lageplan des Dorfes und die Einwohnerliste zurecht. Er grübelt darüber nach, in welcher Reihenfolge die Gehöfte aufgesucht werden müssen, um die Wege so kurz wie möglich zu halten. Zu zweit ist das nicht zu packen. Er teilt das Dorf in kleine Einheiten auf und überlegt, wen er für die Bestandsaufnahmen in diesen Einheiten verantwortlich machen kann.

Als der Tee in den Gläsern dampft, holt Kusma Konew ein kleines Stück Schinkenspeck aus der Jacken- und ein Taschenmesser aus der Hosentasche und schneidet dünne Scheibchen. Stumm fordert er Igor Mamedow auf, sich zu bedienen. Der brummt ärgerlich: „Womit soll ich Zahnloser kauen?“

„Ach was!“, wischt Kusma Konew alle Bedenken beiseite. „Akkurat vier Zähne hab ich noch. Eine Plage ist’s, alles so hinzuschieben, dass es zwischen zwei Zähnen zu liegen kommt. Du aber hast es viel einfacher – musst nur lutschen wie ein Säugling. Also lutsch in drei Teufels Namen. Wenn wir Kolja aufgepäppelt haben, kann er uns als Vorkauer dienen. Der hat noch genug Zähne für ein weiteres Leben.“

„Reißt schon wieder Possen. Dabei sollten wir besser weinen. Hör zu“, sagt Igor Mamedow. Mit gewichtiger Miene erklärt er Kusma seine Planungen und fügt hinzu: „Um die Kartoffeln müssen wir uns gleich kümmern. Müssen gut überlegen, wie viele wir für die Aussaat brauchen. Der Rest kann nur unter die Bedürftigsten aufgeteilt werden. Vor allem an die Kinder müssen wir denken. Wir dürfen nicht zulassen, dass das verbliebene Kleinvieh geschlachtet wird und närrische Alte Milch und Eier für sich verbrauchen, anstatt alles für die Kinder abzugeben. Alles will gut bedacht und berechnet sein. Gut berechnet.“

„Was hast du nur immer mit deinen Zahlen?“, ärgert sich Kusma. „Zahlen waren mir schon in der Dorfschule eine Qual. Es ist doch so: Hier ist das Leben und dort sind die Zahlen. Wenn sie aber nicht zum Leben gehören, dann sollten sie bleiben, wo sie sind und uns nicht fortwährend die gute Laune verderben.“

Igor Mamedow lächelt nachsichtig. „Dumm redest du da, Kusma. Umgekehrt wird ein Schuh draus: Wo Leben ist, sind auch Zahlen. Wie soll ohne sie Ordnung ins Leben kommen? Ein einziges Durcheinander wär’s und niemand könnte Gottes Werke verstehen.

Von Gott kommen die Zahlen, mein Lieber, das hat mir Vater Nikolai einst erklärt. Er hat gesagt, aus Zahlen ist die Welt gemacht, damit sich Gott und die Menschen darin zurechtfinden können. Würden die Menschen sich nicht um die heiligen Zahlen kümmern, ginge es bald überall so zu, wie im Kolchos deines Sohnes."

„Können mir gestohlen bleiben, deine Zahlen", verteidigt sich Kusma Konew. „Bin auch ohne sie gut zurechtgekommen. Und noch etwas will ich dir sagen: Nicht von Gott kommen sie. Der Leibhaftige hat sie hinterlistig in die Welt gesetzt, um russische Bauern damit zu quälen."

Igor Mamedow aber muss in diesem Augenblick daran denken, wie die Zahlen sein Leben auf wundersame Wege gelenkt haben. Sie haben ihm geholfen, im Dorf ein geachteter Mann zu werden.

Vieles hatte sich im Dorf glücklicher gefügt als in vielen anderen russischen Dörfern. Zunächst brauchte es dafür einen umsichtigen Gutsherrn, der seine Gutsarbeiter und die Bauern der Dorfgemeinschaft achtete; nicht nur den Gewinn aus seinem Gutshof zog, ohne sich dabei um Dorf und Bauern zu kümmern. Das Dorf brauchte einen Gutsherrn wie Andrej Alexandrowitsch Leonow, der für den Bau einer beachtlichen Kirche und einer winzigen Schule sorgte. Der dann, ohne mit den Würdeträgern der Kirche auch nur ein Wort zu wechseln, den wegen seiner abweichenden Haltung zu den Rechtgläubigen verstoßenen Vater Nikolai und zwei junge Mönche ins Dorf holte, damit sie den Alten christliche Lebensregeln und den Kindern außerdem Lesen, Schreiben und Rechnen beibrachten.

Zum ersten Mal seit Bestehen des Dorfes lernten die Kinder von Tichaja Semlja in einer Schule. Zwar beäugten die Bauern argwöhnisch den neuen Kram. Schließlich waren sie bisher ohne Kirche und Schule ausgekommen. Fürs Beten reichten ihnen Ikonen. Mit diesen konnten sie außerdem Töpfe abdecken und auf Weiber und Kinder einprügeln. Mit einer Kirche konnten sie das nicht. Wozu aber für einen Bauern Schreiben und Rechnen gut sein sollten, blieb ihnen ein Geheimnis der weltfremden Obrigkeit. Weder der Bauer auf dem Feld noch das Vieh im Stall hatten einen Nutzen davon. Die Kinder wiederum wurden auf Feldern und in Ställen gebraucht und sollten sich nicht mehrmals in der Woche im faulen Herumsitzen üben.

Igor Mamedow liebte das Lernen. Bald konnte er stolz den staunenden Leuten die Anschläge der Obrigkeit vorlesen. Schneller als andere Kinder lernte er es, Aufgaben im Kopf zu rechnen, ohne dabei seine Finger zu benutzen. Bald entdeckte er das Dorf auf eine völlig neue Weise. Menschen, Tiere, Häuser, Bäume und Zäune verwandelten sich in seinem Kopf in Zahlen: noch 21 Birken bis zu Mitjas Haus, noch 11 Pfähle und 138 Latten bis zu Onkel Michail, wenn Großmütterchen ins Haus geht, bleiben wir neun – drei Erwachsene und sechs Kinder. Zweifellos war das Dorf aus Zahlen gemacht und die meisten Leute ahnten nichts davon.

Bruder Nikodim, der Mönch, berichtete Vater Nikolai von den erstaunlichen Fähigkeiten des kleinen Mamedow. Vater Nikolai dankte Gott und nahm den Jungen zu sich, um ihm noch mehr geheimnisvolle Eigenheiten der Zahlen zeigen zu können.

Als Igor Mamedow 15 Jahre alt wurde, schickte ihn Vater Nikolai zum Gutsverwalter, weil er dort lernen sollte, wie sich die Arbeit vieler Menschen zu einem nützlichen Ganzen füge. „Damit du erkennst, wie mit Gottes Hilfe aus Saatkörnchen Brote und Rubelchen werden.“

Der Gutsverwalter empfing ihn spöttisch: „So, ein halbes Bäuerchen, das schreiben und rechnen kann, bist du also? Vor das Rechnen aber, musst du wissen, hat Gott den Schweiß gesetzt. Nimm ihn mit, damit er den göttlichen Urgrund der Menschwerdung erkennt!“, rief er einem Vorarbeiter zu. Und schon lernte Igor Mamedow den Unterschied zwischen einer berechneten und einer gepflügten Dessjatine kennen.

Hart war das Leben auf dem Gut und doch war alles zugleich leichter. Auf dem Gut bekam er ausreichend zu essen und bei Vater Nikolai Unterricht, Güte und Bücher.

Der Verwalter sorgte dafür, dass Igor Mamedow neben der Feldarbeit auch die Viehhaltung, die Bevorratung und Lagerung, die Gerätepflege und die Schwierigkeiten der Transportwege kennenlernte.

So vergingen fünf Jahre. Dann berief man ihn, trotz Vater Nikolais Protest, zum Militärdienst ein. Er galt dem Starosta Kasanow nicht mehr als unzuverlässiger und dummer Habenichts. Solche schickte man nicht zum Militär. Außerdem war der Starosta stets zur Stelle, wenn er die Gelegenheit nutzen konnte, dem Gutsherrn und Vater Nikolai eins zu verpassen.

Als sich Igor Mamedow beim Gutsverwalter vom Militär zurückmeldete, empfing ihn der Verwalter mit lustigen Augen. „Wie ich sehe, hast du inzwischen Schwielen und Muskeln. Wollen wir einmal sehen, wie's mit dem Rechnen und dem Schreiben aussieht. Nimm ihn mit, du Erbsenzähler!"

Der Erbsenzähler hieß Semjon Romanowitsch Krepkin und war Buchhalter. Er war spindeldürr, gelbgesichtig, hatte dunkle Ringe unter den Augen und bot immer dann einen erbärmlichen Anblick, wenn in seinen sauberen Zahlenkolonnen Differenzen und Fehlbeträge auftauchten, was häufig genug vorkam.

„Ohne uns wird es nicht gehen", erklärte er Igor Mamedow. „Das wäre ein heilloses Durcheinander ohne die Bücher. Den Leuten fehlt es an Gewissenhaftigkeit. Das ist eine alte russische Krankheit. Die Leute nehmen sich wichtig, so als wären sie wer weiß was. Aber wenn man genauer hinschaut – bah! Denken, das Wertvollste an einem Schwein wäre das Quieken beim Schlachten und dass sie's mir nichts dir nichts auffressen können. Falsch! Ein Schwein braucht zuerst ein Kennzeichen und muss in den Büchern stehen. Ist es eines Tages kein Schwein mehr, dann steht es als Fleisch, Wurst und Speck in den Büchern. Wird es verkauft, werden in den Büchern Rubelchen daraus. Mit den Rubelchen wird die Sache erst richtig interessant. Aber das ist nichts für deinen ungeübten Bauernschädel. Geh mit Sergej zählen. Dafür wird's hoffentlich reichen."

„Das Zählen ist dir eine richtige Plage", sagte der Buchhaltergehilfe Sergej und schnäuzte sich, indem er sich ein Nasenloch mit seinem breiten Daumen zudrückte und durch das andere die Luft wie durch eine Düse schießen ließ. Dann nahm er sich sein anderes Nasenloch vor. Der Nasenschleim schoss in solch hohem Bogen hervor, dass Igor Mamedow wie gebannt auf Sergejs Nasenlöcher starrte.

„Wenn du willst, werd ich dir's zeigen", sagte Sergej, während er sich die Daumen an der Hose abwischte. „Freie Nase – freier Sinn! Aber das Zählen ist dir eine rechte Plage. Merk dir's gleich: Zählst du richtig, kriegst du Ärger mit den ungebildeten Leuten. Zählst du falsch, kriegst du Ärger mit dem Buchhalter, diesem vertrockneten Kopekenfurzer. Am besten machst du es so: Du zählst ein wenig zugunsten der Leute, aber nur so viel, dass es der Kopekenfurzer nicht merkt. Dann ersparst du dir wenigstens den Spott und die Prügel der Leute."

Beim Zählen und Wiegen erschloss sich Igor Mamedow der Gutsbetrieb auf eine klare und verständliche Weise. Nicht nur, dass er bald wusste, wie viel von jedem vorhanden war. Er entdeckte, dass die Zahlen lebendig waren und aus den Büchern heraus sprechen und Fragen stellen konnten. Warum wurden einige Schweine schwerer, gaben einige Kühe mehr Milch, legten einige Hühner mehr Eier als andere? Warum erntete man auf einem Feld so viel mehr, als auf einem anderen? Warum starben in einem Stall mehr Tiere, als in zwei anderen zusammen? Warum brauchten die Leute auf einem Feld drei Tage länger fürs Pflügen als auf einem gleich großen anderen?

Für den Erbsenzähler und Kopekenfurzer Krepkin war die Sache klar: „Betrüger, Dummköpfe und Faulpelze! Ohne unsere Umsicht wäre im Nu alles dahin. Aber die Zahlen sind unbestechlich und bringen alle Machenschaften des Gesindels ans Licht."

Igor Mamedow fand dagegen bald heraus, dass es ein Dutzend Gründe für unterschiedliche Erträge und Leistungen geben konnte. Manche hatten menschliche, andere natürliche Ursachen. In die einen Unterschiede musste man sich fügen, andere konnte man am Schlafittchen packen und ihnen ihre Ungereimtheiten austreiben.

Die Zahlen machten das Leben auf dem Gutshof für Igor Mamedow spannend und sorgten für so manche Überraschung. Sie waren keine leblosen Zeichen, sondern unbestechliche Helfer. Wenn man sie klug befragte, gaben sie kluge Antworten.

Bald bemerkte der Gutsverwalter, dass Igor Mamedow die Zahlen nicht wie der Buchhalter Krepkin nur auf ihre Richtigkeit prüfte, sondern sie auch mit scharfem Blick befragte und aus ihren Antworten erstaunliche Schlussfolgerungen zog.

Nachdem er einmal zufällig ein Gespräch zwischen dem Buchhalter und Igor Mamedow belauscht hatte, sprach er Igor Mamedow an, ohne auf den Buchhalter Rücksicht zu nehmen. „Kannst also mit den Zahlen plaudern? Ihm aber“, sagte er mit einem spöttischen Blick auf den verdutzten Buchhalter, „ihm machen die Zahlen Angst. Fühlt sich von ihnen bedroht wie die Jungfrau vom Stachel des Fleisches. Ist schon ganz gelb davon geworden. Findet nur Ruhe, wenn er die Zahlen in seinen Büchern festgenagelt hat, damit sie in seinem Leben nie wieder Unruhe stiften können.“

Schon am nächsten Tag tauschte der Gutsverwalter seinen Gehilfen gegen Igor Mamedow aus. „Wollen wir einmal sehen, aus welchem Holz so ein rechnendes Bäuerlein geschnitzt ist.“

Nicht nur mit den Zahlen musste man plaudern können. Das begriff Igor Mamedow, als er es gelernt hatte, mit den Augen des Verwalters auf den Gutsbetrieb zu blicken. Der Zweck des Ganzen stand nun im Zentrum seiner Arbeit: Das Gut nicht nur zu verwalten, sondern voranzubringen und durch schwierige Tage zu manövrieren.

Igor Mamedow stellte sich das Gut als eine Kutsche vor. Der Gutsherr Andrej Alexandrowitsch Lukaschenkow bestimmte, wohin die Reise ging und stieg dann ein. Der Verwalter und er kletterten auf den Kutschbock. Sie sorgten dafür, dass die Kutsche rechtzeitig den richtigen Ort erreichte. Sie achteten darauf, dass alles für die Reise Erforderliche gut verstaut war; dass die Pferde gehorchten, ihre Leistung brachten, nicht überfordert wurden. Mensch und Vieh mussten gut versorgt werden und sich erholen können. Hinten, auf den Kisten und Koffern, saß mit gelbem Gesicht der Buchhalter Krepkin. Er hielt sich verzweifelt fest. Ununterbrochen prüfte er, ob noch alle Koffer und Kisten, die Pferde und die Wagenräder vorhanden waren. Mit empörtem Gesicht rief er dem Kutscher zu: „Fährst noch alles zuschanden. Wie soll unsereiner bei dem Geschaukel ordentlich zählen?“

Das war der interessante Teil seiner Beobachtungen. Doch er sah auch etwas, was ihn beunruhigte. Er bemerkte einen tiefen Riss, der sich mitten durchs Dorf schnitt und nichts Gutes versprach. Dieser Riss war entstanden, weil die Uhren auf dem Gut anders tickten als die im Dorf. Breiter und tiefer musste der Riss werden.

In der Zeit der Leibeigenschaft waren in den Vorstellungen der Bauern die Erträge einzig von Wetter und Boden abhängig gewesen. Eine Steigerung über die Erträge der guten Jahre hinaus war weder gottgewollt noch sinnvoll, denn sie hatten immer zu wenig zum Essen – mochte die Ernte gut oder schlecht ausfallen.

Jetzt, da die Dorfgemeinschaft Land erhalten hatte und jedem Bauern ein Stück Land zugeteilt worden war, kehrte Zufriedenheit ein, wenn sie ihre Familien ernähren und geringe Überschüsse verkaufen konnten.

So bestellten sie ihre Felder Jahr für Jahr auf die gleiche Weise. Wie ihre Väter und Großväter hielten sie sich streng an die Dreifelderwirtschaft, pflügten mit Holzpflug und Ochsen, säten mit der Hand und ernteten mit Sensen, Sicheln und Händen. Sie hofften auf günstiges Wetter und die Gesundheit ihrer Körper. Der Rest lag ohnehin in Gottes Händen. Schuften, schlafen, saufen, sich prügeln, Frauen besteigen, so verlief Jahr für Jahr ihr kurzes Leben. Sie nahmen es hin als unabwendbares Schicksal. Mitunter packte das Elend ihre Seele. Dann wurden sie zornig und ließen sich zu Grausamkeiten hinreißen, die sie bitter bereuten.

Anders auf dem Gutshof. Hier gab es keine Dreifelderwirtschaft und somit auch keine Brache. Kräftige Pferde zogen stählerne Pflugscharen, die tief in die schweren Böden stießen. Gedüngt wurde nicht nur mit Mist und Jauche, sondern auch mit Pülverchen, fein wie Staub. „Hol sie der Teufel“, sagten die Bauern belustigt, „pudern die Erde, als wäre sie eine Hochwohlgeborene.“

Auf dem Gutsland gediehen nicht nur Kohl, Kartoffeln, Rüben und Getreide, sondern auch Bohnen, Flachs, Klee und Luzerne. Das Vieh wurde ganztägig versorgt und der Gutsherr wusste genau, wie viel Vieh ernährt und untergebracht werden konnte. Die Pferde nahm er in seine besondere Obhut. Erst nach Jahren übertrug er Kusma Konew deren Versorgung und Ausbildung.

An den Feldrändern ließ der Gutsherr Hecken und in den Senken Bäume und Sträucher pflanzen. Die Hecken schützten den Boden vor den Stürmen, die ihn sonst rasch austrockneten und davontrugen. Sie boten den Singvögeln Schutz, die sich emsig über Insekten, Raupen und Würmer hermachten. Die Bäume in den Senken entzogen dem Boden überschüssiges Wasser und boten den Greifvögeln Lebensraum, damit diese Mäuse, Hamster und Hasen schlugen.

So lebten die Menschen von Tichaja Semlja bald in zwei Welten. Auf dem Gut wurde geplant, verändert, nachgerechnet und kontrolliert. Die Bauern aber blieben bei ihrer Tradition. Sie arbeiteten härter, ernteten dabei weniger, verfluchten ihr Schicksal und tranken. Doch ihre Kinder gingen nun in die Schule und das weckte deren Interesse für die Welt da draußen, die hinter dem Horizont lag und Stadt genannt wurde.

An einem Novembertag im Jahre 1912 verwandelte sich plötzlich die Gesichtsfarbe des Buchhalters Krepkin von Gelb in Bronze. Sein Gesicht erstarrte zu einer Maske, und schon lag er da wie ein toter Spatz.

Igor Mamedow wurde zum jungen Gutsherrn gerufen, der inzwischen das Gut führte. „Unser Krepkin hat sich zu Tode gezählt. Bevor ich mir wieder so einen blutarmen Zahlenverdreher aus der Stadt hole, will ich's mit dir versuchen. Der Verwalter hat mir alles erzählt. Stolz sind wir alle auf dich. Wirst den Verwalter noch eines Tages beerben. Kannst du die Bücher allein in Ordnung halten?"

Unvorstellbares geschah: Der Sohn eines versoffenen Bauern wurde Buchhalter auf dem Gutshof. Im Dorf sprach man tagelang davon. Die Dorfweiber bekreuzigten sich, wenn er an ihnen vorüberging.

Vater Nikolai war stolz auf seinen Ziehsohn. Er mahnte ihn, nun erst recht an die Bedürftigen im Dorf zu denken und nicht einfältig zu werden und zu glauben, er sei was. „Denk immer daran, dass Gott es so gewollt hat."

Nun, mit Gott war es so eine Sache. In den Revolutions- und Bürgerkriegsjahren erschlug man die Gutsherrenfamilie und die Dorfgeistlichkeit. Das Gutsland und das Vieh wurden aufgeteilt. Im Gutshaus machte sich der Dorfsowjet breit und die Kirche nutzte man als Getreidelager. Die Ställe und Scheunen verfielen. Igor Mamedow zog in ein leeres Bauernhaus am Rande des Dorfes und bewirtschaftete ein Stück Land. Im Dorfsowjet aber war er ein gern gesehener Gast, da er manchen Streit schlichten und immer einen Rat geben konnte.

Die Freude der Bauern über ihr neues Land und über ihre neuen Rechte währte nicht lange. Die neue Obrigkeit des neuen Zaren Lenin gab Land, beschlagnahmte aber sofort alle Erträge, als die Bauern deren Preise selbst bestimmen wollten. Schließlich zwang sie die uneinsichtigen und undankbaren Bauern auch Land und Vieh wieder herauszurücken und daraus den Grundstock für das russische Wunder zu bilden, das sie Kolchos nannte.

Anfangs dachten die Bauern, ein Kolchos wäre dasselbe wie ihre alte Dorfgemeinschaft, in der alle ein Mitspracherecht hätten. Doch es stellte sich schnell heraus, dass über ihre Dorfgemeinschaft von Kommunisten in Moskau bestimmt wurde. Welcher russische Bauer konnte das verstehen? Angeblich gehörte noch immer allen alles. Doch sie mussten schnell begreifen, dass die einen dachten, ihnen gehöre alles, während die anderen ihnen vorschrieben, wie sie mit ihrem Eigentum zu wirtschaften und welchen Weg die Erträge zu nehmen haben. Die neue Obrigkeit träumte im Namen der Weltrevolution wirres Zeug und bald wirtschaftete der Kolchos erbärmlich. Weil es in den meisten Dörfern Russlands so zuging wie in Tichaja Semlja, hungerten nicht nur die Städte, sondern auch die Dörfer.

Da erlaubte die revolutionäre Obrigkeit den Bauern ein kleines Stück Land und ein wenig eigenes Vieh. Wie besessen stürzten sich nun die Bauern zuerst auf ihre kleinen Felder und sorgten sich mit Hingabe ums eigene Vieh.

Die Stirnadern schwollen dem jungen Konew an, wenn er auf den vielen Versammlungen schrie, er werde dafür sorgen, dass allen, die nicht zuerst an den Kolchos denken, Boden und Vieh wieder genommen werde. Das russische Proletariat werde seine stählernen Tschekisten in Marsch setzen und allen konterrevolutionären Machenschaften ein schnelles Ende bereiten. Er werde nicht zulassen, dass aus Tichaja Semlja ein Hort der Konterrevolution und des Kulakentums werde.

Um es kurz zu sagen: Im Dorf ging es unter dem Banner der Weltrevolution ein wenig drunter und drüber.

Mit unermüdlichem Einsatz versuchte Oleg Baschkow den liederlichen Kolchos auf Vordermann zu bringen. Wenige Tage nachdem er sich mit seiner Frau und zwei Söhnen im ehemaligen Gutshaus einquartiert hatte, klopfte er an Igor Mamedows Tür.

„Ohne Firlefanz muss ich gleich zur Sache kommen. Wie soll ich den Kolchos verstehen, wenn ich das Dorf nicht verstanden habe? Wie man mir gesagt hat, warst du Buchhalter und Verwalter auf dem Gut. Und das, obwohl du ein Sohn armer Leute bist. Hast also dein Handwerk gut verstanden. Deshalb rundheraus: Erzähl mir, wie ihr das Gut geführt habt, damit es seinen Mann ernährt. Zeit hab ich mitgebracht und unter uns wird alles bleiben. Hilfst du mir, kann ich dem Kolchos besser helfen. Geht's dem Kolchos gut, geht's auch dem Dorf gut."

Die Offenheit des Kolchosvorsitzenden überraschte Igor Mamedow. Er war erfahren genug, um zu erkennen, dass vor ihm ein mutiger, geradliniger Mann stand. Wollen wir ihm ein wenig auf den Zahn fühlen, dachte er und rief seiner Jüngsten zu: „Lasst uns Oleg Grigorjewitsch Baschkow, den kommunistischen Gutsherrn, mit Tee bewirten, damit er ins Schwitzen kommt."

Oleg Baschkow verlor kurz die Fassung und seine Wangen färbten sich rosa. Doch schnell hatte er sich wieder unter Kontrolle. Seine Augen funkelten fröhlich. „Ein Satansbraten bist du also! Hast mich glatt aus der Fassung gebracht", sagte er, strahlte übers ganze Gesicht und hielt Igor Mamedow seine Pranke hin.

Mitgerissen von Erinnerungen erzählte Igor Mamedow, wie es einst auf dem Gut zugegangen sei und aus welchem Holz der Gutsherr Andrej Alexandrowitsch Lukaschenkow und dessen Sohn geschnitzt waren.

Oleg Baschkow saß mit rotem Kopf am Tisch, trank eine Unmenge ungesüßten Tees und blickte wie gebannt auf Igor Mamedows Lippen. Nach einer Weile begann er immer unruhiger auf dem Stuhl hin und her zu rutschen. Schließlich schlug er mit der flachen Hand so auf den Tisch, dass die Teegläser klirrten und rief begeistert: „So und nicht anders werden wir unseren Kolchos führen. Ein einziges großes Gut wird unser Dorf sein. Nur den Gutsherren lassen wir beiseite. Die Sowjetmacht kann das nicht dulden."

Der letzte Satz wühlte Igor Mamedow auf. Er konnte seine Zunge nicht länger hüten. „Bis jetzt hat eure Macht dem Dorf keinen Segen gebracht. Ohne Not hat sie die Gutswirtschaft zerstört. Hat Land und Vieh ohne Überlegung auf die Höfe verteilt und die Fachleute vom Gutshof gejagt. Und dem Dorf? Hat es dem Dorf Nutzen gebracht? Nein, Oleg Grigorjewitsch, sieh dich um. Nachlässig sind die Leute geworden. Vergleich die Gutserträge mit den Kolchoserträgen und du wirst bitterlich weinen. Und das prächtige Zuchtvieh und Kusma Konews Pferde? Hin ist alles. Zornig werd ich, wenn ich daran denke. Ich kann an eurer Revolution nichts Gutes entdecken. Ohne Verstand hat sie das Unterste nach oben gekehrt. Kostspielig und dumm ist eure Revolution gewesen. Die Reichen habt ihr ausgemerzt, aber die Armen sind davon noch ärmer geworden. Seit ihr die Leute mit roher Gewalt in den Kolchos gezwungen habt, sind sie verängstigt und verbittert."

So viel Kritik vertrug Oleg Baschkow nicht. „Es ist nicht richtig, wie du von unserer Macht sprichst. Nur schlecht redest du, Igor Grigorjewitsch. Beleidigst mich und viele tapfere Kämpfer. Das kann ich nicht zulassen. So viel gutes Blut haben wir vergossen, dass ich schreien möchte. Auch unschuldiges Blut ist geflossen. Da magst du recht haben. Mag sein, dass dein Gutsherr ein kluger und anständiger Mann war. Dann hätte man ihn nicht hinmachen dürfen. Fehler machen wir, weil wir noch zu wenig Erfahrung mit unserer Macht haben. Doch was nützt es dem Dorf, wenn wir im Dreck der Vergangenheit herumwühlen? Nach vorn müssen wir blicken, Igor Grigorjewitsch, nach vorn. Gut wird alles werden, wenn wir gemeinsam anpacken. Du solltest nicht abseits stehen, sondern mir und dem Kolchos helfen."

„Wenn du Kusma Konew wieder über die Pferde, Iwan Maljawin über das Rindvieh und die Schweine und mich über die Feldarbeit bestimmen lässt, werd ich dir helfen. Deiner neuen Macht aber will und kann ich nicht dienen. Kein gutes Ende wird es mit ihr nehmen. Hat sich zu sehr mit unschuldigem Blut besudelt. Bis ans Ende meiner Tage werd ich die Gutsherrenfamilie und den gütigen Vater Nikolai mit seinen Mönchen in ihrem Blut liegen sehen. Und die vielen Menschen im Dorf, die man aus Lust und Laune hingemacht hat."

„Ein schwieriger Fall bist du, Igor Grigorjewitsch. Hast doch selbst einen Sohn für die neue Macht hingegeben. Hat sein Leben für unsere Sache geopfert. Das solltest du auch im Zorn nicht vergessen. Ich aber bitt dich, komm morgen ins Büro und bring Kusma Konew und Iwan Maljawin mit. Ein gutes Ende wird es mit uns beiden nehmen und dem Kolchos wird es Nutzen bringen. Um unser Vieh wird uns bald ganz Russland beneiden, und Erträge werden wir einfahren, da werden die Scheunen überquellen. Machen wir Schluss mit den alten Dummheiten. Klug arbeiten müssen wir, klug arbeiten."

Doch der oberste Parteiarbeiter des Dorfes, Juri Konew, ignorierte beharrlich den knietiefen Schlamm. Er sah nicht auf seine Füße. Er suchte die Sonne über den Wolken.

Oleg Baschkow warf nur einen kurzen Blick auf die strahlende Sonne der Menschheitsbefreiung und wandte sich danach sofort dem Schlamm unter seinen Füßen zu, weil dieser die Menschen daran hinderte auszuschreiten.

Wenn Juri Konew die kommunistische Zukunft offenbarte, bekamen die jungen Leute glänzende Augen und die alten schüttelten belustigt ihre Köpfe. In der konewschen Traumwelt wurden die endlosen, maschinengerechten Felder nach den Erkenntnissen kommunistischer Wissenschaftler bestellt und abgeerntet. Maschinen kümmerten sich um das Vieh. Diese, von kommunistischen Ingenieuren konstruierten Maschinen, fütterten, tränkten, misteten aus und molken. Die Leute waren der Plagerei ihrer Vorfahren enthoben. Sie beschäftigten sich mit den Lehren der Klassiker des Kommunismus, den hohen Wissenschaften, mit schöngeistiger Literatur und dem Theater. Sie trieben begeistert Sport, musizierten, tanzten und sangen. Und das Schönste: Bei diesem glücklichen Dorfleben schwelgte bald nicht nur das Dorf, sondern ganz Russland im Wohlstand.

Oleg Baschkow ärgerte sich über die Flausen in Juri Konews Kopf. In sein bescheidenes Paradies kam man nur durch harte Arbeit. Geschenke gab es auf dem Weg in sein abgespecktes Paradies nicht, aber, so glaubte er, gemeinsam werde es für alle leichter werden.

Für Igor Mamedow war es ein Akt der Vernunft und der Nächstenliebe, Oleg Baschkow mit ganzer Kraft zu helfen. Gleichzeitig war es für ihn eine Ehre, den Kolchos nach den bewährten Regeln eines erfolgreichen Gutshofes zu organisieren.

Auch den jungen Konew hatte die Lust an den Zahlen gepackt. Weniger die Zahlen mit denen sich Oleg Baschkow und Igor Mamedow abmühten, als vielmehr diejenigen, die ihm die Leute in der Stadt als Planzahlen mitgaben. Die Planzahlen beglückten ihn wie andere Männer seines Alters die drallen Mädchen. Was die Erfüllung dieser monströsen Planzahlen für den Kolchos und für die Zukunft des Dorfes bedeutete, entzog sich seinem Vorstellungsvermögen.

Oleg Baschkow glaubte Igor Mamedows Zahlen mehr als denjenigen, die Juri Konew begeistert aus der Stadt mitbrachte. „Sie planen die Katastrophe. An stinkenden Stricken werden uns die Leute aufhängen, wenn wir den jungen Konew gewähren lassen."

Eine Hungerskatastrophe vor Augen ließ er jeder Familie einen weiteren halben Hektar Kolchosland zuteilen und empfahl allen, sich so lange um die eigenen „Handtuchfelder" zu kümmern, bis Maschinen eine sinnvolle Bewirtschaftung der großen Kolchosfelder zuließen. Denen in der Stadt aber machte er mit seinen Forderungen nach Elektrifizierung, nach Maschinen, Pferden und Traktoren das Leben schwer. Ein verrückter Querulant hieß es dort. Der Konew solle ihn endlich zur Ordnung rufen. Tichaja Semlja sei doch nicht der Nabel der Welt.

Oleg Baschkows „konterrevolutionäre“ Landverteilung rettete vielen Menschen im Hungerjahr 1934 das Leben. Ihm selbst aber kam sein mutiger Entschluss teuer zu stehen. Der junge Konew ließ ihn als Konterrevolutionär verhaften.

Der NKWD verhörte auch Igor Mamedow. Sie bedrohten und schlugen ihn. Ein Regimentskamerad seines Sohnes Nikolai ließ ihn, mit Rücksicht auf seine guten Erinnerungen, unter Drohungen wieder laufen. Der junge Konew warf ihn auf der Stelle aus dem Kolchos und führte diesen nun nach seinen Vorstellungen.

Fünf Jahre hatte Igor Mamedow als Produktionsleiter an Oleg Baschkows Seite gearbeitet und gehofft, dem Dorf eine stabile Lebensgrundlage geben zu können. Trotz seines unwürdigen Ausscheidens war er nicht verbittert. Er hatte einem Mann zur Seite gestanden, der viele mit seiner Begeisterung und seinem Mut mitgerissen und an vielen Stellen im Dorf seine Spuren hinterlassen hatte.

Sechs Jahre gingen die Kinder nun zur Schule, danach lernten einige im Kolchos einen Beruf. Wenn Igor Mamedow an Kindergarten und Schule vorüberging, dachte er an Oleg Baschkows Worte: „Lernen müssen sie, was das Zeug hält. Nur so können sie die Dummheit besiegen und eine bessere Welt erbauen. Eine Welt, in der der Mensch dem Menschen freundlicher gesinnt ist.“

Drei Wochen nach Oleg Baschkows Verhaftung trafen zwei Traktoren, eine große Dreschmaschine und mehrere Geräte ein. Ein halbes Jahr später leuchtete im Dorfsowjet das erste elektrische Licht.

Der junge Konew erklärte allen begeistert, dies habe man ihm und den klugen Genossen in der Stadt zu verdanken. Und dem Sieg über das Kulakentum und über die Konterrevolution im Dorf.

Wie aus weiter Ferne dringt Kusma Konews Stimme wieder in Igor Mamedows Bewusstsein. „Bange kann’s einem werden. Ich rede und rede, und du sitzt gerade wie ein Nudelbrett auf dem Stuhl und blickst zum Fenster hinaus, ohne mich zu hören. Für einen Moment dachte ich, dich hätte der Schlagfluss getroffen.“

„Was redest du da? Fortgetragen haben mich die Erinnerungen. An das Gut und den Kolchos hab ich denken müssen; an Oleg Baschkow und an die vielen Jahre, die ich mit Sorgen in diesem Zimmer verbracht habe. Die Seele hat's mir aufgewühlt."

„Einen Schreck hast du mir eingejagt. Das kommt davon, wenn man zu weit hinter sich blickt. Mein Vater hat mir einmal gesagt: ‚Blickt man zurück, fängt man an zu sterben.' Genauso ist es ihm ergangen. Eines Tages fing er an, immer öfter von seiner Kindheit zu erzählen. Ehe er vom Krieg gegen die Türken berichten konnte, war er tot. Lass uns nach den Kartoffeln sehen und die Leute im Dorf begrüßen."

Die beiden Alten buddeln eine Ecke der Kartoffelmiete frei. Sie liegt gut getarnt in einer Senke hinter dem Kolchosgebäude und ist unberührt. Die Kartoffeln sind in einem tadellosen Zustand. Igor Mamedow ist zufrieden. Die Miete ist im Spätherbst nach seinen Anweisungen angelegt worden.

Nachdem die Kartoffellage geklärt ist, fahren sie mit dem Pferdeschlitten ins Dorf. Sie kommen nur auf den Hauptwegen voran. So zuckeln sie mühsam von Gehöft zu Gehöft, sehen nach dem Rechten und beauftragen andere, sich um die Höfe zu kümmern, deren Bewohner keine Lebenszeichen von sich geben.

Drei Tage später können die beiden Staroste eine Winterbilanz ziehen. Es ist schlimm, hätte aber schlimmer kommen können. Alles in allem haben sich die Alten erstaunlich zuverlässig an Igor Mamedows Forderung gehalten, im Winter nicht zu sterben. Zwölf Alte und vier Kinder sind zu beklagen. Sieben Alte und zwei Kinder hat man in den Gärten begraben. In zwei Häusern findet man vier Alte und ein Kind verhungert und verwest, teilweise angefressen von Katzen und Ratten. Schlimm ist es der alten Usowa und ihrem Enkel ergangen. Hungrig und verzweifelt haben sie sich auf den Weg zu ihren Nachbarn gemacht. Im tiefen Schnee sind sie stecken geblieben und erfroren. Wölfe oder streunende Hunde haben sich über sie hergemacht und ihre Leichenteile so weit verstreut, dass nicht mehr alle gefunden werden können.

Nun gut, das sind die Toten. Gott hab sie selig. Wie aber sieht es mit den Lebenden aus? Ein Jammer ist es, sie anzusehen. „Du kannst sie glatt als Vogelscheuchen aufs Feld stellen und kein Vogel wird sie bemerken“, sagt Igor Mamedow.

„Sieh dich selbst an. Dich könnte man nicht einmal als Vogelscheuche hinstellen“, belehrt ihn Kusma Konew.

Ja, ein Jammer ist's. Fast alle Nahrungsmittel verbraucht, fast alles Kleinvieh geschlachtet. Selbst Hunde und Katzen gibt es nicht mehr im Dorf.

Die Kartoffeln werden uns auch nicht retten, überlegt Igor Mamedow. Auch Saatgetreide gibt es kaum noch. Ich verbiete allen, ihr restliches Kleinvieh zu schlachten. Milch und Eier sind für die Kinder abzugeben. Bleibt nur die Hoffnung auf das Wintergetreide, den eigenen Garten und ein Einsehen der Obrigkeit – wer immer dies in dieser verworrenen Zeit sein mag.

Das Kleinvieh hat es besser als wir. Es wird im Frühjahr mit Gras und Insekten schnell über den Berg kommen. Den Alten aber muss ich reinen Wein einschenken. Wer Lust zum Sterben hat, soll rasch sterben. Jetzt, da der Boden auftaut, können sie leichter begraben werden. Weniger alte Esser – mehr Hoffnung für die Kinder. Und mein Artjom und Kusmas Rammler müssen sich fleißig ans Werk machen, damit schnell neue Ziegen und Kaninchen ins Dorf kommen. Fische, Frösche, Vögel und Wildkaninchen müssen wir fangen. Kolja kennt sich damit aus, muss es den Kindern beibringen. Die werden ihren Spaß dabei haben. Brennnesseln und Kräuter wird es auch bald geben. Was soll's. Bis die Kinder gerettet sind, muss ich noch leben. Geht die Ordnung im Dorf verloren, ist's aus mit ihnen. Also quäl dich noch eine Weile, Starosta, dann lass es gut sein und stirb.

Auf die Alten von Tichaja Semlja ist Verlass. Kaum hat die Frühlingssonne den Boden erwärmt, sterben fast vierzig von ihnen in wenigen Tagen. Igor Mamedow ist darüber nicht traurig. In Gedanken teilt er die Zahl der Vorräte durch die Zahl der Bedürftigen. Der Quotient nimmt zu, weil der Zähler langsamer abnimmt als der Nenner.

Nicht unzufrieden mit dieser Entwicklung der Zahlen sitzt er mit

Kusma Konew und dem wieder zu Kräften gekommenen Kolja Prischin in der Sonne. Sie ereifern sich über die erforderlichen Maßnahmen, gedenken dieser und jener guten Seele und begießen mit einem kleinen Gläschen Wodka die beiden Zicklein, welche die geile Maja ohne lautes Gemecker auf die Welt gebracht hat. „Bald werden sie über meine Irina hinwegspringen und die Krokusse blühen auch schon“, erinnert sich Kolja Prischin an die Worte seines Freundes am Grab seiner Frau.

Die drei Alten sehen zum Holzkreuz in Kolja Prischins Garten hinüber und gedenken still der gütigen Toten. Doch das Schicksal hat ihnen noch eine späte Pflicht auferlegt, und so wenden sie sich wieder den unabweisbaren Forderungen des Dorflebens zu. Sie nehmen diese Forderungen sehr ernst und sich selbst für überaus wichtig.

Mitten in ihrem eifrigen Gespräch halten sie plötzlich inne, legen ihre schwieligen Hände vor die Augen und sehen erstaunt in den blauen Himmel. Ein trauriges Lächeln überzieht ihre von Wetter, Leid und Sorgen gegerbten Gesichter.

Über ihnen singt lustvoll die erste heimgekehrte Lerche.

„Du hast gesehen, wie ein Dorf abseits der Schlachtfelder unter dem Krieg leiden kann", meldete sich das unsichtbare Dreiäugige, nachdem es Hans Mascharek eine Weile durch das Dorf begleitet hatte.

„Hut ab vor den Alten", antwortete Hans Mascharek, der noch ganz gefangen war vom Dorfgeschehen und von dem, was er inzwischen vom Starosta Mamedow wusste. Es war kein Mitgefühl, denn fühlen konnte er ohne seinen Körper nichts. Es war Respekt.

„Und vor den Kindern", fügte das Dreiäugige hinzu. „Dabei liegen das grausame Frühjahr und die Dorfbesetzung noch vor ihnen.

Das Dorf wird von einer Veterinärkompanie besetzt, deren Kommando man Erwin Hofschneider in Kürze überträgt. Trotz der schweren Niederlage geht der Krieg weiter, müssen neue Stellungsräume bezogen, gefallene Offiziere und Soldaten ersetzt und der Front neue Pferde zugeführt werden. Man benötigt Verpflegung, Kleidung, Schuhwerk, Treibstoffe, Munition, Technik und Pferdefutter. Eine gigantische Kraftanstrengung für ein gigantisches Gemetzel, das weitergehen soll, weil Generäle metzeln lassen müssen. Wozu wären sie sonst da?

Gesell dich also zu Erwin Hofschneider. Folge ihm in das Dorf und sieh, wie das Dorf seine Kompanie empfängt."

„Vater", stellte Hans Mascharek nüchtern fest, als er über den Soldaten schwebte. In seinem Körper würde sein Herz bestimmt in seiner Brust hüpfen. Doch jetzt hatte er keinen Körper und somit auch kein Herz. Immerhin war es einprägsam, Vater als jungen Mann aus Fleisch und Blut zu sehen. Hans Mascharek rechnete nach und kam zu dem Ergebnis, dass er selbst damals drei Jahre alt gewesen sein müsse.

„Das sind die Soldaten einer Veterinärkompanie", sagte das Dreiäugige. „Ihre Verluste im Winter waren sehr hoch und man hat die elf jüngsten Soldaten an kämpfende Einheiten abgeben müssen. Dafür wurden ältere Männer wie dein Vater eingezogen. Keiner der frisch eingezogenen Männer ist unter dreißig, dein Vater ist dreiunddreißig. Dein Vater ahnt noch nicht, wie wichtig er für Erwin Hofschneider und die alten Russen in Tichaja Semlja werden wird. Und für viele Pferde. Und für dich."

Verfolgen wir also die Besetzung Tichaja Semljas von besonderen Soldaten einer besonderen Einheit.

Die Schande des Winters lastet schwer auf Erwin Hofschneiders Gemüt. Auch seine Beförderung zum Stabsveterinär und seine Ernennung zum Chef der Veterinärkompanie seiner Division können daran nichts ändern. Erst als er, kaum genesen, den kümmerlichen Rest seiner Schwadron verlässt und die Veterinärkompanie übernimmt, drücken ihn die Erinnerungen an den verlustreichen Winter nicht mehr so stark nieder wie während seines Aufenthaltes im Lazarett.

Er ist noch am Leben, das ist nicht wenig. Er ist wieder gesund, das ist viel. Er kann sich satt essen und muss nicht frieren, das ist Luxus. Doch abends kommen die Erinnerungen an seine gefallenen Kameraden, besonders an seinen Freund Macke, und beherrschen seine Träume.

In der Stadt übernimmt er die Veterinärkompanie, deren Kommandeur beim Rückzug von Partisanen getötet worden ist. In der Kompanie dienen überwiegend Söhne von Landwirten und ehemalige Veterinärgehilfen. Männer, die ihr Handwerk verstehen. Ihre Disziplin hat trotz des Rückzugs keinen sichtbaren Schaden genommen. Es bedarf nur weniger korrigierender Befehle.

Der Divisionsveterinär, Oberstabsveterinär Doktor Schopf, empfängt Erwin Hofschneider sehr freundlich: „Wie ich gelesen habe, sind Sie ‚Normanne' wie ich."

Mit diesem Hinweis auf ihre Mitgliedschaft in der gleichen Studentenverbindung ist jeder Befangenheit und dienstlicher Distanz sofort der Boden entzogen. Der Divisionsveterinär erkundigt sich, wie Erwin Hofschneider seine neue Kompanie beurteile und ob er sich schon eingelebt habe. Schnell kommen sie auf den verlustreichen Winterfeldzug zu sprechen. Zum ersten Mal seit seiner Entlassung aus dem Lazarett kann Erwin Hofschneider loswerden, was ihm auf der Seele liegt und ihn quält: Wie wird es nach dieser schmachvollen Niederlage weitergehen? Ist ein Sieg nicht in weite Ferne gerückt?

Der Divisionsveterinär lässt Erwin Hofschneider ausreden und erklärt ihm dann seine Sicht auf die gegenwärtige Lage: „Wir haben anständig was auf die Mütze bekommen. Nun gut, so was kann vorkommen. Ein Krieg ist nun einmal etwas anderes als ein Manöver des Generalstabes. Erschrocken bin ich wie Sie, seit ich weiß, wie viele gute Männer und Pferde unsere Division verloren hat.

Und nun? Der Krieg wird weitergehen und wir können ihn jetzt besser führen, weil wir aus den Erfahrungen des Winters die nötigen Schlussfolgerungen gezogen haben. Dass wir vor Moskau gescheitert sind, haben wir Soldaten nicht zu verantworten. Wir haben getan, was uns möglich war. Die wahren Ursachen für die Niederlage kennen Sie so gut wie ich. Es waren der frühe und außergewöhnlich strenge Winter und die ungeheuren Schwierigkeiten der Truppenversorgung.

Aber nicht nur wir haben Federn lassen müssen. Sehen Sie sich die Verluste der Russen an. Fix und fertig ist der Iwan. Er hatte den Winter auf seiner Seite. Das Frühjahr und der Sommer aber werden uns gehören. Dann machen wir ein Ende mit der russischen Herrlichkeit. Im Norden steht Leningrad vor dem Fall. Im Süden haben wir die Ukraine, und bald werden uns die Ölfelder am Kaspischen Meer gehören. Das Umspuren der russischen Gleisanlagen macht große Fortschritte. Man wird uns schnell auffrischen. Sobald wir im Norden und im Süden klare Tatsachen geschaffen haben, werden wir erneut auf Moskau marschieren und Stalin samt seiner Bande zum Teufel jagen."

Die Zuversicht des Divisionsveterinärs und dessen Überblick über die Gesamtlage erleichtern Erwin Hofschneider. Augenblicklich beginnt er sich seiner Kleingläubigkeit zu schämen. Verlegen bedankt er sich beim Oberstabsveterinär und gesteht ihm, zum ersten Mal in seiner Offizierslaufbahn an einem Sieg gezweifelt zu haben.

„Nach den zurückliegenden Ereignissen braucht man sich seiner Zweifel nicht zu schämen", sagt der Divisionsveterinär mit verständnisvollem Gesichtsausdruck. „Auch mich beschleicht mitunter ein mulmiges Gefühl, wenn ich auf die Landkarte blicke. Was für ein riesiges Land! Doch mein Vertrauen in unsere Fähigkeiten ist stets stärker als alle trüben Gedanken in schwierigen Situationen. Wir stehen als Offiziere in der Pflicht. Das dürfen wir keinen Augenblick vergessen."

Der Divisionsveterinär geht zu einer Wandkarte und erklärt Erwin Hofschneider in groben Zügen die gegenwärtigen Aufgaben der Division. Anschließend weist er ihn in seine neuen Aufgaben ein: „Kommen wir nun zu Ihrer Kompanie. Wir sind noch dabei, sie aufzufüllen. Dies wird in Kürze abgeschlossen sein. Zu allem Überfluss hat Ihre Kompanie zurzeit mehr Soldaten als Pferde. Das wird sich in den nächsten Tagen schlagartig ändern. Mir wurde gemeldet, dass fast 300 Pferde eintreffen werden. Es sind junge Tiere, die man über weite Strecken hergetrieben hat. Es ist anzunehmen, dass sie in einem bedauernswerten Zustand ankommen werden. Ihre erste Aufgabe wird es sein, die Pferde gesund zu pflegen und sie schnell fronttauglich zu machen.

Ihr jetziges Quartier ist für diese Aufgabe nicht geeignet. Es ist auch zu weit vom Stab entfernt. Ihre Kompanie wird in ein paar Tagen verlegt. Sie werden sich in Richtung dieses Dorfes in Marsch setzen und dort Quartier beziehen."

Mit der stumpfen Seite eines Bleistiftes umkreist der Divisionsveterinär eine Ortschaft auf der Wandkarte. „Das stattliche Dorf heißt Tichaja Semlja. Es bietet ausgezeichnete Bedingungen für Pferdepflege und Ernährung. Mit dem Wort Ernährung sind wir auch gleich bei Ihrer zweiten wichtigen Aufgabe: Die Felder müssen bestellt und abgeerntet werden. Bis sich andere darum kümmern, müssen Sie das tun. Auch wenn im Augenblick niemand sagen kann, wann wir wieder nach Osten marschieren und wie lange Sie im Dorf bleiben werden, haben Sie sich um eine Verbesserung der Versorgungslage zu kümmern. Dabei rate ich Ihnen zu einem pragmatischen Umgang mit den russischen Bauern. Es heißt zwar immer, dieser Krieg werde auch geführt, um die russische Bevölkerung hinter den Ural zu treiben. Doch deutsche Bauern werden Sie nicht finden. Lassen Sie also die Russen in Ruhe auf den Feldern arbeiten. Dafür müssen sie hinreichend ernährt werden. Hinreichend, nicht gut. Die Ernte zu verteilen, ist unsere Aufgabe. Passen Sie auf, dass die Russen kein Tier ohne Ihre Genehmigung schlachten. Sonst drakonische Strafen. Kümmern Sie sich um die Viehbestände und machen Sie eine exakte Bestandsaufnahme. Schließlich gehört das Dorf jetzt zum Deutschen Reich.

Im Dorf wird es wohl einen Starosta geben, aber die Befehlsgewalt liegt vorläufig allein bei Ihnen. Bringen Sie ihre Männer, den Starosta und die Russen auf Trab. Gutes Gelingen."

Erwin Hofschneider erkundigt sich nach der Befehls- und Meldekette zwischen Stab und Kompaniestandort. Oberstabsveterinär Doktor Schopf erklärt ihm: „Wir versuchen, eine Telefonverbindung herzustellen. Bis es so weit ist, wird täglich ein Kradmelder pendeln. Außerdem haben wir schließlich Funker."

Noch eine Botschaft gibt ihm der Divisionsveterinär mit auf den Weg: „Seien Sie wachsam. Lassen Sie das Dorf und dessen Umgebung nie aus den Augen. Die Waldgebiete um das Dorf sind eine üble Partisanengegend. Wir stellen Ihnen einen kleinen Zug kampferprobter Soldaten mit zwei kleinen Geschützen und Maschinengewehren an die Seite. Der Zugführer wird Sie in militärischen Fragen beraten, untersteht aber Ihrem Kommando. Im Übrigen sind wir gerade dabei, gemeinsam mit unserer Nachbardivision, eine Sondereinheit zu bilden, die die Wälder nach Partisanen durchkämmen wird. Sollten Sie Anzeichen von Partisanentätigkeit oder -unterstützung entdecken, müssen Sie streng nach Befehl handeln und sofort Hauptmann Lange im Divisionsstab informieren. Er ist es, der die Spezialeinheit gegen die Partisanen aufbaut und die Koordination der Partisanenabwehr leitet. Sollte Ihre Lage zu brenzlig werden, müssen wir überlegen, wie wir Ihnen helfen können. Vielleicht verläuft auch alles viel unproblematischer. Wir werden sehen. Kennen Sie überhaupt die inzwischen erlassenen Befehle?"

Erwin Hofschneider berichtet dem Divisionsveterinär, welche Befehlslage ihm bekannt ist.

„Dann kennen Sie noch nicht die neueste Entwicklung. Wie Sie wissen, war es bisher so, dass sich die Wehrmacht aus der unappetitlichen Drecksarbeit hinter der Front herausgehalten hat. So was haben diese ‚Sondereinheiten' genannten Kriminellen erledigt."

„Welche Drecksarbeit?", erkundigt sich Erwin Hofschneider. Der Divisionsveterinär sieht ihn erstaunt an. „Sie wissen es nicht? Man erschießt Kommunisten, Juden, als Partisanen Verdächtige und Geiseln aus der Zivilbevölkerung und verlangt, dass die Wehrmacht diese Maßnahmen aktiv unterstützt, weil diese ‚Sondereinheiten' mit dem ganzen Schmutz überfordert sind. Sie machen auch vor Frauen, Kindern und Alten nicht Halt. Für mich sind das Kriegsverbrechen, an denen sich ein anständiger Offizier nicht beteiligen sollte.

Doch jetzt gibt es einen Befehl unseres Feldmarschalls, der verlangt, dass wir die ‚Sondereinheiten' unterstützen sollen. Unser Divisionskommandeur hat es sich einfach gemacht. Er überlässt es jedem nach Überzeugung und Gewissen vor Ort zu entscheiden."

Erwin Hofschneider ist entsetzt. Aus eigener Erfahrung weiß er bereits, mit welch verbissener Härte dieser Krieg geführt wird. Er weiß, dass an der Front auf beiden Seiten wehrlose Gefangene erschossen worden sind. Er ist auch durchaus der Überzeugung, dass die Partisanen für ihre heimtückischen und brutalen Überfälle hart bestraft werden müssen. Doch was er soeben erfahren hat, beleidigt sein Ehrgefühl. Ein deutscher Soldat kämpft nicht gegen Zivilisten. Den Russen hat er dies zugetraut, nie und nimmer aber der Deutschen Wehrmacht. Wie kann ein deutscher Feldmarschall so tief sinken und Verbrechen gegen das Völkerrecht befehlen?

„Da bleibt einem ‚Normannen' glatt die Spucke weg, nicht wahr? Damit Sie ein klares Bild von dieser Angelegenheit erhalten, werde ich Sie mit Hauptmann Lange bekannt machen. Was Ihnen dieser stramme Nazi mitzuteilen hat, wird Ihnen nicht gefallen. Ich bitte Sie, ruhig zu bleiben und sich einen Reim auf seine forschen Ansichten zu machen. Wenn Sie dann mit Ihren Männern in diesem Dorf sind, in diesem Tichaja Semlja, empfehle ich Ihnen, sich weniger an Hauptmann Lange und mehr an unseren Divisionskommandeur zu halten. Entscheiden Sie nach Lage und Gewissen.

Nochmals viel Glück für Ihre neue Aufgabe."

Hauptmann Lange ist Erwin Hofschneider unsympathisch. Im Gegensatz zu seinem Namen ist er klein und rundlich und blickt Erwin Hofschneider aus stechenden, kalten Augen an. Wie er sich in Positur wirft, zeigt, dass er noch nicht durch das Gemetzel an der Front gegangen ist.

Sofort beginnt er, in einem belehrenden Ton, mit seinem Vortrag: „Genau genommen brauchen Sie sich nur an einen einzigen Gedanken zu halten: keine Rücksicht auf Befindlichkeiten dieser slawischen Untermenschen. Wir sind jetzt ihre Herren. Das müssen wir sie jeden Augenblick spüren lassen. Auf das geringste Vergehen muss sofort eine drakonische Strafe folgen. Kein Mitleid mit diesen verschlagenen Bastarden. Auf die brutalste Art haben diese Untermenschen unsere tapferen Kameraden aus dem Hinterhalt umgebracht. Es gibt somit keinen Grund mehr, sie zu schonen.

Eines muss Ihnen von heute an klar sein: Wenn mir Nachlässigkeiten ihrer Männer den Russen gegenüber zu Ohren kommen, werde i c h keinerlei Nachsicht üben. Für mich wäre das Wehrkraftzersetzung.

Umgekehrt wurde und wird kein Soldat für sein konsequentes Vorgehen gegen die russische Zivilbevölkerung jemals zur Verantwortung gezogen. Im Gegenteil. Jeder tote Russe ist ein Problem weniger.

Sie brauchen mich gar nicht so finster anzusehen. Vergessen Sie alle Kriege, die Sie bisher erlebt haben. Dieser Krieg ist anders. Wir kämpfen hier nicht nur gegen eine feindliche Armee und gegen heimtückische Partisanen. Wir kämpfen hier gegen den Bolschewismus und das mit ihm verbündete Judentum. Vor allem aber ist dieser Krieg ein Krieg der Rassen. Lassen wir es zu, dass asiatische Horden Europa erobern oder jagen wir sie hinter den Ural zurück? So und nicht anders stellt sich die Frage. Das ist gemeint, wenn der Führer von der ‚Gelben Gefahr' spricht."

Mit widersprüchlichen Gefühlen verlässt Erwin Hofschneider den Divisionsstab.

Oberstabsveterinär Doktor Schopf hat die Winterschlappe relativiert und ihm Zuversicht für das Kommende vermittelt. Nach diesem Gespräch freut er sich auf die Ankunft neuer Pferde ebenso wie über das Vertrauen seines Vorgesetzten.

Auf der anderen Seite behagt ihm die Aufgabe eines Ortskommandanten in einem russischen Dorf nicht. Was, wenn es Schwierigkeiten mit der Zivilbevölkerung gibt? Soldaten gegen Weiber oder was? Was verlangt man eigentlich von mir? Sollen sie lieber zusehen, dass sie bald eine Zivilverwaltung aufbauen, die uns Soldaten solchen Kram erspart, denkt er verärgert. Aber Befehl ist Befehl.

Stinksauer ist er über das aufgeblasene Geschwätz des Nazi-Hauptmanns. Solche Leute schmecken mir! Spucken im Hinterland große Töne. Woher weiß er das ganze Zeug?

Erwin Hofschneider überlegt, was für ein Bild er sich bisher von Russen und Juden gemacht, und wie er sich die Notwendigkeit dieses Feldzuges erklärt hat.

Gegen Polen, Frankreich und England ist seine Meinung klar und fest: Vergeltung für die Schmach von Versailles. Selbst sein Bruder Ludwig, der es mit dem Christentum sehr ernst meint und der vom Pazifismus angehaucht ist, hat sich über Versailles empört und den Vertrag eine Schande für die zivilisierte Welt genannt. Wie hat er gesagt? „Ohne Versailles wären die Nazis nicht an die Macht gekommen."

Mit den Russen ist alles anders gewesen. Sie haben eine Niederlage hinnehmen müssen und sich um gute Beziehungen zu Deutschland bemüht. Ludwig, der von den Ideen Walter Rathenaus beeindruckt ist, hat sich erfreut über eine deutsch-russische Zusammenarbeit geäußert: „Ein Zeichen der Vernunft im Jammertal des Chauvinismus."

Erwin Hofschneider weiß auch um die guten Beziehungen, die zwischen der Reichswehr und der Roten Armee bestanden haben. Diese Zusammenarbeit hat Deutschland in die Lage versetzt, die harten Forderungen des Versailler Vertrags zu umgehen. Offizieren der späteren Wehrmacht ist es so ermöglicht worden, mit russischen Flugzeugen, U-Booten und Panzern Erfahrungen zu sammeln. Später ist ein Nichtangriffspakt geschlossen worden und man hat gemeinsam gegen Polen gekämpft. Er selbst hat nach dem Sieg an einem freundschaftlichen Treffen mit Offizieren der Roten Armee und an einer gemeinsamen Siegesparade teilgenommen.

Nach allem, was ich damals gesehen und gehört habe, sind uns die Russen militärisch weit unterlegen, denkt er. Sie glichen eher einem Zigeunerhaufen, als einem Truppenverband. Da sind wir doch aus einem anderen Holz geschnitzt!

Kein Gedanke daran, dass wir uns schon bald an gleicher Stelle als erbitterte Feinde gegenüberstehen werden. Erwin Hofschneider erinnert sich an das große Erstaunen, als plötzlich ein Krieg gegen die Sowjetunion immer wahrscheinlicher wurde. In Gedanken hört er die barschen Worte Ludwigs und die bitteren seines Freundes Macke.

Ist dieser Krieg wirklich so zwingend erforderlich, wie die Propaganda es uns Soldaten eintrichtert? Müssen wir den ‚Gelben Horden' zuvorkommen? Gibt es eine Weltverschwörung des Judentums und eine bolschewistische Bedrohung? Vielleicht. Vielleicht auch nicht.

Nein, es muss sie geben! Wäre es nicht so, würde ich dem Führer unterstellen, er habe uns aus Abenteuerlust und Selbstüberschätzung nach Russland geschickt. Ein absurder Gedanke, der eines Offiziers unwürdig ist. Klaren Kopf behalten! Für Politik bin ich zum Glück nicht zuständig. Ich halte mich an meinen Eid und fertig. Für mich gibt es nur Befehle und Gehorsam, Verantwortung für meine Kameraden und die Pferde.

Vielleicht sind wir ja doch die bessere Rasse. Doch warum bringen wir dann Frauen und Kinder um? Wieso ist in diesem Krieg alles ziemlich verworren?

Verdammt noch mal, ich werde zusehen, dass die Russen ihre Felder bestellen und mich einen Dreck um Rassentheorien und Weltverschwörungen kümmern. Doktor Schopf ja, Hauptmann Lange nein, und damit Schluss!

Alles wird vom Verhalten der Russen abhängen. Ich werde mich an ihren Starosta halten und ihn auf Trab bringen. Soll er sich gefälligst mit seinen Leuten herumschlagen.

Dann denkt er noch einmal an seinen Bruder Ludwig. Der hat sich über die Rassentheorien der Nazis auch deshalb lustig gemacht, weil die Slawen nach seiner Überzeugung ebenso Indogermanen sind wie die Deutschen. Für Ludwig gibt es auch nie d i e Deutschen, Russen oder Juden. Sein Wahlspruch lautet: „Ein anständiger Jude steht mir näher als ein verdorbener Nazi."

Erwin Hofschneider mag über diese Probleme nachdenken so viel er will – alles bleibt verworren und lässt kein endgültiges Urteil zu. Da scheint es ihm sinnvoller zu sein, sich um das Naheliegende zu kümmern. Um Sachen, von denen er etwas versteht.

Als er wieder bei seiner Kompanie eintrifft, bessert sich seine Laune schnell. Er lässt seine Staffelführer, den Führer des zu ihrem Schutz abgestellten Zuges und den Hauptwachtmeister rufen. Nachdem sie ihre Berichte vorgetragen haben, bereitet er sie auf die neuen Aufgaben vor. Für den nächsten Tag setzt er eine Inspektion der Kompanie und ihrer Ausrüstung an.

In dieser Nacht schläft er ruhig. Zum ersten Mal seit Tagen wird er nicht von Albträumen geplagt.

Nachdem er sich einen detaillierten Überblick verschafft hat, beschäftigt er sich mit der Karte, die man ihm beim Stab ausgehändigt hat. Das Dorf Tichaja Semlja ist größer, als er es erwartet hat. Es zieht sich an einem Flüsschen entlang. Nur wenige Gebäude liegen an der Westseite des Flüsschens. Fast das gesamte Dorf liegt auf einem Hügel, der sich an dessen Ostseite etwa zehn Meter über das Niveau einer weiten Ebene erhebt, die von drei Seiten von großen Wäldern begrenzt ist. Nur nach Westen ist sie offen.

Erwin Hofschneider ist erleichtert, weil das Dorf nicht zu nahe an den Wäldern liegt. Sollten die Partisanen aus den Wäldern kommen, müssten sie zwischen fünf und zwölf Kilometer freies Feld überwinden. Vom Dorfhügel aus ist dieser Bereich offenbar gut einzusehen. Die Gefahr von überraschenden Überfällen besteht somit nur nachts.

Wir müssen ihnen den Zugang zum Dorf erschweren. Die Karte auf den Knien plant er die Marschroute, die Dorfbesetzung, die Quartiernahme, die erforderlichen Befehle an seine Männer und an den Dorfältesten. Ein deutscher Offizier überlässt nichts dem Zufall. Doch als er ins Detail gehen will, kommen ihm schnell Zweifel an einer zu exakten Planung. Er belässt es bei einer Grobplanung. Der Rest wird sich sicher im Dorf besser erledigen lassen.

Mehr Sorge als seine Männer und die Pferde bereitet ihm die Vorstellung, die Feld- und Stallarbeit in einem russischen Dorf organisieren zu müssen. Er ist durch und durch Stadtmensch und hat von der Landwirtschaft keinen blassen Schimmer. Seine Erfahrungen als Tierarzt hat er ausschließlich beim Militär und nur mit Pferden gesammelt. Während seines Studiums in Wien, München und Hannover hat es nur ein großes Thema gegeben: Pferde. Das Rindvieh war nur am Rande behandelt worden. Über anderes Vieh auch nur zu sprechen, war unter der Würde eines Veterinärmediziners gewesen.

Was nützt mir jetzt alles Grübeln? fragt er sich. Sehen wir die Dinge zunächst ganz logisch: Saatgut besorgen und die Russen auf Vordermann bringen – das muss fürs Erste genügen. Zur Not kann ich meine Männer befragen, die aus der Landwirtschaft kommen. Vielleicht erledigt sich auch alles von selbst, weil wir einen Marschbefehl erhalten und schneller aus dem Dorf verschwinden, als wir es uns vorstellen können. Soldaten sind zum Kämpfen und für die Pferde da. Sie sollten sich nicht um russische Bauern und deren Kartoffeln, Schweine und Kühe kümmern müssen.

Als die gemeldeten Pferde eintreffen, fluchen und schimpfen alle über den erbärmlichen Zustand der Neuankömmlinge. Viele Pferde sind nicht älter als zwei Jahre. Alle sind erschöpft, etliche krank. Die Männer der Veterinärkompanie behandeln und versorgen die gequälten Kreaturen mit Eifer und Hingabe. Sie arbeiten bis zur Erschöpfung. Dennoch sterben in den ersten Tagen 19 Pferde. Einige haben Strecken von mehr als 1.200 Kilometern zurückgelegt. Ohne ausreichende Pausen und bei dürftiger Versorgung.

Da die örtlichen Bedingungen eine umfassende Betreuung der Pferde nicht zulassen, macht sich die Veterinärkompanie marschbereit.

Bis auf einen Teil der Lazarettstaffel, die mit einigen frisch operierten Pferden und den Transportfahrzeugen in zwei Tagen folgen soll, setzt sich die Kompanie in Bewegung. Mit 60 eigenen, 245 anvertrauten Pferden und einem stattlichen Tross bewegt sie sich in nordnordöstliche Richtung, um befehlsgemäß das 42 Kilometer entfernte Dorf Tichaja Semlja zu erreichen.

Lerchen

Als sich die Veterinärkompanie dem Dorf nähert, scheint die Sonne von einem makellosen Himmel und wärmt die geplagte russische Erde. Die Luft ist klar und mild. Sie ist satt von den Düften, die von den Wiesen und Feldern aufsteigen. Diese Düfte vermischen sich mit den Ausdünstungen der Soldaten und ihrer Pferde. Sie kriechen in Nasen und Nüstern und lösen dort menschliche und tierische Empfindungen aus.

Die Luft ist für alle Menschen und Pferde da. Sie verwandelt sich in deren Lungen, dringt ihnen ins Blut, durchströmt Myriaden Menschen- und Pferdezellen, gibt ihnen Kraft für nützliche und schändliche Dinge.

Die Zellen wollen nichts geschenkt haben von der ungeteilten Sphäre. Dankbar für ihre Versorgung erzeugen sie unermüdlich Substanzen, die sie über das Blut an die Lungen abgeben, damit diese sie als Nahrung für die unersättlichen Pflanzen hinausstoßen in die bewegte irdische Atmosphäre.

Auch für die Vögel gibt es nur einen Himmel. Zu Ehren der Schöpfung zwitschern sie um die Wette und versuchen einander an Ausdauer und Lautstärke zu überbieten.

Eine trällernde Lerche übertrifft alle mit ihren kraftvollen Tönen. Direkt über den Köpfen der fremden Reiter jubelt sie so selbstvergessen, als wollte sie den Soldaten Einhalt gebieten und ihnen die Erlösung der verwirrten Menschheit von der Schande des Krieges verkünden.

Noch vor einer Stunde hätten die Soldaten geschworen, dass der Krieg sie unempfindlich gemacht habe für die Schönheiten der Natur. Seit Monaten weht ihnen der Geruch von Bränden, Verwesung, Pulverqualm und Straßenstaub in die Nasen. In ihren Ohren klingen seither die Geräusche des Sterbens: Geschützdonner, Bombenheulen,

Splittersurren, Kugelpfeifen.

Allgegenwärtig ist ihnen der Geruch von Blut, Exkrementen, Jod und Lysol gewesen und die Schreie ihrer verwundeten Kameraden haben sich auf die flinken Moleküle der Luft gesetzt und sind ihnen als unsichtbare apokalyptische Reiter in Ohren und Seelen geritten.

Jetzt, auf den letzten Kilometern vor dem russischen Dorf, nehmen die von der Natur belehrten Soldaten erstaunt zur Kenntnis, dass sich ihre Sinne den Farben, Gerüchen und Geräuschen des Friedens nicht verweigern. Nach den grausamen Wochen des Rückzugs und den schweren Verlusten im Winter erscheinen ihnen die sanfte aufblühende Landschaft und das vom Krieg unberührte russische Dorf in der Ferne wie unverhoffte Geschenke des launischen Schicksals.

Dem Gefreiten Anton Dombrowski sind die Schrecken des Winters erspart geblieben. Zufrieden mit dem schönen Tag lässt er sich von den Düften und Geräuschen des Frühlings die Seele wärmen. Er legt seinen Kopf in den Nacken und sucht nach dem gefiederten Sänger. Dabei stößt er gegen den Stiefel des neben ihm reitenden Hauptwachtmeisters Klein und sein Pferd kommt aus dem Tritt.

„Ein reitender Hans-guck-in-die-Luft", brummt der Hauptwachtmeister über seine Schulter hinweg.

„Ich hab man die Lerche jesucht, Herr Hauptwachtmeister", entschuldigt sich der Gefreite.

Zu seinem Erstaunen hält ihm der wortkarge Hauptwachtmeister einen kurzen, dafür viel zu lauten Vortrag zu Ehren des flatternden Sängers: „Nur ein Winzling ist so eine Lerche, aber singen kann sie kräftiger und schöner als wir beide zusammen. Steht mühelos am Himmel und schmettert wie Caruso. Dabei ist sie nicht größer als ein Spatz."

Hauptwachtmeister Klein ist in einem mecklenburgischen Dorf aufgewachsen. Die aufblühende Natur stimmt ihn friedlich. Er denkt an sein Heimatdorf, an seine Frau, an seinen sieben Monate alten Sohn und an seine Eltern, denn über den heimatlichen Feldern singen jetzt die Lerchen mit der gleichen Inbrunst wie der russische Winzling über seinem Kopf. Eine Lerche ist eine Lerche. Ihr Gesang erfreut die russischen Bauern ebenso wie die deutschen. Hin und wieder unterbrechen sie ihre schwere Arbeit, legen die Hände vor die Augen und blicken in den Himmel. Sie erfreuen sich an dem trällernden Wunder und seinem Geschenk an die Menschen, die in Verwirrung geraten sind und sich abschlachten wegen einer Handvoll Staub.

Den Lerchen aber ist es gleich, ob unter ihnen ein russischer oder ein deutscher Bauer schwitzend sein Tagewerk verrichtet. Ebenso gleichgültig ist es ihnen, ob ihr Nistplatz zum Deutschen Reich oder zu Sowjetrussland gehört. Der Mensch trägt seine Nationalität zur Schau als wär's was. Eine Lerche aber ist nichts als eine Lerche.

Daran muss Hauptwachtmeister Klein auf dem Ritt nach Tichaja Semlja denken.

Erwin Hofschneider, der an der Kolonnenspitze reitet, denkt dagegen an die Partisanen und nähert sich dem Dorf mit militärischer Vorsicht. Als sie in unmittelbarer Nähe des Dorfes sind, lässt er absitzen. Er befiehlt, zwei Umgehungsgruppen sowie eine Vor- und eine Nachhut zu bilden. Die Nachhut bleibt bei den Pferden. Die Umgehungsgruppen und der abkommandierte Infanteriezug riegeln das Dorf bogenförmig ab, während die Vorhut das Dorf durchkämmt und die teils stoischen, teils verängstigten Bauern nach dem Dorfältesten befragt.

Igor Mamedow ist schon am Morgen mit Kolja Prischin zum Kolchosgebäude getippelt. Sie sind noch immer vom strengen Winter gezeichnet. Doch dank Kusma Konews Hilfe geht es langsam aufwärts mit ihnen.

Das Dorf ist zwar noch nicht aus dem Gröbsten heraus, aber die Kinder sind zunächst über den Berg und viele Alte hoffen auf ein weiteres Lebensjahr, obwohl dies nach Igor Mamedows Ansicht närrisch ist. Für ihn gibt es keinen größeren Wunsch, als in Ruhe sterben zu können. Wenn der unselige Krieg zu Ende und im Dorf wieder Ordnung eingezogen ist, möchte ich ihnen die Kinder übergeben können und mich dann fröhlich aus dem Staub machen, dieser Gedanke ist ihm Trost und letzter Ansporn. Das Starostaamt ist ihm eine schwere Bürde. Man müsste mit Altersschwachsinn geschlagen sein, um diesem Amt in meinem Alter etwas Gutes abgewinnen zu können, denkt er. Da mich die Alten nun einmal zu ihrem Starosta bestimmt haben, muss ich, so gut es eben noch geht und so schwer es mir auch fällt, für die Ordnung im Dorf sorgen und zusehen, dass besser die Alten als die Kinder das Zeitliche segnen.

Stirbt eine Alte oder ein Alter, ist Igor Mamedow mitunter traurig. Stirbt ein Kind, spürt er tiefen Schmerz und Wut auf seine Unfähigkeit ein Kinderschicksal zu wenden.

Heute sind sie so früh zum Kolchosgebäude aufgebrochen, weil sie mit den noch rüstigen Alten und den älteren Kindern die Versorgungslage und die Frühjahrsbestellung besprechen wollen. Auf ihrem Weg überlegen sie laut, wo das wenige Saatgut ausgebracht werden soll. Die Felder mit den schweren Böden scheiden aus, weil sie ohne Pferde und Traktoren nicht gepflügt werden können. Außerdem müssen die Felder nahe am Dorf liegen. Dung und Jauche gibt es noch genug im Dorf – aber wie beides auf die Felder bringen? Man darf die genügsame Dunja nicht zu sehr schinden, denn sie ist das einzige Pferd im Dorf.

Als sie das Kolchosgebäude erreichen, ist ein plausible Lösung zum Greifen nahe. „Je besser wir geplant haben, desto kürzer wird das Palaver der geschwätzigen Alten sein und die Kinder können gleich was lernen“, sagt Igor Mamedow, während er die Bürotür öffnet.

Es dauert nicht lange, da säbelt Kusma Konew zur Tür herein. Sofort wird er in die Planungen seiner Freunde eingewiesen. Wie immer widerspricht er zunächst, es gibt Streit. Dann beruhigt er sich und stimmt dem Plan nach geringfügigen Änderungen zu.

Die Bürotür wird aufgerissen und Genadi Bondartschuk schießt herein: „Ihr redet hier gemütlich herum. Wir aber warten im Versammlungsraum vergeblich. Mit unseren Reizblasen können wir dort nicht mehr lange sitzen, und mit unseren Blähbäuchen werden wir bald fliegen.“

Igor Mamedow lobt vor den Alten zuerst die halbwüchsigen Jungen, die mit Fischfang und Schlingenlegen beachtlich zur Versorgung des Dorfes beitragen. Häufig bringen sie mehr heim, als sie mit ihren Großeltern frisch verbrauchen können. Dann verschenken sie den Überschuss an die Alten, die keine Kinder im Haus haben.

Den Wald und die verminten Waldwege dürfen die jungen Jäger nicht betreten. Sie müssen immer zu dritt gehen und nach den Deutschen Ausschau halten, die sich aber seit Monaten nicht haben blicken lassen.

Nachdem sich die Alten an den stolzen Gesichtern der gelobten Jungen erfreut haben, erwähnt Igor Mamedow seinen Freund Kolja Prischin und den rheumakranken und seit langem im Ruhestand lebenden Fischer Semjon Belikow, weil sie den Jungen viele Tricks und Schliche beigebracht haben. Mit dem Schlingenlegen, Angeln und Krebsfangen kennt sich Kolja Prischin aus. Semjon Belikow aber hat den Weg zum über zwei Kilometer entfernten See auf sich genommen, seinem Enkel das Bootsversteck gezeigt und ihm den Fischfang mit Netzen und Reusen erklärt. Nun liegt der Alte mit Schmerzen und Fieber danieder.

Zum Schluss lobt Igor Mamedow die Alten, weil sie uneigennützig dafür sorgen, dass jedes Kind im Dorf täglich eine Tasse Milch, eine Scheibe Brot und einen Teller Mehl-, Kohl- oder Rübensuppe bekommt; dazu zweimal in der Woche drei Kartoffeln und ein Ei.

„Damit wir vor Gott und unseren Kindern an der Front und in den Wäldern nicht in Schande geraten."

Er ist stolz auf viele Alte, weil sie angesichts des Elends der Kinder ihr vom Kolchosleben geprägtes Lebensmotto – privat geht vor Katastrophe – beiseite gefegt haben wie störenden Kehricht. Viele von ihnen sind eher bereit zu sterben, als zu Lasten der Kinder zu leben.

Die rücksichtslose Entmündigung der Dorfgemeinschaft während der Kollektivierung hat bei Alt und Jung den Egoismus angestachelt. Sie haben dem Kolchos nur gegeben, was notwendig war, und sich genommen, was möglich war. Doch nun, in ihrem größten Elend, verzichten sie für die Kinder mitunter auf das Lebensnotwendige.

Igor Mamedow ist mit ihnen zufrieden. Er ahnt nicht, dass die Alten das neue Motto – Gemeinnutz geht vor Eigennutz – nicht nur wegen ihrer Enkelkinder, sondern auch seinetwegen gewählt haben. Nach so vielen von dramatischen Brüchen und brutalen, menschenverachtenden Schandtaten geprägten Umwälzungen gibt es für sie nicht einen Mann im Dorf, der sich selbst so treu geblieben ist und so wenig Schuld auf sich geladen hat wie Igor Mamedow. Ihm vertrauen sie, weil sie sein schweres Schicksal kennen. Weil sie wissen, dass er sein großes Können stets für das Wohl anderer in die Waagschale gelegt hat. Er hat sich nie auf Kosten der Bauern bereichert und keine Lust an der Macht entwickelt. Für sie ist er stets eines geblieben: ein ehrlicher russischer Bauer – ihr idealisiertes und verschönertes Ebenbild.

So viele machtbesessene Halunken haben sich vergebens vor ihnen gespreizt, Süßholz geraspelt, das Blaue vom Himmel versprochen, sie bedroht, beschimpft und bestraft, um ihre Gunst zu erheischen oder diese notfalls zu erzwingen. Sie haben vor den Bauern Purzelbaum und Rad geschlagen und sich dennoch nichts als Verachtung und Spott eingefangen. Was die Bauern den unter immer neuen Fahnen auftauchenden und nie aussterbenden russischen Halunken verweigert haben, schenken sie Igor Mamedow freiwillig und ohne viel Federlesens.

Auch jetzt steht er vor ihnen, nicht verschont von den Partisanen und ausgezehrt vom Hunger wie sie. Das haben sie erwartet und das genügt ihnen.

Hätte Igor Mamedow die Gedanken der Alten erraten, wäre er sehr beschämt und verlegen gewesen. Weil die Alten das wissen, sagen sie es ihm nicht und danken es ihm in ihren Herzen.

Wenn die Obrigkeit mit ihnen spricht, ist alles verworren und voll Tücke. Wenn Igor Mamedow mit ihnen spricht, ist alles einfach und zum Greifen nah. Sofort hat alles seine Ordnung und seinen Sinn. Von Gott spricht er mit Ehrfurcht, von der Natur mit Respekt, vom Dorf mit Verstand. Jeder weiß, woran er ist und was das Dorf von ihm erwartet. Die älteren Kinder kümmern sich um die jüngeren. Die Jungen jagen und fischen. Die Mädchen helfen den gebrechlichen Alten. Die gewesenen Männer kümmern sich mit ihren gewesenen Weibern um Haus, Hof und Garten. Wer noch einigermaßen bei Kräften ist, sorgt für das Dorf. Das versteht jeder und so muss nicht viel geredet werden. Schnell stimmen die Alten Igor Mamedows Plan für die kümmerliche Frühjahrsbestellung zu.

Als sich die Alten erheben, um nach Hause zu gehen, gibt ihnen Igor Mamedow noch zwei erfreuliche Nachrichten mit auf den Weg. Unter dem Schnee habe die Wintersaat dem strengen Winter getrotzt und gedeihe prächtig. Auch über das Kleinvieh kann er Gutes berichten: Fast siebzig Ziegen- und Schaflämmer seien im Dorf geboren worden und die Kaninchen werfen, was das Zeug hält. Zwei Kühe gebe es noch, doch leider keinen Bullen. Wenn die Wege abgetrocknet sind, werde Kusma Konew ins Nachbardorf fahren. Vielleicht haben sie dort einen Bullen.

Die Mienen der Alten hellen sich auf, aber dann ruft jemand: „Was, wenn die Partisanen oder die Deutschen wiederkommen? Wer weiß schon, wo die Front verläuft und wie lange der Krieg noch dauern wird?“

Igor Mamedow lässt sich davon nicht beirren: „Wer ins Dorf kommen wird, weiß auch ich nicht. Sicher ist nur eins: Wenn wir uns nicht um Gärten, Felder und Vieh kümmern, ist’s aus mit uns – mit oder ohne Krieg.“

Die Alten gehen auseinander, im Starostabüro wuselt die neue Obrigkeit herum. Igor Mamedow räumt den Tisch leer, Kusma Konew holt Brennholz für den nächsten Tag und Kolja Prischin, der die unterhaltsame Nähe der Staroste sucht, fegt den Fußboden.

Plötzlich stürmt Pawel, der Enkel des Fischers Semjon Belikow, ins Büro und stottert aufgeregt: „Die Deutschen kommen! Eine lange Kolonne … und Pferde bringen sie mit ... meine Güte ... so viele Pferde. Nach den Starosten haben sie gefragt ...“

„Womit die Frage beantwortet ist, wer als Nächster unser Dorf beehrt“, sagt Igor Mamedow trocken. Er sieht sich und Kusma Konew in die Pflicht genommen. Sie nehmen Kolja Prischin an ihre Seite, weil sie hoffen, dessen bescheidene Deutschkenntnisse könnten die Deutschen in Verzückung versetzen.

Mutig treten die drei Alten hinaus auf die Dorfstraße und gehen gemessenen Schrittes, wie es sich für Alter und Stellung geziemt, den deutschen Soldaten entgegen. Hinter ihren Fenstern verfolgen die Leute angespannt die Annäherung der verfeindeten Nationen.

„Sieh dir das Geschmeiß an!", sagt Igor Mamedow zu Kusma Konew. „Kommen ins Dorf geritten und besudeln unsere Ehre. Und unsereiner muss ihnen zu seiner Schande auch noch seine Referenz erweisen."

Beim Schimpfen rötet sich sein zerfurchtes Gesicht und aus seinem zahnlosen Mund spritzen Speicheltröpfchen durch die Luft und in den ungepflegten grauen Bart.

Kusma Konew ist sechs Jahre jünger als Igor Mamedow, sieht aber struppiger aus. Als Zeichen seiner reifen Jugend trägt er noch vier vom Machorka gebräunte Zähne durch die Weltgeschichte. Die vier sind akkurat so im Mund verteilt, dass sie einander genau gegenüberstehen und den Betrachter zu einer Stellungnahme herausfordern. Sie präsentieren sich als einzige Überlebende einer verlustreichen Schlacht. Wären die vier der Sprache mächtig, so würden sie mit lauter Stimme ihr hartes Los im Munde eines russischen Bauern beklagen. Doch die Natur hat ihnen keine Stimme verliehen und ihr trauriges Schicksal ist Kusma Konew mit den Jahren so gleichgültig geworden wie die Reize der Mädchen im Dorf.

Kolja Prischin ist mit seinen 60 Jahren das jüngste Mitglied der krummbeinigen Abordnung. Die Gene seines deutschen Großvaters haben sich bei seinem Habitus nicht sichtbar durchsetzen können, denn auf seinem kurzen, kräftigen Hals thront ein slawischer Rundkopf. Seine grauen Haare stechen wie Borsten in den blauen Himmel und aus dem Material seiner Ohren hätte die Natur gut und gerne ein weiteres Paar fertigen können. Da er sich frühzeitig Metallkronen über seine Zähne hat stülpen lassen, verfügt er noch über ein beachtliches Gebiss. Freilich hat hier die Zweckmäßigkeit gewütet. Ästhetischen Empfindungen sind dagegen keine Mitspracherechte eingeräumt worden. Sowohl unter dem Zaren als auch unter der Sowjetmacht sind diese Mitspracherechte unbezahlbar gewesen.

Die drei alten Männer haben Glück, denn sie treffen auf Leutnant Hamann. Den Großbauernsohn erinnert nicht nur die Landschaft an seine Heimat, sondern auch die Anordnung der Dorfgebäude. Hier wie dort riecht es nach Stalldung und Jauche, gibt es Brunnen, Abflussrinnen und hölzerne Örtchen über den Misthaufen. Einen Gutshof mit Steingebäuden gibt es im russischen Dorf auch.

Die Bauernhäuser sind aus Holz und ihre Dächer mit Blech, Holzschindeln oder Stroh gedeckt. Die meisten Häuser sind in einem guten Zustand, während viele Wirtschaftsgebäude, Ställe und Scheunen einen heruntergekommenen Eindruck machen. Die Armut liegt hinter jedem Haus auf der Lauer. Die Scheunen sind leergefegt und der Leutnant fragt sich, wovon Mensch und Vieh leben können.

Bei seinem Ritt mit der Vorhut durch das Dorf fällt dem Leutnant auf, dass die Fenster vieler Häuser mit Brettern vernagelt sind.

Das Dorfleben scheint erstorben. Hätten sie in den Häusern nicht einige alte Leute und Kinder angetroffen, hätten sie denken können, das Dorf wäre unbewohnt. Wo sind die jungen Leute? Liegen sie in einem Hinterhalt auf der Lauer? Vorsicht ist geboten!

Doch alles bleibt ruhig.

Die drei Greise, die auf ihn zukommen, vermitteln dem Leutnant den gleichen Eindruck wie die heruntergekommenen Scheunen und Ställe. Erst als die Alten vor ihm stehen, zuckt es kurz in seinen Augen, denn die drei vom Leben verschlissenen Greise erinnern ihn augenblicklich an seinen Großvater. Ihre Gesichter sind vom Wetter, von den Sorgen und vom Alter gezeichnet wie eine Landschaft von der Erosion. Da gibt es verschiedenfarbige Hügel, Senken und Felder, Erdrisse, Furchen, Rinnen und tiefe Spalten. Auf unkultivierten Feldern wuchern Brauen und Bärte.

In die rauen Landschaften sind zur Versöhnung sechs Seen eingebettet, die in blau-grauen und blau-grünen Farbtönen unergründlich leuchten und den Blick des Leutnants mit Macht auf sich ziehen.

Unter dem Blick des Leutnants verwandeln sich die Seen in Bauernaugen. Sie blicken ihn an, wie alte Bauern einen bewaffneten Fremden anblicken: weder unterwürfig noch stolz, sondern ruhig, gefasst und misstrauisch. Mit ihren Haaren und Zähnen haben die Greise für eine Spanne Leben bezahlt, aber jedermann kann erkennen, dass dieser Vorrat nahezu aufgebraucht ist.

Der Anblick der krummbeinigen, von der Last ihrer Jahre gebeugten Greise und die damit verbundene Erinnerung an seinen Großvater verunsichern den Leutnant. Bisher hat er Russen nur aus einiger Entfernung und meist in Uniform gesehen. Jetzt verlangt es die Situation, sich mit russischen Bauern zu verständigen.

Im gleichen Augenblick bemächtigt sich seiner eine Vision. An Stelle der drei Alten sieht er vor sich plötzlich seinen Großvater auf der Straße seines mecklenburgischen Heimatdorfes stehen. Diese Vision erzeugt in den Kerben und Windungen seines Gehirns die Frage: Was würde Großvater denken, wenn in seinem Dorf plötzlich fremde Soldaten auftauchten?

Diese Frage bohrt sich unter sein Schädeldach und bringt das durch die Kriegspropaganda anscheinend gegen alle Gefühlsduseleien gefeite Soldatengehirn überraschend schnell durcheinander. Zum ersten Mal seit Kriegsbeginn regen sich unabweisbare Zweifel, die neue Fragen mit eiskalter Konsequenz stellen. Warum bin ich hier? Habe ich ein Recht, das Leben in diesem Dorf zu stören?

Es gibt keinen Grund dafür. Folgerichtig kommt die ernüchternde Antwort wie ein Urteil über ihn: Nein, das hast du nicht!

Die drei Alten können nicht wissen, welche verschlungenen Pfade die Gedanken des Leutnants soeben nehmen. Sie staunen nur, weil der Fremde vom Pferd steigt und ihnen ein paar Schritte entgegenkommt. Er ist nun auf Augenhöhe mit ihnen und sieht nicht mehr von oben auf sie herab.

„Sag endlich was!“, verlangt Igor Mamedow von seinem Dolmetscher Kolja Prischin. Der gibt sich einen Ruck und legt sich mächtig ins Zeug. So kommt es, dass Leutnant Hamann bereits auf Deutsch angesprochen wird, ehe er nach dem Dorfältesten fragen kann. „Guttag, verehrtes Mann. Nix Partisan, nur altes Leut. Guttag heut.“ Dann stellt Kolja Prischin die Staroste vor und fügt bescheiden hinzu: „Ich deutsch. Großvater deutsch. Starosta nix deutsch.“ Leise zischt er zu Igor Mamedow hinüber: „Gib ihm in drei Teufels Namen die Hand!“

Igor Mamedow ist das Blut nie feurig durch die Adern geprescht. Mit dem Alter aber ist es träge und lustlos geworden. Es schießt ihm nicht über geschwollene Adern in den Kopf und seine Gefühle steigen nicht wie Fontänen in die Höhe. Sie plätschern wie Quellwasser aus einem Erdspalt. Nur kurz und sehr schwach schlägt das Pendel seiner Gefühle in Richtung des Stolzes aus. Geht es nicht einzig um das Dorf, fragt er sich. Für einige Zeit wird es den Deutschen gehören. Doch die Geschichte ist lang und eines Tages wird man weitersehen. Wie's scheint, gibt es schlimmere Deutsche als den Mann, der jetzt vor mir steht. Kolja hat recht: Geben wir ihm also die Hand.

Der Leutnant blickt unbeholfen auf die große, knochige Hand des alten Mannes. Ihre Innenseite ist schwielig und voller Linien und Risse. Auf der Außenseite zeichnen sich Sehnen und Adern ab. Dort ist die Haut dünn und mit Altersflecken übersät.

Leutnant Hamann zögert einen Moment. Schließlich handelt es sich um die von schwarzen Nägeln verzierte Hand eines Feindes. Es fällt ihm keine Dienstvorschrift ein, die dies erlaubt. Es fällt ihm aber auch keine Dienstvorschrift ein, die dies verbietet.

Wieder denkt der Leutnant an seinen Großvater und greift reflexartig nach der Hand des Starostas. Die Hand des alten Mannes fühlt sich trocken und warm an. Sie erwidert den Druck, der von der Hand des Leutnants ausgeht. Der Leutnant spürt, dass die Hand eines alten russischen Bauern genauso kräftig zupacken kann wie die Hand seines Großvaters.

Leutnant Hamann lässt sich bestätigen, dass es im Dorf keine Partisanen gibt. Dann befiehlt er einem Soldaten, dem Kompaniechef zu melden, dass im Dorf alles ruhig sei. Er selbst werde mit den Dorfältesten langsam nachkommen. Er fordert die drei Alten auf, ihm zu folgen und besteigt sein Pferd.

Erwin Hofschneider beschäftigen andere Probleme als den Leutnant. In wenigen Minuten muss er den Dienst seiner Soldaten in einem russischen Dorf organisieren. Ab jetzt ist er nicht nur Chef einer Veterinärkompanie, sondern auch der Vertreter des Deutschen Reiches in einem feindlichen Dorf. Das Dorf steht unter Kriegsrecht. Daran darf niemand zweifeln. Damit ein jeder das Kriegsrecht schnell begreifen kann, ist es einfach und klar: Der Sieger befiehlt und der Besiegte hat zu gehorchen.

Das Recht des Stärkeren gilt mitunter auch in Friedenszeiten. Doch das Kriegsrecht macht kurzen Prozess und verhängt für kleine Vergehen barbarische Strafen. Genau betrachtet gibt es im Krieg keine leichten Vergehen, keine Bagatellen und niemand legt Wert auf gerechte Urteile. Das brutale Kriegsrecht ist der treueste Begleiter des brutalen Krieges. Der Sieger ist immer im Recht und kann bedenkenlos Zwangsarbeit, Geiselnahme, Konfiskation und Sperrstunden anordnen. Ohne Skrupel kann er niederbrennen, erschießen, aufhängen. So einfach ist das Kriegsrecht.

Seit Erwin Hofschneider von dem strammen Nazi-Hauptmann Lange instruiert worden ist, kennt er das Kriegsrecht in all seiner Scheußlichkeit. Er wünscht sich in diesem Augenblick nichts sehnlicher als einsichtige Dorfbewohner und disziplinierte Soldaten.

Ich habe weder diesen Krieg noch das Kriegsrecht zu verantworten, beruhigt er sich. Ich bin vereidigt und gehorche Befehlen. Der Führer hat entschieden, dass dieser Krieg geführt werden muss und dabei soll es für mich bleiben. Ich bin Tierarzt und Soldat; kein Politiker, kein Historiker, kein Völkerkundler und kein Jurist. Ich werde mich nicht um ungelegte Eier kümmern. Warten wir es ab.

Als er seinen Feldstecher auf das Dorf richtet, beginnt sein Verstand mit gewohnter Präzision zu arbeiten.

Zuerst denkt er an die ihm anvertrauten Pferde. Die Wiesen um das Dorf bieten ausreichend Weideflächen. In einigen Wochen kann man Gras mähen und Heu ernten. Erfreut erblickt er das träge Flüsschen, das sich aus den Wiesen heraus durch das Dorf schlängelt und danach irgendwo in den Wiesen verschwindet. Eine große Sorge ist er somit los. Es gibt ausreichend frisches Wasser. Es muss nicht mühsam geschöpft oder herangefahren werden.

Sein Blick gleitet über die Gebäude des Dorfes. Schnell bekommt er eine Vorstellung davon, wo die Soldaten und die Pferde günstig untergebracht und wo Kontrollposten eingerichtet werden können.

Er setzt den Feldstecher ab. Wird es schwierig werden, Reibereien zwischen seinen Soldaten und den Dorfbewohnern zu vermeiden? Ein straffer Dienst ist das beste Mittel, um Übermut und Langeweile gar nicht erst aufkommen zu lassen. Aufgaben stellen sich im Überfluss. Die Pferde müssen versorgt, gepflegt und ausgebildet werden. Es gilt Vorräte anzulegen. Hinzu kommen Übungen, Waffen- und Gerätepflege und ein sicher nicht ungefährlicher Wach- und Patrouillendienst. Das Wichtigste aber wird es sein, dass wir den Russen unsere kulturelle Überlegenheit zeigen. Unsere Hygiene und unsere Disziplin müssen ihnen als Vorbild dienen. Ich kann von den Russen weniger, aber nicht mehr verlangen als von meinen Männern.

Erneut setzt er den Feldstecher an. Am Dorfrand erkennt er einen Soldaten, der auf ihn zureitet. Als er Erwin Hofschneider erreicht, springt er vom Pferd und meldet, was ihm Leutnant Hamann aufgetragen hat. Einer der Dorfältesten spreche ein paar Brocken Deutsch, fügt er hinzu.

Erwin Hofschneider zieht sich seine Uniform glatt und befiehlt den Gefreiten Dombrowski zu sich.

Der ostpreußische Bauernsohn meldet sich und sieht Erwin Hofschneider aus blauen Augen erwartungsvoll an. Sein gebräuntes Gesicht strahlt die zufriedene Ruhe eines Bauern aus, der auf die Furchen seines frisch gepflügten Ackers blickt. So als wäre er hier nicht im russischen Krieg, sondern beim Pflügen in Ostpreußen.

Der athletische Gefreite ist fast so hoch gewachsen wie sein Kompaniechef. Erwin Hofschneider blickt kurz auf die riesigen Hände des Gefreiten. Wie Klodeckel, denkt er mit Respekt. Er befragt den Gefreiten nach dessen Russischkenntnissen, von denen ihm Hauptwachmeister Klein berichtet hat.

Der Gefreite Dombrowski lächelt und meldet im schönsten Ostpreußisch, dass es mit seinem Russisch schon gehen werde. Unaufgefordert schiebt er gleich noch eine ausführliche Erklärung für seine sprachlichen Fähigkeiten nach: „In unserem Dorfe hat's immer Litauer, Polen und Weißrussen jejeben. Se lernten dabei man Deutsch und wir lernten man Polnisch, Litauisch und Russisch. Bei de Arbeeit is man sich näherjekomm'n. Man hat sich früher um de Kuddelmuddel tüschen Ariern und Nichtariern nich jekümmert. So ist es jekomm'n, dass mein Jroßvater ne Weißrussin befruntschelt und meinen Vater jezeucht hat. Mein Vater nahm wieder ne Deutsche und schon war man all in de Reej."

Erwin Hofschneider unterbricht den nicht eingeforderten Bericht über die unmöglichen Zustände in einem ostpreußischen Dorf. Er ist kein Rassenfanatiker, mag aber keine Mischehen. Was Deutsch ist, soll auch Deutsch bleiben. Er befiehlt dem Gefreiten, in der Nähe zu bleiben und hebt den Feldstecher an die Augen.

Am Dorfrand erkennt er Leutnant Hamann mit den drei gemeldeten Alten. Um den Alten den weiten Weg zu ersparen, springt er in den Sattel. Er befiehlt dem Gefreiten Dombrowski aufzusitzen und ihn zu begleiten. Erst sitzt er locker im Sattel. Später nimmt er mehr und mehr die Pose eines strengen, aber zur Gnade durchaus fähigen Siegers ein.

„Sehen aus wie zweimal Pjotr der Stier", sagt Igor Mamedow leise zu Kolja Prischin. Pjotr der Stier war vor dem großen Krieg einige Male mit Gauklern ins Dorf gekommen und hatte jedem, der ihn im Ringkampf besiegen sollte, einen ganzen Zarenrubel geboten. Doch nicht einmal der Dorfschmied war stark genug gewesen, Pjotr den Stier zu besiegen.

Leutnant Hamann gibt den Alten die Anweisung stehen zu bleiben. Er reitet seinem Kompaniechef einige Meter entgegen. Nach der Meldung wendet er sein Pferd und sieht, gemeinsam mit dem Stabsveterinär und dem Gefreiten, auf die Alten herab.

Ehe Erwin Hofschneider sein Wort an die Russen richten kann, trompetet ihm Kolja Prischin entgegen: „Guttag, Herr Offizier! Nix

Partisan – nur altes Leut. Ich deutsch. Großvater deutsch. Starosta nix deutsch. Fluchen Deutsch: Scheiße, verflucht, leck mich!"

Kolja Prischin, der Satansbraten, hat sich an die deutschen Flüche seines Großvaters erinnert. Seine Großmutter hat sie nicht verstanden und hat deren Bedeutung auch nicht wissen wollen. Ihm aber hat Großvater lachend die russische Bedeutung der deutschen Flüche erklärt. Und siehe da, die Deutschen fluchen auch nicht schlecht!

Die Deutschen sind zunächst verdutzt, doch dann hellen sich ihre Mienen auf. Als die drei Alten sehen, dass diese Deutschen anscheinend Spaß verstehen und keine Unholde sind, wird es ihnen etwas leichter ums Herz, und sie lächeln ebenfalls.

„Wenn Se jestatten, Herr Stabsveterinär, werd ich auf Russisch fluchen. Soll'n se man sehen", schlägt der Gefreite Dombrowski vor.

Noch ehe Erwin Hofschneider sein Einverständnis geben kann, flucht der Gefreite auf Russisch los.

Über die Wortgewandtheit des Gefreiten sind die drei krummbeinigen Alten so erfreut, dass sich in ihren gegerbten und zerzausten Gesichtern die Mundhöhlen öffnen. Die Deutschen sehen von ihren Pferden herab in eine Mundhöhle ohne Zähne und in eine zweite mit vier schwarzbraunen Stummeln. Aus der dritten wiederum blinkt ihnen ein ganzer Metallladen entgegen.

Über dieses Erscheinungsbild des russischen Feindes müssen die Eroberer des Dorfes so herzhaft lachen, dass ihnen Tränen in die Augen treten.

So friedlich-freundlich findet die Feindberührung am Dorfrand von Tichaja Semlja statt. Bei diesem Anblick wäre der Kriegsgott sicherlich in Zorn geraten. Ein vorbeischwebender Friedensengel hätte sich dagegen an diesem Anblick sehr erfreut. Stehen sich doch die ungleichen Feinde lachend gegenüber und legen Zeugnis ab für den Irrsinn des Krieges.

Erwin Hofschneider ärgert sich, dass er sich zum Lachen hat hinreißen lassen. Das ist zwar immerhin besser, als von Partisanen empfangen zu werden, trägt aber der ordnungsgemäßen Besetzung eines feindlichen Dorfes keinerlei Rechnung. Schnell sorgt er mit seinem

Gesichtsausdruck und seiner Haltung dafür, dass Freund und Feind der Ernst der Situation wieder klar wird. Dieser Krieg wird schließlich nicht geführt, um die Lachmuskeln zu trainieren. Mit schneidender Stimme weist er die Dorfältesten darauf hin, dass sie mit ihrer Person für die Einhaltung des Kriegsrechts und die Durchführung seiner Befehle einzustehen haben. Entsprechende Verhaltensregeln werde er ihnen in den nächsten Tagen zukommen lassen. Niemand dürfe das Dorf ohne seine Genehmigung betreten oder verlassen. Die Arbeiten auf den Feldern seien fortzuführen. Die deutschen Pferde hätten Vorrecht beim Weidegang. Einige Gebäude müssen geräumt werden. Zuwiderhandlungen werden ab sofort hart bestraft.

Der Gefreite Dombrowski übersetzt so gut er kann und fragt die Alten, ob sie alles verstanden haben. „Es ist nicht schwer zu verstehen, dass jetzt die deutsche Ordnung im Dorf gilt“, antwortet Igor Mamedow.

Der Gefreite meldet seinem Kompaniechef, dass die Alten verstanden haben. „Betrippt sehn se man aus, weil se nu wissen, dat se tohus nuscht dau melden hebben.“

Erwin Hofschneider entlässt die drei Alten. Dann gibt er Befehl zum Weideauftrieb der Pferde und reitet mit Leutnant Hamann und Hauptwachtmeister Klein ins Dorf, um Quartiere und Ställe zu suchen.

Igor Mamedow ärgert sich über die Selbstherrlichkeit des deutschen Kommandeurs. Ihm und seinen beiden Freunden ist das Lachen schneller vergangen als ihre Gliederschmerzen am Morgen. Stumm gehen sie eine Weile auf ihren krummen Beinen zurück ins Dorf, um die Leute über das stachlige Leben unter der Besatzungsmacht aufzuklären.

Unterwegs seufzt Igor Mamedow plötzlich tief und sagt zu seinen Begleitern: „Sehen aus wie Menschen, lachen wie Menschen, benehmen sich aber wie Ungehobelte. Wie sollen wir die Schande lange ertragen?“

Seine Begleiter schweigen.

Als sie den Garten der Achmatows erreichen, steigt eine Lerche in die Luft. Sie flattert über den grimmigen Greisen und trällert ihre Lust am Leben in die Welt hinaus.

„Hör dir das an“, sagt Kolja Prischin. „Sie ist auch nicht mehr Herr der Lage. Steigt vor unserer Nase auf und singt so fröhlich wie die dumme Soja Pawlowna. So, als wäre soeben nicht eine Kompanie Deutsche, sondern der Heilige Juri ins Dorf eingeritten.“

Seine wässrigen blauen Augen suchen die Lerche, während ihm ein Tropfen aus der Nase rinnt. Der Tropfen verweilt unschlüssig am Nasenloch, wird größer und entschließt sich dann, die Oberlippe zu benetzen.

Völlig unberührt vom Lerchengesang bleibt das Durcheinander in Kolja Prischins Därmen. Zufrieden genießt er das Gefühl, das sich einstellt, als sich sein Leib entspannt.

„Die russische Antwort auf das deutsche Kriegsrecht“, kommentiert Kusma Konew den geräuschvollen Vorgang.

Die Alten lachen.

Die Lerche kümmert sich nicht um die Menschen unter ihr. Sie trällert und jubiliert, denn das ist ihre Art dem Leben auf die Sprünge zu helfen. Unbekümmert um ihr Schicksal lebt sie wie es im Buch der Bücher geschrieben steht: Sie sät nicht, sie erntet nicht und der Himmlische Vater ernährt sie doch.

„Nach Igor Mamedow hast du nun zwei andere Alte kennengelernt, die für das weitere Geschehen von Bedeutung sind. Nicht zu vergessen die Stute Dunja. Auch sie wird für viel Bewegung sorgen und dir Einblicke in russische Pferde- und Bauernseelen ermöglichen. Einige Dorffrauen wirst du noch kennenlernen und Kinder. Für eine Weile wirst du ruhig über diesem Dorf schweben. Nur sehen, hören und nachdenken", erklärte das Dreiäugige Hans Mascharek und fügte hinzu: „Du darfst dabei nie vergessen, dass es sich um ein besonderes Dorf handelt. Anderen besetzten Dörfern erging es selten besser und häufiger viel schlimmer.

Es gab auch nicht viele Dörfer, die von deutschen Bauernsoldaten besetzt wurden. Doch gerade deshalb wird sich dir hier der ganze Wahnsinn des Krieges erschließen."

Hans Mascharek blickte auf die Bauernsoldaten und dachte: Kein Bauer will Soldat sein. Er ist Geburtshelfer des unentbehrlichen Korns und der erstaunlichen Kartoffel, Sachwalter der duftenden Ackerkrume und des geduldigen Viehs, Verteidiger der Milch und des Obstes. In Stall- und Feldgeruch wächst er auf. Unermüdlich arbeitet er sich ab an dem Fluch, den Gott gegen den sündigen Adam und dessen Nachkommen geschleudert hat. Er braucht den Frieden für seine Arbeit und den Dank der gesättigten Esser.

Macht das Schicksal den Bauern zum Soldaten, denkt er bei jedem Bissen Kommissbrot an die heimatlichen Felder. Brot kommt ihm von Pflugschar, von Licht, von Regen und Erde. Der Krieg beraubt ihn seiner Bestimmung, verkrüppelt seine Seele, entfacht seine Sehnsucht nach den wogenden Feldern der Heimat.

Wird ein Bauer in den Krieg befohlen, leidet er in der Fremde. Kommt er zur Zeit der Feldarbeiten in fremde Dörfer, sehnt er sich nach Pflug, Egge und Sense, nach Korn, Kartoffeln und Frieden.

In dem fremden Bauern kann er den Feind nicht entdecken. Zum Entsetzen der Generäle findet er in ihm seinen pflügenden, seinen sich plagenden Bruder.

Geflügelte Fohlen

Schreiend und lachend machen sich die Deutschen im Dorf breit und regeln alles so, als gehörte ihnen das Dorf seit ewigen Tagen und für alle Zeit; als wären seine russischen Bewohner ungebetene und störende Gäste, die man am besten bald loswerden sollte.

Wenn man einige Bandenüberfälle nicht mitrechnet, ist es für die Alten in Tichaja Semlja die vierte Dorfbesetzung seit dem Ende der Zarenmacht. Erst kamen die Roten, dann die Weißen, dann wieder die Roten und jetzt die Deutschen.

Mit den Deutschen wird es uns wohl auch nicht besser ergehen, als mit den anderen stolzen Reitern, denkt Igor Mamedow, während er mit Kolja Prischin am Zaun steht und den Weideauftrieb der deutschen Pferde begutachtet. Sie werden sich um das Dorf genauso liebevoll sorgen wie einige unserer russischen Banausen. Werden mitnehmen, was nicht niet- und nagelfest ist, ihre garstigen Späße mit uns treiben, abschlachten nach Lust und Laune. Nur über die Mädchen und Frauen können sie sich diesmal zum Glück nicht hermachen. Der Anblick unserer Alten wird ihnen jedes Gelüst schnell vertreiben. Auf die kleine Zwetkowa aber müssen wir Acht geben. Sie ist erst siebzehn und konnte nicht rechtzeitig fliehen. Müssen sie gut verstecken, denn sie ist schön wie ihre Mutter. Man sieht sie an und schon wird es einem warm ums Herz. Den Geschlechtstrieb schamloser Soldaten wird sie anfachen, wenn wir sie im Dorf herumlaufen lassen.

Was Menschen einander antun können, habe ich im überreichen Maße erfahren müssen. Mütterchen Russland drückt jedermanns Nase frühzeitig mit eiserner Hand in die seelischen Exkremente seiner lieben Mitbürger. Als würde Gott die Menschen nicht schon im Frieden hart anpacken, sie mit Bluttaten, Hunger, Krankheit und Kummer strafen. Nein, es genügt den Geschlagenen noch nicht. Sie setzen mit ihren Kriegen noch eins drauf.

Im Frieden hören die Menschen auf anständige Leute und schämen sich ihrer Unzulänglichkeit. Doch im Krieg lobt man den rasenden Mörder und treibt Schabernack mit den anständigen Leuten. Sind aus Mitmenschen Feinde geworden, macht sich der Mörder verdient. Der Anständige dagegen gilt den Mächtigen als Feigling und wird für seine Güte gestraft. „Im Krieg wird unser Erlöser Jesus Christus verhöhnt", hat Vater Nikolai zu mir gesagt. Zur Friedfertigkeit hat er die Menschen in seinen Predigten ermahnt.

„Weil Gott die Menschen mit Blindheit geschlagen hat, haben sie tausend Fragen und nur eine Handvoll Antworten. Wie können sie da friedfertig sein?", habe ich Vater Nikolai einmal gefragt.

Da hat er, wie fast immer bei meinen Fragen, den Kopf geschüttelt. „Ein Narr bist du manchmal, du gescheiter Igor. Hat sich unser Erlöser nicht kreuzigen lassen für seine Menschenliebe? Wenn du ein Friedfertiger werden willst, musst du nicht auf den Tumult in deinem Kopf, sondern auf die Stimme in deinem Herzen hören. Tu, was dir dein Herz sagt. Was du nach der Stimme deines Herzens tust, ist gut getan, denn diese Stimme kommt von Gott."

Und was sagt dir die Stimme deines Herzens jetzt? horcht Igor Mamedow in sich hinein, während er versucht, aus den Gesichtern der deutschen Soldaten schlau zu werden. Ruhig und aufmerksam lenken diese die Pferdeherde auf die große Weide, die hinter Kusma Konews Haus beginnt und sich über eine flache Senke bis zum Fluss hin erstreckt. Jung und beeindruckend schön sind die Gesichter der Soldaten, die locker, mit aufrechten Oberkörpern in den Sätteln sitzen.

Der blonde Lockenkopf mit den fröhlichen Augen, der beruhigend auf die Pferde einredet, erinnert Igor Mamedow an seinen Stepan. Sieht aus, als könnte er kein Wässerchen trüben. Dabei hat er vielleicht schon einige der Unsrigen hingemacht.

Würde ich jetzt so handeln wie Vater Nikolai es gewollt hat, müsste ich den deutschen Stepan zum Tee einladen und mich dabei an seinem Gesicht erfreuen. Doch ich kann den Tumult in meinem Kopf nicht besiegen, weil ich erlebt habe, wie eine Uniform die Menschen auf sonderbare Weise verändert.

In Zivilkleidung sind sie dieser oder jener. In Uniform ist anscheinend niemand mehr er selbst. Die Leute verwandeln sich unversehens in Marionetten, an deren Fäden die Kommandeure mit großer Freude ziehen, weil die Puppen ohne zu murren ihrem Willen gehorchen. Deshalb muss ich mir zuerst den Kommandeur ansehen, wenn ich wissen will, wie sich seine Soldaten im Dorf benehmen werden.

Manche Kommandeure haben Lust daran, andere Menschen zu demütigen und zu quälen. Andere sehen auf jeden Zivilisten mit Verachtung herab. Am gefährlichsten sind diejenigen, die mit Eifer ihre Soldaten und das dumme Volk von hochfliegenden Plänen überzeugen wollen. Über diese Missionare in Uniform darf man sich nie lustig machen. In ihrer Enttäuschung und Verärgerung verwandeln sie sich regelmäßig in reißende Bestien und lassen die Uneinsichtigen grausam bestrafen.

Also, du fröhlicher Lockenkopf, sagt sich Igor Mamedow, schauen wir uns erst einmal deinen Kommandeur an. Wer weiß, ob ich dich dann noch zum Tee einladen möchte.

Kolja Prischin steht die ganze Zeit neben ihm und erleichtert sich geräuschvoll in beängstigend kurzen Abständen. „Hört sich an, als ob dein Darm mit seiner Versorgung unzufrieden ist", gibt Igor Mamedow seinem Freund zu verstehen. „Bist seit dem Winter nur noch ein Gerippe. Er aber bläst und bläst, als litte er unter Überfluss. Die reinste Hexenküche."

Kolja Prischin bleibt gelassen: „Warum soll's mir anders ergehen als den deutschen Kleppern? Kannst ihnen das Vaterunser durch die Rippen blasen. Und dennoch ist die Dorfstraße voller Pferdeäpfel."

Es ist windstill. Die von tausend Pferdehufen aufgewirbelte Staubwolke schwebt eine Weile wie graugelber Puder über der Dorfstraße. Ein Heer von Spatzen macht sich fröhlich tschilpend über die Pferdehinterlassenschaften her. Unzählige Insekten umschwirren sie leichtsinnig und machen ihnen das Futter streitig.

Bei diesem Anblick erinnert sich Kolja Prischin an seine kalmückische Großmutter. Oft hat sie ihm erklärt, wie sich in der Natur alles verwandele. Nichts habe in dieser Welt Bestand und dennoch gehe nichts verloren. Der Käfer und die Schmeißfliege machen sich über Kadaver und Dung her und werden von Hühnern gefressen, die Eier für die Menschen legen. Wenn ich Großmutter recht verstanden habe, kann dieser Pferdeapfel dort drüben der Ausgangspunkt einer Menschwerdung sein. Was mir stinkt, ist für die Schmeißfliegen ein Festmahl und die Nahrungskette beginnt.

Ist dies nun lustig oder ernst? Wahrscheinlich eher ernst und keine Schrulle der Großmutter.

„Was gibt es dort drüben zu sehen?“, fragt Igor Mamedow seinen Freund, weil der wie gebannt auf die Dorfstraße blickt. Als ihm Kolja die Pferdeapfeltheorie seiner Großmutter erklärt hat, gibt sich Igor Mamedow unbeeindruckt: „Wie's aussieht, werden sich bald biegsame Würmer über uns hermachen, mein Lieber. Niemand wird sich daran stoßen. Und wer die Würmer dann auffrisst, das macht mir keine schlaflose Nacht. Falls deine Großmutter und Vater Nikolai recht haben und wir eine Wiederauferstehung über uns ergehen lassen müssen, dann hoffentlich nicht in einem russischen Dorf mit einer wirren Obrigkeit. Wo Kusma nur bleibt.“

Kusma Konew will sie abholen, um mit ihnen zur deutschen Kommandantur zu fahren, die sich im Kolchosgebäude ausgebreitet hat wie Entengrütze auf dem Dorfteich.

Den Tag und die Stunde wissen die beiden Alten auch ohne Uhr. Nur wenn es auf die Minute ankommt, wird es kribblig. 9.30 Uhr hat der deutsche Kommandant die Staroste zu sich befohlen – das ist ein Problem. Nur Kusma Konew kann ihnen aus der Patsche helfen. Kusma hat eine alte Taschenuhr, die er gewissenhaft morgens und abends aufzieht. Früher hat er sie alle nasenlang stolz aus der Tasche gezogen. Doch mit der Zeit staunten die Leute nicht mehr über die Zeitmaschine in seiner Hosentasche. Sie hatten gesehen, was zu sehen war. Die große Uhr am Gebäude der Kolchosverwaltung genügte ihnen und auf Minuten kam es in einem russischen Dorf nicht an. Kusma Konews Uhr blieb immer länger in der Hosentasche.

Endlich taucht Dunjas nickender Kopf hinter der flachen Senke auf. Ein paar Minuten später hält der kleine Wagen mit den ausgeleierten Radnaben vor Igor Mamedows Haus.

Kusma Konew sieht mürrisch aus und schimpft auf die verfluchten Deutschen, die seine Dunja nicht mehr auf einer Weide mit ihren Klappergäulen dulden. „Zwischen den deutschen Gäulen frisst sie ruhig ihr Gras. Mitunter beschnuppern sie sich und fertig. Doch nun verlangt Fritz der Schreckliche, dass ich meine Dunja von den deutschen Pferden fernhalte. So, als hätte sie die Räude. Hinter meinem Haus soll ich sie nun grasen lassen. Dabei steht das beste Gras auf ihrer angestammten Weide. Der Teufel soll die Deutschen holen."

Nachdem Kusma Konew sein Herz erleichtert hat, verlangt er von Igor Mamedow bei Fritz dem Schrecklichen ein Wort für Dunja einzulegen.

Die drei Alten nennen den deutschen Kommandeur nur Fritz den Schrecklichen. Bei ihrer ersten Begegnung haben sie den Hünen noch mit Pjotr dem Stier verglichen, weil er sie an einen Ringkämpfer mit diesem Namen erinnert hat. Doch das scheint ihnen bald ein zu günstiger Vergleich zu sein. Der Deutsche nimmt auf die Befindlichkeiten der Alten keine Rücksicht, und erinnert sie so eher an Iwan den Schrecklichen als an Pjotr den Stier. Die Ehre eines russischen Namens wiederum wollen sie dem Deutschen nicht zukommen lassen. Also Fritz – Fritz der Schreckliche.

„Ich glaube, es ist Zeit aufzubrechen", sagt Igor Mamedow. Kusma Konew zieht seine Uhr aus der Hosentasche. „Sechs Minuten vor halb Neun. Das schafft Dunja, ohne zu schwitzen."

Während der Fahrt zur Kommandantur rätseln die Alten, welchen Grund der Deutsche habe, sie einzubestellen. Was immer es sein mag, erfreuen wird es sie sicher nicht.

Als sie das Kolchosgebäude erreicht haben, zeigt die große Uhr elf Minuten nach halb. Kusma Konew blickt auf seine Uhr. „Genau eine Minute vor halb. Da wird Fritz der Schreckliche über die russische Pünktlichkeit staunen. Sie aber", sagt er mit einem verächtlichen Blick auf die große Uhr, „sie geht wieder einmal nach dem Mond und die Deutschen bemerken es nicht einmal. Dabei wollen sie immer besonders pünktlich sein."

Als sie vor Fritz dem Schrecklichen stehen, stellt es sich heraus, dass alle deutschen Uhren nach dem Mond gehen, weil sie die gleiche Zeit anzeigen wie die Uhr am Kolchosgebäude.

Erwin Hofschneiders Stimmung hat sich zur Erleichterung seiner Männer in den letzten Tagen sichtbar verbessert. Seit drei Wochen ist die Kompanie nun im Dorf. In dieser Zeit hat er das Dorfleben annähernd so geregelt, wie es seinen Vorstellungen entspricht.

Das Dorf ist nun klar getrennt in einen deutschen und einen russischen Teil. Der Stab und die Offiziere sind im ehemaligen Gutshaus untergebracht. Am Rand des Dorfes ist in jeder Himmelsrichtung ein Haus geräumt und mit einem kleinen Holzturm verschandelt worden. Von dort aus versehen Beobachtungsposten des Infanteriezuges einen regelmäßigen Wachdienst. Von den Türmen aus können sie tagsüber weit in die Ebene blicken und Bewegungen rechtzeitig erkennen. Nachts hören sie dort jedes leise Geräusch.

Die Soldaten und Unteroffiziere haben sich in den Bauernhäusern in der Nähe des Stabes einquartiert. Mitten im Krieg eine überaus komfortable Unterkunft.

Zum deutschen Teil des Dorfes gehören die großen Ställe und Scheunen, Schuppen, eine Werkstatt und die Schmiede. Die Soldaten haben alles fleißig auf Vordermann gebracht. Nachts stehen dort die Pferde. Es gibt ein kleines Pferdelazarett.

Die Herde kann inzwischen als gesundheitlich stabil eingestuft werden. Mit ihrer weiteren Ausbildung zu Reit- oder Zugpferden ist begonnen worden.

Die Versorgungslage ist gut. Die Soldaten bekommen täglich eine warme Mahlzeit und nehmen ausreichend Kalorien und Vitamine zu sich. Inzwischen haben sie ein Geflügelgehege eingerichtet und einige Hühner und Enten gegen Kommissbrote und Dosenfleisch eingetauscht.

Auch die Pferde sind bestens versorgt. Auf den Weiden steht nahrhaftes Gras und in den Ställen lagert mitgeführtes Kraftfutter in ausreichender Menge.

Bald ist es an der Zeit, Gras zu mähen, um Heu zu machen.

Jetzt, nachdem die Anlaufschwierigkeiten überwunden sind, gibt es zwar einen Berg Folgearbeiten, aber auch einen geregelten Dienstablauf.

Die Russen haben sich ohne Murren in ihr Schicksal gefügt. Seit klar ist, dass nur alte Leute, Kinder und einige Halbwüchsige im Dorf leben und somit keine umfangreiche Unterstützung bei der Feldarbeit zu erwarten ist, interessieren sie Erwin Hofschneider nur noch am Rande.

Wenn er seine gegenwärtige Situation als Ortskommandant analysiert, ist er mehr als zufrieden. Die Kompanie ist geradezu fürstlich untergebracht und gut versorgt, die Pferde bekommen, was sie benötigen, im Dorf geht es friedlich zu, Verbindungen zu Partisanen gibt es im Dorf ebenso wenig wie weibliche Reize, die seine Männer auf dumme Gedanken bringen könnten.

Das friedliche Dorf ist anscheinend ein großzügiges Geschenk für die im Krieg ertragenen Strapazen und Grausamkeiten.

Freilich ist Erwin Hofschneider nicht so unrealistisch, in der gegenwärtigen Situation mehr als ein angenehmes Zwischenspiel zu sehen. Der Aufenthalt in diesem Dorf ist nur eine glückliche Ausnahme von der allgemeinen Regel des Menschen und Pferde verschlingenden Krieges.

Wenn Erwin Hofschneider in diesem Augenblick etwas beunruhigt, dann ist es die Sorge, seine Männer könnten unter diesen friedlichen Bedingungen die notwendige Distanz zu den Russen verlieren.

Mit Sorge hat er vor zwei Tagen beobachtet, wie sich einige Soldaten mit den Alten in der Gebärdensprache verständigt, mit Kindern gespielt und ihnen Schokolade zugesteckt haben. Verärgert hat er die Männer darauf hingewiesen, dass die Distanz zu den Russen nie verloren gehen dürfe, weil sonst die Wachsamkeit schnell nachlasse.

Den Gefreiten Dombrowski hat er besonders ins Gebet genommen. Drei Wochen sind vergangen und schon hat der fast das ganze Dorf im Kopf; kennt viele Bauern mit Namen und weiß, in welchen Häusern sie wohnen. Ungehalten hat Erwin Hofschneider gesehen, wie der Gefreite von Bauern angesprochen worden und stehen geblieben ist, schließlich für ein fröhliches Palaver auf der Dorfstraße gesorgt hat.

Leider ist Dombrowski der Einzige in der Kompanie, der leidlich Russisch sprechen kann. Da bleibt Erwin Hofschneider nichts weiter übrig, als den Gefreiten in alle Absprachen mit den Russen einzubeziehen. Die Russen haben das schnell erkannt und benutzen den Gefreiten, um ihre Sorgen an Erwin Hofschneider heranzutragen. Der Gefreite kommt so in eine Position, die Erwin Hofschneider nicht dulden will. Es ist gefährlich, wenn sich russische Bauern in die Köpfe der Soldaten und die Soldaten in die Köpfe der Bauern hineindenken.

Als Erwin Hofschneider den Gefreiten vor zwei Tagen zurechtgewiesen hat, hat er sich über dessen Reaktion gewundert: „Se sind ja man bloß Paslakens.“ Als Paslaken bezeichnet man in Ostpreußen gutmütige Leute, die sich von anderen, ohne zu murren, ausbeuten lassen.

Diese Meinung des Gefreiten hat Erwin Hofschneider zum Anlass genommen, um seine Männer nochmals streng darauf hinzuweisen, dass russische Befindlichkeiten nicht ins Gedankengut deutscher Soldaten gehören. Er hat angeordnet, Gespräche mit den Russen dürfen nur von Offizieren geführt werden. Für Soldaten gebe es keinen Grund, die Nähe der Russen zu suchen. Die Soldaten sollen an ihre gefallenen Kameraden denken und wachsam bleiben, solange es in den umliegenden Wäldern noch Partisanen gebe.

Seit Erwin Hofschneider rasch und energisch, wie es seine Art ist, die Ordnung in seiner Kompanie und im Dorf hergestellt hat, hält er sich von den Russen fern. Heute aber gibt es Grund mit den Starosten zu sprechen. Es ist Zeit, das Legen der Kartoffeln in Angriff zu nehmen und sich erste Gedanken über die Heuernte zu machen.

Dabei gibt es ein Problem. Die Russen sind zu schwach, zu alt oder zu jung für die Feldarbeit. Sie haben mit Sicherheit Ackergeräte, dafür keine Pflanzkartoffeln und keine Pferde. Seine Soldaten wiederum sind jung und kräftig. Es gibt genügend deutsche Pflanzkartoffeln und Pferde, aber keine Ackergeräte. Darüber will er mit den Starosten reden.

„Pünktlichkeit kennen diese Russen nicht, kein Wunder, dass sie es zu nichts bringen", ärgert sich Erwin Hofschneider. Es ist schon zehn Minuten über die festgelegte Zeit und von den Starosten ist weit und breit nichts zu sehen. Wenn die Staroste schon so schlampen, was kann man dann noch von der übrigen Dorfbevölkerung erwarten?

Als die Staroste endlich eintreten, macht er ihnen klar, dass ein Deutscher, zumal ein Kommandeur, Unpünktlichkeit nicht ertragen könne.

Die beiden Alten sehen einander vieldeutig an. Dann kramt einer der beiden eine zerschrammte Taschenuhr aus der schmutzigen Hose und hält sie Erwin Hofschneider vors Gesicht. Wortreich spricht er auf den Gefreiten Dombrowski ein, der keine Miene verzieht. Als der Alte schweigt, übersetzt der Gefreite, was alle Anwesenden den Gesten des Alten schon entnommen haben: Es gibt im Dorf nur eine akkurat gehende Uhr und somit auch keine Unpünktlichkeit ihres Besitzers.

Erwin Hofschneider kommt schnell zur Sache. Sein Vorschlag an die beiden Alten lautet: Ackergeräte gegen Kartoffeln und Heu.

Die beiden Alten haben von Fritz dem Schrecklichen eine neuerliche Demütigung erwartet. Der betrachtet das Dorf anscheinend als sein Eigentum und schert sich nicht um die Mühen, welche die Leute im Dorf seinetwegen haben. Besonders diejenigen, die ihre Häuser verlassen mussten, haben es schwer und wünschen den Deutschen die Pest an den Hals – oder wenigstens das Fleckfieber. Soldaten sind und bleiben eine Plage. Fremde Soldaten aber sind unerträglich. Doch nun macht Fritz der Schreckliche einen Vorschlag, der auf ein anständiges Geschäft hinauszulaufen scheint.

Igor Mamedow versucht, aus dem Gesicht des deutschen Kommandeurs schlau zu werden. Ist dessen Vorschlag ernst zu nehmen? Nie sind Soldaten ins Dorf gekommen, um zu pflügen oder Gras zu mähen. Ohne mit der Wimper zu zucken, haben sie sich genommen, was sie wollten. Haben sie einen Handel vorgeschlagen, ist nichts als eine Halsabschneiderei zu erwarten gewesen.

Fritz der Schreckliche sieht nicht aus wie ein Galgenvogel. Er ist fraglos eingebildet und lässt die Leute seine Geringschätzung spüren, aber er ist kein Lügner. Was er uns vorschlägt, ist für uns nur zum Vorteil – vorausgesetzt er bliebe im Dorf und hielte sein Versprechen. Was er dabei im Auge hat, ist klar: Kartoffeln und Heu von russischer Erde. Lassen wir's nicht zu, haben auch wir nichts. Vielleicht lässt er dann unsere Häuser nach Geräten durchsuchen und macht uns erneut das Leben schwer.

Überhaupt sind es diesmal komische Soldaten. Manche sind Reiter, andere fahren in Autos oder auf Motorrädern. Zwei kleine Kanonen und einige Maschinengewehre haben sie und einen gepanzerten Wagen. Einige benehmen sich wie richtige Soldaten, schieben Wache, gehen Patrouille und üben im Gelände. Andere kümmern sich nur um die vielen Pferde und haben keine Augen für das militärische Drumherum. Für sie ist das Dorf inzwischen nichts als ein großes Gestüt, dessen Tagesablauf fortwährend von uns Alten gestört wird.

„Sag deinem Kommandeur, wir sind einverstanden. Die Geräte werden wir an die Zäune stellen. Herbringen können wir sie nicht. Wir bitten um ihre geordnete Rückgabe. Was aber die Kartoffeln und das Heu angeht, hoffen wir nicht auf das Wort des Kommandeurs. Soldaten sind nie lange in unserem Dorf geblieben. Sie haben uns eine Weile das Leben schwer gemacht, brachten eine neue Obrigkeit mit – und weg waren sie. Was immer sie uns versprochen haben, am Ende haben sie darüber gelacht und ihren Spott mit uns getrieben."

Nachdem ihm der Gefreite Dombrowski die Antwort des Starostas in verkürzter Form übersetzt hat, denkt Erwin Hofschneider: Wir werden hoffentlich auch nicht lange bleiben. Soldaten gehören nicht in Dörfer. Aber anbauen müssen wir so viel wie möglich. Unabhängig davon, wer die Ernte einbringen und über deren Verwendung verfügen wird. „Sagen Sie dem Alten, dass Deutsche gegebene Versprechen halten. Dem Krummbeinigen sagen Sie, er soll seine Uhr nach unserer stellen, damit sie das nächste Mal pünktlich sind. Die bereitgestellten Geräte werden wir morgen abholen."

Damit will Erwin Hofschneider die beiden Staroste entlassen.

„Mit ihrer Uhr können sie mich kreuzweise. Du aber denk an Dunja!“, fordert Kusma Konew von Igor Mamedow.

Umständlich versucht Igor Mamedow, dem Gefreiten Dombrowski die Sache mit Dunja vorzutragen.

Der Gefreite erinnert sich sofort an den Befehl seines Kompaniechefs, die russische „Schindmähre“ von den deutschen Pferden fernzuhalten. Ohne sich um die wortreiche Erklärung Igor Mamedows zu kümmern, übersetzt er das Anliegen der Alten auf seine Weise: „Mit seiner Schindmähre will er man wieder uff de alte Weide. Anderes Jras will se jar nich mehr nich fressen.“

Erwin Hofschneiders Blick sagt nichts Gutes. Hat er nicht einen klaren Befehl gegeben? „Wo unsere Pferde grasen, hat die Mischlingsstute nichts verloren. Es gibt genügend andere Wiesen und Weiden.“

Kusma Konew erkennt sofort, dass die Deutschen abfällig über seine Dunja sprechen. Das beleidigt und empört seine Bauernseele. Ohne auf Igor Mamedow Rücksicht zu nehmen, spricht er Fritz den Schrecklichen direkt an. Mit einer Leidenschaft, die ihm die Deutschen nicht zugetraut haben, verteidigt er Speichel spritzend seine Dunja und fordert deren Pferderechte ein: „Die deutsche Macht kümmert sich sorgfältig um ihre Pferde und straft ein russisches Pferd mit Verachtung. Das kann ich nicht zulassen, denn meine Dunja ist ein besonderes Pferd. Sie hat diesen Undank nicht verdient. Man hat die Gutmütige über die Schlachtfelder getrieben und sie dann krank zurückgelassen. Mit Hilfe meines besten Freundes, des Schmiedes Afanassij Danilowitsch Usow, hab ich die Unglückliche gesund gepflegt. Fleißig und genügsam hat sie seither ihren traurigen Dienst versehen und mir dabei noch sechs Fohlen gebracht. Zu großem Dank ist ihr das Dorf verpflichtet. Im Herbst und im Frühjahr hat sich die Gute für uns Alte und die Kinder abgerackert, bis ihr die Kräfte schwanden. Dabei hat sie seit Oktober keinen Hafer bekommen. Stroh, Heu und ein paar Rüben – das war alles, was ich ihr geben konnte. Mit Lust ist sie im Frühjahr auf ihre angestammte Weide getrabt. Weit und breit gibt es kein besseres Gras. Wie soll sie leben, wenn ihr nur das magere Gras an meinem Haus bleibt? Der Herr Kommandant muss wissen, dass die andere gute Weide so weit weg ist, dass ich Kraftloser den Weg nicht mehr schaffe. Verweigert er meiner Stute ihr angestammtes Weiderecht, werde ich sie vor den Augen des ganzen Dorfes mit der Axt erschlagen, weil ich nicht zusehen kann, wie ihr der deutsche Befehl die Kraft nimmt. Mein Haus aber werde ich anzünden und dort mit meiner Alten ein Ende finden. Der Rauch soll die Menschen daran erinnern, dass auch ein Pferd eine Seele hat. Wer sich an meiner Dunja versündigt, der hat sich an allen Pferden dieser Erde versündigt. Das sag deinem Kommandanten."

Kusma Konew ist mit seinem Pferdelatein am Ende. Er fuchtelt noch einmal Hilfe suchend mit seinen Armen durch die mit Tabakrauch geschwängerte Luft und steht dann erschöpft und traurig auf seinen krummen Beinen im Raum. Ohne es zu bemerken, kullern ihm Tränen über die runzligen Wangen und verschwinden im Dickicht seines zerzausten Bartes.

Igor Mamedow ist stolz auf seinen Nachbarn und voller Güte für ihn. Er erinnert sich an den Gutsherrn, der einmal zu ihm gesagt hat: „Niemand liebt die Pferde mehr als Kusma. Seinen verdammten Eigensinn verzeih ich ihm, weil er den Pferden in die Seele schauen kann."

Stolz, Dankbarkeit und Trauer geben sich in Igor Mamedows Gedanken und Empfindungen ein Stelldichein und treiben ihm eine Altmännerträne in jedes Auge. Gerne hätte er jetzt ein paar dankbare Worte an seinen Freund Kusma gerichtet, aber seine Kehle ist wie zugeschnürt.

Auch dem Gefreiten Dombrowski gehen die Worte des alten Russen zu Herzen. So spricht ein Bauer. Er kommt wegen des völlig unerwarteten Redeschwalls des Alten zunehmend ins Schwitzen und überlegt verzweifelt, wie er die Pferdeliebe des alten Konew unbeschadet in die Ohren seines Kompaniechefs transportieren kann.

„Gransen könnt ich, Herr Stabsveterinär, wie er seine Schindmähre tut verteidjen. Er sagt, se hätt sich man abmarachelt beim Militär und im Dorfe. Se is man nich uff Rosen jebettet jewesen. Totschlagen will er se, wenn se nich uff ihre Weide wird jelassen. Und in sein Haus verbrennen will er sich un sien Ollsch. Wenn se mir fragen, Herr Stabsveterinär, der Olle is vielleicht überkandidelt, aber er lebt für seine Schindmähre. Und de Weide is man ja jroß jenuch."

Erwin Hofschneider staunt über die Leidenschaft, die den alten Russen gepackt hat. Auch wenn er kein Wort versteht, spürt er die Liebe des Alten zu seinem verkorksten Pferd. Dass ein verweigertes Weiderecht für einen geschundener Gaul einen alten Bauern so erregen kann, berührt Erwin Hofschneider, denn auch er liebt Pferde mit Hingabe. Für einen kurzen Augenblick fühlt er eine heimliche Nähe zu dem russischen Liebhaber gewesener Gäule.

Doch sofort meldet sich sein militärischer Ordnungssinn zurück: Ein einmal gegebener Befehl ist auszuführen! Wo käme ich hin, wenn ich über jeden Befehl mit mir reden ließe! Mit Russen!

Umgekehrt wäre es sinnlos, die Russen wegen einer Schindmähre unnötig gegen mich aufzubringen. Bis jetzt haben sich die Russen ruhig verhalten und keine Sperenzchen gemacht.

Erwin Hofschneider blickt erst auf die erregten Staroste und dann in die mitfühlenden Gesichter seiner Männer. Er schwankt noch eine Weile und entscheidet dann: „Hauptwachtmeister, kümmern Sie sich darum, dass für den russischen Gaul ein Stück seiner alten Weide mit Draht abgesichert wird. Groß genug ist die Weide ja."

Hauptwachtmeister Kleins Gesicht hellt sich auf und das des Gefreiten Dombrowski strahlt, als er den Alten die Entscheidung des Kommandanten mitteilt.

Die Staroste verneigen sich ernst und verlassen den Raum.

Vor der Tür sagt Igor Mamedow zu Kusma Konew: „Hör zu, mein Lieber. Wären meine Knochen nicht so steif, würde ich mich bis auf die Erde vor dir verneigen. Heute hast du deiner Dunja ein Denkmal in meinem Herzen errichtet. Sollte ich, was angemessen wäre, vor dir in den Himmel kommen, werde ich dort mit Freude ein gutes Wort für dich einlegen und auf dich warten. Deine Dunja aber wird in den Pferdehimmel kommen und dort geflügelte Fohlen gebären."

„Du musst wissen, sie hat mehr Qualen erlitten als dein Erlöser“, erklärt ihm Kusma Konew, der sich Kirche und Teufel gerne vom Leibe hält.

Vor dem Kolchosgebäude bedenkt er die große Uhr erneut mit einem verächtlichen Blick und spuckt aus. Dann geht er, wie von einer unsichtbaren Schnur gezogen, auf Dunja zu, streichelt ihr Hals und Kopf und gibt ihr leise zu verstehen, dass sie bald wieder ihr richtiges Gras fressen könne.

Die Stute fährt Kusma Konew mit ihren weichen Lippen über die Wange und bläst dabei ihre Atemluft zufrieden durch die leicht bebenden Nüstern. Das ist ihre Art, dem Alten ihre Zuneigung zu bekunden. Für ein paar Sekunden sind die beiden ein Herz und eine Seele. Worte brauchen sie dafür nicht.

Kolja Prischin ist neugierig wie ein Dorfweib und will sofort wissen, welches neue Ungemach Fritz der Schreckliche für das Dorf ersonnen habe.

„Wie soll unsereiner aus diesem Banditen schlau werden?“, sagt Igor Mamedow und erzählt Kolja Prischin, was soeben in der deutschen Kommandantur besprochen und festgelegt worden ist. Zum Schluss fügt er hinzu: „Eine Schande vor den Vätern ist es, dass unsere Felder jetzt von den Deutschen bestellt werden. Aber pflügend sind mir die Ungehobelten lieber als plündernd und schießend. Auf ihr Wort aber, will mir scheinen, werden wir wohl nicht bauen können.“

Das finden die meisten Alten von Tichaja Semlja auch. Achselzuckend und belustigt versprechen sie Igor Mamedow die Ackergeräte für die Deutschen an die Zäune stellen. Einige aber denken an die Vorwürfe und die Drohungen der Partisanen und verstecken ihre Geräte im Stroh.

„Vielleicht nimmt es mit unserem Dorf doch noch ein gutes Ende“, denkt Igor Mamedow laut vor sich hin. Seine Freunde schweigen.

Auf dem Nachhauseweg hören sie plötzlich Kampfgeräusche, die aus den Wäldern zu ihnen herüberwehen. Kämpfen dort Partisanen mit den Deutschen oder ist die Rote Armee vielleicht schon näher, als es die Leute im Dorf ahnen?

„Solange wir diese Musik hören, ist in unserem Dorf noch gar nichts in trockenen Tüchern. Sogar die Dickrohrigen kann man hören. Mit Kanonen aber schießt man nicht auf Spatzen", kommentiert Kolja Prischin den Gefechtslärm.

Igor Mamedows Gedanken sind mit einem Mal wieder düster. Was, wenn die Partisanen vor den Deutschen in unser Dorf zurückweichen? Da wird es vielleicht gut sein, dass die Deutschen im Dorf sind. Die Partisanen werden sich wohl oder übel ein anderes Dorf aussuchen müssen, sonst gibt man ihnen hier Saures.

Kusma Konew denkt an seinen Sohn Juri, der drüben in den Wäldern eine Partisaneneinheit befehligt. Missraten ist er mir, dass steht schon einmal fest. Aber dass ihn die Deutschen hinmachen, wünsche ich mir auch in meinem Zorn nicht. Immerhin ist er mein Blut.

Dunja aber trottet dahin und kümmert sich nicht um den Lärm in den Wäldern, will nicht wissen, was einfältige Menschen dort miteinander treiben. Sie läuft immer ihrer Nase nach und dahin, wohin ihr Gönner Kusma Konew sie lenkt. An Menschenkram zu denken, ist ihr nicht gegeben. Weil das so ist, kann sie nicht wissen: Sie ist nicht nur zum Ziehen auf dieser Erde, sondern auch um kühle Menschenherzen zu wärmen.

Kartoffeln und Heu

Was für eine Freude ist es für die Soldaten, mitten im Krieg das Gewehr beiseite zu legen und einen Pflug zu packen! Der Geruch von Mist und frisch gepflügter Erde, von Menschen- und Pferdeschweiß fährt ihnen scharf in ihre darin geübten Bauernnasen und bringt sekundenschnell ihr Blut in Wallung. Für einige Tage vergessen sie das Elend des Krieges und ihren unerwünschten Aufenthalt in einem russischen Dorf. Mit Lust bereiten sie den russischen Boden für die Aufnahme der deutschen Kartoffeln vor. Nach all dem Gemetzel der letzten Jahre scheint ihnen nun die Aufzucht einer einzigen Kartoffel hundertmal wertvoller zu sein als jeder Kriegsdienst. Die harte Arbeit hinter dem Pflug erinnert sie an ihre Bestimmung unter dem Himmel und lässt sie erkennen, dass sie in Schande leben, solange sie Krieg führen. Sie denken an die Pflüger in ihrer Heimat und wenden die Schollen wie besessen. Anfang Mai pflanzen sie Kartoffeln.

Mit zunehmendem Respekt blicken die Alten von Tichaja Semlja auf die unermüdlich pflügenden und pflanzenden Soldaten.

„Gehören, wie's scheint, zum pflügenden Teil der Menschheit", sagt Igor Mamedow zu Kolja Prischin, während sie den Soldaten bei der Feldarbeit zusehen. „Arbeiten, als wär's nichts und haben genug Kartoffeln, um halb Russland zu bepflanzen. Wir dagegen haben weder Kraft noch Kartoffeln und nur ein Pferd zum Pflügen."

Kolja Prischin spuckt aus. „Bah! Verrückt geworden ist die Welt. Die Deutschen bringen alles durcheinander wie seinerzeit der versoffene Starosta Grigorijew, der von den Bauern verlangte, die Pferde fürs Militär zu schonen und sich selber vor den Pflug zu spannen. Die Unsrigen sollten jetzt hier pflügen. Können sie aber nicht, weil sie gegen die übergeschnappten Deutschen kämpfen müssen. Die Deutschen wiederum kommen über hunderte Kilometer zu uns ins Dorf, um hier zu pflügen. Als gäbe es bei ihnen zu Hause keine Felder, die gepflügt werden müssen. Das Beste aber kommt noch. Sergej Kortjukow behauptet, aus der Stadt würden Leute nach Deutschland geschickt, um dort für deutsche Bauern zu arbeiten. Was soll man dazu sagen? Deutsche pflügen neuerdings in Russland und Russen in Deutschland. So verrückt ist die Welt inzwischen, mein Lieber, bah!"

Igor Mamedow wundert sich über vieles nicht mehr. „Was kann verrückter sein als ein Krieg? Berge aus Dummheiten hab ich gesehen. Doch von allen Dummheiten ist der Krieg die größte. Eine Handvoll Leute hat vielleicht Nutzen davon. Doch Hunderttausende verlieren Gut und Leben. Und doch finden die Menschen anscheinend immer wieder Gefallen an dieser Dummheit."

Während sie sich ereifern, erblicken die beiden Alten den Gefreiten Anton Dombrowski, den sie inzwischen „Bruder Lustig" nennen. Der Deutsche ist mit dem Auslegen von Kartoffeln beschäftigt. „Vielleicht gibt uns Bruder Lustig ein paar Kartoffeln ab", überlegt Kolja Prischin.

„Untersteh dich!", sagt Igor Mamedow.

Anton Dombrowski liebt das Säen und Pflanzen. Mit diesen Arbeiten beginnen Wunder unter und über der Erde. Seit seiner Kindheit bereiten ihm Wunder, deren Beginn er selbst bestimmen kann, Freude und Genugtuung.

Sein Großvater hat ihm einst geduldig das Wunder der Kartoffelvermehrung erklärt. Während er jetzt die runzligen Kartoffeln, die ihn an die Gesichter alter Bauern erinnern, in die Erde legt, sieht er die erstaunliche Metamorphose voraus, die gleichgültigen Menschenaugen verborgen bleibt.

Kaum in der Erde zeigen die Unscheinbaren, wie viel Lebenskraft in ihnen steckt. Rasch bilden sie zarte Keime aus, die sich vorsichtig durch die russische Erde tasten und der Kartoffelzentrale erfreuliche Zustände melden. Eine Wachstumsorgie beginnt. Die Pflanzkartoffel verzehrt sich lustvoll, verwandelt sich in Wurzeln und Kraut, die unermüdlich Nährstoffe aus Boden, Mist und Luft saugen, um daraus kleine Knöllchen zu formen. Gut versorgt wachsen die Knöllchen auf die Größe von Bauernfäusten heran. Sie legen Zeugnis ab für die wundersame Vermehrung des Lebendigen in dunkler Erde. In welchen Lettern ist ihr Bauplan geschrieben? Die Gelehrten forschen danach und die Kartoffel wächst und wächst.

Die reifen Kartoffeln haben vor langer Zeit Indianer und Seeleute ernährt. Seit zweihundert Jahren erfreuen sie nun die Menschen im zerstrittenen Europa.

Die gute Laune, die die Kartoffeln verbreiten, hindert die Menschen nicht daran, ihrer Freude Gedanken aufzusetzen und die Knollen auf ihre Nützlichkeit zu prüfen. Kaum aus der Erde, werden sie sortiert. Die besten Exemplare suchen sich die Menschen als Lohn für ihre Mühen aus. Sie werden gekocht und gebraten und zu unzähligen herzhaften Gerichten verarbeitet. Auch an ihre Kümmernisse denken die Menschen beizeiten und verbrennen die unschuldigen Knollen zu betäubendem Schnaps. Ein Teil der Ernte wird als Saatgut eingelagert, damit auch im kommenden Jahr das Wunder der Knollenvermehrung bestaunt werden kann. Was für Mensch und Saatgut nicht taugt, wird gedämpft und zu Silage verarbeitet, damit den Schweinen auch im Winter Speck, Schinken und Eisbeine wachsen können.

So klar sieht Anton Dombrowski die nützlichen Folgen seiner Arbeit voraus. Selbst sorgenschwere Gedanken an Wildschweine, Partisanen und eine Kartoffelkäferplage können seine Vorfreude nicht trüben.

„Die Russen pflanzen Kartoffelschalen!“, meldet Hauptwachtmeister Klein.

Erwin Hofschneider lässt sein Pferd satteln und reitet in Begleitung des Hauptwachtmeisters zu den Feldern der russischen Bauern. Die Bestellung der Felder darf ihm nicht gleichgültig sein. Je mehr die Felder hergeben, umso geringer kann die Zusatzversorgung aus Wehrmachtsbeständen ausfallen.

Die Kartoffelschalen erweisen sich als Kartoffelstücke. Erwin Hofschneider erkennt, dass jede Kartoffel in vier Stücke zerschnitten wird. Jedes Stück enthält Keimlinge. Er ruft Kolja Prischin heran, der ein paar Brocken Deutsch sprechen kann und befragt ihn nach der außergewöhnlichen Pflanzmethode.

„Hunger, Herr Offizier. Drei essen, eine macken klein", sagt Kolja Prischin und zeigt Erwin Hofschneider, wie die Kartoffeln zerteilt und gepflanzt werden. „Leut viel Hunger. Junges Leut Krieg. Altes Leut nix Kraft."

Was für klare blaue Augen er hat, bemerkt Erwin Hofschneider. Im Sprachgebrauch der Propaganda ist er ein Untermensch, ein Feind. Der da hat deutsche Vorfahren. Sind die alten Bauern im Dorf unsere Feinde? Sind sie nicht viel eher arme Teufel, die unter Stalins Bolschewisten zu leiden haben? Wir sollten gegen die Bolschewisten kämpfen und nicht gegen halb verhungerte alte Bauern.

Kolja Prischins blaue Augen fordern Erwin Hofschneider auf, nicht nur an seine Soldaten, sondern auch an die Leute im Dorf zu denken. Es wirft kein gutes Licht auf Deutschland, wenn wir die Russen im Dorf verhungern lassen, überlegt er. Stalin würde das nicht bekümmern. Hat die halbe Ukraine verhungern lassen. Ich aber bin ein deutscher Offizier. Ich werde mich dem Dorf gegenüber anständig verhalten.

„Hauptwachtmeister, wir sollten den Alten ein paar Pflanzkartoffeln überlassen. Uns schadet das nicht und ihnen wird es helfen."

Hauptwachtmeister Klein nickt und Erwin Hofschneider reitet zufrieden zurück. Vorbei an den Feldern, die von seinen Männern bestellt worden sind. Wir werden sehen wie's weitergeht, denkt er, aber zu nachsichtig, das geht auch nicht, schließlich ist Krieg. Beim Ritt ins Dorf sieht er das saftige Gras auf den Wiesen. „In drei Wochen müssen wir Heu machen", sagt er zu Hauptwachtmeister Klein. „Das ist ein Befehl."

Das zähe, unscheinbare Gras! Mit gewaltiger Kraft klammert es sich an die geduldige Erde. Es trotzt dem unerbittlichen Wind, der sengenden Hitze, dem beißenden Frost. Es bindet die Feuchtigkeit des Bodens, die Nährstoffe der Luft, die Energie des rätselhaften

Lichts. Gib ihm drei Krümel Boden, zwei Tropfen Wasser und einen Lichtstrahl, und schon beginnt es zu wachsen.

Wo das Gras aufhört, beginnen die Wüsten, beginnt der nackte Stein, der glühende Sand, das ewige Eis.

Das Gras hat sich Klimazonen und Böden angepasst. Es hat seine Nachkommen abgehärtet und sie nach ihren Vorlieben befragt. So sind unzählige Arten entstanden: mannshohe und däumlingskleine, weiche und scharfe, geschmeidige und starre.

Das Gras verbündet sich mit Farnen, Kräutern und Blumen. Sie beschützen einander. Ohne es an die große Glocke zu hängen, tauschen sie untereinander Insekten und Mineralien, handeln sie großzügig mit Licht, Schatten und Feuchtigkeit.

Ohne Beispiel ist die Widerstandskraft des Grases, unübertroffen seine Leidensfähigkeit. Hufe, Klauen, Füße und Mäuler mit scharfen Zähnen und riesigen Zungen traktieren das Gras. Ohne Unterlass wird es platt getreten, ausgerissen, durchbissen und durchbohrt.

Das Gras ist erschrocken über die unverschuldete Misshandlung, doch es lässt sich nicht unterkriegen. Allen Schikanen zum Trotz schüttelt es ein paar Zähren ab und schon wachsen aus seinen Narben neue Halme und Blätter hervor.

Mutig ist das Gras. Wenn der Winter in verzweifelte Rückzugsgefechte verwickelt ist und der Frost widerwillig aus dem Boden weicht, bleiben viele Pflanzen misstrauisch und halten sich bedeckt. Das Gras aber zeigt schnell sein Grün und lässt sich von Nachtfrost und Nassschnee nicht schrecken.

Schließlich der Mensch. Mit seinen scharfen Sensen trennt er die geschmeidigen Halme von ihren Wurzeln und lässt Graskrüppel zurück.

In der Glut der Sommersonne verlieren die Halme ihre Feuchtigkeit und werden so leicht wie die kleinen Insekten, die einst an ihnen das Klettern erlernten.

Die von Sensenhieben gefällten Kräuter und Blumen zeigen Stil und vornehme Größe. Ihrer Farbenpracht beraubt beschenken sie im Sterben das Heu mit ihren berauschenden Düften.

Ist das Heu trocken, kommen die Bauern mit ihren Ochsen- und

Pferdewagen und laden das duftende Heu mit langen Gabeln. Sie schichten gigantische Fuhren auf, beschweren sie mit geschälten Baumstämmen, die sie fest mit dem Wagen verschnüren. Wankend wie trunkene Bauern trödeln die Heufuhrwerke knarrend den Scheunen entgegen.

Nach der Pracht der Sommerwiesen bieten die zurückgebliebenen Graskrüppel einen jämmerlichen Anblick. Doch der aufmerksame Beobachter erkennt überall neue Grasspitzen, die sich unternehmungslustig dem Himmel entgegenrecken.

Das Vieh aber frisst in den langen Wintertagen gemächlich das Heu aus den Futterkrippen, während die Bauern den Duft des Heus genießen und sehnsüchtig an den nächsten Sommer denken.

Aus Kindertagen hat Erwin Hofschneider den Spruch eines Onkels behalten, der in der Nähe von Wismar eine kleine Landwirtschaft betrieben hat: „Vor Johanni Heu, nach Johanni Streu." Daran erinnert er sich jetzt und gibt Anfang Juni den Befehl, Heu zu machen.

Tagelang schneiden sich die scharfen Sensen in gleichmäßigen Bögen durch das kniehohe Gras. Die Soldaten arbeiten mit nackten Oberkörpern. Schweiß rinnt ihnen in Strömen über Stirn und Nacken. Sie arbeiten stumm. In den Pausen lachen sie über die Anekdoten des Gefreiten Anton Dombrowski, dessen ostpreußischen Dialekt sie lieben. Sie lachen, rauchen, stillen ihren Durst und sind mit sich und der Welt im Reinen. Ohne die Sehnsucht nach ihren Familien und ohne die blutgierigen Stechfliegen wäre ihr Glück nahezu vollkommen. Im Augenblick – und nur dieser zählt im Leben eines Soldaten – sind sie gut versorgt, haben lustige Kameraden, erträgliche Vorgesetzte und eine Arbeit, für die sie geschaffen sind: Vorsorge zu treffen, damit Mensch und Vieh besser als im letzten Jahr über den Winter kommen.

Die Soldaten genießen das stille Glück unter dem blauen Himmel, weil sie wissen, dass es nicht ewig währen kann. Irgendwann wird sich der hinterlistige Krieg an sie erinnern und dieses Idyll verschlingen. Unersättlich ist dessen Appetit auf Fleisch und Blut und Menschenglück.

Die Alten von Tichaja Semlja plagen sich auf ihren Wiesen. Zwar gehorchen die Sensen ihren geübten Händen, doch beängstigend schnell schwinden ihnen die Kräfte. Sie atmen kurz und schwer. Das macht die Sanften traurig und die Heißblütigen zornig. Immer häufiger müssen sie die Mahd unterbrechen. Sehnsüchtig blicken sie auf die kräftigen jungen Soldaten, deren Sensen anscheinend mit Leichtigkeit durch das schwere Gras gleiten.

Bei diesem Anblick denken sie an ihre Kinder und Enkel, die in der Roten Armee oder bei den Partisanen kämpfen. Vielleicht sind sie schon gefallen, während die deutschen Soldaten auf ihren Feldern und Wiesen arbeiten.

Sie sind zu alt und zu erfahren, um darüber zornig zu werden. Sie kennen sich aus mit Kriegen. Einige erinnern sich daran, wie sie 1914 in Ostpreußen einmarschiert sind. Damals haben die Deutschen sie ebenso wenig gerufen wie sie jetzt die Deutschen. Es ist immer wieder das Gleiche. Ein Befehl holt die jungen Männer aus ihren Heimatstädten und -dörfern und bringt sie in fremde Länder, damit sie dort kämpfen und sterben. Seit ewigen Zeiten ist es so. Der Krieg ist den Menschen so selbstverständlich geworden wie die Geburt und der Tod oder die vier Jahreszeiten.

Weil die meisten Alten wissen, dass auch die jungen Deutschen von ihrer Obrigkeit herbefohlen worden sind, spüren sie keinen Zorn und hoffen auf ein gutes Ende.

Die Dorfweiber freilich beklagen sich bitter über die Schamlosen, die fast nackt auf ihren Feldern arbeiten und so die Würde der russischen Frauen mit Füßen treten. Nach außen hin zetern sie gewaltig. Doch in ihrem Inneren hält sich die Entrüstung in gut überschaubaren Grenzen. Beim Anblick der glatten und muskulösen Soldatenkörper denken sie nicht nur an ungeschriebene Anstandsregeln, sondern auch an ihre Jugend. Damals waren die Körper ihrer Liebsten ebenso schön wie heutigentags die der deutschen Soldaten. Doch die erfreulichen Jahre sind verflogen wie Spreu im Wind. Ihre Körper sind inzwischen verfallen wie die ihrer Liebsten und wie die Scheunen und Ställe im Dorf.

Die Soldaten können nicht wissen, was die Dorfweiber über sie denken. Sie freuen sich über das trockene Wetter, wenden das Heu mehrmals und bringen es in abenteuerlich gepackten Fuhren in die Scheunen.

Auf der Tenne stapeln Anton Dombrowski und der Soldat Schuster mit großem Vergnügen das Heu. Als die Scheune prall gefüllt ist, lässt sich Anton Dombrowski rückwärts ins Heu fallen und ruft: „Is dat anjenehm! Fehlt man nur ne dralle Marjell.“

Der vor ihm stehende Soldat wird verlegen. Der 19-jährige Benjamin der Veterinärkompanie sucht die Nähe des gutmütigen Gefreiten, der ihn oft gegen die groben Scherze seiner Kameraden in Schutz nimmt. Seinen Kameraden blieb es nicht lange verborgen, dass der hübsche Kerl seine Männlichkeit wohl als Soldat, aber nicht als Liebhaber unter Beweis gestellt hat. In seiner Gegenwart nutzen sie jede unpassende Gelegenheit, um über ihre tatsächlichen oder vermeintlichen Liebesabenteuer zu sprechen. Sie warten darauf, dass er verlegen wegsieht und ihm die Röte ins Gesicht schießt. Dann kugeln sie sich vor Lachen. Mitunter treiben sie ihre Scherze und stellen dem Soldaten peinliche Fragen. Dann geht Anton Dombrowski dazwischen und die Soldaten wechseln das Thema. So wurde Anton Dombrowski mit der Zeit zum großen Bruder des jungen Soldaten, der nun mit verlegenem Gesichtausdruck vor ihm steht.

„He, Jungchen“, sagt der Gefreite mit viel Wärme und ohne Spott in der Stimme. „Nuscht verpasst haste mit deine neunzehn Jährchens. Jesund durch den beschissen’n Kriech komm’n musste, denn fängt dein Leben man erst richtig an. Wat willste jetzt mit e Marjellchen, mitten im Kriech, dem verdammichten? Wir wern man nich immer so jemietlich ins Heu liejen könn und hoffen, dat de Scheißkriech ohne uns zu Ende jeht. Sei froh, dat de spiddrige Füße hast. Sonst wärste nicht zu uns jekomm, sondern zu de Fußlatscher.“

Dann denkt Anton Dombrowski an seine erste Liebe und an ein weiches Heulager in Ostpreußen. Um dem Soldaten Zeit zu geben, seine Verlegenheit zu überspielen, fordert er ihn auf, sich ins Heu zu legen und erzählt ihm von den Heuernten in einem ostpreußischen

Dorf, bei denen Weißrussinnen, Litauerinnen und Polinnen eine nicht unerhebliche Rolle spielten.

Da die nächste Heufuhre nicht mehr in die Scheune passt, schickt sie Anton Dombrowski ins Dorf. Er denkt dabei weder an den Krieg noch an die erbarmungslosen Strategien der Generäle. Er denkt an den langen, frostigen Winter und die alten Bauern. Er denkt an deren dürre Ziegen und Schafe und an die drei ausgemergelten Kühe mit ihren Ziegeneutern. „Musste man jenau hinsehn, ob's Bulleneier oder Euter sind." Nicht zuletzt denkt er an Kusma Konews Stute Dunja, die nach den Vorstellungen des Alten noch einmal fohlen soll.

Mit Spannung verfolgen junge Soldaten und alte Bauern den Wettstreit der Kartoffeln in der russischen Erde. Schon bald zeigt es sich, der stille Zweikampf wird zugunsten der deutschen Kartoffeln ausgehen.

Für Erwin Hofschneider ist das eine ausgemachte Sache. Dem Sieg der Deutschen Wehrmacht muss zwangsläufig ein Sieg der deutschen Kartoffel folgen.

Fast täglich reitet er an den Feldern vorbei. Seine Männer haben die Kartoffeln zur gleichen Zeit ausgelegt wie die Russen. Doch das Kraut der deutschen Kartoffeln durchstößt die Erde eine Woche früher als das der russischen.

Im August plagt Erwin Hofschneider Neugier. Er gibt Hauptwachtmeister Klein den Befehl, unter deutsches und russisches Kartoffelkraut sehen zu lassen.

Der Hauptwachtmeister gibt den Befehl an den Gefreiten Dombrowski weiter. Für beide ist es ungehörig, die Kartoffeln beim Wachsen zu stören. Doch Befehl ist Befehl. Anton Dombrowski gräbt zunächst ein russisches und dann ein deutsches Kartoffelnest frei. Zum Erstaunen der Deutschen sind aus den „Kartoffelschalen" viele winzige Knöllchen gewachsen.

„Wie Ziegenköttel", legt sich Anton Dombrowski auf die Größe der russischen Winzlinge fest. Die deutschen sind etwas größer. „Wie Hammelklöten", lautet hier das Urteil des Gefreiten.

Mit den Prädikaten „Ziegenköttel“ und „Hammelklöten“ kann Erwin Hofschneider gut leben. Die Überlegenheit der deutschen Kartoffel scheint sich eindrucksvoll zu bestätigen.

Ende September beginnt die Kartoffelernte. Die russischen Kartoffeln haben nun die Größe von Kinderfäusten. Ihre dunkelbraunen Schalen sind rau wie ein Männerkinn. Die deutschen Kartoffeln haben die Größe von Männerfäusten. Ihre hellbraunen Schalen sind glatt wie Frauenhaut.

Anton Dombrowski hält in seiner rechten Pranke eine russische und in seiner linken eine deutsche Kartoffel. Er wiegt sie gegeneinander ab und fällt ein vorläufiges Urteil über die deutsche Knolle: „Is man jrößer und schöner. Ob se man besser schmeckt?“

Er wischt die Kartoffeln an seiner Hose ab, beißt hinein, kaut schmatzend und verkündet dann Erstaunliches: „Schmecken beide. De russische is man besser für Wodka – wejen de Stärke.“

Diese Feststellung kann Erwin Hofschneider nicht unwidersprochen hinnehmen. Er belehrt den Gefreiten darüber, der Stärkegehalt einer Kartoffel könne nicht durch Schmecken, sondern nur durch eine wissenschaftlich fundierte Laboranalyse ermittelt werden.

Anton Dombrowski denkt an sein Urlaubsgesuch und hält es für gescheiter, die umständliche Methode des Stabsveterinärs schweigend zur Kenntnis zu nehmen. Als Kind hat er beobachtete, wie seine Großmutter geriebene Kartoffeln in ein Säckchen gefüllt und dann ausgequetscht hat. Aus dem Säckchen sickerte eine trübe Flüssigkeit, die Großmutter in einer Schale auffing. Danach stellte sie die Schale aufs Fensterbrett. Das Wasser verdunstete und in der Schale blieb feines Stärkemehl zurück, das Großmutter sammelte. Kam die Zeit des Wäschebügelns heran, löste Großmutter das Stärkemehl in Wasser auf und tränkte damit Kragen und Manschetten, die glatt und steif werden sollten, weil sich das für die Kragen und Manschetten von anständigen Leuten so gehörte. Der kleine Anton Dombrowski beobachtete, dass Großmutter immer die gleiche Menge Kartoffelbrei ausquetschte. Die Menge des gewonnenen Stärkemehls fiel aber sehr unterschiedlich aus.

Großmutter besaß einen Kartoffelblick. Sie sah den Knollen schon beim Reiben an, wie viel Stärkemehl sie enthielten. Sie hatte auf ihrer Zunge auch gut trainierte Geschmacksknospen, mit denen sie den Stärkeanteil herausschmeckte. Stärke war schließlich nicht nur zum Wäschebügeln da, sondern auch nahrhaft für Mensch und Vieh. Und gut für Schnaps, hatte ihm Großvater erklärt und dabei geschmunzelt.

Großmutter half ihrem Enkel, die Geschmacksknospen zu trainieren und brachte ihm den Kartoffelblick bei. Da mochte die Wissenschaft noch so bekümmert dreinschauen. Gelernt ist gelernt und Kunst kommt von Können.

Großmutter ist lange tot und kann den Fronturlaub ihres Enkels nicht mehr mit an die himmlischen Mächte gerichteten Zaubersprüchen herbeihexen. Für Fronturlaub ist nun allein der Stabsveterinär zuständig. Es ist besser, ihm sein Stärkemesslabor zu lassen, obwohl es nach Anton Dombrowskis Auffassung unter die Rubrik „sinnlose Ausgaben“ fällt.

Die russische Erde macht keinen Unterschied zwischen dieser und jener Kartoffel. Sie gibt, was sie geben kann und die Kartoffeln müssen sehen, wie damit zurechtzukommen ist.

Die deutschen Kartoffeln haben ihre Gaben bereitwillig angenommen und sich verachtfacht. Sie haben gezeigt, was in ihnen steckt und werden nun vorsichtig freigegraben und nach Anweisung von Hauptwachtmeister Klein in einer Scheune sortiert. Die sortierten Kartoffeln werden gegen Licht und Frost geschützt und bei strenger Kontrolle gelagert.

Erwin Hofschneider blickt stolz auf die geernteten Kartoffeln. Mit der Zeit wird aus mir noch ein Dorfschulze, denkt er. Anstatt um den Krieg kümmere ich mich seit einem halben Jahr um Ackerbau, Viehzucht und russische Bauern. Was für ein verrückter Krieg!

Ist das besser als Pferdewunden zu pflegen und mit der Waffe zu kämpfen? Er weiß nicht so recht, wie er seine Situation einordnen soll. Zweifellos ist das Leben im Dorf weitaus komfortabler und vor allem sicherer als der Kampf an der Front. Hier geht es inzwischen ruhig und geordnet zu. Er hat viel Zeit, sich um die Pflege und die Ausbildung der Pferde zu kümmern. Eine Arbeit, die ihm große Befriedigung verschafft.

Trotz aller Annehmlichkeiten beunruhigt ihn das gelassene Dorfleben zugleich, weil er ständig an die Frontlage denken muss. Im Norden Leningrad, im Süden Stalingrad – beide Städte sind noch immer nicht gefallen. Am eigenen Frontabschnitt herrscht, bis auf kleine Geplänkel, eine unerklärbare Ruhe. Ist es die Ruhe vor dem entscheidenden Schlag? Nein, denkt er, dafür dauert sie schon zu lange. In einem Krieg, der auf Überraschung angelegt ist, kann diese Ruhe nichts Gutes bedeuten. Deutet sie nicht eher darauf hin, dass unsere Kräfte nicht ausreichen, die Russen endgültig in die Knie zu zwingen? Werden Ludwig und Macke am Ende recht behalten oder haben sie mich nur mit unbegründeter Schwarzmalerei verunsichert?

Schluss mit Trübsalblasen, macht er sich Mut. Jeder gibt dort sein Bestes, wo ihn der Befehl hinstellt. Deine Aufgabe ist es, mit deinen Kameraden für gesunde, fronttaugliche Pferde, für einen hohen Anteil Eigenversorgung und für die Ordnung in einem russischen Dorf zu sorgen. Da gibt es keinen Grund, sein Licht unter den Scheffel zu stellen. Viele Pferde sind bereits an die kämpfenden Einheiten übergeben worden. Falls wir hier überwintern müssen, kommen wir mit dem Heu und den Kartoffeln gut über den Winter. Die Russen im Dorf haben keine Sperenzchen gemacht und uns mit Ackergeräten unterstützt.

Erwin Hofschneider erinnert sich an sein Versprechen, das er den Starosten gegeben hat: Ackergeräte gegen Ernteerträge.

Wieder wogen seine Gedanken hin und her wie reifes Korn im Sommerwind. Ist es befehlswidrig, die Russen mit Heu und Kartoffeln zu versorgen? Wir sind im Krieg und sie sind Feinde. Wir haben noch harte Kämpfe zu bestehen. Da kann es nicht unsere Aufgabe sein, die Versorgung der Russen zu verbessern. Haben wir die Lage der Alten und Kinder im Dorf zu verantworten? Nein, es sind ihre eigenen Landsleute gewesen. Die Starken haben sich davongemacht und die Schwachen ihrem Schicksal überlassen. Aus strategischer Sicht kann mir niemand etwas vorwerfen, wenn ich das im Frühjahr gegebene Versprechen nicht halte. Erfährt man dagegen im Divisionsstab, ich halte es, wird man mir Vorwürfe machen.

Doch immer öfter sieht er die klaren Augen der alten Starosten auf sich gerichtet und hört in Gedanken Igor Mamedows Stimme: „Was aber die Kartoffeln und das Heu angeht, hoffen wir nicht auf die Worte des deutschen Kommandeurs."

Nein, die Schande, ein als Offizier gegebenes Versprechen nicht zu halten, kann und werde ich nicht auf mich nehmen. Im Gegenteil! Ich muss den Russen zeigen, dass ein deutscher Offizier anständiger ist als ein russischer. Das Bild, das die Russen von uns Deutschen haben, wird sich schlagartig bessern, wenn wir sie vernünftig behandeln. Ich glaube nicht, dass russische Bauern „Untermenschen" sind.

Erwin Hofschneider ordnet an, den Starosten ein Fünftel der unsortierten Kartoffeln als Gegenleistung zu übergeben. Um deren Verteilung sollen sich die Russen selber kümmern.

Beim Begutachten der deutschen Kartoffellieferung wird Igor Mamedow verlegen wie eine Jungfrau beim Anblick eines nackten Jünglings. Seit sie den Gutsherrn erschlagen haben, hat keine Obrigkeit im Dorf ihr Wort gehalten, das weiß keiner im Dorf so genau wie er. Im Gegenteil: Versprach sie viel, hielt sie wenig. Ausgerechnet die Deutschen! Wie stehe ich jetzt da? Das Kartoffelgeschenk der Deutschen ist wie eine Ohrfeige. Ich werde für meine Kleingläubigkeit geschlagen und das Dorf für die unverschuldete Schande der Besetzung.

Verlieren wir unsere Würde, wenn wir das Geschenk annehmen? Er denkt an die abgemagerten Kinder. War es denn nicht eher ein Geschäft als ein Geschenk?

Es klingt sehr stolz, zu sagen: Lieber verhungern, als das Brot des Feindes essen. Stolz sein angesichts der hungernden Kinder? Die Kartoffelannahme verweigern, die Deutschen ärgern und die Kinder verhungern lassen? Oder vor denen in den Wäldern als ein Verräter dastehen, weil man mit den Deutschen zusammengearbeitet hat?

Dass wir in diese Schande geraten sind!

Ich werde es meinen lieben Alten anders erklären. Ich werde ihnen erklären, wir haben mit den Deutschen ein verdammt gutes Geschäft gemacht. Übers Ohr haben wir sie gehauen. Sie haben die Arbeit gehabt und wir die Kartoffeln. Und das Beste: Jede Kartoffel, die wir essen, fehlt den Deutschen.

Nun weiß Igor Mamedow wieder Bescheid. Er bedankt sich und lässt die Kartoffeln auf die Haushalte verteilen, in denen Kinder leben.

Niemand im Dorf verweigert die Annahme der deutschen Kartoffeln. Die meisten sind erstaunt und amüsieren sich darüber, wie raffiniert Igor Mamedow die Deutschen über den Löffel barbiert hat. Einige zieren sich freilich ein wenig und sagen, sie würden die Kartoffeln nur wegen der Kinder annehmen, die häufiger an Durchfällen leiden als die Alten an ihrem hartnäckigen Husten.

Wie eine schützende Haut bedeckt der Boden die steinerne Kruste der Erde. Geduldig erträgt er das Tagewerk von Bakterien und Insekten, von Tieren und Menschen. Ein Geben und Nehmen seit ewigen Zeiten. Was leben will, muss durch ihn hindurch, in ihn hinein. Wer ihm nichts gibt, bekommt nichts. Gierig wie ein Schwamm saugt er alles auf: Regen, Schweiß, Blut, Fäkalien, Kadaver und die Überreste der unsteten Menschen, die sich um ihn streiten, ihm Grenzpfähle einschlagen und ihn durchwühlen auf der Suche nach Nahrung und Schätzen. Für ihn aber gibt es weder Russland noch Deutschland, weder Europa noch Asien, nur den Himmel und die Erde. Es ist ihm gleich, wer ihn bestellt und wer die Früchte isst, die er verschenkt. Ein Wildschwein, ein Pferd, ein russischer Bauer oder ein deutscher Soldat. Für ihn sind alle gleich und alle sind ihm gleich.

Solange der Mensch mit dem Boden lebt, auf dem er geboren worden ist, ist er voller Dankbarkeit und ohne Groll gegen seinesgleichen. Verlässt er seinen Heimatboden oder wird er ihm genommen, irrt er in der Welt umher. Er verliert zunächst die Achtung vor der Natur, dann vor seinen Mitmenschen und schließlich vor sich selbst.

Das denkt Igor Mamedow, Starosta von deutschen Gnaden, als er mit seinem Freund und Nachbarn Kolja Prischin und dem Waisenkind Pjotr neugierig die ersten deutschen und russischen Kartoffeln probiert. „Die deutschen schmecken auch nicht besser. Sind größer. Mal sehen, wie sie über den Winter kommen."

Kolja Prischin denkt beim Verzehr der deutschen Kartoffeln an das deutsche Blut in seinen Adern. „Ein seltsames Volk, diese Deutschen", sagt er und schmatzt beim Kauen nicht ganz so laut wie sein zahnloser Freund Igor, „würden sie nicht mit ihren Gewehren im Dorf herumlaufen, könnte man denken, es wären Menschen."

Soldaten, Bauern, Pferde

Was schuldet das Pferd dem Menschen; was der Mensch dem Pferd, fragt sich Erwin Hofschneider.

Die Wege der Menschen sind gesäumt mit Pferdeknochen. Im Frieden und im Krieg haben die Menschen den Pferden Gewalt angetan. Aus den Nöten der schuldig gewordenen Menschen erwachsen die Qualen der unschuldigen Pferde. Sie werden aufgezäumt, gesattelt, an die Kandare genommen und mit Sporenstichen und Peitschenhieben durch die Menschenwelt getrieben.

Sie plagen sich mit den Lasten ab, die ihnen die Menschen aufbürden.

Die Menschen vergnügen sich mit ihnen. Lassen sie um die Wette laufen und springen, bringen ihnen Kunststücke und unnatürliche Bewegungen bei.

Ihr Leid in den nie endenden Kriegen der Menschen kann niemand mit Worten beschreiben. Ergeben haben sie alle Kriegszüge begleitet. Ob Ramses, Nebukadnezar, Alexander, Cäsar, Dschingis Khan, Suleiman oder Napoleon: sie alle setzten auf die Kraft, die Schnelligkeit und die Ausdauer ihrer Pferde. Kein Schlachtfeld, auf dem nicht der Befehl gegeben wurde: „Auf die Pferde!“

Millionen Pferde haben gelitten und sind im großen Krieg von 1914 bis 18 krepiert und die Deutsche Wehrmacht hat 1941 mit 700.000 Pferden die russische Grenze überschritten.

Angesichts der Nöte der Menschen und des Leids der Soldaten gibt es anscheinend kein Mitleid mit den Pferden. Dass einige Soldaten, neben der Trauer um ihre Kameraden, auch an das Elend der Pferde denken, berührt Erwin Hofschneider stets aufs Neue. Er erinnert sich an die Tagebuchaufzeichnungen eines gefallenen Soldaten: „Beklagen wir unter Tränen das schwere Los der Pferde im Krieg! Schuldig geworden sind wir, Kameraden, an den empfindsamen Pferden.

Sie haben uns vertraut, denn wir haben sie gefüttert und getränkt. Wir haben ihnen die Felle gestriegelt und ihre Wunden gepflegt. Dafür haben sie uns gedankt mit ihren großen, sanften Augen und uns ihre Atemluft zärtlich ins Gesicht geblasen. Wir aber sind schuldig geworden an ihnen, weil wir sie im Unklaren gelassen haben über unsere tödlichen Machenschaften.

Wir haben sie angespannt wie zum Pflügen, gesattelt wie zu einem Sonntagsritt und sie sind uns willig gefolgt in ihrer arglosen Treue.

Wir haben sie bis zur Erschöpfung tragen und ziehen lassen. Wir treiben sie durch Europa, ohne ihnen ausreichend Zeit zum Fressen und Saufen zu geben. Wir jagen sie über die Schlachtfelder, bis sie auf Minen treten, von Granaten zerfetzt, von Geschossen verwundet werden. Ohne Beine, mit offenen Leibern, ohne Kiefer und Augen liegen sie auf den Schlachtfeldern Europas und klagen so erbarmungswürdig, so verzweifelt, dass wir im feindlichen Feuer zu ihnen kriechen, um ihrem Leid ein Ende zu machen. Auf diese Weise habe ich nun meinen besten Kameraden, den Freund und Beschützer aller Pferde, Karl Schreiber, verloren. Allen werde ich erzählen, er ist wegen des unerträglichen Elends der Pferde gefallen. Mit Dankbarkeit werde ich seiner gedenken und es an Pferden wiedergutmachen.“

Erwin Hofschneider hat diese Tagebuchaufzeichnungen gelesen, als er den kümmerlichen Nachlass gefallener Kameraden ordnete, damit diese den Angehörigen zugeschickt werden können.

Beim Erinnern ist er erschüttert und traurig. Traurig, weil es ihm nie aufgefallen ist, wie sehr der gefallene Soldat die geschundenen Pferde geliebt hat. Traurig, weil er damals nicht hat verhindern können, dass einige seiner Kameraden durch das feindliche Feuer zu den verwundeten Pferden gekrochen sind und ihr Leben für den Gnadentod einiger Tiere aufs Spiel gesetzt haben. Traurig, weil er an das Schicksal der ihm anvertrauten Pferde denken muss. Nur wenige haben den harten Winter überlebt. Die meisten sind nicht infolge von Kampfhandlungen, sondern wegen Futtermangels, Erschöpfung und Erfrierungen verendet.

Auch hier im russischen Dorf Tichaja Semlja muss er noch oft an die Aufzeichnungen des Gefallenen und an das Leid der Pferde denken. Doch während es damals die Umstände nicht zuließen, den Pferden in ihrer Not beizustehen, können er und seine Männer diesmal den neu an die Front getriebenen Pferden zuverlässige Helfer sein.

Wie elend die Tiere hier angekommen sind und wie gut sie sich entwickelt haben! Mit Stolz und Genugtuung sehen Erwin Hofschneider und seine Männer inzwischen auf erholte Pferde, deren Pflege und Ausbildung ihnen Freude bereiten.

Eine Vorliebe für Pferde ist Erwin Hofschneider nicht in die Wiege gelegt worden.

Als das Abitur immer näher rückte und er sich für einen Berufsweg entscheiden musste, sollte es unbedingt etwas Praktisches, naturwissenschaftlich Geprägtes sein.

Sein Schulkamerad Karl Behrend half ihm aus seiner Verlegenheit. Er wollte in Wien und München Veterinärmedizin studieren. „Komm doch mit. Zu zweit ist alles leichter. Billiger ist es auch."

Das leuchtete ein. Doch warum dann nicht gleich Humanmedizin?

Karl Behrends hatte auch dies bedacht: „Erstens Unabhängigkeit. Zweitens Geld stimmt. Drittens machst du ein Pferd tot – na gut; machst du einen Menschen tot, hast du Probleme."

Diese überzeugende Argumentation seines Schulkameraden führte Erwin Hofschneider zur Veterinärmedizin und damit zu den Pferden.

Emotionen waren nicht im Spiel. Die stellten sich erst ein, als er sich in Wien zum ersten Mal auf einen Pferderücken schwang. Augenblicklich war seine Lust am Reitsport geweckt.

Als er zwischen zwei Studienabschnitten seinen Militärdienst ableisten musste, entschied er sich folgerichtig für ein Reiterregiment in Bamberg. Soldaten und Pferde begleiteten seither seinen Lebensweg.

Auf die Pferde sieht er mit den gewissenhaften und geschulten

Augen des Naturwissenschaftlers. Er kennt Dutzende Anzeichen, die auf biochemische und physiologische Vorgänge im Inneren der Pferde hindeuten. Er kennt ihre Knochen und Muskeln, den Aufbau und die Funktionen ihrer Organe, ihren Blutkreislauf, ihr Nervensystem, ihre Verdauung und die Entwicklung ihrer Fohlen von der Zeugung bis zur Geburt. Er kennt alle bekannten Viren, Bakterien und Parasiten, fast alle Ernährungs- und Haltungsschäden. Mit den Dienstjahren ist er sicher geworden in Diagnose und Therapie. Ein Pferdeleben liegt vor ihm wie ein offenes Buch.

Ein Pferd weiß nicht, wie es beschaffen ist und die Menschen fragen es nicht nach seinen Träumen. Die Bedürfnisse und Absichten des Menschen bestimmen das Pferdeleben.

Die Menschen sind nie zufrieden mit ihren Pferden. Ständig kreuzen und züchten sie: Alleskönner und Spezialisten, Muskelprotze und schlanke Schönheiten, Riesen und Zwerge, feurige und gemächliche, unnahbare und gesellige. Sie lassen es nicht zu, dass sich Hengste und Stuten nach Lust und Laune vergnügen. Sie legen fest, welcher Hengst welche Stute besteigen darf. Jede neue Rasse wird aufgewogen gegen einen Berg Pferdehoden. Auf jeden Hengst kommen mehrere Wallache.

Stolz denkt Erwin Hofschneider daran, dass die Wehrmacht der größte Pferdehalter im Deutschen Reich ist. Nirgendwo ist so viel Wissen über die Pferde konzentriert wie im Heer. Nirgendwo sonst gibt es so viele leistungsfähige, gesunde, reinrassige Pferde. Nur die besten Exemplare, in der Regel drei- und vierjährige, werden von Fachleuten auf den Märkten eingekauft.

Erwin Hofschneider ist bekümmert, wenn er an den prächtigen Pferdebestand zu Beginn des Polenfeldzuges denkt. Der Krieg hat eigene Gesetze. Die besten Pferde verschlingt er zuerst. Dauert er lange, nimmt die Qualität des Pferdebestandes erschreckend schnell ab. Am Ende ist dem Krieg jede Schindmähre recht.

Wenn Erwin Hofschneider auf die neuen Pferde blickt, ist er mit der Arbeit seiner Kameraden sehr zufrieden. Auch der Zustand der Pferde befriedigt ihn inzwischen, nicht aber deren Qualität. Zu viele

Zweijährige sind dazwischen. Wild gemischt ist die Herde. Ein Dutzend Rassepferde, der Rest minderwertig. Viel zu früh sind einige kastriert und ausgebildet worden. Selbst einige sogenannte Schwarze Remonten sind darunter. Pferde, die man, ohne sie auszubilden und zu kastrieren, an die Front geschickt hat. Zu Beginn des Krieges wäre dies undenkbar gewesen oder hätte für die dafür in der Heimat Zuständigen Konsequenzen gehabt.

Ein bitterer Trost bleibt Erwin Hofschneider: Diese minderwertigen Pferde wird der Krieg so rasch verschlingen, dass für ihre Fortpflanzung keine Zeit bleibt. Die Pferde durch gutes Futter und zielgerichtete Übungen zu kräftigen und die noch nicht kastrierten minderwertigsten Hengste in Wallache zu verwandeln, ist alles, was er und seine Männer hier tun können.

Nur auf wenige der neuen Pferde blickt Erwin Hofschneider mit Wohlgefallen. Besonders ein dreijähriger Rassehengst hat es ihm angetan. Dass dieses schöne Tier unter die minderwertigen Remonten gelangt ist, erscheint ihm und seinen Männern wie ein kleines Wunder. Stolz nennen sie den außergewöhnlichen Hengst Wotan.

Wenn es darauf ankommt, einem anscheinend hoffnungslos erkrankten Pferd eine letzte Chance einzuräumen, rufen alle sofort nach dem Gefreiten Anton Dombrowski. Das heißt dann im Umkehrschluss: Erwin Hofschneider und seine Veterinäre sind mit ihren naturwissenschaftlichen Künsten am Ende.

Die Naturwissenschaft räumt das Feld nie kampflos. Sobald jedoch ihre Möglichkeiten erschöpft sind, hat Erwin Hofschneider kein Problem damit, der „Spökenkiekerei“ des Gefreiten Dombrowski das Feld zu überlassen. Stirbt das Pferd, ist die Ehre der Veterinärmedizin wiederhergestellt.

Mitunter aber geschieht ein Wunder und ein todgeweihtes Pferd erhebt sich von seinem Todeslager. Was der ostpreußische Bauer in dieser Zeit mit dem Todeskandidaten anstellt, ist für seine Kameraden von größtem Interesse. Doch das einzige, das sie hinter dem ihnen zugedachten „Bannkreis“ ausmachen können, sind die Tatsachen, dass

Anton Dombrowski häufig leise mit dem Pferd spricht, es streichelt, massiert, ab und zu trocken reibt und mit einer Decke warm hält.

Nach einem Tag verlangt der Gefreite frisches Wasser. Trinkt das Pferd, gilt es als fast gerettet. Nimmt es am zweiten Tag Futter an, erklärt es der Gefreite für „auferstanden wie Jesus von Nazareth".

In wenigen Wochen hat der Gefreite auf diese Weise vier Pferden ein zweites Leben geschenkt. Seine Kameraden bewundern ihn.

Erwin Hofschneider ist die Sache nicht geheuer. Gern hätte er gewusst, ob es diese ihm verborgenen Kräfte gibt oder ob Kobold Zufall hier Regie führt. Doch vier Pferde sind vier Pferde!

Obwohl ihm der in einem der Rassenschande verfallenen ostpreußischen Dorf aufgewachsene Gefreite nicht suspekt erscheint, erfordern Ehre und Gründlichkeit der Naturwissenschaft eine genaue Befragung.

„Uff de Pferde wirken jenauso unsichtbare Kräfte ein, wie uff de Menschen. Se fließen man durch alles hindurch. Manchmal bockt een Mensch oder een Pferd. Denn fließt nuscht und denn werden se krank. Denn red ich mit se und massier se. Wenn's wieder fließt, denn sind se man bald jesund."

Der Veterinärmedizin ist mit dieser Aussage nicht gedient. Sie hat etwas gegen unerklärliche Kräfte. Und ob Menschen und Pferde eine Seele haben, bleibt unter Veterinären umstritten.

Erwin Hofschneider entscheidet deshalb, alles beim Alten zu belassen. Das erste Wort hat die Naturwissenschaft mit ihren klaren Regeln, mit ihren Instrumenten und Medikamenten. Das zweite Wort hat der Gefreite Dombrowski. Ist Erwin Hofschneider mit seiner Kunst am Ende, ruft er nach dem Gefreiten: „Dombrowski, die unsichtbaren Kräfte dürfen mal wieder ran!"

Kusma Konew und Anton Dombrowski wissen nichts von den biochemischen Abläufen in einem Pferdekörper. Bei jeder Schlachtung hat sich ihnen das Innere eines Pferdes enthüllt: fast wie ein Mensch, nur viel größer. Mehr wollen und brauchen sie von den Innenzuständen eines Pferdes nicht zu wissen.

Ohne die hohe Wissenschaft zu bemühen, verstehen sie dennoch viel mehr von ihren Pferden als mancher gescheite Schwätzer. Sie schauen den Pferden ins Maul und unter den Schweif, beobachten deren Gang und Eigenheiten, sehen auf Exkremente und beurteilen Darmgeräusche.

Soweit ihre Erinnerungen reichen, sind Pferde um sie gewesen, auf die sie erst mit der Seele und dem Verstand eines Kindes und dann mit der Seele und dem Verstand eines Bauern geblickt haben. Immer waren die Pferde ihre treuesten und kraftvollsten Helfer. Dafür dankten sie ihnen mit guter Pflege. Pferdeschinderei verachteten sie ebenso wie das Verlagern menschlicher Anwandlungen auf die Pferde.

Die schlimmste Pferdeschinderei aber ist für sie der Krieg. Kann es eine größere Dummheit geben, als die besten Pferde von den Feldern und aus den Ställen zu holen, um sie dann zwischen explodierenden Geschossen krepieren zu lassen?

Unbestreitbar hat für sie jedes Tier einen Charakter. Diese Tatsache zu hinterfragen, käme ihnen so überflüssig vor, wie nach den Ursachen von Sonne, Wasser, Luft und Erde zu forschen.

Kusma Konew und Anton Dombrowski kommen also gut ohne die Veterinärmedizin zurecht. Ein aufmerksamer Blick auf ihre Pferde genügt ihnen, um zu wissen, was zu tun ist. Zuspruch, einige Tage Schonung, ein guter Schmied oder anderes Futter bewirken häufig kleine Wunder. Sie glauben fest daran, dass die Pferde etwas haben, das die Wissenschaft nicht wahrhaben will: eine Seele.

Der mit Zufällen gespickte Krieg hat es möglich gemacht, dass sich diese beiden Pferdekenner im russischen Dorf Tichaja Semlja begegnen. Freilich wissen sie zunächst nichts von ihren gleichen Vorlieben. Ein alterndes russisches Pferd öffnet ihnen die Augen füreinander. Sie erkennen im anderen einen Teil ihrer eigenen Seele.

Niemand im Dorf weiß, wie die Stute Dunja gezeugt worden ist.

Einigermaßen klar ist nur, dass vom Urpferdchen zum Przewalski-Pferd nach menschlichem Ermessen viel Zeit vergangen ist.

Die lange Entwicklung hin zum Przewalski-Pferd ist den Gelehrten so klar, wie das träge Wasser des Flüsschens, das sich wie ein fauler Aal durch die Wiesen um Tichaja Semlja schlängelt. Doch wie ist aus einem Przewalski Pferd die Stute Dunja geworden?

Die Pferdegelehrten dieser Welt könnten Dutzende Kongresse abhalten und würden dennoch keine erschöpfende Antwort auf diese Frage finden. Nur eines ist hier sicher: Im Gegensatz zu der gemütlichen Zeitspanne zwischen Urpferdchen und Przewalski-Pferd muss die kurze zwischen Przewalski-Pferd und der Stute Dunja überaus rasant verlaufen sein.

„Bei Ostwind sieht sie wie eine Kreuzung zwischen Wladimirer und Ukrainer Kaltblut aus. Bei Sonnenschein erinnert sie stark an ein Donpferd. Hab ich mal einen zur Brust genommen, sehe ich verschwommen einen Karbadiner. Alles klar?“, pflegt Kusma Konew zu sagen, wenn das Gespräch auf Dunjas Vorfahren kommt.

Wer auf Dunja reitet, macht sich lächerlich. Soldaten hatten sie eher aus Gewohnheit als aus Überzeugung requiriert. Zunächst lachten sie über den offensichtlichen Missgriff. Doch schon bald gingen sie dazu über die unschuldige Stute zu malträtieren. Zu viele schöne Pferde waren ihnen in zahlreichen Scharmützeln unter den Sätteln krepiert. Dunja, das hässlichste Pferd von allen, blieb wie durch ein Wunder gesund. Nur ein Splitter ritzte ihren zu kurz geratenen Hals. Viel schlimmer sind die Wunden, die ihr grobe Soldaten in ihrer Wut zufügten. Wer sie zugeteilt bekam, empfand dies als eine brennende Strafe, denn er war augenblicklich dem Spott seiner Kameraden ausgesetzt.

Die Scharmützel nahmen ein Ende, ohne dass Dunja die Soldaten von ihrem Anblick erlöste. Im Herbst 1934 beendete ein Soldat ihren Armeedienst. Während eines Halts auf einem Eisenbahntransport ließ er die geschundene und kranke Stute am Bahndamm zurück.

Kusma Konew, der mit seinem Gespann und drei frisch gedeckten Stuten über den Bahndamm musste, um auf die holprige Landstraße nach Tichaja Semlja zu gelangen, wurde unfreiwilliger Zeuge des ärgerlichen Vorgangs. Sofort meldeten sich seine Neugier und sein Verantwortungsgefühl.

Die Stute war nicht menschenscheu. Kusmas Nähe war ihr nicht unangenehm, aber sie ängstigte sich. Schlecht behandelt hat man dich also, dachte er verärgert. Geschickt beruhigte er die Stute. Sie bot ihm einen so verlassenen und erbarmungswürdigen Anblick, dass er einen scharfen Stich in seiner Brust spürte. Das Zahnfleisch der Stute war entzündet, das linke Auge geschwollen, Narben über Narben und in einer offenen Rückenwunde tummelten sich vergnügte Maden. Ihre rechte Hinterhand hielt sie leicht angewinkelt. Wenn sie damit auftrat, hinkte sie.

Zorn auf die Soldaten und Mitleid mit der Stute kämpften um Kusma Konews Gunst. Nachdem der Zorn verrauscht war, blieb das Mitleid.

Mitleid ist mitunter ein schlechter Ratgeber, dachte Kusma. „Im Dorf wird man mich deinetwegen auslachen. Dort bin ich für prächtige Pferde zuständig, musst du wissen“, sagte er leise zu der geschundenen Stute. Man muss vernünftig sein.

Kusmas Herz blutete, als er sich mit seinen Pferden in Bewegung setzte. Scham über seine Entscheidung drückte ihn nieder. Nach einer Weile wollte er sich vergewissern, ob er tatsächlich zu so einer Schandtat fähig sei. Verstohlen drehte er sich um und schon schossen ihm Tränen in die Augen. Hinter den mitgeführten Stuten trabte hinkend die Unglückliche und versuchte mühsam Anschluss zu finden.

Augenblicklich war Kusmas Schicksal mit dem der Stute verknüpft. Er hielt sein Gespann an, stieg ab und lehnte seinen Kopf an den Hals der Stute. Er dachte – warum wusste er nicht – an seine gutmütige Tochter Dunja mit dem groben Gesicht. Mit zwölf Jahren war ihr der Typhus in den Leib gefahren. Still hatte sie gelitten und still war sie gestorben. „Hab keine Angst. Dunja werd ich dich nennen. Hältst du durch, bis wir im Dorf sind, werd ich für dich sorgen. Gesund wirst du werden, pass auf“, sagte er leise zu der Stute, die ihn mit dem gesunden Auge traurig anblickte.

„Was für ein Narr inzwischen aus dir geworden ist“, sagte sein Freund, der Schmied Afanassij Danilowitsch Usow und blickte ihn besorgt an. „Wie soll denn aus ihr ein richtiges Pferd werden? Mit dem Hammer erschlagen müsste ich sie – so sieht es in Wahrheit aus, du Verblendeter." Seufzend lief er zweimal um Dunja herum und sagte dann mürrisch: „Wo anfangen und wo aufhören? Nehmen wir uns zunächst ihr Maul vor, damit sie wieder vernünftig fressen kann. Die Wunde aber brennen wir aus. Schau dir ihre Hufe an! Eine Schande für alle Schmiede der Welt. Nun komm schon, du Pechvogel. Ach, was rede ich da. Ein Glückspilz bist du, weil du dem närrischen Kusma begegnet bist. Mein Herz hast du auch schon erweicht. Deine Zähne sind gesund, nur das Zahnfleisch werd ich dir einpinseln."

Die Leute schüttelten ihre Köpfe und machten sich über Kusma Konew lustig. Prächtige Pferde hatte er einst auf dem Gutshof betreut – eines schöner als das andere. Und nun hing sein Herz am hässlichsten Pferd, das jemals durch dieses Dorf getrabt war. Ach was, traben! „Will ein Pferd sein und watschelt wie eine vierbeinige Ente. Was soll man dazu sagen? Der Leibhaftige muss Kusma besprungen haben", hieß es.

Kusma Konew strafte Dunjas Kritiker mit verächtlichen Blicken. Wurde es ihm zu bunt, schleuderte er ihnen einen Satz entgegen, der sie erschrocken schweigen ließ: „Glaubt ihr Verdorbenen, die Stute ist zu weniger nütze als die dumme Soja Pawlowna?"

Laufend änderten sich die Verhältnisse im Dorf. Als Oleg Baschkow den Kolchos führte, war Kusmas Pferdeverstand wieder gefragt. Hilflos musste er nach der Revolution zusehen, wie der stolze Pferdebestand des Gutshofes durch Requirierungen und unsachgemäße Behandlung fast zugrunde gerichtet worden war. Oleg Baschkow bereitete dem ein Ende. Er ließ die restlichen Pferde wieder zusammenführen und vertraute Kusma deren Pflege an, obwohl er wusste, dass Kusma einst von eifrigen Revolutionären als „Herrenknecht" aus dem Stall gejagt worden war.

So leidlich ging es danach mit den Kolchospferden wieder bergauf. Bis ihnen in Gestalt zweier Traktoren eine ernsthafte Konkurrenz erwuchs. „Kusma Fjodorowitsch, deine Pferdchen werden bald überflüssig sein, wenn du ihnen nicht beibringst, Petroleum zu saufen."

„Was redet ihr da“, wehrte sich Kusma, „eure Traktoren machen Lärm schlimmer als die Dorfweiber und verpesten die Luft. Lärmende Stinkpferde habt ihr euch da in eurer Verblendung angeschafft“

Kusmas Freude über den besser werdenden Zustand der Kolchospferde währte nicht lange. Bei Kriegsbeginn wurden viele Pferde requiriert oder bei der Flucht vor den Deutschen mitgenommen. Nur Dunja und der klapprige Hengst Fjodr blieben im Dorf. Der altersschwache Hengst überlebte die Feldarbeit im Herbst nicht. Nur Dunja, die Hässliche, Genügsame, Gutmütige, übersteht alle Anfechtungen, denen ein Pferd in der rauen, unnachsichtigen Menschenwelt ausgesetzt ist. Allen Strapazen zum Trotz hatte sie in den letzten Jahren nebenher noch sechsmal gefohlt, ihre Füllen sind zu ausdauernden und zuverlässigen Pferden herangewachsen.

Kann die Gute in ihrem wahrscheinlich sechzehnten Jahr noch ein siebentes Fohlen zur Welt bringen? Diese Frage geht Kusma Konew nicht mehr aus dem Sinn. Unerträglich ist ihm die Vorstellung, bei Kriegsende könnte das Dorf ohne ein einziges Pferd sein.

Versuchen muss ich es, überlegt er. Zwar hat er Dunjas Weiderecht von den Deutschen zurückerobert, doch seine Hoffnung, die Deutschen überließen dem Dorf einige Pferde, hat Fritz der Schreckliche energisch zunichte gemacht.

Dunja ist und bleibt Kusma Konews einzige Hoffnung. Ein Zufall bringt ihn seinem Ziel näher.

Hauptwachtmeister Klein meldet zwei verwundete Pferde. Erwin Hofschneider reitet auf die Weide und lässt sich die Pferde vorführen. „Bisswunden. Hunde oder Wölfe“, stellt er fest.

„Hunde sind eher unwahrscheinlich. Die waren im Winter auf dem Speiseplan der Russen. Es werden wohl die Wölfe gewesen sein, die seit einigen Tagen in den Wäldern heulen“, vermutet der Hauptwachtmeister.

Die Wunden sind ungefährlich und gut zu versorgen.

„Gut, dass wir die Pferde bald wieder nachts im Stall haben“, sagt Erwin Hofschneider. Sie müssen einen Teil der Pferde auch nachts auf der Weide belassen, weil ein Stall repariert wird.

„Bei de Schindmähre warn se man ok bei", meldet der Gefreite Dombrowski. Ohne auf eine Antwort seiner Vorgesetzten zu warten, ruft er Kusma Konew etwas auf Russisch zu. Der pfeift nach seiner Stute und schreitet mit ihr den Deutschen entgegen. Schon von weitem zeigt er seine vier machorkageräucherten Zähne.

Erwin Hofschneider ist über den vorlauten Gefreiten verärgert und in seinem Innern brodelt es. Dort kämpft der Tierarzt mit dem Kommandeur. Dem Kommandeur hat das Schicksal eines ausgemusterten russischen Pferdes so gleichgültig zu sein wie einem Priester die Fleischeslust. Einem Tierarzt wiederum ist es geboten, allen kranken Pferden dieser Welt zu helfen. Widerstrebend setzt sich der Tierarzt gegen den Kommandeur durch. Er befiehlt, das russische Pferd genauso zu behandeln wie die beiden deutschen. Immerhin ist der Besitzer des russischen Pferdes der Stellvertreter des Dorfältesten. Er mag die Art, mit der sich der Alte für das Weiderecht seines Pferdes einsetzte. Ein wenig Mitleid mit dem gestraften Pferd, das in seinem Leben wohl niemals Kraftfutter kauen konnte, hat er auch.

„Fragen Sie den Alten, ob die Wölfe oft Pferde auf der Weide anfallen", fordert Erwin Hofschneider den Gefreiten Dombrowski auf.

Dies sei selten der Fall, lässt ihm Kusma Konew ausrichten. Ab und zu mal ein Fohlen. Nur im Winter kämen die Wölfe ins Dorf und rissen mitunter ein Stück Vieh.

Wotan, der deutsche Hengst, und Dunja, die russische Stute, werden in derselben Nacht von Wölfen gebissen. Die Wölfe leiden zwar keine Not. Für sie kann der Krieg ewig dauern. Im Krieg vergisst der Mensch ihnen nachzustellen. Doch seine bevorzugten Beutetiere, Hirsche und Rehe, werden zu Tausenden von Partisanengewehren erlegt und stillen so den Hunger von Menschenbäuchen. Die Wölfe haben sich umgestellt. Überall liegen Leichen und Kadaver herum und das Vieh irrt durch die zerschossenen

Dörfer. Vielleicht haben sie deshalb ihre natürliche Scheu vor dem Menschen abgelegt und beginnen nun auch im Sommer in den Dörfern auf Beutezüge zu gehen. Doch die Pferde wehren sich so energisch, dass die Wölfe schließlich das Weite suchen. Pferde und Wölfe belassen es beim Austausch schmerzhafter Erfahrungen. Die Wölfe müssen nun sehen, wie sie mit ihren Verletzungen fertig werden. Den Pferden helfen die von ihren Führern zu Feinden erklärten Menschen.

Anton Dombrowski liebt den jungen Hengst Wotan, dem man ansieht, dass in seinen Adern Trakehnerblut fließt. Er erinnert ihn an die beiden Trakehner in Vaters Stall. Ein schlanker, kräftiger Fuchs, temperamentvoll und stolz. Er braucht einen erfahrenen Reiter.

Der Hengst hat sich unter der Obhut des Gefreiten prächtig entwickelt. Hätte nicht der Krieg seinen schweren Schatten über das Schicksal der Pferde geworfen, so wäre Wotan sicher nur auf die Welt gekommen, um Pferdedamen und Menschenaugen zu erfreuen.

Nachdem der Gefreite die deutschen Pferde mit Hingabe behandelt hat, steigt er über den Weidezaun, um Kusma Konews Stute zu versorgen. An ihr hat sich nie ein Menschenauge erfreut. Ihre Aufgabe ist es, zuverlässig, fleißig und genügsam zu sein, russischen Bauern die Arbeit zu erleichtern und Fohlen zu gebären, die auf den saftigen Wiesen von Tichaja Semlja übermütig herumspringen dürfen. Außergewöhnliches müsste geschehen, um sie in Unruhe zu versetzen. Sie grast gelassen weiter, als Anton Dombrowski ihre Wunde reinigt. Kusma Konew beobachtet die geschickten Hände des Deutschen, die von harter, ehrlicher Arbeit zeugen. Dennoch sind sie so sanft und zärtlich, dass sich Dunja vom saftigen Gras abwendet und den Blick des deutschen Soldaten sucht.

In diesem Augenblick erkennt Kusma Konew, dass dieser Deutsche, der das Russische leidlich beherrscht, die Schlüsselfigur für die Erfüllung seines brennenden Wunsches ist. Dieser gutmütige Riese wird mich verstehen, glaubt Kusma Konew. Vorsichtig eröffnet er ein Gespräch über Bauernnöte und Pferdezucht. Der stolze Hengst Wotan scheint ihm für eine Verbesserung des Pferdebestandes von

Tichaja Semlja wie geschaffen. Mit großer Zuneigung blickt er auf den Hengst, der seine Dunja interessiert beschnuppert.

Nach dem Willen der beiden Züchter einer neuen Pferderasse, Anton Dombrowski und Kusma Konew, soll sich die Paarung von Wotan und Dunja still und heimlich vollziehen. Doch irgendwie hat irgendwer irgendwas durchsickern lassen.

Als der Gefreite Dombrowski den Weidezaun öffnet und den Hengst Wotan auf Dunjas Koppel führt, erwarten ihn nicht nur Kusma Konew und die Stute, sondern auch Kolja Prischin, Igor Mamedow, drei Dorfweiber, darunter die gewichtige Sinaida Achmatowa, die sich mit Kommentaren nicht zurückhält.

Der beachtliche Aufmarsch auf russischer Seite erregt das Interesse der Wachsoldaten, die herbeireiten, um nach dem Rechten zu sehen. Sofort vergessen sie alle Vorschriften. Für einige Minuten versagen sich Deutsche und Russen dem unseligen Krieg und verfolgen gebannt die Annäherung der beiden Pferde.

Wotan hat sich in seinem kurzen Pferdeleben noch nicht gepaart, aber bereits mehrmals seine Bereitschaft dazu in Form einer atemberaubenden Erektion angezeigt. An Dunja soll er nun beweisen, ob er den gut gewachsenen Körperteil auch geschickt einsetzen kann.

Dunja hat keine Scheu vor dem großen Hengst, der sich ihr ohne zu zögern nähert. Er beschnuppert die Stute gründlich, reibt sich an ihr und lässt sich von dem, was er riecht und fühlt, sichtbar erregen. Davon zeugen zunächst seine aufgeworfenen Lippen und sein geblecktes Gebiss. Sein Penis erregiert und erregiert, bis er schließlich Ausmaße erreicht, die bei Kusma Konew Sorgen um Dunjas Gesundheit hervorrufen. Doch sofort denkt er daran, dass Dunja in ihrem Leben Schlimmeres ertragen musste als einen großen Pferdepenis.

Die Stute bleibt gelassen, als der schöne junge Hengst sie ungestüm besteigt. Sie wankt wie eine Pappel im Wind. Bei so viel Wackelei kann der zum Bersten gespannte Penis sein Ziel nicht finden.

„Steht da und lacht, ihr alten Wirrköpfe!“, ruft Sinaida Achmatowa. Ihre Wangen haben sich gerötet. Mit wenigen raschen Schritten, die ihrem Alter und ihrer Fülle Hohn sprechen, ist sie bei den Pferden. Entschlossen packt sie den monströsen Penis des Hengstes und führt ihn geschickt in die für ihn in Dunjas Hinterteil vorgesehene Öffnung.

Zum Erstaunen aller dringt Wotans Penis problemlos in Dunja ein. Da löst sich die Anspannung, die Gesichter erhellen sich und alle klatschten begeistert in die Hände.

Schnell kommt der Hengst zum Höhepunkt. Er schürzt seine von Speichel schäumenden Lippen und verbeißt sich in Dunjas Mähne. Die von ihm ausgestoßene Samenmenge ist so groß, dass ein beachtlicher Teil davon aus der Stute schießt, während sich der Hengst erschöpft zurückzieht.

Als der Gefreite Dombrowski den Hengst von Dunjas Koppel führt, sind alle Zuschauer mit der Darbietung überaus zufrieden. Mit lachenden Gesichtern, die eine oder andere Zote reißend, gehen sie langsam auseinander. Es gibt viele Dinge, die selbst in einem Krieg zwischen Russen und Deutschen nicht umstritten sind.

Sinaida Achmatowa erklärt begeistert, dass sie in ihrem Leben noch nie etwas so Kräftiges und Wohlgeformtes in ihren Händen gehalten habe. Während sie sich am Fluss die Hände wäscht, sind ihre Wangen noch immer gerötet.

Erwin Hofschneider ist ungehalten, als er erfährt, was sich auf der Koppel ereignet hat. Wilde Vermischungen – ob zwischen Menschen oder Tieren – sind ihm ein Gräuel. Er ist kein überzeugter Rassist, aber die Fortpflanzung gewünschter und die Verhinderung unerwünschter Eigenschaften sind ihm ein unerlässliches Muss.

Kann es etwas Unvernünftigeres geben, als den jungen Hengst mit einer klapprigen Schindmähre zu kreuzen?

Nicht nur gegen die heiligen Grundsätze der Pferdezucht ist hier gesündigt worden. Wieder einmal haben es seine Männer an dem nötigen Abstand zu den Russen fehlen lassen. Mitten im Krieg ein deutsch-russisches Volksfest auf grüner Wiese zu veranstalten, ist ein starkes Stück.

Vor der Kompanie wird der Vorfall streng ausgewertet und dem Gefreiten Dombrowski das Streichen des nächsten Heimaturlaubes angedroht. Anders, so scheint es Erwin Hofschneider, ist der Gefreite nicht zu belehren.

Der Stute Dunja sind die Streitereien der Deutschen so gleichgültig wie diesen die Seele eines russischen Pferdes. Nachdem der schöne, ungestüme Hengst sie bestiegen hat, laufen zum siebten Mal in ihrem Körper Vorgänge ab, auf die sie keinen Einfluss nehmen kann. Einer von Millionen Samenfäden, die der Hengst ausgestoßen hat, ist durch die Hülle eines lange gehüteten Eies gedrungen. Dort gibt der Unscheinbare umgehend das Signal zur Bildung von Abermillionen Pferdezellen, die sich nun, von unerklärbaren Kräften gesteuert, zu einem kleinen Pferd zusammenfügen.

Den Hengst Wotan lässt Erwin Hofschneider erst kastrieren und dann einer Kampfeinheit übergeben. Beim Überqueren einer Landstraße tritt der in einen Wallach verwandelte Hengst auf eine Mine, die ihm einen Lauf wegreißt und die Bauchdecke zerfetzt. Erschrocken springt sein Reiter in Deckung. Qualvolle Minuten vergehen, ehe sein Reiter den Gnadenschuss setzt.

Kusma Konew und Anton Dombrowski aber werfen erwartungsfrohe Blicke auf die trächtige Stute Dunja, die so zum ersten Mal im Verlaufe ihres traurigen Pferdelebens Menschenaugen erfreut. 325 Tage nachdem sie überaus kurze Liebesfreuden genossen hat, entscheiden die unerklärbaren Kräfte, dass genug Pferdezellen zusammengefügt seien. Und so gebiert die Geschundene ein dunkelbraunes Hengstfohlen, bei dessen Anblick Igor Mamedow, Kolja Prischin und Anton Dombrowski die Augen feucht werden, denn sie denken in diesem Augenblick mit viel Trauer an den gewesenen Freund aller gequälten Pferde, Kusma Konew.

Dorfkinder

Den heißen Tag über haben die Kinder den Alten bei der Arbeit geholfen. Jetzt genießen sie das kühle Wasser der „Wilden Nonne“. Einige Alte lassen sich das fröhliche Spektakel nicht entgehen. Beim Betrachten der Kinder schwelgen sie in Erinnerungen an ihre Kindheit und klagen die ungeduldige Zeit an, die ihnen viel zu rasch die Kraft aus ihren Körpern gesaugt hat.

Wer die Kinder so unbekümmert baden sieht, kann sich kein Bild davon machen, was sie seit Kriegsbeginn erlebt haben, denkt Igor Mamedow. Nur Haut und Knochen, ihre Zukunft ungewiss, aber ausgelassen und voller liebenswerter Bosheiten. Kinder leben den Augenblick. Die Vergangenheit empfinden sie nicht als Last und die Zukunft nicht als Bedrohung.

Wie rasch sie alle von ihren Eltern getrennt und aus ihrer gewohnten Ordnung gerissen worden sind. Dann der lange Winter mit seiner eisigen Kälte, der nagende Hunger, das Sterben ihrer Großeltern im Frühjahr und die Besetzung des Dorfes von den Deutschen. Tapfer haben sie alles ertragen, mitunter still geweint, aber sich nie laut beklagt. Ernster, aufmerksamer und gütiger hat sie ihr Elend gemacht. Die älteren Kinder kümmern sich auf rührende Weise um die jüngeren und mit den Halbwüchsigen können sich die Alten fast wie mit Erwachsenen unterhalten.

Nur Kinder können jeden schönen Augenblick mit ganzer Hingabe genießen und trotz ihres Elends so ausgelassen im Fluss baden, freut sich ihr Starosta.

Igor Mamedow beobachtet den kleinen Pjotr Bolkow mit größerem Interesse als die anderen Kinder. Dem Jungen macht es sichtbar mehr Spaß, die anderen Kinder bei ihrer quietschvergnügten Balgerei zu beobachten, als sich selbst ins Zentrum des Getümmels zu werfen. Das nasse Haar klebt ihm am Kopf und lässt die leicht abstehenden

Ohren gigantisch erscheinen. Wie mager er ist!

Der kleine Pjotr ist jetzt elf Jahre alt. Als die Deutschen auf das Dorf vorgerückt sind, hat man ihn bei den Eltern seiner Pflegemutter zurückgelassen. Die Eltern des Pflegevaters sind damals schon tot gewesen. Sie hätten sich sicher auch geweigert, das „Verräterkind“ bei sich aufzunehmen.

Zu allem Unglück sind im Frühjahr auch die Eltern seiner Pflegemutter gestorben. Der Junge ist im Dorf umhergestreunt und auf das Mitleid der Leute angewiesen gewesen. Keiner hat ihn damals zu sich nehmen wollen, weil die Alten das Joch der Jahre, des Krieges und der Lebensfürsorge niedergedrückt hat.

Jedes Mal, wenn ihm der Junge im Dorf begegnet ist, hat Igor Mamedows Seele geschmerzt und sich sein Gewissen geregt. Als er und Kolja sich etwas besser gefühlt haben, sind sie übereingekommen, den Jungen unter ihre altersschwachen Fittiche zu nehmen.

Seither schläft der Junge bei Igor Mamedow. Tagsüber hilft er den Alten bei der Arbeit, fragt ihnen unbekümmert Löcher in ihre faltigen Bäuche und sieht sie mit seinen klugen braunen Augen erwartungsfroh an. Das gefällt den Alten und bald öffnen sie ihm ihre unregelmäßig klopfenden Herzen.

Heute hat der Junge Kolja Prischin im Garten geholfen und sich anschließend um Igor Mamedows Ziegen gekümmert. Die Geiß Marja hat im Frühjahr zwei Zicklein geworfen. Dem fröhlichen Ziegenmädchen haben die Alten den Namen von Kolja Prischins verstorbener Frau Irina verpasst. Das muntere Böcklein heißt Artjom II., weil es seinem im Frühjahr verendeten Vater Artjom I. alle Ehre macht und sich unbeholfen an der darüber erstaunten Irina übt.

Nach so viel Arbeit ist Pjotr gegen Abend zum Fluss geeilt, um dort mit den Kindern zu baden. Igor Mamedow wiederum ist aus dem Dorf gekommen und hat sich vom fröhlichen Lärm der Kinder anlocken lassen. Er sieht den Kindern eine Weile belustigt zu und macht sich dann mit dem nassen, bibbernden Pjotr auf den Heimweg.

„Onkel Igor, hast du früher auch in der Burnaja Monachinja gebadet?“, will der Junge wissen.

„Was hast du denn gedacht, mein Lieber? Im Fluss oder im See am Waldrand. Richtig schwimmen kann man dort. Nur der Weg dorthin war uns oft zu lang."

„Hat der See einen Namen?"

„Wie soll er keinen haben? Fischers See heißt er, weil er von alters her bewirtschaftet wird. Zuletzt hat dort der Fischer Semjon Belikow seinen Dienst versehen. Im Frühjahr ist der Gute gestorben und sein Enkel Pawel versucht jetzt am See sein Glück. Die Deutschen haben es ihm erlaubt. Uns aber ist der Weg dorthin verboten. So anmaßend sind die Ungebetenen. Als ob wir kraftlosen Alten nichts Besseres zu tun hätten, als in Scharen zum See zu humpeln, um dort zu baden."

Pjotr lacht. Beim kargen Abendbrot stecken die beiden Alten ihrem Pjotr die besten Bissen zu, loben ihn und erfreuen sich an seinem Heißhunger.

Als sich der Junge schlafen gelegt hat, setzen sie sich auf die Bank in Kolja Prischins Garten und schwelgen in Erinnerungen an ihre Kindheit.

Kolja Prischin erinnert sich stets zuerst an seinen Großvater, den Deutschen, und an seine Großmutter, die Kalmückin. Großvater brachte ihm das fröhliche Arbeiten, Dutzende Kniffe und das Spötteln bei. Großmutter beschirmte ihn mit ihrer Güte und öffnete ihm die Augen für die unstetige, vergängliche Natur. Wer nach irdischem Besitz strebte, war für sie ein Narr.

Wenn Igor Mamedow an seine Kindheit denkt, taucht zuerst das verhärmte Gesicht seiner Mutter und dann das vom Wodka verunstaltete Gesicht seines Vaters auf. Grob wie sein Trinkergesicht war dessen Charakter. Kind auf Kind wurde in der düsteren Kate geboren. Mit jedem Kind vergrößerte sich das Elend. Wenn Vater betrunken im Freien liegen blieb, legten sich die Kinder erleichtert schlafen. Torkelte er dagegen ins Haus, prügelte er wahllos um sich und klagte: „Wie Blutegel saugt ihr mich aus. Ich werde euch austilgen." Mutter wollte ihre Kinder schützen und bekam so immer etwas ab. Am Morgen war Vater dann niedergeschlagen, bat alle um Vergebung und verprügelte sie am Abend erneut. Oft trank er mehrere Tage hintereinander. Dann musste Mutter auch noch die Feldarbeit allein verrichten.

Fast jedes Jahr ein neues Kind. Die Holzhütte wäre zu eng geworden, hätte der Tod nicht ein Einsehen mit den Mamedows gehabt und für regelmäßige Kinderbegräbnisse gesorgt. Von den zwölf Kindern starben acht. Vater wurde darüber nicht traurig: „Verlierst du die Kuh, bleibt dir nur der Strick. Verlierst du einen Esser, ist's ein Segen für alle. Möge Gott die Kuh beschützen."

Wie so oft erinnert sich Igor Mamedow wieder einmal an jenen Tag, an dem die kleine Dorfkirche von Vater Nikolai geweiht wurde. Eine unbändige Lust zum Feiern packte die Leute. Der Wodka floss in Strömen. Und zum Schluss gab es eine Rauferei, von der man im Dorf noch lange Zeit sprach. Igor Mamedows Vater verlor dabei sein Leben. Nach der wüsten Schlägerei hatten die betrunkenen Bauern neben Vaters Leichnam im Dreck gelegen. Am Morgen erkannten sie das ganze Elend, trugen den Erschlagenen auf seinen Hof und bekreuzigten sich vor dessen Frau und den Kindern. Danach waren sie stumm auseinandergegangen.

Das Bild von Vaters besudeltem Leichnam, den vom Schnaps verquollenen Bauerngesichtern, der kreischenden Mutter und den weinenden Geschwistern grub sich damals in Igor Mamedows Erinnerungen ein.

Wer kann schon wissen, fragt er sich jetzt, was aus mir geworden wäre, wenn Vater damals überlebt hätte. Vielleicht hätte mich Vater Nikolai nicht zu sich ins Popenhaus genommen.

Obwohl Kolja und er oft miteinander über ihre Kindheitserlebnisse sprechen, werden sie nicht müde es wieder und wieder zu tun. Manchmal werden sie darüber traurig und manchmal biegen sie sich vor Lachen.

Heute bleiben sie ernst. Als Igor Mamedow husten muss, weil ihm der Rachen trocken geworden ist, verlässt auch Kolja Prischin die Lust am Plaudern. Sie wünschen sich eine gute Nacht und vergraben sich ächzend in ihren Betten.

Igor Mamedow lauscht den gleichmäßigen Atemzügen, die vom

Bett des Jungen aus an seine alten Ohren dringen. Wenn er es nur eine Weile gut bei uns Alten hat, denkt er.

Mitgefühl, Trauer und Wut packen ihn, wenn er sich an die leiblichen Eltern des Jungen erinnert. Dass man heutzutage Kinder wegen tollwütiger Nichtigkeiten zu Waisen machen kann! Früher waren es die Not und der Krieg – aber unter der Sowjetmacht im Frieden?

Die leiblichen Eltern des kleinen Pjotr, die Uschakows, waren gutmütige und fleißige Leute. Im Gegensatz zu vielen anderen gewannen sie dem Kolchos sofort gute Seiten ab. „Anfangs gibt es Schwierigkeiten, doch am Ende wird alles gut werden."

Solange Oleg Baschkow den Kolchos führte, wurde es Schritt um Schritt besser, weil er nicht nur den Parteibonzen, sondern auch den Bauern zuhörte. Unter seiner Führung erinnerte der Kolchos die Bauern an die Zeit der alten Dorfgemeinschaft. Doch dann mischte sich der junge Konew unverfroren in die Landwirtschaft ein. Eine Sache von der er nichts verstand.

Eines Tages platzte Pjotrs Vater der Kragen. Mit rotem Kopf, blitzenden Augen und vor vielen Leuten fiel er dem jungen Konew ins Wort: „Kleb dir deine idiotischen Planzahlen auf die Zunge und leck uns damit am Arsch! Schreist herum: mehr Vieh! – und hast kein Futter. Rufst: Neuland erschließen! – und hast dafür weder Traktoren noch Leute. Wir werden tun, was uns möglich ist. Punkt, Aus, Feierabend. Hast schon genug Unheil im Dorf angerichtet."

Viele im Dorf gaben Pjotrs Vater recht. In den ideologietrunkenen Augen des jungen Konew war das Aufwiegelei gegen die klugen Beschlüsse der Partei. Das konnte und durfte man nach seiner Überzeugung nicht ohne exemplarische Strafe übergehen. Mitleid und Selbstkritik waren ihm Zeichen der Schwäche. Sie würden der Konterrevolution Tür und Tor öffnen.

„Eine Schande, dass dich dieses Dorf ertragen muss. Nimmst unschuldigen Kindern den Vater, du Verdorbener!", fauchte Pjotrs Mutter den jungen Konew an, als man ihren Mann abholte. Da wurde auch sie ins Auto gezerrt und weggefahren. Pjotr und seine jüngere

Schwester waren die ersten Waisenkinder im Dorf, die der junge Konew auf dem Gewissen hat. Viele kamen noch hinzu. Pjotrs Nachbarn, die Bolkows, nahmen die verstörten Kinder zu sich. Das Mädchen starb bald darauf am Fieber.

Der junge Konew ist unfähig, zwischen gutmeinenden Kritikern und Feinden der Sowjetmacht zu unterscheiden. Jeder Kritiker wird für ihn auf der Stelle zum Feind und verliert somit jedes Recht auf Nachsicht, ärgert sich Igor Mamedow.

Nach den ersten tollwütigen Exzessen des Fanatikers und seiner Zuträger gab es im Dorf bald ein Dutzend Waisenkinder. Ein Ende des Schreckens war nicht abzusehen.

Als es sich im Dorf herumsprach, der junge Konew wolle die Kinder in ein Heim geben, damit sie dort zu ehrlichen Sowjetbürgern erzogen werden können, machte sich Igor Mamedow auf den Weg zu Oleg Baschkow. Nach ihrem Gespräch gingen sie zu Kusma Konew. Gemeinsam mit Kusma nahmen sie seinen Sohn ins Gebet. „Hab mehr Vertrauen in die Kommunisten des Dorfes. Sie werden die Kinder zu sich nehmen und für deren Erziehung sorgen. Warum willst du ihnen nach den Eltern auch noch das Dorf nehmen? Ein Unglück wär's für die Kinder und eine Schande für die kommunistische Sache im Dorf."

Der junge Konew bat um Bedenkzeit und verkündete nach einigen Tagen seine Entscheidung: Das Dorf verurteile die Machenschaften der entlarvten Volksfeinde. Die Kinder kämen nur in kommunistische Familien, die sich schriftlich verpflichteten, sie zu aufrichtigen Sowjetbürgern zu erziehen. Sie müssen den Kindern ihren Familiennamen geben, damit die Namen der Volksfeinde getilgt werden können.

„Wir haben nur die Wahl zwischen einem großen und einem kleinen Stück Scheiße. Wählen wir also das kleine", kommentierte Oleg Baschkow diese Bedingungen.

Nachdem die Kinder in neuen Familien untergebracht waren, verhaftete man Oleg Baschkow wegen der Verteilung von Kolchosland an die Bauern. Am gleichen Tag warf Kusma Konew seinen

Sohn aus dem Haus und hörte auf im Dorf seine Späße zu treiben.

Aus dem kleinen Pjotr Uschakow aber wurde bald darauf ein Pjotr Bolkow.

Mit seinen gleichmäßigen Atemzügen haucht der schlafende Junge dem ärmlichen Zimmer und der müden Seele des alten Mannes Leben ein. Igor Mamedow genießt dieses Geräusch mit allen Empfindungen, zu denen sein alter Körper und seine ermattete Seele noch fähig sind. Seine Brust durchströmt mit einem Mal ein solches Glücksgefühl, dass er unversehens zu beten beginnt. Er betet, Gott möge ihm noch Kraft geben, den kleinen Pjotr und die anderen Kinder durch die Wirren des Krieges zu bringen, um sie ihren Eltern und Pflegeeltern übergeben zu können.

Werden sie überhaupt wieder ins Dorf zurückkommen?, grübelt er. Meine Töchter, die Schwiegersöhne, die Enkel? Was müssen sie in den Wäldern und an der Front erleiden? Gott allein kann es wissen. All die lieben und vertrauten Gesichter nehmen in seiner Sehnsucht Gestalt an und sprechen mit mahnenden Stimmen zu ihm.

Plötzlich erschrickt er: Was wird aus dem Dorf und den Kindern, wenn die Leute in den Wäldern von den Deutschen hingemacht werden? Was wird aus den Unsrigen in den Wäldern, wenn die Deutschen das Dorf hinmachen?

Bei solchen Gedanken und vor einem Gewitter spürt Igor Mamedow die Last seiner Jahre. Bleischwer werden ihm dann seine Beine, er atmet mit offenem Mund und sein Herz stottert so heftig wie einst Fedja Rachmanow beim Sprechen, wenn man ihn streng befragt und ihm dabei auf die Lippen geblickt hat.

Wie oft hab ich in diesem Bett gebetet, Gott möge endlich ein Einsehen mit mir haben, fragt er sich. Doch seit der kleine Pjotr im Haus lebt, liege ich alter Narr hier und bete um ein wenig Kraft für ihn und die anderen Kinder. Dabei ist es überhaupt nicht ausgemacht, ob Altmännergebete irgendeinen Nutzen haben.

Wenn er mit Kusma Konew darüber spricht, spottet der: „Bah, alles Unsinn! Ebenso gut kannst du dich neben deine Hühner setzen und versuchen, dir ein Ei abzudrücken.“

Kolja Prischin wiederum sieht die Sache von ihrer praktischen Seite: „Ob es einen Gott gibt, kann niemand wissen. Warum aber, falls doch vorhanden, sollte er so albern sein und sich die Gebete der einfältigen Menschen anhören? Nein, mein Lieber, bete für dich selbst, wenn dein Herz danach verlangt. Mit Gott haben deine Gebete nichts zu tun – nur mit deiner Seele. Wenn dich aber deine Seele wieder einmal übermannt, dann leg ein gutes Wort für mich alten Sünder und den gottlosen Kusma ein. Man kann nie wissen.“

Doch auch ich selbst, so geht Igor Mamedow mit sich ins Gericht, habe viele Jahre nicht mehr zu Gott gebetet, weil er meine Natascha, meine Söhne, den gütigen Vater Nikolai und die Mönche nicht beschützt hat. Damals habe ich mein Herz gegen ihn verhärtet. Wie ein Ungläubiger habe ich Eitler viele Jahre gelebt. Selbst Vater Nikolais Bibel hab ich aus Angst vor den Kommunisten im Sand verscharrt. Gut war’s, sie wieder auszugraben und mich Gott wieder zu öffnen. Wie’s scheint, hat Gott mich erhört. Er hat mir den kleinen Pjotr geschickt, damit ich an alle Kinder im Dorf denke und mich nicht vor der Zeit aus dem Staub mache.

Zum Dank betet er ein Vaterunser und bittet Gott, dem Dorf, den Kindern und den Menschen in den Wäldern und an der Front beizustehen.

Wenn ich den Ansichten von Vater Nikolai und von Koljas Großmutter folge, dann hat jedes Lebewesen eine Aufgabe und seine Daseinsberechtigung. Wozu aber sind Läuse da, grübelt Igor Mamedow verzweifelt. Ob Kopf, Kleider- oder Filzläuse – wo immer sie auftauchen, da sind sie lästig und stören.

So eine Laus schert sich nicht um Krieg und Frieden, um Besatzer und Besetzte, um Bauer oder Soldat. Unermüdlich will sie Blut saugen, Eier legen, sich vertausendfachen. Warm und nahrhaft muss das Menschenblut sein. Wer der unfreiwillige Spender ist, macht ihr kein Kopfweh. Rasse, Geschlecht und Alter sind ihr ebenso gleichgültig wie soziale Herkunft, gesellschaftliche Stellung oder geistiges

Vermögen. Sie verlässt einen Bebrillten und wirft sich einem Dummkopf an den Hals. Sie saugt sich dick, vermehrt sich und basta.

In Tichaja Semlja haben die Läuse gute und schlechte Zeiten erlebt. Den Läusen geht es gut, wenn die Menschen schlechte Tage haben.

Die Menschen hassen die Läuse. Kaum haben sie die Plagegeister aus dem Haus, kommen diese mit dem nächsten Besucher wieder zurück. Hunderte Kniffe und Gemeinheiten haben sich die Leute im Kampf gegen die Läuse ausgedacht. Doch jedem vermeintlichen Sieg folgt eine schmachvolle Niederlage auf dem Fuß. Seit Jahrtausenden sind Menschen- und Läuseschicksale so eng miteinander verknüpft und verwoben, wie die Schicksale von Männern und Frauen, von Generälen und Soldaten.

Was Igor Mamedow nicht weiß, ist die erst vor kurzem entdeckte gelegentliche Anwesenheit von Rickettsien in Läusen. Wie die Läuse sich auf die Menschen stürzen, so stürzen sich Rickettsien auf das Gedärm der Läuse, werden von ihren Wirten ausgeschieden und von den Menschen mit dem Läusekot unter die Haut gekratzt.

Unter diesem Sternenhimmel will eine Rickettsie ebenso leben wie eine Laus und ein Mensch. Die sichtbaren Läuse nehmen den Menschen die gute Laune, die für Menschenaugen unsichtbaren Rickettsien häufig das Leben.

Am vierten Fiebertag bilden sich an den Achselhöhlen des kleinen Pjotr hellrote Flecken. Igor Mamedow weiß sofort, dass den Jungen das gefürchtete Fleckfieber gepackt hat. Während er still betet, versucht er die Läuse von sich und dem Jungen fern zu halten, macht ihm kalte Wickel und flößt ihm Tee ein. Wenn er müde ist, kommt Kolja Prischin und kümmert sich um den Jungen.

„Die Natur wird es richten. Wir können nur hoffen. Warum soll unser Hänfling dem Fleckfieber nicht eine lange Nase drehen?“, sagt Kolja Prischin gelassen. Hat er nicht selbst Fleckfieber, Typhus, Cholera und Diphtherie überlebt und furzt noch immer, was das Zeug hält? Andere sind daran – mir nichts dir nichts – gestorben. „Den kraftstrotzenden Schmied Usow hat das Fleckfieber hingemacht, ehe du dich um die eigene Achse gedreht hast. Sein Geselle, der spindeldürre Iwan Karelin, hat im Fieber geschrien und unter sich gemacht. Nach Tagen im Fieberwahn hat er die Augen geöffnet, gelächelt und leise gesagt: Glaubt nicht, dass ihr mich schon los seid. Da sag was!"

Gewöhnlich denkt Igor Mamedow über diese Dinge wie sein Freund Kolja. Doch jetzt ärgert es ihn, wie Kolja darüber spricht. So sehr ist ihm der kleine Pjotr inzwischen ans Herz gewachsen, als wäre er sein Enkel. Sein Herz will nicht wahrhaben, dass Pjotrs Leben an einem dünnen Faden hängt. „Was redest du da vom Sterben? Der Usow, nun ja, Gott hab den Guten selig. Sind wir beide denn nicht wieder gesund geworden wie viele Leute im Dorf? Seinen Eltern und den Leuten sind wir's schuldig, dass er wieder gesund wird. Was für eine Schande, wenn wir Alten den kleinen Kerl überleben würden. Überhaupt daran zu denken."

„Hab ich gesagt, dass er sterben wird?", sagt Kolja Prischin. „Wie's scheint, bist du heute ungenießbar. Am besten, ich verdrück mich wieder."

Igor Mamedow hört, wie sich sein Freund auf dem Weg durch den Garten erleichtert. Irgendwas steckt dem Guten seit dem Frühjahr im Gedärm, denkt er, aber nachlaufen werd ich ihm nicht. Wird schon von allein gescheit werden.

Besorgt tupft er dem Jungen den Schweiß von der Stirn.

„Leben musst du, mein Lieber, damit ich in Ruhe sterben kann. Füg mir kein neues Leid zu. So viel musst du noch erleben, so viel."

Seit einigen Tagen gibt es eine telefonische Verbindung zum Divisionsstab. Erwin Hofschneider ruft den Stabsarzt an und lässt sich bestätigen, was er bei zwei erkrankten Soldaten vermutet: Fleckfieber.

Die verdammten Läuse! Obwohl der Hauptwachtmeister auf peinliche Ordnung und ausreichende Hygiene achtet, gibt es wieder Läuse. Können nur von den Russen kommen, ist sich Erwin Hofschneider einen Augenblick lang sicher. Doch dann fällt ihm ein, dass niemand mehr Kontakt mit den Russen hat als der Gefreite

Dombrowski und er selbst. Keine Laus hat sich auf ihnen niedergelassen.

Der Stabsarzt verspricht, sofort Impfstoff zu schicken. „Seien Sie sparsam. Das Zeug ist rar und verdammt teuer. Was heißt hier kein Arzt im Ort? Wer Pferde impfen kann, kann auch Soldaten impfen. Ihre Männer werden die Impfung durch einen Pferdedoktor eher überleben als das Fleckfieber. Sehen Sie zu, dass sie die Läuse in den Griff bekommen."

Wieder einmal beginnt eine generalstabsmäßig geplante Schlacht gegen die Läuse.

„Wenn Se mich fragen, Herr Stabsveterinär, muss man ne Schwitzbude her", schlägt der Gefreite Dombrowski vor. „Lassen Se mich man machen."

Alles muss jetzt schnell und gründlich erfolgen: Wäsche kochen und Bettdecken desinfizieren, alle Räume gewissenhaft reinigen, Läusepulver und Saunagang dank Dombrowskis Idee. Anschließend impft Erwin Hofschneider erst versuchsweise sich selbst und dann seine Männer.

Einem der bereits erkrankten Soldaten kann er nicht mehr helfen. Man begräbt ihn am Rand des Dorffriedhofes. Nach Kolja Prischins Großvater der zweite Deutsche, den man in Tichaja Semlja bestattet.

Erwin Hofschneider ist erleichtert, als bei seinen Männern keine Neuerkrankungen mehr auftreten. Die Gefahr einer Fleckfieberepidemie ist gebannt.

Kusma Konew kommt mit seiner beschälten Dunja bei Igor Mamedow vorbei. „Wenn wir nicht aufpassen, sterben uns die Kinder weg", sagt er mit einem besorgten Blick auf den kleinen Pjotr. „Wir Alten haben das letzte Fieber überlebt. Da werden wir dieses wohl auch überleben. Fürs Sterben werden wir uns, wie's scheint, eine andere Krankheit aussuchen müssen." Dann erzählt er, welche Kinder im Dorf erkrankt und welche bereits gestorben seien.

„Hör auf, mich zu quälen!" unterbricht ihn Igor Mamedow und stöhnt.

„Die verdammten Deutschen hat Fritz der Schreckliche mit einer Nadel in die Brust gestochen und ihnen dabei ein Mittelchen gegen das Fieber unter die Haut gedrückt. So hat er das gemacht. Bruder Lustig hat mir gesagt, dass es nur hilft, wenn man noch kein Fieber hat. Die Deutschen werden also vom Fieber verschont bleiben. Unsere Kinder aber hat es gepackt und es schüttelt sie. So ungerecht ist diese beschissene Welt."

Gegen Abend lassen die Fieberfantasien des Jungen nach. Er atmet kurz und flach, aber gleichmäßiger als gestern. Während ihm Igor Mamedow die Wickel erneuert, öffnet der Junge für einen Moment die Augen, ohne ihn zu erkennen. Igor Mamedow redet ihm zu und betet. Dann schleppt er sich zu seinem Bett, um seinen schmerzenden Knochen ein wenig Ruhe zu gönnen.

Vor dem Bett packt ihn plötzlich der Schwindel und ehe er sich versieht, liegt er mit einer blutigen Augenbraue vor seinem Bett. Sein Schreck hält sich in Grenzen. So kündigt sich das Ende an, denk er erstaunlich gelassen. Erst fallen die Alten hin und bald darauf sterben sie. Nun ja, es gibt Schlimmeres, als hinzufallen oder mit fast 70 Jahren das Zeitliche zu segnen. Sieh lieber zu, dass du ins Bett kommst.

Mit den noch immer kräftigen Armen zieht er sich am Bett hoch. Als er keuchend steht, zittern ihm die Beine. Wie ein nasser Sack fällt er aufs Bett. Schlapp und krank fühlt er sich, während er auf dem Rücken liegt und an die Decke blickt. Wie willst du altersschwacher Narr die Kinder und das Dorf retten? Fühl nur deine schweren Beine und wie das Herz gegen Brust und Hals klopft! Kusma und Kolja werden es wohl bald allein richten müssen.

Vor Schwäche schläft er ein.

Es ist ein kurzer, leichter Schlaf und als er aufwacht, denkt er wieder an die kranken Kinder. Er kennt inzwischen alle Kinder im Dorf. Die fröhlichen und die ernsten, die Glückspilze und die Pechvögel, die gewandten und die tollpatschigen. Es ist ihm nicht möglich, sich die noch lebenden Kinder tot oder krank vorzustellen. Er überlegt, welche Kinder während seiner kurzen Amtszeit an Hunger, Kälte und Krankheiten gestorben sind. Mein Gott, mein Gott! stöhnt seine bedrängte Seele. Wie viel Schande wird über mich kommen, wenn ich sie weiterhin so schlecht behüte?

In seiner Verzweiflung greift er nach Vater Nikolais Bibel, die seit einigen Wochen am Kopfende des Bettes liegt. Wie der Heilige Juri spöttelt Kolja, wenn er ihn beim Bibellesen antrifft.

Es ist noch zu dunkel, um die Bibel aufzuschlagen und darin zu lesen. Igor Mamedow legt sich das heilige Buch auf die Brust und betet. Anspannung und Schwermut lösen sich von seiner bedrängten Seele und stehlen sich davon wie ertappte Diebe. Er kann wieder klarer denken: Überwinde deinen dreisten Stolz und geh zu Fritz dem Schrecklichen. Ist er ein Christenmensch, wird er die Kinder gegen das Fieber impfen.

Er nimmt sich vor, gleich am Morgen zum deutschen Kommandeur zu gehen. Ist er kein Unmensch, wird er den Kindern ebenso helfen, wie er seinen Soldaten geholfen hat.

Mit dieser Hoffnung schläft Igor Mamedow wieder ein.

Erwin Hofschneider sieht sich nochmals die Liste an, die er dem gegen Mittag zu erwartenden Melder mitgeben will. In sauberen Buchstaben hat Hauptwachtmeister Klein dringend benötigte Dinge aufgelistet. Brot und Läusepulver stehen ganz oben, gefolgt von Kernseife und Zigaretten.

Es klopft und ein Soldat meldet den Starosta Mamedow. Das ist neu. Bisher musste Erwin Hofschneider den Alten stets einbestellen.

Erwin Hofschneider erschrickt, als er den Alten anblickt. Zum ersten Mal bemerkt er, wie schwach und alt der Starosta geworden ist. Die Schwäche ist so offensichtlich, dass Erwin Hofschneider sein bisheriges Verhalten aufgibt; dem Alten einen Stuhl anbietet und ihn nicht stehen lässt, wie es sich für einen Besiegten geziemt.

Igor Mamedow ist froh, sich setzen zu können. Er bedankt sich und als ihm der Deutsche auch noch ein Glas Tee hinstellen lässt, denkt er: Es wird doch nicht überraschend Pfingsten geworden sein?

Erwin Hofschneider spürt die Erregung des Alten, dem anscheinend etwas Wichtiges auf dem Herzen liegt. Wer geht schon gerne und so schwach in die Höhle des Löwen?

Er schickt einen Soldaten zum Stall, um den Gefreiten Dombrowski holen zu lassen. Um die Zeit zu überbrücken, versucht er, ein paar russische Brocken an dem Alten zu erproben. Der Alte lächelt schwach, spricht die Worte nach oder hebt die Schultern, wenn er ihren Sinn nicht versteht. Was soll's, ich werd schließlich nicht fürs Russische bezahlt, tröstet sich Erwin Hofschneider.

Es dauert nicht lange, bis der Gefreite Dombrowski den Raum betritt und sich meldet.

„Fragen Sie ihn, was er von mir will“, fordert ihn Erwin Hofschneider auf und zeigt mit einer Kopfbewegung auf Igor Mamedow. Der ist an die Prozedur des Dolmetschens durch den Gefreiten, den er den anständigen Deutschen zurechnet, inzwischen gewöhnt.

„Sag deinem Kommandeur, dass ich wegen der Kinder gekommen bin. Fünf sind schon am Fleckfieber gestorben und neun andere liegen noch im Fieber. Wie soll das Dorf leben, wenn unsere Kinder am Fieber sterben? Die deutsche Macht muss sich auch um die Kinder im Dorf kümmern. Sag ihm, dass er den Kindern das Mittelchen unter die Haut stechen soll, das er euch Soldaten unter die Haut gestochen hat. Für uns Alte bitte ich um nichts. Wenn die deutsche Macht den Kindern hilft, werden wir Alten ihr zu Diensten sein.“

Mitfühlend übersetzt Anton Dombrowski so gut er es kann und fügt hinzu: „Wenn Se mich wejen de Lütten fragen, Herr Stabsveterinär, nuscht vom Leben und nu dat Fieber...“

„Hören Sie auf Unsinn zu reden!“, unterbricht ihn Erwin Hofschneider, der den Wunsch des Alten als Anmaßung empfindet.

„Deutschen Impfstoff für Russenkinder! Sagen Sie ihm, dass nicht wir Alte und Kinder ohne Schutz und Hilfe im Dorf zurückgelassen haben. Das waren seine Landsleute. Wir haben Krieg und keinen Auftrag russische Wünsche zu erfüllen. Für die russischen Belange ist er zuständig. Er sollte sich zuerst um die Läuse kümmern, wenn er das Fieber bekämpfen will. Ich habe genug mit meinen Soldaten und den Pferden zu tun.“

Anton Dombrowski hat Mitleid mit dem alten Starosta. Er bemüht sich, den Worten seines Kompaniechefs die Härte zu nehmen.

Igor Mamedow hat dem barschen Tonfall und der Miene des deutschen Kommandeurs bereits entnommen, dass sein Wunsch auf wenig Gegenliebe stößt. Als der Gefreite seine Vermutung bestätigt, kann Igor Mamedow eine Gefühlsaufwallung nicht unterdrücken. Hat Fritz der Schreckliche kein Mitgefühl im Leib, hat er keine Kinder? Seine Stimme zittert: „Sag deinem Kommandeur, die jungen Leute wären im Dorf geblieben, wenn ihr Deutschen nicht Krieg gegen uns führen würdet. Niemand hat euch gerufen. Und dann frag ihn, ob er ein Christenmensch ist oder ob er ohne Glauben lebt."

Erwin Hofschneider hasst nichts so sehr, wie offenen Widerspruch. Er ist Offizier. Er gibt die Spielregeln vor. Es wird Zeit, den aufdringlichen Alten loszuwerden. Begreift nicht, dass die Deutsche Wehrmacht in Russland gebraucht wird, um die Kommunisten zu vertreiben und das Land wieder auf Vordermann zu bringen. Und überhaupt: fängt mit den Kindern an und endet beim lieben Gott. Mit Gott muss er mir nicht kommen. Für Religion werd ich nicht bezahlt. „Der Alte soll aufhören mich zu fragen. Bin ich ihm etwa Rechenschaft schuldig? Er muss wissen, dass ich hier das Sagen habe."

Igor Mamedow aber sieht vor seinem geistigen Auge nur Kindergesichter. Ruhig und fest sieht er dem deutschen Kommandeur ins Gesicht. Seine Stimme klingt jetzt eindringlicher und zittert nicht mehr: „Über uns allen steht Gott. Gott hat allen Christenmenschen die Liebe zu den Kindern ins Herz gepflanzt. Deshalb glaubt ein Christenmensch nicht, dass ein deutsches Pferd mehr wert ist als ein russisches Kind. Wenn du ein Christenmensch bist, dann versündigst du dich an Gott und der Christenheit, wenn du den russischen Kindern nicht hilfst."

Igor Mamedow erhebt sich mit wackeligen Beinen. Es ist alles gesagt, denkt er. Nun kann nur noch Gott den unschuldigen Kindern helfen.

Erwin Hofschneider spürt, wie er dabei ist, seine Dominanz zu verlieren. Zu eindrucksvoll ist der alte Russe in seiner Verzweiflung.

Ebenso beeindruckend klar ist für einen deutschen Kommandeur die Befehlslage. Geb ich meinen Gefühlen nach, bin ich verloren. Hart bleiben, wie es sich für einen Offizier schickt. Erst einmal Zeit gewinnen, überlegt er. „Sagen Sie dem Alten, ich werde darüber nachdenken. Er soll gehen und in einer Stunde wiederkommen."

Igor Mamedow wankt zur Tür hinaus.

Anton Dombrowski kann nicht still bleiben: „Wenn Se mich fragen, Herr Stabsveterinär..."

„Raus!", brüllt Erwin Hofschneider. Was mach ich hier eigentlich in einem russischen Dorf? denkt er, nachdem er sich beruhigt hat. Soldaten sollten kämpfen und sich nicht um russische Kinder kümmern. Auch in Deutschland sterben Kinder und kein Russe interessiert sich dafür. Welche deutsche Familie ist nicht vom Krieg betroffen? Der alte Mamedow in Ehren, aber Krieg ist Krieg und keine Wohlfahrtsveranstaltung.

Als er seine Verärgerung überwunden hat, denkt er an seinen Bruder Ludwig, der, im Gegensatz zu ihm selbst, tief im christlichen Glauben verwurzelt ist. Hätte ihm Ludwig nicht das Gleiche gesagt wie der Alte? Führen wir jetzt schon Krieg gegen russische Bauern und Kinder? Ist es nicht so, dass mir unsere Pferde näher stehen als die Russen?

Wie viele Impfdosen habe ich überhaupt noch? In Gedanken zählt er nach und kommt auf acht. Acht größere Kinder oder sechzehn kleine – soll der Alte entscheiden. In Kürze wäre der Impfstoff ohnehin verdorben. Ehe ich Kinder sterben lasse. Wenn der Alte die Läuse im Dorf bekämpfen lässt, werd ich die Kinder impfen. Genau so.

Als er die Kinder am Abend geimpft hat, verpflichtet er den Gefreiten Dombrowski und den alten Mamedow zum Schweigen. Vor dem Einschlafen denkt er: Mutter und Ludwig wären heute sicher sehr zufrieden mit mir. Außerdem kann ich jetzt vielleicht auf mehr Entgegenkommen der Alten hoffen und Pluspunkte für das Himmelreich gibt es auch. Nur seine Vorgesetzten durften nichts erfahren. Die würden die Hände über ihren Köpfen zusammenschlagen.

Igor Mamedow versucht sich in die Gedankenwelt von Fritz dem Schrecklichen zu versetzen. Der ist noch jung und findet sich plötzlich in einem fernen russischen Dorf wieder. Wird sich uns Bucklige nicht ausgesucht haben. Krieg ist Krieg, aber man kann mit ihm reden und ein Unhold ist er nicht.

Igor Mamedow entscheidet, die acht ältesten Kinder impfen zu lassen. Es gibt ein paar Tränen, aber was ist das schon.

Nur seinem Pjotr kann Fritz der Schreckliche nicht helfen. Er verspricht aber den Kindern, die das Fieber überlebten, Nahrungsmittel zur Verfügung zu stellen.

Am nächsten Tag öffnet der kleine Pjotr die Augen und sieht Igor Mamedow an. „Onkel Igor“, sagt er leise und lächelt schwach, „ich hab Durst.“

Er wird leben, schreit es in Igor Mamedows Kopf. So schnell ihn seine krummen Beine tragen, geht er zum Brunnen und ruft dabei nach Kolja.

Glücklich stehen die Alten kurze Zeit später am Bett des Jungen und weinen ihre Altmännertränen.

Der Junge trinkt gierig und fragt dann: „Warum weint ihr denn?“

„Vor Freude, du Dummer. Nun schlaf. Morgen werden wir's mit dem Essen versuchen“, sagt Igor Mamedow und lächelt verlegen. Ein weinender Starosta ist in einem russischen Dorf nicht vorgesehen.

Ninotschka

„Ninotschka, mein Täubchen, was für ein schönes Mädchen du geworden bist“, sagt Olga Lukaschenkowa, die ihrer Enkeltochter das lange dunkelbraune Haar bürstet. Vor Rührung werden ihr die halbblinden Augen feucht.

Widerstreitende Gefühle lösen Großmutters Worte in dem schönen Mädchen aus. Es schmeichelt Nina Zwetkowa, wenn sie auf ihre Schönheit hin angesprochen wird und macht sie gleichzeitig verlegen. „Großmütterchen“, unterbricht sie die alte Bäuerin, weil sie spürt, wie ihr das Blut in die Wangen schießt, „ganz verlegen machen Sie mich. Sehen Sie nur, wie rot ich werde!“

„Mein schönes Täubchen bist du geworden“, wiederholt die Großmutter. „Musst nicht verlegen werden, wenn ich alte Frau mein Herz sprechen lasse. Eine richtige Frau bist du mit Gottes Hilfe geworden, so schön wie deine Mutter. Wäre nicht dieser unselige Krieg gekommen, würden sich bald die Brautwerber die Türklinke in die Hand geben.“

„Jetzt hören Sie aber auf, Großmütterchen!“, ruft Nina Zwetkowa und fällt ihrer Großmutter um den Hals.

Die alte Bäuerin streicht ihrer Enkeltochter mit ihrer welken, schwieligen Hand zärtlich über das kräftige Haar und seufzt: „Gerne hätte ich noch erlebt, dass du mir Urenkelchen ins Haus bringst. Doch seit dein Großvater – Gott hab ihn selig, den Guten – von uns gegangen ist, bete ich manchmal zu Gott, er möge mich bald zu sich rufen. Nur, was wird dann aus dir und dem Hof, solange deine Eltern noch in den Wäldern sind und Grischa an der Front ist?“

„Sie dürfen nie wieder so reden, Großmütterchen, nie wieder!“ Nina erschrickt über Großmutters Gedanken. „Noch alt werden Sie, noch sehr alt! Papa, Mama und Grischa werden gesund wiederkommen. Grischenka und ich, wir werden Ihnen noch viele Urenkelchen schenken.“ Sie drückt sich ganz fest an ihre Großmutter und beginnt zu weinen.

Auch Großmutter laufen nun die Tränen über die runzligen Wangen. „Ach mein Täubchen“, sagt sie, und richtet ihre trüben Augen in die Ferne, „die Tage der Menschen sind gezählt. Ich bete für dich und alle guten Seelen. Für mich aber wird es Zeit, das Leichenhemd anzulegen. Erbarmt sich Gott meiner Seele, werde ich meinen lieben Jewgenij Fjodorowitsch bald wiedersehen.“

Olga Lukaschenkowas 17-jährige Enkelin Nina Zwetkowa lebt als einzige junge Frau im Dorf.

Als die Deutschen im Herbst 1941 überraschend auf das Dorf vorrückten, lag sie mit hohem Fieber im Bett. Sie war so geschwächt, dass ihre Eltern es für richtiger hielten, ihre Tochter schweren Herzens unter der Obhut der Großmutter zurückzulassen.

Großmutter betete zu Gott, er möge ihre Enkeltochter retten und pflegte ihr Täubchen gesund.

Bei den ersten Hausdurchsuchungen rief die alte Frau den deutschen Soldaten entgegen: „Tiff, Tiff!“ Die Soldaten glaubten, Typhus sei ausgebrochen und verließen eilig das Haus.

Vor Wintereinbruch kamen Partisanen ins Dorf, um Nina in den Wald mitzunehmen. „Und was soll aus Großmütterchen und dem Hof werden?“, fragte Nina verärgert. „Grüßen Sie Mama und Papa von uns und sagen Sie ihnen, dass es uns gut geht. Sie sollen besser auf sich aufpassen, damit sie gesund wiederkommen. Wir warten sehnsüchtig auf sie.“

Wie konnte es ihnen gut gehen? Bis zuletzt arbeiteten sie in ihren Gärten, kümmerten sich um die klapperdürre Kuh, zwei Ziegen und ein Schaf. Neben dem Haus scharrten in einem Gehege fünf Hühner und ein Hahn und in einem Holzverschlag mümmelten fünf Kaninchen. Die restlichen Kaninchen, acht Gänse und zwei Schafe gaben sie den Partisanen mit. Die Schweine waren schon im Herbst mit den Eltern auf Reise gegangen.

Dabei waren sie gut dran. Wer nicht gegen die Deutschen kämpfte, hatte kein Recht auf Fleisch, Eier und Milch.

Der Winter kam früh und war so hart, dass sie nicht lange in der Lage waren, die Kuh zu füttern. Ihr Nachbar, der alte Dawidow, konnte nur mit Mühe durch den Schnee auf ihren Hof gelangen. Er war der Einzige, der ihnen beim Schlachten der Kuh helfen konnte. Zu anstrengend wäre der Weg zu anderen Höfen gewesen, um von dort Hilfe holen zu können.

Noch außer Atem erklärte der fast blinde Alte den Frauen mit seiner Fistelstimme: „Wie soll ich euch helfen? Seht nur, wie zittrig ich geworden bin. Auch das Luftholen ist mir eine Plage und das Ausatmen eine Qual. Erzählen werd ich euch, wie ihr's machen müsst, obwohl es keine Weibersache ist. Was soll nur aus Russland werden?

Ach herrje, das soll eine Kuh sein? Schlachten kann man sie, aber was wollt ihr von ihr essen?"

Der alte Dawidow prüfte mit aufmerksamen Blicken durch die dicken Brillengläser die Schlachtwerkzeuge.

„Sind noch von meinem lieben Jewgenij, Gott hab ihn selig", teilte ihm Olga Lukaschenkowa mit.

Unbeeindruckt prüfte der alte Dawidow weiter, nickte zufrieden und legte die Werkzeuge zurecht. „Fürs Zuschlagen wird's noch reichen, wenn ich wieder zu Atem gekommen bin, nur abstechen kann ich sie nicht. Wenn ich mit meinen Augen auf die Schlagader ziele, trifft meine Hand das Euter."

„Ich kann nicht einmal die Kuh sehen", seufzte Olga Lukaschenkowa. „Mein Täubchen, du musst für uns Alte die Kuh abstechen, denn niemand sonst kann das für uns tun."

Als der Alte die Kuh betäubt hatte, sank er erschöpft auf einen Ballen Stroh und trieb die Frauen zur Eile an. Ninas Hand zitterte, als sie mit dem Messer die Halsschlagader des Tieres aufschnitt. Blut spritzte ihr auf Gesicht und Hände. Entsetzt starrte sie auf die pulsierende Fontäne. Tränen liefen ihr über die Wangen, weil sie daran dachte, dass die Kuh ihr mit ihrer Milch im Herbst das Leben gerettet hatte. Mit Mühe überwand sie sich, der am Boden liegenden Kuh den Bauch aufzuschlitzen, um ihr die Innereien entnehmen zu können. Trotzdem war es noch schwer genug, die um ihre Innereien erleichterte Kuh an einen Balken zu binden und ihr die Haut abzuziehen, solange sie noch warm war. Stumm, schwitzend und verbissen arbeiteten sie sich zu dritt an der Kuh müde.

Danach ließ es sich der alte Dawidow in der Küche gut gehen. „Was schreit sie da wie am Spieß“, ärgerte er sich, als seine Frau nach ihm rief. Schimpfend trat er den anstrengenden Heimweg an. Unter dem Arm ein Tuch mit einem Stück Lende und einem Teil der Innereien.

Die beiden Frauen wuschen sich Hände und Gesicht und fielen mit ihren Sachen auf die Betten. Großmutter schlief sofort ein.

Obwohl Nina jeden ihrer Knochen spürte, konnte sie keine Ruhe finden. Eine grausame und ihren Ekel erregende Tat war das Schlachten der sanftmütigen Kuh gewesen. Von Scham bedrückt hörte sie traurig auf den schnarchenden Atem ihrer Großmutter. Das Blut des Tieres schrie in ihrer Seele und wollte gesühnt werden.

Olga Lukaschenkowa seufzte, als sie am Morgen den Gemütszustand ihrer Enkeltochter bemerkte. „Die Kuh tut dir also leid, mein Täubchen.“

Sie erzählte der traurigen Nina, wie sie einst als Kind erfahren musste, dass die meisten Tiere im Haus nur deshalb gefüttert werden, damit sie eines Tages geschlachtet werden können. „Mascha hieß mein Lieblingsschwein. Es sah immer fröhlich aus und kam mir über den Hof entgegen. Es rieb sich an mir und wenn ich es streichelte, legte es sich auf den Rücken und grunzte zufrieden. Wenn ich Kummer hatte, ging ich zu ihm, erzählte ihm alles und es hörte mir geduldig zu.

Eines Tages hieß es, ich solle im Haus bleiben. Vom Fenster aus sah ich, wie sie Mascha einfingen und hinter den Stall trieben. Mascha quiekte erbärmlich. Ich hielt es im Zimmer nicht aus. Ich schlich mich durch Haus und Stall, um zu sehen, was mit Mascha geschah. Vor dem Stall waren sie gerade dabei, meine Mascha abzustechen. Ich schrie, als ich Maschas Blut und ihren zuckenden Körper sah. Mutter trug mich rasch ins Haus. Ich trommelte ihr mit meinen kleinen Fäusten auf die Brust und schrie: warum, warum? Krank bin ich geworden und musste das Bett hüten.

Später hab ich mein Herz nicht mehr an Stalltiere verschenkt. Meine Lieblinge waren fortan Katzen und Hunde. Bis ich erleben musste, wie auch sie während der Großen Hungersnot geschlachtet wurden.

So ist es nun einmal, mein Täubchen. Gott hat die Menschen über die Tiere gesetzt. Wie könnten wir ohne die Tiere leben? So viele Schlachtungen hab ich inzwischen erlebt. Wer Wurst, Schinken und Fleisch essen will, muss Tiere schlachten. So ist es um uns bestellt. Lass uns an die Innereien denken, mein Täubchen, eine Schande wär's, wenn sie uns verderben."

„Sehen Sie nur, Großmütterchen, mit diesen Händen habe ich das Blut eines unschuldigen Tieres vergossen. Wie kann ich sie jemals wieder ohne Ekel betrachten?"

Wieder seufzte Olga Lukaschenkowa und drückte Ninas Kopf an ihre Brust. „Männersache ist das Schlachten. Der Krieg stellt die Welt auf den Kopf. Wie aber hätten der alte Dawidow und ich die Kuh abstechen können, wo wir doch beide fast blind sind und uns die Hände zittern. Verzeih uns Alten. Was hätten wir den anderes tun können, als die hungernde Kuh zu schlachten? Kann sein, dass uns ihr Fleisch das Leben rettet, denn der Winter wird streng bleiben und lange dauern. Eine Schande vor Gott wäre es gewesen, die Kuh verhungern und verfaulen zu lassen. Ninotschka, mein Täubchen, Gott wird dich segnen für dein Mitleid mit der Kuh und für deinen Mut, sie für uns Alte zu schlachten."

Schwer fiel es Nina zu verstehen, wie ihre Hand die Schlagader eines unschuldigen Tieres zerschneiden konnte. Seither scheint es ihr, als ob das Leid der Tiere mit dem Leid der Menschen auf eine unaussprechbare Weise verknüpft wäre.

Die Zeit ihres kindlichen Körpers hatte mit ihrem eigenen Blut ein Ende gefunden. Das Ende ihrer kindlichen Gemütslage wurde im ersten Kriegswinter mit Kuhblut besiegelt.

Das Fleisch und die Knochen der Kuh milderten für einige Zeit den ständigen Hunger. Wenn den beiden Frauen die Mägen knurrten, gab Olga Lukaschenkowa immer den gleichen Satz zum Besten: „Luft und Schnee haben wir zum Glück genug.“

Im Frühjahr, ehe die Deutschen das Dorf besetzten, half Nina den alten Bauern vormittags auf den Feldern am Dorfrand, um dafür im Sommer Gerste für die Hühner und im Herbst Stroh und Rüben zu bekommen. Nachmittags half sie Großmutter im großen Garten und kümmerte sich um den am Elternhaus.

Großmutter versorgte das Vieh, fegte das Haus und kochte die spärlichen Mahlzeiten.

Wenn Nina von den Feldern oder aus dem Garten kam, holte sie Wasser für Haus und Stall, wusch Wäsche oder scheuerte den Steinfußboden in der Küche.

Mit der Körperpflege ist es so eine Sache. Die Frauen waschen sich mit Tonseife über einer Waschschüssel. Dabei tragen sie ihr Unterhemd oder ein Nachthemd. Einmal kam Großmutter in die Stube, als sich Nina halbnackt wusch. Großmutter wies sie sofort energisch zurecht: „Wie stehst du da, du Schamlose? Bist doch kein Kind mehr!“

Mitunter musste Nina ihre Großmutter ermahnen, nicht gar zu sparsam mit dem Wasser zu sein. Großmutter bereitete es Schwierigkeiten, sich überall zu waschen. Als sich ihr Nina als Waschhelferin anbot, geriet Großmutter in Zorn: „Dass dir Schamlosen solche Worte über die Lippen kommen! Eine Sünde ist es, sich so was auszudenken!“

Da mit Wasser wenig auszurichten war, lüftete Nina fast täglich das Haus und sorgte dafür, dass Großmutter regelmäßig ihre Wäsche wechselte. Sie selbst aber wusch sich heimlich nackt am Brunnen und wartete sehnsüchtig auf den Sommer, um im See baden zu können.

Als der Boden nach der Schneeschmelze abgetrocknet war und die Feld- und Gartenarbeiten begannen, klopfte es eines Nachts an ihr Fenster. Die Frauen ängstigten sich. Waren es Partisanen oder die Deutschen?

„Ninotschka, mach auf! Ich bin es, Papa."

Nina sprang aus dem Bett, rannte zur Tür und fiel ihrem Vater um den Hals. „Papa, Papa!" Sie weinte vor Glück. Seit sechs Monaten hatte sie ihn nicht gesehen. Er war gesund. „Wie geht es Mama?"

Ihre Mutter hatte sie seit acht Monaten nicht mehr gesehen. Mutter sei wohlauf, lasse alle grüßen. Großmutter war inzwischen in die Stube gekommen. Als sie die gute Nachricht vernahm, bekreuzigte sie sich.

Dimitrij Zwetkow kam rasch zur Sache. Er sei hier, um Nina zu holen. „Die Deutschen werden wiederkommen. Das Leben im Wald ist hart, aber dort bist du sicherer als im Dorf. Die Deutschen verschicken junge Russen zur Zwangsarbeit nach Deutschland. Das kann ich nicht zulassen. Pack gleich ein paar Sachen ein. Ehe es hell wird, müssen wir im Wald sein. Mutter wird sich freuen. Sie macht sich große Sorgen um dich."

Nina erschrak. Die große Freude, die sie beim Anblick ihres Vaters verspürte, wurde von der Sorge um Großmutter getrübt.

„Du musst deinem Vater gehorchen, mein Täubchen. Meine Zeit ist längst gekommen. Dein ganzes Leben liegt noch vor dir. Du darfst es nicht an mich alte Frau binden."

„Da hörst du es selbst." Dimitrij Zwetkow war erstaunt, weil seine Schwiegermutter einmal seiner Meinung war.

„Nein!", sagte Nina.

Großmutter wollte sie beruhigen. „Ich werd schon zurechtkommen, mein Täubchen. Alles geht dann eben etwas langsamer. Im Sommer können mir die Nachbarn helfen und ob ich den nächsten Winter überlebe, weiß Gott allein!"

„Wie wollen Sie allein leben? Nein, nein. Noch haben wir keine Deutschen im Dorf und falls sie kommen, müssen wir eben sehen.

Papa, Großmütterchen braucht Hilfe im Haus und im Garten. Du siehst doch, dass sie fast blind ist. Die Tiere müssen versorgt werden und auf das Lehrerhaus muss hin und wieder ein Blick geworfen werden. Ich habe so große Sehnsucht nach Mama. Doch dort im Wald würde ich mich nach Großmütterchen und dem Dorf verzehren. Stirbt Großmütterchen, während ich mich im Wald nützlich mache, könnte ich mir das nie verzeihen. Mein ganzes Leben würde ich unter dieser Schande leiden."

„Schluss damit! Es ist jetzt nicht die Zeit für lange Erörterungen. Pack deine Sachen. Ich bin dein Vater."

Da rannte Nina weinend hinaus in die Dunkelheit und versteckte sich in Nachbars Scheune. Mehrmals hörte sie ihren Vater leise rufen. Er beschwor sie, an ihre Mutter zu denken.

Sie hatte das Gefühl, ihr Herz werde von der Sehnsucht nach ihrer Mutter auf der einen und von der Sorge um ihre Großmutter auf der anderen Seite zerrissen. Was soll ich tun? Was soll ich tun? Diese Frage quälte sie unaufhörlich.

In der Morgendämmerung ritt ihr Vater davon. Da schlich sie sich aus der Scheune und lief ins Haus.

Die Großmutter empfing sie mit einem kummervollen Blick, unablässig rannen Tränen über die runzligen Wangen der alten Frau. „Was hast du ihm und Mama nur angetan?", brachte sie mühsam heraus.

Nina drückte sich an ihre Großmutter. „Machen Sie mir keine Vorwürfe, Großmütterchen. Wie hätte ich Sie allein im Dorf zurücklassen können?"

„Ach, mein gutes Täubchen", sagte Olga Lukaschenkowa, „mein Herz ist voll süßer Schwermut und voller Liebe für dich. Was soll nur werden, wenn der Krieg nicht bald ein Ende nimmt?"

Es ist Sommer geworden. Die Deutschen haben inzwischen das Dorf besetzt und sich eine Badestelle am Fluss eingerichtet. Die Badestelle befindet sich am Dorfende, in der Nähe der Pferdetränke. Ohne auf die Dorfbewohner Rücksicht zu nehmen, schwimmen die Soldaten lachend und Zoten reißend nackt im klaren Wasser der „Wilden Nonne".

Alle Dorfweiber wissen genau, wie sich die Zuchtlosen am Fluss benehmen, beteuern aber zugleich, dass sie dem schamlosen Treiben fernbleiben, um nicht auf der Stelle tot umfallen zu müssen.

Nachdem sie ihre Abscheu und ihre Keuschheit lauthals kundgetan haben, werden ihre Blicke verträumt und sie erzählen einander, was sie und ihre Männer einst am Fluss erlebten. Wenn man ihren Worten glauben kann, war es damals am Fluss überaus vergnüglich zugegangen.

Nina Zwetkowa hat als Kind häufig im Fluss gebadet. Mit dem Einsetzen der Pubertät haben ihre Eltern und Großeltern darauf bestanden, dass sie sich von der badenden Kinderschar fernhalte und nur noch in Begleitung ihrer Eltern bade. Das ist furchtbar langweilig gewesen und zu Ninas Glück nur selten vorgekommen.

Ihre Freundin, die fröhliche und lebhafte Dunjaschka Woronowa, hat ihr eines Tages den Weg zum Fischersee gezeigt, der ein gutes Stück vom Dorf entfernt inmitten einer Wiese und nahe am Wald liegt.

Der See ist tief und klar. Ein breiter Schilfgürtel schnürt ihn vom Rand her ein. Sein Schilf dient allen Wesen als Versteck und Kinderstube, die sich zwischen den Elementen Wasser, Luft und Erde nicht endgültig entscheiden können.

Der Fischer Semjon Belikow und geduldige Angler, denen der Weg nicht zu weit gewesen ist, sind von den Dörflern hierhergekommen. Inzwischen haben die Deutschen das Verlassen des Dorfes verboten. Nur Pawel, der Enkel des alten, inzwischen gestorbenen Belikow, hat eine Genehmigung erhalten, im See zu fischen.

Seit die Deutschen die Partisanen weit in die Wälder zurückgedrängt haben, geht es im Dorf überaus friedlich zu. Mit der Zeit gewöhnen sich die Deutschen an das gleichmäßige, ruhige Dorfleben und werden leichtsinniger. Im Hochsommer gehen sie dazu über, die Wachtürme nicht mehr täglich zu besetzen und erst beim Einsetzen der Sperrstunde Streifen durchs Dorf patrouillieren zu lassen. Tagsüber sind ihre Streifengänge äußerst selten geworden.

Ninas Sehnsucht nach einem Bad im See wird so übermächtig, dass sie sich an einem Sommerabend durch das hinter ihrem Haus beginnende hohe Gras und den langen Hohlweg zum See schleicht.

Obwohl die tief stehende Sonne bereits orangefarben leuchtet, ist es noch drückend heiß. Das geheimnisvolle Universum lenkt die wärmenden Teilchen der brodelnden Sonne durch das frostige All und die widerborstige Atmosphäre auf die geduldige Erde. Die Erde saugt tagsüber die Glut der Sonne auf und verschenkt abends den Überschuss an die wirbelnden Moleküle der Luft.

Die Luft vibriert. Sie duftet schwer nach Blüten und Erde. Tausende Insekten versetzen die heiße Abendluft in unterschiedliche Schwingungen. Ihre Töne ergänzen und unterstützen sich wie die Töne von Musikern unter der Anleitung eines unsichtbaren Dirigenten. Wie Marktschreier in den schwellenden Lärm der Käufer, so mischen sich laut quakende Frösche in das Insektenkonzert ein.

Nina zieht sich rasch aus und läuft in den See. Als das Wasser ihre Brüste berührt, schwimmt sie eine kurze Strecke in den See hinein. Das Oberflächenwasser ist fast so warm wie die Luft. Doch sobald sie ihre Beine in die Tiefe sinken lässt, spürt sie eine wohltuende Kühle.

Das weiche Wasser umschmeichelt ihren Körper. Bekümmert denkt sie an Dunjaschka, mit der sie im vergangenen Sommer an dieser Stelle gebadet hat. Die Freundin brachte sie darauf, dass auch junge Damen, nackt wie die Kinderschar am Fluss, im See baden konnten. Nach dem kühlen Bad lagen sie am Ufer zwischen Schilf und Gras und blickten in den blauen Himmel. Im Westen des Landes tobte bereits der Krieg. Die Mädchen waren traurig, weil man die jungen Männer einberufen hatte. Sie ahnten dunkel, dass der Krieg vieles in ihrem Leben ändern würde. Aber sie konnten sich damals am See nicht vorstellen, mit welch atemberaubenden Tempo sich die Deutschen ihrem Dorf näherten. Bereits vier Wochen später flüchtete Dunjaschka in die Wälder und Nina blieb, vom Fieber geschwächt, im überrannten Dorf zurück.

Die jungen Burschen waren damals bereits in mörderische Gefechte verwickelt. Während die in der Blüte ihres Lebens stehenden russischen und deutschen Männer ihr Leben, ihre Gesundheit, ihren Glauben und ihre Würde undankbaren und vergesslichen Vaterländern opferten, sich gegenseitig massakrierten, demütigten und quälten, genossen die beiden schönen Mädchen die Stille des Sees und die Sonnenwärme auf ihrer Haut.

Dunjaschka richtete sich plötzlich auf. Sie betrachtete Nina mit einem Gesichtsausdruck, den diese nicht deuten konnte und der sie verwirrte. „Wie schön du bist, Ninotschka." Dunjaschkas Stimme klang tiefer als üblich. Wie immer, wenn Ninotschka gelobt wurde, stand ihr die Verlegenheit ins Gesicht geschrieben.

Ninas Schönheit spricht allen Rassentheorien und aller Völkerkunde Hohn. Über die Jahrtausende sind Skythen und Hunnen, Goten, Russen, Mongolen, Türken, Schweden, Ukrainer und Polen über die weite russische Erde gezogen. Sie haben sich bekämpft, verbündet oder ertragen. In unzähligen Schlachten haben sich die Männer aufeinander gestürzt wie wilde Tiere. Sie haben um Land gestritten, um Macht und Einfluss, um Unabhängigkeit, um die angeblich richtigen Götter und um Ruhm und Ehre. Welcher Krieg ist je um seine Begründung verlegen gewesen?

Die Frauen dieser Völker sind geliebt und geschändet, geachtet und entehrt, zärtlich begehrt oder wie Stuten bestiegen worden. Jahr für Jahr haben sie Kinder geboren, in deren Adern das Blut vieler Völker und Rassen fließt. Wer fragt nach diesem Völkergemisch, wenn am Ende Schönheiten wie Nina Zwetkowa heranwachsen?

Im Unterschied zu den gleichaltrigen Mädchen ist Nina größer und hat nicht deren üppige Formen. Ihr Gesicht ist von solcher Schönheit, dass die Burschen verlegen geworden sind, wenn Nina ihnen in die Augen gesehen hat. Kräftige dunkelbraune Haare umrahmen ihr ovales Gesicht. Wenn sie das schulterlange Haar hochsteckt, sieht man ihre wohlgeformten Ohren, deren Zartheit den Blick des Betrachters fesselt. Ihre schmale Nase führt die Blicke zwischen den tief liegenden Augen hin und her. Der geschwungene Mund, dessen volle Lippen Männerfantasien nähren, zeigt dem Kenner eine energische, fröhliche und liebenswerte Person an. Wenn Nina lacht, entblößen ihre Lippen makellose Zahnreihen. Unter den fein geschwungenen Brauen leuchten grüne Augen, deren offener Blick die Gesprächspartner gleichermaßen irritiert wie anzieht. Dieser schöne Kopf wird von einem schlanken Hals getragen, unter dessen Haut sich die langen Muskeln und Sehnen abzeichnen.

Jeder im Dorf bewundert ihre Schönheit, doch kein Junge hat den Mut gehabt, ihr dies zu sagen.

Nina schwimmt ans Ufer und lässt sich an der gleichen Stelle ins Gras fallen, an der sie im vergangenen Jahr mit Dunjaschka gelegen hat. Die Sonne erreicht bereits den Horizont. Wie ein blutiger Fetzen berührt sie den Wald in der Ferne. Ein purpurfarbener Himmel verschlingt sie langsam. Ein warmer Lufthauch streicht über Ninas Körper und leckt die Wassertropfen von ihrer Haut. Sie schließt ihre Augen und denkt an jenen schönen Tag zurück. Bilder steigen auf: Dunjaschkas weicher Körper, ihr zärtlicher Blick, die sanften Lippen.

Nina reißt sich los von den Bildern. Es ist höchste Zeit, ins Dorf zu gehen. Die Zeit der Sperrstunde ist gekommen.

Großmutter hat sich Sorgen gemacht und schimpft nun erleichtert mit ihrer Enkeltochter. Nina trinkt hastig zwei Glas Pfefferminztee, isst zwei kalte, gekochte Kartoffeln und hilft ihrer Großmutter ins Bett. Als sie kurze Zeit später die Petroleumlampe löscht, schläft die alte Frau bereits tief und fest. So bleibt ihr energischer Proteststurm aus, der stets einsetzt, wenn sie ihre Enkeltochter nackt ins Bett steigen sieht. Nina aber genießt die Berührung der Bettwäsche auf ihrer nackten Haut, da mag sich Großmutter schimpfend bekreuzigen, so oft sie will.

Erinnerungen an Dunjaschkas Zärtlichkeiten überwältigen ihre Scham. Seit ihre Freundin ihr am See und später in der Scheune gezeigt hat, auf welch einfache Weise sich Mädchen ein süßes Vergnügen bereiten können, liebkost sie fast jede Nacht ihren geschmeidigen und offenbar unersättlichen Körper.

In Erwartung des schönen Spiels beginnen sich ihre Brustwarzen aufzurichten. Ihre linke Hand streichelt ihre Brüste, während die rechte über den weichen Leib zum Venushügel gleitet. Es ist immer das gleiche Spiel: Es gilt, den köstlichen Schwindel so lange aufzuschieben, bis das Verlangen nach höchster Lust den Wunsch nach Dauerhaftigkeit überwindet. Dabei fügt es sich glücklich, dass nicht alle Abende gleich sind. Gewöhnlich genügt ein zärtliches Streicheln und Kreisen. Mitunter aber gibt es Abende, an denen ihr Körper kräftigere Bewegungen verlangt. Dann kann es vorkommen, dass sie mit ihrem schönen Spiel ihr Bett in Schwingungen versetzt und Großmutters Schlaf unruhig wird. Seit Großmutter an einem dieser stürmischen Abende wach geworden ist, schleicht sich Nina in die Stube und treibt es dort mit Hingabe.

In dieser schwülen Nacht ist Zärtlichkeit gefordert. Als es so weit ist, flüstert ihr Dunjaschkas Traumbild liebe Wörter zu. Köstliche Wellen durchströmen ihren jungen Körper. Zufrieden mit sich und der Welt dreht sie sich auf die Seite, hält mit ihren Schenkeln die schlanke, lustspendende Hand gefangen und schläft ein.

„Gott segne Euch, Ihr Herren, und er segne Jesus Christus in der Höh“, sagt Semjon, der Dorftrottel.

Einst ist Semjon, der zweite Ziehsohn des Dorfgeistlichen Vater Nikolai, Zeuge der Reinigung des Weltproletariats vom Schmutz der Religion geworden. Vor seinen Augen haben die ruhmreichen Recken der Weltrevolution Vater Nikolai und seine beiden Mönche erschlagen und zersäbelt. Seither ist Semjon verwirrt und die Adler des gesellschaftlichen Fortschritts lassen ihn, als lächerlichen Zeugen einer Zeit der religiösen Verwirrung, durchs Dorf hinken. Doch viele Dorfbewohner erkennen in Semjons Schicksal ihre eigene Schande. Sie geben ihm Nahrung und einen Schlafplatz.

„Gott segne Euch, Ihr Heiligen“, sagt Semjon. Er verneigt sich vor der deutschen Streife, wobei er sich mehrmals bekreuzigt.

Die heilige Streife besteht aus dem Gefreiten Anton Dombrowski und dem Soldaten Schuster. Die beiden wissen nichts von dem revolutionären Tatendrang, der sich einst mit elementarer Gewalt in Tichaja Semlja und an dem armen Semjon entladen hat. Der Soldat Schuster findet Semjons Gebaren lustig, versteht aber kein Wort. Er sieht Anton Dombrowski fragend an, weil er weiß, dass dieser Russisch so leidlich versteht.

„Er hat uns man jesegnet“, erklärt ihm der Gefreite lachend.

„Gesegnet seiest Du, Gebenedeite!“, verkündet Semjon, als er Olga Lukaschenkowas Hof erreicht und richtet dann seinen abwesenden Blick in den blassblauen Himmel. Leise und ehrfurchtsvoll spricht er mit jenen zarten, flüchtigen Gestalten, die sein Leben begleiten und die zu sehen anderen Menschen nicht vergönnt ist.

Olga Lukaschenkowa seufzt tief. Sie gibt Semjon einen Kanten Brot, eine große Kartoffel und eine Schale Ziegenmilch, die mit Wasser verdünnt ist.

Semjon bekreuzigt sich, isst bedächtig und schlürft laut die wässrige Milch. Als er fertig ist, rülpst er genüsslich und sagt feierlich: „Gesegnet sei unser tägliches Brot. Gott dankt es Euch von Herzen, Mütterchen." Er verneigt sich vor Olga Lukaschenkowa und hinkt zum Stall, um sich dort einen Schlafplatz zu suchen.

Olga Lukaschenkowa bekreuzigt sich mehrmals und legt sich seufzend bei der Gottesmutter für den armen Semjon ins Zeug.

Derart beschäftigt und von ihren alten Augen im Stich gelassen, bemerkt sie die deutsche Streife erst, als diese bereits über ihren Hof läuft.

Der Schreck presst ihre Brust heftig zusammen und fährt ihr in die schwachen Beine, weil sie an Ninotschka denkt, die im Stall nach dem Rechten sieht. Laut und einer Ohnmacht nahe spricht sie die Soldaten an, weil sie hofft, ihre Ninotschka würde sie hören und sich verstecken. Schließlich ist ihre Enkeltochter die Einzige im Dorf, die der gute Igor Mamedow nicht auf die Einwohnerliste gesetzt hat, um sie der Aufmerksamkeit der Deutschen zu entziehen.

Besorgt denkt Olga Lukaschenkowa daran, welche Folgen es haben könnte, wenn man Ninotschka jetzt entdeckte. Im Dorf gibt es das Gerücht, junge Leute würden zum Arbeiten nach Deutschland geschickt. Und die Soldaten im Dorf leben ohne Frauen. Wenn sie mein schönes Täubchen sehen, wird dies ihr Verlangen anstacheln und sie werden Ninotschka Leid zufügen. Außerdem werden sie sich den gütigen Igor Mamedow vornehmen, weil er meine Ninotschka auf seiner Liste gestrichen hat. Was für ein Unglück, wenn die Verfluchten jetzt mein Täubchen finden! Heilige Mutter Gottes, beschütze uns!

Der Gefreite Dombrowski spricht beruhigend auf Olga Lukaschenkowa ein. Die alte Frau ist erstaunt, dass dieser Riese etwas

Russisch kann. Das beruhigt sie. Wie der Leibhaftige sieht der Deutsche nicht gerade aus. Aber ungehobelt sind sie alle, diese Deutschen, das weiß man inzwischen. Machen die Unsrigen hin und kommen unverfroren in unser Dorf.

Während der Deutsche mit ihr spricht, bekreuzigt sie sich. Sie sorgt sich, weil sie an den schemenhaften Umrissen des anderen Soldaten erkennt, wie der über den Hof zum Stall hinüberschlendert.

Nina Zwetkowa lässt sich geduldig von Semjon segnen und bereitet ihm einen Schlafplatz im Stroh. Sie spricht ruhig und herzlich mit dem armen Mann, der sich noch einmal geräuschvoll erleichtert, ehe er es sich im Stroh bequem macht.

Nina erinnert sich daran, dass Semjon der Anlass gewesen ist, der sie zum ersten Mal daran hat zweifeln lassen, ob unter der Sowjetmacht alles mit rechten Dingen zugehe, ob deren harte Hand nur uneinsichtige Feinde strafe.

Nina hat es früh lernen müssen, sich zwischen zwei Welten zu bewegen. Im Elternhaus ist sie und ihr älterer Bruder Grischa im Sinne der Sowjetmacht erzogen worden. Dafür hat energisch ihr Vater, der Lehrer Dimitrij Zwetkow, gesorgt.

Im Haus ihrer mütterlichen Großeltern herrscht dagegen der wundertätige Geist Gottes, dessen Segen die liebenwürdigen Großeltern für sich und ihre Familie ersehnen. Die väterlichen Großeltern sind bereits tot gewesen, als Nina geboren wird. Niemand spricht von ihnen. Für Nina sind es Fremde, die in der Stadt gelebt haben.

In Vaters Welt gibt es nichts als Naturgesetze, Menschenwille und Menschenwerk, es gibt eine von Ausbeutung verdorbene Vergangenheit und eine lichte, kommunistische Zukunft.

Für die Großeltern wiederum ist die Welt eine Schöpfung Gottes. Er, nicht die unsteten Menschen, bestimmt für sie die Spielregeln in dieser gruselig-schönen Welt. Die Gottesfeindlichkeit der Kommunisten bleibt ihnen eine schwere Sünde wider die göttliche Weltordnung. Besonders schwer ist es ihnen gefallen, mit einem gottlosen Schwiegersohn leben zu müssen, der mit aller Härte darauf besteht, dass seine Kinder die Großeltern nur besuchen dürfen, wenn die Ikone nicht mehr auf das Wandbrett gestellt oder im Beisein seiner Kinder gebetet werde.

Nina liebt Eltern und Großeltern gleichermaßen.

Mutter ist unermüdlich gewesen und hat sich für die Familie aufgeopfert. Sie hat den Garten besorgt und den Eltern geholfen, auf Sauberkeit geachtet und ist der ruhende Pol der Familie. Nie haben die Kinder sie zornig oder mit Vater streiten gesehen.

Vater ist streng und gerecht. Ist er mit den Kindern zufrieden, kann er sehr lustig und zärtlich sein. Niemand versteht es besser, diese vielfältige Welt so klar und einfach zu erklären wie er. Er kennt eine Menge „Eselsbrücken", die nicht nur Nina und ihrem Bruder, sondern allen Dorfkindern das Lernen erleichtert hat. Ihr Vater weckt in ihr den Wunsch, später einmal eine Lehrerin zu werden.

Es ist schön, etwas zu wissen. Es ist noch schöner, sein Wissen anderen Menschen zu vermitteln.

Großvater Jewgenij hat seinen Enkelkindern das Verständnis für die Tiere und den Blick für die erstaunliche Natur beigebracht.

Großmutter ist gütig und nachsichtig. Sie kann trösten und Mut machen. Nie kommen ihr die Enkelkinder ungelegen. Nina ist glücklich, wenn sie sich an die weiche Großmutter schmiegen und deren Erzählungen lauschen kann. Großmutters Vorrat an Märchen, Sagen und Dorfgeschichten ist unerschöpflich. Sie kann nicht lesen, hat alle Geschichten im Kopf.

Ninas kindlicher Verstand hat nicht einsehen wollen, wieso ein unsichtbarer, wahrscheinlich gar nicht vorhandener Gott, Eltern und Großeltern gegeneinander aufbringen kann. Ihre naiven Versuche, Eltern und Großeltern in dieser Frage zu versöhnen, sind kläglich gescheitert. Großmutter hat ihr verboten, Gott in ihrer Gegenwart zu leugnen und Vater hat von ihr verlangt, nie mit ihm über Gott zu sprechen. Religion ist ihm ein hässliches Überbleibsel der ausbeuterischen Vergangenheit – einst dazu geschaffen, einfältige Menschen in Abhängigkeit von Zar und Kirche zu halten.

Das versteht Nina. Sie kann gut ohne Gott leben. Aber die Großeltern? Sind sie denn einfältig?

„Nicht dumm“, sagte ihr Vater damals, „aber sie können das Neue nicht verstehen, hängen am Alten. Wir aber bereiten der unsäglichen Religion ein schnelles Ende. Wir erziehen die Menschen dazu, an sich selbst zu glauben. Wozu brauchen sie dann noch einen Gott?“

Eines Tages lief der verwirrte Semjon auf den Hof der Großeltern. Seine gespreizte Rede erheiterte Nina und sie lachte laut. Sofort rief Großmutter sie zur Ordnung. Sie erzählte ihr vom traurigen Schicksal des armen Semjon, von Vater Nikolai und seinen Mönchen. „Dein Vater lässt kein gutes Haar an der ehemaligen Dorfgeistlichkeit. Dabei kannte er sie gar nicht. Hat damals noch in der Stadt gelebt. Den Menschen im Dorf haben sie nur Gutes getan. Niemand hätte ihnen ein Haar gekrümmt, ohne sich dafür zu schämen. Fremde Soldaten haben sich mit ihrem Blut befleckt. Schamlos gelacht haben sie dabei, die Gottlosen.“

Großmutter lügt nie, das weiß Nina seit langem. Irritiert hat sie Vater befragt, ob er etwas von dieser Geschichte wisse, die Großmutter erzählt habe. Vater ist ungehalten gewesen: „Was kümmerst du dich um dieses Altweibergeschwätz?“ Ninas erschrockenes Gesicht hat ihn einlenken lassen: „Schon gut, meine schöne Kleine. Aber du musst wissen, dass ich kein Mitleid mit Popen und Mönchen haben kann. Haben geholfen, das Volk zu verdummen und in Knechtschaft zu halten. Das mit Semjon hätte allerdings nicht sein müssen. Aber damals war in ganz Russland Großreinemachen angesagt. Da schlugen die Leute mitunter über die Stränge.“

„Aber Großmütterchen hat mir erzählt, dass Vater Nikolai ein gütiger Mensch war. Er hat mit seinen Mönchen in Armut gelebt. Sie haben den Kindern Schreiben und Rechnen beigebracht und sich um die Waisenkinder gekümmert. Warum musste die neue Zeit damit anfangen, wohltätige Menschen zu erschlagen?“

„Ach, was schon! Wohltätig! Mit einer Hand haben sie gegeben und mit zwei Händen haben sie genommen. Den Leuten die Köpfe verdreht haben sie. Haben ihnen eingeredet, Gott bestimme, wer in Armut und wer in Reichtum leben müsse. Alles sei von Gott bestimmt. Das könnte ihnen so passen. Also Schluss mit dem Popengeschwätz. Nur Semjon hätte man schonen sollen. Nun komm schon, meine Kleine, mach deinem Papa eine Freude und lächle wieder."

Ninas Misstrauen ist fortan geweckt. Sie blickt aufmerksamer auf die Menschen im Dorf und beginnt, an Vaters einfachen Erklärungen leise zu zweifeln. Mit der Zeit gewöhnt sie sich daran, Vater und Großeltern nacheinander zu befragen und sich erst danach eine eigene Meinung zu bilden. Was für Überlegungen sie auch anstellt, ihre Antworten liegen immer dazwischen. Das hat sie weder Vater noch den Großeltern gesagt, denn jede Partei beharrt unnachgiebig auf ihrer Meinung. Sie ist stiller geworden. Ihre unschuldige Kinderzeit ist zu Ende gegangen.

Zu Semjon aber ist sie fortan freundlich. Ihr scheint es, Vater habe Mitschuld an Semjons Elend.

Es ist wie ein wundersames Erlebnis. Immer, wenn Großmutter den armen Semjon versorgt hat, erzählt sie ihrer Enkeltochter von den Menschen im Dorf und von der Zeit vor der Revolution und dem großen Krieg. Als sie Großmutter auf diesen Umstand aufmerksam macht, hat die alte Frau sie an ihre riesige Brust gedrückt und ihr eine erstaunliche Erklärung gegeben: „Damit wir Menschen nicht übermütig werden, lässt Gott die Geschlagenen unter uns. Die Ärmsten erinnern uns daran, was für ein Glück es ist gesund zu sein. Schwer ist unser Leben, doch solange wir gesund sind, gibt es keinen Grund laut zu klagen. Daran erinnern uns die Geschlagenen. Wenn wir ihnen Nahrung und Unterkunft geben, handeln wir gottgefällig, werden gereinigt und erleichtern unsere Seelen."

Ninas Vater sieht auch dieses Problem durch seine bolschewistische Brille. Für ihn gibt es zwei Sorten Krüppel: die bolschewistischen und die nichtbolschewistischen. Erstere haben ihre Körperteile der siegreichen Sache des Weltproletariats geopfert. Für sie würde der Sowjetstaat sorgen. Letztere haben entweder für eine schlechte Sache gekämpft oder sind leichtsinnig gewesen. Mitleid hätten sie nicht verdient. Außerdem kennt Ninas Vater viele Krüppel, die mit großem Geschick für sich sorgen und der Gesellschaft nicht auf der Tasche liegen. „Was aber soll man zu den Verwirrten sagen? Haben gesunde Glieder, scharfe Augen und empfindsame Ohren. Doch anstatt zu arbeiten, wie es sich für gesunde Menschen geziemt, reden sie wirr, treiben hanebüchenen Unsinn und füllen sich den Bauch auf Kosten der Allgemeinheit. Man sollte die Verwirrten ebenso ausmerzen wie die Feinde der Revolution. Zu rein gar nichts sind sie nütze.

Man muss auch bedenken, was Besuchern unseres fortschrittlichen Dorfes durch den Sinn gehen wird, wenn ihnen dieser Semjon über den Weg läuft. Womöglich segnet er, zu unserer Schande, einen wichtigen Genossen aus der Stadt. Nicht auszudenken!"

An all diese Dinge denkt Nina, während sie sich um Semjon kümmert. Bei so viel Komfort schlummert Semjon schnell hinüber.

Zufrieden lächelnd verlässt Nina den armen Semjon. Hat Großmutter nicht nach ihr gerufen?

Als sie aus dem mit Stroh gefüllten Verschlag tritt, prallt sie auf einen deutschen Soldaten. Wie aus dem Nichts ist er aufgetaucht und steht mit gesenktem Gewehr vor ihr. Der Schreck fährt ihr wie ein Messer in die Brust und nimmt ihr den Atem. Entsetzt und keines klaren Gedankens fähig starrt sie auf den Soldaten, der sich ebenfalls erschrocken hat und sie mit großen Augen anblickt.

Beide weichen instinktiv einen Schritt zurück. Nach dem ersten Schreck versuchen beide ihre Situation zu erfassen.

Vorsichtig hebt Nina den Kopf und blickte dem Soldaten in die Augen. Er ist ja schön der Faschist, ist ihr erster Gedanke. Steht da mit seinem blonden Lockenkopf und zielt mit dem Gewehr auf meinen Bauch.

Als den Soldaten der Blick aus Ninas grünen Augen trifft, spürt er, wie sein Herz heftiger klopft. Blut steigt ihm in die braun gebrannten Wangen. Um seine Unsicherheit zu überspielen, fragt er streng: „Du allein? Wer hier?"

Nina versteht kein Wort. Sie erinnert sich daran, was ihr der alte Dawidow gesagt hat: „Wenn du auf Deutsche triffst, immer reden, reden. Sag den Verfluchten, wie du heißt und frag sie nach ihren Namen." Und noch einen Rat hat ihr der Alte gegeben: „Lern ‚nicht schießen' auf Deutsch."

Aber, was ist denn Deutsch für eine Sprache! „Du ncht schieß!“, sagt sie. Dann zeigt sie auf ihre Brust: „Nina, Imenij Nina.“

Der Soldat wird noch verlegener. Die Theorie vom Umgang mit feindlichen Zivilisten ist das eine. Dies hier ist die unvorhergesehene Praxis. Er lässt das Gewehr sinken und überlegt, ob es nicht an der Zeit wäre, nach dem Gefreiten Anton Dombrowski zu rufen.

Nina spürt die Unentschlossenheit des Soldaten. In so einer Situation kann sich das Schicksalspendel in jede Richtung bewegen. Sie spürt den Pulsschlag im Hals.

Der Soldat hebt sein Gewehr wieder an.

Im selben Augenblick gibt der im Stroh schlafende Semjon lautstark unanständige Töne von sich.

Sofort ist die antrainierte Vorsicht des Soldaten geweckt. Schuss- und kampfbereit schiebt er Nina beiseite und spähte in den Verschlag.

„Semjon, Semjon“, sagt Nina und gibt dem Soldaten durch eine unmissverständliche Geste zu verstehen, dass Semjon nicht richtig im Kopf ist.

Jetzt erkennt auch der junge Soldat den schlafenden Dorftrottel, der ihn und seinen Kameraden vorhin im Dorf gesegnet hat. Er ist sichtbar erleichtert. Immerhin hätte es ein kampfbereiter Russe sein können.

Gleich darauf erreicht die von Semjon abgesonderte Duftwolke die Nase des Soldaten. Angeekelt verzieht er sein Gesicht. Über diesen Gesichtsausdruck muss Nina lachen.

Der Soldat sieht sie erstaunt an und kann den Blick nicht von ihr lassen. Zu schön ist dieses lachende Gesicht mit den entblößten, gesunden Zahnreihen. Das Gewehr senkt sich.

Das Gesicht des jungen Soldaten bekommt einen Ausdruck, den Nina nicht deuten kann. Nur eines ist ihr auf der Stelle klar: Er wird mir nichts tun!

So, als hätte er ihre Gedanken erraten, blickt der Soldat sie freundlicher an. Was für ein schönes Mädchen denkt er. Übermächtig wächst in ihm das Verlangen, das Gesicht der Russin zu berühren.

Hilflosigkeit packt ihn erneut. Schnell geht er zur Stalltür und ruft: „Anton!"

Anton Dombrowski benötigt nur eine Sekunde, um die Not seines jungen Kameraden zu erkennen. „Nu werd man nich gleich rappelig, wejen de Deern. Scheen is se man, nuscht to mäkeln."

Olga Lukaschenkowa ahnt Schlimmes, als sie ihre Enkeltochter neben den Soldaten erkennt. Schwerfällig sinkt sie vor dem deutschen Riesen auf die Knie und fleht ihn an, ihrer Enkeltochter kein Leid zuzufügen. Aus Angst vor den fremden Soldaten habe man sie nicht auf die Liste geschrieben. Es habe geheißen, alle jungen Frauen werde von den Deutschen erst Gewalt angetan und dann transportiere man sie nach Deutschland.

Beschämt und verlegen zieht Anton Dombrowski die alte Frau in den Stand und spricht beruhigend auf sie ein. Nina drückt sich an ihre Großmutter und versucht ebenfalls, sie zu beruhigen.

„Warum trauen uns die Russen immer nur das Schlimmste zu?", fragt Soldat Schuster, nachdem ihm Anton Dombrowski die Sorgen der alten Frau erklärt hat. „Im Kriech benehm sich manche schlimmer als Tiere. Möcht nich wissen, was es alles jibt. Dir möcht's auch nich jefallen, wenn dir fremde Soldaten durch de Stube latschen."

Als die deutsche Streife den Hof verlassen hat, sackt Olga Lukaschenkowa auf der Bank zusammen. Tränen rollen über ihr zerfurchtes Gesicht. „Was soll nur werden, wenn sie dich melden, mein Täubchen? Du hättest nicht im Dorf bleiben dürfen. Ich bin an allem schuld."

Ninas Anspannung löst sich. Weinend kniet sie sich vor ihre Großmutter und drückt sich an deren Körper. Sie zittert leicht und sagt: „Weglaufen können wir nicht. Wo sollten wir auch hin? Hat mich entdeckt, der junge Faschist. Dabei ist er so schön wie ein Kosak. Doch nun ist alles verdorben. Wie er mich angesehen hat, der Verfluchte. So als würde er mir nichts tun. Doch jetzt wird er alles melden, der Verfluchte."

Olga Lukaschenkowa streichelt den Kopf ihrer Enkeltochter. „Russisch konnte der Große. Er hat mir versprochen, nichts zu melden. Aber wie kann man einem Deutschen trauen. Möge Gott uns beistehen."

Wird er nicht, denkt Nina traurig, wird er nicht.

„Sie hat dir also jefallen?", fragt der Gefreite Dombrowski, während er mit dem Soldaten Schuster durchs Dorf patrouilliert.

„Was heißt gefallen? Ein hübsches Gesicht hat sie. Werden wir sie melden? Könnte für die beiden und für das Dorf unangenehm werden."

„Muss aber nich, wenn de man dichthältst. Keiner hat nuscht jesehn, verstehste", überlegt der Gefreite laut. „Se tun uns ja man nuscht."

„Wenn eine andere Streife sie entdeckt, haben sie eben Pech gehabt." Der Soldat wirkt erleichtert. Sein Herz hat sich längst für das schöne Mädchen und gegen die Soldatenpflicht entschieden.

„Lass mich man machen", sagt Anton Dombrowski.

Als sie das Haus des Dorfältesten erreichen, pfeift der Gefreite, bis Igor Mamedow an der Tür erscheint und winkt ihn dann heran.

Ruhig und gefasst hört Igor Mamedow dem Deutschen zu. Dann nickt er, drückt dem Gefreiten die Hand und geht zurück ins Haus, zu seinem Freund Kolja Prischin und dem Samowar.

„Sie haben die kleine Zwetkowa entdeckt. Bruder Lustig will, dass ich es Fritz dem Schrecklichen melde, damit mir und dem Dorf kein Schaden erwächst. Ist das Dorf raus, sagt er, wird man Olga Lukaschenkowa nichts anhaben. Das Mädchen aber sollen wir jünger machen. Mir scheint, Bruder Lustig hat recht."

„Und wenn nicht?", fragt Kolja Prischin.

„Dann wird Gott hoffentlich meiner Seele gnädig sein. Wenn es heißen sollte: das Mädchen oder das Dorf, weiß ich, was mein Kopf entscheiden wird. Das Herz aber würde es mir vor Scham und Schmerz zerreißen. Durch ganz Russland müsstest du fahren, um ein schöneres Mädchen zu finden."

Waldgeister

Erwin Hofschneider ist mit dem Gedanken schwanger gegangen, die wenigen Gebäude auf der anderen Flussseite niederbrennen zu lassen. Die alte Bäuerin, die dort allein gelebt hat, ist inzwischen gestorben. Erwin Hofschneider befürchtet, die Gebäude könnten Partisanen als Sichtschutz und Stellung dienen, wenn sie das Dorf einmal angreifen sollten.

Doch nun ist ihm vom Divisionsstab ein Zug „Nahkämpfer" angekündigt worden, dessen Einquartierung er vorbereiten soll. Der Zug, das teilte man ihm mit, unterstehe einem Leutnant Brach, dem auch die bisher zum Schutz der Veterinärkompanie abgestellten Soldaten zugeordnet werden. Leutnant Brach erhalte seine Befehle ausschließlich von Hauptmann Lange aus dem Divisionsstab. Lediglich in Fragen der Ordnung im Dorf bleibe das Weisungsrecht beim Ortskommandanten.

Was liegt näher, als zwei Fliegen mit einer Klappe zu schlagen und die Neuen am anderen Flussufer unterzubringen? Die Gebäude auf der anderen Seite sind dann unter Kontrolle und die „Nahkämpfer" werden die Dienstabläufe und das Dorfleben auf dieser Seite nicht stören. Ordnung muss sein, sagt sich Erwin Hofschneider. Vermeidbare Komplikationen und Unordnung haben in seinem Denken keinen Platz. Was immer getan werden muss, das kann nach klaren Regeln erledigt werden. Hierin liegt für ihn der wesentliche Unterschied zum zivilen Durcheinander.

Erwin Hofschneider beruhigt die Aussicht, bald eine Kampfeinheit in seiner Nähe zu wissen. Seine Männer sind für ernsthafte Gefechte weder ausgebildet noch ausgerüstet. Die Bauernsöhne verstehen zwar viel von Pferden, aber auf ihre soldatischen Fähigkeiten setzt er keine allzu großen Hoffnungen. Viele haben das 30. Lebensjahr beträchtlich überschritten.

Die wenigen jüngeren Soldaten sind wegen ihrer Verletzungen zur Veterinärkompanie versetzt worden. Da ist es gut, wenn der Kampfeswille seiner Männer nicht von Partisanen auf die Probe gestellt wird.

Während des Winterfeldzuges hat es Erwin Hofschneider gelernt, die Partisanen zu hassen. Zu viele Männer und seinen Freund Oberleutnant Macke hat er ihretwegen in Hinterhalten verloren. Oft hat es das ganze Können seiner kampferfahrenen Kameraden gebraucht, um die Verluste in Grenzen zu halten. Diese Männer sind von einem anderen Kaliber gewesen als seine Altherrenriege, die er jetzt kommandiert.

Sollen uns die „Nahkämpfer" die Partisanen ruhig von Hals halten, dann hab ich eine Sorge weniger, denkt er. Die Partisanen hart zu bekämpfen, entspricht seiner Überzeugung. Für ihn sind sie feiges, hinterlistiges Pack, das durch seine brutale Kampfesweise jedes Recht auf Nachsicht verwirkt hat. Den Partisanen ist jedes Mittel recht, also ist auch gegen die Partisanen jedes Mittel recht.

Die geplante Einquartierung der Kampfeinheit stößt auf Erwin Hofschneiders ungeteilte Zustimmung. Seine Kompanie kann nun sicherer ihre Aufgaben erfüllen. Außerdem gibt die Anwesenheit einer Kampfeinheit seinen Männern einen Geschmack davon, dass sie sich noch immer im Krieg und nicht beim Picknick in einem friedlichen, russischen Dorf befinden. Die Ruhe im Dorf und das Verständnis für das harte Leben der Alten und Kinder verführen seine Männer wieder und wieder zu einem sorglosen Alltagstrott. Wenn er sie daraufhin anspricht und ihnen mitteilt, dass es in anderen Dörfern Anschläge auf Telefonverbindungen oder Überfälle auf Melder und Versorgungsfahrzeuge gebe, zeigt das nur kurze Zeit Wirkung. Bleiben wir noch lange in diesem Kaff, werden am Ende aus deutschen Soldaten noch russische Bauern, ärgert er sich.

Doch nun wird die anrückende Einheit auch seinen Männern wieder mehr Aufmerksamkeit abverlangen. Sie werden täglich vor Augen haben, nicht auf einer friedlichen Insel zu leben, sondern nach wie vor in Divisionsplanungen einbezogen und von Kampfeinsätzen beeinflusst zu werden. Das kann in seinen Augen nur gut sein. Außerdem wertet Erwin Hofschneider den Einsatz der Nahkämpfer als ein Zeichen gewonnener Stärke. Wir sind jetzt in der Lage, Soldaten von der Front abzuziehen und sie gegen die Partisanen einzusetzen, redet er sich in Gedanken die Lage schön.

„Neue Soldaten sind gekommen!“, ruft der kleine Pjotr aufgeregt, während er atemlos die Dorfstraße heraufgerannt kommt. „Auf der anderen Flussseite haben sie Häuser besetzt. Panzerautos haben sie und kleine Kanonen.“

„Und Pferde?“, will Igor Mamedow wissen.

„Keine Pferde. Nur Autos und Motorräder“, erklärt der Junge, der schnaufend vor den Alten steht.

„Schlecht“, sagt Igor Mamedow zu Kolja Prischin. „Müssen sich die Ungehobelten nicht um Pferde kümmern, werden sie sich bald andere Dinge vornehmen. Entweder werden sie uns ärgern oder die Leute in den Wäldern.“

„Oder beide“, sorgt sich Kolja Prischin. „Als ob wir mit Fritz dem Schrecklichen nicht schon genug gestraft sind.“

„Und die in den Wäldern sind für das Dorf auch nicht gerade hilfreich“, gibt Igor Mamedow zu bedenken. „Machen sie sich bemerkbar, fordern sie die Deutschen heraus. Für die Deutschen ist unsere Dorf dann im Verdacht, den Partisanen zu helfen und für die Partisanen ist unser Dorf eine Versorgungs- und Ausgangsstellung der Deutschen. Die einen mögen unser Dorf so wenig wie die anderen. Unsere einzige Hoffnung sind die Partisanen aus Tichaja Semlja. Sie werden sich erinnern, wen sie im Dorf zurückgelassen haben.“

„Darauf würde ich keinen ziehen lassen“, sagt Kolja Prischin. Was er aber tut. Da muss auch der kleine Pjotr lachen. Er freut sich, weil sich nun auch die ernsten Gesichter der Alten aufheitern und er fragt: „Warum kommen die Unsrigen nicht ohne Gewehre aus den Wäldern und arbeiten im Dorf so wie früher? Wie leicht wäre das Leben dann für alle.“

„Ist es denn besser, wenn sie im Dorf arbeiten und die Deutschen die Ernte stehlen? Nein, mein Lieber, für die Deutschen arbeitet ein Russe nicht. Er würde arbeiten und trotzdem so wie wir hungern. Für die Deutschen sind wir weniger wert als ihre Pferde, so steht es um uns“, erklärt ihm Kolja Prischin.

„Was aber, wenn die Deutschen mit Stalin fertig werden? Was wird dann mit den Unsrigen in den Wäldern? Sollen sie zu Waldgeistern werden? Wie sollen sie dort auf Dauer leben? Und das Dorf, wie soll das Dorf ohne sie leben? Das Herz gefriert mir, wenn ich nur daran denke“, hält Igor Mamedow dagegen.

„Oder Stalin versohlt den Deutschen doch noch den Hosenboden. Was wird der junge Konew dann davon halten, dass wir Buckligen nicht wie aufrichtige Kommunisten gegen die Deutschen gekämpft haben? Bis zum letzten Mann sozusagen. Kollaborateure werden wir für ihn sein und schon ist es aus mit uns“, erwägt Kolja Prischin die andere Möglichkeit.

„Und auf die Kinder und das Dorf pfeifen wir, du Neunmalkluger! Wie du dir das denkst, gegen die Deutschen kämpfen! Schwingen wir tapfer die Krücken; vielleicht gibt es dann drei Deutsche weniger. Aber Tichaja Semlja wirst du danach auf keiner Landkarte mehr finden. Gegen hundert tote Deutsche werd ich den Jungen nicht hergeben!“, erregt sich Igor Mamedow und streicht dabei dem kleinen Pjotr über das blonde Haar.

Dem Jungen steigen Tränen in die Augen. „Ich will nicht, dass ihr euch streitet.“

„Ach, was für ein Streit ist das schon, mein Lieber. Wenn wir beiden Knaster unsere Zuneigung zum Ausdruck bringen wollen, dann hauen wir uns am liebsten die Fußlappen um die Ohren. So ist das, wenn man alt ist. Wirst schon sehen.“

Juri Konew ist rückblickend mit sich zufrieden.

Umsichtig und streng regelte er das Waldleben, damit das heillose Durcheinander der ersten Tage schnell überwunden werden konnte.

Nachdem er staunend sah, wie nachlässig die rasant vorrückenden Deutschen mit den Dörfern und Räumen abseits der Landstraßen umgingen, zog er in Ruhe Bilanz und plante die nächsten Schritte.

Schnell erkannte er, dass vor allem die Verpflegung, die Medikamente und die Tabakbestände sofort rationiert und dann rasch aufgebessert werden mussten. Der Nahrungsmittelbeschaffung in den Dörfern waren enge Grenzen gesetzt. Es war daher wichtig, Verbindung zu den eigenen Truppen herzustellen und deutsche Versorgungsfahrzeuge anzugreifen.

Da bei Angriffen auf deutsche Versorgungsfahrzeuge mit der Gefangennahme eigener Leute gerechnet werden musste, die unter deutscher Folter Standorte preisgeben konnten, ließ er mehrere Außen- und ein Hauptlager einrichten. Die Verbindung zwischen Hauptlager und Außenlagern wurde zunächst nur durch zuverlässige Kuriergruppen, später über Funk hergestellt.

In den kleinen Außenlagern wurden die für militärische Aufgaben am besten geeigneten Männer und Frauen ausgebildet und auf ihre gefährlichen Einsätze vorbereitet.

Das Hauptlager ließ Juri Konew unweit einer Lichtung tief im Wald einrichten. Das Lager ist von Sümpfen umgeben und kann nur durch Leute mit exakten Ortskenntnissen erreicht werden. Nur wenige seiner Bewohner sind in der Lage, es ohne fremde Hilfe wieder zu verlassen. Das Lager besteht aus gut getarnten Holz- und Erdhütten. Zuerst wurden Unterkünfte und Lagerräume errichtet. Später kamen eine Küche, eine Bäckerei, eine Wäscherei, ein Lazarett und eine Schule hinzu.

Die nahe Lichtung eignet sich ausgezeichnet zum Abwerfen von Ausrüstung und Verpflegung. Doch erst im Frühjahr, nachdem die Deutschen weit zurückgedrängt worden waren, gelang es Juri Konew, Verbindung zu den nun teilweise nur siebzig Kilometer entfernt liegenden eigenen Truppen herzustellen. Bald darauf sprang im Morgengrauen ein Funker ab, der codierte Meldungen absetzen und empfangen konnte. Groß war die Erleichterung, als die ersten Flugzeuge Nahrungsmittel, Machorka, warme Kleidung, mehrere Funkgeräte und Munition abwarfen. Die Menschen im Wald wussten nun, dass man sie nicht vergessen hatte.

Bis zu diesem Ereignis hing das Überleben der Partisaneneinheit an einem seidenen Faden. Alle militärischen Aktivitäten mussten ausschließlich auf die Beschaffung von Nahrungsmitteln konzentriert werden. Obwohl sie nie ausreichend Beute machten, gab es dabei herbe Verluste.

Nur mit Hilfe einer unerbittlichen Lagermiliz gelang es Juri Konew, das wenige so zu verteilen, damit es den größten Nutzen brachte. Seither steht auf Diebstahl oder Diebstahlsversuch die Todesstrafe, die sofort durch Erschießen vollstreckt wird.

Einigen trübte der Hunger die Gedanken so sehr, dass sie sich auch durch die harte Strafe nicht abschrecken ließen. Ihre Leichen warf man ebenso in den Sumpf, wie die von Leuten, die wegen Fluchtversuch oder Feigheit erschossen wurden.

Aufgrund von Hunger und Krankheit verlor die Einheit im strengen Winter mehr Leute, als in Kampfhandlungen und wegen vollstreckter Todesstrafen. Insgesamt fast hundert Leute. Wer den Winter überlebte, war entkräftet.

Ohne bessere Versorgung werden wir keinen zweiten Winter überleben, dachte Juri Konew im Frühjahr beim Durchblättern des Lagertagebuchs.

Sobald der Schnee schmolz und die ersten Versorgungsgüter abgeworfen wurden, griffen sie sofort deutsche Konvois und Lager an und knüpften das Netz der Informanten im besetzten Gebiet neu.

Die Deutschen reagierten zunächst ziemlich hilflos auf die Überfälle. Sie gaben den Druck auf einige Dörfer und die städtische Bevölkerung weiter. Das war ein kalkulierter Nebeneffekt der Partisanenaktivitäten. Die Deutschen machten sich so bei der russischen Bevölkerung immer unbeliebter und erschwerten den Kollaborateuren das schmutzige Handwerk.

Doch dann verstärkten die Deutschen ihre Luftaufklärung. Sie entdeckten und zerstörten zwei Außenlager. Dabei machten sie Gefangene und erpressten wahrscheinlich neue Informationen.

Mit vielen Gefechten, hohen Verlusten und einer ausreichenden Versorgung ging der Sommer ins Land, ohne dass sich an der Frontlage in ihrem Abschnitt etwas veränderte. Nach wie vor saßen die Deutschen im Bereich der Landstraßen und in gut einsehbaren Gebieten fest im Sattel, während die schwer zugänglichen Landstriche den Partisanen gehörten.

Wieder ist es Herbst geworden. Unter Juri Konews Kommando leben fast 300 Leute im Haupt- und nahezu 150 Leute in den Außenlagern. Hinzu kommen zwei Dörfer innerhalb des dichten Waldgebietes, in die noch kein deutscher Soldat einen Fuß gesetzt hat. Als gäbe es diesen erbitterten Krieg nicht, werden hier die Felder bestellt. Auch ein Teil des bei der Flucht aus Tichaja Semlja und anderen Dörfern mitgenommenen Viehs steht hier in den Ställen oder grast auf den Weiden.

Juri Konew erinnert sich daran, dass man im Gebietskomitee immer abfällig und belustigt von den entlegenen, hoffnungslosen Dörfern gesprochen hat, in denen anscheinend die Zeit stehen bleibe und deren Modernisierung sich nicht lohne. Lassen wir sie, hat es geheißen, die Jungen werden das Weite suchen und die Alten das Zeitliche segnen. Den Rest besorgt die Natur.

Aber es sind immer wieder genug junge Leute in diesen Dörfern geblieben, um sie am Leben zu halten. Da sie kaum jemanden in diese Einöden locken können, bleiben die Einwohner unter sich. Darüber hat sich ein für die Landwirtschaft zuständiges Komiteemitglied erbost: „Nur Iwanows, Felins und Serows – die reinste Inzucht. Am Ende werden lauter Idioten durchs Dorf laufen. Wie sollen aus ihnen Sowjetmenschen werden?"

Ein Genosse hat vorgeschlagen, die Bewohner der entlegenen Dörfer in fortschrittliche Kolchosdörfer umzusiedeln. Ehe die Pläne ausgearbeitet werden können, ist der Krieg gekommen, der die gesamte Sowjetordnung bedroht. Wer denkt da noch an die entlegenen Dörfer?

Es ist schon seltsam, überlegt Juri Konew. In diesen hinterwälderischen Dörfern sorgen wir dafür, dass die Leute weiterhin der Sowjetmacht den ihr gebührenden Respekt erweisen. Im nur 30 Kilometer entfernten fortschrittlichen Tichaja Semlja bestimmen dagegen die verdammten Faschisten. Besudeln das Dorf mit ihrer Anwesenheit. Was für eine Schmach, die mir da in der Seele brennt! Hat uns heimtückisch überfallen, das faschistische Pack. Noch ist nicht aller Tage Abend. Wir werden ihnen schon bald zeigen, aus welchem Holz russische Kommunisten geschnitzt sind. Genosse Stalin wird Hitler über kurz oder lang am Genick packen und ihn vor Mütterchen Russlands Tür setzen.

Freilich sind die spärlichen Nachrichten, die er aus Tichaja Semlja erhält, nicht gerade ermutigend. Anfangs amüsiert er sich, weil man die verkalkten, krummbeinigen Alten zu Starosten bestimmt hat. Doch nun stellt es sich heraus, dass sie die Deutschen fröhlich gewähren lassen. Helfen ihnen sogar. War das nicht vorauszusehen? Dem Popenzögling Mamedow traut er nichts anderes zu. Der lebt in Gedanken in der alten Ordnung und trauert ihr nach. Aber dass der eigene Vater in Eintracht mit dem deutschen Pack lebt, das schmerzt ihn. Bringt der alte Wirrkopf nicht Schande über unseren Namen?

Juri Konew blickt nicht gerne zurück. Wozu soll das gut sein? Ebenso gut kann man ungelegte Eier zählen. Doch heute, an diesem stillen Herbstabend, genehmigt er sich, zusammen mit seinem Kommissar und Lagerlehrer Dimitrij Zwetkow, einen Schluck des am Vortag erbeuteten deutschen Kognaks und lässt sich zu Erinnerungen hinreißen.

„Der Alltagstrott ist nie meine Sache gewesen. Schon als Kind hab ich nicht verstanden, wofür sich meine Alten so abrackerten. Nie genug und trotzdem keine Ansprüche. Im Gegenteil: Mutter hat ihrem Gott jeden Tag für unser armseliges Leben gedankt. Was für einen Gott sie da hatte! Sah zu, wie ihre Kinder in geflickten Sachen herumliefen und frühzeitig in Stall, Garten und auf den Feldern anpacken mussten, während die Gutsherrenkinder spielten und in teuren Kleidern durchs Dorf fuhren.

Die Leute schufteten sich ihre Rücken krumm, hungerten und ihre Kinder starben. Im Gutshaus wurde derweilen getafelt und getanzt.

Für die alte Dorfobrigkeit war ich zu Plackerei und Armut verdammt und weniger wert als ihr Hund oder ihr Pferd. Ihre überhebliche Ungerechtigkeit erzürnte mich. Ich begann, sie zu verachten und zu hassen. Doch auch über meine Alten und die Bauern im Dorf ärgerte ich mich, weil sie ohne zu murren im Joch herumliefen. Konnte es denn etwas Schlimmeres geben, als sich mit seinem unverschuldeten Elend und dem schreienden Unrecht abzufinden? Wie konnte man williger Knecht einer verdorbenen, unbarmherzigen Obrigkeit sein? Schon als Junge wusste ich, dass ich diesen unwürdigen Weg nicht gehen werde. Welchen Weg aber sollte ich einschlagen?

Da kam wie ein unverhofftes Geschenk die bolschewistische Revolution. Als die revolutionären Soldaten ins Dorf kamen, war ich gerade Siebzehn geworden. Sie machten nicht viel Federlesens mit der Gutsherren- und Popenherrlichkeit und brachten die Sowjetmacht nach Tichaja Semlja.

Damals begriff ich die einfache und klare Botschaft der Revolution: Sie uns oder wir sie. Kein Erbarmen mit den Feinden der Revolution, denn sie haben kein Erbarmen mit uns.

Erstaunliches geschah vor meinen jungen Augen: Das Alte, das drohend auf dem Dorf gelastet und es in Knechtschaft gehalten hatte, erwies sich als schwach und hilflos, als seine Regeln missachtet wurden. Ein Dutzend bolschewistischer Reiter – und aus war's mit der alten Dorfobrigkeit.

Diese lebendige Lehre vergaß ich nie. Fortan wollte ich mich von niemandem mehr erniedrigen lassen und nur noch meinen Überzeugungen gehorchen. Die revolutionären Soldaten öffneten mir die Augen und belehrten mich nachhaltig über das raue Menschenleben: Nimm dein Schicksal in die Hände, damit es keine Purzelbäume mit dir schlägt. So hab ich mich bei Nacht aus dem Staub gemacht und mich den Soldaten der Revolution angeschlossen." Juri Konew trinkt sein Glas leer und blickt dann finster in die Ferne.

„Damals musste in meinem Leben noch so einiges geschehen, ehe mir die Augen aufgingen", sagt Dimitrij Zwetkow. „Du aber warst schon damals auf der richtigen Seite. Schwer wird es damals gewesen sein, Genosse Kommandeur."

„Was haben wir für die Revolution gelitten und geblutet!", erklärt ihm Juri Konew mit wichtiger Miene, während er sich eine deutsche Beutezigarette anzündet. „Die Leute aber begriffen ihre Rolle in der neuen Zeit nicht. Hielten sich zurück, mäkelten schamlos an der Revolution herum und waren darauf bedacht, ihre kümmerliche Habe zu verteidigen und zu mehren. Vor lauter Kleinkram sahen diese Blinden die große Sache nicht. Jedem Unsinn der feindlichen Propaganda glaubten sie eher als unserer Aufklärung. So gerieten wir einmal bei einem Dorf namens Pastbitsche in einen Hinterhalt der Grünen. Dabei verloren wir viele tapfere Kämpfer. Ehe wir, nach unserem blutig bezahlten Sieg, die Gefangenen hinmachten und ihre Häuser anzündeten, fragten wir sie, warum sie uns in eine Falle gelockt haben, obwohl wir ihnen die fortschrittliche Sowjetordnung bringen wollten. Zuerst schwiegen die Aufwiegler dumpf. Nach ein paar Schlägen mit den Gewehrkolben sagte einer: ‚Ihr Roten lebt in Sünde. Ihr habt unsere Frauen zum Gemeingut erklärt und wollt aus dem heiligen Russland ein einziges Bordell machen. Das ist gegen unsere Ehre. Lieber sterben wir.'

Nun ja, in Russland sterben die Leute gerne für allerlei Unsinn. Wenn es nur recht edel und pathetisch dabei zugeht, dann macht ihnen das Sterben nicht viel aus." Juri Konew spuckt verächtlich auf den Boden.

„Wie wahr, wie wahr, Genosse Kommandeur", pflichtet ihm Dimitrij Zwetkow bei. „Gestattest du mir eine Zigarette?"

Juri Konew schnippt die Zigarettenpackung über den groben Holztisch. In Fahrt gekommen, erzählt er weiter. „Nach der Erschießung der Gefangenen sagte mir unser Kommissar: ‚Dumm ist das gemeine Volk und dumm wird es bis zum Jüngsten Tag bleiben. Ein Volk, musst du junger Dachs wissen, existiert in Wahrheit nur mit seinen Führern. Ohne sie ist es ein räudiges, triefäugiges Ungeheuer. Auch das gewichtige russische Proletariat existiert nur aufgrund seiner Avantgarde, der ruhmreichen Kommunistischen Partei Russlands. Sie formt das städtische und das bäuerliche Proletariat und zwingt es, für die Menschheitsbefreiung zu arbeiten. Allein wäre es dafür zu dumm, zu knechtig und viel zu träge. Hoffen wir, dass die Leute eines Tages aufwachen und erkennen, was wir Kommunisten ertragen und geleistet haben.'

Das hab ich sofort verstanden und meine Schlussfolgerungen daraus gezogen. Am nächsten Tag wurde ich in die Reihen der ruhmreichen Kommunistischen Partei aufgenommen. Solch einen Kommissar hatten wir damals. Ein Elend, dass ihn die Weißen gehängt haben."

Dimitrij Zwetkow seufzt. „Schlimm war dieser Krieg. Doch am Ende hat sich die Revolution behauptet und das allein zählt. Danach war vieles klarer und einfacher."

„Was heißt hier einfacher?", ärgert sich Juri Konew über das einfältige Geschwätz seines Kommissars. „Als ob unsere Sache jemals einfach sein kann! Was war denn nach dem Krieg? Überall erhob das alte Pack sein freches Haupt. Schieber, Spekulanten, Kulaken, bezahlte Agenten und hysterische Intellektuelle wohin man sah. Selbst unter dem Deckmantel der Partei trieben sie ihr schändliches Spiel. Viel Dreck musste von unseren Tschekisten weggeräumt werden, damit sich unsere gerechte Sache durchsetzen konnte. Es war wie mit dem Drachen im Märchen. Schlugen wir einen Kopf ab, wuchs ein anderer nach."

„Viel Blut ist seither geflossen, viel Blut", sagt Dimitrij Zwetkow. „Irgendwann muss doch einmal Schluss damit sein, damit wir unsere Kräfte auf wichtigere Dinge richten können. Nun dieser Krieg. Als ob wir nicht genug davon hätten."

Lehrergeschwätz, denkt Juri Konew verächtlich. „Wie viel Blut fließen muss, bestimmt die Revolution. Der Krieg gegen die Faschisten wiederum ist eine andere Sache. Dass sich viele ergeben und mit dem deutschen Pack eingelassen haben, zeigt doch nur eines: Die Revolution hat noch immer nicht genug reaktionäres Blut fließen lassen. Wir waren damals verzweifelt, weil wir bis zu den Knöcheln im Blut wateten. Wir waren erleichtert, als das Schlimmste vorüber zu sein schien. Heute weiß ich, es wäre besser gewesen, damals nicht nur bis zu den Knöcheln, sondern bis zu den Knien im Blut zu waten.

Dann wäre heute manches leichter und die Faschisten stünden nicht mitten in Russland. Zum Glück sind die Faschisten dumm und überheblich. Sie halten sich für eine bessere Art Mensch. Sie hätten sich mit unserem reaktionären Pack verbünden und es gegen uns in Marsch setzen können. Aber sie verachten alle Russen, also auch unser reaktionäres Pack. Vielleicht hat uns so die faschistische Überheblichkeit im ersten Kriegsjahr gerettet. Inzwischen haben die Gräueltaten der Faschisten selbst unsere Reaktionäre in Schrecken versetzt. Nun ja, wenn wir mit den Faschisten fertig sind, werden wir uns wieder einmal mit den ehrlosen Verrätern befassen müssen. Es will und will kein Ende nehmen."

Nachdem er Dimitrij Zwetkow schlafen geschickt hat, legt sich Juri Konew auf sein Feldbett und grübelt noch eine Weile:

Der Zwetkow ist nur fünf Jahre jünger als ich – doch was für ein Unterschied! Ich habe den Bürgerkrieg bis zum bitteren Ende ausgekostet. Er dagegen war am Ende des Bürgerkrieges 17 Jahre alt und wurde von unserer Macht aufgepäppelt. Konnte Lehrer werden. Kam in unser Dorf und machte sogleich der schönen Anjuschka Lukaschenkowa den Hof, auf die ich schon lange ein Auge geworfen hatte. Dass kann ich ihm bis heute nicht nachsehen. Hat sie geheiratet, ohne nach links oder nach rechts zu sehen. Was für eine Enttäuschung. Anjuschka hatte mir schöne Augen gemacht und dann den ersten Mann genommen, der sie streichelte. Aufs Süßholzraspeln hab ich mich nie verstanden. Ich habe den Eid des Revolutionärs geleistet: erst die Revolution, dann nochmals die Revolution und dann noch einmal die Revolution. Da blieb kaum Platz für Privates. Er aber kennt diesen Eid nur vom Hörensagen, hat sich gleich ums Private gekümmert und Anjuschka genommen. Ihre Tochter ist im Dorf bei ihrer Großmutter geblieben. Sie muss wohl siebzehn oder achtzehn Jahre alt sein. Ist der Mutter wie aus dem Gesicht geschnitten. Vielleicht wird sie dort liederlich und lässt sich schamlos mit den Deutschen ein.

Vor dem Einschlafen denkt er noch daran, dass er die Meldung des Fischerjungen Pawel Belikow über die Standorte der Deutschen in Tichaja Semlja gleich morgen früh an den Divisionsstab durchgeben muss. Der Stab hat jetzt einige Flugzeuge zur Verfügung. Vielleicht können sie den Deutschen damit ein wenig einheizen. Würde den Leuten im Dorf zeigen, dass wir noch da sind und sie von jedem weiteren Techtelmechtel mit den Faschisten abhalten. Was sich die Alten so denken. Schauen zu, wie es sich die Deutschen in unserem Dorf gut gehen lassen, die Felder bestellen und ihre Pferde mästen, die sie dann gegen uns zum Einsatz bringen. Von den Alten ist wohl nichts zu erwarten. Die größeren Kinder aber könnten uns helfen. Mal sehen, was sich da machen lässt. Erst einmal sollten wir ein Zeichen setzen und die Deutschen im Dorf kitzeln.

Meine Alten werden sie nicht treffen. Wohnen weit genug von den Deutschen entfernt. Und wenn, wär's auch kein Weltuntergang. In diesem erbitterten Kampf kann man auf Einzelne keine Rücksicht nehmen. Jeden von uns kann es augenblicklich treffen. Ich glaube nicht, dass mein Vater Tränen vergießen würde, wenn mich morgen die Deutschen am Schlafittchen hätten.

Also schlaf, Juri Konew. Morgen müssen mehrere Angriffe koordiniert werden und an die Waffenlager in der Nähe der besetzten Dörfer sollten wir auch bald denken, denn es ist in Kürze damit zu rechnen, dass neue Kämpfer zu uns durchgeschleust werden.

Erwin Hofschneider wird von einer Detonation aus dem Schlaf gerissen. Seine Ohren dröhnen. Er greift nach Taschenlampe und Pistole, die griffbereit neben dem Bett liegen. Im Lichtkegel der Taschenlampe erkennt er, dass überall im Raum Glassplitter und Gegenstände liegen. Ohne Stiefel springt er ins Freie. Unmittelbar neben dem Gebäude entdeckt er einen nicht sehr beeindruckenden Erdtrichter.

„Russische Bomben, Herr Stabsveterinär!“, ruft ihm ein herbeieilender Wachsoldat zu. „Man kann die russische Nähmaschine hören. Fliegen nur in Mondnächten. Mein Gott, haben Sie Glück gehabt!“

„Ich kann den Iwan nicht hören. Mir dröhnen die Ohren“, sagt Erwin Hofschneider und staunt über seine Gelassenheit. „Gibt es weitere Schäden?“

„Bis jetzt nicht, Herr Stabsveterinär. Aber der Iwan hat nur eine Schleife geflogen und kommt wieder näher. Alle Kameraden sind alarmiert und verlassen die Unterkünfte.“

Die nächste Bombe schlägt neben einem Stall ein. Sie versetzt Pferde und Stallwache in Unruhe. Einige der wenigen verglasten Stallfenster gehen zu Bruch. Weder Soldaten noch Pferde werden verletzt.

Die russische Nähmaschine dreht ab und fliegt langsam nach Osten davon.

Zuerst sind die Soldaten erschrocken. Hat sich die Frontlage entscheidend geändert? Ist die angenehme Zeit in diesem Dorf nun zu Ende? Doch als sie die beiden Trichterchen neben den Gebäuden sehen, beruhigen sie sich schnell und beginnen sich über die Stärke der russischen Luftwaffe lustig zu machen.

Das Lachen vergeht ihnen in der nächsten Nacht. Wieder rattert eine Nähmaschine über das Dorf. Diesmal wirft sie ihre beiden Bomben am anderen Flussufer ab. Eine trifft eine Unterkunft der Nahkämpfer und verletzt mehrere Soldaten.

Erwin Hofschneider meldet die Vorkommnisse dem Divisionsstab. Dort beruhigt man ihn. Größere Angriffe der Russen seien nicht zu erwarten. Dass in klaren Nächten mitunter einige Nähmaschinen ins Hinterland fliegen, sei ihnen bekannt. Man werde die Luftabwehr im frontnahen Bereich verbessern. Im Übrigen seien die gemeldeten Schäden kein Anlass, Kopfstände zu machen. Schwere Luftangriffe könne der Russe nicht fliegen. Er brauche alle Kräfte im Süden. Dort stehe Stalingrad vor dem Fall und im Norden werde Leningrad spätestens im Winter die weiße Fahne hissen. Macht euch in eurem gemütlichen Tichaja Semlja mehr Sorgen um eure Pferde und die Partisanen als um die russische Luftwaffe, heißt es.

Obwohl die beiden Luftangriffe kaum Schaden anrichten, beschäftigen Erwin Hofschneider zwei damit verbundene Fragen. Die erste Frage lautet: Wie werden sich die Angriffe auf die Russen im Dorf auswirken? Sie wissen nun, dass ihre Soldaten in der Lage sind, über ihr Dorf und über die Partisanenwälder zu fliegen. Das wird sie im Umgang mit uns noch vorsichtiger machen.

Die zweite Frage stellt sich ihm ebenso klar: Woher wissen die Russen so genau, wo im Dorf deutsche Soldaten und Pferde untergebracht sind? Es gibt dafür nur eine Erklärung: Jemand aus dem Dorf muss ihnen entsprechende Informationen geliefert haben.

Wie soll das bewerkstelligt worden sein? Niemand darf das Dorf unerlaubt und unkontrolliert betreten oder verlassen. Bei der Feldarbeit sind die Dorfbewohner unter der Kontrolle unserer Streifen. Will einer der Alten das Dorf verlassen, braucht er dafür eine Genehmigung. Nur wenige Genehmigungen wurden bisher beantragt. Den Alten sind die Wege zu beschwerlich. Außerdem müssen sie in Begleitung deutscher Soldaten reisen, die sie von Befehlsabschnitt zu Befehlsabschnitt weiterreichen. Schließlich die Frage: Wen wollen sie in dieser wirren Zeit besuchen. Wer von ihnen kann da mit gezinkten Karten spielen? Ich werde mir sicherheitshalber die erteilten Genehmigungen nochmals ansehen, überlegt Erwin Hofschneider.

Dann denkt er an den Dorfältesten Mamedow und dessen Vertreter Konew. Wo sind deren Kinder und Enkel? Gute Frage! Als er sie einmal danach fragte, haben sie die Schultern gehoben, nach Osten gezeigt und gesagt: gde nibud – irgendwo.

Vielleicht sind sie gar nicht irgendwo, sondern leben als Partisanen in den umliegenden Wäldern. Kann es möglich sein, dass sie sich nachts unbemerkt ins Dorf schleichen?

Wir müssen den russischen Teil des Dorfes wieder besser kontrollieren. Den Mamedow und den Konew werd ich einbestellen. Werd ihnen nochmals klarmachen, was für ihr Dorf auf dem Spiel steht.

Am nächsten Vormittag meldet die Wache den Kommandeur der Nahkämpfer, Leutnant Brach. Der junge Leutnant hat fröhliche braune Augen und einen spöttischen Zug um den Mund. Als er seine Mütze abnimmt, zeigt sich ein schwarzer Lockenkopf.

Erwin Hofschneider bittet den Leutnant an den kleinen Tisch, den einer seiner Männer mit viel Geschick gezimmert hat, ordert

Kaffee und bietet seinem Gegenüber eine Zigarette an. Er ist froh, zur Abwechslung wieder einen Offizier einer anderen Einheit zum Gesprächspartner zu haben.

Leutnant Brach lächelt, als Erwin Hofschneider auf die Bombenabwürfe und die Russen im Dorf zu sprechen kommt. „Glauben Sie mir, Herr Stabsveterinär, die beste Art mit diesen russischen Bastarden fertig zu werden, ist die Knute. Das war unter den Zaren so, Stalin macht es so und wir sollten es auch so halten.

Ich will hier keine klugen Reden halten und schon gar nicht will ich Ihnen irgendwelche Vorwürfe machen. Ich verstehe, dass Sie sich zuerst um Pferde und Felder kümmern müssen.

Nur fühlen sich die Russen im Dorf zu sicher, denn schließlich muss irgendwer den russischen Fliegern erzählt haben, wo wir Quartier genommen haben. Das sollten wir schnell herausfinden. Dafür sind meine Männer sicher besser ausgebildet als ihre Pferdespezialisten."

„Bis vorgestern gab es keine Angriffe der Russen. Im Dorf leben nur Alte und Kinder. Es ist nicht schwierig, die Situation auch ohne Ihre Einheit im Griff zu behalten." Erwin Hofschneider ärgert sich über die unterschwellige Kritik des Leutnants. „Das Beste, was uns und den Pferden geschehen kann, sind Ruhe im Dorf und Burgfrieden mit den Alten. Unruhe wäre Gift für unsere Arbeit.

Wie die russischen Flieger zu ihren Kenntnissen gekommen sind, müssen wir daher schnell aufklären, da stimme ich mit Ihnen überein."

Immerzu lächelnd hört Leutnant Brach zu, raucht genussvoll und trinkt seinen Kaffee. Am Ende einigen sich die beiden darauf, dass Erwin Hofschneider dem Dorfältesten Dampf machen und der Leutnant die Umgebung des Dorfes sowie die kürzlich mit Genehmigungen gereisten Alten unter die Lupe nehmen wird.

„Meine Männer brennen darauf, sich zu beweisen. Lauter schwere Jungs, denen man die Reststrafen erlässt, wenn sie sich im Einsatz bewähren. Besser wär's, sie würden für ihr stolzes Vaterland krepieren. Keiner hat weniger als zehn Jahre abzusitzen. Sie auf die Russen loszulassen, das käme ihnen gerade recht. Die Kunst besteht aber nicht darin, sie loszulassen, sondern sie rechtzeitig wieder einzufangen", erklärt Leutnant Brach und lacht, als er Erwin Hofschneiders erstauntes Gesicht sieht.

„Als Ortskommandant werde ich unter keinen Umständen zulassen, dass Ihre Leute im Dorf wilde Sau spielen."

„Keine Angst, Herr Stabsveterinär, ich weiß, wie man das Gesindel führen muss. Die Unteroffiziere sind geschult und haben die Galgenvögel an der Kandare. Aber lustig ist das schon: Was diese Halunken einst hinter Schwedische Gardinen gebracht hat, ist im Krieg erwünscht und wird belohnt."

„Scheinen sich im Dorf auszukennen", sagt Igor Mamedow zu Kolja Prischin, als sie sich einen Reim auf die Bombenabwürfe machen wollen. „Sollen wir uns nun freuen oder ärgern?"

„Als ob es im Krieg was zum Freuen gäbe. Aber immerhin besser, als wenn uns die verdammten Deutschen bombardiert hätten", gibt Kolja Prischin zu bedenken, während er sich Brust und Rücken kratzt.

Igor Mamedow mag seinen alten Kopf anstrengen, wie er will, er kommt zu keinem freudigen Schluss. „Am Ende ist's gleich, ob uns eine deutsche oder eine russische Bombe das Lebenslicht ausbläst. Mit der Ruhe im Dorf aber wird's wohl aus sein. Und das will mir nicht so recht gefallen."

Kolja Prischin spuckt aus. „Wenn sich die Flieger so gut im Dorf auskennen, wer hat's ihnen dann gesteckt?", fragt er laut in sich hinein. Die beiden Alten grübeln und grübeln und denken dabei immer wieder an den jungen Konew. Hat der Gefolgsleute im Dorf? Aber wer und wie?

Da ist es gut, dass Kusma Konew vorbeikommt. „Was gibt es da lange zu überlegen? Vor Anstrengung wird euch gleich das Gehirn aus den Augen quellen. Dabei ist die Sache klar wie Brühe. Der Fischerjunge Pawel Belikow wird's gewesen sein. Hat sich am See mit Partisanen getroffen. Er hat ihnen was erzählt, sie haben's an meinen

Juri und der wiederum an die Flieger weitergegeben. So wird's gewesen sein."

Kusma Konew erzählt ihnen, wie an einem Abend der Fischerjunge zu ihm gekommen sei und ihm nicht sehr freundliche Grüße von seinem Sohn Juri überbracht habe. Pawel hat berichtet, dass sich Partisanen nachts zum Ufer geschlichen und im Schilf bei den Booten versteckt haben. Als er morgens zum Fischen gekommen sei, hätten sie ihn angesprochen und über das Dorfleben unter den Deutschen und über die Staroste ausgefragt. In der Dunkelheit hätten sie sich wieder in den Wald geschlichen. Dies sei inzwischen mehrmals geschehen.

„Der Junge ist ganz närrisch geworden. Hält sich wohl für den wichtigsten Kämpfer gegen die Deutschen im Dorf und nörgelt an uns Alten herum, weil wir uns nicht gegen die Deutschen wehren. Behauptet, die Partisanen seien unzufrieden mit uns.

Ob wir mit unseren trüben Augen auf sie schießen sollen, hab ich ihn gefragt, oder mit unseren Buckeln nach ihnen werfen? Da bläst sich der Bengel vor mir auf und sagt, kämpfen könne man immer", klärt Kusma Konew seine Mitstreiter über das Gespräch mit dem vorlauten Fischerjungen auf und fügt hinzu: „Sieht aus, als ob ihm die Abgesandten meines eifernden Sohnes den Kopf so verdreht haben, dass er sich nun wie der edle Recke im Märchen vorkommt. Als unser Starosta musst du ein ernsthaftes Wort mit ihm reden, sonst bringt der Bengel das ganze Dorf in Gefahr."

Kusma Konew spricht nur ungern über seine Kinder – die früh verstorbene, dümmliche Tochter und den aufbrausenden, rechthaberischen Sohn. Jeder im Dorf weiß, wie es um ihn und seinen Sohn steht, seit er diesen aus dem Haus geworfen hat. Dessen Kulakensäuberungs- und Kollektivierungsmethoden empfindet er als schreiendes Unrecht. Die Verhaftung des redlichen Oleg Baschkow aber hat er ihm um nichts in der Welt durchgehen lassen können.

„Was soll's schon zu sagen geben", antwortet er stets mürrisch und abweisend, wenn man ihn nach seinen Kindern fragt. Dann denkt er verbittert daran, was er einst im Kummer zu seiner Frau sagte: „Paaren sich die Pferde, weiß man, welche Fohlen herauskommen werden. Aber bei uns? Entweder ist dein Leib eine Grube oder mein Samen ist gebrandmarkt und verdorben.“ Nein, auf seine Kinder will Kusma Konew nicht angesprochen werden. Schon gar nicht auf den Partisanenführer im Wald.

Igor Mamedow erkennt sofort die Brisanz von Kusma Konews Botschaft. Er schickt den kleinen Pjotr zum Fischerjungen Pawel, um diesen holen zu lassen.

„Bringst das Dorf in Gefahr. Wenn die Deutschen dahinterkommen, ist’s aus mit dir und uns. Fangen schon an, die Leute zu schikanieren und zu befragen. Kusma Konew und mich haben sie auch schon vorgeladen. Können sich wohl ihren Reim auf die Bombenabwürfe machen. Hörst du nicht mit dem Unsinn auf, werden sie dir schon bald auf die Spur kommen. Also Schluss damit! Den Deutschen schaden die Bomben kaum. Fürs Dorf aber kann’s das Ende sein.“

Pawel Belikows Augen blitzen trotzig. „Schwach und feige seid ihr Alten geworden. Ich aber werde mein Leben nicht schonen und für die Heimat kämpfen. So wie unsere tapferen Partisanen. Von allein werden die Faschisten nie und nimmer abziehen.“

„Hör zu Pawel. Bist doch sonst vernünftig. Versorgst unser Dorf mit Fisch, obwohl du erst vierzehn bist. Aber nun redest du wie ein Wirrkopf. Komm wieder zur Besinnung“, erregt sich Igor Mamedow. „Wenn die Deutschen das Dorf und seine Bewohner hinmachen, was für eine Heimat hast du dann noch? Sieh dich doch um: Wir sind schwach und die Deutschen sind stark. Was für eine Schnapsidee, sie jetzt herauszufordern. Wenn die Unsrigen stark genug sind, wird sich die große Front unserem Dorf nähern. Dann werden sich die Deutschen nicht im Dorf eingraben, sondern schnell mit ihren Pferden das Weite suchen. Du siehst doch, dass sie nur Pferde, Wiesen und Felder im Sinn haben. Außerdem hat mir Fritz der Schreckliche sein Offizierswort gegeben, dass seine Männer unser Dorf nicht anrühren werden, wenn wir und die Partisanen sie nicht herausfordern. Du aber forderst sie ohne Not heraus.“

„Ein Faschistenoffizier ist er. Was kann sein Wort schon wert sein?“, sagt der Fischerjunge trotzig und mit verächtlicher Stimme.

„Hat er dich und die anderen Kinder etwa nicht gegen das Fieber geimpft? Hat er uns nicht, wie versprochen, Kartoffeln und Heu zugeteilt und die Stute Dunja wieder auf ihrer Weide grasen lassen? Wie wärst du ohne seine Genehmigung zum See gekommen? Sind die Deutschen im Dorf etwa bösartig? Bauern wie wir waren sie vor dem Krieg. Ihre verdorbenen Generäle haben sie hergeschickt. Einfache Menschen wie wir sind es, deshalb ist es bisher ruhig im Dorf geblieben. Willst du das leichtsinnig aufs Spiel setzen? Denk an deine Freunde und all die anderen Leute im Dorf und an die Unsrigen in den Wäldern und an der Front. Wo sollen sie nach dem Krieg hin, wenn es unser Dorf nicht mehr gibt?“

„Du redest wie ein Büttel der Deutschen!“, fährt ihn der Fischerjunge an und fängt sich dafür eine klatschende Ohrfeige ein. Die Ohrfeige ist so kräftig, dass er strauchelt. Igor Mamedow ist außer sich: „Als Starosta dieses Dorfes verbiete ich dir, dich mit den Partisanen zu treffen. Hältst du dich nicht dran, werd ich dafür sorgen, dass du keine Genehmigung mehr bekommst, zum See zu gehen. Ohne Fische kann unser Dorf leben; ohne Menschen und Häuser nicht. Und nun verschwinde, damit sich mein Zorn legt.“

Erschrocken über den Zorn des Alten und die Wucht der Ohrfeige läuft der Fischerjunge davon.

Kreidebleich und am ganzen Körper zitternd setzt sich Igor Mamedow auf die Gartenbank. Scham würgt ihn. Wie konnte ich mich so hinreißen lassen? fragt er sich in seiner Enttäuschung.

In dieser Verfassung findet ihn Kolja Prischin. Als er ihm alles erzählt hat, sagt Kolja: „Wenn junge Gäule der Hafer sticht und alte Gäule die Leidenschaft packt, wird’s gefährlich!“

Wieder einmal kann Igor Mamedow nicht schlafen. Würde ich den Jungen opfern, um das Dorf zu retten? Kommt es Spitz auf Knopf, werd ich es tun müssen, überlegt er erschrocken und betet.

Was für ein prächtiger Junge dieser Pawel ist. Möge Gott ihm die wirren Gedanken vertreiben und ihn einsichtig machen. Möge Gott nicht zulassen, dass ich am Ende meiner Tage diesen Schmerz ertragen muss!

Wenn ein deutsches Panzerfahrzeug auf meinen Hof zurollt, bedeutet das nichts Gutes, denkt Kusma Konew. Als die Soldaten abspringen, sagt er zu seiner Frau: „Bleib im Haus. Besser, ich fang sie auf dem Hof ab."

Tamara Konewa bekreuzigt sich erschrocken. „Mit hundert Kreuzen wirst du sie nicht vom Hof treiben", gibt ihr Kusma mürrisch zu verstehen und säbelt den Deutschen auf seinen krummen Beinen entgegen.

„Konew?", fragt ihn der Offizier mit schneidender Stimme.

Kusma Konew versteht nicht gleich das eingedeutschte Russisch des Offiziers.

„Du Konew?" Der Offizier schreit mit geschwollenen Adern.

Soll wohl Konew heißen, vermutet Kusma Konew und nickt.

„Gde syn? Syn Juri?"

Daher weht also der Wind! Kusma Konew verhält sich wie immer in solchen Situationen. Er hebt seine Schultern, zeigt nach Osten und sagt: „gde nibud."

Der Offizier schlägt Kusma Konew mit der flachen Hand so überraschend und kräftig ins Gesicht, dass der alte Mann taumelt. Was für eine Schande von so einem jungen Kerl geschlagen zu werden, denkt er, als er sein Gleichgewicht wiedergefunden hat. Was für eine weitläufige Verwandtschaft Kolja Prischin da nur hat. Schlimmer als die Bürgerkriegsbanden. Schämen sich nicht, alte Leute zu schlagen. Als ich jung war, hättest du mir allein begegnen sollen.

„Sobaka! Syn Partisan. Nicht dort. Dort." Der Offizier zeigt auf die Wälder hinter dem See. „Du Sobaka, du hängen." Der Offizier macht eine unmissverständliche Geste.

Das hat man von diesem Sohn, denkt Kusma Konew, wenn du wüsstest, du dummer Deutscher. Nichts verstehst du von uns Russen. Erstaunt und erleichtert stellt er fest, dass er keine Angst verspürt.

Das Alter ist eh da, sagt er sich. Was hätte mir das Leben noch zu bieten?

Als er unter dem riesigen Apfelbaum steht, den sein Vater gepflanzt hat, als der noch ein junger Mann gewesen ist, und die Deutschen lachend den Strick über einen kahlen Ast werfen, blickt er in Richtung des Dorfes, das sein ganzes Leben geprägt hat und denkt: Den Wald, die Felder und den Himmel darüber werd ich noch einmal sehen. Der Herbstwind weht die herben Gerüche des Dorfes herüber und in die Erde der Väter wird man mich legen. Worüber also klagen? Nicht jeder kann so komfortabel und bei klarem Verstand sterben.

Dann denkt er an Igor Mamedow und Kolja Prischin. Seht ihr, im Frühjahr hab ich euch unter die Lebenden geholt, und nun werde ich vor euch den Allerwertesten schließen, ohne dass ihr mir helfen könnt.

Zum Schluss erinnert er sich traurig an die trächtige Dunja. Mach deine Sache gut, meine Alte, denkt er. Auch dich habe ich einst unter die Lebenden zurückgeholt. Was gäbe ich darum, dein Fohlen zu sehen. Der kleine Pjotr und die beiden alten Knaster müssen sich jetzt um dich kümmern.

An seine Frau und die Kinder denkt er nicht.

Und an einen Gott denkt er auch nicht.

„Hoch mit der russischen Sau!“, sagt Leutnant Brach.

Seine Soldaten machen es schlecht. Kusma Konew röchelt und zuckt, bis sich einer der Soldaten erbarmt. Er zieht kräftig an den dürren Beinen des alten Mannes. Man hört das Knacken der Wirbel. Kusma Konew ist erlöst und hängt still in der Schlinge, die sich langsam mit ihm dreht.

Ein trauriger Tag für Dunja und alle geschundenen Pferde der Welt.

„Was machen wir mit seiner Alten?“, fragt ein Soldat seinen Leutnant, während er die ohnmächtige Tamara Konewa aus dem Haus schleift.

„Na, was werden wir wohl mit ihr machen?“, gibt Leutnant

Brach die Frage ironisch zurück.

Der Soldat lächelt und schießt Tamara Konewa eine Kugel in den Kopf.

Hat sein Stellvertreter gemauschelt, wird auch der Dorfälteste gemauschelt haben, ist sich Leutnant Brach sicher. Er ruft einem Unteroffizier zu: „Lassen Sie aufsitzen! Wir wollen auch dem Herrn Dorfältesten einen Besuch abstatten."

Die Enttäuschung über die anmaßenden Aktionen von Leutnant Brach und dessen Leuten ist groß. Erwin Hofschneider fühlt sich in seiner Stellung als Ortskommandant desavouiert. Das geht sowohl gegen seinen militärischen Ordnungssinn als auch gegen sein Ehrgefühl.

Ist der Leutnant übergeschnappt? Erst meldet ihm der Führer der Vorratsstaffel, dass die Nahkämpfer einige Alte misshandelt und deren Häuser verwüstet haben. Und nun steigt Hauptwachtmeister Klein schwitzend und verstört vom Pferd und meldet, dass die Nahkämpfer dabei seien, den stellvertretenden Starosta Konew aufzuhängen. Ob sie dafür sein Einverständnis hätten.

Wenn ich jetzt nicht energisch handle, werden die Spielregeln im Dorf dauerhaft verletzt und das darf ich auf keinen Fall hinnehmen, denkt Erwin Hofschneider. „Trommeln Sie sofort alle verfügbaren Männer zusammen und im Galopp zum Haus des alten Konew! Nun machen Sie schon!"

Als sie den Hof an der Weide erreichen, sehen sie den alten Konew im Baum hängen und seine Frau mit zerschmettertem Kopf im Hof liegen.

„So eine bodenlose Sauerei!", schimpft Erich Hofschneider. Er erinnert sich daran, wie der Alte für seine Schindmähre gekämpft und sich so seinen Respekt verdient hat.

Gut, sagt er sich, es ist Krieg und da zählt das Leben eines Russen nicht viel. Tausende unserer Männer fallen täglich; wir haben viele zivile Opfer zu beklagen. Da sollte man um ein paar alte Russen kein großes Geschrei machen. Aber das hier ist keine begründete

Vergeltung für die Bombenabwürfe. Das ist kaltblütiger Mord und dagegen wehrt sich sein Verständnis von der Rolle der deutschen Soldaten im Krieg, von seiner Offiziersehre ganz zu schweigen. Was ist in diesem Krieg aus der Deutschen Wehrmacht geworden? Was wird noch aus ihr werden?

So, als hätte er seine Gedanken erraten, meldet sich ungefragt der Gefreite Dombrowski: „Eene Schande für die janze Wehrmacht is dat, Herr Stabsveterinär. Pfui Deibel! Een Pferdenarr is der Alte jewesen. Wenn Se jestatten, werd ich man dafür sorgen, dat man ihn begräbt.“ In seinen Augen schimmert es feucht. Unzählige Gespräche über Pferde und russische Lebensart hat er mit dem alten Konew geführt. Manchmal ist es ihm gelungen, den mürrischen Alten so zu erheitern, dass er der staunenden Welt seine vier schwarzbraunen Zahnstummel gezeigt hat.

Erwin Hofschneider gibt sein Einverständnis und befiehlt dann: „Schnell ins Dorf zu Mamedow. Denen vom anderen Ufer traue ich inzwischen noch mehr Schweinereien zu.“

Igor Mamedow lebt. Er steht unter dem Torbogen zu seinem Garten. Wie oft hat er gehört, vor dem Sterben würde das ganze Leben wie ein Traum vorbeiziehen. Keine Rede davon. Er blickt auf den großen Kirschbaum und denkt an Irina Prischina, die gütige Nachbarin, die ihm einst das kleine Bäumchen geschenkt hat. „Damit es noch Früchte trägt, wenn wir beide längst nicht mehr sind.“

Als die deutschen Reiter mit Fritz dem Schrecklichen angaloppiert kommen, weiß Igor Mamedow sofort, dass sich das Blatt noch einmal wendet.

Erwin Hofschneider sieht den Starosta unter dem Torbogen stehen. Mamedow blutet aus der Nase und aus einer Wunde über der linken Augenbraue. Die Soldaten des Leutnant Brach sind eifrig dabei, einen Strick am Torbogen zu befestigen.

„Sofort aufhören! Lassen Sie die Hände des Starosta losbinden! In diesem Dorf wird niemand ohne meinen Befehl gehenkt. Noch bin ich hier der Kommandant und niemand sonst.“

Erwin Hofschneiders scharfer Tonfall und seine imposante Erscheinung hoch zu Ross bleiben nicht ohne Wirkung auf Leutnant Brach und seine Nahkämpfer. Die Soldaten blicken unschlüssig auf ihren Leutnant. Als der ihnen mürrisch ein Zeichen gibt, binden sie Igor Mamedows Hände los.

„Ich hatte Ihr Einverständnis, Herr Stabsveterinär", erbost sich Leutnant Brach.

„Sie hatten mein Einverständnis mich bei der Suche nach Informanten der Partisanen zu unterstützen. Sie haben keine Vollmacht, alte Leute zu verprügeln und umzubringen. Darüber werden wir nachher in der Kommandantur sprechen. Jetzt lassen Sie Ihre Männer einsteigen und fahren mit ihnen auf die andere Seite. Bis auf weiteres untersage ich Ihren Männern das Betreten des Dorfes auf unserer Seite.

„Herr Stabsveterinär, ich mache Sie darauf aufmerksam, das ich mich über Sie beim Divisionsstab beschweren werde, weil Sie soeben die Bekämpfung der Partisanenbewegung massiv behindert haben", sagt Leutnant Brach wutschnaubend. Er lässt aufsitzen und fährt aufreizend langsam mit dem Panzerwagen zum Fluss hinunter.

Erwin Hofschneider gibt dem alten Mamedow gestenreich zu verstehen, was mit dem alten Konew geschehen sei. Dann reitet er mit seinen Männern davon. Unterwegs schimpft er in sich hinein und überlegt, wie er die Sache mit den Nahkämpfern in den Griff bekommen kann.

Kolja Prischin hat das ganze Schauspiel verschlafen. Jetzt ist er aufgestanden und will seinen Freund zum Teetrinken holen. „Was hast du denn?", fragt er erstaunt, als er Igor Mamedows Verletzungen sieht.

Igor Mamedow weiß nicht so recht, ob er lachen oder weinen soll. „Du furzt in deinem Bett herum, während mich die Deutschen aufhängen wollen. Nach Teetrinken ist mir nicht zumute. Lass uns zu Kusma gehen, den haben sich wohl die Deutschen vorgenommen."

„Ist Fritz der Schreckliche mit einem Mal übergeschnappt?", staunt Kolja Prischin.

„Nein, ihm verdanke ich, dass ich dich Furzer noch einmal sehen kann. Die vom anderen Ufer haben mich beehrt. Lass uns zu Kusma gehen. Unterwegs erzähl ich dir alles."

Anton Dombrowski und der Soldat Schuster beobachten, wie Igor Mamedow und Kolja Prischin beim Graben und Schaufeln die Kräfte ausgehen. „Macht ihr so weiter, werden wir vier Gräber schaufeln müssen", gibt der Gefreite den beiden Alten auf Russisch zu verstehen. Sie nehmen den Alten die Schaufeln ab und helfen bei der Grablegung der alten Konews. Nur das Zuschaufeln überlassen sie den Russen.

Anton Dombrowski verneigt sich kurz vor Kusma Konews Grab. Er hat in seinem Leben nur wenige Menschen kennengelernt, die in den Seelen der Pferde haben wie in einem Buch lesen können. Einer davon liegt in diesem Grab. Um das Fohlen werd ich mich kümmern, denkt er in das Grab hinein. Dann springt er auf sein Pferd und reitet so schnell davon, dass der Soldat Schuster Mühe hat, ihm zu folgen.

Igor Mamedow und Kolja Prischin wissen schon lange, dass es verschiedene Deutsche und Russen gibt. Die einen haben Freude am Zerstören, beim Quälen und Hängen. Die anderen bauen und pflanzen und erfreuen sich an Frauen, Kindern, Wiesen und Pferden. Die einen leben schamlos auf Kosten anständiger Menschen. Die anderen plagen sich in Armut und verschenken dennoch Nächstenliebe. Darüber ereifern sie sich am Grab der Konews, während sie der Staubwolke nachblicken, welche die deutschen Soldaten zurückgelassen haben.

„Manchmal aber", gibt Kolja Prischin zu bedenken, „liebt so ein Mordbrenner auch Frauen und Pferde. Und manch einer pflanzt und baut, was das Zeug hält und pfeift auf die Nächstenliebe."

„Immer ist in deinem Wirrkopf Kuddelmuddel", brummt Igor Mamedow.

Nachdem Igor Mamedow eine kurze Grabrede gesprochen und ein Vaterunser gebetet hat, stehen die beiden Alten eine Weile stumm vor den frischen Grabhügeln. Sie gedenken ihres mürrischen Lebensretters und der vergrämten, gutmütigen Frau. „Wie leicht einem im Alter das Wasser kommt“, sagt Kolja Prischin verlegen, als er mit feuchten Augen Igor Mamedow anblickt. Es beruhigt ihn, als er auch in dessen Augen einen feuchten Schimmer sieht. Igor Mamedows Rede ist kurz: „Nun wird uns im Frühjahr niemand mehr helfen können.“ Da aber das Leben vor Gott weitergeht und alles seine Ordnung haben muss, fügt er hinzu: „Du machst die Kreuze, und ich werde mich um Dunja und das Vieh kümmern. Es wird Zeit, aus Pjotr einen richtigen Kutscher zu machen. Kusma hat ihn oft kutschieren lassen und ihm schon viel über Dunja und die Pferde erzählt. Nur Tamaras prächtiger Garten wird verwildern, wie so viele Gärten im Dorf. Was für eine Schande. Die Augen schmerzen mir davon, wenn ich durchs Dorf gehe.“

„Danken Sie dem lieben Herrgott für dieses kleine Paradies mitten im Krieg“, sagt Oberstabsveterinär Doktor Schopf zu Erwin Hofschneider, nachdem er die Veterinärkompanie und das Dorf inspiziert hat.

Als ihm der für die Partisanenbekämpfung zuständige Hauptmann Lange wutschnaubend seine Beschwerden vorgetragen hatte, war er in einer ersten Aufwallung drauf und dran gewesen, Erwin Hofschneider zum Rapport zu bestellen. Doch dann schien es ihm besser, Zeit zu gewinnen und sich bei einer Inspektion der Veterinärkompanie vor Ort berichten zu lassen.

„Da in unseren Frontabschnitt keine Bewegung gekommen ist, sieht es ganz danach aus, dass Ihre Kompanie in diesem Dorf überwintern wird. Wie ich gesehen habe, sind Sie darauf gut vorbereitet.“ Doktor Schopf lobt ausdrücklich die gute Arbeit von Erwin Hofschneiders Kompanie und kommt dann wie beiläufig auf den Vorfall mit Leutnant Brach zu sprechen: „Hauptmann Lange hat sich aufgeplustert wie ein Gockel. Es sei ein Skandal, dass ein deutscher Offizier den Kampf gegen die Partisanen massiv behindere. Der Vorfall gehöre vor ein Kriegsgericht. Ekelhafter Kerl. Bei meiner Rückkehr werde ich die Wogen glätten. Ich werde sagen, dass Sie sich nicht gegen die Partisanenbekämpfung, sondern gegen Ihre Missachtung als Ortskommandant gestellt haben. Dann erscheint Ihr Verhalten in einem anderen Licht. Dem forschen Hauptmann Lange werd ich sagen, dass er seinem Leutnant mehr Disziplin beibringen muss. Außerdem sollen sie endlich damit beginnen, die Partisanen in den umliegenden Wäldern zu vernichten, anstatt sich damit zu begnügen, wehrlose Bauern und Bäuerinnen aufzuhängen. Ich bitte Sie dennoch, sich nicht mehr demonstrativ für Russen einzusetzen. Im Divisionsstab wirkt so was äußerst befremdlich. Wussten Sie, dass der gehenkte Alte der Vater eines berüchtigten Partisanenführers war?"

Während Erwin Hofschneider erschrocken seinen Kopf schüttelt, erklärt ihm der Oberstabsveterinär: „Er und seine Banditen bringen uns zurzeit mehr Verluste bei, als reguläre russische Einheiten. Anders ausgedrückt: Die Lage lässt es nicht zu, auf irgendwelche Russen Rücksicht zu nehmen."

Erwin Hofschneider erinnert sich an die Gedanken seines Vorgesetzten, mit denen ihn dieser nach Tichaja Semlja verabschiedet hat. Damals riet ihm der Oberstabsveterinär, sich aus der Drecksarbeit herauszuhalten. Entweder hat sich seine Meinung geändert, oder ich habe mich damals gründlich verhört, denkt er irritiert. „Alle alten Russen haben Söhne und Enkelsöhne, die gegen uns gekämpft haben oder kämpfen. Sollen wir sie deshalb alle aufhängen? Verlangen Sie von meinen Männern, dass sie, zwischen ihrem Dienst an den Pferden, hin und wieder einen alten Russen aufhängen?"

Ungerührt gibt ihm der Oberstabsveterinär zu verstehen, dass die Zeit, da sich Teile der Wehrmacht ritterlich verhalten konnten, vorbei sei. „Vergessen Sie alles, was Ihnen die alten Herren vor dem Krieg beigebracht haben. Wissen Sie, wie es inzwischen in Ortschaften zugeht, in denen oder in deren Nähe uns Partisanen angreifen? Man sperrt eine Straße oder eine ganze Ortschaft ab, schnappt sich einige Dutzend Leute, stellt sie an eine Wand oder hängt sie auf. Wie können Sie sich also darüber beschweren, wenn Ihnen Hauptmann Langes Spezialeinheit die Drecksarbeit im Dorf abnehmen will?"

Heftiger als beabsichtigt widerspricht Erwin Hofschneider: „Wenn ich diesen Verbrechern freie Hand lasse, hängen sie lustig das ganze Dorf auf. Nicht, solange ich Ortskommandant bin. Ich werde im Dorf keine Kriegsverbrechen zulassen. Ich bin deutscher Offizier und kein verkommener Landsknecht."

Oberstabsveterinär Doktor Schopf wird ärgerlich. „Unsere Unschuld haben wir längst verloren. Wenn wir diesen Krieg verlieren, wird die Rache der Russen furchtbar sein. Um das zu verhindern, muss uns jedes Mittel recht sein. Ritterlich kann es dabei nicht zugehen. Werden Sie realistischer. In Ihrem und in unser aller Interesse. Begreifen Sie den Ernst Ihrer Lage. Einige Offiziere hat man bereits wegen ihrer vermeintlich ritterlichen Haltung vor ein Kriegsgericht gestellt. Immer mit der gleichen Anklage: Wehrkraftzersetzung."

Zwei Tage später rücken die Nahkämpfer aus. Über die Wälder jagen feuernd deutsche Flugzeuge und im Dorf hört man heftigen Gefechtslärm, der auch nachts anhält und sich langsam entfernt. Russische Nähmaschinen tauchen am nächtlichen Himmel nicht mehr auf.

Erwin Hofschneider grübelt wieder viel, weil er spürt, wie er dabei ist, seine Balance zu verlieren. Hier gibt es niemanden, mit dem er offen über seine Zweifel reden kann. Und Doktor Schopf steht ihm seit ihrem letzten Gespräch nicht mehr zur Verfügung.

Zum Glück gibt es den täglichen Dienst mit seinen Problemen und Schwierigkeiten.

Igor Mamedow und Kolja Prischin schlagen Birkenkreuze in die frischen Grabhügel. Ein paar Tage gehen sie täglich an die Gräber der Konews. Abends sprechen sie immer wieder von ihrem Freund und Lebensretter Kusma Konew, seufzen, klagen über sein hartes Schicksal, schimpfen auf seine deutschen Henker und bedenken Fritz den Schrecklichen und Bruder Lustig mit anerkennenden Worten.

Der kleine Pjotr aber wird von Tag zu Tag fröhlicher. Er hat sich mit der geplagten Stute Dunja angefreundet, weiß, wie man sie anspannen, füttern und tränken muss. Vieles hat er noch von Kusma Konew gelernt. Was ihm noch fehlt, bringen ihm Kolja Prischin und Igor Mamedow bei.

Stolz zuckelt er mit dem kleinen Wägelchen durchs Dorf, um für die Alten Transporte zu übernehmen. Mitunter fragen ihn die Alten: „Warum so langsam, Pjotr? Sie ist doch noch kräftig."

Dann antwortet er ärgerlich: „Seht ihr nicht, dass sie trächtig ist? Man muss vorsichtig sein mit unserem letzten Pferd."

Als der erste Frost einsetzt, nimmt der Kampflärm in den Wäldern wieder zu und der kleine Pjotr kümmert sich mit Kolja Prischin um den Pferdeschlitten. Nachdem sie die restlichen Nahrungsmittel verstaut haben, vernageln sie Türen und Fenster von Kusma Konews Haus und laden mehrere Brennholzfuhren. Sie bringen das Holz, die Stute Dunja und das Vieh auf Igor Mamedows und Kolja Prischins Höfe.

Auf die Grabhügel unter dem Apfelbaum fällt sanft der erste Schnee. So als schämte er sich für Gottes kriegerische Spezies, bedeckt er Jahr für Jahr die Zeichen ihrer Schandtaten mit seinem makellosen Weiß.

„Lasst uns noch einmal zu Kusma und seiner Tamara gehen, bevor der Schnee es nicht mehr zulässt", sagt Igor Mamedow zu Kolja Prischin. Und so fahren sie zum letzten Mal in diesem Jahr an die Gräber ihrer Nachbarn, um ihnen die neuesten Nachrichten aus dem Dorf zu bringen. Mit Dunja hat der kleine Pjotr keine Schwierigkeiten. Sie kennt den Weg vom Dorf zum Haus der Konews.

Und nächstes Jahr? denkt Igor Mamedow auf der Rückfahrt. Kusma und seine Tamara können uns nicht mehr helfen.

Er macht sich Vorwürfe, weil er Kusma so oft gefrotzelt und geärgert und so selten gedankt hat. Verbittert ist der gute Freund mit den Jahren geworden.

„Dein Gott hat mir seine Fußlappen um die Ohren geschlagen. Da werd ich wohl am Jüngsten Tag ein ernstes Wort mit ihm zu sprechen haben. Ich werd ihm sagen, dass er mich mit seinem Himmelreich kreuzweise kann. Und dann ab in den Höllenschlund zu den liederlichen Leuten. Du wirst ja wohl in den Himmel kommen. Aber auf Kolja, die Spottdrossel, werd ich rechnen können."

Vermissen werd ich dich, trauert Igor Mamedow in sich hinein.

Die meisten Menschen sind dir mit der Zeit gleichgültig geworden, aber die Liebe, die du ihnen versagt hast, hast du den Pferden in überreichem Maße geschenkt. Der Menschenhimmel wird dir wohl versagt sein. Doch vielleicht kommst du in den Pferdehimmel, aus dem die geflügelten Rosse der Dichter entspringen.

Und in Gedanken sieht er Kusma Konew lachend auf seiner geflügelten Dunja über den Himmel reiten. Aus Dunja ist ein schlanker Schimmel geworden und Kusma hat wieder sämtliche Zähne im Mund. „Hüah, vorwärts meine Alte!", ruft Kusma. Die schöne Dunja fliegt dahin, ohne sich von Kusmas Lachen anstecken zu lassen. Russische Pferde, auch wenn sie hoch am Himmel fliegen, haben nichts zu lachen.

„Du hast schon viel von Tichaja Semlja gesehen", sagte das Dreiäugige.

„Nun ja", erwiderte Hans Mascharek, „ich war auf ein umkämpftes Dorf aus und habe eine Karikatur auf den Krieg gesehen. Doch mit der Ankunft der ‚Nahkämpfer' genannten Kriminellen scheint mir die empfindsame Balance zwischen Deutschen und Russen im Dorf dauerhaft gestört worden zu sein."

„Eins nach dem anderen. Das Dorf hat erst die Hälfte seiner Besatzungszeit hinter sich. Der Krieg ist für die Deutschen längst verloren. Doch wer weiß das schon? Welcher Deutsche glaubt bereits an die schreckliche Niederlage und welcher Russe an den schrecklichen Sieg? Bis auf Hitler, Stalin und viele ihrer Generäle denken alle nur an eines: Wann hören dieses Gemetzel und das Elend endlich auf?

Ist dir sonst nichts aufgefallen? Denk daran, dass du vor allem etwas über deinen Vater, deinen Schwiegervater und den Starosta Mamedow erfahren wolltest."

„Mit meinem Vater und dem alten Mamedow bin ich mehr als zufrieden. Ich glaube, man könnte sie in jedes Dorf dieser Welt versetzen und sie würden überall das Gleiche tun: Sich an Menschen und Tieren erfreuen, ihnen helfen und sich nicht um ungelegte Eier kümmern. Wie gut für beide, dass sie einander kennengelernt haben.

Mit meinem Schwiegervater bin ich dagegen noch nicht im Reinen. Er hat es offenbar schwerer, weil sich seine Prinzipien stärker an der unvorhersehbaren Realität dieses Dorfes reiben. So gesehen macht auch er seine Sache nicht schlecht. Bleibe ich bis zum Ende der Besetzung im Dorf?"

„Deine Frage verwundert mich. Selbstverständlich wirst du alles verfolgen. Doch jetzt wird es wieder Zeit für einen Ortswechsel. Europa ist groß und kaum ein Ort ist ohne Krieg.

Und doch werde ich dir jetzt eine Seite des Lebens zeigen, die auch ein Krieg nicht zerstören kann."

Mit folgenden Gedanken stimmte das Dreiäugige Hans Mascharek auf den neuen Reiseabschnitt ein: „Im Krieg, Hans, hört der Alltag mit seinen Bedürfnissen und Plagen nicht auf; seinetwegen erfährt nur alles eine rabiate Steigerung. Krieg ist nichts anderes als konzentrierter Frieden."

„Da übertreibst du", versuchte Hans Mascharek den hohen Gedankenflug des Dreiäugigen zu bremsen.

„Du hast noch immer nicht begriffen, wer ich bin, Hans. Ich über- oder untertreibe nicht, ich stelle fest. Krieg und Frieden sind eine unzertrennbare Einheit. Solange sich die Menschen als unbelehrbar erweisen,

sind ihre Kriege Folge ihres Friedens. Nach jedem Krieg schütteln sie sich Elend und Verzweiflung aus den Köpfen wie Hunde Wasser aus ihren Fellen – und machen weiter wie vor dem Krieg.

Was sie Frieden und Krieg nennen, ist in Wirklichkeit eine unzertrennbare Einheit. Alle Plagen des Krieges kennen sie schon vom Frieden her: Willkür, Unterdrückung, Brandstiftung, Lüge, Mord, Hass, Rücksichtslosigkeit, Richter und Henker. Nur das Tempo unterscheidet sie. Im Frieden schleichen diese Plagen dahin, im Krieg rasen sie.

Doch im Krieg gibt es nicht nur Plagen, sondern auch Freuden. Die schönen Stunden hören im Krieg nicht auf. Im Krieg wird der Augenblick kostbar. Für lange Erörterungen hat der Krieg keine Zeit. Alles wird augenblicklich genossen: der warme hingebungsvolle Körper einer Frau, die winzige Hand des Säuglings zwischen den im Töten geübten Fingern des Soldaten, der dankbare Blick des Verschonten, der den Tod erwartet hat und nun von der Stimme und der Hand des Feindes beruhigt wird. Nicht jeder Feind ist ein Mörder.

„Aber der Krieg ist doch menschenverschlingend", widersprach Hans Mascharek. „Der Frieden ist es auch", fuhr das Dreiäugige fort, ohne sich aufhalten zu lassen. „Ein Kriegsjahr wiegt wohl nicht schwerer als zehn Jahre ihres gewalttätigen Friedens. In zwei Jahren Krieg oder in zwanzig Jahren Frieden haben sie wahrscheinlich die gleichen Verluste. Doch es muss ihnen deshalb nicht angst und bange werden. Auch im Krieg werden Kinder gezeugt und geboren. Erstaunlich viele überleben den Krieg. Sie erwartet ihr gewalttätiger Frieden oder ihr neuer Krieg.

Die Männer, die nun in Tichaja Semlja leben, sind nicht samt und sonders von ihrer Fortpflanzung ausgeschlossen. Innerhalb weniger Wochen pflanzen sie drei schönen Frauen Lebenskeime in die weichen, nährenden Leiber.

Sei dabei, wenn sie für den Fortbestand der von keiner Katastrophe zu belehrenden Menschheit sorgen. Deine ehemalige Heimat, deine Eltern, deine Geschwister und dich selbst als kleinen Jungen kannst du bei dieser Gelegenheit ebenso beobachten wie deine Schwiegereltern in jungen Jahren. Wenn das kein Angebot ist!

Also auf, es ist Frühjahr im Jahr 1943."

Lebenskeime

Anton Dombrowski hat schon drei Kinder: zwei Töchter und einen Sohn. Als er auf den elterlichen Hof tritt und sich seine Frau Anna lachend und weinend an ihn schmiegt, spürt er durch das Kleid hindurch ihren warmen, schlanken Körper.

„Fühlt sich man gut an", sagt er lachend und drückt sein Gesicht an ihren schlanken Hals. „Gut riechste."

Kinder und Eltern fragen ihm Löcher in den Bauch. „Een Jahr fast nuscht jehört. Scheen, dass de jesund bist. Aber nu muss man jut sin. De Kühe brüllen", sagt Vater Ernst Dombrowski, „sollst aber nich müssen helfen." Da hat Anton Dombrowski schon die Forke in der Hand. „Een Jahr nuscht Richtiges jemacht, da wirste zum Glupsack", gibt er Vater zu verstehen.

Während der Arbeit gehen ihm die Kinder nicht von der Seite. „Scheene, liebe Kinder sind das", ruft er zu seiner Frau hinüber.

„So sind se man nich immer. Manchmal muss ich se verwimsen", ruft sie zurück. Wenn sich ihre Blicke treffen, strahlen sie um die Wette. Sie freuen sich auf den Abend.

Sie bemühen sich, nicht zu laut zu sein. Danach legt er seinen Kopf auf den weißen Leib seiner Frau. Dort, zwischen Nabel und Venushügel, liegt er am weichsten. Was kannste noch wollen, nuscht Schöneres kann's nich jeben, denkt er, während ihm seine Frau sanft die Haare streichelt.

Später rutscht er nach oben, da flüstert Anna Dombrowski: „Haste aber losjelegt."

„Dat is man dat russische Blut in meine Adern", brummt er matt und leise in ihr Ohr.

„Dat litauische in meine Adern is man auch nich ohne. Wirste gleich merken", sagt sie lachend und gar nicht matt.

Ihre Körper sind ihnen vertraut. Ohne Scheu und Scham genießen sie die saftigen Früchte ihrer Liebe. Und Kinder? Kinder sind ein Geschenk Gottes. Sie kommen, wenn er es will.

Wegen der Rassentheorie der Nazis sind die Zeiten für Mischehen schwieriger geworden. Die Dombrowskis scheren sich nicht darum.

Vater Ernst Dombrowski, der Halbrusse, verbietet seinen Kindern Deutsche über Russen, Litauer oder Polen zu stellen. „Uff de Menschen musste sehn, nich uff de Herkunft. Is eener een Schobiak, haste ooch vom Deutschen nuscht."

Die Dombrowskis nahmen Anna sofort herzlich auf. Ihr Vater ist Litauer, ihre Mutter Deutsche. Na und? Sie passt zu Anton und auf den Bauernhof. Was kann man von einer Schwiegertochter noch erwarten?

Für die neudeutsche Leidenschaft, alle Welt in Herren- und Sklavenrassen einzuteilen, haben die Dombrowskis nur Spott übrig. Sie wissen es besser.

„Komm man bloß jesund wieder aus den verdammichten Kriech. Denn wird alles werden", sagt Anna Dombrowski zum Abschied und beginnt zu weinen. Nun weinen auch seine Mutter und die Kinder.

„Is doch keen Bejräbnis nich", ärgert sich Anton Dombrowski. Er kniet sich vor seinen vierjährigen Sohn Hans. „Hör uff mit Gransen. Bist man jetzt der Mann im Haus. Musst uff de Medchen uffpassen, solange Vater Soldat is. Versprochen?"

Der kleine Hans nickt tapfer und wischt sich die Tränen aus den Augen.

Anna und Anton Dombrowski wissen noch nichts von dem Keimling in Annas Leib, der sich bereits unaufhörlich teilt und vermehrt. Unbeeindruckt von den Plänen der Generäle wächst er unsichtbar und unbemerkt heran. Als sich der Gefreite Anton Dombrowski in Tichaja Semlja zurückmeldet, hat der Keimling schon Erstaunliches geleistet. Und doch ist er noch nicht einmal so groß wie der Nagel auf Anton Dombrowskis kleinem Finger.

Der Keimling, der in Mecklenburg heranwächst, ist ein ebenso unbegreifliches Wunder wie jener in Ostpreußen. Einen unbedeutenden Unterschied gibt es schon: Was man in Ostpreußen Gottes Willen überlässt, entspringt in Mecklenburg menschlichen Wünschen und Plänen.

Erwin Hofschneiders Verlobte, Irmgard Voss, hat ihn bei seinem letzten Kurzurlaub mit Ehe- und Kinderwünschen in Erstaunen versetzt. Unerträglich wäre ihr der Gedanke, ihm könne etwas zustoßen, ohne dass sie mit ihm richtig zusammen gewesen sei, und ein Kind würde ihr das Warten sehr erleichtern.

Er hat geschwankt zwischen Überraschung und Zweifel. Keinen ernsthaften Gedanken hat er bis dahin darauf verwendet, mitten im Krieg eine Familie zu gründen. Nach seiner Meinung ist er ihr mit der Verlobung schon weit entgegengekommen. Nüchtern hat er deshalb Irmgard seine Bedenken vorgetragen: nach dem Krieg, nicht jetzt.

Nein jetzt, hat Irmgard ihn bestürmt. Ihn liebe sie. Einen anderen wolle sie nicht. Er und niemand sonst solle sie zur Frau und Mutter machen.

Ihre klare Sicht auf dieses Ziel gefällt ihm. Wie üblich hat er sie um Bedenkzeit gebeten.

Er kann sich Irmgard gut als seine Frau vorstellen. Sie hat eine frohe, unkomplizierte und zupackende Art und eine starke Ausstrahlung. Sie ist so schön, dass sich die Männer selbst dann nach ihr umdrehen, wenn er sie begleitet. Nein, eine andere Frau will Erwin Hofschneider nicht haben. Standesgemäß wäre ihre Heirat auch.

Wieder an der Front kommen ihm Zweifel. So schnell kann alles zu Ende sein. Irmgard als junge Kriegerwitwe mit Kind? Nein! Daran will er nicht denken.

In der stillen Einöde von Tichaja Semlja bleibt wieder Zeit, über die Menschen daheim zu reden. Erwin Hofschneider ist der einzige unverheiratete Offizier seiner Kompanie. Alle Offiziere und viele andere Kameraden haben Kinder. Sie alle erzählen, wie wichtig die Kinder als Bindeglied zwischen Vater und Mutter, Mann und Frau seien und wie ein Kinderlachen helfe, im Krieg den Mut nicht sinken zu lassen. Und noch etwas sagen sie: „Wenn ich falle, so bleibt doch ein Stück von mir zurück. Das ist ein großer Trost."

„Im nächsten Urlaub", schreibt Erwin Hofschneider seiner Irmgard, „werden wir heiraten. Willst du es noch?"

Und wie sie will! „Lass mich es nur machen", antwortet sie ihm. „Sobald ich weiß, wann du Urlaub bekommst, bereite ich alles vor."

Im Frühjahr 1943 ist es so weit. Erwin Hofschneider verlässt Tichaja Semlja, um zu heiraten.

Tag und Nacht fährt der Zug mit Fronturlaubern nach Westen. Zum ersten Mal bekommt Erwin Hofschneider eine klare Vorstellung von der riesigen Entfernung zwischen Tichaja Semlja und der Heimat.

Welche Schlagkraft die Wehrmacht entwickelt hat!

Gewiss, die verlorenen Winterschlachten vor Moskau und in Stalingrad sind herbe Rückschläge. Doch sieht man auf das bisher Erreichte, so müsste es doch mit dem Teufel zugehen, wenn wir den Feldzug nicht in diesem Sommer entscheiden können, denkt er. Zwei verlorene Schlachten bedeuten noch lange keinen verlorenen Feldzug und schon gar nicht einen verlorenen Krieg. Immer nach vorn schauen und das Beste daraus machen. Deutschland ist stark genug, den Feldzug im Sommer zu entscheiden. Zu groß waren die Verluste der Russen. Wunder können auch sie nicht vollbringen.

Sosehr er sich auch Mut zuspricht: Beim Anblick der endlos erscheinenden russischen Landschaft kann er eine leichte Unruhe nicht unterdrücken. Wieder und wieder muss er an die Worte seines gefallenen Freundes, Oberleutnant Macke, denken: „Wie soll der Nachschub organisiert und das eroberte Gebiet abgesichert werden?"

Er stellt sich seine Division vor, die sich mit jedem Kilometer Frontlänge mehr und mehr auflöst. Auf der Karte werden aus einem wuchtigen Quadrat erst mehrere schmale Rechtecke, dann unscheinbare Linien und schließlich hauchdünne Striche.

Was uns dringend fehlt, sind effektive russische Zivilverwaltungen, sorgt er sich. Und die Partisanen müssen ausgeschaltet werden.

Es wird höchste Zeit, den Laden besser in den Griff zu bekommen.

Dann muss er wieder an Tichaja Semlja denken. Das Zusammenleben mit den Russen klappt einigermaßen.

Wir haben aus den im ersten Winter begangenen Fehlern gelernt, sind gut vorbereitet gewesen, als die Schneemassen das Dorf tagelang von der Außenwelt abgeschnitten haben. Kein Soldat und kein Pferd fielen den Witterungsverhältnissen zum Opfer. Die von uns angelegten Nahrungs- und Futtermittelreserven reichten aus, Nachschubengpässe zu überbrücken. Auch der Läusebefall war dank der Hygiene meiner Männer und der Sauberkeit in den Unterkünften stark zurückgegangen. Dafür sorgte mit eiserner Hand Hauptwachtmeister Klein. Auch Dombrowskis Schwitzbuden waren ein schwerer Schlag gegen die Läuse. Außerdem haben die Saunagänge das Immunsystem der Soldaten gestärkt. Nur wenige schwere Erkältungen mussten behandelt werden. Die Ernährung war zwar eintönig, aber immerhin vollwertig. Mitten im Krieg keine Selbstverständlichkeit.

Zwei große Probleme gab es im Winter: die Langeweile der Soldaten und den Bewegungsmangel der Pferde. Gegen Langeweile half nichts besser als ein straffer Dienstbetrieb und in der Freizeit gab es zum Glück Spielkarten, Gesang, Mundharmonikas, talentierte Geschichtenerzähler und Spaßvögel.

Die Pferde wurden auf energiearmes Futter gesetzt. Das Schneeräumen war eine willkommene Bewegungstherapie für die Zugpferde. Diese Arbeit wurde auf den russischen Teil des Dorfes ausgedehnt. Die Alten im Dorf nahmen die Hilfe dankbar an und die Kinder wetteiferten um einen Platz auf den Schneepflügen. Doch dann fiel in wenigen Tagen so viel Schnee, dass ein großräumiges Schneepflügen unmöglich wurde. Die Pferde konnten sich für Wochen nur auf einer kleinen beräumten Fläche im deutschen Teil des Dorfes bewegen. Der gefürchtete Pferdelumbago, der bei mangelnder Bewegung und zu üppigem Futter auftritt, wurde aufgrund der Umsicht seiner Männer verhindert.

Sicherlich haben wir in diesem Winter die angenehmere Seite des Russlandfeldzuges erlebt, der nun schon zwei Jahre dauert, denkt Erwin Hofschneider, während er, von den gleichmäßigen Geräuschen des fahrenden Zuges ermüdet, allmählich in einen Dämmerzustand gleitet. Hasenjagden, Skilaufen, Saunagänge, ausreichend Verpflegung, Tabak und hin und wieder einen guten Tropfen. Die ganze Palette der Annehmlichkeiten ohne einen nennenswerten militärischen Zwischenfall. Selbst die nur selten auftauchenden Nähmaschinen haben keine Bomben, sondern Flugblätter auf das eingeschneite Dorf geworfen.

Erwin Hofschneider erinnert sich an einen Spruch, den Zahlmeister Weinrich häufig zum Besten gibt: „Genieße den Krieg, der Frieden wird furchtbar sein." Schmunzelnd schläft er ein.

Als er erwacht, fahren sie schon durch den Warthegau. Die Erinnerungen an Tichaja Semlja verblassen. Er versucht sich das Wiedersehen mit den Menschen vorzustellen, die ihm, neben seinen engsten Kameraden, am nächsten stehen: seine Verlobte Irmgard, die Eltern, Schwiegereltern und Schwägerinnen.

Ein Jahr ist seit meinem letzten Urlaub vergangen, überlegt er. Sicher werden sich alle auf mich stürzen und mir Löcher in den Bauch fragen. Was soll ich ihnen erzählen? Das Frontleben können sich nur Vater und Schwiegervater vorstellen, auch wenn im letzten Krieg vieles anders war. Aber die Frauen? Ihnen nach diesem geruhsamen Jahr den heimgekehrten Helden vorspielen? Die ihm für die Winterschlacht verliehene Ostmedaille blinken lassen? Lächerlich. Schweigepflicht werde ich sagen, fertig. Wichtiger ist es, möglichst viel über die Lage in der Heimat zu erfahren, denn danach werden sie mich in Tichaja Semlja zuerst fragen.

Ob sich Irmgard sehr verändert hat? Auf den letzten Fotos sieht sie schön und fröhlich wie immer aus. Er spürt eine leise Sehnsucht nach ihrem schlanken, weichen Körper. Wie wird die Hochzeitsnacht werden? Seit einem Jahr hab ich Irmgard nicht berührt. Habe ich mich entwöhnt? Das Leben ohne Frau ist mir nie schwer gefallen. Werde ich im Urlaub die Gedanken an den Krieg verdrängen können?

Dann denkt er an seine Eltern. Beklagen werden sie sich nicht. Schwer wird es für sie ohne ihre Söhne sein. Hauptsache sie sind gesund und lassen sich nicht unterkriegen, Schade, dass Ludwig nicht kommen kann.

Auf den grünen Feldern erblickt er die ersten Bauern. Es sieht so friedlich aus wie in einem Film.

In Berlin entnimmt er dem Fahrplan, die Fahrzeit über Hamburg nach Lübeck ist nur geringfügig länger als die über Ludwigslust und Schwerin. Da er sofort Anschluss nach Hamburg hat, aber erst in drei Stunden nach Schwerin, entscheidet er sich für eine Fahrt über Hamburg. Jede Stunde Urlaub zählt.

„Ich freue mich so!“, sagt Irmgard mit erregter Stimme, als er sie anruft, um ihr seine Ankunft mitzuteilen. „Wir werden dich mit dem Wagen in Lübeck abholen. Dann können wir unterwegs viel erzählen.“

Irmgard steht mit ihrem Vater auf dem Bahnsteig. Es ist wie immer. Erwin Hofschneider ist etwas verlegen und Irmgard bricht unbekümmert das ohnehin dünne Eis. Sie klappert mit schnellen Schritten und strahlenden Augen auf ihn zu, drückt ihn herzlich und sagt: „Schön, dass du endlich gekommen bist. Wir haben sehnsüchtig auf dich gewartet.“ Und schon schnattert sie los wie damals, als er sie beim Regattaball kennenlernte. Einige Minuten später hat er das Gefühl, er wäre nicht ein Jahr in Russland, sondern kurz um die Ecke gewesen. Irmgard ist ihm sofort wieder vertraut. Ein Glücksgriff, freut er sich, wenn der Krieg gewonnen sein wird, werden wir gut miteinander leben.

Sein angehender Schwiegervater, der Schlachtermeister und Landwirt Johannes Voss, lenkt den Wagen zur Lübecker Altstadt, um ihm zu zeigen, „was die verdammten Engländer angerichtet haben.“

Erwin Hofschneider erschrickt, als er die Ruinen und die Häuserlücken in der Altstadt erblickt. Die Lübecker Altstadt erinnert ihn stets an seine Heimatstadt Wismar. Dass man diese schöne, weltoffene Stadt so zerstören kann! Dass man sie überhaupt zerstören kann!

Aber unsere Luftwaffe ist auch alles andere als rücksichtsvoll!

Ob die Briten Wismar auch so zugerichtet haben?

Johannes Voss kann sich gar nicht beruhigen: „Die vielen alten Häuser, der Dom, die Kirchen, das Geschäftshaus meines Bruders – alles hin. Ich hab immer gedacht, die Engländer wären kultiviert. Nun sehen wir, dass sie niederträchtige Barbaren sind. Wehrlose Menschen und Wohngebiete zu bombardieren – nicht nur hier, sondern auch in Kiel, Rostock, Wismar und in vielen anderen Städten – solche Verbrecher sind das. Unsere Luftwaffe bombardiert militärische Ziele und Rüstungsbetriebe und sie bombardieren wehrlose Menschen. Verkohlte Kinderleichen hat man überall geborgen. Wahrscheinlich hat sie die Inzucht auf ihrer Insel verdorben. Wie soll man das sonst verstehen?“

Vorsichtig klärt Erwin Hofschneider seinen zornigen Schwiegervater darüber auf, wie er die Bombardierungen Warschaus und die einiger russischer Städte erlebt habe. Und über Rotterdam, Coventry und London habe einiges in der Zeitung gestanden.

„Im Osten, na gut. Die sind nicht zivilisiert. In Russland die Bolschewiken. Aber auf England ließ der Führer erst Bomben werfen, nachdem uns die Engländer bereits wochenlang bombardiert hatten. Das war Vergeltung“, widerspricht Irmgards Vater.

„Vergeltung sagen die einen wie die anderen und drangsalieren mit diesem Argument die Zivilbevölkerungen beider Seiten“, versucht Erwin Hofschneider Irmgards Vater die tatsächliche Situation zu erläutern.

„Das darf man doch nicht zulassen, dass Soldaten unbewaffnete und unschuldige Zivilisten bekämpfen“, sagt, sichtbar betroffen von der kühlen und nicht sehr patriotischen Sichtweise seines Schwiegersohnes, Johannes Voss. „Wir können uns doch nicht so wie Russen und Engländer benehmen, sonst brechen alle Dämme.“

„Dafür ist es bereits zu spät. Ich fürchte, in diesem Krieg wird sich niemand mehr um Kultur und Völkerrecht kümmern. Am Ende wird es heißen: Wehe den Besiegten! Ein Grund mehr, alles für einen Sieg Deutschlands zu tun.“

Wie gut, dass Irmgard mit im Wagen sitzt. Sie findet, sie habe mehr Beachtung verdient, als diese düstere Debatte der Männer. Ohne Übergang beginnt sie, über den Stand der Hochzeitsvorbereitungen zu sprechen. „Drei Tage hast du noch Zeit, dir dein Jawort zu überlegen. Danach bist du mir auf Gedeih und Verderb und mit Haut und Haaren ausgeliefert."

Erwin Hofschneider ist froh, das Thema wechseln zu können, ohne seinen Schwiegervater zu brüskieren. Er ist Irmgard dankbar, weil er endlich einmal vom großen Krieg auf das kleine Privatleben umschalten kann. Lachend erwidert er: „In der Kirche werd ich ‚Nein' sagen und davonlaufen." Im Wagen wird es lustig. Was ist ein großer Krieg gegen ein kleines Glück.

Am nächsten Tag will er gleich nach dem Frühstück zu seinen Eltern nach Wismar fahren, dort übernachten und mit ihnen am Polterabend anreisen. Wie es sich gehört, haben er und Irmgard getrennt geschlafen. Gut gelaunt sitzen sie am Frühstückstisch.

„Nanu? Eine neue hübsche Magd?", fragt Erwin Hofschneider, als sich ein ihm unbekanntes Mädchen wie selbstverständlich mit an den Tisch setzt.

„Das ist unsere Anna", erklärt Irmgards Mutter. „Sie ist ruhig und fleißig und kann schon ein wenig Deutsch. Wir behandeln sie gut."

„Ostarbeiterin", ergänzt Johannes Voss, „irgendwo aus der Smolensker Gegend."

„Was wären die alten Russen in unserem Dorf froh, wenn ihnen ein paar junge Frauen zur Hand gehen könnten." Erwin Hofschneider erschrickt darüber, wie leicht ihm dieser Satz über die Lippen geht. Er will Irmgards Eltern nicht beschämen.

„Du redest, als wärest du in deinem russischen Dorf heimisch geworden. Überall siehst du jetzt Ostarbeiter in der Landwirtschaft. Bei uns hat sie es doch nicht schlecht", wehrt sich Irmgards Mutter gegen seinen unausgesprochenen Vorwurf.

Anna sieht Erwin Hofschneider freundlich mit ihren schwarzen Augen an und sagt: „Deutschland gutt."

„Da hörst du es selbst", sagt Johannes Voss.

Ungeduldig erträgt Erwin Hofschneider die langsame Zugfahrt

durch die grünende Landschaft. Auf dem Weg vom Wismarer Bahnhof zu seinem Elternhaus sieht er betroffen auf die Häuserlücken, die der Luftangriff im letzten Herbst gerissen hat. Mutter erwähnte den Luftangriff kurz in einem Feldpostbrief und deutete an, dass Vaters Werkstatt auch etwas abbekommen habe.

Hoffentlich hat die Gute nicht wieder untertrieben, um mich nicht zu beunruhigen, denkt er und sofort werden seine Schritte schneller.

Als er in die vertraute Straße einbiegt, beginnt sein Herz lauter zu klopfen. Der erste Blick gilt dem Elternhaus. Es steht unversehrt in der Häuserreihe. Doch schräg gegenüber fehlen drei Häuser. Albert, denkt er. Sein Schul- und Spielkamerad Albert Hagemeister hat dort gewohnt. Ebenso die kinderreiche Familie Lorenz und die schöne, unnahbare Ute Wagner. Hoffentlich war niemand zu Hause, als es geschah. Erwin Hofschneider weiß, wie eng Glück und Unglück im Krieg beieinanderliegen. Zwischen der Häuserlücke und dem Elternhaus sind es nicht mehr als 30 Meter.

Die Haustür ist offen. Aus der Küche am Ende des Flurs hört er Geschirrklappern. Er klopft kräftig. Mutter steht steif vor Freude am Abwaschbecken und starrt ihn ungläubig an. Er drückt sie an sich und sie beginnt zu weinen. Als er sie loslässt, sieht sie abwechselnd von seinem Gesicht auf ihre nassen Hände. Unbeholfen bewegt sie ihre Arme. „So eine Freude. Und wir Dummen haben schon gegessen. Es ist nicht mehr viel übrig. Ich werd dir gleich deinen Lieblingseintopf kochen. Setz dich zu Vater. Den ganzen Tag haben wir über dich und Ludwig gesprochen. Schmal bist du geworden."

Sein Vater umarmt ihn. Das ist ungewöhnlich. „Setz dich, Junge, und erzähl!"

Im Zeitraffer berichtet Erwin Hofschneider über seine Eindrücke und Erfahrungen während des Russlandfeldzuges: vor – zurück – halt – vielleicht demnächst wieder vor. Er schildert seinem Vater die Lage als angespannt, aber nicht hoffnungslos. Im Übrigen habe er zur Zeit mehr mit Pferden und alten Russen, als mit Kampfhandlungen zu tun. Er fragt nach Ludwig.

Herbert Hofschneider zeigt ihm Ludwigs Feldpostbriefe. Erwin Hofschneider entnimmt ihnen, dass Ludwigs Einheit 1942 vom Mittelabschnitt an die Südfront verlegt worden ist – mitten in den größten Schlamassel. Immerhin ist ihm Stalingrad erspart geblieben. Beunruhigt stellt er fest, dass Ludwig seinen letzten Brief im September 1942 geschrieben hat.

Als hätte sie seine Gedanken erraten, sagt Berta Hofschneider: „Ludwig hat so lange nicht geschrieben. Wir machen uns große Sorgen. So viele sind schon in Russland gefallen. Was gäbe ich dafür, wenn der schlimme Krieg bald zu Ende ginge und ihr und die vielen jungen Männer gesund zurückkommen würdet. Auf so vieles könnten wir verzichten, wenn nur Frieden wäre. Überall dieser Hass, das kann doch nicht gut sein. Ludwig wird es schwer haben mit seinem Glauben. Und die Russen sollen so furchtbar grausam sein. Selbst vor dem Verstümmeln der Gefangenen sollen sie nicht zurückschrecken. Nur Tiere machen so was."

„Im Krieg geht es auf beiden Seiten nicht gerade liebevoll zu, Mutter. Prallen wir zusammen, töten wir einander. Freu dich lieber, dass ich gesund bin und Ludwig nicht in Stalingrad war. Morgen schon kann ein Brief von ihm kommen, oder er bekommt Urlaub wie ich", versucht Erwin Hofschneider seine Mutter zu beruhigen.

„Sie versteht halt nicht, warum Männer für ihr Vaterland in den Krieg ziehen und ohne Rücksicht auf Gesundheit und Leben kämpfen müssen. Mütter werden das nie verstehen", nimmt Herbert Hofschneider seine Frau in Schutz.

„Immerhin verstehe ich, dass es in Russland und in Afrika nicht gut aussieht. Der Goebbels redet vom nahen Endsieg und uns fallen immer mehr Bomben auf den Kopf. Die Häuser gegenüber hast du ja gesehen. Das hätte auch uns treffen können. Immer häufiger Fliegerangriffe auf das Reich, das ist doch furchtbar", ärgert sich Berta Hofschneider über die Ansichten ihres Mannes. „Ihr Männer redet so, als würde der Krieg nur euch betreffen. Doch wir Frauen haben es auch nicht gerade leicht. Welche Frau wird nicht traurig und zornig, wenn sie das ganze Elend sieht. An die kleinen Kinder und die Alten denkt auch keiner. Irgendwann muss es doch mal ein Ende haben." Sie weint wieder.

„Hör auf, es Erwin unnötig schwer zu machen!", versucht Herbert Hofschneider den unerwarteten Gefühlsausbruch seiner Frau zu dämpfen. „Gegen das Leben der Frontsoldaten sind das hier zu Hause doch nur Kinkerlitzchen."

Erwin Hofschneider irritiert die Sicht seiner Mutter. So kennt er sie nicht. Nie hat sie sich so vehement in die Gespräche zwischen ihm und Vater eingemischt. Dennoch empfindet er Vaters Reaktion als zu heftig. Um nicht auch noch Öl ins Feuer zu gießen, hält er es für angebracht, die bevorstehende Hochzeit ins Blickfeld zu rücken: „Auf jeden Fall kann der Krieg nicht verhindern, dass morgen Polterabend ist. Schließlich muss es auch im Krieg freudige Ereignisse geben."

Berta Hofschneider wischt sich die Augen und rührt verlegen im Eintopf herum. „Siehst du, ich werde alt. Rede über die Sorgen und vergesse die Freude. Weine, obwohl ich mich so auf eure Hochzeit freue. Es gehören viel Liebe und viel Mut dazu, in dieser Zeit zu heiraten. Die Freude ist da doppelt so groß."

Die Stimmung entspannt sich. Die Kleiderordnung wird besprochen. Schließlich soll es ein würdevoller Auftritt der Bräutigam-Eltern werden.

Nach dem Essen hat Erwin Hofschneider das Bedürfnis, sich in seiner Heimatstadt umzusehen. Außerdem will er Ludwigs Verlobte Gudrun Jahn aufsuchen, um sie und ihre Mutter umzustimmen. Gudrun hatte Irmgard zu verstehen gegeben, sie würde nur traurig werden und das Fest trüben, weil sie fortwährend an Ludwig denken müsse, der auch ihr so lange nicht mehr geschrieben habe.

„Gudrun schaut fast jede Woche mal rein und fragt, ob sie uns helfen kann. Auch nach dem Bombenschaden an der Werkstatt ist sie uns zur Hand gegangen", sagt Berta Hofschneider, als Erwin Hofschneider von Gudrun Jahn spricht.

Gudrun ist noch ernster als früher. Eine Schönheit, denkt Erwin Hofschneider, hoffentlich kommt Ludwig gesund zurück. So ein schönes Paar.

Gudrun freut sich auf ihre stille Art über seinen Besuch. Sie hat nur eine Frage an Erwin Hofschneider: „Ist der Krieg bald zu Ende?“

„Es sieht nicht danach aus“, sagt er.

Sofort schimpft Frau Jahn, während sie Kaffee für den seltenen Gast kocht, über den Krieg. Seit ihr Mann im 1. Weltkrieg gefallen ist, nimmt sie kein Blatt mehr vor den Mund. Ihre rauchige Stimme hallt durch die Stube. „Ich pfeif auf das ganze Heldentum, das am Ende Kinder zu Waisen und Frauen zu Witwen macht. Zum Trost sagt man den Eltern, die ihre Kinder unter Mühen großgezogen haben, um sie für diesen Schreihals Hitler totschießen zu lassen: ‚Ihr könnt stolz auf eure Söhne sein!‘ So ein Hohn auf die Trauer. Was um alles in der Welt habt ihr beiden in Russland verloren? Um dort Schnee und Armut anzugaffen? Ich darf gar nicht daran denken, was mit meiner Kleinen passiert, wenn Ludwig nicht wiederkommt.“

„Mutter!“, ruft Gudrun mit feuchten Augen.

„Schon gut, Mädchen. Ich bin ja nur traurig. Uns kleinen Leuten bringen Kriege nichts Gutes. Wir müssen die lange Rechnung bezahlen.“

Die beiden Frauen lassen sich nicht umstimmen. Ihnen ist nicht nach Hochzeitsfeier zumute. Gudrun begleitet Erwin Hofschneider zur Haustür. Zum Abschied drückt sie ihn traurig und sanft.

„Ich freue mich für dich und Irmgard. Ich wünsche euch viel Glück und gesunde Kinder. Komm unbeschadet zurück.“ Um nicht vor ihm weinen zu müssen, geht sie schnell ins Haus zurück.

Was ist nur mit den Frauen los, fragt sich Erwin Hofschneider. Erst Mutter und jetzt Gudrun und Frau Jahn. Blasen Trübsal, während die Männer im Kampf stehen. Irmgard und die Schwiegereltern sind zum Glück anders. Gudrun grübelt zu viel. An wen erinnert sie mich nur fortwährend? Irgendwo hab ich so ein anziehendes Gesicht schon einmal gesehen. Was soll’s.

Er spaziert eine Weile durch die schöne Altstadt, nimmt die

wuchtigen Kirchen in Augenschein, verliert sich in den engen Gassen und erreicht schließlich den Markt mit seinem geschäftigen Treiben. Mitunter werfen ihm Frauen und Mädchen verstohlene oder herausfordernde Blicke zu. Das genießt er. Er weiß, dass seine Größe und die Uniform bei Frauen gut ankommen.

Wenn du wüsstest, denkt er, wenn ihn eine Frau zu herausfordernd ansieht, ich bin in zwei Tagen unter der Haube.

„Hallo, Erwin, du alter Raubritter! Kennst wohl die einfachen Leute nicht mehr?“, ruft jemand hinter ihm. Zu seiner Freude ist es Hermann Düwel, mit dem er vor dem Krieg im Ruder-Achter gesessen hat. Er steht hinter dem Tisch einer Marktbude. Erwin Hofschneider ist dort vorbeigelaufen, ohne ihn zu erkennen. Sie begrüßen einander mit großer Freude.

„Wie kommst du in eine Marktbude?“, will Erwin Hofschneider wissen und lacht über die ungewöhnliche Begegnung mit seinem liebenswerten Sportkameraden.

Er erinnert sich daran, dass Hermann Düwels Eltern nebenher eine kleine Landwirtschaft betreiben – ähnlich wie Irmgards Eltern. Wenn Hermann seinen Eltern hilft, dann ist er nicht mehr in Ludwigs Regiment, nicht mehr im Krieg, überlegt er. Ohne Umschweife fragt er danach.

„Am Bein hat’s mich erwischt“, erklärt ihm Hermann Düwel und klopft mit den Fingerknöcheln gegen seine Prothese. „Hier hat man es amputiert“, er zeigt auf eine Stelle über dem Knie. „Unten und oben war alles heil, nur das Kniegelenk hat mir ein Granatsplitter zerfetzt. Dabei hab ich noch Glück gehabt. Zwei meiner Kameraden waren auf der Stelle tot, vier andere hat’s schlimmer als mich erwischt. Einer, der Glückspilz von uns, hatte nicht mal einen Kratzer.“

Erwin Hofschneider denkt betroffen: aus mit Rudern. „Krieg, Hermann“, sagt er, weil ihm nichts Besseres einfällt, „heute du und morgen ich – wer kann das schon wissen.“

„Das ist wie beim Roulett. Am Ende muss man noch froh sein, wenn es nicht die edelsten Teile erwischt hat“, stimmt ihm Hermann Düwel zu.

Erwin Hofschneider fragt nach Ludwig. „Als ich Ludwig zuletzt gesehen habe, war er gesund und munter. Oft sehen konnte ich ihn freilich nicht, weil er in der anderen Batterie diente. Aber kurz bevor ich verwundet wurde, habe ich ihn noch gesehen. Da lagen wir fast am Terek, den Kaukasus vor der Nase. Das war aber, ehe der Iwan angegriffen hat. Wie es inzwischen dort aussieht, wer kann das wissen? Nach Stalingrad und alldem. Wer hätte gedacht, dass der Iwan so lange Widerstand leisten würde?"

„Diesen Sommer werden wir ihn packen", sagt Erwin Hofschneider.

„Das wollten wir 1941 und 1942 auch schon", hält ihm Hermann Düwel entgegen. „Wenn du mich fragst: Russland ist eine Nummer zu groß."

„Bist du verrückt, Hermann? Wie kannst du so denken? Wir müssen es doch packen, sonst kommt der Russe zu uns", verteidigt Erwin Hofschneider seinen Siegesplan und erzählt Hermann Düwel, was er über die „Gelbe Gefahr" gehört hat.

„Wer's glaubt, wird selig", sagt Hermann Düwel ruhig. „Vielleicht musst du so reden, weil du Offizier bist. Wenn du mich fragst: Der Krieg wird noch dauern. Wer am Ende gewinnt – wer weiß? Viel Blut wird noch fließen. Pass auf dich auf, Erwin. Ich wünsch mir, dass du und die anderen Ruderer gesund wiederkommen. Dauert der Krieg noch lang, wird es wohl nur noch für einen Vierer reichen. Und kommt es ganz schlimm, muss ich unsere Fahne im Invaliden-Einer hochhalten."

Erwin Hofschneider überlegt kurz, ob er seinen ehemaligen Sportkameraden nicht zum Polterabend einladen soll. Doch dann sind die Bedenken stärker. Er sagt Hermann Düwel nichts von seiner Heirat.

Was ist nur los, überlegt er auf dem Nachhauseweg, überall wird mehr oder weniger laut geklagt. Irgendwie ist es anders als vor dem Russlandfeldzug. Doch dann denkt er über die möglichen Ursachen der Klagerei nach und beruhigt sich. Bei Mutter ist es die schreckliche Ungewissheit um das Schicksal der Söhne, bei Gudrun um das ihres Verlobten, bei Frau Jahn der Verlust ihres Mannes, bei Hermann Düwel die Kriegsverletzung. Man muss Nachsicht üben. Mit der allgemeinen Lage hat das wenig zu tun.

Im Flur des Elternhauses hört er das vertraute Geräusch der Hobelmaschine.

Er geht über den Hof, um den Zustand der Werkstatt in Augenschein zu nehmen. Außerdem sieht es Vater gern, wenn man ihn ab und zu bei der Arbeit besucht.

Ein großes Stück der Werkstattrückwand fehlt. Die klaffende Lücke wurde mit Balken und einer Bretterwand verschlossen. Seit der immer zu Späßen aufgelegte Geselle eingezogen worden ist, hilft der alte Piehl, wenn einmal Not am Mann ist. Das ist inzwischen immer seltener der Fall. Wer baut schon im Krieg oder richtet sich mit neuem Möbel ein? Nach dem Krieg, sagen die Leute. Nur die Beseitigung von Bombenschäden und Särge bringen jetzt Aufträge.

„Wir haben noch was auf der hohen Kante“, beruhigt Herbert Hofschneider seinen Sohn, als ihn dieser beim Abendessen nach ihren Lebensumständen fragt.

„Die Versorgung ist schlechter geworden. Essen geht so lala, aber mit Textilien und Schuhen sieht’s schlecht aus“, sagt Berta Hofschneider.

„Alles für die Front, das versteht jeder“, rückt Herbert Hofschneider die schwierigen Umstände zurecht.

Es geht ihnen also wieder einmal nicht gut, denkt Erwin. Doch Hilfe lehnen die Eltern energisch ab.

„Hast bald selbst Familie. Da brauchst du jeden Pfennig“, erklärt ihm Mutter lachend. Sie setzt sich zu ihm aufs Sofa und drückt sich hin und wieder vorsichtig an ihn. Obwohl sie weiß, wie wenig ihr Erwin solche Gefühlsäußerungen schätzt, brennt das Verlangen in ihr. Wenn schon nicht richtig, dann muss es auch so gehen. Wenn es nun das letzte Mal ist, denkt sie. Der Gedanke schockiert sie. Was dir so durch den Kopf geht! Gesund wiederkommen werden die beiden.

Im Bett betet sie und weint.

Erwin Hofschneider liegt in seinem frisch bezogenen Bett und spürt, wie unwirklich alles ist. Vor ein paar Tagen war ich noch in Tichaja Semlja, geht es ihm durch den Kopf. Jetzt liege ich in meinem weichen Jugendbett. Übermorgen heirate ich. Zur gleichen Zeit liegt Ludwig irgendwo in Russland. So ist eben der Krieg.

Es gibt keinen Gast, der nicht von dem prächtigen Paar schwärmt. Beide groß und schlank, beide mit auffallend schönen Gesichtern. Dazu die schneidige Offiziersuniform des Bräutigams. Der Standesbeamte spricht den Trauzeugen aus den Herzen, als er die Brautleute ein „nordisches Paar“ nennt.

Die Eltern des Brautpaares sind stolz darauf, so ansehnliche Kinder gezeugt und erzogen zu haben. Hinzu kommt die Freude über die Verbindung von Standesgleichen. Der Sohn eines Tischlers und die Tochter eines Schlachtermeisters haben Gefallen aneinander gefunden und kommen standesgemäß unter die Haube. Wäre nicht der Krieg, könnte man von einer Märchenhochzeit sprechen.

Trotz der angespannten Versorgungslage biegt sich die Tafel. Das verdankt die Hochzeitsgesellschaft der Wirtschaft von Irmgards Vater, der außerdem bei Bedarf so manche gute Beziehung zu nutzen weiß. Unter seinen Freunden gilt gerade in schwierigen Zeiten das bewährte Motto: Eine Hand wäscht die andere.

Während die Gäste fröhlich weiterzechen, begeben sich die Jungvermählten zur Ruhe. Die Hochzeitsgesellschaft verabschiedet sie mit schlüpfrigen Kommentaren und malt sich aus, was sich in dieser Nacht wohl alles zwischen dem Brautpaar ereignen werde. Dann erinnert man sich der eigenen Hochzeitsnacht und kann sich gar nicht mehr beruhigen.

„Man muss sich die erste Nacht schön denken. Schön fühlen kann man sie sich nicht.“ Diesen Ratschlag erteilt Frau Voss ihrer Tochter beim Start ins Eheleben. Doch während sich das Brautpaar im Dunkeln entkleidet, denkt es nicht. Es ist aufgeregt und in gespannter Erwartung.

Erst als es vorüber ist, beginnt die Gedankenarbeit. Jetzt bin ich eine richtige Frau, denkt Irmgard, und vielleicht werde ich bald Mutter. Erwin hat sich viel Mühe gegeben und vielleicht wird es später schöner. Sie kuschelt sich an ihren starken Mann. Doch dann spürt sie Blut und Samenflüssigkeit an der Innenseite ihres Oberschenkels. Sie steht auf, um sich zu waschen.

Erwin Hofschneider ist nicht unzufrieden. Seine erste Ehepflicht hat er erfüllt. Er hat seinen Mann gestanden und Irmgard ist jetzt eine richtige Offiziersfrau. So werden nun einmal Kinder gemacht, denkt er. Mit Lust hat das nur am Rande zu tun. Die Ejakulation muss schließlich ausgelöst werden. Nur willensschwache Menschen stellen nach seiner Überzeugung die Lust ins Zentrum des Ehelebens. Für ihn hat eine Ehe mehr mit Zuchtwahl und Erziehung, als mit billiger Lust zu tun. Welcher denkende Mensch kann sich ohne Skrupel seinen Trieben ausliefern? Ehe ist zuerst Pflicht, Dienst an seinem Volk. Er ist sich sicher, dass Irmgard dies ebenso sieht.

Am Morgen gibt es Fliegeralarm. „Gar nicht um kümmern", beruhigt Johannes Voss die Frühstücksgesellschaft. „Unser Nest nehmen die gar nicht zur Kenntnis. Fliegen ab und zu hoch über uns hinweg. Beim Bahnhof haben wir einen kleinen Luftschutzbunker gebaut. Ehe wir dort sind, ist schon wieder Entwarnung. Nur an die armen Leute in den Städten muss ich dabei denken, die von den Schweinen bombardiert werden. Jetzt kommen sie auch schon mal am Tage."

„Herbert ist auch beim Luftschutz", sagt Berta Hofschneider.

Nach dem Fliegeralarm bringt Erwin Hofschneider, Arm in Arm mit Irmgard, seine Eltern zum Bahnhof. Nach Wismar wird er in diesem Urlaub nicht mehr fahren. Vier Tage bleiben ihm noch. Was liegt näher, als sie bei Irmgard zu verbringen?

Je näher sie dem Bahnhof kommen, umso stiller werden Erwins Eltern. Ein Glück für Eltern und Sohn, dass Irmgard munter drauflos erzählt.

Kräftig rauchend, aber erstaunlich still, nähert sich der Zug.

„Halt dich fuchtig, Junge, und seht zu, dass ihr mit den Russen bald fertig werdet. Um uns mach dir keine Sorgen." Vater schüttelt ihm kräftig die Hand. Sentimentalität darf unter fronterfahrenen Männern nicht aufkommen.

Mutter weint. „Schreib gleich von dort. Wenn nur bald alles vorüber wäre. Auf alles können wir verzichten, wenn ihr nur gesund zurückkommt. So ein schönes Paar und Krieg. Enkel möcht ich haben."

Auf dem Rückweg freut sich Irmgard wie immer über die bewundernden Blicke, die ihnen Vorübergehende verstohlen zuwerfen.

Zu Hause zeigt Erwin Hofschneider allen, dass ihn seine junge Frau und der Fronturlaub nicht zum Lotterleben verführen können. 23.00 bis 07.00 Uhr ist Nachtruhe. Nach dem Frühstück kümmert er sich um den Viehbestand seines Schwiegervaters, während Irmgard ihrer Mutter im Laden und in der Küche hilft. Nach dem Kaffeetrinken geht er in Uniform mit Irmgard spazieren. Sind nach dem Abendessen die Abrechnungen fertig und ist das Vieh versorgt, gibt es Klönsnak mit Köm. Der Krieg und der Zustand des Viehs sind Männerthemen. Die Frauen sprechen über den Laden, die Kunden und die Ausstattung der Jungvermählten, die notgedrungen zunächst in Irmgards Elternhaus leben werden. Nach dem Krieg wird man sehen.

Das Sexleben der Jungvermählten macht keine atemberaubenden Sprünge. Spartanisch hat es begonnen und dabei soll es bleiben. Jeder der beiden macht sich zwar seine Gedanken darüber, aber da nur unanständige und triebhafte Menschen über diese Dinge sprechen, gibt es für einen deutschen Offizier und seine Frau keine Veranlassung, sie zu erörtern. Für Irmgard und Erwin ist die Ehe kein Rausch der Gefühle, sondern Kopfarbeit. Sie haben sich aus Zuneigung das Jawort gegeben und das hat nun Konsequenzen für ihr ganzes Leben.

Irmgard hat auf die Hochzeit gedrängt, weil ihr der schneidige Offizier gefällt, und weil sie das richtige Alter dafür hat. Es ist Zeit, Nägel mit Köpfen zu machen und arische Kinder in die Welt zu setzen. Unannehmlichkeiten sind dafür bereitwillig in Kauf zu nehmen. Nicht nur die Bindung zwischen ihr und Erwin wird mit Kindern dauerhaft gefestigt werden, ihn inniger an die Familie binden, es ist zugleich der wichtigste Beitrag, den ihrer Vorstellung nach eine deutsche Frau für die Gesundung des deutschen Volkskörpers leisten kann: Mit einem gesunden arischen Mann gesunde arische Kinder zu zeugen und sie dann zu Treue, Fleiß und Pflichterfüllung zu erziehen. In der Nacht vor dem Abschied spürt sie kaum noch Schmerzen.

Und Erwin? Immerhin fällt ihm, zum ersten Mal seit er Irmgard kennt, der Abschied schwer. Wenn nur der Krieg bald vorbei ist, denkt er, dann werden wir gut miteinander leben.

Irmgard hält sich tapfer. Eine Offiziersfrau macht ihrem Mann den Abschied nicht schwer. Eine Offiziersfrau weint nicht. Mit diesen Gedanken diszipliniert sie ihre Gefühle.

Während der Fahrt nach Berlin blickt Erwin Hofschneider mehrmals stolz auf den glänzenden Ehering. In seinem Regiment sind die Offiziere seines Alters längst verheiratet. Nun gehört er zu ihnen.

Mitunter blitzen Bilder der Hochzeitsnacht in seinen Erinnerungen auf. Ob Irmgard schwanger wird? Ich glaube, sie will unbedingt ein Kind. Und ich? Ach was, wir werden sehen.

In Berlin heulen spät abends die Sirenen. Fliegeralarm. Erwin Hofschneider eilt mit den Leuten in den nahen Luftschutzbunker.

Er ist entsetzt, denn er begreift auf der Stelle, was die Luftangriffe für die Menschen in den bombardierten Städten bedeuten. Am schlimmsten ist der Anblick der vielen Kinder, vor allem der Säuglinge. Wie ihre Mütter wurden sie aus dem Schlaf gerissen. Viele weinen und werden von den Erwachsenen beruhigt.

Die Leute tragen kleine Köfferchen bei sich, in die sie Habseligkeiten verstaut haben, die sie für besonders wichtig halten.

Immer mehr Menschen strömen in den Bunker. Alte, Frauen, Kinder, Krüppel. Einige wirken erstaunlich gelassen, andere verängstigt.

Die Bunkerbeleuchtung beginnt zu flackern und man kann dumpfe Detonationen hören. „Jetze jeht et los“, sagt eine alte Frau neben ihm. „Hoffentlich hamm wa heute Glück.“

Dann eine schwere Detonation ganz in der Nähe. Der Bunker bebt, eine Lampe zersplittert und Staub rieselt herab. Ein paar Frauen und Kinder schreien. Sie werden sofort energisch zur Ruhe gebracht – nur keine Panik.

Die alte Frau erzählt ihm, welche Häuser es in ihrer Straße schon getroffen habe. Viele Tote, besonders schlimm die Kinder. Zwei Häuser weiter sei ein Säugling im Kinderwagen verbrannt.

„Die armen Menschen. Der dicke Jöhring hat jesacht, det keene Bombe uff Berlin fallen wird. Det könn Se ja nu da oben hören.

Wat soll mit die Leute wern, wenn det so weiterjeht? Die kleenen Mäusken immer raus aus’m Bett. Die Mütter müssen früh uff Arbeit. Bei det janze Theater müssen se noch froh sin, wenn se am Leben sind und ihr Haus nich kaputt jehaun is. Soll ich Se wat sachen? Wenn die noch lange so weitermachen mit die Bomben, denn wern wir den Kriech valieren. Ick Alte kann det ja laut sachen, mir wer’n se nich mehr insperrn.“

„Wir müssen Geduld haben und dürfen uns von den Bomben der Engländer nicht entmutigen lassen“, sagt Erwin Hofschneider, der sich darüber ärgert, dass die Alte ausgerechnet ihm, einem Offizier in Uniform, ihre Meinung anvertraut.

„Ach wat; det sacht der Joebbels och immer. Wer’s gloobt wird selig“, wischt die Alte seine Antwort beiseite. „Denken Se vielleicht, ick komm aus’m Mustopp?“

Erwin Hofschneider ist das Gespräch inzwischen peinlich. Zumal sich einige Leute über ihn und die Alte zu amüsieren beginnen.

Er ist erleichtert, als endlich Entwarnung gegeben wird.

Draußen sieht er Brände. Seltsam, denkt er, der Bahnhof hat nichts abbekommen, nur Gebäude in seinem Umfeld. Wie in anderen Städten. Schlecht gezielt oder Absicht?

Mit großer Verspätung setzt sich der Zug mit den Frontrückkehrern von Berlin aus nach Osten in Bewegung.

Während der Fahrt versucht Erwin Hofschneider seine Urlaubserlebnisse zu ordnen.

Zunächst werden seine Erinnerungen von den schönen Stunden beherrscht: von seiner Hochzeit und von den Nächten mit Irmgard. Je weiter der Zug nach Osten fährt, umso mehr rückt der Krieg wieder in sein Gedankenfeld. Die beunruhigenden Urlaubserlebnisse gewinnen nun die Oberhand. Allen voran das Bombardieren deutscher Städte. Lübeck, Wismar und Berlin stehen ihm vor Augen, als er wieder durch die Weite Russlands fährt. Wieder einmal muss er an Ludwig und seinen Freund Macke denken, die ihm bei einem langen Zweifrontenkrieg Deutschlands Niederlage prophezeit haben. Sind die Luftangriffe nur Nadelstiche oder behindern sie die Rüstungsindustrie bereits stark, und untergraben sie die Siegeszuversicht in der Heimat? Ist Goebbels ein Lügenmaul, wenn er die Bedeutung der Luftangriffe herunterspielt? Hat die Alte im Luftschutzbunker recht? Das Gefühl der Hilflosigkeit im Dämmerlicht des Luftschutzbunkers kannte er bisher nicht. Ist das inzwischen Alltag in den großen Städten?

Erwin Hofschneider blickt auf die vorbeiziehende Landschaft und schon muss er wieder grübeln: Ist die Front nicht so überdehnt, dass wir uns verzettelt haben? An unserer Front und im Norden bewegt sich seit einem Jahr nicht viel, und im Süden, wohin wir die meisten Kräfte geworfen haben, hat es inzwischen Stalingrad gegeben. Eine ganze Armee verloren! Was bedeutet das? Haben die Russen dort stärker bluten müssen und sind jetzt mehr geschwächt als wir? Russland könne man nicht erobern, hat mir Freund Macke erklärt. Ist der Russlandfeldzug ein einziges Abenteuer? Das Bild des Führers während der Parade taucht vor seinen Augen auf. Jetzt fängst du auch schon an, kleingläubig zu werden, ärgert er sich. Wie kannst du diesem Mann, der so viel für Deutschland getan hat, blanke Abenteuerlust unterstellen? Er wird wissen, wie wir aus der Pattsituation herauskommen und die Russen besiegen werden. Es gibt ja überhaupt keine andere Möglichkeit, als den Krieg zu gewinnen, damit Deutschland nicht von diesen Barbaren überrollt und vernichtet wird. Raum und Zeit sind gegen uns. Die Überlegenheit unserer Waffen und die bessere Kampfmoral unserer Soldaten werden am Ende über

Raum und Zeit triumphieren. Das hätte noch gefehlt, sich von der Mutlosigkeit anderer anstecken zu lassen!

Plötzlich bremst der Zug ruckartig und hält dann auf freier Strecke. Sicherheitshalber müssen alle den Zug verlassen. Partisanen haben die Schienen zerstört. Dann heißt es, wieder einsteigen. Der Zug fährt zur nächsten Station zurück.

Sind dies nur unkoordinierte Einzelaktionen der Partisanen, wie seine Vorgesetzten dies einschätzen, oder hat der im Zug mitreisende Major recht, der behauptet, die Aktivitäten der Partisanen hätten nicht nur zugenommen, sondern sie wären inzwischen gut koordiniert und in militärische Operationen eingebunden? „Wir haben die Bedeutung der Partisanen lange Zeit unterschätzt. Jetzt bekommen wir dafür die Quittung."

Sind die Folgen der Partisanenaktionen auf die Frontlage nicht vergleichbar mit denen der Bombenangriffe auf die deutschen Städte? Es wird höchste Zeit, damit Schluss zu machen.

Als sich Erwin Hofschneider in einem gepanzerten Fahrzeug Tichaja Semlja nähert und auf das stille Dorf sieht, denkt er: Frieden mitten im Krieg. Zur Zeit leben wir hier besser, als die von Bombenangriffen und Versorgungsengpässen geplagten Menschen zu Hause.

Am Abend spendiert er seinen Offizieren eine Hochzeitsrunde. Stolz lässt er das Hochzeitsbild kreisen. Irmgard und er sind gut getroffen.

„Ich wusste gar nicht, dass wir so einen schneidigen Kompaniechef haben. Dazu noch einen mit viel Geschmack in Sachen Frau", sagt Oberveterinär Pichler, der Erwin Hofschneider während des Urlaubs vertreten hat. Die Runde lacht. Gut gelaunt geht man auseinander.

Eine Stunde später liegt Erwin Hofschneider auf seinem Feldbett und denkt wieder darüber nach, wie unwirklich, fast traumhaft das Leben im Krieg verläuft. Vor wenigen Tagen hat er in Wismar an Tichaja Semlja gedacht. Jetzt liegt er hier und denkt an das 2.000 Kilometer entfernte Bett, in dem er sich an Irmgards schlanken Körper geschmiegt hat und hofft, der Krieg möge bald siegreich zu Ende gehen.

Erwin Hofschneider kann nicht wissen, dass es einem von Millionen Samenfäden, die er während seines Urlaubs ausgestoßen hat, gelungen ist, die Zellwand einer erwartungsfrohen Eizelle in Irmgards Leib zu durchdringen. Ein winziges Etwas ist entstanden. Es teilt und vermehrt sich und schickt sich an, ein kleiner Mecklenburger zu werden.

Einige Tage nach seiner Rückkehr reitet Erwin Hofschneider zur Weide und begutachtet den Stand des Kartoffellegens. Werden wir sie auch in diesem Herbst noch ernten, fragt er sich. Die alten Russen und ihre halbwüchsigen Enkelkinder bestellen, was Saatgut und Kräfte hergeben. Weder die deutsche noch die russische Verwaltung haben irgendetwas unternommen, um zu Erträgen zu kommen. Die Frontlage ist ihnen wohl zu labil, schlussfolgert Erwin Hofschneider. So verhalten sich seine Männer wie im letzten Jahr: Jetzt pflanzen sie Kartoffeln und später werden sie Heu machen.

Als er an den dorfnahen Feldern vorbeireitet, sieht er am Feldrand die junge Bäuerin. Auf der Stelle weiß er, an wen ihn im Urlaub Gudruns Gesicht erinnert hat. Das gleiche kräftige braune Haar und die gleichen geheimnisvollen grünen Augen. Wie Gudrun, kein Zweifel! Ein erstaunlicher Zufall. Eine Deutsche und eine Russin, die sich wie Schwestern gleichen. Ein Schlag ins Gesicht jeder Rassentheorie! Er muss an Ludwig denken. Nie hat er dessen Ablehnung der Rassentheorie so nachvollziehen können wie in diesem Augenblick am Rande eines russischen Feldes.

Doch schon melden sich die ihm anerzogenen Zweifel an allzu offensichtlichen Umständen: Vielleicht stammt sie gar nicht von Slawen ab.

Erwin Hofschneider erinnert sich daran, dass die russische Schönheit Nina Zwetkowa heißt. Der Starosta Mamedow war zu ihm gekommen und hatte ihm gemeldet, dass die alte Lukaschenkowa ihre 17-jährige Enkeltochter versteckt habe, aus Angst, die deutschen Soldaten könnten ihr etwas antun. Zufällig habe er das Mädchen entdeckt, das natürlich nicht auf der Einwohnerliste stehe.

Der Alte hatte wie so oft an Erwin Hofschneiders Christenpflicht appelliert und ihn gebeten, die alte, fast blinde Frau nicht zu bestrafen. Sie habe nur aus Liebe zu ihrer Enkelin gegen die Vorschrift verstoßen. Was das Mädchen anbelange, so baue er auf das Ehrgefühl des deutschen Kommandeurs. Der müsse dafür sorgen, dass dem Mädchen kein Leid durch die Soldaten zugefügt werde. „Sag deinem Kommandeur, er soll es mir vor Gott versprechen", hatte der Starosta den Gefreiten Dombrowski aufgefordert.

Der alte Mamedow, denkt Erwin Hofschneider. Für sein Dorf kämpft er wie ein Löwe. Meinen Respekt hat er sich inzwischen erworben. Solche Russen gibt es eben auch. Wollen wir hoffen, dass sich sein Einsatz lohnt und wir eines hoffentlich nicht allzu fernen Tages in Frieden voneinander scheiden.

Die alte Lukaschenkowa war ungeschoren geblieben. Seinen Männern aber hatte Erwin Hofschneider eingebläut, dem Mädchen kein Haar zu krümmen. Sie dürfe sich innerhalb des Dorfes frei bewegen. Er hatte jedem strenge Strafe angedroht, der sich mit dem feindlichen Mädchen einließe. Außerdem wären deutsche Soldaten keine Sittenstrolche. „Oder gibt es da jemanden?", hatte er seine Kompanie gefragt. Seine Männer hatten gelacht.

Seither erfreuen sie sich an der schönen Russin und denken dabei an ihre Mädchen und Frauen in der fernen Heimat. Erwin Hofschneider aber erinnert sich ab heute beim Anblick der jungen Russin an die ebenso schöne Verlobte seines Bruders.

Nina Zwetkowa genießt die gewonnene Freiheit. Schwer ist es für sie gewesen, sich im eigenen Dorf, im eigenen Haus verbergen zu müssen.

„Sehen Sie Großmütterchen, so schlimm wie Papa es gesagt hat, sind die Deutschen ja gar nicht", beruhigt sie ihre Großmutter.

„Gott hat sie einsichtig gemacht, die Verdorbenen", erklärt sich Olga Lukaschenkowa diese erstaunliche Wandlung der Deutschen.

Ohne Angst kann Nina Zwetkowa jetzt den alten Nachbarn auf den Feldern oder in den Gärten helfen. Als Gegenleistung erhält sie dann im Sommer und Herbst einen kleinen Teil der Ernte.

Das gibt Hoffnung, den kommenden Winter besser überstehen zu können als den vergangenen.

Großmütterchen wird immer schwächer und kann nur noch sehr wenig zu ihrer Versorgung beitragen. Wenn die Sonne drückt, bleibt sie mitunter den ganzen Tag im Haus und schleppt ihren schweren Körper nur schrittweise von einer Sitzgelegenheit zur nächsten. Jeder Handgriff bereitet ihr Mühe. Sie weint oft und Nina muss sie trösten.

„Deine Mutter werde ich wohl nicht mehr wiedersehen und kein Urenkelchen an mich drücken können."

Eines Morgens liegt Olga Lukaschenkowa tot in ihrem Bett. Nina Zwetkowa kann es zunächst nicht begreifen. „Großmütterchen, Großmütterchen, so wachen Sie doch auf!" Als sie begreift, was mit Großmütterchen geschehen ist, weint sie hemmungslos. Was soll nur werden? Von diesem Gedanken kommt sie zunächst nicht los.

Nachdem sie lange geweint hat, überlegt sie, was mit ihrer Großmutter geschehen muss. Traurig und verzweifelt läuft sie zu Sinaida Achmatowa. Die Grobe weiß immer Rat.

Sinaida Achmatowa bekreuzigt sich flüchtig und sagt: „Tot ist tot, meine Kleine. Für uns Alte ist der Tod eine Erlösung. Was ist schon Gutes an diesem Leben? Solange man lebt, muss man sich plagen und tausend Demütigungen ertragen. Erst wenn du tot bist, können dich alle kreuzweise. So einfach ist das. Erlöst ist deine Großmutter. Hat sich genug geplagt. Gott hab sie selig, die Gute. Ziehen wir ihr das Leichenhemd über."

Zum ersten Mal in ihrem Leben berührt Nina Zwetkowa einen toten Menschen. War dieser verfallene, ungepflegte Körper noch Großmütterchen? Er ist ihr fremd. Steif und stinkend wehrt er sich gegen das Totenhemd und bereitet den Frauen Mühe.

„Was glauben Sie, Sinaida Grigorjewna, gibt es eine Seele?", fragt Nina Zwetkowa, weil sie sich nicht vorstellen kann, dass diese leblose, steife, kalte Ansammlung von Knochen, Fett und schlaffem Fleisch ihr Großmütterchen gewesen ist.

„Sagen wir es so", antwortet ihr Sinaida Achmatowa, „gibt es keine, sollten wir Menschen uns beizeiten einen Strick nehmen. Gibt es eine, wird man sehen. Jetzt waschen wir uns gründlich die Hände. Du bleibst hier und ich gehe ins Dorf, um Totengräber und Leichenträger aufzutreiben. Dem Starosta muss ich's auch melden. Er soll uns den kleinen Pjotr mit seiner Dunja und dem Wagen schicken. Sieh zu, dass du etwas auftreibst, um die Leute zu bewirten."

Nun lebt Nina Zwetkowa wieder im Elternhaus, das gleich neben Sinaida Achmatowas Hof liegt. Sie sehnt sich nach ihrer Großmutter, nach ihrer zärtlichen und fröhlichen Freundin Dunjaschka, nach Grischenka und den Eltern und nach dem Ende des verfluchten Krieges, der ihr Leben verändert und dem Dorf Not gebracht hat.

Die Deutschen halten ihr Wort und belästigten sie nicht. Nur selten kommt eine Streife auf den Hof. Der alte Mamedow hat ihr erzählt, welche Deutschen ihm geholfen haben, die Dinge so zu verdrehen, dass ihnen und dem Dorf kein Schaden erwachsen ist. Seither sieht sie diese Deutschen mit anderen Augen an. Wenn ein Stärkerer auf einen Schwächeren Rücksicht nimmt, dann gibt es Hoffnung, hat ihr Großmütterchen einmal gesagt.

Der ältere der beiden Deutschen spricht leidlich Russisch, ist lustig und gutmütig. Der jüngere, der sie damals im Stall entdeckt hat, wird jedes Mal verlegen. Sein schönes Gesicht ist ihr inzwischen vertraut. Der hübsche Kerl sucht ihre Nähe und bringt ihr fast immer etwas mit – ein Stück Brot oder eine Tafel köstliche Schokolade. Wenn er sie mit seinen blauen Augen ansieht, kommt es vor, dass auch sie verlegen wird und schnell weitergeht. Ein Faschist ist er, du Dumme, ein Faschist, versucht sie dann, ihre leichtsinnigen Gefühle zu zähmen. Es gelingt ihr nicht, weil sie in ihrem tiefsten Inneren fühlt, dass ihr dieser junge Soldat nie ein Leid zufügen würde, dass er ohne diese Uniform ein liebenswerter Mensch ist. Ist er denn aus freien Stücken zu uns gekommen? Der Hitler, dieser Lump, hat ihn hergeschickt.

An einem Maitag, sie hat Sinaida Achmatowa auf dem Feld geholfen, geht sie mit dieser den Weg am Fluss zurück ins Dorf. Als sie sich der Biegung nähern, hören sie den fröhlichen Lärm deutscher Soldaten. Erschrocken springen sie ins Gras und pirschen sich im Schutz der Weiden vorsichtig näher heran.

Hinter der Biegung sehen sie splitternackte Soldaten, die baden oder im Gras liegen. Posten haben sie nicht aufgestellt. Nina hat in ihrem Leben noch nie einen nackten Mann ohne Bade- oder Unterhose gesehen. Und nun sieht sie Dutzende, die sich ohne Scham splitternackt bewegen. Dieser Anblick ist so überraschend und überwältigend, dass ihr das Blut mit Macht in den Kopf schießt. Es ist das beschämende Gefühl, das sich einstellt, wenn man fremde Menschen bei einer intimen Handlung beobachtet oder belauscht. Sie schämt sich vor sich und vor Sinaida Achmatowa. Das Schamgefühl verstärkt sich ins Unerträgliche, als sie unter den nackten Soldaten den schönen Jüngling erblickt. Zart und verletzlich sieht er ohne Uniform aus, und sie erkennt an seinem rechten Unterschenkel eine große Narbe. Sinaida Achmatowa kommentiert leise und spöttisch die Beschaffenheit der Soldatenkörper, bis sie Ninas Verlegenheit bemerkt. Vorsichtig bewegen sich die beiden Frauen zurück und schlagen hinter der Biegung einen anderen Weg ins Dorf ein. Je weiter sie sich vom Fluss entfernen, umso lauter spricht Sinaida Achmatowa über die nackten Deutschen und erklärt der jungen Frau, dass sie das Erstaunlichste an einem Mann noch gar nicht gesehen habe.

„Jetzt hören Sie aber auf!“, sagt Nina beschämt von der groben Art der Bäuerin und läuft davon. Sinaida Achmatowa aber lacht laut und ruft ihr nach: „Ist der Krieg erst vorbei, werden es dir die Männer schon zeigen. Gefallen wird’s dir, pass auf, was ich dir sage!“

Ninas Leben ist anders geworden, seit sie die körperliche Lust entdeckt hat. Die Sehnsucht danach nimmt sie mehr und mehr gefangen und das beunruhigt sie. Mitunter ist ihr Verlangen bereits am Tag so heftig, dass es keinen Aufschub duldet. Dafür schämt sie sich. Abends ist alles einfacher. Wenn sie sich unter der Decke streichelt, tauchen schöne Erinnerungen an ihre liebe Freundin Dunjaschka auf. Doch seit sie die nackten Soldaten am Fluss beobachtet hat, gewinnen diese Bilder zunehmend die Oberhand über Dunjaschkas Traumgebilde. Besonders der schöne junge Soldat taucht immer häufiger in ihrer Fantasie auf.

Als der Frühling zu Ende geht, kommt der schöne Soldat nicht mehr auf ihren Hof. Der älterer Soldat, den die Alten „Bruder Lustig" nennen, erzählt ihr, sein junger Kamerad sei in den Kampf geschickt worden. Der Krieg werde vielleicht bald nach Tichaja Semlja kommen.

Das entnimmt Nina Zwetkowa auch einem der Flugblätter, die wie von Geisterhand im Dorf verteilt werden. Vielleicht geht es den Faschisten jetzt endlich an den Kragen und Mama, Papa, Grischenka und Dunjaschka kommen zurück, wünscht sie sich. Dennoch wird sie traurig, wenn sie an den schönen deutschen Soldaten denkt. Nein, ich wünsche mir nicht, dass ihn die Unsrigen umbringen. Soll er gesund nach Hause zurückkehren. Er ist noch so jung. Er soll eine hübsche Frau finden und Kinder mit ihr haben. Nur, auf die Unsrigen schießen soll er auch nicht. Vielleicht schießt er gar auf Grischenka! Das hat man davon, wenn man einem Deutschen etwas Gutes wünscht!

Der Sommer kommt und am Himmel tauchen wieder die eigenen Flugzeuge auf. Alle freuen sich. Doch nachdem sie eine Scheune in Brand geschossen haben, kommt Unruhe auf. Am Ende verwechseln sie uns noch mit den Deutschen, heißt es. Was können sie von da oben schon sehen?

Das Leben geht weiter. Es fragt nicht nach Krieg und Frieden. Es meldet seine Bedürfnisse an.

Nina Zwetkowa zieht es mit Macht zum See. Die Deutschen verbieten es, dort zu baden, aber sie kontrollieren es kaum. Ihre Sehnsucht nach einem ungestörten Bad ist größer als ihre Sorge, von einer deutschen Streife entdeckt zu werden.

Obwohl die Luft bereits vor Hitze flimmert, ist das Wasser noch erfrischend kühl. Nach jedem Bad legt sie sich ins Ufergras, lauscht dem Konzert der Insekten und träumt vom Frieden und schönen Dingen. Dann eilt sie zurück ins Dorf.

An einem Spätnachmittag wird sie beim Dösen im Gras von einem Geräusch aus ihren sanften Träumen gerissen. Als sie ihre Augen öffnet, sieht sie über sich den Fischerjungen Pawel Belikow. Vor Schreck ist sie wie gelähmt. Dann erinnert sie sich daran, dass sie völlig nackt im Gras liegt. Ihr Herz beginnt heftig zu klopfen. Sie richtet sich auf und versucht ihre Blöße zu bedecken. „Geh weg!", sagt sie. „Solltest dich schämen."

Der Junge wehrt sich verlegen: „Wie kann ich wissen, dass du hier liegst? Wo doch die Deutschen nur mir erlauben, das Dorf zu verlassen."

„Schon gut, aber hör auf, mich anzustarren. Hast du noch keine Frau gesehen?"

Als Pawel Belikow ihre Frage mit einem stummen Kopfschütteln beantwortet, verfliegt ihr Schreck. Die Verlegenheit des Fischerjungen beruhigt und amüsiert sie zugleich. „Na hör mal, eine Frau wirst du doch wohl gesehen haben." Ein Lächeln huscht über ihr Gesicht und ihre Stimme klingt nicht mehr streng.

„Keine nackte", sagt Pawel leise.

„Nun hast du ja eine gesehen. Und? War's schlimm?"

„Ich hatte ja gar keine Zeit, dich richtig zu betrachten", verteidigt sich Pawel hastig.

„So einer bist du also. Möchtest, dass ich die Arme wieder wegnehme?"

Pawel blickt sie bittend an und nickt heftig. Nina spürt, wie Heiterkeit in ihr aufkommt. Sie betrachtet den hübschen Jungen. Schwarze Locken, schwarze Augen, schwarzer Bartflaum. Alles schwarz wie bei einem Türken. Sie denkt daran, was ihr ihre Freundin Dunjaschka und Sinaida Achmatowa über die Jungen erzählt haben, und was sie selbst am Fluss bei den Soldaten gesehen hat. „Zeigen werd ich mich nur, wenn auch du dich zeigst", sagt sie so unbekümmert, dass sie darüber staunt. „Das wäre doch gerecht. Findest du nicht?"

„Ich soll vor dir ... ?", fragt Pawel erschrocken.

Jetzt hab ich dich, junger Mann, freut sich Nina. Doch sogleich erschrickt sie über sich: Was mache ich denn da? Er ist doch so jung.

Pawel zögert kurz, dreht ihr dann den Rücken zu und zieht sich so flink aus, dass ihr keine Zeit bleibt, das Spiel zu beenden.

„Aber Pawel!", sagt sie mit vor Erregung gepresster Stimme, als sich der Fischerjunge umdreht. „Du bist ja schon ein richtiger Mann." Sofort beginnt sie, sich Vorwürfe zu machen. Was bist du denn für eine, fragt sie sich ärgerlich. Bist viel zu weit gegangen. Doch ein heftiges Verlangen zwingt sie, den Blick auf den schlanken, glatten Körper des Jungen zu richten. Braungebrannt steht er in der Nachmittagssonne und lächelt verlegen. Nur eine Sekunde streift ihr Blick über den kleinen Unterschied. Diese Sekunde genügt, um ihr Herz heftig schlagen zu lassen. Du bist ja verrückt, schießt es ihr durch den Kopf. Sie springt auf und zieht sich hastig das Kleid über.

„Du hast es versprochen", ruft ihr Pawel beleidigt nach.

„Hör zu Pawel, wir sind zu weit gegangen. Es war nicht richtig, es von dir zu verlangen und jetzt schäme ich mich." Sie rennt zurück ins Dorf.

Als sie im Haus ist, klopft ihr Herz heftig und sie weint vor Scham. Wie eine Verdorbene hab ich mich benommen, klagt sie verzweifelt, dabei ist er noch so jung.

Die nächsten Tage wehrt sie sich gegen das unbekannte, brodelnde Gefühl in ihrer Brust. Wie aufgezogen arbeitet sie im Haus und auf dem Hof. Sie will das dunkle Ungeheuer, das in ihr wühlt, und sie quält, wieder loswerden. Bedroht es ihr Leben nicht ebenso wie der Krieg?

Tagsüber gelingt es ihr, sich mit Arbeit abzulenken. Doch abends im Bett quält sie die Sehnsucht nach dem Anblick des nackten Fischerjungen. Sie träumt davon, Pawels glatte Haut und seinen schönen Penis zu berühren, der sich unten am See zwischen schwarzen Locken erhoben hat. Verzweifelt versucht sie, diese schmerzhafte Sehnsucht zum Schweigen zu bringen. Versündige dich nicht, werde vernünftig, beschwört sie sich in Gedanken. Würde Großmütterchen noch leben, wäre sie entsetzt. Sie denkt an ihre Eltern in den Wäldern. Sie leiden und kämpfen, während ich dabei bin, mich an einem Jungen zu versündigen. In ihrer Verzweiflung weint sie viel. Den See meidet sie wie einen Ort des Grauens.

Als sie eines Abends mit der Hofarbeit fertig ist und ins Haus gehen will, wird sie leise von hinten angesprochen. Es ist Pawel. Sofort beginnt ihr Herz wild zu klopfen. Traurig, mit gesenktem Blick steht der Junge vor ihr. Strenger als sie es will, sagt sie: „Wir sollten alles schnell vergessen. Uns nicht mehr treffen. Warum bist du gekommen? Wenn uns jemand sieht.“

Pawel blickt sie kurz mit seinen schwarzen Augen an. „Jeden Tag muss ich an dich denken“, sagt er mit gesenktem Kopf, „weil du so schön bist.“ Er drehte sich um und läuft davon.

„Pawel“, ruft sie, „lauf nicht fort. Komm ins Haus, ehe uns jemand sieht.“

Im Haus drückt sie den Jungen an sich. Hitze durchströmt ihre Brust, nimmt ihr den Atem, überwältigt sie. Sie küsst Pawel auf die schwarzen Augen, streichelt seine schwarzen Locken, reibt sich an ihm. Freudentränen beenden die Qualen einer ganzen Woche und sie erleichtert ihre Seele mit einem Redeschwall: „Was bist du nur für ein verrückter Kerl. Die ganze Zeit hab ich an dich denken müssen. Dabei bist du viel zu jung für solche Sachen. Ich sollte mich schämen. Bin so viel älter. Eine Sünde ist's. Keiner darf es wissen. Schau mich nicht so an. Wie soll ich nicht schwach werden, wenn du mich so lieb ansiehst?“

In diesem Sommer lernen Nina und Pawel viel über den kleinen Unterschied. Mit der Lust verfliegen Ninas Skrupel und Zweifel. Wie können zärtliche Hingabe und körperliches Vergnügen eine Sünde sein, beruhigt sie ihr Gewissen. In ihrer kleinen Welt, die fast zwei Monate über die große Welt herrscht, gibt es nur Lust, Liebe und Güte.

Als sie zwei Monate später begreift, dass ihr Unwohlsein und das Ausbleiben ihrer Regelblutung mit einem Keimling in ihrem Leib zu tun haben muss, weint sie vor Glück und vor Verzweiflung.

Es war schon seltsam. Hans Mascharek hatte seine jungen Eltern, seine Geschwister und sich selbst als kleinen Jungen gesehen. Doch dieser Anblick erregte ihn nicht. Ohne seinen Körper sah er auf sie herab wie auf jeden anderen Menschen, der ihm bisher begegnet war. Er empfand nicht, er begriff.

Vor allem glaubte er nun zu wissen, warum sich sein Schwiegervater, trotz aller Abneigung, die er für Russen stets empfunden hatte, gerne an dieses Dorf und den alten Mamedow erinnert hatte. Die Not der Alten hatte ihn nur am Rande berührt. Das Dorf war für ihn und seine Kameraden nichts als ein komfortabler Rastplatz in einem mörderischen Krieg gewesen. Nur dies war in seinen Erinnerungen haften geblieben.

Ich werde sehen, wie sich die Dinge im Dorf weiterentwickeln, dachte Hans Mascharek. Da meldete sich aus dem Nichts heraus das Dreiäugige: „Du wirst unaufmerksam, Hans. Dein Schwiegervater und das Dorf in Ehren, aber der furchtbare Krieg geht weiter. Wie du weißt, wird ihn die Deutsche Wehrmacht verlieren. Die deutschen Soldaten, die noch in Russland stehen, müssen den weiten Weg wieder zurückmarschieren oder hier sterben. Du hast also keine Zeit mehr für einen beschaulichen Aufenthalt in Tichaja Semlja.

Außerdem hast du Ludwig Hofschneider vollkommen aus den Augen verloren. Du solltest ihn suchen. Zu ihm sollte dir der tote Philosoph eine Brücke bauen. Hast du Unsteter das vergessen? Wie jeder gewöhnliche Sterbliche siehst du dir die Dinge nacheinander an und bleibst an diesem oder jenem Vorgang haften. So wird sich dir niemals ein drittes Auge öffnen. Wann wirst du es endlich begreifen, dass alle Dinge gleichzeitig sind und sich ständig verändern? Ein schwieriger Fall bist du, Hans.

Suche den nachdenklichen Ludwig. Du musst dich weit nach Südrussland begeben. Während hier in Tichaja Semlja noch immer alles recht friedlich zugeht, ist im Süden längst die Hölle los. Die deutsche Front wankt und muss weiter zurückweichen.

Sieh nach, wie es Ludwig Hofschneider in diesem Höllenschlund ergeht.

Erinnerst du dich an den ersten Kolchosvorsitzenden Oleg Baschkow, den der alte Mamedow so schätzte. Den der junge Konew als Konterrevolutionär verhaften ließ?“

„Natürlich“, sagte Hans Mascharek, „ganz so unaufmerksam, wie du es mir unterstellst, bin ich nicht. Man hat Oleg Baschkow und seine Frau verhaftet. Niemand im Dorf weiß, was aus ihnen geworden ist.“

„Dann wirst du jetzt dem ältesten Sohn des ehemaligen Kolchosvorsitzenden Baschkow begegnen. Er und Ludwig Hofschneider stehen sich einander als erbitterte Feinde gegenüber. Sie können nicht wissen, wie ähnlich sie einander sind und auf welche Weise der Krieg ihre Schicksale und deines miteinander verwoben hat. Denk daran: alles ist gleichzeitig, alles ändert sich und alles hat seinen Sinn."

ZWEITER TEIL

Besiegte und Sieger

Fuchs und Rappe

Bei Beginn des Russlandfeldzuges hätte Ludwig Hofschneider seine Verzweiflung gerne hinausgeschrien. Krieg heißt töten, ist unvereinbar mit der christlichen Nächstenliebe. Das Soldatenleben wäre ihm schon schwergefallen, wenn er gezwungen gewesen wäre, seine Heimat gegen eindringende Feinde zu verteidigen. Doch dem Befehl des Wahnsinnigen zu folgen und in Russland einzumarschieren, das war Verrat an der christlichen Ethik. Er selbst hat diesen Verrat begangen, um sich und seiner Familie andere Unannehmlichkeiten zu ersparen.

Du hast als Christ versagt und bist unter die Mörder gegangen, schrie die Verzweiflung in ihm, als der Feldzug begann.

Doch dann war der Krieg in die Jahre gekommen. Ein Gemetzel hatte das nächste abgelöst und viele Kameraden waren gefallen. Da begann Ludwig sein Versprechen einzulösen, das er Erwin gegeben hatte. Er verdrängte die christliche Wahrheit und lernte es, sein Handwerk zu beherrschen.

Nun ist er ein ausgezeichneter Artilleriebeobachter, aber dennoch kein guter Soldat geworden. Er ist kein guter Soldat geworden, weil er davon überzeugt ist, dass alle Kriege überflüssig, wirtschaftlich verheerend und ungerecht sind. Mit dieser Überzeugung kann ein Soldat bestenfalls und gezwungenermaßen um seine eigene Haut und um die seiner Kameraden kämpfen, nicht aber enthusiastisch für eine politische Sache oder gegen ein anderes Volk.

Im Sommer 1943 steht seine Batterie in schweren Abwehrkämpfen. Die Rote Armee ist zum Angriff übergegangen, bedroht den ganzen Frontabschnitt und Ludwig Hofschneiders Regiment. Panzer der Waffen-SS bringen den Angriff zum Stehen. Dabei wird eine Infanterieeinheit der Russen von den deutschen Panzern seitlich überrollt, gräbt sich ein und leistet hartnäckig Widerstand.

Ludwig Hofschneiders Batterie erhält den Befehl, den Widerstand, der hinter einem lang gestreckten Hügel liegenden Russen, durch Beschuss zu brechen.

Die Batterie bringt sich, vor Einbruch der Nacht und ebenfalls hinter einem Hügel, in Stellung. Zwischen ihr und dem Hügel der Russen liegt eine breite Senke.

„Sehen Sie den Baum dort?", fragt Oberleutnant Rost. Sein Gesicht ist abgemagert und sein Mund bitter und schmal. Nichts erinnert noch an den pausbäckigen, verschmitzten Leutnant Rost, der vor knapp einem Jahr zur Batterie versetzt worden ist. Damals glaubte Rost noch, ein Sieg sei einzig das Ergebnis taktischen Geschicks und eines unbeugsamen Willens. Die Augen, mit denen der Oberleutnant Ludwig Hofschneider anblickt, sind aufmerksam wie immer, aber die lustigen Fünkchen, die früher in ihnen tanzten, sind von Krieg verzehrt worden.

Ludwig Hofschneider versteht sofort, welchen Baum der Leutnant meint. Es ist eine mächtige Weide mit einer ausladenden und dichten Krone. Sie steht tief hinter dem Hügel. Ihr Stamm und der untere Teil ihrer Krone können von den Russen nicht eingesehen werden. Ihre prachtvolle Krone ragt dennoch hoch über den Hügel und ermöglicht von dort aus eine gute Beobachtung der feindlichen Stellung.

Als es dunkel geworden ist, klettert Ludwig Hofschneider in die grüne Seele der Weide und richtet einen Beobachtungsstand ein.

In der Ferne ist Gefechtslärm zu hören. Leuchtraketen steigen sporadisch auf und verglühen. Mitunter bellt ein Maschinengewehr und markiert mit seinen Leuchtspurgeschossen die Strecke zwischen den Hügeln.

Die Dunkelheit sorgt für eine Pattsituation, die bis zur Morgendämmerung anhalten wird. Die Russen können sich nicht absetzen, denn sie haben hinter sich den Fluss und die deutschen Panzer. Ludwig Hofschneiders Batterie wiederum benötigt bessere Lichtverhältnisse, um die knapp gewordene Munition möglichst effektiv einsetzen zu können.

Als Ludwig Hofschneider seine Vorbereitungen abgeschlossen hat, springt er aus dem Baum, lehnt sich an dessen korpulenten Stamm und blickt in den Nachthimmel, der sich, unbeeindruckt vom Gemetzel des Tages, über Deutschen und Russen wölbt.

Der Himmel ist stark bewölkt. Für kurze Zeit schneidet sich die schmale Mondsichel ein Fenster in die behäbig dahinziehenden Wolken. Mitunter funkelt unruhig ein Stern.

Die Weide umwirbt Ludwig Hofschneider mit ihren herben Düften und säuselt zärtlich. Sie verzaubert seine Seele und zieht seine Gedanken fort von diesem Ort des Leidens und Sterbens. Er erinnert sich an die mächtigen Weiden im Park seiner Heimatstadt. Seit er dort zum letzten Mal mit seiner Verlobten Gudrun gesessen hat, sind mehr als zwei Jahre vergangen. Ihren letzten Brief hat er im Frühjahr erhalten. Wie mag sie jetzt leben? Ist sie mir treu geblieben? Er versucht sich ihr schönes Gesicht vorzustellen. Es gelingt ihm nicht.

Seltsam, denkt er, wie schnell sie mir entrückt ist. Keine freudige Erregung spürt er bei seinen Gedanken an Gudrun. Da ist nur Traurigkeit. Das macht der Krieg.

Seine Erinnerungen an Gudrun verblassen. Er sieht sich als Knabe im heimatlichen Park. Sein großes Vergnügen, sich in den Kronen der Weiden zu verstecken und sich mit ihrem strähnigen Blattwerk zu tarnen, um von den Spielkameraden nicht entdeckt zu werden.

Das hier ist kein Spiel. Hier versteckt er sich auf Leben und Tod. Und doch fühlt er sich am Stamm der Weide geborgen. Sie ist seine stille Freundin. Aber es ist kein Spiel. In wenigen Stunden wird er sich mit den Blättern der Weide tarnen, um das Feuer seiner Batterie über die russischen Stellungen zu lenken. Seine Beobachtungsgabe wird dann darüber entscheiden, ob viele Russen oder viele seiner Kameraden sterben müssen. Seine Kameraden erwarten von ihm, dass er hilft, ihr Leben zu schonen und für den Tod vieler Russen sorgt.

Das werde ich tun, denkt er, aber es ist eine nie zu tilgende Schande. Sie haben uns nicht gerufen und wir haben hier nichts verloren. Auch unter ihnen sind Christen. Warum sollten sie andere

Menschen sein? Warum sollten sie nicht lieber auf ihren Feldern, bei ihren Eltern, Frauen und Kindern sein wollen und bei den schönen Mädchen? Wir zerstören ihr Leben und sie unseres. Ihre Trauer und unsere sind nicht verschieden. Die Tränen, die in Berlin, in Hamburg oder in München geweint werden, wiegen nicht schwerer als diejenigen, die in Moskau, Leningrad oder Kiew fließen.

Es ist eine Schande, meine Schande, nicht einzuhalten und zu sagen: Schluss! Ich bin nicht auf die Welt gekommen, um andere, mir unbekannte Menschen zu töten. Ihren Familien die Väter, Söhne, Brüder zu nehmen. Frieden ist die erste Christenpflicht.

Stattdessen werde ich in einigen Stunden in die Weide klettern und meinen Kameraden helfen, möglichst viele Russen zu töten. Das ist sie, die ganze abstruse Logik des Krieges: Töte, auf dass du nicht getötet wirst. Was für ein Hohn auf die Bestimmung des Menschen als ein geistiges Wesen. Haben sie uns erst einmal aufeinandergehetzt, müssen wir uns gegenseitig umbringen.

Wenn er den Kopf leicht zurückbeugt, kann er zwischen den Wolkenfetzen hin und wieder die Sterne sehen. Was also ist unsere Bestimmung in dieser unvorstellbaren Weite? Er denkt an das kleine Büchlein, das in seinem Tornister beim Tross liegt. „Die Stellung des Menschen im Kosmos". Mein Gott, warum hören wir nie auf die Klugen und Nachdenklichen, sondern auf die Hitlers und Stalins und all die dummen Schreihälse?

Und ich? Wie habe ich gelebt? Gegen meine Überzeugung und wider besseres Wissen kämpfe ich hier gegen Menschen, die mir nichts getan haben. Wenn ich das ganze Elend überlebe, dann werde, dann muss ich die Menschen unterstützen, die am energischsten gegen den Krieg ankämpfen. Damit wenigstens unsere Kinder von diesem Wahnsinn verschont bleiben.

Mein Leben aber ist für immer verdorben, weil ich als Christ versagt habe. Ich habe mich von Mördern kommandieren lassen. Dafür gibt es keine Entschuldigung.

Der Schmerz ist stumm und frisst an seiner Seele. Mutter, denkt er, ich habe mich mit unschuldigem Blut befleckt. Ich hatte und habe nur zwei Möglichkeiten: Zwischen unschuldigem russischem und unschuldigem deutschem Blut zu wählen oder freiwillig in den Tod zu gehen. Was soll ich tun, Mutter, du Liebe, was soll ich tun?

Müde von den quälenden Gedanken schläft er ein.

Wenn wir morgen früh keine Panzer- oder Artillerieunterstützung erhalten, haben wir keine Chance. Wir werden uns an die Erde pressen und sterben.

Oberleutnant Michail Baschkow kennt die fast aussichtslose Lage. Die deutschen Panzer und der reißende Fluss schneiden seiner Einheit den Rückweg ab und vor ihnen haben die Deutschen eine schwere Batterie hinter dem Hügel in Stellung gebracht. Nein, ein Zurück gibt es nicht mehr. Nur die leise Hoffnung auf Unterstützung.

Bis in die späte Nacht hinein lässt er die erschöpften Soldaten graben und schanzen und die wenigen Fahrzeuge und Vorräte im Gelände verteilen und abdecken.

Er ist schon mehrmals in einer fast aussichtslosen Lage gewesen und weiß, von wie viel Zufällen ein Soldatenleben abhängig und wie wenig es im Krieg wert ist. Als junger Offizier wurde er gleich bei seinem ersten Fronteinsatz eingekesselt. Neun Zehntel seiner tapfer kämpfenden Kameraden waren bereits gefallen und nahezu die gesamte Munition verschossen. Und dennoch gelang ihnen in der Nacht der Durchbruch. Als sie erschöpft und glücklich die rückwärtigen Stellungen erreichten, wären sie um ein Haar von einer NKWD-Einheit entwaffnet und wegen Feigheit vor dem Feind erschossen worden. Um ein heilloses Zurückweichen zu verhindern, hatte Stalin den Befehl gegeben: Keinen Schritt zurück! Stehen oder sterben!

In der Regel war dies notwendig und richtig. Doch mitunter war es militärischer Unsinn in einer aussichtslosen Situation bis zum letzten Mann zu kämpfen, anstatt sich auf eine günstigere Position zurückzuziehen, dort Munition und Verpflegung zu fassen und wieder gegen den Feind zu kämpfen.

Folgte man der militärischen Vernunft und zog sich aus einer aussichtslosen Lage zurück, konnte man schnell als Drückeberger erschossen werden. Michael Baschkow erinnert sich daran, wie er den NKWD-Hauptmann angeschrien hat: „Sehen Sie sich diese Männer an. Sehen so Feiglinge aus? Hätten alle so tapfer gekämpft wie meine Männer, wären die Deutschen längst zum Stehen gebracht worden. Sehen Sie einen, der nicht verwundet ist? Lassen Sie sich ihre Magazine zeigen und zählen Sie die Patronen. Keine Angst, Sie werden ihre Anzahl gut im Kopf behalten können. Wenn Sie bei ihnen eine Handgranate finden, dann erschießen Sie mich. Diese Männer hätten nur sinnlos sterben oder in Gefangenschaft gehen können. Rüsten Sie sie ausreichend mit Munition aus, dann werden Sie schnell sehen, aus welchem Holz diese Männer geschnitzt sind."

Hat meine Courage meine Männer und mich damals gerettet, fragt er sich. Noch ehe der NKWD-Hauptmann eine Einscheidung treffen konnte, griffen die Deutschen an. Nun waren meine Männer eine gewünschte Verstärkung gewesen. Mit Waffen und Munition versehen, hatten sie gekämpft wie die Löwen.

Mut und Opferbereitschaft halten sich mit Feigheit, Egoismus und Borniertheit in diesem Krieg ebenso die Waage wie Erfolg und Misserfolg. Im Winter wendete sich die Lage zu unseren Gunsten und im Sommer schlugen die Deutschen zurück. Nun, im dritten Kriegssommer, scheint endlich die Wende eingetreten zu sein. Zum ersten Mal erlebt Michail Baschkow einen energischen Vormarsch und ein kontinuierliches Zurückweichen der Deutschen. Auch das gestrige Gefecht hat gut begonnen. Doch dann sind die eigenen Panzer zum Stehen gebracht worden und die Deutschen haben mehrere Panzergruppen ins Gefecht geschickt. Heute früh hat sich seine Einheit hierher zurückziehen und die Angriffe der deutschen Infanterie abwehren müssen. Ein Glück, dass es finster geworden ist, ehe die Deutschen ihr Artilleriefeuer auf uns konzentrieren konnten. Eine Nacht Aufschub, bedeutet eine Nacht Hoffnung. Diese Gedanken gehen Michail Baschkow während der Schanzarbeiten durch den Kopf.

Später dösen oder schlafen die Soldaten erschöpft in ihren Schützenlöchern. Michail Baschkow kriecht zum Hügelrand und sucht mit dem Feldstecher die Senke und den gegenüberliegenden Hügel ab, kann aber kaum etwas erkennen. Es sieht nicht nach einem Nachtangriff der Deutschen aus. Auch der Gefechtslärm in der Ferne ist verstummt.

Er ermahnt die Beobachtungsposten nochmals zu größter Wachsamkeit und schlängelt sich zurück in sein Erdloch.

Wir liegen hier wie auf einem Präsentierteller, denkt er, aber was hätten wir tun können? Was morgen sein wird, weiß nur der Himmel.

Der Duft der frisch gegrabenen Erde steigt ihm in die Nase und erfüllt sein Herz mit Wehmut. Er denkt an die weiten Felder von Tichaja Semlja, an seine Eltern und an seinen Bruder Fedja. Leben sie noch?

Als sein Studium an der landwirtschaftlichen Fakultät fast beendet war, wurden seine Eltern verhaftet. Was für ein hanebüchener Unsinn, was für eine schreiende Ungerechtigkeit!

Die Wut hätte ihn fast erstickt, als man ihm mitteilte, seine Eltern seien als Feinde der Sowjetmacht verurteilt worden. Welche Strafe sie erhalten haben, konnte oder wollte ihm niemand sagen. Da er den Vorschlag, sich von seinen Eltern öffentlich zu distanzieren, empört zurückwies, wurde ihm mitgeteilt, dass er sein Studium nur dann fortsetzen könne, wenn er sich bei harter Arbeit in der Produktion bewährt habe. Als ob man ihm das hart Arbeiten erst hätte beibringen müssen! Beleidigt, aber mit Wut im Bauch, hatte er danach in einem fremden Kolchos gearbeitet.

Gleich bei Kriegsbeginn wurde er in einem Schnelllehrgang zum Offizier der Schützen ausgebildet und sofort an die Front geschickt. Auch das tapfere Kämpfen musste ihm niemand beibringen. Hartes Arbeiten und tapferes Kämpfen haben er und sein Bruder von den Eltern gelernt. Disziplin und Selbstdisziplin mussten ihnen andere ebenso wenig beibringen wie die Ideale und Visionen einer sozialistischen Gesellschaft. Nur Dummköpfe, Verblendete oder Lumpen können im Namen des Sozialismus gegen solche Eltern vorgehen.

Die Verhaftung der Eltern ist für ihn seither eine ständige Aufforderung, es all jenen zu zeigen, die dieses Verbrechen einmal verantworten müssen. Sind die Eltern bei Kriegsende noch nicht frei und ich bin dann noch am Leben, werde ich alles für ihre Rehabilitierung tun, das schwört er sich auch in dieser Nacht, die vielleicht die letzte in seinem jungen Leben ist.

Ludwig Hofschneider wird von einem Kameraden geweckt: „Es geht los!"

Zum ersten Mal seit Tagen hat er einige Stunden tief und fest geschlafen. Gähnend erhebt er sich und klettert der Weide ins Genick. Als würde man zur Frühschicht gehen, denkt er bitter, während er auf die dumpfen Detonationen lauscht, die aus der Ferne herüberhallen. Kaum nehmen wir im Morgengrauen schwache Umrisse voneinander wahr, beginnen wir mit unserer Schlachterei.

Doch drüben, bei den Russen hinter dem Hügel, ist es noch still.

Wenig später beginnt die Batterie zu feuern und ihre Granaten wühlen den Boden der russischen Stellung auf. Gewaltige Erdfontänen steigen in den Himmel und verkünden weithin den Erfindungsreichtum der heiligen Menschheit.

Ludwig Hofschneider ist ein guter Beobachter und lenkt das vernichtende Feuer effektiv über die russische Stellung. Arme Kerle, denkt er, es schreit zum Himmel. Von der Wucht der Detonation werden Bäume, Balken, Gerätschaften und Menschen durch die Luft geschleudert. Sie wirbeln für einige Sekunden herum und stürzen dann schnell auf die geschundene Erde. Es schreit zum Himmel und Gott sieht weg.

Warum tun sie uns das an, denkt Michail Baschkow. Wie ein wildes Tier hat sich die Deutsche Wehrmacht vor zwei Jahren auf unser Land geworfen und eine Spur des Todes und der Verwüstung hinterlassen. Wir schlagen diesem Tier schwere Wunden, aber es ist noch gefährlich. Nach wie vor machen die Deutschen aus wenig viel und wir aus viel wenig. Zehn von uns müssen mitunter sterben, um einen Deutschen zu töten. Was für ein Blutbad. Und immer noch ist das wilde Tier stark.

Er liegt, vom Beschuss der deutschen Artillerie an den Boden genagelt, hinter dem Hügel und sieht das Sterben seiner Kameraden. Er schmeckt die Erde in seinem Mund. Der Druck der Explosionen nimmt ihm den Atem und schmerzt in den Ohren. Er hört das nahe Pfeifen der Granatsplitter, die der Luft, dem Gras und der Erde nicht viel anhaben können, aber Menschen im Bruchteil einer Sekunde in Stücke reißen.

Einige Meter neben ihm liegt, apathisch vor Angst, der 18-jährige Soldat Meschkow. Es ist nicht recht die Milchbärte in den Krieg zu schicken. Für welches Lumpenpack opfern die Völker ihre Jugend? Das Herz ist ihm schwer und er wünscht sich, das Schicksal möge wenigstens heute einmal gnädig sein mit den Milchbärten. Schon zu viele sind auf seinen Befehl in den Tod gegangen. Unerträglich viele hat er sterben gesehen. Würdelos ist der Tod der Milchbärte auf dem Schlachtfeld. Ihr Tod beleidigt das Volk, denn die Milchbärte sind seine Zukunft. Diese Gedanken drücken ihn ebenso nieder wie das Feuer der deutschen Geschütze.

Wie von einer eisernen und kraftstrotzenden Faust wird er plötzlich gepackt und durch die Luft geschleudert. Für einige Augenblicke ist er taub und blind und spürt Schmerzen in der Brust. Ist es das, denkt er mit erstaunlicher Klarheit. Doch dann merkt er, dass er noch sehr lebendig ist und befreit sich mühsam von der auf ihm lastenden Erde. Er wischt sich über die blutende Stirn und hustet etwas Blut aus der Lunge.

Als er zur Seite blickt, sieht er dort, wo eben noch der Soldat Meschkow gelegen hat, einen Trichter. Neben dem Trichter liegt das Scharfschützengewehr des Soldaten und auf dem Grund des Trichters erkennt er einen Stiefel mit Unterschenkel. „Warum die Milchbärte?", schreit er zornig und verzweifelt gegen das Inferno an.

Die deutschen Geschütze leisten ganze Arbeit. Sie verlagern ihr Feuer so geschickt, als hätten sie einen genauen Plan der Stellung.

Die verdammten Deutschen müssen einen guten Beobachter haben, überlegt Michail Baschkow. Von wo aus kann er unsere Stellung einsehen? Er kriecht zum Hügelrand und späht mit seinem Feldstecher zu den Deutschen hinüber. Das ist gefährlich, doch er kann nicht einfach liegen bleiben, muss etwas tun.

Sofort erkennt er, dass eine Beobachtung ihrer Stellungen nur von den über den Hügel ragenden Bäumen aus möglich ist. Er stellt die Optik schärfer ein und prüft aufmerksam Baum für Baum. In einem der Bäume glaubt er einen Schatten entdeckt zu haben. Mit höchster Konzentration richtet er seinen Blick auf diesen Schatten im Baum. Und dann erkennt er den Deutschen. Was er als Schatten ausgemacht hat, ist der Körper eines Soldaten. Kopf und Beine sind nicht zu erkennen.

Er robbt zurück und holt sich das Scharfschützengewehr des gefallenen Soldaten. Als er die Gewehroptik auf den Schatten im Baum einstellt, nimmt er das Inferno um sich nicht mehr wahr. Für ihn gibt es jetzt nur sein Auge, das Gewehr und den Schatten im Baum. Ohne Erregung zielt er sorgfältig und drückt ab. Sehr langsam neigt sich der Körper des Deutschen einem Ast des Baumes zu. Dann fällt er schnell aus dem Baum, auf den Boden hinter dem Hügel.

Wie ein toter Vogel, denkt Michail Baschkow. Er ist nicht stolz auf seinen Schuss, aber es musste sein. Ich habe den Krieg nicht gewollt und nun sei es drum, Deutscher. Darum und wegen der Milchbärte.

Jetzt nimmt er wieder entsetzt wahr, wie die deutschen Haubitzen gewütet haben. Jetzt ist der Weg für ihre Infanterie frei, und wir können sie nicht mehr aufhalten. Jetzt werden sie angreifen und wir werden sterben.

Zu seiner Überraschung stellen die Deutschen plötzlich ihr Feuer ein, ohne ihre Infanterie vorzuschicken. Was beabsichtigen sie, überlegt Michail Baschkow. Sie haben uns im Sack und könnten ihn zubinden. Warum hören sie auf zu feuern? Erstaunt sieht er, wie hinter dem Hügel auf der anderen Seite der Senke Werferraketen und Granaten einschlagen. Die Unsrigen, jubelt es in ihm. Wir sind gerettet! Wir werden leben!

Als später die eigenen Panzer in die Senke zwischen den Hügeln vorstoßen, kriechen die wenigen Überlebenden seiner Einheit wie verstörte Maulwürfe aus ihren Löchern. Sie erheben sich und staunen über das unvorstellbare Wunder, dem mörderischen Feuer entkommen zu sein.

„Wie's aussieht, haben euch die Faschisten mächtig eingeheizt und dennoch ist es aus mit ihnen", sagt ein Major der Gardeschützen und strahlt dabei übers ganze Gesicht. „Für die Verwundeten lasse ich sorgen. Sammeln Sie die Kampffähigen und warten Sie hier auf weitere Befehle. Wir werden euch einer Einheit zuweisen. Ihr Kopf muss auch verbunden werden. Sie hatten verdammt viel Glück."

Eine unsichtbare Kraft zieht Michail Baschkow zu dem Baum auf der anderen Seite der Senke. In vielen Gefechten hat er geschossen und feindliche Soldaten fallen gesehen. Doch er hat nie gewusst, ob sie von seiner Hand oder von der eines Kameraden getötet worden sind. Dort drüben aber liegt einer, den nur er hat treffen können. Er erteilt Leutnant Pawlowskij Befehle und macht sich auf den Weg durch die Senke.

Unter dem Baum liegt der deutsche Beobachter auf dem Rücken. Der Schuss hat ihn in Herznähe getroffen. Ernst, ruhig und mit offenen Augen liegt er da. Michail Baschkow betrachtet das schöne Gesicht des Deutschen, dem er das Leben genommen hat. Er müsste Genugtuung spüren. Der Deutsche hat viele seiner Männer töten lassen und er hat dem ein Ende bereitet. Doch als er in das schöne Gesicht des Deutschen blickt, werden ihm die Knie weich und er denkt traurig: Das also ist der Tausch. Ein schöner Deutscher gegen einen russischen Milchbart. Ein schlechter Tausch für beide Völker.

Anstatt Befriedigung zu spüren, ärgert er sich, weil er hergekommen ist. Glaub nicht, dass ich es gerne getan habe, Deutscher, glaub es nicht, sagt er in Gedanken, niemand hat dich zu uns gerufen, damit du Milchbärte auslöschst.

An den zerstörten deutschen Geschützen und deren toten Mannschaften vorbei steigt er über den Hügel und bahnt sich zwischen den vorrückenden Truppen einen Weg zu seinen Kameraden. Dort meldet ihm Leutnant Pawlowskij, dass zwei verwundete Milchbärte inzwischen gestorben seien.

Was tun wir uns nur gegenseitig an? Was werden wir uns noch antun, denkt Michail Baschkow.

Der alte Kaschirin hilft mit seinem Fuhrwerk Leichen und Leichenteile einzusammeln. Es ist besser, dies gleich zu tun, ehe sie anfangen zu verwesen und ehe sich Vögel, Hunde und Wölfe über sie hermachen. Streng getrennt in Rotarmisten und Deutsche wirft man sie hastig und würdelos in vorbereitete Gräber oder Gruben.

Mitunter findet der alte Kaschirin nackte Körperteile, die er keiner Partei zuordnen kann.

„Bei der Heiligen Jungfrau Maria“, sagt er zu seinen Pferden, „ohne Uniform ist ein toter Soldat ein toter Soldat. Man sollte alle in ein gemeinsames Grab legen. Sie haben sich abgeschlachtet und sind sich doch so ähnlich wie ihr beiden: wie Fuchs und Rappe. Verfluchter, unersättlicher Krieg!“

Der alte Bauer spuckt aus und treibt seine Pferde über die von Granaten und Panzerketten gepflügte und mit dem Blut junger Burschen gedüngte Erde.

Neben dem Gespann geht, eine Selbstgedrehte rauchend, der am Kopf verwundete Soldat Poganow. Er macht sich lustig über die Heilige Jungfrau und den alten Kaschirin. Er freut sich über die toten Deutschen und flucht auf sie, wenn tote Rotarmisten aufgeladen werden müssen.

Als das Gespann an der großen Weide vorbeiächzt, hält es der alte Kaschirin an, um den Deutschen aufzuladen.

Während sie sich mit dem Fremden abplagen, hören sie, obwohl es schon Ende Juli ist, aus der Weide den fröhlichen Gesang einer Amsel. Der Vogel singt mit so viel Lust und Hingabe, dass sich Kaschirins Herz schmerzhaft zusammenzieht und seine Augen feucht werden. Er hält ein mit seiner traurigen Arbeit und blickt erstaunt und gerührt in die Weide.

„Heilige Jungfrau Maria“, sagt der alte Mann.

„Pfeif auf die Heilige Jungfrau! Fahr weiter!“, sagt Poganow.

Die Hinterlassenschaft

Oberleutnant Rost erreicht mit sechs Soldaten und zwei Wachtmeistern die Auffangstellungen. Er und seine acht Männer sind verwundet und erschöpft. Sie hatten die russischen Stellungen unter schwerem Feuer gehabt. Doch als die eigene Infanterie vorrücken wollte, hatten die Russen einen wuchtigen Entlastungsangriff vorgetragen. In wenigen Minuten hatten sie seine Batterie kurz und klein geschlagen, alle Geschütze zerstört und fast alle Kameraden getötet. Der Batteriechef war vor seinen Augen von Granatsplittern tödlich getroffen worden. Oberleutnant Rost hatte seine Nerven behalten, das Kommando übernommen und acht Männer vor der Gefangenschaft gerettet.

In der Auffangstellung angekommen, respektieren die Überlebenden die Leistung ihres Oberleutnants, fühlen sich aber zu keinem Dank verpflichtet. In einem Gefecht zu überleben, heißt für sie, in ein anderes Gefecht geschickt zu werden, um wieder zu bluten und zu leiden. Wenn nicht dieses, so konnte das nächste das letzte sein.

Was das Leben eines Menschen erträglich macht, ist in den Jahren des Krieges aus ihren Seelen geflossen wie das Blut aus den Körpern ihrer gefallenen Kameraden: Güte, Mitgefühl und Liebe. Es geht ums nackte Überleben und das ist schwer genug. Für Nazipropaganda, für die Durchhalteparolen des „größten Führers aller Zeiten" haben sie nur noch bitteren Spott und Verachtung übrig. Weil es aber gefährlich ist, dies in Gegenwart des Oberleutnants zu äußern, schweigen sie und hoffen auf ein baldiges Ende des Krieges.

Da nicht nur seine Batterie, sondern auch sein Regiment von den Russen zerschlagen worden ist, übergibt Oberleutnant Rost im Divisionsstab einen kurzen Bericht zu Gefecht und Rückzug. Er fügt eine Liste mit den Namen der Kameraden an, deren Tod von den Überlebenden bezeugt werden kann. Ein Kradmelder bringt ihn zu den rückwärtigen Diensten, weil er dort nach Privatsachen der Gefallenen suchen und Briefe an deren Angehörige schreiben kann. In der Regel sind die Sachen der Gefallenen keinen Schuss Pulver wert. Wer zieht schon mit Wertsachen in den Krieg? Doch eine Nachricht an die Eltern oder die Frauen zu schreiben, das erfordern nach seinem Verständnis Kameradschaft und Anstand. Obwohl es ihm sehr lästig ist, erledigt Oberleutnant Rost diese Aufgabe, weil es eines Tages auch ihn treffen kann. Für diesen Fall will er seinen Kameraden ein gutes Beispiel geben. Er hofft, dass sie dann eher bereit sein werden, seine Eltern zu benachrichtigen.

Bei den Rückwärtigen herrscht noch immer eine Ordnung, die, nach den harten Kämpfen und den herben Verlusten der letzten Tage, verletzend auf Oberleutnant Rost wirkt. Akkurat verwahrt man hier die wenigen Utensilien der Soldaten, während diese kämpfen, hungern, leiden und sterben.

Ohne Probleme findet der zuständige Obergefreite Hansen den fast leeren Rucksack des Gefreiten Ludwig Hofschneider, dessen Name am Anfang der alphabetisch geordneten Liste der Gefallenen steht.

„Womit sich die Leute im Krieg das Leben unnötig schwer machen“, sagt der Obergefreite zu Oberleutnant Rost. Seine Stimme schwankt zwischen Spott und Staunen. „Die Russen reißen uns den Allerwertesten auf und er hat sich mit dem Kosmos beschäftigt. Vielleicht wäre er noch am Leben, wenn er mehr auf die Dinge vor seinen Füßen geachtet hätte als auf die Sterne und all das Zeug.“ Dann nimmt er ein Foto in die Hand und pfeift leise. „Hut ab! Geschmack hatte er. Das schöne Mädchen wird schnell einen anderen Mann finden.“

Der Obergefreite ist dem Oberleutnant unsympathisch. Wühlt in fremden Sachen herum und redet Unsinn. Hat gut reden hinter der Front bei guter Verpflegung und ausreichend Schlaf. So einen sollte man in die vorderste Linie schicken. Der Oberleutnant verbittet sich weitere Kommentare und sieht sich die Hinterlassenschaft des Gefreiten Hofschneider an: einige Wäschestücke, Rasierzeug, zwei kleine Bücher und zwei postkartengroße Fotos. Er weiß nicht viel von dem Gefallenen, obwohl sie seit fast einem Jahr zusammen gekämpft haben. Er will nichts Privates von seinen Kameraden wissen. Wichtig ist für ihn einzig und allein, wie die Batterie funktioniert. Die Geschütze und ihre Munition müssen schnell in eine gute Stellung gebracht und getarnt werden. Es gilt, die Geschützbedienung zu perfektionieren und das Geschützfeuer effektiv zu lenken. Nur so wird ein Schuh draus. Das gäbe einen schönen Schlamassel, wenn man sich im Krieg aufs Private einlassen würde, da ist er sich sicher. Er hat den Gefreiten in die Weide steigen lassen. Dort hat ihn der Iwan entdeckt und abgeknallt. So ist nun einmal der Krieg."

Er blättert kurz in den kleinen, dünnen Büchern, deren Titel und Autoren ihm nichts sagen. Seltsamer Name: Marcus Aurelius. „Selbstbetrachtungen" steht auf dem Umschlag. Das fehlte noch! Deutschland kämpft um seine Existenz und seine Soldaten betrachten sich selbst! Der Gefreite hat einige Anstriche gemacht. Hier zum Beispiel: „Was dem ganzen Bienenschwarme nicht zuträglich ist, das ist auch der Biene nicht zuträglich." Redensarten, denkt Oberleutnant Rost und fasst nach dem anderen Büchlein. Es ist etwas größer, aber ebenfalls weich und dünn. Der Name des Autors gefällt ihm besser. Max Scheler, das klingt schon viel vernünftiger als dieser Marcus Aurelius mit seinen Bienen. Der Name erinnert ihn an den Färbereibesitzer Scheler, in dessen Betrieb sein jüngerer Bruder gelernt hat. Aber der Titel, liebe Leute! „Die Stellung des Menschen im Kosmos." Na wunderbar, der Kosmos! Was um alles in der Welt hat ein Artilleriebeobachter im Krieg mit dem Kosmos am Hut? Nicht zu fassen, wie Menschen über solch einen weltfremden Mist nachdenken können. Was soll der Mensch schon im Kosmos sein? Nichts als ein Fliegenschiss – wenn überhaupt. Was hat er da unterstrichen „Geist hat Welt"? Der Geist also. Ist doch lächerlich. Im Krieg hat er Pause. Und im Frieden? Was macht so ein Geist im Frieden? Im Frieden denkt er an Bauch und Unterleib und fährt dann heraus wie ein Furz. Dieser Vergleich gefällt ihm.

Bücher voller Redensarten, denkt der Oberleutnant, mit denen ein vernünftiger Mensch nichts anfangen kann. Warum hat sich der Hofschneider mit solchem Kram befasst? Mit solchem Unsinn im Rucksack an die Front zu fahren! Der Hofschneider ist doch sonst kein Wirrkopf, sondern ein hervorragender Beobachter gewesen. Es wird nicht einfach werden, gleichwertigen Ersatz zu finden. Wenn sie unsere Batterie wieder auffüllen, brauchen wir einen guten Beobachter. Vielleicht den Gefreiten Kruse? Ein lebender Hofschneider wäre mir lieber. Da hätte er von mir aus auch diesen weltfremden Kram lesen können.

Oberleutnant Rost nimmt die beiden Fotografien in die Hand. Ein Foto zeigt die Familie Hofschneider. Die Eltern blicken mit verhaltener Würde, die beiden Söhne herausfordernd und belustigt in die Kamera. Die vier sind gut gewachsen und haben schöne Gesichter. Das schöne Gesicht hat er bis zuletzt behalten, erinnert sich Oberleutnant Rost, es ist schmaler geworden, aber immer noch schön. Doch dass er so weltfremde Spinnereien gelesen hat!

Auf dem anderen Foto blickt eine junge Frau in die Kamera. Ihr Anblick macht den Oberleutnant betroffen. Sie trägt einen kräftigen dunklen Zopf. Auch sie hat ein klares, schönes Gesicht. Ihre hellen Augen sehen ihn mit gütigem Spott an. Sie gefällt ihm so, dass sein Herz schneller zu schlagen beginnt. So ein schönes Mädchen, und er hat solches Zeug gelesen. Schicksal, kann man nichts machen. Wenn ich den Krieg überlebe, sollte ich sie aufsuchen.

In diesem Augenblick entscheidet sich Oberleutnant Rost für die Hinterbliebenen einen tröstlichen Tod des Gefreiten Hofschneider zu erfinden. Er schreibt den Eltern, ihr Sohn habe mit beispielhafter Tapferkeit für Führer und Vaterland gekämpft. Der Tod wäre sofort eingetreten. Er habe nicht leiden müssen. „Wir haben ihn in Ehren begraben und trauern um einen tapferen und zuverlässigen Kameraden. In dieser schweren Stunde sind wir bei Ihnen."

Als er den Brief signiert, verrutscht sein Arm und die Unterschrift misslingt. „Scheiße im Kanonenrohr!", flucht er.

Dann gibt er dem Obergefreiten den Befehl, die Wäschestücke in den Bestand aufzunehmen, und alles andere zusammen mit dem Brief an die Eltern des Gefallenen zu schicken. Wer weiß, ob bei dem schnellen Rückzug Brief und Päckchen ankommen, denkt Oberleutnant Rost.

Berta Hofschneider will sich gerade zu ihrem Mann an den Frühstückstisch setzen, als der Briefträger, ein Schulkamerad, klopft. Mitunter kann sie ihn zu einer Tasse Kaffee überreden. Doch heute hat er es eilig. Während er ihr das Päckchen aushändigt, wird sein Blick unruhig. Ein kurzes „Auf Wiedersehen" und schon ist er auf der Straße.

Die unbekannte Schrift beunruhigt Berta Hofschneider. Sie sucht nach dem Absender und wird bleich. „Von Ludwigs Einheit", sagt sie mit klopfendem Herzen. Sie setzt sich und reicht ihrem Mann das Päckchen über den Tisch. „Mach du es auf."

Herbert Hofschneider spürt, wie sich seine Nackenhaare aufrichten. Ach was, die Weiber, ärgert er sich, vermuten immer gleich das Schlimmste. Er bezwingt seine Unruhe, öffnet das Päckchen und legt dessen Inhalt auf den Tisch. Nun weiß er Bescheid! Mit zitternden Fingern öffnet er den Brief.

Während Herbert Hofschneider mit stockender, belegter Stimme den Brief vorliest, sitzt Berta Hofschneider wie erstarrt am Küchentisch, sieht ungläubig auf den Inhalt des Päckchens und weint still.

Unentwegt streicht sie mit ihren abgearbeiteten Händen über die beiden Bücher und über die Fotografien. Sie kann es nicht fassen. Ist Gott so grausam? Hat er ihre vielen Gebete nicht erhört und ihren Ludwig nicht beschützt?

Sie denkt an Ludwigs erste Regungen in ihrem Leib. Sie erinnert sich, wie die Anstrengung des Trinkens an der Mutterbrust ihm Schweißtröpfchen auf die Nase getrieben hat. In ihren Gedanken sieht sie einen fröhlichen Jungen schmutzig in die Wohnung stürmen und einen traurigen Soldaten zur Tür hinausgehen. Sie denkt an die Sorge und die Freude, die eine Mutter hat, bis aus einem kleinen Jungen ein Mann wird. Dann stellt sie sich ein Grab im fernen Russland vor, mit einem Birkenkreuz und vielen Blumen. Sie weint still und streicht wieder und wieder über die Bilder. Durch einen Tränenschleier erkennt sie auf einem Foto Ludwigs Verlobte.

„Die arme Gudrun“, flüstert sie, „die arme Gudrun.“

Herbert Hofschneider kämpft tapfer gegen den Kloß in seinem Hals. Ludwig gefallen, Ludwig gefallen, hämmert es in seinem Kopf. Das ist nun einmal das Schicksal der Söhne; mit diesem Gedanken versucht er seine Hilflosigkeit zu überwinden. Sie sind nicht nur für die Eltern da, sondern auch für das Vaterland. Ich habe gekämpft und Ludwig musste kämpfen. Man kann sich Krieg und Frieden nicht aussuchen. Ludwig hat tapfer seine Pflicht erfüllt. So wie ich es von ihm erwartet habe. Das Schicksal aber hat es mit ihm und uns nicht gut gemeint. Was für ein schwerer Schlag! Ludwig ist so klug gewesen und hätte so viel erreichen können.

In seinem Schmerz greift er nach der Hand seiner Frau. „Wir müssen tapfer sein. So viele haben ihre Männer und Söhne schon verloren. Wir wollen beten, dass wenigstens Erwin gesund heimkehrt.“

Berta Hofschneider nickt tapfer und weint. „Will es denn nie Frieden unter den Menschen werden?“, fragt sie leise.

Gudrun Jahn besucht Ludwigs Eltern in der Regel zweimal in der Woche. Immerhin könnte es sein, dass die Hofschneiders eher Post von Ludwig bekommen als sie.

Die Frauen mögen einander. Sie tauschen Neuigkeiten aus und Gudrun hilft, wo es ihr angebracht scheint.

Heute ist ein schöner Spätsommertag. Die Bäume kokettieren mit ihrem satten Grün, Vögel und Insekten schwirren emsig umher und von See her weht eine leichte Brise in die verwundete Stadt. Gut gelaunt biegt Gudrun Jahn in die kleine Gasse ein und betritt Ludwigs Elternhaus.

Sie zuckt zusammen, als sie Ludwigs Eltern sieht. Sie ahnt sofort, was deren traurige Gesichter bedeuten. Alles Blut weicht ihr aus dem Gesicht. „Es ist doch nichts mit Ludwig?“, fragt sie verstört.

Berta Hofschneider nickt stumm. Tränen rinnen ihr übers Gesicht. Die Frauen gehen einen Schritt aufeinander zu und umklammern sich. „Ludwig ist gefallen. Sie haben seine Sachen geschickt“, sagt Berta Hofschneider mit tränenerstickter Stimme.

Gudrun Jahn spürt, wie ihre Beine nachgeben. Sie löst sich von Berta Hofschneider und sinkt auf einen Küchenstuhl. Ihre Brust und ihre Kehle sind wie zugeschnürt. Ludwig, warum Ludwig, denkt sie entsetzt. Aber niemand gibt ihr Antwort und sie kann nicht weinen.

„Wir müssen jetzt alle tapfer sein“, sagt Herbert Hofschneider, „und dürfen uns nicht gehen lassen.“ Was soll er sagen? Der Anblick der Frauen schneidet ihm ins Herz. Verlegen vor Hilflosigkeit verlässt er die Küche, um in seine Werkstatt hinüberzugehen. Dort ist er allein. Dort darf er weinen.

Gudrun sitzt noch eine Weile auf dem Stuhl. Dann nimmt sie das Foto an sich, das mit Ludwigs Sachen zurückgeschickt worden ist. „In Liebe und Zuversicht. Deine Gudrun“, hat sie auf die Rückseite geschrieben. Stumm, bleich, mit leerem Blick verlässt sie Ludwigs Elternhaus und läuft wie in einem bösen Traum durch die Stadt.

Frau Jahn schreit auf, als sich ihre Tochter ins Zimmer schleppt.

„Ludwig, Mutti, Ludwig“, stöhnt Gudrun. Frau Jahn drückt ihre Tochter sanft auf das Sofa und zieht deren Kopf an ihre Brust.

„Wein, schrei, meine Kleine, aber bleib nicht stumm! Du musst weinen, damit du trauern kannst.“

„Ich kann nicht“, sagt Gudrun, „aber deine Nähe tut mir gut.“

„Werden die Männer denn nie gescheit?“, klagt Frau Jahn. „Morden einander hin für Hitler und Stalin und all diese Lumpen. An uns und die Kinder denkt dabei keiner. Dass sie nie genug haben mit ihren verdammten Kriegen. Das ist wie ein Fluch.“ Während sie ihrem Herzen Luft macht, wiegt sie ihren Oberkörper und streichelt den Kopf ihrer im Schmerz erstarrten Tochter.

Gudruns stumme und stolze Trauer ist nicht nur für ihre Mutter, sondern auch für ihre Arbeitskollegen und für die Nachbarn fast unerträglich. Unwirklich schön wirkt ihr Gesicht in ihrer Trauer. Jeder möchte sie trösten, doch keiner weiß wie. Fast eine Woche lang lässt sie niemanden an sich heran. Dann steigt sie auf ihr Fahrrad und fährt zum Stadtpark hinüber. Dort setzt sie sich auf die Holzbank unter die große Weide und erinnert sich daran, wie sie sich hier von Ludwig verabschiedet hat. Wenn ich doch wenigsten ein Kind von ihm hätte, klagt sie stumm. Zum ersten Mal seit Tagen gelingt es ihr, sich Ludwigs Gesicht vorzustellen. „Hoffentlich hast du nicht leiden müssen, Liebster", flüstert sie vor sich hin.

Ihr Blick fällt auf eine Amsel, die im Gras nach Insekten pickt. Der Vogel fliegt auf die Lehne der Bank, neigt den Kopf ein wenig zur Seite und sieht sie ohne Scheu an. Sein schwarzes Gefieder leuchtet dort, wo es die Sonne bescheint, bläulich. An seinem gelben Schnabel klebt der Flügel eines Insekts.

Gudrun Jahn sieht auf den Schnabel und die gelben Augenringe der Amsel. Ein Männchen schießt es ihr durch den Kopf. Ludwig hat ihr einst die Geschlechtsbestimmung der Amseln erklärt. Als sie sich daran erinnert, lockert sich der Panzer um ihre Brust und sie kann weinen.

Die Amsel hüpft einmal kurz auf der Lehne weiter und schwirrt dann davon. Ein Weinkrampf schüttelt Gudrun. Sie möchte sterben, eins sein mit Ludwigs Seele. Es wird schon Abend, als sie keine Tränen mehr hat. Als sie in die Wohnung tritt, sagt ihre Mutter erleichtert: „Gott hat dich erhört, meine Kleine. Jetzt kann dein Herz um Ludwig trauern."

„So viel zu Ludwig Hofschneider und seinem kurzen Leben. Kein schlechter Mensch hat ihn erschossen, wie du noch sehen wirst. Und als er auf Ludwig Hofschneider schoss, hat er nur an das Leben seiner Kameraden und nicht an das von Ludwig und dessen Angehörigen gedacht. Wer hier wen umbringt, diese Frage stellt der Krieg nicht. Seine perverse Logik lautet: Entweder ich o d e r du. Solange die Menschen die Frage nach dem ich u n d du nicht im Frieden beantworten können, werden sie sich wieder und wieder abschlachten", sagte das Dreiäugige zu Hans Mascharek. „Was du soeben an Ludwig Hofschneiders Frontabschnitt erlebt hast, hat natürlich Auswirkung auf das Dorf. Da die Deutsche Wehrmacht hier im Süden immer weniger Einheiten der Roten Armee bindet, können die Russen mit den frei gewordenen Einheiten andere Frontabschnitte in Bewegung bringen. Komm, du wirst zum letzten Mal in diesem Krieg nach Tichaja Semlja fliegen."

Schon schwebte Hans Mascharek wieder über dem Dorf, das ihm inzwischen sehr vertraut erschien.

„Wie friedlich, nach all dem soeben erlebten Gemetzel!", rief er aus.

„Wart's ab", erwiderte das Dreiäugige.

Das letzte Pferd

Erwin Hofschneider hört auf das melodische Zirpen der Insekten und riecht den schweren Duft, der von den Sommerwiesen aufsteigt. Von schwirrender Luft umgeben verschwindet die dunkelrote Sonne hinter dem fernen Horizont. Matt und weich liegt die Landschaft im Abendlicht. Die milde Luft streift zärtlich sein Gesicht und das abendliche Panorama wärmt ihm die Seele. Selbst sein Hengst scheint den Abend zu genießen. Er berührt mit seinen Lippen Erwin Hofschneiders Hals und bettelt um Zuneigung.

Kann man sich an dieser Abenddämmerung satt sehen? Wehmut kommt auf, weil ihm klar ist, dieses Idyll ist Bergen von glücklichen Zufällen geschuldet und wird nun sein schnelles Ende finden.

Vor einer Woche suchte ihn der Divisionsveterinär auf, um ihm mitzuteilen, dass weitere Soldaten aus Tichaja Semlja abgezogen werden müssen.

„Zieht man uns noch mehr Männer ab, können wir unsere Aufgaben nicht mehr im vollen Umfang erfüllen“, sagte Erwin Hofschneider verärgert zu Oberstabsveterinär Doktor Schopf, nachdem er mit diesem zum dritten Mal die Kompaniestärke sowie Alter und Qualifikation der Soldaten seiner Kompanie durchgegangen war.

„Sie sollten froh sein, dass ich Ihnen fast zwei Drittel ihrer Männer lasse. Mein Befehl lautet, alle kampffähigen und jüngeren Soldaten abziehen“, antwortete unbeeindruckt der Divisionsveterinär. „Die Lage ist sehr angespannt. Im Süden weichen wir bei Kursk zurück. An unserem Frontabschnitt nehmen die Truppenbewegungen der Russen alarmierend zu. Außerdem sind die Wälder noch immer voller Partisanen. In dieser Situation können wir keine Rücksicht auf eine perfekte Betreuung der Pferde nehmen. Sie müssen sich auf einige Schwerpunktaufgaben konzentrieren, dann werden Sie auch mit knapp zwei Dritteln Ihrer Sollstärke auskommen. Tut mir leid, aber anders geht es nicht."

Erwin Hofschneider übergab Hauptwachtmeister Klein schweren Herzens eine Liste mit den Namen der jüngsten Soldaten. „Die Männer sollen sich sofort marschfertig machen. Sie werden noch heute zum Stab gefahren. Wenn sie marschbereit sind, lassen Sie die Männer antreten, damit ich mich von ihnen verabschieden kann."

Als der Hauptwachtmeister den Raum verließ, sagte Erwin Hofschneider zu Doktor Schopf: „Soeben haben Sie aus meiner Kompanie einen Altmännerverein gemacht."

Doktor Schopf, der ihm im vergangenen Jahr den Glauben an einen baldigen Sieg zurückgegeben hatte, wurde nun mit einem Mal selbst zu einem düsteren Propheten: „Wir schwächen unseren Frontabschnitt, während ihn die Russen verstärken. Was sagt uns das? Es sagt uns erstens, dass es in Kürze und zweitens, in welche Richtung es losgehen wird. Mit der Ruhe in Ihrem Dorf ist es wohl bald vorbei. Sie hatten es hier ja fast wie im Schlaraffenland – zumindest, wenn man den Kriegsalltag als Maßstab anlegt. Richten Sie sich darauf ein, das Dorf notfalls schnell räumen zu können. Vergangenes Jahr hatte ich Ihre Kompanie näher beim Stab haben wollen. Jetzt wäre mir wohler, sie weiter hinten zu wissen."

Als wolle es die düstere Prognose des Divisionsveterinärs bestätigen, griff zwei Tage später ein russisches Flugzeug das Dorf an. Diesmal war es keine Nähmaschine, sondern ein schneller Jäger, der tief über das Dorf flog und mit seiner Bordkanone feuerte. Er schoss die Scheune neben dem Pferdelazarett und mehrere Holzhäuser in Brand und stürzte sich dann auf die weidenden Pferde. Vier Pferde wurden dabei getötet, einige verletzt. Die Pferde gerieten in Panik. Sie durchbrachen die provisorische Umzäunung und wurden nur mit großem Aufwand wieder eingefangen.

Seine Männer erschossen die schwer verwundeten Pferde. Mit einem traurigen Blick auf die toten Pferde sagte der Gefreite Dombrowski zu Erwin Hofschneider: „Wird wohl bald Spektakel jeben, Herr Stabsveterinär. Is man nuscht Gutes zu erwarten, wenn der Iwan schon am Tage unjestört fliegt."

Erwin Hofschneider nahm den Angriff zum Anlass, noch mehr Ausrüstung auf Fahrzeuge packen und die Wachen und Streifen verstärken zu lassen.

Heute Mittag ist nun der Befehl gekommen, die Pferde staffelweise und unter militärischer Begleitung zum nächsten Bahnhof zu treiben und dort auf ihre Verladung zu warten.

„Können Sie den Iwan noch nicht hören?“, hat Doktor Schopf nach seiner telefonischen Anordnung zur Rückführung der Pferde gefragt. Von diesem Augenblick an hört Erwin Hofschneider auf den leisen Gefechtslärm in der Ferne.

Doch jetzt, an diesem schönen Abend, kann er keinen Gefechtslärm hören. So als hätte sich die Natur jeglichen Menschenlärm verbeten, den unsinnigen aus Kanonenrohren und Gewehrläufen allemal.

Mehr als ein paar Minuten Besinnlichkeit sind Erwin Hofschneider nicht gegeben. Er denkt an den nächsten Tag. Morgen früh um acht wird die erste Staffel unter Oberveterinär Pichler marschieren. Um elf werde ich die zweite Staffel zurückführen. Nachmittags um drei wird die Nachhut mit den Lazarettpferden das Dorf verlassen. Unterveterinär Lobinger und der Gefreite Dombrowski werden dafür sorgen, dass im Dorf nichts zerstört wird. Das hab ich dem alten Mamedow versprochen. Dabei wird es bleiben. Obwohl mir Doktor Schopf einen anderen Befehl erteilt hat: Dorf beim Verlassen niederbrennen; massive Gebäude sprengen.

Sind wir denn Vandalen? Was bliebe den Alten und den Kindern, würden wir ihr Dorf niederbrennen? Welchen militärischen Nutzen brächte es den Russen, wenn sie das Dorf unbeschädigt einnähmen? Sie gewinnen nichts. Welchen militärischen Nutzen hätten wir von einem zerstörten Tichaja Semlja? Keinen! Denn die russischen Soldaten würden sich um die Alten und die Kinder nicht kümmern. Also lassen wir es so, wie es ist.

Während er diesen Gedanken nachhängt, spürt er, wie ihm das Blut ins Gesicht schießt. Ich bin dabei, einen Befehl zu verweigern! Er erschrickt. Es wäre der erste Befehl, den du verweigern würdest!

Du hast diesen unsinnigen Befehl nicht zu verantworten, sondern auszuführen.

Er stöhnt bedrückt in die Abenddämmerung hinein. Dass du dich nach so vielen Kriegsjahren noch schämen kannst, denkt er. Als Offizier schämt er sich wegen der Verletzung seines Offizierseides. Als Mensch schämt er sich vor dem alten Mamedow und vor seinen Männern. Was würden sie von mir denken, wenn ich ihnen den Befehl gäbe, auf die Alten und die Kinder keine Rücksicht zu nehmen, und das Dorf über deren Köpfen anzuzünden? Wir haben ihr Dorfleben durcheinandergebracht und sie haben sich dennoch friedfertig verhalten. Das vom Leben gegerbte Gesicht des alten Mamedow taucht in seinen Erinnerungen auf. Mit dem brennenden Dorf würde seine letzte Lebenshoffnung zerstört werden. Nein, lieber mit der Scham über eine Befehlsverweigerung leben als mit der Verantwortung für ein zerstörtes Tichaja Semlja!

Auf dem Ritt ins Dorf hört er plötzlich heftiges MPi-Feuer. In der Stille des Abends ist es so laut zu hören, als würde im Dorf geschossen. Erwin Hofschneider prescht zum Stabsgebäude. Die Wachen haben bereits Alarm ausgelöst. Die Streife meldet, der Schusswechsel sei aus Richtung des Sees zu hören. Wer bekämpft sich dort? Die Soldaten der Veterinärkompanie sind alle im Dorf. Partisanen? Das ergäbe nur einen Sinn, falls sie auf Unsrige getroffen sind. Doch die Front ist noch weit weg.

Dutzende Male hat Erwin Hofschneider das Verhalten bei Angriffen auf das Dorf üben lassen. Er lässt die Wachtürme besetzen und die Verteidigungspositionen beziehen. Nadelstiche können wir abwehren, nur massive Angriffe wären eine Katastrophe, denkt er und befiehlt, in Richtung des Sees aufzuklären. Von dort sind jetzt Motorengeräusche zu hören.

Er ist erleichtert, als nach einer endlos scheinenden Weile die Aufklärungsgruppe dreimal Grün schießt. Das festgelegte Zeichen für ein Zusammentreffen mit eigenen Truppenteilen.

Eine Stunde später rollen zwei gepanzerte Mannschaftswagen auf das Gehöft am Dorfrand zu. Die Tür des ersten Fahrzeuges wird geöffnet und jemand ruft in Richtung des Lichtkegels einer Taschenlampe: „Oberleutnant Brach. Wer ist hier der Verantwortliche?"

Die Nahkämpfer sind wieder zurück. Erwin Hofschneider ist nicht gerade erfreut. Was wollen die jetzt hier im Dorf? Er gibt sich dem Oberleutnant, der bei ihrem letzten Treffen noch Leutnant war, zu erkennen.

„So habe ich mir das beinahe gedacht!", sagt Oberleutnant Brach beim Aussteigen. In seiner Stimme liegt eine Art von Sarkasmus, die Erwin Hofschneider sofort das Blut in den Kopf treibt. Mit Mühe kann er an sich halten, während der Oberleutnant in seiner herabwürdigenden Art fortfährt: „Während sich die Partisanen ungeniert aus einem riesigen Waffenlager am See bedienen, machen es sich die Herren Veterinäre im Dorf so richtig bequem. Wenn man sich nur um Pferde und den eigenen Bauch kümmert, hat man natürlich keine Augen für die militärische Lage. Während wir uns den Allerwertesten aufreißen, um Partisanen zur Strecke zu bringen, sitzt ihr hier gemütlich im Trockenen und lasst Partisanen Partisanen sein."

„Mäßigen Sie sich! Sie sprechen mit einem Dienstgradhöheren!", fällt ihm Erwin Hofschneider energisch ins Wort. „Mein Auftrag lautet nun einmal nicht Partisanen zu jagen, sondern den Pferdebestand unserer Division in Schuss zu halten. Von Ihnen verlangt schließlich auch niemand, Luftangriffe auf russische Stellungen zu fliegen."

Oberleutnant Brach erkennt, dass er zu weit gegangen ist. Er nimmt den Sarkasmus aus seiner Stimme. „Dem unmittelbaren Umfeld und den Bewohnern des Dorfes die nötige Aufmerksamkeit zu widmen, ist doch wohl nicht zu viel verlangt. Doch anscheinend können die Russen das Dorf nach Belieben verlassen, um sich mit den Partisanen ein fröhliches Stelldichein am See zu geben."

„Glauben Sie wirklich, jemand könnte das Dorf unkontrolliert verlassen oder betreten? Das Dorfleben und die Peripherie haben wir sehr wohl im Griff. Unterlassen Sie Ihre unqualifizierten Unterstellungen, und erklären Sie mir, was am See geschehen ist", verlangt Erwin Hofschneider. Etwas verunsichert ist er jetzt schon. Immerhin könnte das ruhige Dorfleben die Wachsamkeit seiner Männer eingeschläfert haben. Aber Partisanen im Dorf? Lächerlich.

„Dann zeigt dem Herrn Stabsveterinär mal das muntere Bürschlein!“, befiehlt Oberleutnant Brach. Zwei Soldaten springen aus dem Fahrzeug und zerren eine gefesselte Gestalt in Richtung ihres Kommandeurs. Der Oberleutnant richtet das Licht seiner Taschenlampe auf den Gefangenen. Erwin Hofschneider erkennt den Fischerjungen Belikow, der aus Nase und Mund blutet.

„Gehört der Kerl zum Dorf oder nicht?“, fragt der Oberleutnant, jetzt wieder mit einem Schuss Schadenfreude in der Stimme.

Erwin Hofschneider ist beruhigt. „Das ist der Fischerjunge Belikow. Er hat meine Genehmigung, im See zu fischen. Er meldet sich stets ab und wieder an. Mitunter, so wie heute, schläft er am See, um in der Morgendämmerung fischen zu können. Auch das meldet er an. Was hat er mit der Schießerei am See zu tun?“

„Wie kann man, mitten im Feindesland, derart leichtgläubig sein? Das muntere Bürschlein da ist bis vorhin Herr über ein Waffenlager gewesen. Wenn die Partisanen Waffen und Munition benötigten, haben sie sich am See bedient. Sie trafen sich dort mit dem Bürschlein. Kannten sie die Parole, zeigte er ihnen das Waffenlager und tarnte es wieder, sobald die Partisanen abgezogen waren. Wie viele unserer Männer werden wohl mit diesen Waffen getötet worden sein?“

Das sitzt! Ich hätte meine Männer zu mehr Härte zwingen müssen, ärgert sich Erwin Hofschneider. Wie haben die Russen vor unserer Nase ein Waffenlager anlegen und sich daraus bedienen können? „Es ist unmöglich, dass sie unbemerkt ein Waffenlager angelegt haben. Wir sind weder blind noch nachlässig. Außerdem gibt es hier nur Alte und Kinder.“

„Das Lager haben diese Banditen vorsorglich angelegt, ehe wir das Dorf genommen haben“, erklärt Oberleutnant Brach von oben herab. „Daraus bedient haben sie sich mehrmals, ohne dass ihre Leute es bemerkt haben. Der Rotzjunge da wird auch nicht der Einzige im Dorf sein, der über das Waffenlager Bescheid weiß. Wer hat denn beantragt, den Bengel unbeaufsichtigt fischen zu lassen? Keine schlechte Idee übrigens."

Mamedow, denkt Erwin Hofschneider erschrocken. Habe ich mich so getäuscht? Hat der Alte auf zwei Hochzeiten getanzt und sich über mich lustig gemacht?

„Was geschieht nun mit dem Waffenlager?", fragt Erwin Hofschneider, um dem unangenehmen Disput eine andere Richtung zu geben.

„Ein Teil meiner Männer ist noch unten am See, um die Waffen und die Munition im See zu versenken. Wenn wir unsere Arbeit für heute beendet haben, werden wir noch in der Nacht ein Partisanennest ausheben, dessen Standort uns die Lumpen, die auf dem Wagen liegen, preisgegeben haben. Sind wir mit den Partisanen fertig, werden wir uns gemeinsam dem Dorf widmen."

Die Lumpen sind fünf tote Partisanen. Man wirft sie hundert Meter weiter auf die Dorfstraße. „Schade, dass es nicht hell ist und wir keine Zeit haben. Zu gerne hätte ich sie vor den Augen des Russenpacks so lange hängen lassen, bis sie verfault sind. Doch das können ja Ihre Männer übernehmen. Sozusagen als Wiedergutmachung für ihre Unaufmerksamkeit", sagt Oberleutnant Brach, der mit großer Genugtuung in Erwin Hofschneiders wunder Stelle bohrt.

„Ich habe Befehl, das Dorf wegen der Frontlage morgen zu räumen", erwidert er ausweichend.

„Na prima, dann werden Sie dafür sorgen müssen, das Dorf befehlsgemäß niederbrennen zu lassen. Das Dorf ist groß. Am besten, Sie fangen schon heute Nacht damit an." Wieder klingt Sarkasmus aus der Stimme des Oberleutnants.

„Mein Befehl lautet nicht, Dorf niederbrennen, sondern Dorf räumen", sagt Erwin Hofschneider, obwohl er den Befehl, auf den der Oberleutnant verwiesen hat, genau kennt.

Der Oberleutnant tritt dicht an Erwin Hofschneider heran und sagt verächtlich und mit gepresster Stimme: „Für mich sind Sie kein deutscher Offizier, sondern ein Pferdekutscher. Brennt das Dorf morgen nicht, werden meine Männer das erledigen. Dann werde ich nicht eher ruhen, bis Sie vor einem Kriegsgericht stehen.“ Er dreht sich abrupt um und will Erwin Hofschneider stehen lassen. Doch dann sagt er über die Schulter: „Eigentlich wollte ich das Bürschlein in ihrer Obhut lassen, bis wir mit dem Partisanennest fertig sind. Doch bei einem wie Ihnen muss ich ja damit rechnen, dass sie den Bengel wieder freilassen.“ Auf dem Weg zu seinen Männern ruft er: „Krüger! Hier gibt es anscheinend nur Pferdekutscher und keine Soldaten. Erledigen Sie das Bürschlein. Es wird Zeit, aufzubrechen, sonst kommt mir hier noch das Kotzen.“

Der angesprochene Soldat geht sofort auf den Fischerjungen zu. Er zieht einen Dolch und zerschneidet den dünnen Strick, mit dem der junge Bursche gefesselt ist. Der weiß nicht so recht, was das zu bedeuten hat. Er reibt sich die schmerzenden Handgelenke, als ihm der Soldat blitzartig den Dolch zwischen die Rippen stößt. Keinen Laut gibt der Junge von sich. Während der Soldat die Klinge aus dem Körper des Fünfzehnjährigen zieht, knickt dieser ein und fällt seitlich in den Staub.

„Befehl ausgeführt!“, meldet der Soldat mit ruhiger Stimme. Oberleutnant Brach lässt aufsitzen und fährt mit seinen Fahrzeugen in Richtung des Sees.

„Schlechte Menschen sind das“, sagt Hauptwachtmeister Klein zu Erwin Hofschneider, „aber das mit dem Waffenlager ist ein starkes Stück.“

„Wissen Sie was, Klein“, erwidert Erwin Hofschneider, „das hier hat mit uns nichts mehr zu tun. Wir lassen die Wachen weiterhin verstärkt. Der Rest soll sich aufs Ohr legen. Morgen ist ein anstrengender Tag.“

Im Morgengrauen ist das Rumoren der Front so nahe zu hören, dass Erwin Hofschneider nach einer kurzen Rücksprache mit dem Divisionsveterinär entscheidet, gleich mit dem Gros der Kompanie abzuziehen und nur eine kleine Nachhut in Tichaja Semlja zurückzulassen. Den Befehl, das Dorf niederzubrennen, gibt er nicht.

Als vom See her Schüsse knallen, beginnt Nina Zwetkowas Herz ängstlich zu klopfen. Pawel, denkt sie erschrocken, hoffentlich ist er nicht mehr dort. Wie von einer unsichtbaren Schnur gezogen, läuft sie den Trampelpfad zum See hinunter. Doch schon nach wenigen Metern regt sich ihre Vernunft: Was könnte ich dort am See für Pawel tun? Vielleicht ist er gar nicht dort. Finden mich die Deutschen, ist's aus mit mir und vielleicht auch mit dem Dorf. Sie entschließt sich umzukehren. Kurz bevor sie ihren Hof erreicht, bemerkt sie die aus dem Dorf anrückenden Deutschen. Sie hält es für richtiger, zu Sinaida Achmatowa zu laufen und dort so lange zu warten, bis die Luft wieder rein ist. Pawel während der Sperrstunde im Dorf zu suchen wäre ebenso gefährlich, wie zum See zu rennen. Warum ist er heute nicht gekommen? Ich muss ein ernstes Wort mit ihm reden. Mitunter fischt er in der Morgendämmerung. Dann schläft ihr unersättlicher, schlanker Junge gerne bei ihr. Von hier aus hat er es nicht so weit zum See, und die Leute zu Hause und die Deutschen wähnen ihn in seiner Hütte am See. Doch heute hat sie ihn den ganzen Tag über nicht gesehen und am Abend ist er auch nicht zu ihr gekommen.

Die Schießerei aus Richtung des Sees hört so plötzlich auf, wie sie begonnen hat. Während sie Sinaida Achmatowas Hof betritt, dringen vom See her Motorengeräusche an ihr Ohr.

Das Haus der Achmatows ist dunkel. Sie klopft an die Tür und gibt sich der Bäuerin zu erkennen. „Das hast du gut gemacht, meine Kleine. Am besten, wir gehen in den Stall. Dort finden uns die Verfluchten nicht so schnell", sagt Sinaida Achmatowa. „Die Lumpen sind wohl am See auf die Unsrigen getroffen. Die Front kann man ja schon seit heute früh hören. Sind es die aus dem Wald, dann wollen wir hoffen, dass sie sich aufs Kämpfen ebenso gut verstehen wie aufs Plündern."

Nina Zwetkowa denkt an ihre Eltern. „Wie reden Sie da von den Unsrigen."

„Sei nicht gleich böse mit mir. Aber seit sie mir wegen ein paar Kartoffeln meinen Ossip erschlagen haben, bin ich nicht mehr gut auf sie zu sprechen. Das Vaterland in Ehren, aber dass sie ohne

Grund einen Menschen erschlagen, kann ich ihnen nicht vergeben."

„Hoffentlich war Pawel Belikow nicht mehr am See", sorgt sich Nina Zwetkowa. Sinaida Achmatowa lacht. „Was sollte er dort in der Dunkelheit? Er will doch Fische und keine Nachtfalter fangen."

Die Frauen sehen, wie Fahrzeuge vom See her auf Nina Zwetkowas Hof zurollen. „Gut, dass du hier bist, meine Kleine. Vielleicht durchstöbern die Lumpen jetzt dein Haus. Sind bestimmt Fremde, denn die Deutschen aus dem Dorf haben keine solchen Fahrzeuge."

Nina Zwetkowa mag nicht daran denken, was die Deutschen auf ihrem Hof anstellen. Sie hat genug Fantasie, um sich vorstellen zu können, was sie mit ihr getrieben hätten, wäre sie jetzt dort. Bereits die Vorstellung, fremde Deutsche könnten sie in ihrem Zimmer finden, ängstigt sie.

Im dunklen Dämmerlicht glauben die Frauen zu erkennen, wie die Deutschen Gegenstände von einem Fahrzeug werfen und wegtragen. Wohin können sie nicht sehen, weil ihnen ein Schuppen die Sicht versperrt. Wenig später fahren die Fahrzeuge zurück zum See und die anderen Deutschen reiten ins Dorf zurück. „Besser, du bleibst hier, bis es hell ist. Dann werden wir sehen, ob die Luft rein ist", schlägt Sinaida Achmatowa vor und Nina Zwetkowa willigt gerne ein.

Sie ist froh, als der Morgen dämmert. Sinaida Achmatowa schnarcht neben ihr im Stroh so fleißig, als gälte es für sie, eine ganze Fuhre Holz zu sägen. Vorsichtig steht Nina Zwetkowa auf und will sich auf leisen Sohlen davonmachen. Doch dann stolpert sie über eine Schüssel und die alte Bäuerin erwacht. „Geh schon, Kleine. Ich muss erst zu mir finden, dann komme ich nach."

Nina Zwetkowa hält es für klüger, sich ihrem Hof von der Dorfstraße her zu nähern. Sie ist nur eine kurze Strecke gelaufen, als sie vor Schreck erstarrt. Nur ein Stück von ihrem Hof entfernt liegen auf der Straße fünf tote Männer. Ihr Herz klopft wild. Wer bringt diese Schande über das Dorf? Ihre Starre löst sich. Sie rennt zurück und ruft nach der Bäuerin.

Sinaida Achmatowa ist noch immer nicht ganz wach und hat es

nicht sehr eilig die Toten zu begaffen. „Wozu sind Soldaten nütze?“, sagt sie mürrisch. „Menschen umbringen, plündern und zerstören. Heute die einen und morgen die anderen. Eine Schande ist’s mit ihnen. Sollten es ihren Frauen besorgen und sich um ihre Kinder kümmern. Als ob es nicht genug nützliche Arbeiten geben würde. Erst bauen sie etwas auf, dann machen sie’s wieder zunichte. Da soll einer klug aus ihnen werden.“ Sie watschelt den Weg zum Hof der Zwetkows hinauf. Wuchtig stellt sie sich zwischen die Toten.

„Partisanen, meine Kleine. Wie haben die verfluchten Deutschen sie zugerichtet. Da soll unsereiner noch an Menschlichkeit glauben. Na, wen haben wir denn da! Den erkenne ich trotz des vielen Blutes. Stand lachend dabei, als sie mir meinen Ossip erschlagen haben. Da weiß er jetzt wie’s ist. Nein, Mitleid kann ich mit so einem nicht haben. Aber das deutsche Lumpenpack verfluche ich. Immerhin ist er ein Russe. Dem Mamedow werd ich’s melden, damit sie schnell begraben werden.“

Nina Zwetkowa kann das Elend auf der Dorfstraße nicht ertragen. Schnell geht sie an den Toten vorbei, um auf ihren Hof zu gelangen. Kein Deutscher ist zu sehen.

Sie will schon zum Haus hinübergehen, als sie im fahlen Licht eine leblose Gestalt neben dem Schuppen liegen sieht. Sie zögert einen Moment, weil sie sich vor dem Anblick des Toten fürchtet. Jetzt hat dieses Pack auch unseren Hof mit Blut besudelt, ärgert sie sich. Doch dann kommen ihr Bedenken. Vielleicht ist er nur schwer verletzt.

Sie dreht sich um und geht langsam in Richtung des Schuppens. Kurz bevor sie ihn erreicht, hat sie plötzlich das Gefühl, eine dünne Schnur zurrte sich um ihren Hals und eine dicke um ihre Brust und presste ihr Herz so kräftig zusammen, dass ihr der Atem stockt. Ist das nicht Pawels Hose? Einer Ohnmacht nahe erreicht sie die leblose Gestalt. Die unsichtbare Schnur gibt ihr Herz wieder frei, das nun so heftig klopft, als wollte es auf der Stelle zerspringen.

Sinaida Achmatowa hört den herzzerreißenden Schrei. Haben sich etwa Deutsche über die Kleine hergemacht? So schnell wie Alter und

Körpermasse es zulassen, läuft sie auf den Hof der Zwetkows.

Von Weinkrämpfen geschüttelt liegt Nina Zwetkowa über einer Leiche. Sinaida Achmatowa erkennt den Fischerjungen Pawel Belikow.

„Was für eine schwere Sünde!", ruft sie. „Wie kann man nur so einen schönen Jungen umbringen? Was für Bestien sind diese Deutschen? Das ganze Leben lag noch vor ihm. Eine Schande und ein Unglück."

Dass die Kleine um einen aus dem Dorf weint, versteht Sinaida Achmatowa ohne weiteres. Doch nach einer Weile scheint es ihr, das Mädchen übertreibe seinen Jammer. „Nun lass es gut sein, meine Kleine. Ein Elend ist und bleibt es, aber lebendig wird der Unglückliche auch von einem See aus Tränen nicht mehr."

Da hebt Nina Zwetkowa ihr tränenüberströmtes, schmerzverzerrtes Gesicht von der Brust des toten Fischerjungen. Sie blickt die alte Bäuerin verzweifelt an und sagt aufgelöst: „Ich erwarte doch ein Kind von ihm, und er weiß es nicht."

Sinaida Achmatowas Augen weiten sich. Sie reckt ihre Hände zum Himmel empor und stöhnt laut auf. Dann schlägt sie dreimal das Kreuz und sinkt schwerfällig neben Nina Zwetkowa auf die Knie. Sie drückt das nasse Gesicht des Mädchens an ihre Brust. „Wein, du Unglückliche. Um alles in der Welt, wein."

Juri Konew versteht die Sorge seines Kommissars Zwetkow. Die Zwetkowa ist als Sanitäterin im Außenlager 2 tätig gewesen. Vor einigen Stunden ist es von den Deutschen zerschlagen worden. Nur wenige sind entkommen und versuchen nun, sich den deutschen Verfolgern zu entziehen. Ob Anjuschka Zwetkowa, Juri Konews heimliche Liebe, unter den Versprengten oder unter den Toten ist, kann ihm niemand sagen. Kommissar Zwetkow bestürmt Juri Konew, die Deutschen mit allen Kräften anzugreifen, um so wenigstens die Versprengten zu retten.

„Mit allen Kräften angreifen? Unsinn redest du da", ärgert sich Juri Konew. „Nägel mit Köpfen müssen wir machen, anstatt blind gegen die Faschisten zu stürmen.“ Er breitet eine Karte auf dem Tisch aus und umkreist mit dem Zeigefinger den Bereich der gemeldeten Kampfhandlungen. „Hier war das Lager. Die Faschisten haben es mit gepanzerten Fahrzeugen, Geschützen, Granatwerfern und Maschinengewehren angegriffen. Unsere Kämpfer hatten nur Handfeuerwaffen und wenig Munition, weil das Waffenlager am See entdeckt wurde. Ob uns die Faschisten auf die Schliche gekommen sind oder ob's ihnen jemand gesteckt hat, wird sich noch zeigen.

Die Faschisten hatten wenig Verluste. Wenn wir sie jetzt allein angreifen, wäre das Selbstmord. Nein, schauen wir uns die Lage an. In den Wald werden die Deutschen nicht vordringen. Sie bleiben dort in Lauerstellung und decken die Straße. Unsere Truppen wiederum haben heute früh die Stellungen der Faschisten durchbrochen und kommen rasch voran. Kann sein, dass sie noch heute auf die Einheit treffen, die unser Außenlager zerschlagen hat. Dann ist es aus mit den Schweinehunden.

Was werden sie in diesem Fall tun? Sie werden sich über unser Dorf zurückziehen und es in Brand stecken. Vielleicht verschanzen sie sich dort, machen es zur Kampfzone.

Hör zu Zwetkow, wir brauchen Panzer- und Luftunterstützung. Es muss uns gelingen, den Faschisten den Weg ins Dorf abzuschneiden und sie auf freiem Feld zu vernichten. Schickt man uns Panzer und Flugzeuge, dann verlassen wir unser Lager und greifen an. Vielleicht ist Tichaja Semlja schon heute Abend in unserer Hand. Ich lasse mich mit dem Befehlshaber verbinden.“

Wenig später kommt er strahlend zurück. „Sie schicken uns ihre Panzer. Luftunterstützung frühestens am Nachmittag. Ich habe Befehl zum Aufbruch gegeben. Wer kämpfen kann, rückt zum Waldrand vor.“

Den ersten russischen Panzer schießen Oberleutnant Brachs Männer in Brand. Doch dann verlieren sie ein gepanzertes Fahrzeug und eine Panzerabwehrkanone. Die anderen russischen Panzer kommen so rasch voran, dass der Oberleutnant befürchtet, sie könnten in den Rücken seiner Männer gelangen. Er lässt einen Teil seiner Einheit mit einem Panzerabwehr-, einem Infanteriegeschütz und zwei leichten Maschinengewehren zurück und will sich etappenweise nach Westen absetzen. Kaum hat er sich mit 35 Männern, zwei Infanteriegeschützen und einer Panzerabwehrkanone in Bewegung gesetzt, wird er auch aus dieser Richtung beschossen. So entscheidet er, sich sofort nach Tichaja Semlja zurückzuziehen, ehe sich die russischen Panzer zwischen seine Männer und das Dorf schieben können. Sind wir erst einmal im Dorf, dann werden wir dem Iwan zeigen, wie deutsche Soldaten kämpfen, macht er sich Mut. Hier, auf diesem freien Feld, stehen wir da wie Zielscheiben. Vielleicht ist ja auch die Veterinärkompanie noch nicht vollständig abgezogen. Dann müssen uns die Pferdekutscher zeigen, ob sie auch kämpfen können.

Mit diesen Gedanken prescht Oberleutnant Brach mit vier Fahrzeugen und den Geschützen in Richtung Tichaja Semlja.

Als das Dorf hinter einem Wäldchen auftaucht, sucht er es mit seinem Feldstecher ab. Je näher sie kommen, umso klarer wird es ihm: Die Veterinärkompanie hat sich längst zurückgezogen.

„Die Schweine haben das Dorf geräumt, ohne es in Brand zu stecken. Weiß Gott, wenn ich hier rauskomme, bringe ich diesen arroganten Herrn Stabsveterinär, diese Sau, vor ein Kriegsgericht", schreit Oberleutnant Brach voller Wut und Enttäuschung. Doch für diese Art von Ärger bleibt ihm keine Zeit. Die russischen Panzer rücken an. Es gilt, schnell eine günstige Stellung zu finden und zu beziehen. Während sich seine Männer gefechtsbereit machen, instruiert der Oberleutnant seine Unterführer: „Solange wir freies Schussfeld haben, bekämpfen wir den Iwan von hier aus. Kommt er dennoch in Dorfnähe, ziehen wir uns über den Fluss zurück und machen das Dorf zu einer Panzerfalle. Sie haben nur noch drei. Dann zerstören wir das Dorf, soweit uns das noch möglich ist, und versuchen nach Westen durchzubrechen. Überflüssig, darauf hinzuweisen, dass jeder Dorfbewohner, ob Mann, Frau oder Kind, auf den wir treffen, zu erschießen ist. Sonst bewaffnen sie sich vielleicht hinter unserem Rücken."

Das für den Kriegsverlauf völlig bedeutungslose Gefecht um das

Dorf Tichaja Semlja zieht sich bis zum Nachmittag hin. Dann bereiten ihm zwei russische Jagdflieger ein rasches Ende. Oberleutnant Brach entkommt mit zwei Soldaten in einem gepanzerten Fahrzeug.

Als Juri Konew mit seinen Männern das Flüsschen erreicht hat, kann er sich über die Befreiung seines Dorfes nicht freuen. Zwei Drittel der mit ihm vor fast zwei Jahren in die Wälder geflohenen Leute sind tot, das halbe Dorf besteht aus rauchenden Trümmern, überall liegen Leichen herum und mitten im Dorf stehen zwei brennende Panzer.

„Dass es heute noch so viele erwischt hat, ist bitter", sagt er und ärgert sich dabei über das tollpatschige Vorrücken der Panzer. „Wie geht es Kommissar Zwetkow?", erkundigt er sich bei seinem Stellvertreter.

„Er musste nicht lange leiden", antwortet der und blickt dabei zur Seite. Juri Konew presst die Lippen zusammen. Nach einer kurzen Pause sagt er: „Sehen wir uns im Dorf um. Die Unsrigen müssen auch bald hier sein."

Als heftiger Gefechtslärm von den östlichen Wäldern herüberweht, hält es Unterveterinär Lobinger für angebracht, vorzeitig mit der Nachhut den Rückzug anzutreten. Er gibt dem Gefreiten Dombrowski den Befehl, die noch nicht verladenen Lazarettpferde zu erschießen. Der Gefreite spricht leise mit den vier verwundeten Pferden und bittet sie und Gott um Vergebung.

Als er sie erschießt, hat er Tränen in den Augen. Was für eine Schande, die scheenen Pferde, denkt er traurig. „So beeilen Sie sich doch!", ruft der Unterveterinär ungeduldig.

Als sie losfahren, sagt der Gefreite: „De Russen hätten se man vielleicht uffjepäppelt." Der Unterveterinär schweigt. Bald steht das Dorf nur noch als schmale Silhouette am Horizont und die Gesichter der Soldaten entspannen sich.

„Eene scheene Zeit is es man jewesen – mitten im Kriech. Nu gilt man wieder: Nuscht wie rin in de Kakadinn."

Die beiden Soldaten im Fahrerhaus schmunzeln.

Als der kleine Konvoi die Stelle erreicht, wo sich die Straße dem Waldrand nähert, gerät er unter Beschuss.

„Partisanen!“, ruft der Fahrer des ersten Fahrzeugs. Unterveterinär Lobinger brüllt den Fahrer an: „Gas geben!“ Dann sieht der Fahrer im Rückspiegel, wie das letzte Fahrzeug brennt und nimmt den Fuß vom Gas. „Nicht halten! Weiter, weiter! Sonst stehen auch wir bald in Flammen. Für die da hinten können wir jetzt nichts tun.“

„Aber die Kameraden, Herr Unterveterinär!“, redet der Fahrer seinem Vorgesetzten verzweifelt ins Gewissen. „Weiter! Weiter, hab ich befohlen!“

Ein Panzergeschoss trifft das letzte Fahrzeug des Konvois auf der Fahrerseite. Die Wucht der Explosion schleudert Anton Dombrowski aus dem Fahrerhaus. Er kann sich nicht bewegen und spürt überall Schmerzen. Kurz bevor er ohnmächtig wird, nimmt er noch wahr, wie die beiden anderen Fahrzeuge davonfahren, und er hört – von weit her – das Wiehern der verletzten Pferde auf dem brennenden Fahrzeug.

Er versucht noch nach seiner Frau zu rufen, doch das ist ihm schon nicht mehr möglich.

Ein trauriger Tag für die Dombrowskis und wieder ein trauriger Tag für alle Pferde dieser Welt.

Igor Mamedow hört die abendliche Schießerei am See mit Sorge. Sofort muss er an den Fischerjungen Pawel Belikow und an die Partisanen denken. Wenn die Deutschen dem Wirrkopf auf die Schliche gekommen sind, machen sie das Dorf hin. Nicht auszudenken.

Als die Schießerei aufhört, lauschen er und Kolja Prischin angespannt in die Stille hinein. Sie vernehmen nur das laute Zirpen der Grillen. „Nichts zu hören“, sagt Igor Mamedow nach einer Weile.

„Wer weiß“, stichelt Kolja Prischin, „in unserem Alter klingen Panzermotoren wie Geigengewimmer.“

Kurze Zeit später beruhigen sie sich und legen sich in ihre Betten. Kolja schläft ein paar Minuten später ein. Doch in Igor Mamedows Kopf sind wieder einmal die Sorgen eingekehrt. Werden die Deutschen das Dorf kampflos und ohne Zerstörungen anzurichten, räumen? Kommen Rotarmisten ins Dorf, wird's auch nicht leicht werden. Am besten wär's, wenn nur unsere Leute aus den Wäldern zurückkommen würden. Er denkt an seine Töchter und ihre Familien und an die jungen Leute, die das Dorf seit Kriegsbeginn verlassen mussten. Einige werden wohl nicht wiederkommen. Eitel Freude wird ein Sieg über das deutsche Pack nicht sein. Ich aber werde mich nicht laut beklagen. Unser Dorf hat mit Fritz dem Schrecklichen und seinen Soldaten Glück gehabt. Haben uns eingeengt, ohne uns zu schurigeln. Nur die Lumpen vom anderen Flussufer haben im Dorf gehaust und Kusma und seine Frau umgebracht. Traurig denkt er an Kusma Konew, der ihm sehr fehlt.

Rechenschaft wird man von mir fordern. Nun gut, mein Gewissen ist rein. Seht euch unser Dorf an und die Kinder, werde ich ihnen sagen, nun könnt ihr mich richten. So oder so ist's Zeit für mich.

Gegen Morgen schläft er ein. Er träumt von Vater Nikolai. Wie immer, wenn er von dem gütigen Mann träumt, ist er selbst noch jung und fragt seinem Ziehvater ungebeten Löcher in den Bauch. „Wenn die Gütigen und die Weisen nicht stärker sind als die Verdorbenen, wie soll dann die Welt besser werden?"

„Wie einfältig du heut wieder fragst", ärgert sich Vater Nikolai. „Wie du dir das denkst: Die Welt besser machen! Nun fang an, sie besser zu machen, als Gott es gekonnt hat! Immer hat es in seiner Welt Verdorbene gegeben. So wird es auch bleiben. Entweder hat auch Gott mit dem Verdorbenen zu kämpfen oder er hat es so gewollt. Also lerne es, mit dem Verdorbenen zu leben, ohne selbst zu verderben. Und nun sieh zu, dass du mit dem Garten fertig wirst. Eine Ewigkeit wegen einer Schüssel Bohnen."

„Die Deutschen ziehen ab!" Mit diesem Ruf weckt ihn der kleine Pjotr Bolkow. „Die Front kann man auch schon hören!"

„Lauf schnell zu Onkel Kolja hinüber und weck ihn", sagt Igor Mamedow mit vor Erregung zitternder Stimme. Sein Herz klopft vor

Freude und Angst gegen Brust und Hals. Ohne sich um seine Aufmachung zu kümmern, steigt er stöhnend aus dem Bett und geht vor die Tür. Dass ich das noch erleben kann, freut er sich. Die Deutschen treiben die Pferde aus dem Dorf. Vor den Pferden wirbelt eine lange Fahrzeugkolonne Staub auf. Fritz der Schreckliche hat sein Wort gehalten. Hat das Dorf nicht angerührt. Nicht alle Deutschen sind Lumpen. Tränen schießen ihm aus den Augen, als er auf das unzerstörte Dorf sieht. Er ist sich mit einem Male ganz sicher, nicht zufällig von Vater Nikolai geträumt zu haben. Ein gutes Zeichen.

Deutlich hört er jetzt das nahe Grollen der Front und heftigen Gefechtslärm am Waldrand; dort, wo die Straße durch den Wald nach Osten führt.

„Da hörst du deine Geigen", begrüßt er den verschlafenen Kolja Prischin. „Die Unsrigen kommen wohl zurück."

Kolja Prischin erblickt die abziehenden Deutschen. Ein Lächeln huscht über sein Gesicht. „Mit viel Lärm sind sie ins Dorf gekommen, und auf leisen Sohlen machen sie sich davon. Wie's scheint hatten wir Glück mit unseren Fritzen, aber eine Träne werd ich den Ungebetenen nicht nachweinen."

„Die da drüben machen mir im Moment mehr Sorgen", dämpft Igor Mamedow die sichtbare Freude seines Freundes und reckt dabei seinen Hals in Richtung des nahen Gefechtslärms. „Uns ist das Dorf heilig. Mehr haben wir nicht auf dieser Welt. Für die da, mit ihren Kanonen und Gewehren, ist unser Dorf nur interessant als Stellung, Deckung oder Quartier. Was, wenn versprengte Deutsche ins Dorf kommen und die Unsrigen sie wieder verjagen? Nein, mein Lieber, über den Berg ist das Dorf noch lange nicht."

Wie zur Bestätigung seiner trüben Gedanken taucht Sinaida Achmatowa auf und erzählt den beiden, was sich in der Nacht auf dem Hof der Zwetkows zugetragen hat. Dass Nina Zwetkowa vom toten Fischerjungen schwanger ist, behält sie für sich. Frauensache, die Graubärte nichts angeht.

„Spann Dunja an", sagt Igor Mamedow zum kleinen Pjotr Bolkow, „es ist nicht gut, Tote im Dorf herumliegen zu lassen. Wir bringen sie zum Friedhof. Müssen herausfinden, wer die toten Partisanen sind."

Pjotr rennt auf die Weide und kommt mit Dunja und ihrem stets gut gelaunten Hengstfohlen zurück. Die Leute im Dorf erfreuen sich an dem offenherzigen neuen Fuhrmann Pjotr Bolkow und an dem auf seinen dünnen Beinen unbekümmert und neugierig durch die unruhige Menschenwelt staksenden Hengstfohlen Kusma. Diesen Namen verpasste ihm Igor Mamedow, um alle im Dorf an den knorrigen Freund zu erinnern, der mit List für das Leben des schönen Tieres gesorgt hat.

Sehen die Alten das mit der Welt zufriedene Gespann, seufzen sie gelegentlich. Mitunter treten ihnen verstohlene Tränen in die altersschwachen Augen. Dann denken sie an die unglücklichen Eltern des kleinen Bolkow und an die von den Deutschen gemordeten Konews. Das stimmt sie traurig, aber das Gespann gibt ihnen zugleich ein wenig Hoffnung zurück. Zeugt es doch für den Sieg des Lebens über alle Sünden der Menschen und über alles Elend dieser Welt. Ihr habt meine Eltern sinnlos gemordet, aber seht her, ich lebe, sagt ihnen der Anblick des kleinen Bolkow. Und auch das Hengstfohlen hat eine Botschaft für sie: Den Kusma Konew haben die Deutschen wie einen Verbrecher aufgehängt, aber sein Wunsch nach einem schönen Pferd hat sich dennoch erfüllt.

Der Junge und das Fohlen sind Balsam für ihre müden und beladenen Seelen.

Auch jetzt zuckelt Dunja gemütlich durchs Dorf. Wird es dem kleinen Hengst zu langweilig, galoppiert er fröhlich ein Stück voraus, staunt dann über seinen Übermut und kehrt reumütig an Dunjas Seite zurück.

„Warum ist so viel Hass unter den Menschen? Morden sich hin, ohne einander zu kennen. Bah!" Igor Mamedow spuckt aus

Er starrt in den Sand neben den Leichen auf der Dorfstraße. Er selbst hat in seinem langen Leben viele Tote gesehen. Ihn erschüttert ihr Anblick schon lange nicht mehr. Er sorgt sich nur um Pjotr.

„Schämen sollten wir Alten uns, weil wir dir diesen Anblick nicht erspart haben. Aber wie sollten wir ohne dich und Dunja mit ihnen fertig werden?“

„Als ob ich noch keine Toten gesehen hätte“, gibt Pjotr den beleidigten Altklugen. „Nur nicht so viele auf einmal. Aber Dunja packt das mit Leichtigkeit. Nicht einmal schnaufen wird sie dabei.“

Schwer atmend hilft Sinaida Achmatowa den Graubärten, die Toten auf den Wagen zu legen. Nur den Fischerjungen Pawel Belikow müssen die Männer allein zum Wagen tragen, weil Sinaida Achmatowa all ihre Kraft braucht, um die aufgelöste Nina Zwetkowa zu trösten.

„Anscheinend haben die Deutschen nicht gewusst, dass er zum Dorf gehört, dieser unbelehrbare Dickschädel, sonst wäre uns das schlecht bekommen. Selbst vor halben Kindern machen sie nicht Halt, die Verfluchten“, keucht Igor Mamedow. Er beugt sich über das schöne Gesicht des Fischerjungen und flüstert: „Verzeih mir die Ohrfeige. Ein Prachtkerl wäre aus dir geworden. Gott wird es wissen.“

„Ruh dich aus“, sagt Kolja Prischin besorgt, „deine Lunge wird dir gleich aus dem Hals hängen. Wir fahren los und holen unterwegs Verstärkung fürs Gräberschaufeln.“

Igor Mamedow lächelt verlegen. „Die fleißige Olga will schon seit einiger Zeit nicht mehr so recht, und ich kann’s ihr nicht verdenken“, sagt er und tippt sich mit den Fingern an seine Brust. Kolja Prischin winkt ab und das Gespann setzt sich mit seiner traurigen Last in Bewegung.

Igor Mamedow hat sich gerade umgedreht, um langsam ins Dorf zu gehen und mit den Leuten über das Ende der deutschen Besetzung zu reden, als er plötzlich ganz in der Nähe Motorengeräusche und Explosionen hört.

„Die Deutschen kommen zurück und Panzer sehe ich!“, ruft Pjotr ihm zu. Der Junge hält das Gespann an, reckt seinen Hals wie eine Eidechse und blickt staunend in Richtung des Sees. Zwischen explodierenden Granaten nähern sich rasch deutsche Fahrzeuge, an denen kleine, über Erdhügel hüpfende Geschütze hängen. In der Ferne sieht er Panzer, die hinter sich viel Staub aufwirbeln. Er zählt drei. Immer wieder halten sie kurz, dann sieht er das Mündungsfeuer ihrer Geschütze aufblitzen. „Es sind unsere Panzer! Sie schießen auf die Deutschen“, freut er sich.

Igor Mamedow erschrickt bei der Vorstellung, es könnte alles so kommen, wie er es befürchtet hat: Die Verfluchten machen aus dem Dorf einen Kampfplatz. Heftig, aber nur kurz ist sein Schock.

Musst retten, was noch zu retten ist, überlegt er. „Nicht halten!“, rüffelt er den kleinen Pjotr. „Fahr schnell zum Friedhof. Lass den Wagen dort stehen und komm mit den Pferden zu uns. Den Leuten ruf zu, sie sollen ans andere Ende des Dorfes laufen. Dort sind sie sicherer. Die Kinder sollen nicht auf die Alten warten. Onkel Kolja lass absteigen. Nun mach schon, ehe uns die Deutschen sehen!“ Pjotr treibt Dunja an. Sie traben gemächlich davon.

Igor Mamedow holt die Frauen aus dem Haus. Schwerfällig watschelt Sinaida Achmatowa vom Hof und ruft: „Diese Verfluchten, eine Schande sind sie. Wenn Gott sie nicht straft, wozu ist er dann da?“

Nina Zwetkowa erschrickt, als sie sieht, wie nah die Kämpfe an ihr Haus herangerückt sind. Die Angst ist stärker als ihr Kummer. Schnell rennt sie vom Hof.

Igor Mamedows Herz pocht heftig gegen die Brust und die Luft wird ihm knapp. Er schnappt nach ihr wie ein Fisch auf dem Trocknen. Selbst die watschelnde Bäuerin kommt schneller voran. Kolja Prischin ignoriert seine Aufforderung, keine Rücksicht zu nehmen und sich aus dem Staub zu machen. Er bleibt bei ihm. „Erwischt’s dich, will ich auch nicht mehr leben.“

Igor Mamedow überlegt kurz, ob er den Deutschen als Starosta entgegengehen soll, um ihnen zu sagen, dass im Dorf niemand gegen sie kämpfen wird. Doch schnell wird ihm klar, wie lächerlich es wäre, die wild um ihr Leben kämpfenden Deutschen von der Unschuld eines russischen Dorfes überzeugen zu wollen. Ihr Leben ist ihnen allemal wichtiger als das Schicksal eines fremden Dorfes. Nein, für einen Starosta gibt es hier nichts mehr zu tun. Alles liegt nun bei Gott.

„Blind und taub möchte ich sein“, sagt Igor Mamedow, während ihm Tränen über sein faltiges Gesicht strömen.

Von seinem höher gelegenen Haus aus kann er den zerstörerischen Verlauf des verbissen geführten Gefechts verfolgen, das sich zunehmend ins Dorf verlagert. Gebäude um Gebäude geht in Flammen auf.

„Was soll nur werden, meine Kleine, was soll nur werden?“, stöhnt Sinaida Achmatowa. Sie drückt Nina Zwetkowa an sich. Weinend müssen die Frauen hilflos zusehen, wie sich ihre Höfe rasch in brennende und rauchende Ruinenfelder verwandeln. Immer mehr Granaten explodieren im Dorf. Auch dort, wo nicht gekämpft wird, gehen nun Gebäude in Flammen auf. „Gott verfluche die Deutschen! Sie zünden unsere Häuser an“, schimpft Sinaida Achmatowa.

„Pjotr ist noch nicht zurück.“ Igor Mamedow sorgt sich um den Jungen, weil er sieht, wie sich das Gefecht in Richtung des Friedhofs verlagert. Ich hätte ihn nicht ins Dorf schicken sollen.

„Die Kirche!“, ruft Kolja Prischin, als ein Geschoss ein Türmchen der kleinen Kirche zertrümmert.

„Gelobt sei die von Gott erschaffene Menschheit“, sagt Igor Mamedow leise. Er kann das Ende der Kirche, die einst der Gutsherr hat errichten lassen und die ihn an das gütige Wirken und das schreckliche Ende des Dorfgeistlichen Vater Nikolai erinnert, nicht mit ansehen. An Türbalken und Wände gestützt schlurft er langsam ins Haus. Er gibt dem weinenden Kolja zu verstehen, dass er allein sein will.

Pjotr, der kleine Fuhrmann, bekommt einen gehörigen Schreck, als er die Erdfontäne aufsteigen sieht und ihm plötzlich Geschosse um die Ohren pfeifen. „Schneller, Dunja, schneller!“, schreit er und knallt mit der Peitsche. Die kriegserfahrene Stute scheut nicht. Doch sie trabt so schnell, wie Pjotr es noch nie erlebt hat. Geht es durch eines der vielen Schlaglöcher, hüpfen die Leichen auf dem Wagen so heftig, als hätten sie noch einen Funken Leben im Leib.

Viele Alte hören nicht auf Pjotrs Zurufe, ans andere Dorfende zu eilen. Betend und fluchend bleiben sie in ihren Häusern. Wozu wie aufgescheuchte Hühner durchs Dorf rennen? Ihre Häuser sind alles, was ihnen nach einem schweren Leben geblieben ist. Gibt es ihre Häuser nicht mehr, wozu dann leben?

Das Gespann hat den Friedhof schon erreicht, als neben ihm eine Granate einschlägt. Die Explosion zerfetzt Dunja und den kleinen Pjotr. Der Wagen wird emporgeschleudert, zerschellt beim Aufprall und verliert die sechs Leichen.

Dunjas trauriges Pferdeleben und Pjotrs kurzes Menschenleben werden ohne viel Federlesens von ein paar Stückchen Metall beendet. Der Menschen- und der Pferdegott schweigen.

Was bleibt zum Menschengott zu sagen?

Immerhin hat der Pferdegott ein Einsehen. Er lässt den kleinen Hengst Kusma auf die andere Seite seiner Mutter wechseln, ehe die Granate einschlägt. Dunjas geschundener Körper beschützt ihn. Die Explosion wirft ihn zu Boden. Mit zitternden Beinen erhebt er sich und sucht unschlüssig seine Mutter, die wie durch Zauberhand ebenso verschwunden ist wie der kleine Kutscher. Dann ergreift ihn Panik und er galoppiert davon. Erst weit hinter dem Dorf bleibt er stehen. Reste von Dunjas Eingeweiden und von Pjotrs magerem Körper hängen in seinem Fell. Er blickt auf das brennende Dorf und klagt seinen Pferdeschmerz über die Wiesen von Tichaja Semlja. Er klagt so erbärmlich, dass es selbst dem verstocktesten Menschen das Herz zerreißen würde. Doch die Menschen hat der Verstand verlassen und so haben sie anderes zu tun, als sich um den Kummer eines kleinen Pferdes zu kümmern.

Als Juri Konew zusammen mit seinem neuen Kommissar Schadrin auf Igor Mamedows Hof reitet, ist er zornig und will mit dem alten Mamedow auf Partisanenart abrechnen. Er springt vom Pferd, klopft mit der Reitpeitsche gegen seinen Stiefel und spuckt aus. Er weiß, wie man mit Verrätern umzugehen hat. Eine Kugel in den Kopf und fertig. Mit einem Satz lässt er die kleine Holztreppe hinter sich und schon spreizt er sich gebieterisch in der Stube.

Zu seiner Überraschung stehen mehrere Alte und zwei Weiber um ein Bett herum, in dem mit blassem Gesicht und geschlossen Augen der Verräter am Sowjetvolk Igor Mamedow liegt. Ein schmutziges Betttuch bedeckt seinen sterbenden Körper von den Füssen bis zum faltigen Hals. Nur die schweren Arme mit den großen, schwieligen Händen liegen neben dem Körper auf dem Betttuch.

„Da liegt er also, der Verräter!“, poltert Juri Konew. Sofort schlagen ihm hasserfüllte Blicke entgegen.

Sinaida Achmatowa baut sich vor ihm auf. „Wirst du wohl angesichts des Todes still sein, du seelenloser Reitersmann. Wer hat dich hergebeten?“

„Mit den Faschisten hat er sich eingelassen, ihnen das Waffenlager am See verraten“, faucht Juri Konew, der an Widerspruch schon lange nicht mehr gewöhnt ist, die Bäuerin an und schiebt sie mit beachtlichem Kraftaufwand beiseite.

„Ein Wirrkopf bist du“, gibt ihm nun Kolja Prischin Bescheid. „Wir alle haben uns mit den Deutschen einlassen müssen, weil ihr sie ins Dorf gelassen habt. Jetzt kommst du zurück und spuckst große Töne. Nicht vor dir, sondern vor ihm und vor deinem Vater müssen wir uns verneigen. Mit dem Waffenlager aber hat er nichts zu tun und verraten hätte er nicht einmal seinen schlimmsten Feind. Und jetzt halt den Mund und nimm deine stolze Mütze vom Kopf.“

Juri Konew irritiert die geballte Ablehnung, die ihm in dieser Stube entgegenschlägt. Immer noch scharf, aber nicht mehr so laut, versucht er die Rangordnung wiederherzustellen. „Immerhin war er Starosta unter den Faschisten.“

„Das war dein Vater auch“, gibt Kolja Prischin den Vorwurf zurück.

„Warum haben dann die Faschisten meine Alten aufgehängt und nicht den da?“, will Juri Konew in seiner herabwürdigenden Art wissen.

Kolja Prischin ärgert sich darüber, wie der junge Konew über die Alten spricht. „Deine Eltern hatten verdammt viel Pech und er eine Menge Glück. Hing auch schon fast am Torbalken. Reiner Zufall war’s. Und noch etwas musst du dir merken: Nicht die Deutschen, sondern die Leute im Dorf haben deinen Vater und ihn zu Starosten gemacht. So, nun weißt du Bescheid, du Neunmalkluger."

Juri Konew grinst verächtlich, während er nach einer plausiblen Erwiderung sucht. Viel zu viel hat sich der Alte herausgenommen.

Da dreht ihm die jüngere Bäuerin das Gesicht zu. Jetzt erkennt er in ihr die kleine Zwetkowa. Schön wie ihre Mutter ist sie inzwischen geworden. Ein seltsames Gefühl durchströmt ihn. Es ist die gleiche Scheu, die er in Gegenwart ihrer Mutter stets gespürt hat. Sie ist der erste Mensch in diesem Raum, der ihn mit „Sie" anspricht. „Sie kommen aus dem Kampf und können nicht wissen, was dieser liebenswerte Mann für uns alle getan hat. Ohne ihn wäre im Dorf vielleicht niemand mehr am Leben. Wenn Sie diesen sterbenden Mann einen Verräter nennen, dann müssen Sie wissen, dass man Sie dafür im Dorf verachten wird."

Nina Zwetkowa spricht ruhig und blickt ihn dabei mit ihren traurigen Augen unentwegt an. Ihr Blick macht ihn verlegen und er brummt: „Wir werden alles untersuchen, sobald Zeit dafür ist."

Plötzlich schweigen alle und blicken wie gebannt auf Igor Mamedow, der versucht, seine Augen zu öffnen. Als er langsam die Augenlider gehoben hat, bemüht er sich, etwas zu erkennen.

Kolja Prischin beugt sich über das Gesicht seines Freundes und spricht ihn leise an: „Ich bin's mein Lieber, Kolja."

Igor Mamedow bewegt seine Lippen. Kolja Prischin hält seine Elefantenohren dicht über Igor Mamedows Lippen. Wie aus weiter Ferne vernimmt er ein paar hingehauchte Wortfetzen, die er nicht zusammenfügen kann.

Still, wie er gelebt hat, stirbt Igor Mamedow. Die Leute im Raum weinen.

„Ein Geschenk des Himmels war er für das Dorf", sagt Sinaida Achmatowa.

So regelt sich manches im Leben von selbst, denkt Juri Konew und geht wortlos zur Tür. Es gibt wichtigere Dinge im Dorf zu erledigen, als um den Gutsherren- und Popenknecht Mamedow zu trauern. Er will gerade auf sein Pferd steigen, als ihm Nina Zwetkowa nachgelaufen kommt und ihn nach ihren Eltern fragt. „Vor Aufregung und Kummer hab ich vergessen, gleich nach ihnen zu fragen. Sind sie mit den Unsrigen ins Dorf zurückgekommen?“

Juri Konew blickt sie kurz an. Dann sieht er zur Seite und presst die Luft durch die Nase. „Wo deine Mutter jetzt ist, wissen wir noch nicht. Deinen Vater aber werden wir morgen in Ehren begraben.“ Er springt auf sein Pferd, ruft den neuen Kommissar Schadrin und sprengt im scharfen Galopp ins Dorf.

Nina Zwetkowa steht noch ein paar Sekunden wie gelähmt auf Igor Mamedows Hof, ehe sie zu Boden sinkt. So findet sie Sinaida Achmatowa und lässt sie ins Haus tragen. „Eine richtige und eine halbe Leiche haben wir nun im Haus. Legt sie flach auf das Bett dort und lasst mich machen.“

Man legt die Ohnmächtige auf das Bett, in dem in der vergangenen Nacht noch der kleine Pjotr Bolkow gelegen und sich auf den nächsten Tag gefreut hat.

Sinaida legt Ninas Beine hoch. Dann tränkt sie ein Tuch mit kaltem Brunnenwasser und legt es der jungen Frau auf die Stirn.

Nina Zwetkowa öffnet die Augen und versucht sich zu orientieren. Als sie Sinaida Achmatowa erkennt, weint sie still. Die Bäuerin ist erleichtert. „War wohl zu viel auf einmal, meine Kleine. Du bleibst jetzt liegen, und ich werde mich nach was Essbarem umsehen. Eine Stelle zum Schlafen müssen wir auch noch finden. Na, was ist? Hat dich mein Anblick so getroffen, dass du wieder weinen musst?“

Nina Zwetkowa blickt sie mit ihren verweinten Augen an. „Ich habe heute nicht nur Pawel, sondern auch meinen Vater verloren. Ob meine Mutter noch lebt, ist nicht bekannt.“

Zum zweiten Mal an diesem Tag bekreuzigt sich Sinaida Achmatowa. „Hat denn der Himmel kein Einsehen mit uns Geschlagenen?“

Dies sagt sie so laut, dass Kolja Prischin sie zurechtweist: „Was krakeelst du da? Störst die Totenruhe. Lass die Kleine da liegen und verschwinde.“

„Wie soll ich nicht klagen, du Zausel?“, ärgert sich die Bäuerin. „Die Kleine hat heute nicht nur Haus und Hof, sondern auch ihren Vater und ihren Liebsten verloren. Aber so was macht euch Mannsbildern ja nicht viel aus.“

„Schon gut“, sagt Kolja Prischin, „aber jetzt geht alle hinaus und lasst mich mit der Kleinen und dem Toten allein.“

Endlich ist es wieder still in der Stube. Kolja Prischin sieht auf das Gesicht seines toten Freundes. Es scheint ihm noch so lebendig zu sein, als öffneten sich gleich Mund und Augen. Ach, mein Lieber, sagt er in Gedanken zu seinem Freund, was bindet mich jetzt noch an das Dorf und an diese Erde? Hätte ich Kinder, wer weiß. So aber werd ich dich noch begraben und mich dann auch aus dem Staub machen. Ob wir uns im Jenseits wiedersehen werden? Ich fürchte, du wirst in den Himmel kommen und ich in die Hölle, um mit Kusma Karten zu spielen.

Dann fällt ihm manches ein, was er seinem Freund nie gesagt hat. Dafür ist es nun zu spät. „In Ehren begraben werden wir Humpelbeine dich, mein Lieber“, sagt er leise zu der Leiche.

Er blickt zu Pjotrs Bett hinüber, weil es knarrt, als sich Nina Zwetkowa aufrichtet.

Sie sieht ihn traurig und verlegen an. „Ich mache Ihnen nur Unannehmlichkeiten in Ihrer Trauer.“

Kolja Prischin erinnert sich daran, was ihm Sinaida Achmatowa vorhin über das Leid der jungen Frau gesagt hat. „Was du da redest!“ Er ist gerührt. „Ruh dich nur aus. Wenn du zu dir gekommen bist, dann hol einen Stuhl und setz dich neben mich. Es würde mir die Seele erleichtern, wenn ich dir ein wenig von meinem toten Freund erzählen könnte. Hörst du mir zu, wird es auch deine Seele trösten, meine Schöne, denn niemand ist auf dieser Erde mit seinem Leid allein.“

An diesem Abend erfährt Nina Zwetkowa viel über Igor Mamedows beschwerliches Leben. Die stählerne Klammer ihres Kummers lockert sich. Sie begreift, welches Leid andere Menschen ertragen haben, ohne zu klagen. Ihr bitterer Kummer weicht einer sanften

Traurigkeit. „Sie haben so gut vom Herrn Mamedow gesprochen. Das Herz haben Sie mir gewärmt.“ Wie von selbst greift ihre schmale, feste Hand nach der breiten, kräftigen des alten Mannes, und ihr Kopf lehnt sich an dessen knochige Schulter. „Warum müssen die Menschen nur so viel leiden?“

„Weil einige mit Blindheit geschlagen sind, meine Schöne. Halten sich für besser als alle anderen und verachten sie. So ist das. Für uns Geplagte aber muss das Leben weitergehen, weil wir einander brauchen. Auch dein Kummer wird mit der Zeit vergehen. Kinder wirst du haben und für sie da sein. Jetzt aber bleibst du mit der Lärmenden am besten erst einmal hier. Kommen Igors Töchter zurück, werden wir sehen, wie’s weitergeht. Was die Lärmende angeht, so ist sie mitunter eine Plage, aber sie hat ein gütiges Herz. Werdet schon miteinander leben. Er“, sagt er mit einem Blick auf den Toten, „wird sich auch im Himmel über eure Anwesenheit in seinem Haus freuen, denn anderen zu helfen, war ihm auf die Welt mitgegeben.“

Dann bittet er Nina Zwetkowa, für eine Weile die Totenwache zu übernehmen, weil schließlich jemand nach dem Vieh sehen müsse.

Zwei Tage später verlässt Juri Konew mit den noch kampffähigen jüngeren Männern und zwei Sanitäterinnen seiner Partisaneneinheit Tichaja Semlja, um sich der Roten Armee anzuschließen. Seinem verwundeten Stellvertreter Iljuschin übergibt er das Dorf und stellt ihm klare Aufgaben: Parteiarbeit organisieren, Kolchosgebäude, Scheunen und Häuser reparieren, Herbst- und Frühjahrsbestellung vorbereiten, Vieh und Zugpferde besorgen, einen Traktor aus den Dörfern im Wald abziehen, genesene jüngere Männer für den Kriegsdienst melden, Winterversorgung der Dorfbevölkerung absichern – Kinder und Arbeitsfähige zuerst.

„Baust schon wieder Luftschlösser“, nörgelt Iljuschin. „Pferde und gesunde Männer nimmst du mit. Ich aber soll mit der Not das Elend kurieren.“

„Das ist ein Befehl!“, brüllt Juri Konew.

Nachdem er mit seinem Trupp einige Minuten geritten ist, hält Juri Konew sein Pferd an und dreht sich um. Die Zerstörungen schmerzen ihn ebenso wie die Erinnerungen an die vielen Frauen und Männer, die er und das Dorf verloren haben. Dann tröstet er sich: Was ich in den letzten Tagen für das Dorf tun konnte, habe ich getan. Nach dem Krieg muss man sehen.

Während er weiterreitet, erinnert er sich an den traurigen Tag nach der Rückeroberung des Dorfes. Man löschte die Brände, schleppte das zerstörte Kriegsgerät vor die Kolchoswerkstatt und begrub die vielen Toten. Alle arbeitsfähigen Leute und einige Rotarmisten waren mit diesen Aufgaben beschäftigt und arbeiteten bis zur Erschöpfung.

Er selbst war den ganzen Vormittag unterwegs gewesen, um den wenigen Überlebenden des Dorfes und den dort zurückbleibenden Leuten seiner Partisaneneinheit Unterkünfte zuzuweisen. In sein Elternhaus quartierte er seinen Stellvertreter Iljuschin mit Familie ein.

„Sollte die Zwetkowa noch am Leben sein und ins Dorf kommen, nimmst du sie mit ihrer Tochter ins Haus. Das ist ein Befehl!"

Am Nachmittag wurde begraben. Es gab verschiedene Tote und so musste vielerlei bedacht werden. Wie nach Posten sortierte Waren lagen da Rotarmisten, Partisanen, Dorfbewohner und Deutsche. Särge gab es nicht. Alle Russen wurden in Unterwäsche begraben. Sofern sie Köpfe hatten, wurden ihnen Tücher auf die Gesichter gelegt.

Juri Konew kümmerte sich besonders um die Bestattung der Kämpferinnen und Kämpfer. Man begrub sie auf dem abgezäunten Weidestück neben seinem Elternhaus. Sie liegen nun wie die gefallenen Rotarmisten in Einzelgräbern. Nur diejenigen, deren Namen man nicht ermitteln konnte, liegen gemeinsam in einem Grab.

Die Leute aus dem Dorf wurden auf dem zerwühlten Friedhof neben der beschädigten kleinen Kirche beigesetzt.

Die Deutschen warf man nackt in eine Grube auf einer Wiese hinter dem Dorf. Dabei gab es einen peinlichen Zwischenfall. Der alte Prischin erkannte einen der Deutschen und forderte, man solle ihm seine Uniform lassen und ihn allein begraben. „Ohne ihn wäre es dem Dorf wohl noch schlechter ergangen. War ein Bauer wie wir und hat uns geholfen."

Juri Konew hörte sich die Geschichte an und befahl dann dem angetrunkenen Tunichtgut Orlow, dem seltsamen Deutschen ein Grab zu schaufeln. Orlow widersetzte sich trotzig vor allen Leuten: „Für einen Faschisten heb ich kein Grab aus."

„Das ist ein Befehl!", brüllte Juri Konew. „Du weißt, wie ich mit Befehlsverweigerern verfahre!"

Orlow heulte auf wie ein Irrer: „Wegen eines Faschisten willst du mich richten? Mein Blut willst du für diesen Faschisten? Du musst mich nicht zum Tanz bitten!" Blitzschnell zog er seine Pistole und zielte auf seinen Kopf. Zum Glück fuhr ihm ein Soldat in den Arm und der Schuss hinterließ nur einen blutigen Streifen auf der Stirn des Tobenden.

Juri Konew schnaubte vor Wut wie ein Schlachtross: „Bringt den Wahnsinnigen zur Vernunft. Den verdammten Deutschen werft in die Grube. Die Stiefel könnt ihr ihm nehmen. Die Uniform aber lasst ihm. Den Barmherzigen hätte er besser zu Hause spielen sollen."

Juri Konew wendet sich um und reitet weiter. Nun ja, denkt er, während er an den Feldern vorbeireitet, die toten Pferde haben wir ihnen gelassen. Davon können sie einige Tage leben. Ein paar Kartoffeln und etwas Kohl haben sie, wie ich sehe, auch noch. Deutsche Kartoffeln – es ist zum Lachen. Schade, dass unsere Panzer mittendurch gefahren sind. Hart wird der Winter für sie werden.

Zum ersten Mal kommen ihm Zweifel am Fortbestand des Dorfes. Was wird am Ende des Krieges noch übrig geblieben sein? Wie soll es mit dem Dorf weitergehen, wenn die Alten und Kranken gestorben sind – bei so wenigen Kindern?

Was immer mit dem Dorf geschehen wird. Nichts wird jemals wieder so sein wie vor dem Krieg. Was soll's? Man wird sehen.

„Traab!", ruft er seinen Männern zu. Die Pferde wirbeln so viel Staub auf, dass das Dorf dahinter verschwindet.

Sinaida Achmatowa und Kolja Prischin kümmern sich so aufmerksam um Nina Zwetkowa, dass sie mitunter ihren eigenen Kummer vergessen.

Die junge Frau aber lebt drei Tage wie in einem bösen Albtraum.

Am ersten Tag raste die Kriegsfurie durchs Dorf, zerstörte die Häuser ihrer Eltern und ihrer Großeltern, nahm ihr den Geliebten und ihren Vater.

Am zweiten Tag begrub man ihren Geliebten und ihren Vater auf dem neuen Friedhof in der Nähe des Hauses der Konews. Die Trauerzeremonie erschien ihr fremd und herzlos. Am Grab ihres Vaters hielt der junge Konew eine kurze Rede, in der er zugleich aller Gefallenen gedachte. Es klang so, als ob die Gefallenen mit ihrem Tod nichts als eine ehrenvolle Pflicht erfüllt hätten. Der Politstellvertreter des Regiments, welches mit seinen Panzern die Befreiung des Dorfes unterstützt hatte, schrie über die vielen Gräber hinweg: „Genossen! An ihren Gräbern schwören wir, unser Blut nicht zu schonen, bis die Faschistenbrut vernichtet ist!"

Soldaten und Partisanen schossen Salut.

Nina Zwetkowa wartete, bis nur noch einige Trauernde aus dem Dorf zwischen den Gräbern standen. Nackt und kalt verhöhnten die auf die Kreuze gekritzelten Buchstaben ihre Trauer. Sie konnte nicht begreifen, dass es ein Abschied für immer sein sollte, dass nur noch diese flüchtig hingekritzelten Buchstaben Zeugnis für die Menschen ablegen konnten, die sie einst zärtlich umarmt hatten.

Am dritten Tag begruben sie Igor Mamedow und die wenigen Überreste des kleinen Pjotr. Den Jungen legten sie auf dem zerwühlten Friedhof neben seine Pflegeeltern, deren Grab bei den Kämpfen nicht beschädigt worden war.

Kolja Prischin bestand darauf, Igor Mamedow dort zu begraben, wo dieser es immer gewünscht hatte: Auf der Krokuswiese in Kolja Prischins Garten, neben Irina Prischina, seiner gütigen Nachbarin.

„Und, damit ihr's gleich wisst, hier an dieser Stelle, will auch ich begraben werden. Die Sowjetmacht muss es aus begreiflichen Gründen genehmigen." Still stand er eine Weile mit Sinaida Achmatowa und Nina Zwetkowa am frischen Grab. „Ein Segen war er für das Dorf. Hätten wir geordnete Zeiten, wäre das ganze Dorf an sein Grab gekommen. Ich aber, müsst ihr wissen, habe nun keine Lust mehr am Leben. Unter diesen beiden Hügeln liegen die Menschen, die mir Trost und Hilfe waren. Und nun bitt ich euch Weiber, lasst mich eine Weile mit ihnen allein."

Als das Dorf Juri Konew und die an die Front ziehenden Soldaten verabschiedet, fragt Nina Zwetkowa wieder und wieder nach ihrer Mutter und nach ihrer Freundin Dunjaschka Woronowa. Überall nur vage Antworten und Schulterzucken. Endlich ein kurzer Hoffnungsschimmer. „So, die kleine Zwetkowa bist du also? Erkennst mich wohl nicht mehr?", fragt sie einer. „Dabei waren wir doch Nachbarn."

Es bereitet ihr Mühe in diesem von einer Wunde entstellten Gesicht ihren Nachbarn Onkel Ossip zu erkennen, der mit Igor Mamedows Tochter Larissa verheiratet ist. Sein Atem riecht nach Wodka

„Deine Mutter", sagt er traurig, „ist uns wie viele andere in den Wäldern verloren gegangen. Vielleicht wird man sie eines Tages finden, vielleicht auch nicht. Dort, wo sie war, haben die verdammten Deutschen wahrscheinlich alle hingemacht. Die fröhliche Woronowa aber hat der junge Konew auf dem Gewissen. Hat die Unbekümmerte als Kundschafterin zu den Deutschen geschickt. Dort hat man sie verpfiffen und gehängt."

Weinend läuft sie zurück in Igor Mamedows Haus, das nun ihr neues Zuhause ist.

„Gott hat ein Herz aus Stein!", ruft Sinaida Achmatowa, als ihr die junge Frau das neue Unglück mitgeteilt hat.

„Hilf mir ein wenig beim Vieh. Das wird dir in deiner Trauer helfen", sagt Kolja Prischin.

Nina Zwetkowa bringt die Ziegen in den Stall, um sie dort zu melken. Den Milchtopf in der Hand geht sie hinaus und sieht auf das im roten Abendlicht liegende Dorf. Blickt sie in Richtung des Sees, liegt alles in Schutt und Asche. Blickt sie zur Weide hinüber, sieht alles so aus, als hätte es diesen Krieg nicht gegeben. Sie stellt den Topf auf die Bank und blickt nochmals zum See hinüber, dorthin, wo sie mit ihrem Pawel so glücklich war. Sein Kind wächst in ihr heran und er wird es nie sehen. Das Weinen erleichtert sie. Wenigstens die Tränen sind mir geblieben, denkt sie.

Plötzlich stößt sie jemand sanft in den Rücken. Sie erschrickt heftig und dreht sich überrascht um. Hinter ihr steht Dunjas Hengstfohlen Kusma. Der kleine Hengst schnaubt leise und sieht sie mit seinen feuchten, dunklen Augen traurig an.

Der Anblick des hilflosen Pferdes fährt ihr wie ein scharfer Dolch in die Seele. Was hat Kolja Prischin vor drei Tagen zu ihr gesagt: „Niemand ist mit seinem Unglück allein."

Sie umarmt den schlanken Hals des Fohlens und drückt ihr tränenfeuchtes Gesicht an das warme Fell. „Hab keine Angst, du Schöner. Sorgen werd ich für dich. Zusammenbleiben werden wir. Leben wirst du, leben."

Warum konnte der Krieg nicht wenigstens dieses Dorf verschonen, dachte Hans Mascharek. Bis zuletzt hatte es nach einem guten Ende ausgesehen. Und nun das.

„Du stellst schon wieder dumme Fragen, Hans." Das Dreiäugige erinnerte ihn daran, dass seine Gedanken nicht verborgen blieben. Und sogleich begann es, ihn zurechtzuweisen: „Gibt es Krieg, gibt es Opfer und zerstörte Ortschaften. Das wenigstens solltest du mittlerweile verstanden haben. Um das zu erkennen, brauchst du kein drittes Auge. Dafür genügen zwei.

Die Opfer, die du kennst, wiegen für dich schwerer als die unbekannten. Das spricht nicht gerade für deinen Verstand. Willst du deinen Geist klären, dann sollten dir die bekannten Opfer helfen, die unbekannten zu betrauern. Unglaublich, wie du dich nach all dem bisherigen Geschehen noch so verrennen kannst."

„Für mich ist Tichaja Semlja schon lange kein gewöhnliches Dorf mehr. Warum mussten diese Menschen sterben und warum hat man den Überlebenden dieses Elend hinterlassen?", wehrte sich Hans Mascharek.

„Hans Mascharek sucht mitten im Krieg nach logischen Erklärungen für das Elend eines Dorfes!", höhnte das Dreiäugige. „Versteh doch endlich: wie durch Tichaja Semlja so raste die Kriegsfurie durch Tausende andere Dörfer und schlug ihnen ebenso tiefe Wunden. Fassungslos, verbittert und traurig hadern die Leute in Hunderten Dörfern eine Weile mit ihrem Schicksal. Wer sich dem Schmerz ergibt, ist verloren. Man kann auf die Deutschen schimpfen und sie verfluchen. Na gut, doch über den nächsten Tag, die nächsten Wochen, den kommenden Winter hilft das niemandem. Mit dem letzten Schuss ist der Krieg nicht zu Ende, das wenigstens sollte dir inzwischen klargeworden sein.

So und nun rasch weiter! Du hast die Zeugung dreier Kinder miterlebt. Nun sollst du die ersten Lebenswochen eines kleinen Russen und die ersten Lebensjahre zweier deutscher Kinder beobachten. Du bleibst deshalb noch einen Moment in Tichaja Semlja und begibst dich dann über Ostpreußen nach Mecklenburg. Also weiter im Geschehen!

Unglaublich! Bejammert ein Dorf und vergisst tausend andere."

Irdische Engel

Bitter wie Galle schmecken die Früchte des Sieges.

Aljoscha Iljuschin, der von Juri Konew eingesetzte Parteivorsitzende, gibt dem Dorf, was ein 42-jähriger Mann ohne die linke Hand, mit einem lahmen rechten Bein und einem blutigen Husten dem Dorf geben kann. Ehe der Winter Einzug hält, ist er tot.

Immerhin lässt er einen der beiden vor den Deutschen versteckten Traktoren und zwei Wagen aus dem Dorf in den Wäldern holen und die wenigen bestellten Felder abernten. Trotz der Schäden durch Panzerketten und Fahrzeugreifen fällt die Ernte der deutschen Kartoffeln noch erstaunlich gut aus. Haben uns die Deutschen wenigstens etwas Gutes hinterlassen, heißt es im Dorf. „Und ein Hengstfohlen", fügen die Eingeweihten hinzu.

Aljoscha Iljuschins bescheidener Plan von einer Hoffnung spendenden Herbstbestellung und vom Aufstallen des jämmerlichen Viehbestandes geht nicht in Erfüllung. In der Stadt schmettern sie seine Wünsche nach Saatgut und Vieh höhnisch ab und dann gibt auch noch der Traktor seinen Geist auf. Die in die Jahre gekommenen und kranken Leute hungrig auf die Felder zu treiben und ihnen dann ihre kleinen Ernten als Saatgut zu nehmen, bringt er nicht übers Herz. Er erhängt sich in einer Scheune.

Die Leute im Dorf heben die Schultern. Sie staunen darüber, wie sich der Einhändige hat aufhängen können, begraben ihn auf dem neuen Friedhof und machen das, was sie im Leben gelernt haben. Jeder sieht zu, wie er über den Winter kommt. Wer noch Kraft und Mut hat, verlässt das Dorf, ohne Ausweispapiere und ohne auf eine Genehmigung zu warten. Einige zieht es in die Fabriken der Stadt, andere zu Verwandten oder in die Dörfer hinter den Wäldern. Vielleicht kommen wir nach dem Krieg wieder oder weil die Obrigkeit uns hertreibt, sagen sie. Hier verhungern wir sicher und dort vielleicht.

Nina Zwetkowa schleicht sich zu der alten Serowa, die sich darauf versteht, ahnungslosen Leibesfrüchten den Garaus zu machen.

„Mein Gewissen lässt es nicht zu, ein Kind in diese unglückliche Welt zu setzen. Wie soll es in diesem Dorf leben können?“

Die alte Serowa sieht die junge Frau aus ihren wässrigen Augen an und seufzt. „Von vielen Kindern, die man nicht mit Liebe empfangen wollte, hab ich schon die Schande genommen. Du aber, mein schönes Täubchen, würdest ein Leben lang durch die Hölle gehen. Schmerz und Sehnsucht würden an deiner Seele nagen. Versündige dich nicht vor Gott und allen Heiligen. Hör auf mich Alte. Die Männer sind wilde Rüden und eine rechte Schande. Das Kind aber wird dir Freude bringen und Gott wird es gefallen.“

So rettet die alte Serowa zwei Menschenseelen.

Nina Zwetkowa muss an ihre verstorbene Großmutter und an die gefallenen Eltern denken. Auf dem Heimweg weint sie aus Scham und vor Verzweiflung.

Igor Mamedows älteste Tochter Irina Sedowa kommt allein ins Dorf zurück. Ihr Mann Wladimir ist im Wald am Fleckfieber gestorben und ihre beiden Söhne kämpfen irgendwo in der Ferne gegen die Deutschen. Von ihrem Haus sind nur Ofen und Schornstein geblieben und so zieht es sie zum Haus des Vaters. „Bleibt nur, ihr guten Frauen“, sagt sie, „wir werden schon miteinander zurechtkommen.“

Die stille Irina macht sich sofort nützlich und gibt Kolja Prischin und den beiden Frauen neuen Mut. „Wenn wir einander helfen, werden wir und unser Dorf eine Zukunft haben.“

Wenn das Wetter es zulässt, sitzt sie abends mit Kolja Prischin an den Gräbern in Nachbars Garten und spricht mit ihm über das kurze, schwere Leben der Menschen.

„Noch einen Winter will ich euch nicht zur Last fallen“, sagt ihr Kolja Prischin an einem Herbstabend. „Sieh mal, genug Platz hab ich zwischen den Gräbern gelassen. Genau in ihrer Mitte sollt ihr mich begraben. Was kann es Schöneres geben, als zwischen den zwei Menschen zu liegen, deren Seelen mir so nah waren. Gott aber, an den ich nicht so recht glauben will, danke ich, weil ich dich noch einmal sehen darf. An deinen liebenswerten Vater erinnerst du mich. Bist nach ihm gekommen. Die Obrigkeit aber fragt nicht um eine Genehmigung für mein Grab. Bin ich erst einmal in der Grube, wird mich keiner mehr ausbuddeln."

„Mach dir doch darüber keine Sorgen, Onkel Kolja", sagt die stille Irina. Traurig lehnte sie ihren Kopf an seine Schulter. Kolja Prischin legt seinen Arm um sie. „Würden die Menschen so leben wie dein Vater und wir gelebt haben, hätten sie alles Glück dieser Welt. Sie aber wollen Macht und Reichtum, sind neidisch und machen sich und andere mit ihrer Unzufriedenheit verrückt. Als ob sie am Ende auch nur eine Kopeke mitnehmen könnten. Was dich betrifft, meine Liebe, mach ich mir keine Sorgen. Stark bist du, weil die Liebe zu den Menschen in dir wohnt. Vater Nikolai hat sie deinem Vater eingepflanzt und er hat sie an uns alle verschenkt."

Am nächsten Tag geht er mit Irina auf ein Feld in der Nähe des Dorfes. Dort angekommen, zittern ihm die Beine. „Sieh nur, wie mir die Kräfte schwinden. Seit vergangenem Winter bin ich nur noch ein Schatten." Er muss sich setzen. „Einen letzten Wunsch will ich dir anvertrauen. Hier unter unseren Füßen liegen viele Deutsche. Man hat sie achtlos verscharrt. Keine Träne wein ich den Ungehobelten nach, denn sie haben viel Unheil über uns gebracht. Doch unter ihnen ist einer, dem unser Dorf viel zu danken hat. Wir nannten ihn Bruder Lustig, weil er ein fröhlicher Kerl war. Sprach mit uns Russisch."

Kolja Prischin erzählt ihr von dem lustigen Deutschen, der die schöne Zwetkowa entdeckt hat, von Kusmas Dunja und ihrem Fohlen, von deutschen Kartoffeln und deutschem Heu, und von dem Unterschied zwischen den Deutschen, die im Dorf gelebt haben und denen auf der anderen Seite des Flusses.

„Wenn die Zeiten vernünftiger geworden sind, lasst ihn ausgraben und bestattet ihn in Ehren. Erkennen werdet ihr ihn an der Uniform. Die anderen Deutschen hat man ohne Uniform verscharrt. Ein guter Mensch war er. Vielleicht kann man seinen Familiennamen herausfinden. Eine Blechmarke hatte er um den Hals. Die eine Hälfte hab ich ihm abgenommen. Dir werd ich sie überlassen. Sie wird dich an deinen Vater und an mich erinnern und daran, dass nicht alle Deutschen verdorben sind. Wie du weißt, war mein Großvater Deutscher und alle haben ihn geachtet."

Zwei Tage später findet Irina Kolja Prischin, den Spötter, still in seinem Bett. Seine rechte Hand berührt eine prächtige Bibel, die neben seiner knochigen Hüfte liegt. Irina Sedowa ist beruhigt, weil Onkel Kolja so friedlich gestorben ist.

Auf dem Tisch steht eine kleine Schatulle mit zwei vergilbten Fotos, einem kleinen Geldbetrag, einigen persönlichen Papieren, einer deutschen Blechmarke und einem Zettel. Auf dem Zettel hat Kolja Prischin mit einem Bleistift gekritzelt: „Irina soll über alles verfügen. Die Tiere schlachtet nicht vor der Zeit. Beten müsst ihr nicht. Vater Nikolais Bibel aber haltet in Ehren. Der liebe Igor hat sie einst vor dem Verbrennen gerettet. Wer kann schon wissen, wem sie noch Trost bringen wird. Wenn euch einmal das Herz schwer ist, kommt an die Gräber von uns alten Sündern und denkt darüber nach, wie vergänglich alles ist. Wir werden euch trösten."

Irina nimmt die Fotos aus der Schatulle. Eines zeigt die jungen Prischins, eines die Prischins zusammen mit Igor Mamedow und seinen vier halbwüchsigen Kindern. Irina sieht mit feuchten Augen auf das Bild aus ihren Kindertagen. Wie rasch die Jahre vergangen sind! Wehmut und Dankbarkeit bestürmen sie. Was für ein Segen, dass wir Papa, Tante Irina und Onkel Kolja so viele Jahre an unserer Seite hatten, denkt sie. Wie armselig wäre unser Leben ohne sie gewesen.

Kolja Prischin wird an der Stelle begraben, die er sich ausgesucht hat: Zwischen seine liebenswerte Irina und seinen treuen Freund Igor Mamedow.

„Warum willst du mit deinem Ossip und deiner Darja bei fremden Leuten wohnen. Onkel Koljas Haus steht leer. Werdet es mit uns drei Weibern als Nachbarinnen schon aushalten", sagt Irina Sedowa nach der Beerdigung zu ihrer Schwester Larissa Nasarenkowa.

Larissa drückt ihre Schwester zärtlich und antwortet leise: „Ossip ist nicht mehr so wie früher. Er leidet unter der großen Narbe und trinkt. Ich würde mich vor euch schämen."

„Ach was! Wir werden ihn schon auf Trab bringen. Hier kann er sich nützlich machen. Um Ninas jungen Hengst kann er sich kümmern. Sie kommt bald nieder und muss dann für ihr Kind sorgen. Sag Ossip, wir brauchen ihn, um über den Winter zu kommen. Verwöhnen werden wir Frauen ihn. Was ist schon eine Narbe im Gesicht, wenn er zupacken kann und sein Herz auf dem rechten Fleck hat."

Am nächsten Tag steht Ossip Nasarenkow verlegen im Hof und brummt mit seiner Bassstimme: „Der reinste Harem. Lachen wird man im Dorf über mich." Seine Gesichtsnarbe glüht.

„Einen schönen Harem hast du dir da ausgesucht. Drei alte Weiber und eine junge, an der schon einer seinen Pflanzstock mit sichtbarem Erfolg ausprobiert hat", erwidert ihm Sinaida Achmatowa.

Zum ersten Mal seit Wochen lachen die Frauen.

Ossip Nasarenkow zieht es zum Stall, seine Frau Larissa in Kolja Prischins Haus. „Männerwirtschaft", sagt sie zu ihrer Schwester Irina, die ihr ins Haus gefolgt ist. Die Schwestern lüften, fegen und schrubben, tauschen Matratzen und Bettzeug. Sie bewundern den schönen, alten Samowar und das viele Geschirr der Prischins. Dann sortieren sie die Wäsche und legen fest, welche Wäschestücke unter die Leute gebracht werden sollen.

In einem Wandschränkchen finden sie eine volle und eine angebrochene Flasche Wodka. „Versteck sie schnell in Vaters Haus, ehe Ossip sie findet", bittet Larissa ihre Schwester.

Der junge Hengst Kusma bewegt sich unruhig, als Ossip Nasarenkow und Nina Zwetkowa den Stall betreten. „Er hat sich schon an mich gewöhnt. Lässt sich von mir striegeln und streicheln. Läuft mir nicht fort, beißt und schlägt nicht. Nur wenn ich ihm Leine oder Zaumzeug anlegen will, macht er sich über mich lustig. Ein wenig Auslauf hat er hinter dem Haus. Doch zur Weide trau ich mich nicht mit ihm. Hab Angst, dass er mir dort nicht gehorcht und davongaloppiert."

„So ein schönes Tier", staunt Ossip. Er redet beruhigend auf den

Hengst ein, der an seinem Strick zu zerren beginnt. Ossip will ihm den Hals streicheln, doch das Pferd riecht die Wodkafahne und weicht zurück. „Musst dich nicht fürchten. Gut werd ich's mit dir meinen", sagt Ossip sanft. Der Hengst sieht ihn mit seinen großen, schwarzen Augen an.

„Du solltest nicht trinken, Onkel Ossip", sagt Nina Zwetkowa, „er mag Schnapsgeruch nicht."

„Wie soll ich nicht trinken, wenn ich in den Spiegel sehe", stöhnt Ossip.

„Was ist schon eine Narbe, wenn du sonst gesund bist. Bist so kräftig wie ein Bär und eine große Hilfe für uns Frauen. Wer sieht da schon auf deine Narbe? Da ist sie und gut", erklärt ihm Nina bestimmt und sieht ihm mit ihren traurigen grünen Augen ruhig ins Gesicht.

„Bist ein Weib, verstehst nicht, warum ein Mann mit dieser Schande nicht leben kann", verteidigt sich Ossip trotzig.

„Was redest du da, Onkel Ossip! Nicht die Narbe, sondern das Trinken ist eine Schande. Hör auf damit und mach aus dem Hengst ein richtiges Pferd. Ein anderes hat das Dorf nicht."

Kolja Prischins Haus beginnt wieder zu leben. Es gibt viel zu tun. Von früh bis spät rufen die Frauen nach Ossip. Sie sind dankbar und freundlich zu ihm und loben seinen Umgang mit dem Hengst.

Eines Tages sagt Sinaida Achmatowa zu ihm: „Ein Goldschatz bist du für uns Frauen. Wäre ich jünger, würde ich dich deiner Larissa ausspannen. Würde dich rannehmen, bis dir Hören und Sehen vergehen. Voller Kraft und Saft bist du, mein Narbiger, lass dich von mir drücken." Larissa drückt sich lachend an ihren Mann, ehe Sinaida Achmatowa nach ihm greifen kann. „Um nichts auf der Welt geb ich ihn her."

Die hässliche Narbe gehört zu Ossip Nasarenkows Gesicht. Die Frauen und die Leute im Dorf gewöhnen sich daran. Sie sehen durch die Narbe hindurch in Ossips gütige Seele und warten sehnsüchtig darauf, dass er den Hengst Kusma für das Dorf in die Pflicht nimmt. Wenn der Hengst im Frühjahr zum ersten Mal sein

Wägelchen durchs Dorf zieht, wird Ossip Nasarenkow das Trinken aufgegeben haben.

Nina Zwetkowa sucht Irina Sedowas Nähe, weil sie dann die gleiche stille Kraft spürt, die einst von ihrer Großmutter und vom Starosta Mamedow ausgegangen ist.

Irina Sedowa hat seit ihrer Kindheit stets andere bemuttert. Wie selbstverständlich legt sie ihre schützende Hand über die schöne junge Frau, deren Leib sich wölbt und von der bevorstehenden Niederkunft kündet. „Ossip ist unser Ackergaul und du bist für zwei zuständig“, sagt sie und sorgt dafür, dass man Ossip und Nina die besten Bissen zuschiebt, denn das Dorf hungert sich wieder einmal durch den Winter.

„Wirst du mir bei der Geburt des Kindes helfen?“, will Nina Zwetkowa von Irina wissen.

„Wenn du es willst, werde ich bei der Entbindung in deiner Nähe sein. Aber von der Geburtshilfe verstehe ich nichts. Sinaida Grigorjewna dagegen hat schon einigen Kindern auf die Welt geholfen. Sie weiß am besten, was getan werden muss“, erklärt ihr Irina Sedowa.

„Das hat man davon, wenn man sich mit einem Kerl einlässt“, schimpft Sinaida Achmatowa. „Er schiebt unsereinen seinen Pflanzstock zwischen die Beine, hat seinen Spaß und überlässt uns den Rest der Menschwerdung.“

Nina Zwetkowa quält sich tapfer. Irina Sedowa sitzt neben dem Bett, streichelt und beruhigt die Gebärende und wischt ihr den Schweiß von der Stirn. „Gut machst du das. Das Köpfchen ist schon frei.“

„Pressen, pressen!“, ruft Sinaida Achmatowa. „Gleich hast du's geschafft. Die Beine kommen. Wer sagst denn, meine Kleine. Einen schwarzhaarigen Pflanzstock hast du in die Welt gesetzt. Alles am rechten Fleck. Möge er dir und dem Dorf Freude bringen.“

Das Kind schreit. Sinaida Achmatowa nabelt es ab und wäscht es.

Nina Zwetkowa weint erleichtert, als ihr Sinaida Achmatowa das

Neugeborene auf die Brust legt. „Seht nur, wie schön es ist, wie winzig."

„Was redest du da", unterbricht Sinaida Achmatowa den euphorischen Redefluss der jungen Mutter. „Was ist schon schön an ihnen, wenn sie geboren werden? Schrumpelig wie Greise sind sie. Der Kopf viel zu groß und die Beine viel zu dünn. In blutigem Matsch kommen sie auf die Welt und haben Augen wie junge Katzen. Und sieh dir die Nachgeburt an, diesen blutverschmierten Lappen. Man muss sie gleich vergraben."

Irina Sedowa macht sich mit der Nachgeburt auf den Weg in den Garten. „Tief genug musst du sie vergraben", gibt ihr Sinaida Achmatowa mit auf den Weg. „Damit es ihr nicht so ergeht wie Galina Peschkowas Nachgeburt. Hunde haben sie ausgegraben und sind mit ihr raufend durchs Dorf gezogen. Das bringt Unglück. Das Kind der Peschkowa lebte nur wenige Wochen."

„Geh weg! Das hier ist Frauensache", rüffelt Irina Sedowa den gutmütigen Ossip Nasarenkow, als der ihr beim Vergraben behilflich sein will.

Ossip hat seine Schwägerin nie so abweisend wie jetzt erlebt und geht beleidigt ins Haus. „Schweine werfen ein Dutzend ohne viel Federlesens. Ihr aber macht um jedes ein Gewese."

Nachdem die lästigen Spuren der Geburt beseitigt sind, holt Irina Sedowa die Nasarenkows. Larissa und Darja können sich an dem Baby nicht satt sehen. Ihr Ossip steht unbeholfen in der Stube und weiß nicht so recht, ob er gehen oder bleiben soll.

„Komm her, du Patenonkel", sagt Irina Sedowa sanft zu ihm. „Weil du unser Goldschatz bist und in Gedenken an Sinaida Grigorjewnas Mann, haben wir Frauen beschlossen, den kleinen Kerl Ossip zu nennen."

Vorsichtig nimmt sie das schlafende Kind und legt es Ossip Nasarenkow in die Arme. „Nun nimm ihn schon, deinen Namensvetter."

Verlegen lächelnd steht Ossip mit dem Kind in der Stube. Nicht ohne Rührung blickt er auf das kleine Menschlein. „Ein kleiner Bauer also“, sagt er. Seine Narbe brennt wie eine Fackel.

Die Frauen sehen mild auf diesen Riesen in dessen großen Händen der Säugling verschwindet und weinen dabei, ohne auf ihre Tränen zu achten.

„Wie dereinst in Bethlehem“, sagt Sinaida Achmatowa. „Einen Hirten haben wir schon, nur die drei Könige lassen sich nicht blicken. Besser du nimmst ihm den Kleinen wieder ab, sonst zerquetscht ihn der Tollpatsch noch, ohne es zu bemerken.“

Eine Woche später sitzt Nina Zwetkowa am Fenster. Sie stillt ihr Kind und sieht zu der großen Weide hinüber, die im sanften Licht der Frühlingssonne liegt. Nie war es ihr aufgefallen, wie weit man von hier aus in die sanfte Landschaft hineinblicken kann. Heute weitet ihr dieser Ausblick das Herz. Sie muss an den Starosta Mamedow denken. Sie stellt sich vor, wie der einst an diesem Fenster gesessen und seine Machorkawolken hinausgeblasen hat. Dann blickt sie auf ihr vom Trinken ermattetes Kind, das mit schweißnasser Oberlippe und geschlossenen Augen genüssliche Nuckelpausen einlegt. Beschämt denkt sie daran, wie sie sich zu der alten Serowa geschlichen hat. Was hätte ich in meiner Verzweiflung beinahe angerichtet! Eine liebe Mutter will ich dir sein. Ist der Krieg erst vorbei, wird alles gut werden. Ein kräftiger Mann soll aus dir werden, mein Kleiner. Einer, an dem das Dorf seine Freude haben wird.

Süße Schwermut überkommt sie. Wie hätte sich der arme Pawel über seinen Sohn gefreut. Traurig blickt sie auf das unbegreifliche Wunder an ihrer Brust. Noch so klein und schon ohne Papa. Diese verfluchten Deutschen!

Geburt und Tod halten sich in Tichaja Semlja schon lange nicht mehr die Waage. Mit dem kleinen Ossip werden in diesem Frühjahr nur fünf Kinder geboren. Während sie in der Not des Dorfes heranwachsen, sterben viele Alte und Kriegsversehrte. Auch Sinaida Achmatowa erlebt den Sommer nicht mehr. Während der Gartenarbeit bricht sie zusammen und ist auf der Stelle tot. Sie begraben sie auf dem notdürftig wiederhergestellten alten Friedhof neben ihrem von den Partisanen erschlagenen Mann.

Ihr Grab schaufelt Ossip Nasarenkow. Als er damit fertig ist, sagt er mit dröhnender Stimme: „Wozu plagt man sich ab, wenn man am Ende als Mahlzeit für hungrige Würmer verscharrt wird? Fehlen wird mir die Grobe. Hinter einer rauen Schale verbarg sie ihr gütiges Herz."

Wie hätte ihm jemand widersprechen können?

Als der kleine Hermann Dombrowski geboren wird, ist der Himmel über Ostpreußen blau und die weite, stille Landschaft liegt unter tiefem Schnee. Der reine Schnee blendet die Augen der Menschen, die ihre Lider zu schmalen Schlitzen verengen, um nicht blind zu werden.

Die Stille wird nur selten vom Krächzen einer Krähe oder dem Brüllen einer Kuh gestört. Nachts jaulen mitunter die Hunde. Die stille Natur zwingt die Menschen, in sich hineinzuhören und erstaunt der klaren Stimme ihres Gewissens zu lauschen. Jeder Winter gibt ihnen einen Vorgeschmack auf die unabwendbare Zeit zwischen Vergehen und Werden, die sie Tod nennen, weil sich das Werden ihrer Vorstellung entzieht, während ihnen ihr Vergehen mit schrecklicher Gewissheit vor Augen steht. Gibt es einen Sinn für ihr Dasein und wenn ja – welchen?

Gewöhnlich ist die Geburt eines Sohnes auf einem Bauernhof ein freudiges Ereignis, das gebührend gefeiert wird. Doch in der Stube der Dombrowskis kann sich niemand so recht über den gesunden und kräftigen Jungen freuen. Seinen fröhlichen Vater Anton hat man in der Nähe des russischen Dorfes Tichaja Semlja verscharrt, als der neue Erdenbürger noch in der Geborgenheit des Mutterleibes heranwuchs. Ein Stabsveterinär namens Erwin Hofschneider hat Anna Dombrowski in einem Brief den Tod ihres Mannes mitgeteilt.

Der tote Soldat lastet schwer auf den Seelen der Hinterbliebenen. Die Frauen weinen still in sich hinein und in Vater Ernst kocht der Zorn auf Hitler. Was wird mit dem Hof werden, wenn ich keine Kraft mehr habe, fragt er sich. Eine Tochter ist noch im Haus, aber welcher Mann wird sie jetzt noch nehmen? Die andere Tochter ist zu ihrem Mann nach Mecklenburg gezogen.

Die harte Arbeit auf dem Bauernhof ist stummer Trost für die verwundeten Seelen. Ohne darüber zu sprechen, einigen sich die Dombrowskis darauf, dem toten Soldaten seinen Frieden zu lassen und seinen Namen im Beisein anderer nicht auszusprechen, um die schwärende Wunde nicht aufzureißen.

Während der Neugeborene von allen begrüßt wird, schwebt die Seele des toten Soldaten über den Menschen in der Stube. Den Erwachsenen zerreißt es die Seelen, weil sie alle den gleichen schmerzhaften Gedanken haben. Die Geschwister des Neugeborenen beäugen neugierig ihr unscheinbares Brüderchen. Sie staunen über die winzige Nase und die unwirklich zarten Finger. Der kleine Hans fragt, warum sein kleiner Bruder so runzelig sei. Schön sehe das nicht aus. Nur die älteste Tochter Maria drückt ihre Mutter und weint.

„Is doch scheen, der Kleene und nuscht zum Gransen", sagt Anna Dombrowski.

„Is doch nur wegen Vati", erklärt ihr das Mädchen.

Nun müssen auch die Erwachsenen weinen.

Das Jahr 1944 ist vergangen und die Front rückt näher und näher. Immer mehr Jugendliche und immer ältere Männer werden zum „Volkssturm" eingezogen. Der Russe hat sich verblutet, sagen die Nazis. Von neuen deutschen Divisionen und von Wunderwaffen ist die Rede.

„Nuscht als Lappsäcke", sagt Vater Ernst Dombrowski. „Den Kriech hamm se versemmelt." Der Blick für die Realität geht ihm nicht verloren. Nach den Vorfällen in Nemmersdorf denkt er an seinen russischen Vater, der ihm viel über das Verhalten der Russen im Krieg erzählt hat. „Uff Deutsche und Litauer sind de Russen nich gut zu sprechen. Mir werden se nuscht tun, wenn ich mit se uff Russisch schabbere. Du aber musst mit de Kinder weg."

Anna Dombrowski protestiert energisch. Wo soll sie hin? Womit? Die Behörden haben Zugreisen über 100 Kilometer verboten.

Wie kann sie, mitten im Winter, ohne Hof und Dorf überleben?

Ernst Dombrowski lässt keinen Widerspruch gelten. Der Gedanke, die Russen machten sich über die Frauen her, ist ihm unerträglich. Besonders Anna. Was wäre, wenn die Kinder auch noch ihre Mutter verlören? „Zu Frieda fährste und Schluss is mit der Babbelei." Seine Schwester Frieda hat an der Ostsee einen Landwirt aus Mecklenburg kennengelernt und ihn geheiratet. „Is de Luft wieder klar, kommste zurück. Weest ja, wo wir wohnen."

Schweren Herzens gibt er Anna einen Planwagen und noch schwereren Herzens seine beiden Trakehner. Das Kaltblutpferd bleibt im Stall. „Was willste ohne die Pferde?", versucht Anna, ihm das Unternehmen auszureden. „Glaubste, de Russen lassen se im Stall?", fragt Ernst Dombrowski unwirsch.

Auf den Planwagen baut er einen Bretterverschlag mit einem kleinen Ofen. „Is nu eure gute Stube." Dutzende Male wird überlegt, ob wirklich kein anderer Ausweg bleibt.

Dann bricht plötzlich Panik im Dorf aus. „Die Russen, die Russen kommen!" Die Nazis machen sich davon und überlassen das Dorf seinem Schicksal.

Ernst Dombrowski zeichnet eine Karte. „Nich uff de Hauptstraßen fahren und gleich nach Westen. Alle wolln nach Pillau, da wern se sich man wundern, alle uff'n Haufen. Besser du fährst durch die Wälder. Nur wenn's anders nich möglich ist, fährste über freie Felder."

Unter Tränen und Jammern macht sich das Gespann auf den Weg. Die Kinder wollen nicht mit. Der kleine Hans springt vom fahrenden Wagen.

„Soll ich dir erst verwimsen?", schreit Anna Dombrowski. Da steigt der Junge weinend auf den Wagen und spricht tagelang kaum ein Wort.

Die kleinen Dinge werden die wichtigsten: essen, trinken, schlafen, sich aufwärmen, seine Notdurft verrichten, die Pferde füttern und tränken und ihnen einen Ruheplatz sichern. Selbst in friedlichen Zeiten wäre es ein großes Abenteuer gewesen mit einem Planwagen im strengen Winter Hunderte Kilometer zurücklegen zu wollen – voll bepackt, ohne Mann und mit drei Kindern und einem Säugling. Wer ein solches Unterfangen jetzt im Krieg wagt, den treibt panische Angst vor den Russen.

Schwiegervater Ernst hat Anna Dombrowski die möglichen Tagesstrecken und die erforderlichen Tagesrationen für Menschen und Pferde genau erklärt. „Drei Wochen für euch und zwei für die Pferde. Denn musste sehen. Geld haste ja. Kannste mit een Zug weiter, verkaufste Pferde und Wagen und fährst. Pferde könn wir nach 'm Kriech wieder kaufen, dich und de Enkel nich."

Auch auf den Nebenstraßen und durch die Wälder sind bereits viele Gespanne nach Westen unterwegs. Je weiter sie sich vom Dorf entfernen, umso mehr werden es. Im Treck schaffen sie nur die Hälfte der geplanten Tagesstrecken.

Am neunten Tag geraten sie in eine Kampfzone. Der Treck, dem sich Anna Dombrowski angeschlossen hat, stört die zurückflutenden deutschen Soldaten ebenso wie die vorrückenden russischen.

Anna Dombrowski ahnt Schlimmes, als sie aus südöstlicher Richtung lauten Gefechtslärm hört. Zwei russische Flugzeuge überfliegen den auf freiem Feld dahinzockelnden Treck so niedrig, dass Anna die Gesichter der Piloten sehen kann. Mit großen Augen verfolgt der kleine Hans die Flugzeuge, die eine weite Schleife ziehen, dann wieder auf den Treck zusteuern und zu feuern beginnen. „Runter vom Wagen!", ruft Anna. „Legt euch in den Graben!" Sie selbst hält die Zügel der scheuenden Pferde straff.

Nur zwei, drei Minuten benötigen die Flugzeuge, um den Treck in eine Zone des Todes, des Schreckens, des Leides und der Verzweiflung zu verwandeln. Überall liegen tote und verwundete Menschen und Pferde. Die Menschen schreien zwischen scheuenden Pferden und zerstörten Wagen. In ihrer Not rennen sie ziellos durcheinander. Wohin wollen sie? Wem klagen sie ihr Leid? Wer soll, wer kann ihnen helfen?

Anna Dombrowski beruhigt die Pferde und ruft nach ihren Kindern. Gott sei Dank, alle gesund! Maria hat den weinenden Hermann auf dem Arm. Jetzt, da Anna ihre unversehrten Kinder sieht, beginnt sie zu zittern.

„Warum schießen die auf uns?“, will der kleine Hans von ihr wissen.

„Uff wehrlose Leute zu schießen, pfui Deibel! Keene Menschen sind das nich. Schlimmer als Tiere, wenn se so was machen.“ Ihre Wut hilft ihr in die Wirklichkeit zurück.

Der Treck kann nicht weiter. Der Weg muss erst geräumt werden. Ehe sich die verstörten Leute darüber einig sind, rasen mehrere deutsche Panzer und Fahrzeuge heran. „Sofort den Weg räumen! Runter vom Weg! Rücksicht wird nicht genommen. Wir müssen Stellung beziehen“, die Stimme des Offiziers überschlägt sich.

Runter vom Weg bedeutet rein in den verschneiten Graben. Die Leute zögern. Entsetzt sieht Anna Dombrowski wie der Offizier das Signal zur Weiterfahrt gibt. Wenigstens noch zwei Räder auf dem Weg halten, denkt sie.

Das erste und das zweite Gespann schiebt der Führungspanzer wie Unrat vom Weg in den Graben. Pferde und Wagen stürzen um. Menschen schreien, Pferde schnauben. Als der Panzer den Wagen der Dombrowskis erreicht, steht das Gefährt mit starker Neigung halb auf dem Weg und halb im Graben. Die Pferde versinken bis zu den Bäuchen im Schnee des Grabens; die Wagendeichsel über ihren Rücken, die Augen aus den Höhlen, die Mäuler schäumend.

Keinen halben Meter neben Anna Dombrowskis Wagen donnert die Kolonne vorbei. Was noch auf dem Weg steht oder liegt wird überrollt.

Dann Ruhe. Niemand schreit mehr. Ohnmächtig vor Schmerz, stumm vor Entsetzen müssen die Leute mit ansehen, wie Tote und Verwundete, Wagen und Habseligkeiten von den Panzerketten zermalmt werden.

Anna Dombrowski weint, ohne es zu merken. „Die eigenen Leute“, stöhnt sie fassungslos. Die Sorge um ihre Kinder lässt sie nicht verzweifeln. Mit viel Glück bringt sie die Pferde und den Wagen wieder auf den Weg. Wie – weiß sie nicht. Rasch die Kinder und einige verlorene Bündel auf den Wagen. „Gut festhalten und pass uff, dass de Kleenen nich raussehen!“, ruft sie der Ältesten zu. Augen zu und durch, denkt sie, kümmerst du dir um dat ganze Elend, biste ooch verloren. De Kinder musste durchbringen.

Sie treibt die unschlüssigen Pferde an und folgt der Schneise der Verwüstung, die die deutsche Militärkolonne geschlagen hat. Nur durch und nicht sehen, nicht hören und nicht denken.

Endlich liegt das Grauen hinter ihnen. Sie treibt die Pferde zum leichten Galopp an, um schnell das nächste Dorf zu erreichen. Nur nicht zurückblicken. Hinter ihr im Wagen bleibt es still. Die Taten der Erwachsenen haben die Kinder sprachlos gemacht. Nur der kleine Hermann hat nichts mitbekommen. Er schläft seinen Babyschlaf zwischen zwei Wäschebündeln.

Vier Gespanne erreichen das verlassene Dorf. In notdürftigen Stellungen liegen deutsche Soldaten. Der Offizier des Führungspanzers kommt auf die Flüchtlinge zu: „Sofort weiter! Die Russen können jeden Augenblick angreifen und wir können sie nicht lange aufhalten. Das von vorhin tut mir leid. Aber ich konnte und durfte nicht anders handeln.“ Er sieht in die verzweifelten Gesichter der Flüchtlinge, in die Augen der verstörten Kinder. „Ich habe diesen Krieg nicht zu verantworten, sondern auf Befehl zu kämpfen. Hier werden wir zum letzten Mal Stellung beziehen, stehen oder sterben. Nutzen Sie die Zeit, um hinter unsere nächste Linie zu kommen. Die liegt knappe fünf Kilometer westlich, kurz vor der nächsten Ortschaft. Irgendwann muss auch den Russen die Puste ausgehen.“

Schnell die Pferde tränken und Hafer in die Futtersäcke, den Kindern ein Stück Brot in die Faust. „Fütterst Hermann“, sagt Anna zu ihrer Ältesten. Auf dem kleinen Ofen der „Guten Stube“ steht der Brei zum Aufwärmen.

„Nun macht schon“, sagt der Offizier und gibt Anna Dombrowski einen Zettel. „Das ist meine Adresse und das sind einige Adressen meiner Männer. Ist der Krieg zu Ende, schreiben Sie uns bitte. Sind wir noch am Leben, ist es ein Zeichen des Mitgefühls. Dann laden wir Sie gerne ein. Sollten wir fallen, was wahrscheinlicher ist, dann wissen unsere Angehörigen, wo unsere Gebeine liegen."

Jetzt erst sieht Anna Dombrowski, wie jung die meisten Soldaten noch sind. So ein Wahnsinn, denkt sie, so ein Wahnsinn. Das ganze Leben liegt doch noch vor ihnen.

„Seht zu, dass ihr hier verschwindet. Wir werden die Russen schon eine Weile aufhalten", ruft ihnen ein junger Soldat zu.

Es ist eine kurze Weile. Sie sind erst wenige hundert Meter hinter dem Dorf, als die Russen das Feuer eröffnen und mit Panzern vorrücken. Anna Dombrowski treibt die erschöpften Pferde über den holprigen, vereisten Feldweg. Nur weg von hier.

Wie aus heiterem Himmel tauchen auch vor ihnen feuernde russische Panzer auf. Das vor ihr fahrende Gespann wird getroffen. Gegenstände und Splitter zischen durch die Luft und fliegen an ihr und den Pferden vorbei. Die Pferde scheuen. Dabei reißen sie den Wagen so schnell in den Graben, dass er umstürzt. Anna Dombrowski wird auf das verschneite Feld geschleudert. Schnell kommt sie wieder zu sich und sieht den brennenden Wagen. Der Ofen, denkt sie im Liegen, der Ofen! Dann sieht sie über sich die kreischende Maria: „Mutti, der Hermann!"

Im Nu ist Anna Dombrowski auf den Beinen und rennt mit schreckgeweiteten Augen zum brennenden Wagen. Die „Gute Stube" brennt lichterloh. Zwischen lohenden Bündeln wühlt sie schreiend nach Hermann. Die Flammen versengen ihr die Augenbrauen und die aus dem Kopftuch gerutschten Haare. Der Rauch nimmt ihr den Atem. Endlich fühlt sie Hermanns Kopf. Mit letzter Kraft zieht sie das Kind aus Rauch und Flammen. Einige Meter hinter dem Wagen bricht sie hustend und nach Luft ringend zusammen.

Als sie ihre Umgebung wieder wahrnimmt, sieht sie die verweinten und dreckverschmierten Gesichter ihrer Kinder und russische Soldaten, die beide Trakehner erschießen. Dann ziehen die Russen zwei alte Männer von einem Wagen und schießen ihnen unmittelbar neben Annas Kindern in den Kopf. Blut spritzt auf Hans Dombrowskis Stirn. Der Junge sieht wie gebannt auf das pulsierende Blut, das aus den Köpfen der alten Männer sickert und sagt kein Wort.

Die Russen sind eine Sekunde unentschlossen, ob sie auch die Frau und die Kinder erschießen sollen. Instinktiv greift Anna Dombrowski nach dem kleinen Hermann und drückt ihn an sich. In diesem Augenblick beginnt der Junge zu wimmern. Die Russen senken ihre Maschinenpistolen.

Später durchsucht sie ein junger, finster dreinschauender Soldat. Die Zettel mit den Adressen der Soldaten zerreißt er und wirft sie in den Schnee. Geld und Ehering ist sie los, das Familienstammbuch hat sie zum Glück in Hermanns Bündel eingewickelt. Dann treibt der Soldat Anna Dombrowski und ihre Kinder zurück ins Dorf. Noch keine Stunde ist vergangen und schon ist ein großer Teil des Dorfes zerstört und brennt. Vor dem Dorf stehen russische und deutsche Panzer aus denen dicker Rauch quillt, darunter der Panzer des Offiziers, dessen Adresse Anna Dombrowski bei sich getragen hat. Überall liegen tote Soldaten – russische und deutsche. Die armen Kinder, sorgt sich Anna Dombrowski, was soll aus den Kindern werden, wenn sie das alles sehen müssen?

Der Soldat schiebt sie zusammen mit den Kindern in ein unbeschädigtes Haus und gibt ihr mit deutlichen Gesten zu verstehen, sie werde beim Verlassen des Gebäudes sofort erschossen. Er versperrt die Haustür von außen mit einem Brett und verlässt den Bauernhof.

Anna Dombrowski kann sich erst jetzt um den kleinen Hermann kümmern. Sein Wimmern hat längst aufgehört. Hermann schläft. Sie legt ihn auf das Sofa und zieht ihm vorsichtig die angesengte Kleidung aus. Keine Brandwunden zu sehen. Nur die Augenbrauen und ein paar Härchen sind verbrannt.

„Een Glück aber auch. Nur Ruß im Gesicht. Wasser brauchen wir. Und du sieh mal in der Küche nach. Vielleicht liegt noch was zum Essen im Schrank“, sagt sie zu Maria.

Mit einem Eimer geht sie zur Hintertür. Sie ist unverschlossen und die Luft scheint rein zu sein. In westlicher Richtung wird heftig geschossen. Wenn die Russen weiter vorrücken, wie komm ich dann noch zu Frieda, überlegt sie. Da kein Russe zu sehen ist, holt sie schnell Wasser vom Brunnen.

Die Kinder trinken gierig. Sie findet Schüssel und Lappen, wäscht erst Hermann, dann Hans, dann den Mädchen Gesicht, Hals und Hände.

Hermann erwacht und weint. Sie beruhigt ihn schnell. „Keene Wäsche nich – alles im Wagen." Sie zieht Hermann die versengten Sachen wieder an. Essbares finden sie nicht.

Gegen Abend hört der Gefechtslärm auf.

„Wenn's finster ist, renn'n wir zum Wald rüber", sagt Anna Dombrowski zu ihren Kindern. Doch schon bald hört sie Motorengeräusche. Die Russen kommen mit mehreren Fahrzeugen ins Dorf zurück. Die Haustür wird aufgerissen und schon ist die Stube voller Soldaten. Sie durchsuchen die Räume und fordern Anna Dombrowski auf, das Haus zu verlassen und in der Scheune zu übernachten. Dort warten schon ängstlich die wenigen Überlebenden des kleinen Trecks – drei Frauen und acht Kinder.

„Die Männer hamm se alle erschossen."

Im Stroh rücken sie zusammen und wärmen sich in der Kälte. Kein Kind weint.

Vor der Scheune wacht ein Soldat mit mongolischen Gesichtszügen. Sein Anblick ängstigt die Frauen.

Im Haus wird es lauter und lauter.

„Wenn se Schnaps haben, werden se wie Tiere", sagt die älteste Frau, „denn machen se sich über uns her."

„Denn mach ich Schluss", sagt die andere.

„Besser sich fügen. Hauptsache de Kinder merken's nich. Denn muss das Leben auch so weitergehen. An de Kinder müssen wir denken", beendet Anna das sorgenvolle Gespräch der Frauen.

Durch die Scheunentür scheint der Mond. Sein Licht zeichnet den Schatten des Wachsoldaten ins Stroh.

Der Schatten des Soldaten ist von rechts zur Mitte gewandert, als zwei Soldaten kommen und mit ihren Taschenlampen in die Gesichter der Flüchtlinge leuchten. Einige Kinder schlafen erschöpft. Allen anderen steht die Angst ins Gesicht geschrieben.

„Du", sagt ein Soldat zu Anna Dombrowski und macht eine unmissverständliche Geste: mitkommen. Sie zeigt verzweifelt auf die Kinder im Stroh. „Kinder, Deti."

Die Soldaten wissen genau, was sie wollen. Die alte Frau lassen sie bei den Kindern, die beiden jüngeren nehmen sie mit. Zum Entsetzen der Frauen treiben sie auch die beiden ältesten Mädchen aus dem Stroh. Eines der beiden unglücklichen Mädchen ist Anna Dombrowskis Tochter Maria. Die Frauen flehen weinend, man möge die Mädchen verschonen. Die Soldaten lachen und schieben die vier ins Haus.

Es ist gespenstisch. Im fahlen Licht des Mondes tauchen fremde Gestalten auf, die sich sofort über die Frauen hermachen. Anna Dombrowski kämpft um ihre Tochter, bis sie zu Boden gerissen wird. Ein kräftiger Soldat lastet auf ihr und besteigt sie brutal. Auf dem Tisch liegen die Mädchen.

„Mutti", ruft Annas Tochter Maria in ihrer Not, „was machen die mit mir? Es tut so weh."

Das andere Mädchen wimmert wie ein kleines Kind.

Gegen Morgen dürfen die Frauen und Mädchen das Haus verlassen. Fassungslos schleppen sie ihre geschundenen Körper zur Scheune hinüber.

„Tiere sind das", sagt die alte Frau in der Scheune und weint.

„Mutti, ich blute. Warum haben sie mich blutig gemacht?", klagt Maria. Anna Dombrowskis gedemütigtes Herz krampft sich zusammen. Vor der ersten Regelblutung blutig, denkt sie in ihrem Schmerz. Wenigstens schwanger kann sie von den Schweinen nicht werden. Und ich? Sie rechnet ihre Tage nach und stöhnt.

Der mit dem mongolischen Gesicht bringt ihnen Wasser.

„Russki plocho", sagt er, „otschen plocho."

Ein russischer Jeep fährt auf den Hof. Ein Offizier sieht die Frauen und die Kinder und lässt sich von dem Wachposten Meldung machen. Er schimpft mit dem Soldaten und gibt den Frauen das Zeichen, nach Westen zu ziehen. Warum er die Frauen und Kinder nicht zurück nach Osten, sondern nach Westen ziehen lässt, das fragen sich die Flüchtlinge jetzt nicht. Nur weg, weg von den Russen!

„Herr Hauptmann, schauen Sie sich das an!“ Der Gefreite reicht seinem Kommandeur den Feldstecher.

„Nicht zu glauben!“, staunt Hauptmann Rost, ohne den Feldstecher von den Augen zu nehmen. Da laufen tatsächlich Frauen und Kinder aufreizend langsam zwischen zerschossenen Panzern und gefallenen Soldaten auf die deutsche Stellung zu.

Hauptmann Rost wertet den Anmarsch der kleinen Gruppe als ein Zeichen der nachlassenden Kampfstärke der Russen. Gestern ist ihnen hier der Durchbruch nicht gelungen. Unter großen Verlusten haben sie am Abend das Kampffeld geräumt.

Sie werden uns heute wohl nicht mehr angreifen. Sie müssen sich erst verstärken, schlussfolgert der Hauptmann, doch wir sind zu schwach, um einen Gegenangriff wagen zu können. Auf meine Batterie kann ich stolz sein. Sie hat den Russen mächtig eingeheizt. Auch die nur kurz ausgebildeten Volkssturmmänner haben sich gut geschlagen.

Meine vierte Batterie, rechnet er nach. Als die erste zerschlagen worden ist, habe ich das nicht ahnen können. Damals habe ich meinen besten Beobachter, den Hofschneider verloren. Die zweite hat es in Weißrussland erwischt, die dritte beim Durchbruch der Russen nach Ostpreußen. Dreimal bin ich davongekommen. Und diesmal? Von meiner ersten Batterie sind außer mir nur noch die wehrunfähigen Verwundeten am Leben.

Als die Frauen und Kinder die Stellung erreichen, schießen manchen Soldaten Tränen in die Augen. Ihr tägliches Elend ist schlimm genug, aber das Elend wehrloser Frauen und Kinder ansehen zu müssen, bricht den Panzer auf, den sie sich zugelegt haben, um nicht zu verzweifeln.

Hauptmann Rost lässt sofort Verpflegung verteilen. Die beiden jüngeren Frauen kümmern sich still um ihre Kinder. Nur aus der alten Frau sprudelt das Wort gewordene Entsetzen: Alle Männer sowie viele Frauen und Kinder tot, alle Habe und die Heimat verloren, Frauen und Mädchen vergewaltigt – was soll nur werden?

„Hier können Sie auf keinen Fall lange bleiben. Kann sein, dass die Russen wieder angreifen. Wenn sie sich ein wenig erholt haben, lasse ich Sie zum nächsten Bahnhof fahren. Noch verkehren die Züge sehr regelmäßig. Wenn Sie Glück haben, kommen Sie bis Stettin. Irgendwann müssen wir die Russen doch zum Stehen bringen. Hier bei uns haben sie sich schon eine blutige Nase geholt."

Die ausgehungerten Frauen und Kinder stürzen sich auf Suppe, Brot und Tee. Sie essen und trinken stumm. Der gefüllte Magen und die Worte des Offiziers bringen eine leise Hoffnung in ihre verstörten, aufgewühlten Seelen zurück.

In Anna Dombrowski regt sich wieder ihr Sinn fürs Praktische. „Können wir uns irgendwo ungestört waschen?", fragt sie den Offizier. Ein junger Soldat zeigt ihnen eine Waschküche, holt mehrere Eimer Brunnenwasser und geht dann, ohne ein Wort zu sagen.

„Tiere sind se", sagt Anna Dombrowski als sie ihre Tochter zwischen den Beinen wäscht. Am Schlüpfer haftet geronnenes Blut. „Musste wieder anziehen, bis een neuer is jefunden. So nu is sauber und weg is der Russendreck. Wenn's nich aufhört zu bluten, müssen wir nach een Doktor fragen."

Einen Tag später sitzen sie mit neuer Unterwäsche und ausreichend Marschverpflegung ausgestattet in einem warmen Zugabteil und fahren in Richtung Stettin. Das gleichmäßige Rattern der Räder und die wohlige Wärme beruhigt die erschöpften Kinder. Während ihre vier Kinder tief und fest schlafen, döst Anna Dombrowski vor sich hin. Een Glück, dass die Maria nich mehr blutet, denkt sie noch, dann schläft auch sie ein.

Irgendwo hält der Zug und Anna Dombrowski erwacht. Sie sieht auf einen Bahnsteig. Gemächlich steigen Leute aus und ein. Die wissen noch nicht, was vielleicht bald auf sie zukommt, denkt sie. Nur fünfzig oder hundert Kilometer liegen mitunter zwischen zwei Welten. Dort Tod und Verzweiflung, hier gemächlicher Alltagstrott.

Als der Zug weiterfährt, überlegte sie, wie lange sie schon mit den Kindern unterwegs ist. Es sind genau 13 Tage. Die zwee Wochen vergess ich im Leben nich. So viel Elend und Grausamkeit.

Hauptsache ich bring die Kinder durch. Nur die arme Maria. Später wird se sich schwertun mit de Männer. Zu Hause sind jetzt schon de Russen. Ob se Schwiegereltern und Schwägerin hamm in Ruhe jelassen? Und das Dorf? Wenn's ihm so ergangen ist wie den Dörfern, durch die wir gekommen sind?

Wieder und wieder bedrängen sie die Erinnerungen an die letzten Tage. Neben all dem Schlimmen hat es auch Zeichen der Hoffnung gegeben: der deutsche Offizier, die Leute in dem kleinen Bahnhofsstädtchen, die ihnen neue Unterwäsche und warme Sachen für die Kinder geschenkt haben, der Bahnhofsvorsteher, der für kostenlose Sitzplätze im Zug gesorgt hat. Deutsche sind eben Deutsche, mit diesem beruhigenden Gedanken gleitet sie wieder in den Schlaf.

„Soll ich die vielleicht alle durchfüttern?", begrüßt Onkel Heinrich, Tante Friedas Mann, die erwartungsfrohen Flüchtlinge.

„Deine Klappe hältste! Das hier ist meine Sache", faucht ihn seine Frieda an. Vor sich hin brabbelnd geht Onkel Heinrich zum Stallgebäude hinüber. „Nachher ist er wieder anders. Plötzlich steht ihr fünfe auf dem Hof. Sechs leben hier schon. Erst mal in die Badewanne mit euch. Ich mach inzwischen was zum Essen. Nachher sehn wir weiter."

Auf dem Weg zur Waschküche sagt Anna Dombrowski zu ihrer Tante: „Wenn's euch ist zu viel, muss ich sehn. Zupacken kann ich auch woanders. Is ja nur, dass wir erst mal könn'n verschnaufen."

Tante Frieda winkt ab: „Ist doch kein Weltuntergang. In den nächsten Tagen fährste mal in die Stadt, wegen der Lebensmittelkarten, damit sich Heinrich beruhigt. Dann muss es auch hier gehen. Aber eng wird's euch werden. Mehr als ein Zimmer haben wir nicht frei."

Später beim Essen erzählt Anna Dombrowski über ihre Erlebnisse während der Flucht. Nur die Vergewaltigung lässt sie weg. „Niemand könn'n wir erzähl'n, was se mit uns jemacht haben. Nur wir beide wissen Bescheid, verstehste?", hat sie ihrer Tochter gesagt. Maria hat genickt und geweint.

Onkel Heinrich hört aufmerksam zu und sein Gesicht wird langsam freundlicher. „Müsst nicht böse sein, wegen vorhin. Aber Sorgen hab ich auch so schon genug.

Unser Franz ist gefallen und die beiden Fremdarbeiter wollen auch nicht mehr so recht. Dann die hohen Abgaben. Ich hab auch bloß zwei Hände. Hauptsache wir verlieren nicht auch noch diesen Krieg. Im Radio sagen sie, die Russen nähern sich der Oder und Danzig. Wo sie hinkommen, werden sie hausen wie in Ostpreußen."

Schon am nächsten Tag sagt Anna Dombrowski zu den Mädchen: „Uff'n Hermann passt ihr gut uff. Windeln hab ich zujeschnitten. Wisst ja wie's muss jemacht werden. Essen macht ihr warm. Frische Ziegenmilch steht in der Küche. Mit Tante Friedas Handwagen könnt ihr Hermann durchs Dorf fahren. Aber nich zu varückte, dass er nich umkippt. Und passt uff de Hunde uff."

Ein Fuhrwerk nimmt sie und ihren Hans mit in die Stadt. Die Stadt in Sichtweite hören sie Flugzeugmotoren. Der Bauer lenkt das Gespann von der Landstraße in den Schutz der Baumkronen des Buchenwaldes.

„Zweimal haben sie die Stadt schon bombardiert. Dabei gibt es dort nichts Kriegswichtiges. Nur immer auf die schönen Häuser. Die Kirche hat's auch schon erwischt – zum Glück nicht schlimm. Da geht die Schweinerei schon los. Hören Sie die Flak? Alles junge Kerle, die noch glauben, es wäre wie beim Üben auf dem Schießplatz."

Aus der nahen Stadt hallen dumpf die Schläge schwerer Detonationen herüber. „Immer drauf auf die wehrlosen Leute", schimpft der Bauer.

Die Flugzeuggeräusche werden leiser und wenig später hören sie Sirenen. „Entwarnung. Na denn. Hüh!"

Schwarzer Rauch liegt über der Stadt. „Wieder die Innenstadt und die Arbeitersiedlung. Lange kann das so nicht weitergehen", klagt der Bauer über die Schulter hinweg.

Sie erreichen den Stadtrand und verabreden sich für die Rückfahrt.

Zum ersten Mal sieht Anna Dombrowski zerstörte Mehrfamilienhäuser – drei Etagen und drei Hauseingänge. Bei einem Haus ist die Giebelwand eingestürzt. Man kann direkt in die Zimmer sehen. Auf einem Tisch steht noch das Frühstücksgeschirr. Ein Kinderzimmer mit Puppen und Bausteinen und ein Wohnzimmer sind zu erkennen.

Der kleine Hans staunt und hat viele Fragen: „Wo sind die Leute? Fallen sie nicht herunter, wenn sie dort wohnen? Können die Leute auf der Straße jetzt immer zusehen? Und der Wind? Und der Regen? Und im Winter? Und wenn es finster ist?“

„Ausziehen müssen se. Und nu ist Schluss.“

Überall rauchende Trümmer, Feuerwehrleute und Helfer. „Ist das die Straße mit der Ausgabestelle für Karten und Bezugsscheine?“

„Ja, aber die Straße ist noch nicht freigegeben. Mitunter werfen die Engländer Zeitzünderbomben“, hält sie ein Mann mit Stahlhelm zurück. Zur Sicherheit werde noch drei Stunden gewartet.

Drei Stunden kann ich nicht warten, entscheidet Anna Dombrowski. Ein paar Straßen weiter versucht sie es erneut. „Ich habe Sie gewarnt!“, ruft ihr ein Behelmter nach.

„Na, Sie haben vielleicht Mut“, staunt die Frau in der Ausgabestelle. „Wir gehen immer gleich in unseren Keller.“ Akkurat erledigt sie die erforderlichen Formalitäten. Sie will wissen, ob alle Kinder mit ihrer Mutter geflohen seien, wo sie jetzt wohnen und händigt ihr eine Lebensmittelkarte aus. „Viel ist das nicht und oft ist nicht mal das da. Mehr darf ich Ihnen nicht geben, weil sie nicht in der Stadt wohnen“

„Und Arbeit?“

„Fritz“, ruft die Frau in den Flur, „hier sucht jemand Arbeit!“

Wenn sie mit ihren Kinder in die Behelfsbaracke ziehe, werde sich schnell was finden, sagt der einarmige Fritz, schreibt sich ihren Namen auf und gibt ihr eine Adresse. „Überall fehlen Arbeitskräfte.“

Auf der Straße sagt Anna Dombrowski zu ihrem Hans: „Wird schon werden mit uns.“

Sie hat den Satz kaum ausgesprochen, da reißt ihnen die Druckwelle einer Detonation die Beine weg und schleudert sie auf das Pflaster. „Hans!“, schreit sie. Der liegt auf dem Rücken und staunt über das unerklärliche Wunder, das ihn zu Boden und seine Mütze vom Kopf gerissen hat und über die vielen Trümmer, die mühelos über ihn hinwegfliegen. Wo ist seine Mütze, fragt sich Anna Dombrowski, als sie sich wieder orientieren kann. Die Mütze liegt zehn Meter vor ihr auf der Straße. Der Druck hat sie dem Jungen vom Kopf gerissen. „Biste gut?“

Hans steht auf und will wissen, was geschehen sei.

Gott sei Dank nuscht passiert! War wohl eine Zeitzünderbombe. Bloß weg hier!

„Ich hab Sie gewarnt“, empfängt sie der Behelmte von vorhin. „Haben Sie ein Glück gehabt! Ein paar Meter näher dran hätte es Ihnen die Lungen zerrissen. Ein paar Meter weiter weg, wären Sie unter die herabfallenden Trümmer geraten. Danken Sie dem Herrgott!“

Wieder mal dem Tod von der Schippe gesprungen.

Eine Woche später zieht sie mit ihren Kindern in eine Behelfsbaracke, die gleich neben der kleinen Fabrik steht. Ein Zimmer mit einer kleinen Küche, Klo im Flur. Sie lernt Löcher zu bohren und zu entgraten. Die Kinder bleiben tagsüber allein. Maria kümmert sich um den kleinen Hermann.

Wird schon werden, denkt Anna Dombrowski, bloß mit der Schule für die Mädchen will’s nicht klappen.

Sie denkt an die Schwiegereltern. Ob die Post noch funktioniert, wenn überall die Russen sind? Dennoch schreibt sie einen Brief nach Hause. Als der Brief fertig ist, spürt sie Erleichterung.

Wir sind alle gesund angekommen, steht in dem Brief. Ist das nicht ein unbegreifliches Wunder?

Maria Dombrowski bekommt ihre erste Regelblutung. „Mit de Russen hat das nuscht zu tun. Da, nimmste erst mal meine Binde“, beruhigt Anna Dombrowski ihre Tochter und klärt sie über das Unaufschiebbare in einem Frauenleben auf: „Kriegste überall noch mehr Haare und deine Brüste werden richtig wachsen. Denn kannste Kinder kriegen."

Eene haste schon groß, kommt es ihr in den Sinn, jetzt, wo se blutet. Der Anton würd sich freuen.

Dafür bleibt ihre Monatsblutung aus. Nich auch das noch, betet sie, nich auch noch een Russenbalg!

Vielleicht sind es nur die Strapazen? Als die zweite Monatsblutung ausbleibt, geht ihr alles durch den Kopf, was sie über Abtreibungen gehört hat. Aus Scham kann und will sie sich niemandem anvertrauen. Die denken vielleicht, ich habe mich den Russen hingegeben. Werden mir nicht glauben, was geschehen ist.

Eine Stimme in ihr schreit: Denn haste Stücker fünfe und keen Mann nich! Was werden Eltern und Schwiegereltern denken? Eine andere Stimme ist nicht weniger laut: Kinder sind ein Geschenk Gottes! Er hat es so gewollt und du musst dich fügen. Aber warum?

Das Russenkind wächst und wächst. Nur die Arbeit lindert für ein paar Stunden ihren Kummer und so arbeitet sie in ihrer Verzweiflung wie eine Besessene. Hin und wieder fährt sie zu Frieda, hilft ihr bei der Arbeit und lässt zeitweilig den Hans oder die jüngere Tochter auf dem Bauernhof.

Ende April kommen die Russen in die Stadt. Für eine erneute Flucht hat Anna Dombrowski keine Kraft mehr. Wohin auch? Zu den Engländern ist es viel zu weit und wovon sollten sie unterwegs leben? Wenn sie nur die Maria in Ruhe lassen, denkt sie.

So wie sie fügt sich die kleine Stadt in ihr Schicksal und ergibt sich ohne Widerstand. Die Angst ist groß. Die Arbeit in der Fabrik ruht. Niemand weiß, wie es weitergehen soll. Wasser gibt es noch, Strom selten. Gerüchte über Plünderungen und Vergewaltigungen erreichen die Behelfsbaracke.

Am zweiten Tag der Besetzung kontrollieren die Russen zum ersten Mal die Baracke. Frauenschreie gellen durch die Räume.

„Werden sie das wieder mit uns machen?", will Maria wissen. Sie ist kreidebleich und zittert am ganzen Körper.

„Nimm den Hermann uff'n Arm, denn wern se uns vielleicht nuscht tun", sagt Anna Dombrowski.

Zwei Russen reißen die Tür auf. Das Weinen und die angstverzerrten Gesichter der Kinder berühren die vom Krieg verdorbene Seele des älteren Soldaten. Er hält den jüngeren zurück. Seine Frau und sein Sohn sind im eingeschlossenen Leningrad verhungert, sein jüngster Bruder ist bei Minsk gefallen. Zorn hat seinen Verstand getrübt, als er nach Deutschland gekommen ist. In der ersten eroberten Ortschaft hat er ein altes Ehepaar erschossen und das Haus in Brand gesteckt. Seither quält ihn Nacht für Nacht sein Gewissen. Er schämt sich vor seinen Eltern und schwört ihnen in Gedanken, kein unschuldiges Blut mehr zu vergießen. Wenn unschuldige Deutsche sich vor uns fürchten, dann ist es weit mit uns gekommen, denkt er seit seinem Schwur. Er beruhigt die Frau und die Kinder und gibt seinem Kameraden das Zeichen zum Verlassen des Zimmers. „Wojna plocho", sagt er an der Tür.

Anna Dombrowski dankt Gott. „Nicht alle Russen sind schlecht", sagt sie und drückt ihre zitternde Maria.

Vier Wochen später spürt sie die ersten Bewegungen des Kindes in ihrem Leib. Da sagt sie zu sich selbst: Es is ja man nich Schuld am Elend und ooch een Stick von mir.

Sie denkt an ihren lieben Anton und seine vier Kinder. Bald fünfe, mein Gott, und alles kaputt vom Kriech! Wie soll ich die alleene durchbringen?

Da muss sie dann doch wieder weinen.

Für wen ist dieser lange Krieg nicht bedrückend? Auch in Irmgard Hofschneiders kleiner Heimatstadt gibt es eine Menge Sorgen, Beschwernisse und Leid. Längst sind aus Erfolgsmeldungen mehr oder weniger deutlich ausgesprochene Hiobsbotschaften geworden. Immer mehr Frauen tragen Schwarz und die Menschen verlieren die Hoffnung auf einen siegreichen Ausgang des Krieges.

Trotz aller Kriegswirren wächst der kleine Siegfried Hofschneider im Vergleich mit den kleinen Halbwaisen, Ossip Pawlowitsch Zwetkow und Hermann Dombrowski, beinahe wie ein kleiner Prinz heran. Für Mutter, Großeltern und Tanten ist er inzwischen die wichtigste Person im Haushalt der Familie Voss geworden. Jeder verwöhnt ihn mit Streicheleinheiten und Leckereien und in den Augen der russischen Magd Anna leuchtet Glückseligkeit, wenn sie den kleinen „Siggfritt“ ausfährt.

Klein Siegfried strahlt zufrieden und staunend in die Welt hinein, ohne zu wissen, dass es neben Großvater und den vielen Frauen auch einen stolzen Vater gibt. Weil er das nicht weiß, vermisst er ihn nicht.

Irmgard Hofschneider denkt jede Nacht an ihren Erwin, hofft auf ein Lebenszeichen oder die freudige Nachricht von einem Fronturlaub. Doch Erwins Briefe kommen immer seltener und bleiben dann aus. Zweimal hat er die Möglichkeit eines Fronturlaubs angekündigt. Gekommen ist er nicht. Seinen Siegfried hat er noch nicht gesehen. Irmgard schickt ihm zwei kleine Fotos.

Trotz der immer bedrohlicher werdenden Lage wird in ihrer Familie das Wort Niederlage nicht in den Mund genommen. Die Männer stehen draußen im schweren Kampf, opfern dem Vaterland Gesundheit und Leben, da darf man zu Hause nicht den Mut sinken lassen oder in seinen Anstrengungen einen Pflock zurückstecken. Ihr Vater, Johannes Voss, wiederholt bei jeder Klage seiner Frauen, den Satz, den er vom Tischlermeister Herbert Hofschneider gehört und für gut befunden hat: „Verglichen mit dem Leben an der Front sind das hier doch nur Kinkerlitzchen.“

Irmgard Hofschneider sieht sich als Offiziersfrau in der Pflicht. Sie arbeitet als Sekretärin bei einem Hilfswerk, danach erfüllt sie zu Hause ihre Mutter- und Tochterpflichten. Siegfried ist tagsüber bei Großeltern, Tanten und der Magd Anna in bester Obhut.

Ihre Sorge über den Verlauf des Krieges und das Schicksal ihres Mannes behält Irmgard Hofschneider für sich. Kommen schlechte Nachrichten – Stalingrad, Nordafrika, Landung der Westalliierten, Rückzug aus Russland, Bombenterror – hofft sie auf die Fähigkeiten des Führers und glaubt an eine baldige Wende durch den Einsatz der „Wunderwaffen“. Die guten Nachrichten – Mussolinis Befreiung, Verlustmeldungen der Alliierten, Ardennenoffensive – geben ihr neue Hoffnung und stärken ihren Durchhaltewillen.

Erst jetzt, Anfang April 1945, steht ihr zum ersten Mal Deutschlands Niederlage klar vor Augen. Die Russen marschieren auf Berlin zu und die Westalliierten stoßen seit ihrer Rheinüberquerung auf immer weniger Widerstand. Die Nazis im Ort werden kleinlaut und ihr Vater denkt zum ersten Mal laut darüber nach, ob Hitler vielleicht doch nicht der richtige Mann an Deutschlands Spitze sei. Wer hätte das damals auch ahnen können, als es so rasch aufwärts gegangen ist? Vorzuwerfen habe er sich nichts. Und die russische Magd Anna habe man schließlich immer gut behandelt. Nur nicht den Mut verlieren. Hitler und die Nazis haben versagt. Nun muss es auch so weitergehen. Wer auch immer kommen mag: Auf Landwirtschaft und Schlachterei wird niemand verzichten können. In dieser Erkenntnis liegt für Johannes Voss ein großer Trost. Ist der Krieg erst einmal vorbei, wird sich alles andere schon finden. Man ist ja nicht von vorgestern.

Mitte April weht für einige Minuten der Todeshauch des Krieges durch die kleine Stadt. Seit Jahren sind Bombenflugzeuge hoch über sie hinweggeflogen, ohne eine einzige Bombe zu verlieren. Das Gebrumm der Flugzeugmotoren versetzt hier niemanden in Panik, am wenigsten Johannes Voss.

Nun scheint es mit einem Male so, als ob einige feindliche Piloten Lust verspürten, die Leute in den kleinen Ortschaften auch ein wenig zu ärgern. Sie haben wohl keinen Spaß mehr daran, regelmäßig Bombenteppiche auf die Ruinen großer Städte zu werfen oder so kurz vor dem Ende des Krieges noch abgeschossen zu werden, was inzwischen allerdings auch nicht mehr sehr wahrscheinlich ist.

Was will es hier bei uns, denken die Leute erstaunt. Minutenlang kreist ein Flugzeug ziemlich niedrig über dem Städtchen, dann wirft es in Bahnhofsnähe seine Bomben ab und schießt mit seiner Bordkanone auf sogenannte bewegliche Ziele. Es gibt drei Tote, mehrere Verletzte und Johannes Voss verliert zwei Kühe, als der Pilot in den Kuhstall feuert. Einige Geschosse treffen auch den Hof, in dem der kleine Siegfried in seinem Wagen schläft. Als Dreck und Holzsplitter aufspritzen, wirft sich die Russin Anna über den Wagen, um ihren Siggfritt zu beschützen. Als der Luftangriff vorüber ist, wird sie von den Frauen umarmt und Vater Voss schimpft auf die Lumpen am Himmel. Klein Siegfried macht das, was er am besten kann: Er schläft.

Als sich ein paar Tage später die Briten der Kleinstadt nähern, entscheidet sich der Stadtrat gegen den irrationalen Widerstandswillen des Bürgermeisters und lässt weiße Fahnen hissen. Der Bürgermeister erschießt erst seine Kinder, dann seine Frau und schließlich sich selbst. So kommt es, dass Johannes Voss, als Ältester der Stadtvertretung, den Briten entgegengeht und ihnen die Stadt übergibt. Obwohl er den Kommandeur mit seinem feinsten Englisch begrüßt, behandelt der ihn von oben herab. Die Leute sollen sich ruhig verhalten und die Anordnungen der Besatzer genau befolgen. Der alte Stadtrat sei hiermit aufgelöst, ein neuer werde von ihm in Kürze eingesetzt.

„Der aufgeblasene Gockel soll sich lieber ansehen, was seine verdammten Piloten überall angerichtet haben! Den Stadtrat soll er uns mal überlassen", ärgert sich Johannes Voss.

Den ganzen Tag und die ganze Nacht fahren Militärkolonnen durch den Ort und bewegen sich weiter in Richtung Wismar. Was soll nur aus Deutschland werden, fragt sich Irmgard Hofschneider in dieser lauten Nacht wieder und wieder, während sie auf die gleichmäßigen Atemzüge ihres Kindes lauscht.

Gegen Mittag des nächsten Tages fährt ein Jeep auf den Hof der Familie Voss. Als der Wagen mit Johannes Voss wegfährt, ist der Landwirt und Schlachtermeister bereits Bürgermeister von Englands Gnaden.

Der neue britische Kommandeur, Michael Thomson, kommt aus der Nähe von London, ist ein fröhlicher Kerl und besucht gern das Haus von „John" Voss. Er kann ein paar Brocken Deutsch und Irmgard und ihr Vater können so leidlich Englisch. Wenn er mit Irmgard und ihren Schwestern spricht, glänzen seine blauen Augen, die er immer öfter auf Irmgards Schwester Erika richtet. Ohne Mühe sprudeln die Komplimente aus seinem Mund und als die Engländer die Stadt verlassen, um nach Westen zu ziehen, hat er das Herz der jüngsten Schwester längst gebrochen. Erika werde es gut bei ihm haben. John Voss brauche sich keine Sorgen zu machen.

Es ist ein zwiespältiger Abschied. Aber Mike Thomson hat zu Hause eine kleine Fabrik und das ist für Johannes Voss die Hauptsache.

Diesmal sei zwischen Briten und Deutschen einiges schiefgelaufen, sagt Michael Thomson beim Abschied. Das habe auch Churchill inzwischen eingesehen. „Diesmal haben wir das falsche Schwein geschlachtet. Das nächste Mal, John Voss, ziehen wir zusammen gegen die Russen. Bye, bye and see you later." Mike Thomson ist ein fröhlicher Bursche.

Irmgard Hofschneider ist über das undeutsche Verhalten ihrer Schwester erschrocken. Mit Liebe hat das für sie nichts zu tun – nur mit Beherrschung. Aber Erika ist ja immer verzärtelt worden.

Irmgard denkt an ihren Erwin und verabschiedet sich kühl.

„Alt genug ist sie. Besser jetzt, ehe die Russen hier sind. Und wer weiß, wozu das später noch gut ist", sagt Johannes Voss.

Erika Voss ist nicht die einzige junge Frau, die zusammen mit den Engländern die Kleinstadt verlässt. Von den Russen ist nichts Gutes zu erwarten. Man hat genug über sie gehört.

Die einrückenden Russen sehen schmutzig und finster aus. Pferde über Pferde.

„Na dann gute Nacht und kein Bett", sagt Johannes Voss und warnt seine Töchter: „Nur am Tag, nicht allein und nur wenn es nicht anders geht das Haus verlassen. Man braucht sie nur anzusehen, um über sie Bescheid zu wissen. Schlitzäugige sind auch dabei."

Die russische Magd Anna ist wie die anderen russischen Fremdarbeiter freudig auf die Straße geeilt, um ihre Landsleute zu begrüßen. Am Abend kommt sie verstört zurück, um ihre Sachen zu packen. Schon morgen werde sie fahren. „Sie behandeln uns schlecht. Als ob wir freiwillig nach Deutschland gekommen wären, um Hitler zu helfen. Sie machen mir Angst."

Diesmal fährt kein Jeep vor. Eine russische Streife nimmt Johannes Voss mit zur Kommandantur. Anna redet erregt auf die Soldaten ein. „Er ist kein Faschist und hat mich immer gut behandelt."

„Wir haben unsere Befehle", sagt der Sergeant. Da springt der Kuckuck aus der Uhr. Das gefällt dem Sergeanten und er befiehlt einem Soldaten, die Uhr von der Wand zu nehmen und sie in der Kommandantur, zur Freude seiner Kameraden, aufzuhängen. Sind Faschisten und bauen solche lustigen Uhren. Da soll einer aus den Deutschen schlau werden.

„Unkraut vergeht nicht", versucht Johannes Voss seine besorgten Frauen zu beruhigen. „Versteckt die wertvollen Sachen, sonst nehmen die mit, was nicht niet- und nagelfest ist. Kultur und Erbarmen kennen die nicht."

Die Frauen weinen, sorgen sich um Mann und Vater und suchen dabei nach Verstecken für Wertsachen und Nahrungsmittel.

Die beiden deutschen Kommunisten im Rathaus machen Johannes Voss zwei Vorwürfe, die sie dem russischen Kommandanten, Hauptmann Fomenko, wie eine Anklage vortragen: Erstens sei der Angeklagte ein Kleinkapitalist und Kleinbürger und zweitens sei sein Schwiegersohn ein Offizier der faschistischen Wehrmacht gewesen. Das sage wohl alles.

Ich sollte ihn auf die Liste setzen lassen, überlegt Hauptmann Fomenko. Doch irgendetwas gefällt ihm an dem rundlichen Deutschen. Sind es die klaren, fröhlichen Augen, die ihn an seinen Vater erinnern? Ist es seine Art, Respekt zu erweisen, ohne dabei unterwürfig zu wirken? Hauptmann Fomenko schwankt. Ist der Deutsche nicht der einzige Mann im Haus? Hat er die russische Magd nicht gut behandelt? Wenn ich ihn in ein Arbeitslager nach Russland schicke, ist er vielleicht schon tot, ehe er dort ankommt. Die Dicken halten nie lange durch. Hier aber wird er mir vielleicht noch von Nutzen sein. „Du gehen! Frau, Rabota!"

Die deutschen Kommunisten staunen nicht schlecht und die Frauen zu Hause sind erleichtert.

Schon am nächsten Tag lässt sich Hauptmann Fomenko von Johannes Voss bewirten. Viel habe er nicht, die Zeiten seien schlecht. Es ist besser, dem Russen nur ein Viertel der Wahrheit zu sagen. Er erklärt dem Ortskommandanten, dass sein Name Voss im Norddeutschen für Fuchs stehe. „Russisch Lisa, du Lisa", freut sich der Hauptmann und nennt Johannes Voss von diesem Augenblick an nur noch Lisa. Dagegen hat Johannes Voss nichts einzuwenden. Er holt eine der Whiskyflaschen, die Michael Thomson zurückgelassen hat und begießt mit dem strahlenden Hauptmann Fomenko die offiziell noch nicht verordnete deutsch-sowjetische Freundschaft.

Die Frauen im Haus staunen nicht schlecht. Der russische Offizier ist charmant, sieht immer gepflegt aus und sorgt dafür, dass im Hause Voss keine russischen Streifen auftauchen. Ist er einmal besonders gut gelaunt, setzt er sich klein Siegfried auf die Schultern und läuft mit ihm durch die Stube, bis die Frauen erschrocken rufen: „Vorsicht die Decke!"

Ein halbes Jahr später wird die kleine Kommandantur aufgelöst. Hauptmann Fomenko verabschiedet sich traurig und sagt: „Lisa, du Freund. Freund tauschen Pferde." Zum Entsetzen von Johannes Voss nimmt der Russe die beiden Rassepferde mit und stellt ihm dafür zwei kleine Panjepferde in den Stall. „Wenn ich die vor den Wagen spanne, sehen sie aus wie Hunde!" Johannes Voss kocht vor Wut. In der Kleinstadt lacht man über das Voss'sche Gespann. Das tut weh. Ein paar Tage später sagt Johannes Voss: „Man kann nur darüber staunen, wo die beiden Hundeähnlichen ihre Kraft herholen."

Übergriffe der Russen gibt es nicht mehr und langsam gewöhnen sich die Leute an ihre Wunden und an das schwere Leben im Frieden. Keiner ist jemals Nazi gewesen und jeder hat es schon immer gewusst. In Ermangelung von Fahnenstoff trennen die Leute das weiße Emblem mit dem schwarzen Hakenkreuz aus den roten Hitlerfahnen und hissen sie, wenn sie den neuen Machthabern einen Gefallen tun wollen. Rot bleibt Rot. Wenigstens etwas hat, neben den guten Autobahnen, Bestand. Darauf lässt sich aufbauen.

Viele Frauen denken wie Irmgard Hofschneider an die vermissten Männer und Söhne. Leben sie noch? Wer kann Auskunft geben? Wo ist Erwin Hofschneider?

Nachts wacht Irmgard Hofschneider oft auf. Dann denkt sie sofort an ihren Mann. Sie betet und zergrübelt sich den Kopf darüber, wie es den Russen gelungen ist, die stolze Wehrmacht zu besiegen.

Am Tag aber gibt es das Kind, harte Arbeit, die vielen Sorgen des Alltags und die Angst vor der ungewissen Zukunft.

Emotionslos hatte Hans Mascharek das turbulente Geschehen verfolgt. Hatte gesehen, wie in jenen Tagen Kinder geboren wurden und, wenn sie einen Schutzengel hatten, überlebten. Dieses federleichte, körperlose Etwas, welches er jetzt war, hatte alles nüchtern registriert. Womit? Da war kein Kopf und folglich auch kein Gehirn. Nur nüchterne Beobachtung. Kein Staunen über das sichtbar gewordene eigene Schicksal und das seiner Familie. Er hatte sich, seine Mutter und seine Geschwister so betrachtet wie alle anderen Personen und auf diese Weise viel Neues erfahren. Er hatte ihre und seine Handlungsweisen und viele Ereignisse kennengelernt, die er entweder in seinem späteren Leben verdrängt oder die er damals als Kind nicht wahrgenommen hatte.

Ohne Mutter und Maria hätte ich, hätte unsere Familie jene Tage wohl nicht überlebt, dachte Hans Mascharek.

„Nein. Das hättest du nicht", bestätigte das Dreiäugige seine Überlegung. „Tapferkeit und Glück sind erforderlich, wenn Menschen einen Krieg überleben und danach weiterleben wollen. Die Generäle der Unterlegenen geben sich die Kugel oder sie dienen sich neuen Führern an. Die der Sieger heften sich Orden an ihre stolzgeschwellten Brüste und werden befördert. Die Soldaten aller kriegführenden Völker und ihre Familien aber müssen nach dem Gemetzel die Schlachtfelder beräumen und sich aus den Trümmern eine neue Existenz aufbauen, denn niemand sonst kann das für sie tun. Während sie vom ewigen Frieden träumen, planen ihrer Generäle den nächsten Krieg."

„Ja, schwer haben es die Völker", stimmte Hans Mascharek zu. „Und doch hatte ich, hatten meine Geschwister, der kleine Siegfried und der kleine Ossip verdammt viel Glück. Der kleine Pjotr Bolkow und Tausende andere Kinder hatten es nicht. Dass wir am Leben geblieben sind, war nicht unser Verdienst. Und dass sie sterben mussten, war nicht ihre Schuld. Wenn ich mein Schicksal betrachte, muss ich derer gedenken, die dieses Glück nicht hatten".

„Hans", rief das Dreiäugige aus, „du bist dabei, das richtige Sehen zu lernen! Du machst Fortschritte, an die ich schon nicht mehr glauben wollte. Es scheint mir, dass du dabei bist, meinen Hinweis auf das Erkennen von Gegensätzen im Angeschauten zu berücksichtigen. Ein nicht unwesentlicher Schritt auf deinem Weg zu einem dritten Auge.

Doch genug der Erörterungen. Es wird Zeit, in der Geschichte fortzufahren. Du bist an einem weiteren Schauplatz des Geschehens angekommen."

Hans Mascharek war noch etwas benommen von den Belehrungen des Dreiäugigen, da schwebte er bereits über einer kleinen Stadt. „Was wollen wir hier?“

„Diese Stadt, dieses Städtchen da unter dir, war dir zwei Jahre Heimat. Hier bist du, ohne es zu wissen, zum ersten Mal einem Menschen aus Tichaja Semlja begegnet. Du kennst ihn bereits. Es ist Michail, der Sohn des verurteilten Kolchosvorsitzenden Baschkow. So klein, mein Lieber, ist diese zerstrittene Welt. So klein und so erstaunlich.“

Und schon sank Hans Mascharek hinab in eine schöne Stadtvilla und schwebte über einem mit Stuck verzierten Raum.

Ein müder Krieger

„Michail, wach auf! Du verschläfst den Frieden!“ Mit diesen Worten stürmt Hauptmann Pawlowskij in das Zimmer der besetzten deutschen Stadtvilla, in dem Michail Baschkow vor Erschöpfung eingeschlafen ist.

„Na steh schon auf und lass dich umarmen!“, sagt Pawlowskij und strahlt Michail Baschkow mit lachenden Augen an. „Denk nur, du Prachtkerl, wir werden lebend und gesund nach Hause zurückkehren. Die Deutschen haben heute kapituliert. Der verfluchte Krieg hatte uns schon halb verschlungen. Nun muss er uns wohl oder übel wie zwei ungenießbare Happen wieder ausspucken. Rück ein Gläschen heraus und lass uns anstoßen!“

Michail Baschkows Müdigkeit ist wie weggeblasen. Er erhebt sich lächelnd und erträgt geduldig die stürmische Umarmung seines Stabschefs. „Und es gibt keinen Zweifel?“, fragt er nach zwei Küssen auf die Wangen.

„Kein Zweifel, mein Lieber. Vom Armeekommandeur ist’s gekommen. Da hörst du’s.“

Wie zur Bestätigung von Pawlowskijs Worten sehen sie durch die Fenster Leuchtspurgeschosse in den Himmel steigen.

Michael Baschkow lässt seinen Adjutanten eine kleine Flasche Wodka, drei Gläser, Schwarzbrot und zwei Zwiebeln holen. Speck haben sie nicht. Sie stoßen mit dem Adjutanten an, dem sofort die Tränen in die Augen steigen, weil er an seinen vor zwei Tagen gefallenen Bruder denkt.

Nachdem der Adjutant gegangen ist, wundert sich Pawlowskij: „Was ist los? Er rennt weinend davon und du willst dich auch nicht so recht freuen. Siehst mit einem Mal aus wie sieben Tage Regenwetter.“

„Ach Serjoscha, natürlich freue ich mich über das siegreiche Ende dieses grausamen Krieges. Zum Feiern aber ist's mir nicht zumute, weil ich an die vielen prachtvollen Kameraden denken muss, die ich in diesem Gemetzel verloren habe. Würde ich anfangen sie aufzuzählen, würde es Nacht werden. An die zerstörte Heimat muss ich denken und daran, was der Krieg aus uns gemacht hat. Werden wir jemals wieder gütig sein können? Wie sollen wir fertig werden mit all den Erinnerungen an die Menschen, die wir in den Tod geschickt und denen wir das Leben genommen haben? Müssen wir nicht entweder verzweifeln oder unter einem eisigen Panzer verkümmern?"

„Michail, lass das Grübeln sein." Hauptmann Pawlowskijs Blick wird ernst. „Wir beide haben dieses Blutvergießen weder gewollt noch zu verantworten. Was hätten wir denn anderes tun können, als zu kämpfen? Vergessen müssen wir, Michail. Wie sollen wir sonst leben? Sind wir erst einmal zu Hause, wird sich alles Weitere finden. Jetzt aber mach ein fröhliches Gesicht und freu dich mit mir auf unser Leben im Frieden. Nun komm schon. Trinken wir den kümmerlichen Rest da in der Flasche auf die Seelen unserer toten Kameraden und auf unsere Zukunft im Frieden."

Michail Baschkow lächelt traurig. „Wirst du mich in Tichaja Semlja besuchen, Serjoscha?"

„Wenn du unbedingt in dein Kuhdorf zurückkehren willst, werde ich dich dort besuchen. Wenn du aber dein Studium fortsetzen kannst, wirst du bei uns wohnen. Zwei wunderschöne Schwestern wohnen noch zu Hause. Vielleicht gefällt dir wenigsten eine davon und du wirst mein Schwager. Es kann doch kein Zufall gewesen sein, dass wir beide uns an der Front getroffen und den Krieg überlebt haben. Na bitte, schon kannst du wieder lachen!"

Als Hauptmann Pawlowskij gegangen ist, kann Michail Baschkow trotz seiner Müdigkeit lange Zeit nicht einschlafen. Auf der Straße spielt jemand auf einer Ziehharmonika. Die schlichte Weise ergreift seine müde Seele. Wehmütig denkt er an seine Eltern. Wird es für sie, zu Ehren des Sieges, eine Amnestie geben? Wird man herausfinden, wer sie verleumdet hat, den Irrtum bereuen und die Verleumder bestrafen?

Im Halbschlaf tauchen Bilder des Krieges in seinen Erinnerungen auf: Der verzweifelte Rückzug bis Tula. Die bohrende Frage: Wie haben die Deutschen so rasch so weit vordringen können?

Nach der Verwundung die Verlegung an die Südfront. Wieder zurück in Panik. Was für eine Schande. Erst 1943 kam die Wende. Die Deutschen hatten ihre Reserven verbraucht. Ihr Widerstand erlahmte und sie fluteten zurück.

Am Bug atmeten alle auf und viele glaubten, der Krieg mit den Deutschen fände an der Grenze der Sowjetunion ein Ende. Doch Stalin verlangte: weiter bis nach Berlin, bis der letzte Faschist die Waffen streckt.

Es ist schon schwer genug, jung auf dem Boden der Heimat zu sterben. Aber dort in der Fremde, dachten die Soldaten. Flugblätter, Frontzeitungen und Politleiter überschlugen sich in ihrer Propaganda: „Der Faschismus muss in Berlin zerschlagen werden. Es kann keinen Waffenstillstand mit Hitler-Deutschland geben, nur dessen bedingungslose Kapitulation. Je weiter wir vordringen, umso sicherer wird zukünftig unsere Heimat sein."

Nicht nur für Stalin und seine Marschälle war es die logische Konsequenz dieses Krieges bis nach Berlin zu marschieren, sondern auch für viele Soldaten. Die Logik dieses Krieges sprach nicht nur dafür, Deutschland zu erobern, sondern es schnell zu erobern. Gäbe man den Deutschen eine Verschnaufpause, hätten sie alles daran gesetzt, die Initiative zurückzugewinnen. Hitler hätte nie klein beigegeben. Außerdem brannte in vielen Soldaten der Hass auf die Deutschen, die ihrem Land, ihren Familien so viel Leid zugefügt hatten.

Auch für mich gab es damals keinen Zweifel am weiteren Vormarsch, erinnert sich Michail Baschkow. Zu viel Leid hatte ich gesehen, so viele blutjunge Kameraden verloren, durch unzählige zerstörte Städte und niedergebrannte Dörfer war ich marschiert.

Ich hasste die Deutschen und schämte mich, weil ich an der Universität Deutsch statt Englisch belegt hatte. Nein, ungesühnt, ungestraft darf man die Deutschen nicht davonkommen lassen! Wir haben von den Deutschen Unsägliches erleiden müssen. Nun sollen sie dafür büßen. So hab ich damals gedacht.

Aber Rache zu schwören und Rache zu üben sind zwei Paar Schuhe. Die ersten eroberten deutschen Ortschaften traf es hart. In jedem Deutschen, in jeder Deutschen sahen wir Nazis, unerbittliche Feinde der Sowjetunion. Wir erwarteten Nazis und trafen auf verängstigte Frauen, Kinder und Alte. Doch blind vom Hass gab es für mich und meine Kameraden nur Nazideutsche. Ohne Skrupel ließ ich meinen Soldaten freien Lauf. Sollten sie ruhig mit Blut und Schandtaten ihre gedemütigten Seelen erleichtern und es den verdammten Deutschen heimzahlen.

Es war der kluge Serjoscha, der mich unter den denkenden Teil der Menschheit zurückgeholt hatte. Nachdem wir in zwei deutschen Ortschaften gewütet hatten wie einst die Horden des Dchingis Khan, sagte er auf einer Straße zwischen brennenden Häusern mit trauriger Stimme zu mir: „Es macht dir also Spaß, wehrlose Menschen quälen und töten zu lassen? Erst waren wir die Untermenschen, jetzt sind sie es. Ich aber, Michail, schäme mich heute für ganz Russland vor jedem anständigen Menschen dieser Welt."

Ach Serjoscha, du Kluger! Die Augen hast du mir damals wieder geöffnet. Schon in der nächsten Ortschaft erreichten die Schreie der vergewaltigten Frauen und Mädchen meine Seele. Sind wir zu grausamen Tieren geworden? Mit gezogener Pistole trieb ich einige Soldaten weg von den gequälten Frauen – einige hätten ihre Mütter, andere ihre Töchter sein können. Die Soldaten erschraken über meinen plötzlichen Zorn. Einigen war ihr Benehmen jetzt peinlich und sie gingen stumm davon. Ein junger Soldat war beleidigt. Während er seine Uniform in Ordnung brachte, sagte er zu mir: „Was ist denn schon dabei? Es sind doch nur Deutsche." Der Anblick der verängstigten, geschlagenen und gedemütigten Frauen und Mädchen und die verächtlichen Worte des blutjungen Soldaten brachten mich so durcheinander, dass ich die Beherrschung verlor und dem Soldaten vor allen Leuten ins Gesicht schlug.

Beim Bataillonsappell vor dem Angriff auf die nächste Ortschaft befahl ich meinen Soldaten, nur bei Widerstand keine Milde zu zeigen. Orte, die sich ohne Widerstand ergäben, dürften nicht zerstört werden. Frauen, Kinder und Greise werden verschont. Wir werden uns ihnen gegenüber nicht so benehmen, wie sich ihre Soldaten an unseren Lieben vergangen haben. Wir sind Sowjetmenschen, keine Faschisten.

Ein paar Stunden später wurde ich zum Regimentsstab befohlen. Der Politleiter schäumte vor Wut. „Ich gebe mir alle Mühe, den Hass unserer Soldaten auf die Deutschen zu schüren und du Idiot forderst sie zur Nachsicht mit dem Pack auf. Ich hätte nicht wenig Lust, dir das Bataillon wegnehmen und dich vor ein Kriegsgericht stellen zu lassen. Unglaublich! Sollen die Soldaten jetzt erst überlegen, ob es mit der Menschenwürde vereinbart werden kann, einen Deutschen zu töten? Kein Erbarmen mit dem Nazipack. Wenn du das in den Jahren des Krieges noch nicht begriffen hast, dann ist es besser, du nimmst deine Pistole und machst ein Ende mit dir."

Vor Erregung vergaß ich alle Vorsicht. „Das Kämpfen musst du mir nicht beibringen. Hartes Vorgehen, ja – Kriegsverbrechen, nein. Das Recht ist auf unserer Seite, nicht die Willkür. Wehrlose und einfache deutsche Menschen zu quälen und zu morden ist eines Sowjetsoldaten unwürdig. Die deutsche Wehrmacht müssen wir schlagen, nicht das deutsche Volk. Nach dem Krieg müssen wir ohnehin wieder zusammen leben. Die Hitlerbanditen konnten unser Volk nicht ausrotten, und wir können das deutsche Volk nicht ausrotten. Und im Übrigen sind wir die Rote Armee und kein marodierender Haufen. Nicht das Plündern, das Vergewaltigen und das Morden müssen wir den Soldaten beibringen, sondern wie wir bei geringeren Verlusten die Deutschen schneller schlagen können. Noch immer führen die Deutschen den effektiveren Krieg. Jetzt graben sie sich ein und wir rennen oft blind gegen sie an. Mehr kühlen Kampfgeist und weniger Mordlust müssen wir den Soldaten beibringen, sonst werden viele das Ende des Krieges nicht mehr erleben."

Hass versprühten die Augen des Politleiters. „So redet kein aufrechter Kommunist, so redet die Konterrevolution!", schrie er.

Ich zitterte vor Wut, weil ich sofort an meine Eltern dachte.

Zu meinem Glück ging der Regimentskommandeur dazwischen.

„Aufhören!“, brüllte er. „Ich lasse es nicht zu, dass sich Offiziere in meiner Gegenwart bedrohen. Auf den Feind sollt ihr mit Wut einschlagen, nicht aufeinander. Morgen wird ein schwerer Tag sein. Viele werden ihr Leben lassen müssen. Schämen solltet ihr euch, jetzt über unseren Umgang mit den Deutschen zu streiten. Jeder geht sofort an seine Aufgabe. Nach dem Kampf werden wir weitersehen. Meine Entscheidung lautet: Keine Nachsicht mit den Deutschen – da gebe ich dem Politleiter recht. Keine Vergewaltigungen und kein sinnloses Morden Wehrloser – da gebe ich Hauptmann Baschkow recht. Und jetzt geht mir aus den Augen! Nicht zu glauben!“

Weder der Politleiter noch der Regimentskommandeur erlebten das Ende des Krieges. Der Politleiter fiel beim Kampf um die Seelower Höhen, der Regimentskommandeur wurde nach der Einnahme dieser Kleinstadt von einem Heckenschützen schwer verwundet und starb qualvoll vier Tage vor dem Ende des Krieges. Auf dem Sterbebett befahl er, keine Rache an der deutschen Zivilbevölkerung zu üben. Den Heckenschützen aber solle man zur Abschreckung drei Tage hängen lassen.

Was für ein unvorstellbarer Blutzoll bis zum letzten Tag des Krieges, denkt Michail Baschkow, während ihm die Klänge des Schifferklaviers die Seele aufreißen. Zweimal verwüstete die tödliche Woge die Heimat; begrub unter sich Menschen und Menschenwerk, Tiere und Vegetation. Von Polen aus rollte sie bis zum Finnischen Meerbusen, bis vor die Tore Moskaus, bis zum Kaukasus. Dort lief sie wie eine Welle am Strand aus, um dann mit zunehmender Wucht nach Polen zurückzufluten und schließlich Deutschland unter sich zu begraben. Was für eine rasende Zerstörungswut, was für ein Blutrausch hat die Menschen befallen?

Die Deutschen hatten damit begonnen, aber auch uns musste man nicht lange bitten. Nie ahnte ich, wozu sie und wir fähig seien. Nicht zu fassen!

Nicht zu fassen ist es auch, wie ich Dutzende Male das Glück auf meiner Seite gehabt und das unbeschreibliche Gemetzel überlebt habe.

Das Schifferklavier verstummt. Die Stille schreit. Er hört die bitteren Rufe seiner gefallenen Kameraden. „Du Glückspilz“, rufen sie ihm ins Ohr, „glaubst du, wir haben kein Recht auf ein erfülltes Leben?“

Als ihn die Grübelei erschöpft hat, schläft er ein.

Gegen Morgen schreckt ihn ein Traum hoch. Erst blickten ihn zwei vergewaltigte deutsche Mädchen vorwurfsvoll und traurig an und dann sieht er unter sich das schöne Gesicht des deutschen Beobachters, den er aus dem Baum geschossen hat. „Ich musste dich töten“, sagt er im Traum zu dem Deutschen. Da öffnet der Deutsche seine Augen und bewegt stumm seine Lippen. Er bemüht sich zu verstehen, was der Deutsche ihm sagen will. Es gelingt ihm nicht. Der Deutsche schließt seine Augen und liegt wieder reglos zu seinen Füßen. Meine Güte, der Deutsche trägt ja die Uniform der Roten Armee! Er ist ja einer von uns! Was habe ich angerichtet?

Er wacht auf und sein Herz schlägt schnell und laut. Nur geträumt! Er ist erleichtert. Ein Faschist war er, versucht er sich zu beruhigen. Hat viele Milchbärte auf dem Gewissen. Was hast du da nur für einen Unsinn geträumt? Nun gut, im Frieden mochte der Deutsche ein anständiger Mensch gewesen sein. Wer kann das schon wissen. Doch im Krieg war er mein Feind. Er hat die Milchbärte getötet und ich ihn. Warum muss ich gerade von ihm träumen und nicht von den Milchbärten? Da soll einer aus seinen Träumen schlau werden.

Am nächsten Tag bestimmt ihn der Regimentskommandeur zum Ortskommandanten der deutschen Kleinstadt. Die Kommandantur bleibt in der Stadtvilla. Die Soldaten werden in einer geräumten Kaserne einquartiert. „Sehen Sie zu, dass die Ordnung in der Stadt wiederhergestellt wird, dass die Nazis zur Verantwortung gezogen und die Befehle der Militäradministration durchgesetzt werden. Zeigen Sie Präsenz und sorgen Sie vor allem dafür, dass alle Waffen abgegeben werden. Finden Sie einen fähigen Bürgermeister, der kein Nazi war.

Beschlagnahmen Sie alles, was Ihnen unter die Augen kommt und bestimmen Sie über die Verteilung. Später wird man den Deutschen eine uns genehme Obrigkeit vorsetzen. Vorläufig haben wir die Deutschen entmündigt. Was in dieser Stadt zu geschehen hat, bestimmen bis auf weiteres wir. Sie bleiben, weil Sie Deutschkenntnisse haben, mit einem abgespeckten Bataillon hier. Der Rest des Regiments zieht in zwei Tagen ab. Geben Sie den Deutschen klare Befehle. Das werden diese zackigen Germanen eher verstehen als höfliche Aufforderungen."

Leider gehört zum Abspecken seines Bataillons auch die Abkommandierung seines Freundes Serjoscha Pawlowskij. Den ganzen Tag über ist er deshalb in gedrückter Stimmung. Sie teilen viele Ansichten über das Leben, haben sich im Kampf blind verstanden und vertrauen sich aufrichtig.

„Serjoscha, ich will nicht so recht glauben, dass du bald nicht mehr in meiner Nähe bist. Auf einen neuen Stabschef bin ich weiß Gott nicht erpicht. Der arme Kerl wird es nicht leicht haben mit mir. Nun wünsche ich mir nur noch, man möge auch mich bald demobilisieren."

„Freunde sind wir geworden und Freunde werden wir bleiben. Die Hälfte des Lebens haben wir doch noch vor uns. Ich werde dir schreiben. Und nun lass dich umarmen. Morgen bleibt keine Zeit dafür. Besuchen wirst du mich und dich von meinen Schwestern verwöhnen lassen."

Am Abend sind die Dienstabläufe für seine Soldaten klar geregelt, ihre Unterbringung und Versorgung sind einigermaßen gesichert. Er lässt sich im ersten Stock der Villa sein Dienstzimmer und seine Unterkunft einrichten. Zeit über seine neue Situation nachzudenken, hat er tagsüber nicht.

Da es keinen Strom gibt, legt er sich bei Einbruch der Nacht auf sein Feldbett und blickt in den dunklen Raum. Kerzen müssen wir uns gleich morgen besorgen, nimmt er sich vor. Dann überlegt er, wer wohl noch vor wenigen Tagen hier gelebt haben mochte. Er stellt sich eine wohlhabende deutsche Familie vor. Wie selbstverständlich wird sie hier gelebt und vielleicht jede Ecke lieb gewonnen haben. Hier werden sie Kinder gezeugt und erzogen haben. Ob sie Nazis waren? Sicher haben sie sich vor zwei Wochen nicht vorstellen können, wie ihr Leben ohne dieses Haus verlaufen wird. Hastig sind sie aufgebrochen. Haben fast alles zurückgelassen.

Bin ich jetzt der Hausherr? Und wenn ich zehn Jahre hier verbringen müsste: Es wird immer ein deutsches Haus bleiben und ich werde der ungebetene Gast sein. Er erinnert sich an die vielen russischen Häuser, in die sich deutsche Offiziere einquartiert hatten. Sie werden sich darin ebenso unwohl gefühlt haben wie ich hier. Warum können wir nicht bleiben, wo wir unsere Wurzeln haben? Irgendwer bricht immer auf, weil er glaubt, die anderen hätten zu viel und er hätte zu wenig. Am Ende haben wir alles durcheinandergewirbelt, ohne dass ein Nutzen erkennbar wird. Die Deutschen haben fast alles verloren. Und wir, die Sieger? Haben wir nicht noch mehr Verluste als die Deutschen zu beklagen?

Er stöhnt, weil er an den Preis des Sieges denken muss, und er staunt wieder einmal über das von tausend Zufällen geprägte Leben im Krieg: Weil ich zufällig ein wenig Deutsch gelernt habe, bestimmt man mich zum Kommandanten einer zerstörten deutschen Stadt, die in Angst und Agonie daniederliegt. Sieh zu, wie du damit fertig wirst.

Womit anfangen?

Das Leben muss weitergehen – dieser Satz fällt ihm sofort ein. Der Satz ist entsetzlich banal, aber von einer bestechenden Logik. Wer leben will, braucht Wasser, Nahrung, Kleidung, ein Dach über dem Kopf. Na bitte, denkt er, kümmern wir uns also darum und überlassen wir die neue deutsche Stadtobrigkeit und die Nazis dem Politleiter. Nein, alles kann ich dem jungen Heißsporn nicht überlassen. Den Bürgermeister für diese Stadt werde ich aussuchen.

Walter Sager staunt nicht schlecht über den russischen Kübelwagen vor der Tür.

„Du Sager?“, will der russische Leutnant wissen. „Du mitkommen. Kommandantura!“

Höflich klingt das nicht. Seine Frau sieht auch nicht sehr glücklich aus. Kaum hat ihr Mann die Nazilumpen überlebt, holen ihn die Russen, sorgt sie sich. „Mann krank“, gibt sie dem Russen zu verstehen. Der Leutnant beruhigt sie: „Du nicht Angst, Mann nicht Angst, Faschisten Angst.“

„Wir werden sehen“, sagt Walter Sager, „mir werden sie nichts tun. Ich war doch gegen Hitler.“ Vor dem Kübelwagen bekommt er einen seiner Hustenanfälle. Der Leutnant sieht ihn besorgt an und hilft ihm freundlich auf den Rücksitz.

Im Konzentrationslager dachte Walter Sager in vielen schlaflosen Nächten darüber nach, was den Menschen zu einer heimtückischen, gewissenlosen Bestie werden lässt, die Lust empfindet beim Quälen und Morden von hilflosen Menschen. Ist es Prägung, Erziehung, neurotischer Zwang? Das eine so unbegreiflich wie das andere. Dass dieser Mörderbande Menschen außerhalb ihrer Familien nicht wichtig waren, konnte er verstehen. Dass sie ihre Hunde, Pflanzen, selbst Gegenstände über andere Menschen stellten, war schon sehr bedenklich. Doch dass sie anders denkende und fühlende Menschen mit gutem Gewissen quälten und mordeten und sich freuten, wenn der Schornstein des Krematoriums seine dunkle, stinkende Wolke aus Menschenrauch in den gleichgültigen Himmel stieß, das war für Walter Sager das unübersehbare, das unabweisbare Zeichen des Niedergangs der abendländischen Zivilisation. Irgendwer konnte irgendwen unter den Augen eines ganzen Volkes zum Untermenschen, zum Volksschädling, zum Ungeziefer erklären, ihm jedes Lebensrecht absprechen und ihn wie Unrat beseitigen lassen. Mord als anerkanntes Prinzip, physische Vernichtung als gängiges Mittel der Politik. So problemlos war der Schritt von der Zivilisation zu archaischer Willkür, dass Walter Sager fast verzweifelt wäre. Das deutsche Volk, sein Volk, war nicht auf der Seite der Gequälten, sondern auf der Seite der Menschenverächter. Keine Hilfe. Kein Mitleid mit den Gequälten. Nicht einmal Mitleid der Gequälten mit den Gequälten. War das nicht der Aufgalopp zum apokalyptischen Ritt?

Nein, er hat nicht zugesehen und er wird nicht zusehen. Vielleicht ist die Verrohung, die Vertierung der Menschen wie ein unaufhaltsamer Strom. Aber sich von diesem Strom treiben lassen, ihn gar verstärken, das kann und will er nicht. Also gegen den Strom. Also büßen und leiden und wenn es sein muss – sterben.

Den Körper haben ihm die Nazis ruiniert. Doch sein Wille andere aufzurütteln, aus den Trümmern des verlorenen Krieges ein besseres Deutschland aufzubauen und die verlorene Ehre wiederzufinden, ist mit jedem Tag, den die Front näher kam, stärker geworden. Von den Alten sind viele auf Dauer verdorben, aber die Jugend müssen wir für ein neues Deutschland gewinnen, daran glaubt er fest.

Die Russen haben Hitler besiegt. Sie werden uns helfen.

„Schluss! Für lange Dispute haben wir keine Zeit. Wasser brauchen wir und Strom, etwas zum Heizen und Brot." Michail Baschkow ist verärgert über die Dickköpfigkeit seines Politleiters, der in jedem Sozialdemokraten einen Arbeiterverräter sieht und daher unbedingt einen Kommunisten als Bürgermeister einsetzen will. „Von mir aus zur Not auch einen Popen, aber keinen Sozialdemokraten – diese Steigbügelhalter des Kapitals."

„Ach was schon, Politleiter! Jeder Deutsche kann uns gegenüber behaupten, er wäre gegen die Nazis gewesen. Er aber hat vier Jahre in Hitlers Lagern gelitten. Da hast du deinen Steigbügelhalter. Außerdem war er Bürgermeister, ehe Hitler an die Macht kam. Mit der Verwaltung der Stadt kennt er sich also aus. Lassen wir ihn arbeiten, dann werden wir weitersehen. Sollen die Deutschen ihre Stadt gefälligst selbst zu neuem Leben erwecken. Für den Kommunismus ist noch Zeit genug."

„Ich werde nicht eher Ruhe geben, bis wir den Deutschen die Achtung vor einem kommunistischen Bürgermeister beigebracht haben", mit diesem Satz leitet der Politleiter sein Rückzugsgefecht ein. Michail Baschkow lächelt amüsiert über den Eifer des Heißsporns. „Was nützt dir ein Kommunist, wenn du kein Trinkwasser, nichts zum Essen und keine Kohlen hast? Das Kommunistische Manifest kannst du hungrigen und durstigen Menschen nicht vorlesen. Bleib vernünftig. Zunächst brauchen wir Leute, die sich in dieser Stadt auskennen und die ihr Handwerk verstehen."

Diesen Deutschen mag Michail Baschkow sofort. Der Blick offen, der Händedruck trocken, warm und fest. Was er für die Stadt noch tun könne, werde er gerne tun. „Hier bin ich geboren, hier habe ich gelebt und hier möchte ich begraben werden."

„Was hat er da gesagt?" Der Politleiter ist misstrauisch. Michail Baschkow dagegen staunt nicht schlecht. Er hat auf Anhieb alles verstanden. Sieh mal an, sechs Semester Deutsch sind, wie's aussieht, eine nützliche Sache gewesen.

„Dann frag deinen Sozialdemokraten, ob es in der Stadt Kommunisten gibt", fordert ihn der Politleiter auf.

„Willst wohl die erste kommunistische Stadt auf deutschem Boden errichten?", frotzelt Michail Baschkow, ehe er den hustenden Deutschen befragt.

In dieser Stadt habe es nur wenige Kommunisten gegeben, antwortet Walter Sager. Nach 1933 wären die meisten entweder zu den Nazis übergelaufen oder hätten sich vom politischen Kampf zurückgezogen, um ihre Familien nicht zu gefährden. Er selbst kenne nur zwei Kommunisten aus der Stadt, die nach 1933 im Widerstand gegen Hitler gekämpft haben. Einer davon wäre in Spanien gefallen. Ob der andere noch lebe, wisse er nicht.

„Sag ihm, er soll ihn suchen lassen. Wie kann er behaupten, Kommunisten hätten gemeinsame Sache mit den Faschisten gemacht? Er will Zwietracht zwischen uns und die deutschen Kommunisten säen. Gemeinsame Sache mit den Nazis – eine ungeheuerliche Behauptung. So einen sollte man für diese Frechheit bestrafen, anstatt ihn zum Bürgermeister zu machen."

Michail Baschkow erinnert sich daran, dass Stalin auch eine Zeit lang mit den Nazis zusammengearbeitet hatte. „Das ist doch keiner, der leichtsinnig falsche Behauptungen in die Welt setzt. Wir können ja die deutschen Kommunisten aufrufen, sich zu melden. Dann sind wir schlauer. Wir werden diesen Mann zum Bürgermeister machen, damit wir das Leben dieser Stadt schneller in Fluss bringen. Später können wir immer noch anders entscheiden."

Als die ersten Befehle der sowjetischen Militäradministration in der Stadt veröffentlicht werden, ist Walter Sager Bürgermeister von sowjetischen Gnaden. Bald fließt an mehreren Stellen in der Stadt wieder sauberes Trinkwasser und hin und wieder gibt es für einige Stunden elektrischen Strom. Die Aufräumarbeiten sind gut koordiniert: erst die Straßen, dann die einsturzgefährdeten Gebäude. Es wird schonend beräumt, damit möglichst viel Baumaterial erhalten bleibt. Auf den beräumten Flächen werden aus Altbeständen Baracken für die vielen Flüchtlinge und Obdachlosen errichtet. In den Betrieben sucht man nach Möglichkeiten, aus dem verbliebenen Material für die Kriegsproduktion lebensnotwendige Produkte herzustellen.

Michail Baschkow ist mit dem neuen Bürgermeister zufrieden und staunt über die Bereitschaft und die Fähigkeiten der Deutschen, ihr Überleben zu organisieren. Waren diese abgehärmten, wortkargen und arbeitsamen Menschen wirklich die erbitterten Feinde des Sowjetvolkes? Waren das Faschisten? Sehen sie in uns noch immer die slawischen Untermenschen? Ein rätselhaftes Volk, das jetzt nach unserer Pfeife tanzen soll. Doch was wissen wir von ihnen? Auch in der Heimat leben viele Deutsche. Mal waren sie erwünscht, mal waren sie verhasst. Aber was wissen wir eigentlich von ihnen – und sie von uns?

Er selbst versucht mit seinem neuen Leben zurechtzukommen, dessen Tage ein scharfes, unsichtbares Schwert zerschneidet. Die Vor- und Nachmittage werden von seinen Dienstpflichten beherrscht, von Streitereien um die Versorgung und die Disziplin seiner Soldaten und von Dutzenden Problemen mit den entmündigten Deutschen in dieser Stadt. Die Abende und Nächte gehören den schrecklichen Erinnerungen an die Schlächtereien der letzten Jahre und den Sorgen um die Zukunft seiner Familie. Würde es bald, würde es überhaupt ein Wiedersehen mit Mama, Papa und Bruder Fedja geben?

Ihm ist der Gedanke unerträglich, er würde diese Menschen nicht wiedersehen. Und Tichaja Semlja? Wie wird es aussehen? Wer lebt? Wer ist gefallen, gemordet, verkrüppelt? Wie werden sie dort arbeiten und leben ohne uns junge Männer?

Fast vier Jahre lang ist der Krieg sein albtraumartiger Alltag gewesen. Der plötzliche Frieden ist unwirklich. Müsste ich mich nicht freuen, fragt er sich. Doch nach all dem Schlachtenlärm schreit die Stille des Friedens nachts in seiner Seele, klammert sich an ihr fest und stimmt sie traurig. Die Toten klagen ihn, den Überlebenden, an. Warum mussten wir vor der Zeit sterben, während du überlebt hast? Wir sind gestorben, damit du leben kannst – vergiss das nie!

Michail Baschkow ist froh, zwei Abende in der Woche mit dem deutschen Bürgermeister verbringen zu können. Dienstags treffen sie sich im kleinen Rathaus, sonnabends in der Kommandantur. An diesen Abenden lernt er viel über die Deutschen.

Trotz seiner schrecklichen Erlebnisse in den Lagern und seines schlechten Gesundheitszustandes ist der Deutsche nicht verbittert. In Walter Sagers Augen hat die zwölfjährige Naziherrschaft Deutschland mehr Schaden zugefügt als die unfähigsten Herrscher der letzten 300 Jahre zusammen.

„Davon hatten wir eine Menge.“ Dabei sieht er die sichtbaren Zerstörungen nicht als das Schlimmste an. Schlimmer sind ihm die Verwüstungen in den Köpfen sowie die Vertreibung und Vernichtung eines großen Teils der geistigen Elite Europas.

„Ein Verblödeter konnte ungestraft mit einer Maschinenpistole hundert Wissenschaftler, Philosophen und Künstler ins Jenseits befördern – ein verheerendes Signal an alle Verblödeten dieser Erde. Was hätten diese Barbaren noch angerichtet, wenn ihr sie nicht geschlagen hättet?“

Dieser Deutsche ist aufrichtig dankbar für die Befreiung seiner Heimat von den Faschisten. Daran hegt Michail Baschkow keinen Zweifel. Sein eigenes Schicksal ist ihm dabei nicht so wichtig. Wichtig ist ihm einzig, dass der Faschismus besiegt ist – vorläufig jedenfalls, fügt er, nach all seinen bitteren Erfahrungen mit den Zeitgenossen, stets hinzu.

Bei aller Dankbarkeit, die er den fremden Soldaten zollt, in der Kommandantur prangert er mutig Übergriffe auf unschuldige Menschen an. Plünderungen, blindwütig um sich schießende Betrunkene und Vergewaltigungen gibt es immer seltener. Dafür nehmen die Verhaftungen von, nach Meinung des Deutschen, unschuldigen oder geringfügig schuldigen Einwohnern zu. Nicht nur diesen Mut, sondern vor allem die Selbstverständlichkeit, mit der der Deutsche mutig ist, schätzt Michail Baschkow. Er ist sich sicher, dass dieser Bürgermeister alles ihm Mögliche für seine Stadt durchsetzen wird, ohne dabei der Besatzungsmacht den Respekt zu versagen oder ihr zu schaden. Schon nach wenigen Wochen duzen sie sich. Immer häufiger sprechen sie nach den dienstlichen über private Dinge, tauschen Ansichten über das vergangene und das zukünftige Leben aus, denken darüber nach, was geschehen muss, damit diesem Krieg nicht der nächste folge.

Eines Abends fragt Michail Baschkow den Deutschen, warum er Sozialdemokrat und kein Kommunist geworden sei. Sozialdemokraten wären doch weder Fleisch noch Fisch. Gegen die Ausbeutung des Volkes helfen keine Sozialreformen, sondern nur die Enteignung und Entmachtung der Kapitalisten und Großgrundbesitzer.

Vor dem Krieg, erklärt ihm der Deutsche, sei er der Auffassung gewesen, die Vernunft werde sich am Ende durchsetzen und zu einem gerechten Ausgleich zwischen Kapital und Arbeit führen. Jetzt sehe er das anders. Banken, Großkapital und Junker haben die Nazis unterstützt und so den Krieg wirtschaftlich ermöglicht. Man müsse sie jetzt ebenso zur Verantwortung ziehen wie die Nazi-Bonzen, sie enteignen und ihr Eigentum dem Staat für eine Neuverteilung übergeben. Aber Volkseigentum? Das sei Quatsch. Wenn allen alles gehöre, gehöre niemandem etwas. Die Staatsapparatschiks werden sich mit ihren trägen Hintern auf das Staatseigentum setzen und das Volk genauso nach ihrer Pfeife tanzen lassen, wie es vorher die Großkapitalisten und Junker gemacht haben. „Nein, in Deutschland wird es euren Kommunismus nie geben, Michail."

Diese Ansichten des Deutschen erschrecken Michail Baschkow

und fordern seinen Widerspruch heraus. Nichts ist ihm klarer als die kommunistische Zukunft. Nicht nur der große Stalin, seine Lehrer und Dozenten, sondern auch seine Eltern haben ihm Hunderte Male mit strahlenden Augen die klare Logik der marxschen Entwicklungsgesetze und der leninschen Dialektik erklärt. Der Deutsche versteht nicht, dass der Weg der Menschheit in eine kommunistische Zukunft von Entwicklungsgesetzen vorgegeben ist. Alle anderen Wege sind von vornherein zum Scheitern verurteilt. Warum um alles in der Welt begreift dies der Deutsche nicht, obwohl er so einen scharfen Verstand hat und mit klaren Augen in die Welt blickt?

Vorsichtig versucht Michail Baschkow, dem Deutschen die Lehren seiner kommunistischen Lehrmeister näher zu bringen und ihm zu erklären, warum die Welt eines nicht sehr fernen Tages kommunistisch sein werde, werden müsse.

Der Deutsche hört ihm lächelnd zu und erzählt ihm dann von seiner Bekanntschaft mit dem marxschen Gedankengut während seiner Studentenzeit und bei Auseinandersetzungen mit deutschen Kommunisten. Er verblüfft und erschreckt Michail Baschkow mit seinen genauen Kenntnissen. „Wie du siehst, weiß ich, durch welche Brille gebildete Kommunisten in die Welt blicken."

Das hat Michail Baschkow nicht erwartet. Stets sind seine Gedanken in eine einzige Richtung geeilt: Wer die Gedankenwelt von Marx und Lenin kennt und kein Ausbeuter ist, muss zwangsläufig Anhänger der kommunistischen Bewegung werden.

Vielleicht hat der Politleiter doch recht, wenn er in dem Deutschen nur einen geschickten Gegner der Sowjetordnung sieht? Was liegt denn näher, als in dem von uns besetzten Teil Deutschlands die Sowjetordnung durchzusetzen? Wir sind die Sieger. Wir bestimmen. Die Deutschen stehen unter unserem Befehl. Doch das scheint den Deutschen kaum zu interessieren. Im Gegenteil, er trägt in aller Ruhe seine Bedenken vor: „Nichts gegen eine Räterepublik, Michail. Doch wie wollt ihr in Deutschland etwas einführen, das es bei euch zu Hause schon lange nicht mehr gibt? Eure Sowjetordnung haben Lenin und Stalin beizeiten zu Grabe getragen. Sowjets existieren bei euch doch nur noch dem Namen nach und als Marionetten der Parteibürokratie. Und selbst die Partei hängt inzwischen an Stalins Gängelband."

Zum ersten Mal, seit sie sich kennen, braust Michail Baschkow auf. Er will nicht wahrhaben, was er selbst seit der Verhaftung seiner Eltern mitunter gedacht und schnell wieder verdrängt hat. Er kann, er darf diese Gedanken nicht zulassen. Seine Ideale und die seiner Eltern wären auf der Stelle in Frage gestellt. Nun spricht dieser seltsame Deutsche sie ruhig und schonungslos offen aus.

Nein, nein, wehren sich seine Überzeugungen. Hat sich die Sowjetmacht etwa nicht gegen den Nationalsozialismus durchgesetzt, ihn vernichtend geschlagen? Wir haben gesiegt und gerade der Deutsche sollte uns dankbar sein, anstatt uns zu kritisieren. Das Vaterland darf man nicht in Verruf bringen lassen!

Er verbittet sich jede Kritik seitens des Deutschen. Stalins Leistungen seien unbestritten. Verleumdungen, nichts als Verleumdungen, die man rasch unterbinden müsse.

Walter Sager ist irritiert. So kennt er den russischen Kommandanten nicht. „Wenn es dir unangenehm ist, werden wir nicht mehr darüber sprechen, Michail. Ich dachte, wir zwei könnten unter vier Augen über alles sprechen. Auch ich habe einst große Hoffnung in Sowjetrussland gesetzt. Es war ein Kommunist, Michail, der mich im Konzentrationslager eines Besseren belehrt hat. Er hat einige Jahre bei euch gelebt und dort den Glauben an eine bessere Gesellschaftsordnung verloren."

Der Deutsche verletzt die Spielregeln, die immer noch ich vorgebe, ärgert sich Michail Baschkow. Ziemlich hilflos beendet er das Gespräch. Das hat man davon. Kaum lässt man einen deutschen Sozialdemokraten an die lange Leine, schon fängt er an, die Sowjetunion zu verunglimpfen. Vielleicht sind sie doch Steigbügelhalter des Großkapitals? Nicht mit Michail Baschkow!

Zwei Wochen lang spricht er mit dem Deutschen nur über dienstliche Belange. Doch schon nach wenigen Tagen lässt seine Verärgerung nach und er findet, er habe keine souveräne Kommandantenrolle gegeben. In seinem tiefsten Inneren bewundert er den kranken Deutschen, der seine letzte Kraft an den nicht enden wollenden Problemen dieser verwundeten Stadt abarbeitet – so als trüge er an ihrem gegenwärtigen Niedergang persönliche Schuld. Kein Rachegeschrei gegen seine ehemaligen Peiniger, kein Pochen auf die eigene menschliche Leistung. Nur Freude, dass „die große Dummheit" vorbei ist. Nur Hoffnung, dass seine Landsleute aus dieser totalen Niederlage die richtigen Schlussfolgerungen ziehen werden.

Ist dieser 25 Jahre ältere Deutsche, der im 1. Weltkrieg Soldat gewesen ist, gegen die Nazis gekämpft und dafür gelitten hat und nun diese Stadt für wichtiger hält als sein eigenes Glück nicht Papa ähnlich? Wie mein Vater ist der Deutsche weder unterwürfig noch überheblich, biedert sich niemandem an und nimmt die Probleme anderer Leute ernst. Vater träumt von einem besseren Leben der Bauern, von einem gut geführten Kolchos und dieser Deutsche von einem besseren Leben seiner Landsleute in einer funktionierenden Stadt ohne Nazis. Wie kann ein solcher Mann Gegner der Sowjetunion sein? Unter diesem Blickwinkel scheint ihm das Ganze jetzt lächerlich. Sind Kritik und Selbstkritik nicht anerkannte Prinzipien einer sozialistischen Gesellschaft? Vielleicht sieht dieser Deutsche von außen her Widersprüche, die wir von innen her nicht bemerken?

Zwei Wochen nach ihrem unerfreulichen Disput fragt Michail Baschkow Walter Sager nach dem deutschen Kommunisten, den der im Konzentrationslager kennengelernt hat. Er will wissen, warum der deutsche Kommunist den Glauben an Sowjetrussland verloren habe, nachdem er eine Zeit lang als Sowjetbürger gelebt hat; Bürger des einzigen von Kommunisten regierten Landes gewesen sei.

„Diesmal ohne Verärgerung, auch wenn dir diese Geschichte nicht gefällt?" Walter Sager lächelt. „Gut. Da ich diesem Mann an einem Ort begegnet bin, an dem Lügen nichts eingebracht hat, gehe ich davon aus, er hat mir nur berichtet, was ihm persönlich widerfahren ist. Wie hätte er eine so ungeheure Niedertracht auch erfinden können?"

Walter Sager erzählt Michail Baschkow die nahezu unbegreifliche Geschichte des deutschen Kommunisten, der von einem bei der Polizei tätigen Schulkameraden vor seiner Verhaftung gewarnt wurde und mit viel Glück über Schweden in die Sowjetunion flüchtete. Dort angekommen wurde er sofort festgenommen und lange Zeit verhört.

Anfangs dachte er: Na gut, sie müssen eben alles ganz genau prüfen. Das ist ihre Pflicht. Sonst könnte ja jeder kommen und behaupten, er wäre ein deutscher Kommunist.

Sie befragten ihn nach seiner Parteiarbeit in Deutschland, wollten immer wieder die Namen von Genossen, Verbindungsleuten und Familienangehörigen hören und ließen ihn Berge von Papier vollschreiben. Immer wieder dasselbe und unter unmenschlichen Haftbedingungen.

Eines Tages holten sie ihn, um ihm mitzuteilen, er sei ein imperialistischer Spion, leugnen nütze gar nichts, wenn er alles zugebe, könne er auf Milde rechnen, andernfalls werde er erschossen. Am Ende würde er doch alles gestehen. Wozu also unnötig Zeit vergeuden und leiden?

Er konnte es nicht fassen. Anfangs beteuerte er verzweifelt seine Unschuld, später litt er verbittert. Nacht für Nacht holten und quälten sie ihn. Das war das Schlimmste: Nicht Klassenfeinde, Faschisten, sondern Kommunisten verhöhnten und folterten ihn. Dass er, wie viele andere, in seiner Verzweiflung nicht sofort alles „gestand", machte seine Peiniger zornig. Als sie ihn schließlich so weit hatten, dass er ihnen etwas unterschrieb, verurteilten sie ihn zu 15 Jahren Lagerhaft und schickten ihn in ein Gulag-Lager im Norden.

Wieder ein Schock. Nicht nur ihn, den Ausländer, sondern Tausende Sowjetbürger hatte man willkürlich verhaftet, gefoltert und zu vielen Jahren Lager verurteilt. Man hatte ihn nur so behandelt wie Tausende andere unschuldige Menschen. Kaum einer dieser Unglücklichen hatte anderen Menschen oder der Sowjetunion Schaden zugefügt. Irgendwer hatte sie aus irgendeinem Grund denunziert oder ihre Biografie passte jemandem nicht – das genügte, um ihr Leben auf tragische Weise zu zerstören. Eine Verteidigung gab es für sie ebenso wenig wie ein nachvollziehbares Urteil. Was für eine sinnlose Vernichtung unschuldiger, meist kluger und anständiger Menschen!

Unvorstellbar, dass Stalin, dass das Politbüro davon wusste! Was geschah hier und wozu? Warum sprach man einem anständigen Menschen von heute auf morgen die Existenzberechtigung ab? Machte aus ihm eine Häftlingsnummer, wertlos, überflüssig? Die Unglücklichen arbeiteten eine Weile bei unzureichender Ernährung und mörderischem Klima, starben entkräftet oder erfroren, wurden erschossen oder erschlagen und an Ort und Stelle verscharrt.

Seine Hoffnung auf ein Ende des offensichtlichen Wahnsinns war nahezu verflogen, als man ihn wieder auf Transport schickte. War das die Wende in diesem absurden Spiel?

Tagelang fuhr er mit dem Zug und musste mehrmals umsteigen. Dann warf man ihn nachts, zusammen mit einem anderen Deutschen, auf einem kleinen Bahnhof aus dem Waggon und führte sie außerhalb des Ortes einer kleinen Gruppe zu. Noch in der Nacht ging es zu Fuß weiter. Sprechen war verboten. Am Vormittag tauchte vor ihnen eine Brücke auf und das Herz schlug ihm sofort bis zum Hals. Er erkannte russische und deutsche Grenzpfähle. Man hatte sie zur Grenze gebracht, um sie dort SS-Leuten zu übergeben. Russische Kommunisten übergaben deutsche Kommunisten und Nazigegner an die deutschen Faschisten. Da wurde es ihm schlagartig klar: Stalin wusste alles!

„Einen Bären hat er dir da aufgebunden.“ Ärgerlich unterbricht Michail Baschkow den Deutschen. „Überlegt doch nur, was du da sagst! Was für ein Unsinn. Das reinste Räubermärchen. Wie konntest du ihm das glauben?“

Walter Sager hustet heftig. Als er wieder durchatmen kann, fragt er: „Hast du an der Front einen zuverlässigen Kameraden gehabt, einen, dem du immer vertraut hast und für den du dein Leben gewagt hättest?“

Sofort denkt Michail Baschkow an Serjoscha und nickt. Die Frage irritiert ihn. Ehe er nachfragen kann, sagt der Deutsche nach Luft ringend: „So einer war er, Michail. Sechs Wochen vor Beginn des

Krieges gegen euer Land haben ihn NKWD-Angehörige an die SS übergeben. Zwei Monate später bin ich ihm im Lager begegnet und war bis zu seinem Tod mit ihm zusammen. Dir fällt es schwer, das zu glauben und du willst es nicht wahrhaben. Nur eine Frage werde ich dir noch stellen und dann über diese Tragödie schweigen. Ich frage dich, einen russischen Kommunisten: Was würde es für eure Sache und für jeden anständigen Kommunisten dieser Welt bedeuten, wenn dieser Mann nicht gelogen, sondern alles erlebt hätte, was ich dir erzählt habe?"

Worauf habe ich mich mit diesem verdammten Deutschen eingelassen? Michail Baschkow stellt sich diese Frage, als er an diesem Abend innerlich aufgewühlt auf seinem Feldbett liegt. Was ursprünglich als lehrreiche Deutschstunde angelegt worden ist, hat als Weltanschauungsdisput geendet und in einem Gewissenskonflikt gemündet. Deutsche Kommunisten an die SS ausliefern – so ein Unsinn! Zukünftig werde ich wieder die Spielregeln für die Gespräche mit dem Deutschen bestimmen. Sozialdemokratisches Tohuwabohu wird es ab sofort nicht mehr geben. Was kann ein Deutscher von unseren Lagern wissen? Nicht ein einziges hat er gesehen. Schluss damit!

Doch auch während er schläft, bedrängen ihn schwere Gedanken. Im Traum sieht er seine Eltern. Mutter steht im Sonntagskleid am Ofen. Als sie ihn sieht, lächelt sie, küsst ihn auf die Stirn und sagt: „Micha, mein Lieber, Vater ist wütend, weil du die Schweine in den Garten gelassen hast. Du musst ihn gleich um gut Wetter bitten."

Vater trägt Häftlingskleidung. „Ach was, die Schweine", schimpft er, „deutsche Sozialdemokraten sind ins Lager gekommen und behaupten Kommunisten zu sein. Wie soll man da nicht aus der Haut fahren. Wieso trägst du heute keine Häftlingskleidung? Ich lasse nicht zu, dass der Sohn den Vater verachtet!"

Er wacht auf und sein Herz klopft wild. Die Eltern, denkt er erschrocken in die Dunkelheit hinein, sind doch auch unschuldig dort! Wenn russische Menschen wie ihresgleichen dort hingebracht worden sind, dann ist doch alles möglich. Wenn es so ist, müssen dann nicht die unschuldig Verurteilten am meisten leiden? Müssen sie sich nicht jeden Tag die gleiche Frage stellen: warum, warum, warum?

Ein scharfer Schmerz sticht ihm ins Herz. Ob sie die Eltern ebenso gefoltert haben wie diesen deutschen Kommunisten, von dem Walter Sager erzählt hat? Wer könnte zu solcher Schandtat fähig sein? Ehrliche, anständige Menschen im Namen der Kommunistischen Partei quälen, das ist doch absurd.

Und du, denkt er und spürt dabei, wie ihm das Blut in die Wangen schießt. Was hast du für die Eltern getan? Hast du für sie gekämpft, wie es sich für einen Sohn gehört? Was hättest du tun sollen, tun müssen, um ihre Leiden zu lindern? Du musst sie finden! Sobald es hell ist, schreibst du nach Tichaja Semlja. Vielleicht sind sie längst zu Hause, haben dir schon geschrieben und die Briefe sind verloren gegangen. Sind sie aber nicht im Dorf, werde ich an den Politleiter unseres Regiments schreiben und ihn um Unterstützung bitten. Irgendwer muss doch wissen, wo sich die Eltern befinden.

Mit einem Mal scheint ihm alles zum Greifen nah. Vielleicht ist ja die Begegnung mit diesem seltsamen Deutschen gar kein Zufall gewesen, überlegt er. Ich habe ihm nichts von den Eltern erzählt. Und doch hat er mir von dem deutschen Kommunisten und dessen Erlebnissen in unseren Lagern berichtet; mich auf diese Weise an das Schicksal der Eltern erinnert. Ach was, Vorsehung, weist er sich sofort zurecht, wo bleibt denn hier, bitte schön, die unbestechliche kommunistische Wissenschaft?

Die Sorge um die Eltern bedrückt ihn für den Rest der Nacht. In seinen Gedanken gibt er ihnen Rechenschaft. Niemand konnte oder wollte mir sagen, wohin man euch gebracht hatte. Bedroht und abgewiesen hatten sie mich. Dann kam dieser furchtbare Krieg und hatte sich rücksichtslos in unser aller Leben gedrängt. Hatte nicht zugelassen, dass wir über den nächsten Tag hinaus und über andere Dinge als ihn nachdachten. Jetzt aber ist Frieden, jetzt werde ich nicht eher Ruhe geben, bis ich weiß, wo ihr seid und wie es euch ergangen ist.

Sobald es hell geworden ist, schreibt er mit Bleistift auf Packpapier einen Brief an die Eltern. Er faltet und verklebt ihn. Dann schreibt er einen zweiten Brief an den alten Mamedow in Tichaja Semlja, weil der Alte sich über die Verhaftung seiner Eltern empört und sein Vater von diesem Mann stets mit Hochachtung gesprochen hat.

„Sehr verehrter Herr Mamedow!
Ich schreibe Ihnen aus dem fernen Deutschland, dessen Armeen wir nach so vielen Opfern endlich besiegt haben. Ich hoffe, dass es Ihnen und dem Dorf gut geht und dass ich bald in die Heimat entlassen werde. Ich sehne mich nach den weiten Feldern und nach einem kühlen Bad in der Burnaja Monachinja.

Sehr verehrter Herr Mamedow, ich bitte Sie, den beiliegenden Brief an meine Eltern zu übergeben, da ich seit ihrer Verhaftung nichts mehr von ihnen gehört habe. Ich hoffe, dass sie inzwischen wieder in unserem Dorf leben.

Sollte dies aber nicht der Fall sein, so bitte ich Sie herzlich, mir dies zu schreiben. Dann will ich versuchen, die Eltern schnell zu finden. Irgendwer muss doch über sie Bescheid wissen.

Falls Sie etwas von meinen Eltern wissen oder gehört haben, bitte ich Sie sehr herzlich, mir dies mitzuteilen. Vielleicht ist ja auch mein Bruder Fedja heimgekehrt. Dann soll er mir sofort schreiben.

Es grüßt Sie
Michail Olegowitsch Baschkow“

Das permanente Elend des Krieges ist vorüber; das partielle Elend des jungen Friedens will bewältigt sein. Doch dies scheint nun nur noch eine Frage des Wollens und der Zeit zu sein. Die Menschenhand, die zerstört und gemordet hat, ist erlahmt. Die verbliebene Kraft fließt nun der anderen, der heilenden, der tröstenden, der helfenden, der Leben spendenden Hand zu.

„Was für ein hoffnungsvoller Tag, Michail“, sagt Walter Sager. Seine Augen leuchten. Vor freudiger Erregung hustete er am Morgen Blut. „Der erste Schultag im Frieden und das Trinkwassernetz ist vollständig repariert. Mehl ist gekommen und viele kleine Betriebe sind fast wieder arbeitsfähig. Würden die Leute weniger klauen und ihr weniger demontieren lassen, wäre ich noch zufriedener."

Michail Baschkows Gedanken fliegen nach Tichaja Semlja hinüber. Ob dort die Kinder schon wieder Unterricht haben? Und die erste Friedensernte? Wie sind sie ausgefallen ohne junge Männer im Dorf? Ich sollte dort sein. „Hättet ihr bei uns nicht so viel zerstört, brauchten wir es nicht bei euch zu demontieren." Was er sich einbildet, der Deutsche!

Der lässt sich nicht beirren. „Kann ich verstehen, Michail. Doch das ist zu kurz gedacht. Gestern habt ihr in der Metallfabrik zwei Drehbänke und mehrere Elektromotore demontieren lassen. Hier kann jetzt nicht mehr gearbeitet werden und ihr habt keinen rechten Nutzen davon. Ein Motor ist schon beim Verladen beschädigt worden. Ob die demontierten Maschinen bei euch laufen werden, steht doch überhaupt nicht fest. Wäre es nicht viel besser, mit ihnen hier Dinge herzustellen, die ihr bei euch brauchen könnt?"

„Wir erhalten Befehle und führen sie aus", sagt Michail Baschkow. Ohne Logik scheint ihm der Gedanke des Deutschen nicht zu sein.

Das deutsche Volk hungert. Die russischen Soldaten hungern auch. Es gibt Stimmen, die sagen: Keine Rücksicht auf die Deutschen nehmen. Sie haben den Krieg angefangen, sollen sie dafür büßen. Unsere Soldaten haben gelitten und geblutet, nun sollen sie nicht auch noch hungern.

Es gibt andere Stimmen: Wir dürfen nicht nur an heute, wir müssen auch an morgen denken. Seht die Amerikaner an, die Lebensmittel an deutsche Kinder verteilen und sich um die Kriegswaisen kümmern. Was wird die Welt über uns sagen, wenn wir den Deutschen das zum Leben Notwendige wegnehmen?

Michail Baschkows Befehl, den Unterschied bei den Verpflegungsrationen abzuschaffen, löst bei vielen Offizieren Verärgerung aus. Offiziere und Mannschaftsdienstgrade sollen gleich verpflegt werden. Daraufhin fährt ihn sein Politleiter an: „Ich hab eine Beschwerde ans Regiment geschrieben. Du lässt uns hungern, machst alle gleich und unterbindest nicht, dass einfache Soldaten Brot stehlen und es an deutsche Kinder verschenken."

„Warum musst du fortwährend Gift und Galle spritzen?", knurrt Michail Baschkow zurück. „Schreibst Beschwerdebriefe, anstatt dich mit mir um mehr Nahrungsmittel für alle zu kümmern – für uns und für die Deutschen. Diese Stadt ist uns mitsamt ihren Menschen anvertraut, vergiss das nicht. Und nun zur Gleichmacherei, über die du dich beschwerst. In der faschistischen Wehrmacht wurden Offiziere und Soldaten einheitlich verpflegt. Die sozialistische Rote Armee verpflegt ihre Offiziere besser als ihre Mannschaftsdienstgrade. Wo bleibt da die Logik? Gebe ich den Offizieren wieder mehr, haben die Mannschaften noch weniger. Wäre das nicht eher ein Grund, herumzuschreien? Bleiben die Soldaten, die Brot stehlen. Da weißt du mehr als ich."

Wie es sich herausstellt, luchste der Gefreite Iwanow dem Koch mehrmals ein Stück Brot ab, um es dann an einen deutschen Jungen zu verschenken, der fast täglich an der Kommandantur vorbeikommt.

„Ich konnte nicht anders, Genosse Hauptmann. Ein kleiner Russe, glauben Sie mir, einer von uns. Das nächste Mal werd ich das Stückchen Brot von meiner Ration absparen und es nicht mehr vom Koch holen", erklärt ihm der Gefreite.

Als der Gefreite wieder Posten steht, beobachtet Michail Baschkow die Brotverteilung an den Jungen. Weiß Gott, denkt er, ein kleiner Russe! Slawische Backenknochen und beachtliche Schlitzaugen. Würde bei uns zu Hause nicht auffallen mit seinem russischen Gesicht.

Stumm bleibt der unterernährte Junge auf der Straße stehen und wartet auf das Zeichen des Gefreiten. Der Gefreite nimmt die Brotscheibe aus der Hosentasche und hält sie in Richtung des Jungen. Ohne Scheu kommt der Junge auf ihn zu, schnappt sich das Brot und beißt sofort hinein. Dabei sieht er den Gefreiten unentwegt mit glänzenden Augen an.

Mit sich und der Welt zufrieden wirft der Gefreite Michail Baschkow einen Blick über die Schulter zu. „Dafür, Genosse Hauptmann, nehme ich auch den Arrest in Kauf. Ich hab zu Hause einen Jungen. Ist nach der Frau gekommen und diesem hier wie aus dem Gesicht geschnitten. Nach der Befreiung hat mir meine Frau geschrieben, ein deutscher Soldat habe unserem Kleinen mehrmals eine große Tafel Schokolade und ein Brot geschenkt. Sie haben doch zu Hause ebenso gehungert wie jetzt die Deutschen. Vielleicht hat mein Sohn den deutschen Soldaten damals genauso angeschaut, wie jetzt dieser deutsche Junge mich anblickt. Nun halte ich, immer wenn ich tagsüber Posten stehe, nach dem Jungen Ausschau und freue mich, wenn er an der Straßenecke auftaucht."

So einer bist du also, Gefreiter Iwanow, denkt Michail Baschkow. Er hockt sich vor den Jungen und fragt ihn auf Deutsch nach seinem Namen. „Hans", sagt der Junge leise, ohne das Kauen zu unterbrechen, „Hans Dombrowski."

Sieh mal an, ein „ski", Michail Baschkow streichelt dem Jungen die blonden Haare. „Wo ist dein Vater?"

Der Junge senkt den Blick auf seine Füße und sagt fast flüsternd: „Die Russen haben ihn erschossen."

Als der Junge kauend weitergeht, wendet sich Michail Baschkow an den Gefreiten, der den kurzen Dialog nicht hat verstehen können: „Der Kleine heißt Hans Dombrowski. Kann also gut sein, dass er auch unser Blut hat. Seinen Vater müssen wir wohl auf unsere Kappe nehmen. So ist eben der verdammte Krieg. Hören Sie, Iwanow, zukünftig spendieren wir beide je eine halbe Scheibe von unserer Brotration für den Jungen. Auf diese Weise nehmen wir den Kameraden nichts weg und der Politleiter wird ein Einsehen mit uns beiden Nachgiebigen haben."

Der Gefreite Iwanow erkrankt schwer, kommt in ein fernes Lazarett und wird dann demobilisiert. Der deutsche Junge gerät in Vergessenheit.

An einem Septembertag rüffelt Michail Baschkow den Wachhabenden wegen der Unordnung vor der Kommandantur. Da erkennt er am Ende der Straße den Jungen. Er holt eine Scheibe Brot und geht wieder vors Tor. Der Junge ist auf der anderen Straßenseite geblieben und hat inzwischen die Kommandantur passiert. Als Michail Baschkow – das Brot in der Hand – nach ihm ruft, kommt der Junge ein paar Schritte auf ihn zu, bleibt dann stehen und blickt unschlüssig auf eine Hochschwangere, die ihm mit strenger Stimme zuruft: „Zurück kommste, sofort!“

„Sie geben mir doch immer Brot“, erklärt ihr der Junge.

„Biste een Glumskopp? Ich werd dir gleich verwimsen! Von de Russen Brot nehmen! Papa hamm se totjeschossen und uns de Heimat jenomm'n. Tät mich nich wundern, wenn das Brot verjiftet is.“ Sie fasst den Jungen fest am Arm und zieht ihn so schnell von der Kommandantur weg, dass er Mühe hat, ihr zu folgen und mehrmals stolpert. Während die beiden um die Ecke biegen, denkt Michail Baschkow traurig: Den Jungen werden wir wohl nicht wiedersehen.

Die Frau hat nicht wissen können, dass Michail Baschkow einige ihrer Worte verstanden hat. Der unverhohlene Hass der Hochschwangeren trifft ihn tief. Weniger ihre Worte als vielmehr ihre Gesten und ihr Gesichtausdruck haben seine Seele verletzt. Eine Weile steht er unschlüssig mit dem Brot in der Hand auf dem Gehweg. Als er den Wachposten wieder wahrnimmt, ärgert er sich, weil dieser Zeuge der Zurückweisung geworden ist. „Die lässt lieber ihr Kind hungern, ehe sie von uns ein Stück Brot nimmt“, sagt er zu dem jungen Soldaten.

„Als ob sie Grund hätte, nach alldem auf etwas stolz zu sein, Genosse Hauptmann“, erzürnt sich der Soldat.

Auf dem Weg ins Zimmer verfliegt Michail Baschkows stille Wut. Er ist nur noch traurig. Auf beiden Seiten nichts als Verluste und Demütigungen. Frage einen Russen und er wird die Deutschen anklagen. Frage einen Deutschen und er wird uns Russen anklagen. Wie wollen wir jemals wieder zusammenkommen, wenn die Deutschen nicht bereit sind, die Hauptschuld auf sich zu nehmen und zu sagen: Wären wir hübsch zu Hause geblieben, müssten wir euch Russen jetzt nicht ertragen.

Vielleicht verlange ich zu viel von den Deutschen. Ihre Wunden sind dafür noch zu frisch und der Schock der totalen Niederlage hat sie traumatisiert. Jahre werden vergehen müssen, ehe wir einander wieder offen in die Augen sehen können. Vielleicht wird es erst unseren Kindern gelingen.

Vor dem Einschlafen denkt er wieder an die Hochschwangere und deren in seiner Herbheit schönes Gesicht. Wenn ich ihre Worte richtig verstanden habe, hat sie ihren Mann und ihre Heimat unsretwegen verloren. Vielleicht hat sie in dieser schweren Zeit noch mehr Kinder durchzubringen? Könnte es nicht möglich sein, dass ich ihren Mann getötet habe? Sofort taucht der Deutsche in seinen Erinnerungen auf, den er aus der Weide geschossen hat. Blut steigt ihm ins Gesicht. Aber das ist doch Blödsinn! Selbst wenn es so wäre: Krieg ist Krieg. Wer hat nicht Schuld auf sich geladen und wer muss nicht sühnen? Es ist schon erstaunlich, wie sich der erste Mensch, den man tötet, in die Erinnerungen einbrennt wie ein Brandeisen in das Fell eines Tieres.

Diesmal träumt er vor dem Aufwachen von Kusma Konews Kolchospferden, die gut gelaunt über die Weide von Tichaja Semlja galoppieren. Der krummbeinige Kusma Konew blickt zufrieden auf die Pferde. Dann dreht er ihm das Gesicht zu und sagt: „Dein Vater wäre stolz auf die Pferde."

Ich sollte mit den Eltern im Dorf sein, quält er sich beim Erwachen. Er ist völlig durchgeschwitzt.

Am gleichen Tag quartiert sich in der Kommandantur ein Hauptmann der Sowjetischen Militäradministration ein, der Michail Baschkow gegenüber bei allem, was die Zusammenarbeit mit den Deutschen betrifft, weisungsberechtigt ist.

Michail Baschkow ist erleichtert. Für die Politik ist er nicht geboren. Ein schlüpfriger Boden ist ihm das Politische immer gewesen und dessen Kälte gegenüber Einzelschicksalen behagt ihm nicht. Auch für das Herumkommandieren in einer deutschen Stadt ist er nicht geschaffen. Er ist froh, in Walter Sager einen fähigen Bürgermeister gefunden zu haben. Sie sind beide bemüht, den Bergen von Problemen nicht noch überflüssige, selbstverschuldete hinzuzufügen. Über jede kleine Verbesserung der misslichen Lage freuen sie sich gemeinsam.

Diese menschlich angenehme Zusammenarbeit ist offensichtlich vorbei. Doch Grund zum Klagen gibt es für ihn nicht. Im Gegenteil, vieles wird jetzt leichter für ihn. Er hat wieder mehr Zeit für sein Bataillon und nimmt an den Absprachen mit den Deutschen vorwiegend nur noch als Dolmetscher teil.

Der forsche Hauptmann von der Militäradministration, kurz SMAD, lässt keinen Zweifel daran aufkommen, wer jetzt hier das Sagen habe. Er verkündet allen seine klar überschaubaren Ziele. Hauptziel Nummer 1: Die Deutschen für die Nazis büßen lassen. Hauptziel Nummer 2: Aus der Sowjetischen Besatzungszone – später vielleicht aus ganz Deutschland – ein kleines Russland machen.

Die dafür erforderlichen Maßnahmen sind ebenso gut zu überschauen wie die beiden Hauptziele. Erstens: produzieren lassen, beschlagnahmen, demontieren, verfrachten. Zweitens: Kapitalisten und Großgrundbesitzer (die deutschen Kulaken) enteignen. Drittens: Einführen der bewährten sowjetischen Militärgerichtsbarkeit, Einrichten von Speziallagern oder „ab nach Sibirien". Viertens: Deutsche finden, die bereit sind, die sowjetischen Befehle auszuführen und das Leben im Land Schritt für Schritt auf neue Grundlagen zu stellen.

Wer immer sich diesem Neuaufbau widersetze, werde verhaftet und vor ein sowjetisches Militärtribunal gestellt. Das nächste NKWD-Lager befinde sich auf dem Gelände eines ehemaligen Kriegsgefangenenlagers in der Nähe der Stadt Neubrandenburg und trage die Bezeichnung „Speziallager Nummer 9". Die Deutschen nennen es „Lager Fünfeichen".

Michail Baschkow ist entsetzt. Er denkt an seine Eltern. Erinnert das nicht alles an die Zeit der „Säuberungen" zu Hause? Er schämt sich vor Walter Sager, der, im Gegensatz zu ihm selbst, den Mut hat, sich der Willkür ruhig und sachlich entgegenzustellen.

„Mit dem wird das nichts. Man muss ihn davonjagen, den Arbeiterverräter!", erleichtert sich der Politleiter.

„Noch ist es dafür zu früh", orakelt der Hauptmann von der Militäradministration. „In Deutschland gibt es nun einmal mehr Sozialdemokraten als Kommunisten. Sollen sie sich ruhig eine Weile in

Sicherheit wiegen und helfen das Leben zu normalisieren. Haben wir sie erst einmal in einer neuen Partei, ist es schnell aus mit ihnen.“

Der harte Winter hat kein Erbarmen mit der Not der Menschen. Sie leben nach dem Motto: Keiner soll hungern ohne zu frieren. Das gilt für viele Rotarmisten ebenso wie für die meisten Deutschen. Nur einige sind etwas gleicher als die anderen. Wer mehr hat, schlägt aus dem Elend anderer Kapital.

In ihrem Elend kümmern sich die Menschen nicht um die Strafen, die ihnen für Diebstahl, Schwarzhandel, Hamsterfahrten und Holzschlagen in den Wäldern angedroht werden. Was sind die Drohungen in den Zeitungen gegen das Weinen hungernder und frierender Kinder?

Der forsche Hauptmann fordert ungehalten den rascheren Aufbau von Polizei, Betriebs- und Flurschutz, die Gewinnung von zuverlässigen Informanten und die exemplarische Bestrafung einiger gefasster Übeltäter.

Walter Sager ist der Meinung, es gebe inzwischen schon wieder genug Polizisten. Wichtiger wäre es, den Menschen das Überleben zu ermöglichen. Solange es am Notwendigsten fehle, müsse man in Kauf nehmen, dass den Menschen jedes Mittel zum Überleben recht sei. Wer schaue schon zu, wenn seine Kinder verhungern oder erfrieren? Die oftmals unüberlegten Demontagen und Beschlagnahmungen wären dabei ein großes Hindernis. Kaum habe man die Stromversorgung für die meisten Betriebe gesichert, fehlen schon wieder Maschinen und Motoren. Außerdem habe man Fachleute verhaftet, obwohl sie keine Nazis gewesen seien. Wer nehme solche Verhaftungen vor und warum? Die Besatzungsmacht müsse sich entscheiden: Wolle sie eine zunehmende Normalisierung in der Stadt oder wolle sie von Polizisten bewachte Verzweiflung?

Der Politleiter empört sich und der Hauptmann tobt und droht mit Konsequenzen. Den Krieg habe Deutschland angezettelt und verloren. Da könne er nicht erwarten, dass sich die sowjetische Militäradministration zuerst um das Wohlergehen des deutschen Volkes kümmere. Solange unsere Soldaten hungern, müssen auch die Deutschen hungern.

Walter Sager erwidert ruhig: Geschrei und Drohungen statt Argumente, das kenne er schon von den Nazis.

Augenblicklich ist das Gespräch beendet.

Eine Woche später nehmen an den Zusammenkünften zwei Männer teil, die Michail Baschkow noch nicht gesehen hat. Auf seine Nachfrage erklärt ihm der Hauptmann, der Größere sei ein zur Roten Armee übergelaufener Antifaschist, inzwischen Mitglied der KPD. Er werde sich vorwiegend um die Organisation einer neuen Arbeiterpartei in der Stadt kümmern. Der Kleinere, ein einarmiger Kriegsinvalide, sei ein wahres Organisationswunder. Unter den Nazis sei er für Erfassung und Verteilung aller möglichen Dinge zuständig gewesen. Politisch ein kleiner Mitläufer, den man ohne Probleme entnazifiziert habe.

„Der frisst uns jetzt aus der Hand."

Walter Sager hustet, schweigt und macht sich seinen Reim auf die beiden neuen Helfer.

An einem milden Märztag im Frühjahr 1946 findet Michail Baschkow unter der Dienstpost einen Brief aus Tichaja Semlja. Sofort beginnt sein Herz stärker zu klopfen. Die Handschrift auf dem Umschlag ist ihm unbekannt. Weder Vater noch Mutter, denkt er enttäuscht. Der alte Mamedow? Nein, eine Nina Zwetkowa hat den Brief abgeschickt. Der Name sagt ihm nichts.

Ungeschickt öffnet er den Umschlag, entfaltet den Brief und sieht, er ist bereits am 21. November geschrieben worden. Nicht zu glauben, wie lange sich Briefe herumtreiben können!

„Lieber Genosse Hauptmann Baschkow!

Wundern Sie sich bitte nicht, weil ich Ihnen schreibe. Ich weiß ja nicht einmal, ob Sie sich überhaupt an mich erinnern können. Ich heiße Nina Zwetkowa, bin die Tochter der Anjuschka Zwetkowa, geborene Lukaschenkowa, und des Lehrers Dimitrij Zwetkow. Ich schreibe Ihnen, weil es das Schicksal wollte, dass ich nun im Haus des verehrten Igor Grigorjewitsch Mamedow wohne, an den Sie Ihren Brief gerichtet haben und der leider aus Kummer über die Zerstörungen in unserem Dorf gestorben ist. Da damals auch die Häuser meiner Eltern und Großeltern zerstört worden sind und ich niemanden mehr habe, bin ich, zusammen mit der inzwischen gestorbenen Sinaida Achmatowa, in das Haus der Mamedows gezogen. Hier wohne ich jetzt gemeinsam mit Igor Grigorjewitsch Mamedows ältester Tochter Irina Sedowa, die sehnsüchtig auf die Rückkehr ihrer Söhne wartet. Neben uns, im Haus der verstorbenen Prischins, wohnt die jüngere Mamedow-Tochter Larissa mit ihrer Familie.

Lieber Genosse Hauptmann Baschkow, als Ihr Brief hier ankam, wussten wir nicht, wie wir uns verhalten sollten. Doch nach einigen Tagen haben wir beschlossen, den Brief zu öffnen. Jetzt sind wir Dummen froh darüber, dass wir den Brief nicht ungeöffnet zurückgeschickt haben. Mir wurde die Aufgabe übertragen, Ihnen zu schreiben.

Nun habe ich die ganze Zeit von uns berichten müssen, damit Sie die Zusammenhänge verstehen und sich nicht beschweren, weil fremde Leute Ihren Brief geöffnet haben. Dabei warten Sie sicher die ganze Zeit auf eine Nachricht von Ihren Eltern. Leider sind Ihre Eltern seit ihrer Verhaftung nicht wieder ins Dorf zurückgekehrt. Ich möchte Ihnen so gerne Mut zusprechen, aber die Ehrlichkeit verlangt klare Worte. Von den viel zu vielen Menschen, die in jenen Jahren in unserem Dorf verhaftet worden sind, ist bisher nur ein Einziger zurückgekommen. Er will aber nicht darüber sprechen, ‚solange die Dinge so sind, wie sie sind'. Von einigen anderen wissen wir inzwischen, dass sie im Lager gestorben sind, obwohl sie gesunde, kräftige Menschen gewesen sind. Im Dorf gibt es aber auch Betroffene, die nach dem Sieg über die Faschisten den Mut zu einem Gesuch aufgebracht haben. Man hat sie geladen und ihnen mitgeteilt, in welchem Lagerbereich ihre Angehörigen leben, ob sie nach Verbüßen ihrer Strafe dort bleiben müssen oder ob sie nach Hause zurückkehren dürfen. Einigen hat man inzwischen zugesichert, die Fälle ihrer Angehörigen zu prüfen.

Vielleicht sollten auch Sie ein Gesuch an die zuständigen Behörden richten. Sie sind ein kampfgeprüfter Offizier und Ihre Eltern waren und sind im Dorf geachtete Menschen.

Zum Schluss möchte ich eine herzliche Bitte an Sie richten. Kommen Sie, sobald man Sie demobilisiert, in unser Dorf zurück, um uns zu helfen. Nichts brauchen wir hier dringender als kräftige, junge Männer. Es gibt bei uns so viele Alte und Kriegsinvaliden, die nur an ihr tägliches Überleben denken können. Doch was soll aus dem Dorf werden, wenn wir nicht ausreichend für die Zukunft unser Kinder sorgen? Kommen Sie! Mit der Heimaterde unter den Füßen werden Sie auch besser für Ihre Eltern kämpfen können.

Seien Sie herzlichst gegrüßt von allen und denken Sie an die Felder und Wiesen von Tichaja Semlja. Wir warten auf Sie.

Den Brief an Ihre Eltern schicke ich Ihnen ungeöffnet zurück.

Ihr Bruder Fedja ist leider auch noch nicht ins Dorf gekommen.

Von allen soll ich Sie herzlich grüßen.

Ihre Nina Zwetkowa“

Trauer und Dankbarkeit mischen sich in seiner Brust. An den Lehrer Zwetkow und besonders an dessen schöne Frau kann er sich gut erinnern, an deren Tochter jedoch nicht. Obwohl er keine Erinnerungen an sie hat, vertraut er der Briefschreiberin sofort und ohne jeden Zweifel. Ihre klare und zugleich mitfühlende Ausdrucksweise trifft seinen Kopf und sein Herz gleichermaßen. Erst einige Tage später fällt ihm das hochgewachsene Mädchen mit den langen, dünnen Armen und Beinen ein, das er zwei- oder dreimal vor dem Haus des Lehrers gesehen hat. Ist dieses Mädchen die Briefschreiberin? Er rechnet nach und kommt zu dem Ergebnis, dass sie jetzt um die Zwanzig sein müsste und als Briefschreiberin in Betracht käme.

Er denkt wieder an die Eltern, von denen er seit ihrer Verhaftung nichts gehört hat. Kein einziges Lebenszeichen; so als wären sie vom

Erdboden verschwunden. Zorn und Trauer gewinnen nun in seiner Brust die Oberhand. Im Dorf sind die Eltern also nicht, überlegt er. Dann bleiben nur zwei Möglichkeiten: Entweder sind sie in einem Lager, das ich schleunigst ausfindig machen muss, oder sie sind tot.

Beim Gedanken an den Tod der Eltern spürt er einen schmerzhaften Stich in seiner Brust. Augenblicklich erinnert er sich an den deutschen Kommunisten, von dessen Schicksal ihm Walter Sager erzählt hat. Alles scheint ihm mit einem Mal wieder möglich zu sein. Wenn es plötzlich „richtige" und „falsche" Kommunisten gibt, die dazu übergehen einander umzubringen, ist dann mit den Eltern nicht alles, auch das Allerschlimmste, möglich?

Sobald er den Tagesablauf organisiert hat, setzt er sich an den deutschen Schreibtisch und schreibt ein Gesuch an den Politleiter seines Regimentes. Er befreit seine schmerzende Seele von der auf ihr lastenden Scham. „Es gibt für mich keinen Zweifel daran, dass die Verhaftung meiner Eltern einem schweren Irrtum geschuldet oder durch falsche Zeugenaussagen bewirkt worden ist. Man muss ihren Fall prüfen! Ich bin zutiefst davon überzeugt, danach wird man sie auf der Stelle freilassen."

Als er das Gesuch geschrieben hat, fühlt er sich erleichtert. Die Eltern werden bestimmt bald frei sein, denkt er euphorisch, dann werden wir gemeinsam dabei helfen, Tichaja Semlja wieder aufzubauen. Ich werde mein Studium abschließen und danach eine Familie gründen. Der inzwischen demobilisierte Serjoscha wird mich jedes Jahr besuchen und alles wir gut werden.

Wieder schämt er sich, weil er nicht viel früher ein Gesuch eingereicht hat. Nein, so was! Da muss mich erst diese Zwetkowa mit der Nase darauf stoßen! Wie soll ich mir das jemals verzeihen können?

Ende März kommt Walter Sager nicht mehr zu den Besprechungen, die inzwischen eher Rapporten gleichen. Er sei sehr krank, heißt es, wir werden auch ohne ihn zurechtkommen. Besser zurechtkommen, fügt der Politleiter hinzu und blickt Michail Baschkow vorwurfsvoll an. „Gegen einen Zusammenschluss von Kommunisten und Sozialdemokraten zu einer gemeinsamen Arbeiterpartei sträubt er sich. Das werden wir nicht lange dulden."

Der Hauptmann von der SMAD lächelt Michail Baschkow ins Gesicht. „Ich weiß, wie nahe Ihnen dieser Deutsche steht. Ein tapferer und kluger Mann, dem die Stadt und wir viel zu verdanken haben. Das verstehe ich sehr gut. Doch die neue Einheitspartei wird kommen, wird bald kommen, weil wir es so wollen. Wer sich dagegen stellt, ist schlecht beraten. Wir werden das nicht zulassen. Gegner der Einheitspartei werden wir nur einmal bitten, ihren Standpunkt zu überdenken. Danach werden wir handeln. Einen wie Ihren Deutschen werden wir vielleicht auch zweimal bitten. Dreimal aber bitten wir keinen Sterblichen. Reden Sie mit ihm darüber. Auf Sie wird er vielleicht hören. Es wäre nicht gut für den Ruf der neuen Macht, wenn wir ihn ausschalten müssten."

„Wir können doch nicht einen Mann bestrafen wollen, der gegen die Nazis gekämpft hat und den die Menschen in dieser Stadt achten!", erwidert Michail Baschkow erregt.

„Und ob wir das können!", sagt der forsche Hauptmann.

Die beiden Deutschen am Tisch nicken zustimmend und lächeln vieldeutig.

Walter Sager fällt das Sprechen schwer.

„Er ist noch schwach", erklärt seine Frau Michail Baschkow, der betroffen auf das schmale, blasse Gesicht des einzigen Deutschen sieht, der ihm, trotz heftiger Dispute, menschlich nahe steht und den er aufrichtig achtet. Das Wort „noch" drückt die Hoffnung der Frau auf eine Genesung aus.

„Setz dich", sagt der Deutsche mit heiserer Stimme und gibt seiner Frau das Zeichen, einen Stuhl ans Bett zu stellen. Michail Baschkow setzt sich und sieht in das eingesunkene Gesicht des Kranken, dessen blaue Augen das spöttische Funkeln und jeden Glanz verloren haben. Mit solchen Gesichtern kennt er sich seit dem Krieg aus. Er wird sterben, denkt er traurig.

Als habe der Deutsche seine Gedanken erraten, sagt dieser:

„Schön, dass du noch einmal gekommen bist, Michail. Meine Kraft ist aufgezehrt. Die Stadt braucht einen neuen, gesunden Bürgermeister. Am besten einen, der keiner Partei angehört. Der Opitz wäre so einer. Ein grundanständiger Kerl."

„Noch ist nicht aller Tage Abend", versucht ihn Michail Baschkow mit einer Lüge zu beruhigen. Diese Redewendung und deren Bedeutung hat ihm Walter Sager beigebracht. Jetzt nur nicht über Politik sprechen. Ein flinker Gedanke rauscht durch die Windungen seines Gehirns: Meine Güte, vier Jahre waren Deutsche meine erbitterten Feinde. Ich hasste sie wie blutsaugendes Ungeziefer. Und nun sitze ich in Deutschland am Bett dieses Mannes, bin traurig, weil er sterben wird und möchte ihn so gerne weiter an meiner Seite wissen.

Dieser sterbende Mann ist sich stets treu geblieben. Er hat sich verpflichtet gefühlt, seinen Mitmenschen zu geben, was zu geben er in der Lage war und hat für seine Überzeugungen sein Leben gewagt. Haben Papa und Mama nicht ebenso gehandelt?

„Michail", Walter Sagers Stimme ist sehr leise, „du warst für mich nie ein fremder Besatzer, sondern ein Kamerad in schwieriger Zeit. Wie gut wäre es, könnten alle Russen und Deutschen so zusammenarbeiten wie wir. Wenn unsere Völker es nicht lernen, aus diesem furchtbaren Gemetzel die richtigen Schlussfolgerungen zu ziehen, mit- und nicht gegeneinander zu leben, werden sie beide bedeutungslos werden. Wir dürfen eine Einteilung der Völker in gute und schlechte nicht zulassen, sonst wird es neue Kriege geben." Das Sprechen strengt ihn an.

Michail Baschkow streichelt die kalte Hand des Deutschen. „Schon gut Walter", sagt er, „ich habe alles verstanden."

Erschöpft schließt Walter Sager die Augen. Michail Baschkow versucht, vorsichtig seine Hand von der des Kranken zu lösen. Da öffnet der wieder seine Augen und sagt so leise, dass Michail Baschkow sein Ohr näher an den Mund des Deutschen bringen muss: „Michail, unsere Länder werden wieder auf die Beine kommen. Unsere Völker sind zäh. Aber ihr dürft aus der Ostzone nicht Klein-Russland machen wollen und müsst die Amerikaner daran hindern, aus der

Westzone Klein-Amerika zu machen. Es gibt keine guten oder schlechten Völker. Es gibt immer nur verdorbene oder anständige, kluge oder dumme Führer."

Eine Woche vor Gründung der neuen Einheitspartei wird Walter Sager begraben. Der Friedhof ist voller Menschen. Der Redner würdigt kurz das Leben des Verstorbenen und sagt zum Schluss, er sei sich sicher, Walter Sager wäre als einer der Ersten der Einheitspartei beigetreten, die jetzt gegründet werde. Einen Kranz der Militärverwaltung gibt es auch. Michail Baschkow darf ihn niederlegen. Er sieht auf die abgehärmten Gesichter der Menschen, von denen viele Tränen in den Augen haben. Wie konnten diese Menschen und wir nur so erbittert gegeneinander kämpfen, denkt er. Nein, das deutsche Volk ist nicht verdorben und nicht verloren. Walter wäre stolz, wenn er diese Menschen hier sehen könnte. Mit den verkommenen Deutschen, die in Nürnberg auf der Anklagebank sitzen, haben diese Menschen nichts gemein. Ist es denn wirklich so wichtig, in welcher Partei sie sich organisieren, um ein neues Deutschland aufzubauen? Von den Menschen, die Walter Sager zu Grabe tragen, ist doch keiner unser Feind!

Zwischen den vielen Menschen am Grab erkennt er Walter Sagers zierliche, gebeugte Frau, die von ihrer Tochter gestützt wird. Beide stehen noch am Grab, als die Menschen den Friedhof längst verlassen haben.

Kaum auf der Straße, sind die Menschen schon wieder mit ihren Sorgen beschäftigt und müssen sich mit aller Kraft um ihren beschwerlichen Alltag kümmern. Den zuverlässigen Freund, der da unter den vielen Kränzen liegt, haben sie in diesem alltäglichen Kampf verloren.

Drei Wochen nach Walter Sagers Begräbnis wird Michail Baschkows Bataillon aus der Stadt abgezogen. Der Hauptmann von der SMAD bleibt mit einem Zug neuer Soldaten in der Kommandantur zurück.

Der Regimentskommandeur empfängt Michail Baschkow freudestrahlend: „Schon in zwei Tagen beginnt das Verlegen unseres Regiments in die Heimat. Dein Bataillon wird als erstes verladen.

Sollen sich ab jetzt andere mit den verfluchten Deutschen herumärgern. Wir Soldaten sind zum Kämpfen geboren. Wir taugen nicht als Ersatzpolitiker. Was verstehen wir schon davon? Freuen wir uns auf das Wiedersehen mit unseren Lieben daheim."

„Mit denjenigen, die noch am Leben sind", dämpft Michail Baschkow die Freude seines Vorgesetzten.

Beim Verladen staunt Michail Baschkow nicht schlecht über die mitgeführte Bagage einiger Kameraden. „Drücken wir ein Auge zu. Schließlich haben die Männer die deutschen Schweinehunde besiegt", gibt ihm der Regimentskommandeur zu verstehen.

Michail Baschkow ist enttäuscht. Offensichtlich haben einige gegen seine Befehle gehandelt. Wie können sie sich nur an Dingen erfreuen, die anderen Menschen gehören – gehörten? Wie passen Beutegut und kommunistische Erziehung zusammen? Im Krieg sei alles anders, heißt es. Das begreift jeder. Aber müssen wir im Krieg unsere Erziehung vergessen und einen Salto rückwärts machen?

Nun gut, beruhigt er sich, in der Heimat werden den Soldaten bald wieder andere Tugenden abverlangt. Soll ich die bestohlenen Deutschen bedauern? Die haben genug auf dem Kerbholz. Nur der Salto rückwärts will mir nicht schmecken.

Tagelang rattert der Zug durch Deutschland, Polen und die Sowjetunion. Überall das gleiche Bild: geplagte Menschen in zerstörten Ortschaften. Wunden und Elend wohin man sieht. Nur die Natur kümmert sich nicht um die verzwickten Probleme der verwirrten Menschen. Sie blüht und duftet, summt und zwitschert, tröstet die Menschen und macht ihnen Mut auf ein neues Leben.

Haben nicht alle Völker gelitten und einen hohen Blutzoll entrichtet, denkt Michail Baschkow, der mit seinen Kameraden im Bereich der Waggontür sitzt und seine Unterschenkel ins Freie baumeln lässt.

Den Siegern geht es nicht besser als den Besiegten. Wer um alles in der Welt hat Nutzen vom Krieg? Die Völker haben zunächst nichts als Verluste zu beklagen, das steht schon einmal fest.

Und ihre Führer? Die der Besiegten stehen mit leeren Händen und großer Schande da. Und unsere? Die Propaganda preist sie als Helden des Krieges, als Väter des Sieges. Doch was für einen Sieg gibt es für sie zu feiern, wenn sie die Zerstörung der Heimat und den Tod von Millionen Sowjetbürgern nicht verhindern konnten? Und Truman? Lässt Atombomben auf japanische Städte werfen. Müsste er nicht auch in Nürnberg auf der Anklagebank sitzen, so wie Walter Sager es gefordert hat? „Die Deutschen und die Japaner haben ihre bitteren Lektionen gelernt. Aber die Siegermächte? Spielen sich als moralische Instanz auf. Denk an meine Worte, Michail. Ich befürchte, es wird nicht heißen, wehe den Besiegten, sondern, wehe den Siegern. Ihre Fehler und Schandtaten werden vom Glorienschein des Sieges überstrahlt und im Siegestaumel übersehen."

Hör auf Trübsal zu blasen und freu dich auf die Heimat, reißt er sich von diesen Gedanken los, als ihnen von einem Feld aus junge Frauen zuwinken. Er erinnert sich an die Worte seines Freundes Serjoscha Pawlowskij: Michail, lass das Grübeln sein. Ob seine Schwestern wirklich so schön sind?

Am vierten Tag nach der Rückkehr des Bataillons in die Heimat wird Michail Baschkow demobilisiert.

„Hör zu, Genosse Baschkow", sagt ihm der Politleiter des Regiments beim Abschied, „ich gebe dir ein Schreiben an die zuständige Parteileitung mit. Darin habe ich dich in den höchsten Tönen als einen aufrichtigen Kommunisten gelobt. Ich bitte die Sesselfurzer, den Fall deiner Eltern wohlwollend zu prüfen und dir den baldigen Abschluss deines Studiums zu ermöglichen. Das zweite Schreiben ist vom Regimentskommandeur. Er hat dich als vorbildlichen Offizier und umsichtigen Ortskommandanten geschildert. Das wird die Sesselfurzer hoffentlich beeindrucken.

Und nun wünsche ich dir alles Gute. Vergiss uns alte Armeehengste nicht ganz. So viele prachtvolle Kameraden verlassen uns jetzt und wir bleiben zurück, um uns mit Milchbärten herumzuärgern und unsere Jahre abzubrummen."

Noch in Uniform, sein Köfferchen in der Hand, geht Michail

Baschkow durch die große, fremde Stadt, die noch dabei ist, ihre Kriegswunden zu lecken und deren hastende Bewohner keinerlei Notiz von ihm nehmen.

Unschlüssig läuft er eine Weile durch die Straßen. Sein Blick fällt auf das abgestoßene Köfferchen. Mit ihm ist er vor fünf Jahren in den Krieg gezogen. Wertsachen hat es während des langen Krieges nie aufgenommen. Und jetzt sind die beiden Briefe an die Bezirksparteileitung sein wertvollster Inhalt.

Er blickt in die gleichgültigen Gesichter der eilenden Passanten. Vier Jahre war ich im Krieg und ein Jahr in Deutschland, ihr Gleichgültigen, ruft er ihnen in Gedanken zu. Vier Jahre von einer Schlacht zur nächsten. Ich habe so viele Kameraden verloren, war dreimal verwundet, hab mich nicht um das Schicksal der Eltern kümmern können und hab mein Studium unterbrechen müssen, ihr Gleichgültigen! Ihr könntet mich müden Krieger ein wenig freundlicher willkommen heißen!

Doch sofort hört er ihre verächtliche Antwort: Ach was auch! Wir alle waren vier Jahre im Krieg. Was ist schon Besonderes daran? Sei froh, dass du überlebt hast und mach dich gefälligst an die Arbeit! Du siehst doch selbst, was überall zu tun ist. Glaubst du, der Frieden sei ein einziges Zuckerschlecken?

Frieden, denkt er. Heimat! Ich lebe! Sein Herz klopft. Er geht und geht und kann das Glück noch nicht fassen.

„Wird es jetzt nicht Zeit, wieder nach Erwin Hofschneider zu sehen", fragte Hans Mascharek.

„Hältst dich wieder einmal für klüger", erwiderte das Dreiäugige. „Glaubst du, ich habe dir Michail Baschkows Schicksal ohne Grund so ausführlich gezeigt? Immerhin hast du insoweit recht, dass für Michail Baschkow der Krieg zu Ende ist, für Erwin Hofschneider aber noch lange nicht. Seit seinem Abmarsch aus Tichaja Semlja war er nur auf dem Rückzug und bis zuletzt bereit, alles ihm Mögliche für einen deutschen Sieg zu geben. Die Niederlage rückte erst mit der Kapitulation in sein Blickfeld. Begriffen hat er sie noch nicht. Sieh nach, wie es ihm ergangen ist."

Nur einen Wimpernschlag später schwebte Hans Mascharek über einem Bahnhof und näherte sich von hinten einem dort bereitgestellten Güterzug.

„Güterwaggons werden im Krieg ihrer Bestimmung beraubt", belehrte ihn das Dreiäugige. „Das Militär missbraucht sie, lässt sie jetzt Panzer, Geschütze, Munition, Verbandsstoffe, Pferde und Soldaten transportieren. Tag und Nacht rumpeln sie an die Fronten und bringen von dort Siegesbeute, beschädigtes Kriegsgerät, verwundete Soldaten und gefangene Feinde zurück.

Gefangene Feinde sind der lebende Beweis für die Fähigkeit der Generäle, eine siegreiche Schlacht zu schlagen. Bilder, die gefangene Feinde in anscheinend endlosen Reihen marschierend oder mit demütigen Blicken hinter Stacheldraht zeigen, sind Balsam für die verkümmerten Seelen der Generäle und ihrer politischen Führer. Gefangene sind ihre Trophäen.

Nach ihrer Zurschaustellung werden die Gefangenen lästig. Sie müssen transportiert, untergebracht, verpflegt, gekleidet und bewacht werden. Sind sie noch kräftig, kann man sie arbeiten lassen. Doch was macht man mit den Schwachen, den Kranken, den Verwundeten?

Während einer Schlacht sind die Generäle nie auf riesige Gefangenenkolonnen vorbereitet. Es ist ein unlösbares Problem, sich während einer Schlacht um tausend Gefangene kümmern zu müssen. Was aber macht man, wenn es Zehntausende, wenn es Hunderttausende sind?

Anfangs treibt man sie über Straßen und Wege, bei Hitze und bei Kälte, durch Staub, durch Schlamm, über Eis und Schnee in Sammellager. Wer nicht mehr weiterkann, wird erschossen, erstochen, erschlagen. Man lässt sie in den Sammellagern an Durst, Hunger oder Seuchen sterben. Je mehr, umso besser.

Wer das Sammellager überlebt, geht irgendwann in einen Güterwag-

gon gequetscht auf Transport in ein ‚richtiges' Lager.

Im Krieg ist die Transportkapazität stets zu knapp. Was für den Gefangenentransport zur Verfügung steht, fehlt dem Militär für vermeintlich wichtigere Frachten. Wie viele Gefangene fasst so ein Waggon? Das ist die wichtigste Frage. Fünfzig? Achtzig? Also Achtzig! Wie sollen sie atmen, ihre Notdurft verrichten, den Flüssigkeitsverlust ausgleichen, der Toten ledig werden? Gefangene haben kein Recht darauf, solche Fragen zu stellen. Ihr Leben liegt in der Hand des Siegers.

Die meisten Kriegsgefangenen, die in der stinkenden Enge der Waggons ihr Elend beklagen, wissen noch nicht, dass sich einige Politiker ihres Jahrhunderts noch viel schlimmere Perversionen ausgedacht haben. Längst ist das Lumpengesindel des Zeitalters dazu übergegangen, auch unschuldige Zivilisten in ihre von perversen Gehirnen geplanten und erbauten Lager zu transportieren. Juden und Zigeuner in die Vernichtungslager der Nazis, politisch Unbequeme in die GULAG-Lager Stalins, Menschen aus dem sowjetischen Herrschaftsbereich zur Zwangsarbeit hinter den Polarkreis oder in die Steppen Russlands.

Verbrecher haben sich zu Führern ausgerufen und zu Herrenmenschen erklärt. Dazu bestimmt, unerwünschten Rassen, falschen Überzeugungen oder unbeliebten Nationen ohne jeden Skrupel ein rasches Ende zu bereiten. Güterwaggons sind ihre unentbehrlichen Helfer.

Hätten die Güterwaggons in der ersten Hälfte dieses menschenverachtenden Jahrhunderts eine Stimme gehabt, hätten sie mehr über die Verdorbenheit der Mächtigen und die Verrohung ihrer Handlanger, über das Elend und die Verzweiflung der diesem Gesindel Ausgelieferten erzählen können als später die Schriftsteller in ihren ergreifensten Büchern."

Der Mantel

Dass es möglich ist, 60 Männer in einen Viehwaggon zu treiben, hat Erwin Hofschneider bisher ausgeschlossen. Wie können die Russen derart mit deutschen Offizieren umgehen? Sie halten sich nicht an die Genfer Konvention.

Die Waggons sind durch grobe Bohlen in zwei Etagen aufgeteilt, die Luftklappen mit Stacheldraht bewehrt. Die Türen werden von außen fest verschlossen. An einer Tür befindet sich ein Holztrichter, dessen Ende nach außen führt – die „Toilette". Wer einen Platz in der Nähe des Trichters hat, wird während der Fahrt häufig besudelt. Was nützt es ihm zu schimpfen und zu fluchen? Der Fahrtwind schert sich nicht darum.

Es ist drückend heiß und in der Enge des Waggons fällt das Atmen schwer. Es gibt keine Versorgung. Der Durst ist schwerer zu ertragen als der Hunger. Die Witzbolde verlässt schnell ihr Galgenhumor und bald legt sich eine schwermütige Stille über die Gefangenen.

Wohin fährt man sie? Ein Kamerad hält seinen Taschenspiegel durch den Stacheldraht der Luftklappe, um zu sehen, wohin die Reise geht. Alle hoffen, es möge nach Westen gehen und fast alle ahnen: Es geht nach Osten. Zu den verhassten und gefürchteten Russen, den Untermenschen. Nach Sibirien.

Der Spiegel bringt schnell Gewissheit. Die Ahnungen haben nicht getrogen. An Wien vorbei, wo Erwin Hofschneider ein schönes, wenn auch ärmliches Studienjahr verbracht hat, erst nach Ungarn, dann nach Rumänien, schließlich in die Ukraine.

Erwin Hofschneider hört auf, die Tage zu zählen. Hunger und Durst quälen ihn und es fällt ihm schwer, seine Notdurft vor aller Augen auf dem Holztrichter zu verrichten.

Was soll nur werden? Diese Frage lässt ihn nicht mehr los. Wieder und wieder zwingen ihn die Erinnerungen, sich das Geschehen der letzten Wochen vor Augen zu führen, um dessen Folgen verstehen zu können. Was wird aus uns, was wird aus Deutschland werden? Während der Zug einem unbekannten Ziel entgegenrattert, wandern seine Gedanken zurück zu den letzten Tagen des langen Krieges.

Nie hätte er es für möglich gehalten, seine stolze Deutsche Wehrmacht einmal so chaotisch und führungslos sehen zu müssen. Wilde Gerüchte, widersprüchliche Befehle, Befehlsverweigerungen, Desertion. Der traurige, beschämende Höhepunkt des Zerfalls war die Kapitulation seiner Division, die sich, noch bevor sie ihre vorgegebene Position erreicht hatte, den Russen ergab. Obwohl er diese Entscheidung nicht zu vertreten hatte, lastet sie wie eine Schande auf seinem Gewissen. Den Russen ergeben! Zu vieles hatte er in den letzen Jahren erlebt und erfahren, um sich auch nur der geringsten Illusion über die Folgen dieser Gefangenschaft hinzugeben. Verzweifelt versuchte er, sich allein zur Donau durchzuschlagen, sie zu durchschwimmen und zu den Amerikanern zu gelangen. Wenn schon Gefangenschaft, dann waren die Amerikaner das kleinere Übel.

Mit größter Mühe und viel Glück erreichte er Freystadt in Österreich, da fassten ihn die Russen. Sofort wurde er ausgeplündert. Uhr und Ehering war er los. Ein Sergeant befahl einem Soldaten, Erwin Hofschneider die Stiefel auszuziehen. Um das zu verhindern, stemmte Erwin Hofschneider seine Zehen mit aller Kraft gegen die Stiefelspitzen. Dem Soldaten gelang es nicht, ihm die Stiefel von den Füßen zu ziehen. In seiner Wut drückte ihm der Sergeant eine Pistole gegen den Kopf und schrie ihn an. Wie verrückt es gewesen war, sein Leben für ein Paar nicht sehr neue Stiefel aufs Spiel zu setzen, realisierte Erwin Hofschneider erst später.

Der Sergeant drückte nicht ab. Bei einem Soldaten hätte er nicht gezögert, doch einen gefangenen Offizier lieferte man besser ab. Die Stiefel aber wollte er unbedingt haben. Er schraubte den Schlauch einer Motorradluftpumpe ab und begann Erwin Hofschneider damit zu verprügeln. Mit jedem missglückten Schlag steigerte sich die Wut des Sergeanten. Dann spürte Erwin Hofschneider einen dumpfen Schlag über der linken Augenbraue. Das metallene Gewindestück des Schlauches hatte ihn getroffen. Blut lief ihm in das Auge. Beim Anblick des Blutstromes unterbrach der Sergeant sein anspruchsloses Handwerk. In diesem Augenblick kam ein größerer Gefangenentransport vorbei. Auf Befehl eines russischen Majors wurde Erwin Hofschneider eingereiht. Fluchend blieb der Sergeant inmitten seiner lachenden Kameraden zurück.

Dass ein russischer Sergeant einen deutschen Stabsveterinär ungestraft bestehlen, bedrohen und misshandeln durfte, empörte Erwin Hofschneider und ließ ihn ahnen, was ihm eventuell noch bevorstand.

Einen Augenblick später erinnerte er sich an die verängstigten russischen Kriegsgefangenen, die beim Vormarsch im Sommer 1941 „aus militärischen Gründen“ erschossen worden waren. Niemand aus seiner Einheit hätte sich damals um die Gefangenen kümmern können. Sein gefallener Freund, Oberleutnant Macke, hatte sich über die Befehle zur Behandlung russischer Gefangener hinweggesetzt. „Gewissen nicht für Nazis belasten. Waffen wegnehmen und laufen lassen.“

Erwin Hofschneider hatte das anders gesehen: „Sie werden sich wieder Waffen besorgen und unseren Kameraden in den Rücken fallen.“ Macke hatte sich nicht beirren lassen: „Woher willst du das wissen? Vielleicht sind sie froh, dass die Scheiße für sie vorbei ist. Wenn sie dennoch wieder zur Waffe greifen, muss man sie als Partisanen erschießen. Das ist dann nicht mehr gegen unser Gewissen.“

Hin und her gerissen zwischen der Befehlslage und den Ansichten seines Freundes hatte sich Erwin Hofschneider damals für die Befehlslage entschieden. Daran musste er nun denken.

Was erwarte ich eigentlich von den Russen, fragte er sich. Wie sehr sich doch die Bilder gleichen. Damals die Elendszüge der russischen Gefangenen und jetzt die der deutschen. Verbittert und traurig marschierte er schweigend einer ungewissen Zukunft entgegen. Er wusste nun, wie es den Russen bei Beginn des Krieges zumute gewesen war.

Sie marschierten ins österreichische Horn und wurden dort in einem riesigen Auffanglager, einer ehemaligen deutschen Kaserne, untergebracht. Sowohl die Unterbringung als auch die Verpflegung waren erstaunlich gut. Die Russen wollten so offensichtlich einer Verzweiflungsmeuterei vorbeugen. Zum Erstaunen der Gefangenen gab es, im Unterschied zur Deutschen Wehrmacht, für Offiziere und Mannschaften unterschiedliche Verpflegung.

Untätigkeit und Ungewissheit ließen die Gerüchteküche brodeln. Im Sommer sind wir alle zu Hause, sagten die einen. Wer soll denn sonst die Trümmer wegräumen und die Ernte einfahren?

Ab nach Sibirien zur Sklavenarbeit, sagten andere. Manche machten sich Mut: „Der Russe hat sich verblutet und Japan ist noch stark. Die Japaner hauen uns raus. Die Amis und die Engländer werden auch bald begreifen, welche Natter sie an ihrem Busen genährt haben."

Der Sommer kam. Niemand war zu Hause und Japan kapitulierte. Tiefe Niedergeschlagenheit machte sich unter den Gefangenen breit. Sibirien wurde immer wahrscheinlicher.

Nach tagelanger, qualvoller Fahrt hält der Zug in Mamaros Sziget. Erschöpft, mit steifen Beinen, die Kranken stützend verlassen die Gefangenen die Waggons und marschieren zu einer in der Zeit der k.u.k. Monarchie erbauten Kaserne.

Im Vergleich mit dem Auffanglager in Horn sind hier Unterbringung und Verpflegung schlecht. Geschlafen wird auf nackten, schmutzigen Fußböden. Als Toilette fungiert eine vier mal fünf Meter große Latrine, deren Tiefe man nur erahnen kann. Über ihr liegen Stahlträger. Dort hocken die bereits von Durchfällen geplagten Gefangenen. Im Gegensatz zu den Tagen und Nächten in den Waggons ist es jetzt besser, seine Notdurft am Tage zu verrichten, denn nachts ist das Laufen auf den Trägern gefährlich. Wer abstürzt, ist verloren.

Zwei Wochen später wird eine etwa 100 Mann starke Kompanie aus gefangenen Ärzten, Zahnärzten und Tierärzten zusammengestellt und in ein Barackenlager geführt. Nicht nur das Lager, sondern auch jede einzelne Baracke ist hier von einem Stacheldrahtzaun umgeben.

„Wie ich sehe, ist die ehrwürdige Hansestadt Wismar bestens vertreten“, wird Erwin Hofschneider beim Betreten der Baracke angesprochen. Es ist Oberstabsveterinär Doktor Fink, den er vor Kriegsbeginn in Schwerin kennengelernt hat. Die Freude ist groß. Endlich ein Mensch, dem man sofort vertrauen kann. Abend für Abend tauschen sie nun ihre Kriegserlebnisse aus und zerbrechen sich die Köpfe mit Gedanken über die Ursachen der Niederlage und deren Folgen für ihre Zukunft. Doktor Finke ist 16 Jahre älter, erfahrener und viel pessimistischer als Erwin Hofschneider. Während er zuhört, wie ihm der jüngere Kollege seine Sicht auf die Dinge erklärt, kneift er seine Augenlider zusammen.

„Nun gut, die Deutsche Wehrmacht wurde besiegt und aufgelöst“, deutet Erwin Hofschneider die Lage. „Doch in den Dörfern wird man Tierärzte dringend brauchen. Viele unserer Berufskollegen sind gefallen. Warum sollten uns die Russen lange festhalten? Sie wollen uns hier eine Lektion erteilen und werden uns bald nach Hause schicken, damit in ihrer Besatzungszone der Viehbestand schnell stabilisiert werden kann. Wir werden uns private Praxen aufbauen – Sie in Schwerin und ich in Wismar. Wir werden unser Geld verdienen und mit unseren Autos über die Dörfer fahren. Mitunter werden wir uns bei unserer Arbeit begegnen und ein Schwätzchen halten. Ganz deutlich sehe ich dieses Bild vor mir. Glauben Sie mir: Alles wird gut werden.“ So schwärmerisch sieht Erwin Hofschneider in die Zukunft. Man ist schließlich ein gut ausgebildeter Tierarzt!

Doktor Fink lächelt müde. „Sie sind noch jung und optimistisch. Ich lasse Ihnen gern Ihren Glauben und hätte nichts dagegen, wenn es so käme. Wenn Sie meine Meinung hören wollen: Ich bin mir nicht sicher, ob wir überhaupt wieder nach Hause kommen. Wenn die uns hier im Lager verrecken lassen, würde es nach all dem Geschehenen niemanden in der Welt interessieren.

Doch selbst wenn wir zurückkommen sollten, glauben Sie wirklich, dass, außer unseren Familien, jemand auf uns wartet? Womit wollen Sie eine Praxis finanzieren? Deutschland ist zerstört. Die

Bauern haben wenig Vieh und kein Geld, um Tierärzte zu bezahlen. Nein, mein lieber Herr Kollege, wenn es überhaupt einen Neuanfang für uns alte Armeehengste gibt, dann werden wir froh sein müssen, wenn wir mit Fahrrädern auf Praxis fahren dürfen."

Erwin Hofschneider lacht über die Meinung seines älteren Kollegen.

„Wir werden sehen", sagt Doktor Fink.

Vogelzwitschern und Grillenzirpen hören auf. Die Blätter der Bäume im nahe gelegenen Mischwäldchen färben sich bunt und fallen langsam und geräuschlos auf die dampfende Erde. Der Sonne gelingt es immer seltener, die Frühnebel aufzulösen. Wenn sie es schafft, sehen die Gefangenen im gleißenden Sonnenlicht die silbernen Fäden des Altweibersommers.

Dann hört auch das auf.

Mit dem Einsetzen des Herbstregens verwandelt sich der Boden in zähen, klitschigen Schlamm. Der Weg zur Latrine ist beschwerlich, die Stahlträger sind rutschig und unter die entblößten, mageren Hinterteile der Gefangenen bläst ein kalter Wind. Obwohl der Hunger Tag und Nacht an den Männern nagt, treiben sie schmerzhafte Durchfälle an diesen unwürdigen Ort. Sie hocken dort immer apathischer und bald gibt es die ersten Toten.

Es ist Mitte Oktober, als es wieder auf Transport geht. Die gleichen Viehwaggons.

Aus Erfahrung klüger geworden, legt sich Erwin Hofschneider auf den in Fahrtrichtung untersten Boden. Dort liegt man zwar enger als oben, doch es zieht nicht während der Fahrt und was noch schwerer wiegt: Man kann nicht mit Stuhl und Urin besudelt werden.

Zum Glück besitzt Erwin Hofschneider noch einen warmen, fast neuen Offiziersmantel der Feldgendarmerie, den er sich im Sammellager Horn aus einem Haufen abgelegter Uniformstücke herausgezogen hat. In diesen Mantel eingerollt kann er es aushalten. Dafür fehlt ihm nun sein Gesprächspartner. Bedauerlicherweise hat man Doktor Fink in einen anderen Waggon verlegt.

Wohin bringt man sie jetzt? Anhand des Sonnenstandes wird versucht, die Fahrtrichtung zu bestimmen. Da die Strecke sehr kurvenreich ist, gehen die Meinungen über die eingeschlagene Fahrtrichtung weit auseinander.

Das Rätselraten findet sein brutales Ende, als jemand durch eine Lüftungsklappe ein Bahnhofsschild mit dem Namen der Stadt Czernowitz entdeckt. Nun wird es den kühnsten Optimisten klar, wohin die Reise geht, nach Nordosten in Richtung Sowjetunion.

Erwin Hofschneider ist, wie viele seiner Leidensgefährten, zunächst wie gelähmt. Er spürt mit jeder Faser seines abgemagerten Körpers, wie er sich nicht nur raumzeitlich, sondern auch innerlich mehr und mehr von den Lieben in der Heimat entfernt.

Am dritten Tag beginnt er das quälende Hungergefühl mit der Beobachtung seiner Kameraden zu bekämpfen. Das halbe Jahr Gefangenschaft hat den akademisch gebildeten Offizieren neue Verhaltensweisen aufgezwungen. Aus Befehlenden sind Gehorchende, aus Umtriebigen Untätige geworden. Seit dem Abmarsch aus Horn haben ihnen die Russen bei jeder Gelegenheit ihre Verachtung gezeigt und sie spüren lassen, ihr weiteres Schicksal hängt einzig vom Willen der Sieger ab, für die ihr Leben keinen Schuss Pulver wert ist.

Der ständige Hunger, die völlig unzureichende Hygiene und das Zusammenleben so vieler Männer auf engstem Raum und ohne jede Privatsphäre haben mit der Zeit Kameradschaft, Schamgefühl und Verhaltensnormen untergraben.

Erwin Hofschneider versucht diese Entwicklung zu verstehen, um sich ihr besser widersetzen zu können. Mehrmals spielt er in Gedanken die Etappen dieser Veränderungen durch: Nach dem Schock der Gefangennahme war jeder zunächst mit sich beschäftigt gewesen und hatte stundenlang wie in einem unwirklichen Traum gelebt. Nach Jahren des Krieges war man plötzlich unbewaffnet gewesen und hatte im wahrsten Sinne des Wortes nichts mehr in der eigenen Hand. Auf der Stelle war man, um überleben zu können, gezwungen gewesen, alle Übergriffe und Demütigungen stumm zu ertragen. Gespräche waren den Gefangenen verboten worden. Nachdem die Russen einen sprechenden Kameraden vor aller Augen erschossen hatten, waren die Gefangenen stumm und verbittert weitermarschiert. Wer mutig gewesen war und einen Russen angesprochen hatte, hatte sich Schimpftiraden, Kolbenhiebe und Schläge eingehandelt.

Dann kam Horn. Die relativ guten Bedingungen in dem großen Sammellager halfen den Gefangenen, den ersten Schock zu überwinden. Sofort wurde Hoffnung geschöpft. Die meisten glaubten mit einem Mal an ein schnelles Ende der Gefangenschaft. Jeder entwickelte Pläne für sein Leben als Zivilist.

Im Lager bildeten sich Gruppen. Anfangs vor allem nach Waffengattungen und Dienstgraden, später nach Landsmannschaften und persönlichen Interessen. Überall wurde voller Hingabe mit den wenigen verbliebenen „Wertsachen" geschachert – untereinander, mit dem Wachpersonal und durch den Zaun hindurch mit den Einheimischen.

Der Hunger im Lager Mamaros Sziget änderte alles. Das nackte Überleben rückte nun in den Mittelpunkt der Gedanken. Wie komme ich schnell und sicher zu Wasser, Tee, Suppe, Brot? Mit wem muss ich mich verbünden, von wem fernhalten? Wie bleiben meine Sachen trocken? Wo ist der beste Schlafplatz? Jeder dachte jetzt so. Immer öfter gingen Gefangene aufeinander los. Andere biederten sich offen bei den Wachmannschaften an, um sich Vorteile bei der Verteilung zu verschaffen. Cliquen bildeten sich, die auf Kranke und Schwache keine Rücksicht nahmen.

Verzweifelt versuchten einige Offiziere, die Disziplin zu erhalten. Doch gegen die zunehmende Aggressivität der Cliquenführer konnten sie ebenso wenig erreichen wie gegen die Niedergeschlagenheit, die sich unter den Gefangenen breitzumachen begann.

Verwahrlosung sowie Diebstähle von Brot und Zigaretten waren bald keine Seltenheit mehr. Jeder versuchte seine lächerlichen Besitztümer und seine winzigen Nahrungsmittelvorräte mit Argusaugen zu bewachen. Wer die Baracke verließ, brauchte einen zuverlässigen Kameraden, der seine Sachen im Blick behielt.

Während der Zug über die ausgefahrenen Gleise in die ferne Weite Russlands rattert, denkt Erwin Hofschneider daran, wie sehr die Gefangenschaft nicht nur seine Kameraden, sondern auch ihn verändert hat. Auch er hat inzwischen Verhaltensweisen angenommen, für die er sich früher entweder geschämt oder die er für sich kategorisch ausgeschlossen hätte. Was macht es ihm noch aus, Kameraden rücksichtslos zur Seite zu drängen, um bei der Verteilung vorn zu sein? Seine Darmgase hinauszublasen, wenn es ihn inmitten von Kameraden ankommt oder seine Notdurft über dem Holztrichter an der Waggontür zu verrichten? Was ist schon dabei, wenn er schmutzig ist und stinkt? Alle sind schmutzig und stinken.

Bald verlieren die Gefangenen ihr Interesse am Tagezählen, an Unterhaltung, am Rätselraten über den Zielort für ihre verlausten Überreste. Tag für Tag, Woche für Woche fährt oder steht der Zug, jagen die Dampfpfeifen der russischen Lokomotiven ihre dunklen, durchdringenden Töne warnend in die endlose Landschaft.

Nur selten öffnen die Russen die Waggontüren, um Brot, Tee, eine dünne Suppe oder Wasser hereinzureichen. Dann sehen die Gefangenen durch die offene Tür die Verwüstungen, die der Krieg in den russischen Städten hinterlassen hat. „Das werden sie uns büßen lassen", sagt ein Stabsarzt. Seine Kameraden schweigen betroffen. Was lag näher als dieser Gedanke?

Die Gefangenen magern rasch ab, werden krank, verlieren den Lebenswillen. Bereits in der zweiten Woche des Transportes gibt es die ersten Toten. Sie sterben still, einsam und ohne Trost. Plötzlich liegt man neben einem Kameraden, der sich nicht mehr bewegt und der nicht mehr antwortet. Mitunter vergehen zwei Tage, ehe die Toten aus dem Waggon geholt und auf einen Pferde- oder Handwagen geworfen werden. Niemand im Waggon interessiert es sonderlich, wo und wie man die Leichen bestattet, und die Russen beantworten keine Fragen. Anfangs notiert der Waggonälteste, ein Stabsarzt, die Namen der Toten auf einem Papierfetzen, um später vielleicht die Angehörigen benachrichtigen zu können. Doch dann wird auch er tot aus dem Waggon geworfen und niemand denkt an den Zettel in seiner Uniformtasche.

In der dritten Woche sind bereits acht Kameraden in Erwin Hofschneiders Waggon gestorben. Die noch Lebenden liegen jetzt bequemer. Die Plätze in der Nähe des Holztrichters können geräumt werden.

Mitunter gelingt es, die Russen zu täuschen und die Rationen der Toten abzufassen. Das sind Festtage.

Erwin Hofschneider spürt mit jedem Tag zunehmender, wie der lange Transport seinen einst so gut trainierten Körper verzehrt. Er wird krank. Zuerst bekommt er krampfartige Durchfälle, dann schmerzt sein Hals so stark, dass er kaum noch schlucken kann, schließlich schüttelt ihn hohes Fieber. Das Fieber kämpft gemeinsam mit dem Hunger, dem Durst und der Verzweiflung um die letzten Kräfte in seinem ausgelaugten Körper.

Ich werde die Heimat nicht wiedersehen, denkt er in seiner Verzweiflung, ich werde sterben. Vielleicht ist es das Beste, jetzt zu sterben und die Trostlosigkeit zu beenden. Alle Qualen wären auf der Stelle vorbei. Ruhe, aus, Feierabend, Schluss mit diesem ungewissen Scheißleben.

„Der Ural", hört er jemand wie aus weiter Ferne sagen. Da meldet sich sein Lebenswille zurück: Hinter dem Ural in fremder Erde verscharrt werden? Nein, nein, die Heimaterde muss dich aufnehmen! Du hast einen Sohn, bist Vater. Du bist ein deutscher Offizier. Reiß dich zusammen! Leben musst du, leben!

Ganz deutlich, so als stünde sie neben ihm, hört er die Stimme seiner Mutter: „Kommt gesund wieder."

„Ja, Mutter", flüstert er im Fieber, „ich komme wieder."

Nach vier Wochen Fahrt erreicht der Zug mit seiner erbärmlich zugerichteten und dezimierten Fracht sein Ziel. Wer noch lebt, ist jetzt hinter dem Ural. Er ist in Asien.

„Schämen Sie sich! Das sind doch keine Feinde mehr. Das sind hilflose, wehrlose, kranke Menschen." Die Augen der Lagerärztin Mascha Wasilenkowa blitzen zornig, als sie einem Wachsoldaten in den Arm fällt, der mit einem Knüppel auf die kranken, ausgemergelten Gestalten einschlägt, die aus den Viehwaggons taumeln und sich wankend zum Lagertor schleppen. Die fiebrig glänzenden Augen der Gefangenen blicken teilnahmslos und scheinen die neue Umgebung nicht zur Kenntnis zu nehmen.

„Faschisten sind sie. Man darf kein Mitleid mit ihnen haben. Ohne jeden Skrupel haben sie die Unsrigen hingemacht", verteidigt sich der Soldat trotzig, lässt aber, vom Blick der zierlichen, energischen Ärztin verunsichert, den Arm mit dem Knüppel sinken.

„Wir sind doch Sowjetmenschen, keine Tiere", sagt Mascha Wasilenkowa. Ihre Stimme klingt nun ruhig, fast sanft und aus ihren Augen weicht der Zorn.

Der junge Soldat sieht verlegen beiseite. Er weiß auf einmal nicht mehr so recht, wie er sich verhalten soll. Der Ärztin nachgeben oder Oberleutnant Rotsteins Befehl folgen? Der hat den Soldaten erklärt, alle Deutschen, die man in die Lager hinter den Ural bringe, seien Kriegsverbrecher, die keinerlei Mitleid verdienten. Deutsche Soldaten, die sich nichts haben zuschulden kommen lassen, seien längst wieder bei ihren Familien und würden in Deutschland für die Wiedergutmachung arbeiten. Wer Anzeichen von Mitleid mit den faschistischen Verbrechern bei einem seiner Kameraden bemerke, habe ihm das sofort zu melden. „Denkt daran, wie viel Leid sie über unsere Heimat gebracht haben. Sie hatten kein Erbarmen mit unseren Genossen. Warum sollten wir mit ihnen Erbarmen haben?"

Ich muss Oberleutnant Rotstein den Vorfall mit der Ärztin melden, denkt der Soldat. Zwei andere Soldaten haben uns beobachtet. Meldet einer der beiden den Vorfall, wird man mich bestrafen. Nein, das bringt die ganze Sache nicht ein. Sich für einen Faschisten bestrafen lassen, das fehlt gerade noch. Sie ist Ärztin, na gut, da muss sie wohl so reden. Ich aber bin zuerst Soldat. Hätten uns nicht herausfordern sollen, die Faschisten, dann wären sie jetzt nicht hier und ich müsste nicht an diesem unwirtlichen Ort Posten stehen und eines Tages vor lauter Langeweile sterben.

Für Erwin Hofschneider bedeutet jeder Schritt in Richtung des Lagertores eine verzweifelte Willens- und Kraftanstrengung. Wo nimmt er nach alldem noch die Hoffnung auf Hilfe her? Einige seiner kranken Kameraden sind bei der Aufforderung, „Kranke zuerst aussteigen", lieber im Waggon geblieben, weil sie glauben, die Kranken würden von den Russen gleich erschossen. Vielen russischen Kriegsgefangenen ist es hinter der Front und in deutschen Lagern so ergangen. Was liegt näher, als anzunehmen, die Russen würden ebenso handeln. Während der langen Zugfahrt haben sie keine Spur von Mitleid gezeigt. Warum sollte das jetzt anders sein?

Sollen sie mich erschießen, denkt Erwin Hofschneider in seiner Verzweiflung, dann haben die Qualen und Demütigungen der letzten Monate ein Ende. Vielleicht aber, regt sich ein Fünkchen Hoffnung in ihm, gibt es doch Hilfe – Essen, Trinken, eine Pritsche, ein Fiebermittel, etwas gegen die Halsschmerzen.

Wie in einem surrealistischen Traum nimmt er die kurze Auseinandersetzung zwischen der kleinen uniformierten Frau und dem knüppelschwingenden Wachsoldaten wahr. Als der Wachsoldat den Knüppel sinken lässt, bekommt das Fünkchen Hoffnung Nahrung. Diese kleine Frau wird uns helfen, denkt er. Ein trockener Schluchzer schüttelt seinen entkräfteten Körper.

Mascha Wasilenkowa wird auf den abgemagerten, fieberkranken Offizier aufmerksam, der die anderen Gefangen um Haupteslänge überragt. Aufgrund seiner Größe wirkt er auf sie noch ausgemergelter als seine Leidensgefährten. Ihre Blicke treffen sich kurz und sie bemerkt, dass sich der Deutsche seines Zustandes schämt und rasch zur Seite blickt.

Warum tun wir uns einander das an, fragt sie sich wie so oft in den letzten Jahren. Was ist nur aus uns geworden? Was soll werden? Sie denkt an ihren Vater, den die eigenen Leute umgebracht haben, an ihren jüngeren Bruder und ihren Mann, die von den Deutschen getötet worden sind. Sie erinnert sich an die Worte, die ihr Vater bei seiner Verhaftung zu ihr gesagt hat: „Maschenka, wir dürfen den Glauben an das Gute im Menschen nie verlieren. Wenn wir diesen

Glauben verlieren, sind wir alle auf ewig verloren. Dann hören wir auf, Christenmenschen zu sein. Dann fallen wir unter die Tiere."

Ach Papa, du Lieber, denkt sie, die Revolution und die Kriege haben uns alle verdorben. Kein Gott kann uns jemals vergeben, was wir einander in diesem Jahrhundert angetan haben.

Während sie den erbarmungswürdigen Zug der kranken Gefangenen ins Lager begleitet, muss sie daran denken, wie schnell aus einem stolzen Mann eine verzweifelte, elende Kreatur werden kann. Fast die Hälfte der angekommenen Gefangenen ist akademisch gebildet – Ärzte, Veterinäre, Apotheker, Chemiker, Ingenieure. Das hat sie vom Lagerkommandanten erfahren. Vor dem Krieg werden sie stolz gewesen sein auf ihre Bildung, ihre drahtigen Figuren, die Schmisse in ihren Gesichtern, ihre Positionen in der Gesellschaft. Noch vor wenigen Monaten haben sie wahrscheinlich in gut sitzenden Uniformen vor ihren Soldaten gestanden und forsch Befehle gegeben.

Und jetzt – ein erbärmlicher Anblick. In der kurzen Zeit ihrer Gefangenschaft haben sie ihre Würde verloren. Jetzt schleppen sie sich mit letzter Kraft ins Lager, weil sie hoffen, dort eine Linderung ihrer auf dem Transport erfahrenen Qualen und Demütigungen zu finden.

Geschieht ihnen nicht recht? Mascha Wasilenkowa erinnert sich an die russischen Gefangenen, die bei Kriegsbeginn von den Deutschen nahe ihrer Heimatstadt in ein Lager gepfercht worden sind. Bevor sie dieses Lager gesehen hat, ist sie auf die Deutschen nicht böse gewesen. Sollen sie doch Stalin und seine Verbrecherbande zum Teufel jagen! Papa als Volksfeind zu erschießen! So einen klugen, anerkannten Wissenschaftler, der keiner Fliege ein Leid zufügen konnte. Der überall half, tröstete, Mut zusprach und glücklich war, wenn einer seiner ehemaligen Studenten Neues entdeckte. Wer so einen Menschen nur deshalb erschoss, weil er sich vor seinen Studenten wegen der willkürlichen Verhaftungen ehrenwerter Mitarbeiter der Universität empört und sich gegen die Mode gewordene Einteilung der Wissenschaften in gesellschaftlich nützliche und gesellschaftlich schädliche ausgesprochen hatte, wer zu solch einer Schandtat fähig gewesen war, der hatte in ihren Augen jeden Anspruch auf die Führung einer zivilisierten Gesellschaft verloren. Wer solche Schandtaten beging, war in ihren Augen dumm und feige. Mutig war für sie ihr sanfter, aufrichtiger Vater. „Solche Schandtaten", hatte er ihr gesagt, „begeht niemand ohne Befehl von ganz oben. Der Fisch fängt immer am Kopf an zu stinken."

Nein, Hass auf die Deutschen verspürte sie damals nicht. Ihr Bruder Fjodr machte ihr deshalb schwere Vorwürfe. Er zog sofort in den Kampf.

„Jetzt geht es nicht um diese Lumpen. Jetzt geht es um unsere Heimat. Wie kannst du dir wünschen, dass die Deutschen unsere Heimat besetzen? Komm zur Besinnung, Maschenka, ehe es dafür zu spät ist. Willst du nach dem Krieg in Schande leben?"

Als die Deutschen auf die Stadt vorrückten, war Fjodr schon gefallen. Ein glänzender Mathematiker, gerade 22 Jahre alt. Doch das erfuhr sie erst viel später.

Anfangs sah es so aus, als ob die Deutschen die städtische Bevölkerung nicht zur Kenntnis nähmen. Die Rote Armee hatte die Stadt nicht verteidigt. Nachdem deutsche Pioniere die einzige befestigte Straße von Minen geräumt hatten, rollten Tag und Nacht Wehrmachtskolonnen durch die Stadt nach Osten. Die Wucht, mit der sie vordrangen, wirkte auf die Bewohner beängstigend und bedrückend.

Erst neun Tage später blieb eine deutsche Einheit in der Stadt. Nun zeigten die Deutschen ihr wahres Gesicht. Sie befahlen allen Juden vor dem Gebäude des Stadtsowjets, dem ehemaligen jüdischen Gymnasium, zu erscheinen und allen akademisch gebildeten Einwohnern sowie Leuten, die des Deutschen mächtig waren, sich in der Kommandantur zu melden.

Ihr Mann, der Arzt Genadi Wasilenkow, war in der Stadt geblieben, um im Krankenhaus schwer verwundete Soldaten und Zivilisten zu versorgen. „Die Deutschen werden grausamen Spott mit uns treiben, Genosse Doktor. Bitte geben Sie uns vorher Gift. Ich spreche im Namen aller Soldaten“, forderte ein beinamputierter, graumelierter Major.

„Ach was“, versuchte ihr Mann ihn zu beruhigen, „hier gibt es keine Soldaten. Hier gibt es nur Zivilisten, die bei Kampfhandlungen in der Umgebung der Stadt verwundet wurden. Ihre Uniformen lasse ich verbrennen und das Personal wird schweigen wie ein Grab. Was ihr euch so denkt, Gift nehmen!“

Genadi war in der Zeit der „Säuberungen“ vorsichtig geworden. Als er aufgefordert wurde, sich bei den Deutschen zu melden, sagte er zu ihr: „Ich muss mich melden, weil sie schon im Krankenhaus waren und mich außerdem viele in der Stadt kennen. Du aber wartest damit, bis ich zurück bin. Vielleicht wollen sich die Deutschen nur unserer Mitarbeit versichern. Vielleicht haben sie aber auch eine Gemeinheit im Sinn. Sollte ich nicht zurückkommen, musst du schnell die Stadt verlassen und versuchen, dich nach Smolensk zu meinen Eltern durchzuschlagen, dort kennt dich niemand.“

Als er Tränen in ihren Augen sah, sagte er: „Nein, nein, nur kein tränenreicher Abschied! Das wäre ein schlechtes Omen. Es ist viel logischer, anzunehmen, dass die Deutschen unsere Mitarbeit brauchen. Wie wollen sie sonst mit den Problemen der Stadt fertig werden? Also kein Abschied. Du wirst sehen, in einer Stunde bin ich wieder hier.“

Genadi kam nicht zurück. Beunruhigt suchte sie Bekannte auf. Überall die gleiche Angst: Die Männer waren nicht wieder nach Hause gekommen. Traurig machte sie sich Vorwürfe, weil sie ihrem Mann beim Abschied weder die Hand gegeben noch ihn geküsst hatte.

Gerüchte schlichen durch die Stadt: Die Deutschen erschießen in einem Wald vor der Stadt Juden. Die Deutschen fahren die Gebildeten in ein Lager beim Dorf Pastbitsche. Nicht bei den Deutschen melden!

Mit dem Mut der Verzweiflung lief sie mit zwei Frauen zu einem Mann, der in der deutschen Kommandantur als Dolmetscher arbeitete. Auf höheren Befehl seien ihre Männer vorübergehend interniert worden, sagte er ihnen. Wo, wisse er nicht. Ob sie bald wieder freigelassen werden auch nicht.

Dem Gerücht über ein Lager folgend machte sie sich durch das hohe Gras, der in diesem Jahr nicht gemähten Wiesen, in Richtung des Dorfes Pastbitsche auf. Auf halber Strecke lag ein Birkenwäldchen. Als sie es durchquerte und am fernen Horizont die Silhouette des Dorfes erblickte, blieb sie erschrocken stehen. Die weite Senke zwischen dem Birkenwäldchen und dem Dorf war mit Tausenden Kriegsgefangenen gefüllt, die hinter einem mannshohen Drahtzaun zusammengepfercht hockten, standen oder lagen.

Sie spürte sofort, wie gefährlich es war, auf den Zaun zuzugehen. Und doch zog sie eine unsichtbare Kraft weiter. Hatten sie Genadi hierher gebracht? Was geschah hier? Welch elende Gestalten vegetierten hier apathisch zwischen Fäkalien, Sterbenden und Toten?

Ein von diesem unbegreiflichen Elend gezeichneter Soldat – war er zwanzig, war er vierzig? – wurde auf sie aufmerksam und riss erstaunt seine tief in den Höhlen liegenden Augen auf.

„Um alles in der Welt, kommen Sie nicht näher! Die Deutschen werden Sie erschießen. Gehen Sie schnell zurück und sagen Sie allen, dass uns die Deutschen hier verdursten und verhungern lassen. Schlimmer als Tiere gehen wir hier zugrunde. Gehen Sie schnell und sagen Sie allen, wo und wie sie uns krepieren lassen“, rief der Soldat ihr mit gedämpfter, heiserer Stimme zu.

„Sind auch Zivilisten aus der Stadt hier?“, fragte sie verzweifelt.

„Nein, nur Soldaten. Nun gehen Sie schon!“

Wie in einem Albtraum lief sie zurück, ohne die Tränen zu spüren, die ihr über das vor Entsetzen verzerrte Gesicht rollten.

Auf halbem Weg zwischen dem Zaun und dem Wäldchen prallte sie auf einen Deutschen, der seine Maschinenpistole auf sie richtete. Instinktiv sprach sie den Deutschen in ihrer Verzweiflung an: „Ich suche meinen Mann, den Arzt Genadi Wasilenkow.“

Dieser Satz rettete ihr das Leben.

„Sie haben vielleicht Nerven!“ Der Soldat war beeindruckt und nahm den Finger vom Abzugsbügel seiner Maschinenpistole.

„Sie sprechen Russisch?“, wunderte sie sich.

„Ich bin Deutsch-Ukrainer. Verschwinden Sie schnell in den

Wald. Sieht uns einer meiner Kameraden, muss ich Sie erschießen. Ist Ihr Mann Soldat?"

„Nein, er ist Arzt und musste sich bei den Deutschen melden. Er ist nicht zurückgekommen."

„Hier sind nur Kriegsgefangene – keine Zivilisten. Wenn Ihr Mann kein Jude ist, hat man ihn wahrscheinlich in ein anderes Sammellager gebracht. Und nun verschwinden Sie! Ich will nicht in die Verlegenheit kommen, eine Frau erschießen zu müssen. Sagen Sie keinem in der Stadt, was Sie hier gesehen haben. Denn dann wäre es besser für Sie gewesen, wenn ich Sie hier erschossen hätte."

Wieder in der Stadt angekommen wurde sie krank. Ein schweres Fieber schüttelte sie. Ein Nachbar, der sich den Deutschen für die Polizeiarbeit angeboten hatte, kam vorbei. „Sobald sie wieder auf den Beinen stehen kann, hat sie sich bei uns zu melden."

„Was soll nur werden?" Ihre Mutter weinte.

„Geh und frag, ob einer der Männer zurück ist", bat sie ihre Mutter und gab ihr die Adressen ihrer Bekannten. Als ihre Mutter zurückkam, sagte sie traurig: „Keiner, Maschenka, keiner."

„Wir müssen sofort weg, ehe sie wiederkommen. Genadi hat mir gesagt, wir sollen uns zu seinen Eltern durchschlagen. Mitnehmen können wir nur das Notwendigste."

„Du redest im Fieber, Maschenka", fiel ihr die Mutter entsetzt ins Wort. „Wie soll ich alte Frau im Krieg bis Smolensk kommen? Alles zurücklassen – wie du dir das denkst. Und in Smolensk sollen die verfluchten Deutschen auch schon sein. Weißt du was, du Verwirrte? Wir werden dich bei Bekannten in der Stadt verstecken. Hier kannst du nicht bleiben, das versteht sich."

Schon am nächsten Tag machte sie sich allein auf den Weg nach Smolensk. Tagsüber ruhte sie in Wäldern und in Senken, in denen Sträucher und Bäume wuchsen. Nachts lief sie auf Feldwegen, über Wiesen und Felder. Oft sah und hörte sie aus ihren Verstecken Deutsche. Wie durch ein Wunder erreichte sie ohne Kontrollen Smolensk. Schmutzig und ausgehungert fiel sie den erschrockenen Schwiegereltern in die Arme. Die schlimmen Erlebnisse der letzten Wochen hatten sie in einen Zustand ständiger Anspannung versetzt. Als sich die Anspannung löste, musste sie hemmungslos weinen.

Sobald sie wieder klar denken konnte, beseelte sie nur ein brennender Wunsch: Gegen die Deutschen kämpfen. Ihr Schwiegervater besorgte ihr nicht nur über einen Bekannten neue Papiere, er kannte auch „jemanden", der Verbindung zu Kurieren der Partisanen unterhielt. Noch vor Wintereinbruch arbeitete sie als Ärztin einer großen Partisaneneinheit in den Wäldern und nach der Befreiung des Gebiets schloss sie sich der Roten Armee an. Im Winter 1944 wurde sie zur Betreuung Kriegsgefangener abkommandiert. Da wusste sie bereits, dass nicht nur die Juden ihres Ortes, sondern auch viele Akademiker, unter ihnen ihr Mann Genadi, von den Deutschen erschossen worden waren. Und ihre vor der Zeit gealterte Mutter zeigte ihr still weinend die Nachricht von Fjodors Tod. Weder von ihrem Mann noch von ihrem Bruder gab es ein Grab. Irgendwo im weiten Russland hatte sie irgendwer irgendwie verscharrt.

Ihr Hass auf die Deutschen war inzwischen stärker als der auf Stalins Schergen, die ihr den Vater genommen hatten. Doch schon wenige Wochen Dienst im Lager ließen sie erkennen, dass die meisten gedemütigten Gefangenen nicht nur Täter, sondern auch Opfer in diesem Vernichtungskrieg waren. Auch sie hatten die Befehle ihrer Vorgesetzten von Schlachtfeld zu Schlachtfeld, von Gemetzel zu Gemetzel getrieben und nun ließ man sie für Entscheidungen büßen, die sie nicht zu verantworten hatten, für Schandtaten, die wahrscheinlich von den wenigsten dieser Männer begangen worden waren.

Bald dämpfte das Elend der Kriegsgefangenen ihren Hass. Wieder und wieder musste sie seither an die Worte ihres klugen Vaters denken: „Wenn wir den Glauben an das Gute im Menschen verlieren, dann sind wir auf ewig verloren."

Als sie aufhörte, in jedem Kriegsgefangenen den möglichen Mörder ihres Mannes, ihres Bruder und so vieler unschuldiger Menschen zu sehen, begann sie, sich in die Pflicht zu nehmen und für ihre Gefangenen zu kämpfen.

All diese Erlebnisse der furchtbaren Jahre flackern in ihren Erinnerungen auf, während sie den Zug der sich dahinschleppenden kranken Gefangenen auf den Weg ins Lager begleitet. Einige der Kranken haben den kurzen Weg vom Gleis zum Lager nicht geschafft und sind im Schnee liegen geblieben. Mascha Wasilenkowa sorgt dafür, dass diese Männer mit einem Schlitten ins Lager gebracht werden.

Im Lager erwarten deutsche Ärzte und Sanitäter die Kranken. Oberstabsarzt Doktor Strauch nimmt zusammen mit Mascha Wasilenkowa eine erste Untersuchung vor. Danach legen sie fest, in welcher Baracke des Krankenlagers die Neuankömmlinge unterzubringen sind.

Doktor Strauch ist seit der Niederlage in Stalingrad in Lagern. Er spricht inzwischen ziemlich gut Russisch und dient Mascha Wasilenkowa nicht nur als Fachberater, sondern auch als Dolmetscher.

Anfangs hat sie dessen ruhiger Stolz abgestoßen, ja geradezu gekränkt. Doch mit der Zeit hat sie erkannt, dass er hinter dem provozierend wirkenden Stolz sein kluges, aufrechtes Wesen verbirgt. Er ist ein ausgezeichneter Mediziner und ein Mensch, dem sie bald großen Respekt entgegenbringt.

Bei dem neuen Transport gibt es keine Besonderheiten. Es ist wie immer in den letzten Jahren: Den meisten Sowjetbürgern geht es schlecht, allen Kriegsgefangenen geht es schlecht und allen kranken Kriegsgefangenen geht es besonders schlecht.

Wieder zieht der hochgewachsene, deutsche Offizier Mascha Wasilenkowas Blick auf sich. „Fragen Sie ihn nach seinen Beschwerden", fordert sie Doktor Strauch auf, während sie versucht, sich Statur und Gesicht des kranken Deutschen vor seiner Gefangennahme vorzustellen. Hat er nicht die gleichen festen dunkelblonden Haare wie ihr Bruder Fjodr? Auch Fjodr hat seine Mitbürger um Haupteslänge überragt.

„Fieber und starke Halsschmerzen", gibt ihr der Oberstabsarzt zu verstehen, ohne sie dabei anzusehen. Er lässt den abgemagerten Hünen auf einem Holzschemel Platz nehmen, um ihm in den Hals blicken zu können. „Schauen Sie sich das an!“, ruft er nach einem kurzen Blick in den Hals. „Ein übler Abszess. Der Mann hat eine Pferdenatur.“

Mascha Wasilenkowa sieht sich den Abszess an und zuckt zurück. „Ich lasse Ihnen die nötige Menge Sulfonamide schicken. Verlegen Sie ihn in die Baracke von Doktor Niedermayer. Der schneidet gut und gerne.“

Während sich Stabsarzt Doktor Niedermayer der Pritsche nähert, lächelt er. Vor einer Woche hat er den an einer schwierigen Stelle in Erwin Hofschneiders Hals sitzenden Abszess geöffnet. Er hat seine Bedenken gehabt, doch wie es aussieht, ist alles gut verheilt. Freundlich gibt er dem Stabsveterinär die Hand.

Erwin Hofschneider bedankt sich. Er kann es nicht verhindern, dass seine Danksagung ein wenig zu herzlich ausfällt und ein Superlativ fehlt auch nicht: „Ohne Ihre Bemühungen und Ihr Können wäre ich wohl schon ein toter Mann.“

Mit einem Schuss Ironie in der Stimme sagt Doktor Niedermayer: „Für eine Lobpreisung, Kamerad, ist es viel zu früh. Heben Sie sich das für den da oben und für den Tag Ihrer Rückkehr nach Deutschland auf. Ich habe nur mit Gottvertrauen und nach Art des Hauses das Skalpell geschwungen und Ihnen Sulfonamide zukommen lassen, deren Besitz und Einsatz hier nicht gerade selbstverständlich sind. Wie es ausschaut, haben Sie bei der russischen Lagerärztin einen Stein im Brett. Sie hat Medikamente besorgt und sich persönlich nach Ihrem Zustand erkundigt. Das gab es hier noch nie.“

Langsam weicht das Fieber aus Erwin Hofschneiders Körper. Er fühlt sich besser. Nur der Hunger nagt zornig an seinen Eingeweiden und er hat das Gefühl, seine abgemagerten Glieder wären aus Blei. Er schläft viel. Sobald er erwacht, quälen ihn Erinnerungen und Zukunftsängste.

Seit zweieinhalb Jahren hat er seine Frau Irmgard nicht mehr gesehen. Ihren letzten Brief hat er im Spätherbst 1944 erhalten, vor fast einem Jahr. Aus ihren Briefen weiß er, er ist inzwischen Vater eines

Sohnes geworden. Irmgard hat angefragt, ob er damit einverstanden sei, wenn sie das Kind auf den Namen Siegfried taufen lasse.

Die Postzustellung ist so unregelmäßig gewesen, dass er Irmgards Briefen hat nicht entnehmen können, ob sie seine Briefe erhalten habe. Er selbst hat ihr im Februar 1945 zum letzten Mal geschrieben.

Ich bin Ehemann ohne Frau und Vater ohne Kind, sinniert er traurig. Nein, ich bin weder das eine noch das andere. Ich bin ein geschlagener, gefangener Soldat, der um sein nacktes Überleben kämpft. Den Luxus, an eine Familie zu denken und Zukunftspläne zu schmieden, kann ich mir schon seit geraumer Zeit nicht mehr leisten. Hier in diesem Schmutz und in diesem Elend zu überleben, überleben zu wollen, wird all meine verbliebenen Kräfte und all meinen Lebensmut erfordern. Um hier überleben zu können, zählt nur die Gegenwart. Jeder Tag ist ein Kampf, der alle Aufmerksamkeit und alle Energie erfordert. Da bleibt kein Raum für Gedanken an die Zukunft.

Nicht so leicht wie die Gedanken an die Zukunft lassen sich die Erinnerungen auslöschen. Immer wieder tauchen die gleichen lähmenden Gedanken auf: Wie ist es möglich gewesen, dass die erfahrene Deutsche Wehrmacht so vernichtend geschlagen wurde? Wo haben die Ursachen gelegen, was war der Knackpunkt? Ist Hitler ein wahnsinniger Verbrecher gewesen, wie jetzt viele behaupten, die ihm noch vor einigen Jahren zugejubelt haben? Wie hat ein Wahnsinniger zum Führer aufsteigen und die gesamte Wehrmachtsführung hinter sich bringen können? Ist es der Eid gewesen, den sie Hitler geschworen haben? Hat ein Offizier seinen Eid geleistet, gibt es kein Zurück mehr. Er kennt keinen Kameraden, der damals Bedenken gegen den Führereid geäußert hätte. Auch sein gefallener Freund Oberleutnant Macke hat bedenkenlos die Eidesformel gesprochen. Selbst sein ehemaliger Regimentschef Generaloberst v. Fritsch, der die Nazis offenbar schnell durchschaut hat, muss diesen Eid geschworen haben. v. Fritsch hat sich als Oberbefehlshaber des Heeres den Plänen der Nazis widersetzt und ist dafür unter fadenscheinigen Vorwürfen aus seiner

Position gedrängt worden. Als sich die entehrenden Behauptungen bald darauf als völlig haltlos erwiesen haben, hat man Generaloberst v. Fritsch zum Chef des Schweriner Regiments, das er vor seinem Aufstieg an die Heeresspitze schon einmal kommandiert hat, ernannt.

Erwin Hofschneider erinnert sich an den Tag, an dem sich der Generaloberst seinen Offizieren vorstellen ließ und seine Antrittsrede im Offizierscasino hielt. Erwin Hofschneider war damals junger Unterveterinär. Ihn und seine Kameraden versetzte diese Rede nur kurz in Erstaunen, denn sie war gegen alle Gepflogenheiten politisch. Gleich nach dem Empfang vergaß er sie.

Jetzt, hier auf der Krankenpritsche eines russischen Kriegsgefangenenlagers, geschlagen, krank und ohne Hoffnung, fällt ihm plötzlich wieder die Rede des vor Warschau gefallenen Generaloberst ein. Der hat damals an den Nazis kein gutes Haar gelassen, sie als gewaltbereite, aggressive Halbgebildete bezeichnet, die Deutschland in einen sinnlosen, nicht zu gewinnenden Krieg treiben werden, der noch tragischer enden werde als der Erste Weltkrieg.

Mein Gott, wird es Erwin Hofschneider klar, v. Fritsch hat alles durchschaut! Fast prophetisch erscheint ihm im Rückblick diese Rede. Wie muss er gelitten haben! Und wir jungen Offiziere? Waren wir bis zum bitteren Ende dumm und blind? Mein Freund Macke war es nicht. Er glaubte von Beginn an nicht an ein siegreiches Ende des Russlandfeldzuges. Für ihn und den Generaloberst gab es schon frühzeitig Dutzende Anzeichen einer heraufziehenden Katastrophe. Und ich? Für mich ist der Russlandfeldzug erst verloren gewesen, als uns die Russen über den Bug zurückgeworfen haben.

Auch damals noch kein Gedanke daran, dass der ganze Krieg mit einer vernichtenden Niederlage enden werde. Selbst als mich die Russen gefangen nahmen, hoffte ich noch auf eine Wende, glaubte ich an neue Divisionen, an Wunderwaffen und an ein baldiges Umschwenken der Engländer und Amerikaner gegen die Russen.

Wieder einmal ziehen Kriegserlebnisse im Zeitraffer an seinem geistigen Auge vorbei: die Euphorie der ersten Wochen, der kräftezehrende Vormarsch bis Tula, die Katastrophe des Winters 1941/42, dann 18 Monate Tichaja Semlja. Welch unbeschreibliches Glück, mitten im Krieg eine friedliche Insel. Nur zum Schluss wurde in der Nähe des Dorfes gekämpft. Das berichtete ihm seine Nachhut, die einige Kilometer hinter dem Dorf unter Feuer geriet und einen Transporter mit drei Männern und acht Pferden verlor. Der Tod der Kameraden, besonders der des lustigen Gefreiten Dombrowski, stimmte alle sehr traurig und weckte schlimme Ahnungen. Ob das Dorf viel abbekommen hat? Hoffentlich haben die Kinder und der alte Mamedow überlebt. Ein unzerstörtes Dorf und viele lebende Kinder – zu gönnen wäre ihm das.

Seit wir das Dorf geräumt hatten, ging es nur noch zurück – mal in geordneter, mal in panischer Flucht, mal unbeschadet, mal mit Verlusten, aber immer zurück, zurück. Wo um alles in der Welt nahm ich die Zuversicht her? Zu glauben, es werde bald eine Wende eintreten! Kriegspropaganda kann es nicht allein gewesen sein. Ist es mir und meinen Kameraden nicht schlichtweg unvorstellbar gewesen, von den „degenerierten, slawischen Untermenschen“ so vernichtend geschlagen zu werden? Oder war es ganz einfach die übermächtige Angst, ihnen lebend in die Hände zu fallen? Die alten Russen in Tichaja Semlja ließen mich schon daran glauben, dass sie Menschen wie wir sind. Doch dann sah ich so viele von den Russen grausam verstümmelte Kameraden und Zivilisten. Da schien mir der Ausdruck von den „entmenschlichten Horden“ wieder passend. Diese Angst vor einer russischen Gefangenschaft und die vor einer schweren Verwundung beunruhigten jeden Soldaten stärker als die Angst vor einem schnellen Tod im Gefecht.

Nein, denkt Erwin Hofschneider, es war nicht die Angst, die uns so lange durchhalten ließ, sondern das Ehr- und Pflichtgefühl des Offiziers. Solange man kämpfen konnte, musste man kämpfen. Wo einen der Befehl hinstellte, da musste man alles geben. Wenn es das Schicksal so wollte, das eigene Leben. Alles andere wäre ehrlos, wäre Verrat am Vaterland.

Noch einmal verfolgt er in Gedanken alle Etappen des Rückzuges von Tichaja Semlja bis zu seiner Gefangennahme. Nein, er hat sich nichts vorzuwerfen. Wo andere panisch reagierten und den Überblick verloren, behielt er kühlen Kopf. Zwei Einkesselungen entkam er und bewahrte seine Kameraden vor einer Gefangennahme. Enttäuscht und mit Verachtung musste er mit ansehen, wie Soldaten anderer Einheiten sich kampflos ihrem Schicksal ergaben, ihre Waffen wegwarfen oder an Bäumen zerschlugen und auf die Russen warteten.

Er ging seinen Männern stets voran, ermutigte sie und schlug sich mit ihnen nach Ostpreußen durch. Auf seine Kappe ging es nicht, was danach geschah: das Auflösen seiner Division beim Ansturm der Russen, sein Herumirren bei der Suche nach Einheiten, die es längst nicht mehr gab, den Verlust von Disziplin und Ordnung.

Zwanzig Monate mit unterschiedlichen Einheiten in ständiger Bewegung, kein Urlaub, schließlich die Kapitulation seiner letzten Einheit in Mähren.

Bis zu diesem Tag habe ich alles mir Mögliche für die Deutsche Wehrmacht gegeben, rechtfertigt er sich vor sich selbst. Nicht, weil ich politisch blind gewesen bin, sondern weil ich das getan habe, was die Pflicht und der Eid von mir gefordert haben. Als deutscher Offizier habe ich gehandelt und als deutscher Offizier werde ich handeln. An dieser Haltung zu zweifeln, hieße, mein Selbstwertgefühl zu verlieren. Auch jetzt in russischer Gefangenschaft bleibe ich zuerst ein deutscher Offizier und habe mich entsprechend zu verhalten. Sowohl die Verachtung uns gegenüber als auch die der Genfer Konvention hohnsprechende Behandlung seitens der Russen kann nichts daran ändern, dass ich mich wie ein deutscher Offizier zu benehmen habe.

Nachdem er sich auf diese Weise Mut zugesprochen hat, fühlt er sich erleichtert und schläft ein.

Stabsarzt Doktor Niedermayer setzt Erwin Hofschneiders Verbleib im Krankenlager durch. „Für ein paar Monate kann ich Sie vielleicht im Labor halten. Ich brauche dort jemanden für Urinuntersuchungen. Dort können Sie wieder zu Kräften kommen. Das Arbeitslager würden Sie in Ihrem jetzigen Zustand kaum überleben."

Mit der Zeit gewöhnt sich Erwin Hofschneider an den penetranten Uringeruch. Die Arbeit ist langweilig, aber er spürt, wie sich sein Körper langsam erholt.

Weihnachten geht vorüber. Noch nie in seinem Leben sangen Menschen in seiner Gegenwart mit so viel Hingabe Weihnachtslieder, wie seine gefangenen Kameraden im Elend des Lagers und in der bitteren Kälte hinter dem Ural.

Als die Schneeschmelze einsetzt, ist Erwin Hofschneiders Zeit im Krankenlager beendet. Er muss sich zu einer Untersuchung melden. Nach dem Entkleiden in der eiskalten Baracke werden er und seine Kameraden einer Läusekontrolle unterzogen. Besonders für die Achseln nehmen sich die Russen Zeit.

„Die suchen nicht nach Läusen, sondern nach SS Leuten", flüstert ihm sein Nebenmann zu. „Denen wurden die Buchstaben ihrer Blutgruppen unter die Achseln tätowiert."

Im Unterschied zur Läusekontrolle erfolgt die anschließende Untersuchung in einem rasanten Tempo. Die nackten, frierenden Gefangenen müssen sich vor einem Tisch aufstellen, an dem Oberstabsarzt Doktor Strauch und zwei russische Ärztinnen sitzen. Eine Ärztin erkennt Erwin Hofschneider sofort wieder. Es ist die gleiche Frau, die bei seiner Ankunft auf den knüppelschwingenden Soldaten losgegangen ist und die für seine Medikamente gesorgt hat.

Es ist ihm äußerst peinlich, seinen mageren Körper und seine Geschlechtsteile vor dieser Frau entblößen zu müssen. So hat er sich noch keiner Frau gezeigt. Selbst seiner Frau Irmgard hat und hätte er sich nie so präsentiert. Hier zwingt ihn der Befehl. Auf Kommando müssen sich die Gefangenen um 180 Grad drehen, damit Doktor Strauch und die Ärztinnen ihre Gesäßmuskulatur begutachten können. Diese Muskulatur dystrophiert bei Hunger zuletzt; dann ist der Betroffene so gut wie ohne Muskeln und dem Tod bereits näher als dem Leben.

„Arschbackenparade" nennen die Gefangenen diese entwürdigende Fleischbeschau. Dystrophiker werden ins Krankenlager ausgesondert. Erholt sich bei einem Dystrophiker die Muskulatur im Krankenlager, wird er als wieder arbeitsfähig ausgesondert und zurück ins Arbeitslager überstellt.

„Mehr konnte ich für Ihren Riesen nicht tun", sagt die Ärztin Mascha Wasilenkowa nach den Untersuchungen zu Oberstabsarzt Doktor Strauch. „Oberleutnant Rotstein hat sich schon nach ihm erkundigt."

Nach Oberleutnant Rotsteins Auffassung sollte es keine Kriegsgefangenen geben. Ein Soldat kämpft, siegt oder stirbt. So wäre es am besten für Freund und Feind.

Über Jahrhunderte haben die Völker kaum Gefangene gemacht. Doch heutzutage setzen sich verweichlichte Politiker hin und beschließen unsinnige Konventionen. Verlangen von Soldaten, den natürlichen Tötungsinstinkt sofort zu unterdrücken, sobald ein Feigling seine Waffen wegwirft und die Hände hebt.

Von diesem Augenblick an hat der Sieger ein Riesenproblem mit diesen überflüssigen Gestalten. Er muss sie versorgen, transportieren, unterbringen – ein glattes Minusgeschäft. Was können diese demoralisierten, halb verhungerten Gestalten noch leisten? Press mal eine vertrocknete Zitrone aus! Am Ende stirbt der Gefangene. Dann heißt es, der Sieger hat ihn schlecht behandelt. Wenn er Glück hat und nach Hause kommt, ist er krank. Wieder Transport- und Verpflegungskosten. Was für ein Unsinn. Viel Aufwand und kein Gewinn. Umerziehen kann man die meisten Gefangenen auch nicht. Behandelt man sie gut, werden sie nicht geläutert, behandelt man sie schlecht, werden sie mit Hass auf den Sieger nach Hause kommen.

Es sollte keine Gefangenen geben.

Wo ich während des Krieges das Sagen hatte, wurden keine Gefangenen gemacht. Nur einige Offiziere übergab ich den Genossen im Divisionsstab, damit sie dort ihr Wissen preisgaben. Wo ich die Befehlsgewalt innehatte, musste sich niemand mit diesen heruntergekommenen Gestalten befassen. Wir mussten schon genug eigene Probleme bewältigen.

Auch Feiglinge in den eigenen Reihen wurden sofort liquidiert. War die Munition knapp, wurden sie erschlagen oder nackt in den Schnee gejagt. Ein, zwei Stunden genügten.

Oberleutnant Rotstein erinnert sich an einen Vorfall, der sich im Sommer 1942 ereignete. Eine Partisaneneinheit befreite einige Dutzend Gefangene aus den Händen der Faschisten. Stolz und aufgekratzt berichteten sie mir, wie es ihnen gelungen sei, die Faschisten zu überrumpeln. „Dann hebt gleich ein hübsches Grübchen für diese Feiglinge aus!“, befahl ich damals den verdutzten Partisanen. Beim Graben traten einigen von ihnen Tränen in den Augen. Und mit Tränen in den Augen mussten sie die von ihnen befreiten Gefangenen vor unseren Augen erschießen.

Das wird ihnen eine Lehre gewesen sein.

Der Dienst damals hinter der Front, das Liquidieren von Verrätern und Feiglingen, hat mir keine Freude gemacht. Doch hier in diesem elenden Lager ist alles noch schlimmer. Ich suche mit viel Aufwand unter den Kriegsgefangenen nach verkappten SS-Leuten, nach Kriegsverbrechern, Nazis und Balten. Und nach Gefangenen, die man für den NKWD gewinnen kann. Auch hier viel Aufwand und wenig Nutzen. Diejenigen, die man haben will, bekommt man nicht und diejenigen, die sich anbieten, sind in der Regel nicht zu gebrauchen.

Wo ist sie hin, die Begeisterung, mit der ich einst meinen Dienst beim NKWD begann? Damals konnte es in meiner Vorstellung für einen Kommunisten nichts Wichtigeres geben, als die Feinde der Revolution mutig aufzuspüren und unschädlich zu machen. Ich entdeckte schnell, dass mir der Jagdinstinkt im Blut steckt. Es bereitete mir Freude, Spuren zu lesen, Fährten aufzunehmen, Fallen zu stellen, mich anzupirschen an einen ahnungslosen Feind. Ich brauchte nur meiner Bestimmung nachzugehen.

Für das Leben eines Tschekisten habe ich ohne Reue alles Hinderliche von mir gestoßen: Familie, Kameraden, eine Freundin, die Religion. Auf der Stelle wurde alles viel einfacher.

Am leichtesten fiel mir der Abschied von der Religion. Längst hatte ich es gründlich satt, mich wie meine Vorfahren demütigen zu lassen; ständig für etwas verachtet und benachteiligt zu werden, das nicht in meiner Person und meinem Verhalten begründet lag. Man beschnitt mich als Knaben, ohne mich zu fragen, also trennte ich mich von den Beschneidern, ohne sie zu fragen. Die Lehren der kommunistischen Revolution fegten die Gebote der Religion mühelos beiseite und bliesen den Spuk der heiligen Feiern und der Sabbatgebete schnell aus meinen Gedanken. Ich wurde ein überzeugter Kommunist und ein unbeugsamer Tschekist.

Oberleutnant Rotstein wird wehmütig, als er an die Zeit denkt, da ihn das Tschekistenleben noch mit Genugtuung erfüllte. Die beste Zeit hatte ich nach dem Interventionskrieg. Damals galt es, den Schiebern, Spekulanten und Kulaken das Handwerk zu legen und die Ewiggestrigen auszumerzen, die der Sowjetmacht an die Gurgel wollten. Jeder von mir entlarvte und vernichtete Feind der Sowjetmacht ließ meinen Stolz auf den schweren Beruf wachsen und ermutigte mich, wachsam zu bleiben und in meinen Bemühungen nicht nachzulassen.

Bis man mich, gegen Ende der Kulakenkampagne, in eine Stadt im Smolensker Gebiet versetzte. Dort wurde ich sofort auf das Dorf Tichaja Semlja aufmerksam. Ein Dorf, welches nun hier im Lager überraschend für mich wieder Bedeutung erlangt.

Kein anderes Dorf in meinem damaligen Dienstbereich war so gründlich von Volksschädlingen und Kulaken gereinigt worden. Mit dem Parteivorsitzenden des Dorfes, Juri Konew, freundete ich mich schnell an. Die gleiche bedingungslose Hingabe an die Sache der Revolution, der gleiche Hass auf die Konterrevolutionäre.

Doch dann kam der Tag, der vieles veränderte. Mein Vorgesetzter befahl mich zu sich und erklärte mir die veränderte Lage: „Genosse Stalin hat sich in einer Rede gegen die Auswüchse bei der Kulakenbekämpfung ausgesprochen und dieser Konew schickt uns jede Woche eine Fuhre Kulaken. Selbst beim Kolchosvorsitzenden Baschkow hat er konterrevolutionäre Machenschaften aufgedeckt.

Führst du nicht die Verhöre, Genosse Rotstein? Dann sieh zu, wie du diese Angelegenheit schnell erledigen kannst. Heute ist dieser Baschkow noch ein Konterrevolutionär. Morgen ist er vielleicht schon ein beredtes Beispiel für diese Auswüchse, von denen unser Genosse Stalin in seiner Rede gesprochen hat."

Noch am gleichen Tag fälschte ich die Verhörprotokolle und ließ Baschkow liquidieren. Schlecht war es nur, dass man auch dessen Frau verhaftet hatte. Nie kann ich ihre Worte vergessen: „Eines Tages wird man erkennen, welche Menschen ihr gefoltert und gemordet habt. Eines Tages wird man euch dafür zur Rechenschaft ziehen."

Ich sorgte dafür, dass ihr die Lagerhaft erspart blieb. Auf der Fahrt zum Bahnhof wurde ihr befohlen, auszusteigen. Als sie das Fahrzeug verließ, war man gezwungen, sie wegen eines Fluchtversuches zu erschießen.

Zum ersten Mal verspürte ich keinen Stolz auf meine Arbeit. Ich fragte mich, warum aus so vielen einst vorbildlichen Genossen wie diesen Baschkows, Feinde der Revolution hatten werden können. Hätte man ihnen ihre früheren Verdienste anrechnen sollen? Nein, zu schwer war Baschkows Vergehen gegen die Sowjetmacht. Wir zwangen die Bauern mit eiserner Faust in den Kolchos und er ließ Kolchosland an die Bauern verteilen! Für dieses Vergehen konnte es nur die Todesstrafe geben. Und wenn die Bauern ohne das privatisierte Land verhungert wären, wie er behauptete? Durch nichts bewiesen. Hätten sie im Kolchos mit der gleichen Hingabe gearbeitet wie auf ihren privaten Feldern, wären sie auch nicht verhungert. So aber sorgte Baschkow für ein verheerendes Signal. Im Kolchos verhungern die Bauern, in der Privatwirtschaft überleben sie. Die blanke Konterrevolution!

Bald nach der Kulakenbekämpfung begannen die Säuberungen innerhalb der Partei. In Moskau wurde eine große Verschwörung imperialistischer Spione aufgedeckt, die sich über das ganze Land ausbreitete. Sie ergriff auch Teile der Partei. Aus Smolensk kam ein Major und erklärte ihnen die Lage: „Wir müssen rasch handeln und tief ins Fleisch der Partei schneiden. Für lange Begründungen und

Zimperlichkeiten ist jetzt nicht die Zeit. Furcht muss die Verräter lähmen und das Volk muss erkennen, dass auf Verdienste und Stellungen keinerlei Rücksicht genommen wird. Wer sich gegen die Sowjetmacht stellt oder sie kritisiert, den wird die harte Hand der Tschekisten strafen – diese Lehre muss durchs Land gehen. Lieber einen Unschuldigen mehr als einen Schuldigen zu wenig."

Klüger geworden aus den Erfahrungen einer raschen Wende bei der Kulakenbekämpfung sorgte ich geschickt dafür, dass besonders heikle Fälle nicht von mir bearbeitet werden mussten. Zu unübersichtlich war mit einem Male alles geworden.

Zu meinem Entsetzen blieb plötzlich auch der NKWD-Apparat nicht mehr verschont. Nachdem man den Volkskommissar des Inneren, Jagoda, als Volksschädling entlarvt hatte, wurden immer mehr NKWD-Mitarbeiter verhaftet und überführt; darunter der Major aus Smolensk, der ihnen einst die notwendige Härte bei der Säuberung der Partei befohlen hatte.

Damals kam mir die Freude an meiner Arbeit schnell abhanden. Mit der Länge der Listen der verhafteten Parteifunktionäre und Tschekisten wurde mein Glaube an den Nutzen solcher Aktionen kleiner. Mit Feinden innerhalb von Partei und NKWD musste man immer rechnen. Aber so viele? Vielleicht trifft es morgen mich? Schon eine einzige Denunziation konnte genügen, das wusste ich nur zu genau. Wer einmal in den Fängen unseres Apparates war, für den gab es kein Entrinnen. Die klaren Konturen zwischen Freund und Feind begannen sich aufzulösen. Aus dem besten Freund konnte unversehens ein Feind werden. Aus dem Stolz auf meine Arbeit wurde auf einmal Angst um die eigene Zukunft.

Wie eine Erlösung zur rechten Zeit erschien mir der Krieg. Die Säuberungen wurden nebensächlich. Endlich wieder klare Konturen. Die meisten Sowjetbürger kämpften tapfer gegen die Faschisten. Die anderen, die Drückeberger, Feiglinge, Verräter, Schieber mussten rasch und energisch bestraft werden. Ich konnte mich wieder als nützlichen Tschekisten wahrnehmen. Es sprang wieder ins Auge, wer Freund und wer Feind war, wer mutig und wer feige.

Da kam wie aus heiterem Himmel meine Versetzung in dieses verdammte Kriegsgefangenenlager, an einen Ort am Ende der Zivilisation. Diese Versetzung empfinde ich bis heute wie eine schallende Ohrfeige. Meine Ehe ist daran zerbrochen und meine Tschekistenehre dabei zum Teufel gegangen.

Nein, mit Ehre hat sein Leben schon lange nichts mehr zu tun. Mit seiner Tschekistenehre kann er es auch nicht vereinen, das feige deutsche Gesindel, das sich ergeben hat oder übergelaufen ist, auf getarnte Kriegsverbrecher zu überprüfen und mögliche Sympathisanten einer zukünftigen deutschen Sowjetordnung ausfindig zu machen. Eine überflüssige Arbeit. Wer sich als Soldat ergeben hat, ist für immer gebrandmarkt und wer sich dazu hergibt, seine Mitgefangenen für eine Schüssel Suppe oder ein Paar Schuhe zu bespitzeln und zu verraten, dem muss man auch einen Verrat an einer deutschen Sowjetordnung zutrauen.

Man hätte besser getan, die Gefangenen zur Zwangsarbeit nach Deutschland zu jagen oder sie gleich an Ort und Stelle zu erschießen. Als ob es in diesem blutigen Krieg auf ein paar Millionen Tote mehr oder weniger angekommen wäre. Wenn gutes Blut fließt, darf man das schlechte nicht schonen.

Von den trüben Gedanken schlecht gelaunt greift Oberleutnant Rotstein nach der obersten, der auf seinem Schreibtisch liegenden Akten und blättert sie auf. Es ist die Akte eines Gefangenen, der mit einem Transport aus Mamaros Sziget ins Lager gekommen ist. Ein Wachsoldat hat den seltsamen Mantel des Gefangenen und das nachsichtige Verhalten der Lagerärztin Wasilenkowa gemeldet. Leutnant Jefimow hat der Akte einen Vermerk hinzugefügt: „Der Gefangene trägt einen sehr gut erhaltenen Offiziersmantel der deutschen Feldgendarmerie. Kontrolle der Achselhöhlen negativ. Gibt an, als Stabsveterinär eine Veterinärkompanie geführt und keiner ‚Sondereinheit‘ angehört zu haben. Den Mantel habe er sich im Sammellager Horn/Österreich angeeignet. Kam krank ins Lager (schwieriger Abszess). Arbeitet seit seiner Genesung im Labor des Krankenlagers. Weitere Prüfungen unbedingt erforderlich.“

Wer nimmt sich freiwillig einen Offiziersmantel der Feldgendarmerie, fragt sich Oberleutnant Rotstein. Der glaubt wohl, wir ziehen uns die Hosen mit Kneifzangen an? Nun gut, dann wollen wir ihm auf den Zahn fühlen.

Erwin Hofschneider spürt die Verachtung, die Oberleutnant Rotstein ihm gegenüber empfindet. Er sieht sie in dessen Augen und hört sie in dessen Stimme.

Der Sergeant, der als Dolmetscher dient, steht seinem Vorgesetzten in nichts nach. Mürrisch reicht er Erwin Hofschneider Papier und Bleistift und befiehlt ihm, sich an einen Tisch im Nebenzimmer zu setzen. „Du alles schreiben. Erst Leben, dann militärische Laufbahn. Welche Einheit und wo Einsatz? Du Kriegsverbrecher. Alles schreiben. Du lügen, du Straflager."

„Ich habe sowohl in Mamaros Sziget als auch hier im Krankenlager schon einmal alles aufgeschrieben." Erwin Hofschneider hat große Mühe, seinen Ärger zu zügeln.

„Du zweimal gelogen. Du heute Wahrheit schreiben", übersetzt der Sergeant Oberleutnant Rotsteins zornige Antwort.

„Ich habe nicht gelogen!", empört sich Erwin Hofschneider.

„Du Mund halten und Wahrheit schreiben!"

Frustriert bringt Erwin Hofschneider zum dritten Mal seinen Lebenslauf zu Papier, schildert seine militärische Laufbahn und seine Kriegseinsätze.

Was wollen die von mir? Widersprüche in meinen Aufzeichnungen entdecken? Ich habe doch nichts zu verbergen. Glauben sie mir nicht? Verwechseln sie mich? Hat mich jemand denunziert? Oder haben sie meine ersten Aufzeichnungen verschlampert? Sollte mich nicht wundern.

Als seine Bericht fertig ist, darf er in seine Baracke zurück.

Oberleutnant Rotstein lässt sich von dem Sergeanten die Niederschrift übersetzen, macht sich einige Notizen und heftet die Blätter in die Akte. Zum Schluss fügt er einen Vermerk hinzu: Der Gefangene wurde am 07. Mai vom Krankenlager ins Arbeitslager Baracke 12 verlegt (Barackenältester Baumeister). Er ist im Zementwerk einzusetzen (Meisterbereich Jaschin) unter Beobachtung von dem Gefangenen Meerwis.

Ein Glück, denkt er, während er die Akte in ein Schubfach mit der Aufschrift „Laufende Vorgänge“ legt, dass die Sowjetunion den Teil der Genfer Konvention nicht unterschrieben hat, der alle Offiziere von der Zwangsarbeit ausschließt. Im November letzten Jahres hat er eine klare Instruktion erhalten: Alle Offiziersdienstgrade unterhalb eines Majors sind der Arbeitspflicht unterworfen. Gut, dass es in unserem Lager nur wenige Gefangene mit höheren Dienstgraden gibt, die außerdem alle als Ärzte arbeiten. Dieser Stolze hier in seinem seltsamen Mantel war angeblich Stabsveterinär. Das entspricht dem Dienstgrad eines Hauptmanns. Damit unterliegt er der Arbeitspflicht. Lassen wir ihn schwitzen. Dabei wird ihm sein Stolz schon vergehen. Vielleicht erzählt er uns dann irgendwann freiwillig, wer er wirklich ist.

Erwin Hofschneider quält sich bei der Arbeit. Zum ersten Mal muss er ganztägig härteste körperliche Arbeit leisten: Kies schaufeln, Gehwegplatten transportieren und Terrazzostufen scheuern. Täglich ein, zwei Stunden Sport zu treiben, hat einst seinen Körper abgehärtet und gestählt. Während des Krieges sind körperliche Anstrengungen durch gute Versorgung und längere Ruhephasen ausgeglichen worden. Doch hier muss sein Körper täglich mehr Energie verbrauchen, als ihm zugeführt wird. Die Verpflegung besteht morgens und abends aus 300 Gramm breiartigem Schwarzbrot und einem Schlag wässriger Kohlsuppe, die in der Regel kalt ist. Mittags gibt es einen Schlag „Spuckkascha“, einen Hirse- oder Haferbrei, der mehr Spelzen als Stärke enthält. Bald spürt er, wie schnell die Arbeit seinen Körper von Tag zu Tag mehr auslaugt. Schon bei seiner Ankunft im Lager kämpfte er mit Hungerödemen. Während der Zeit im Krankenlager bildeten sie sich zurück.

Jetzt wird er wegen des Missverhältnisses zwischen Arbeitsleistung und Ernährung zum Dystrophiker. Seine Fettpolster hat der Körper längst abgebaut. Er beginnt, seine Muskulatur zu verzehren.

Mit jedem Tag fällt es ihm schwerer, die geforderte Arbeitsleistung zu bringen. Die Arbeitsbedingungen sind primitiv und brutal. Weder auf die Gesundheit der Gefangenen noch auf die der russischen Arbeiter wird Rücksicht genommen. Für die schwersten und gefährlichsten Arbeiten werden die Gefangenen eingesetzt. Es gibt viele Unfälle.

Eines Tages fühlt Erwin Hofschneider morgens starke Schmerzen von der linken Ellenbogenbeuge bis zum Handgelenk – eine Sehnenscheidenentzündung. Tagsüber zwingt ihn der Schmerz dazu, den Arm zu schonen. Er schafft sein Arbeitssoll nicht. An diesem Tag fällt nicht nur das „Abendessen" für ihn aus. Man bringt ihn zusammen mit einem anderen Gefangenen, Hauptmann Meerwis, in den Arrest.

Meerwis beschwert sich bitter über die Willkür der Russen, die ihn in den Arrest werfen, obwohl er gar keine Schuld am Unfall eines Kameraden trage, der von umstürzenden Betonteilen erschlagen worden sei. Der arme Kerl habe zu Hause drei Kinder.

Wie es sich herausstellt, kommt Meerwis aus der Gegend um Lübeck – also fast ein Mecklenburger. Er hat bei der bespannten Artillerie gekämpft, versteht viel von Pferden und lobt die Arbeit der Veterinäre, die wahre Wunder an seinen Pferden vollbracht haben. Ohne Zurückhaltung erzählt er über sein Leben vor dem Krieg und von seinen Einsätzen in Russland.

Erwin Hofschneider ist froh, in dieser bedrückenden Situation einen aufgeschlossenen Kameraden gefunden zu haben, denn die Zeit scheint ihm in der engen Zelle stillzustehen. Der Raum ist dunkel. Nur durch eine Spalte in der Holztür schimmert elektrisches Licht.

Ist es Tag? Ist es Nacht?

Schon nach kurzer Zeit leiden sie unter der feuchten Kälte. Sie ist die wahre Herrscherin in diesem Verließ. Sie kriecht zuerst in die Füße und zieht dann über die Beine in den Körper. Sitzen und Liegen ist nur auf dem nackten Boden möglich. „Das wäre unser Tod", sagt Meerwis. Sie gehen die wenigen Meter durch die Zelle, treten auf der

Stelle, schlagen ihre Füße kräftig gegeneinander und beugen ihre Knie, um ihre Körper zu erwärmen.

Schnell spürt Erwin Hofschneider das starke Klopfen seines Herzens. Bewegen muss ich mich, aber nicht zu viel, denkt er. Wo soll die Energie dafür herkommen? Im Arrest gibt es nur die halbe Tagesration, keine Suppe, nur Brot und statt Tee lauwarmes Wasser.

Erwin Hofschneider stellt sich vor, um wie viel schrecklicher es wäre, allein in dieser Zelle eingesperrt zu sein. Nachdem ihm der Hauptmann so offen von sich erzählt hat, erleichtert es ihn, nun auch über sich reden zu können und dem Kameraden von seinem Krieg zu erzählen.

Irgendwann erzählt Meerwis, wie grausam Partisanen einige seiner Kameraden verstümmelt haben und wie brutal daraufhin gegen die Ortschaften vorgegangen worden sei, die man der Unterstützung bezichtigt habe. Und auf dem Rückzug habe seine Einheit strikt den Befehl ausgeführt, nur verbrannte Erde zurückzulassen.

„Damals habe ich nie ein schlechtes Gewissen gehabt. So war eben der Krieg. Doch heute frage ich mich, ob dieses brutale Vorgehen gegen Zivilisten immer notwendig gewesen ist.“ Dann fragt er Erwin Hofschneider nach ähnlichen Erlebnissen.

Erwin Hofschneider erzählt von seiner Bekanntschaft mit den Partisanen, die er, wegen ihrer Heimtücke und Grausamkeit, gehasst habe. Jeder Soldat müsse sie deshalb hassen. Aber russische Zivilisten? Zum Glück ist er nie gezwungen worden, gegen sie gewaltsam vorzugehen. Er erzählt Meerwis von seinem angenehmen Aufenthalt in Tichaja Semlja.

„Herr über ein kleines Pferdeparadies also“, sagt Meerwis. „Und ich habe bisher gedacht, Sie wären bei der Feldgendarmerie gewesen – wegen Ihres Mantels. Jeder Angehörige der Feldgendarmerie hat zugesehen, vor seiner Gefangennahme schnell seine Uniform wechseln zu können, und der da kommt in dieser Montur ins Lager, hab ich gedacht. Bedingungslose Treue oder verrückt.“

Erwin Hofschneider erzählt Meerwis, wie er in Horn zu dem Offiziersmantel der Feldgendarmerie gekommen ist. „Wahrscheinlich hat mir dieser warme Mantel das Leben gerettet."

Als die Russen Meerwis holen, leidet Erwin Hofschneider unter der plötzlichen Stille und Einsamkeit mehr als unter Hunger und Kälte. Wieder einmal lässt er in seinen Erinnerungen den Krieg vorüberziehen. Dann denkt er wie so oft seit seiner Gefangennahme: Ich habe diese demütigende Behandlung nicht verdient. Für welche Schuld soll ich hier büßen? Seine Antwort ist dieselbe wie immer: Ich habe, meinem Eid entsprechend, meine Pflicht dem Vaterland gegenüber erfüllt. Für Hitlers Politik kann mich niemand verantwortlich machen und Kriegsverbrechen habe ich nicht begangen. Im Gegenteil, ich habe den Befehl, das Dorf Tichaja Semlja niederzubrennen, nicht ausführen lassen. Die alten Russen im Dorf sind meine Zeugen.

Sein ausgelaugter Körper erträgt die Belastungen des Arrests nicht lange. Er bekommt Husten und Schüttelfrost. Fast unbezwingbar wird sein Verlangen, sich für ein paar Minuten auf den nasskalten Boden zu legen. Er kämpft gegen diese Versuchung an. Nein, nicht einsam in diesem Loch hinter dem Ural krepieren!

Um seine schmerzenden Gelenke zu entlasten, geht er in die Hocke, lehnt seinen Rücken leicht gegen die Wand und legt seine Arme um seine Knie. Das lindert die Gelenkschmerzen für ein paar Minuten und der Wärmeverlust des Körpers ist geringer. Er verfällt in einen Dämmerzustand und versucht zu schlafen. Lähmende Kälte weckt ihn. Er liegt mit Hüfte und Schulter auf seiner rechten Seite. Wie lange schon? Erschrocken erhebt er sich. Hüfte, Schulter und Knie schmerzen heftig.

Plötzlich ist er hellwach. Deutlich vernimmt er die Stimme seiner Mutter: „Komm wieder, Erwin." Ich halluziniere, denkt er erstaunt. Sein Herz klopft wild. Nur nicht verzweifeln und aufgeben! Die Eltern, das Kind, Irmgard – sie warten auf dich.

Irgendwann holen ihn die Russen. Dem Sonnenstand nach zu urteilen ist es früher Nachmittag, als man ihn wieder einmal in Oberleutnant Rotsteins Zimmer führt.

„Du jetzt essen, dann Wahrheit schreiben."

Nur drei Tage also, staunt Erwin Hofschneider. Er hätte geschworen, länger als eine Woche im Arrest verbracht zu haben. Gierig schlürft er die dünne Suppe – immerhin ist sie warm – und verschlingt die Scheibe „Russenbrot“. Den Stolz, auf eine Portion Essen zu verzichten, hat er schon lange nicht mehr. Man muss jede angebotene Nahrung zu sich nehmen, alles andere wäre dumm.

Der Oberleutnant gibt dem Sergeanten das Zeichen, eine Papirossa für den Gefangenen herauszurücken. Die Versuchung, nach der Zigarette zu greifen, ist groß. Bis zu seiner Gefangennahme hat Erwin Hofschneider stark geraucht. Er hat bei unzureichender Versorgung anfangs unter Hunger und Durst weniger gelitten als unter Tabakmangel. Doch in der Gefangenschaft ist ihm schnell klargeworden, wie unvernünftig es ist, der Rauchsucht weiterhin nachzugeben. Wer mehr rauchen will, als die geringe und sehr unregelmäßige Tabakzuteilung es erlaubt, muss einen Teil seiner kärglichen Nahrungsmittel dafür hergeben. Es ist besser, Tabak gegen Nahrungsmittel zu tauschen. Inzwischen ist er seit fast neun Monaten ohne Tabak ausgekommen. Doch jede angebotene Zigarette ist noch immer eine starke Willensprüfung. Er überwindet sich, gibt der starken Versuchung nicht nach und lehnt die Papirossa ab.

„Du alles über Tichaja Semlja schreiben.“

Zum vierten Mal schreibt er auf, woran er sich erinnert. Warum rückt jetzt Tichaja Semlja ins Blickfeld des Oberleutnants? Sucht er das Haar in der Suppe? Sein Problem.

Auf dem Rückweg in seine Baracke stellt er erfreut fest, dass sein Unterarm kaum noch schmerzt. Der einzige Teil meines Körpers, dem der Arrest offenbar gutgetan hat, denkt er.

In der Baracke kümmert sich sein Bettnachbar, Hauptmann v. Techentin, um ihn. Zu ihm hat er Vertrauen gefasst. Als er ihm alles erzählt hat, lächelt v. Techentin ironisch. „Das Arbeitssoll ist Quatsch. Hättest du in meiner Gruppe gearbeitet, wäre das nicht passiert.

Da man dich mit Meerwis in eine Arrestzelle gesperrt hat, war die Nichterfüllung des Arbeitssolls wahrscheinlich nur vorgeschoben. Meerwis ist einer von Oberleutnant Rotsteins skrupellosen Spitzeln. Der hat schon einige Kameraden auf dem Gewissen. Hoffentlich hast du ihm nicht zu viel erzählt."

Erwin Hofschneider will das nicht glauben. Kann sich der Meerwis so verstellt haben? Doch warum hat er mich nach möglichen Kriegsverbrechen gefragt? Erste Zweifel kommen auf.

„Mehr, als ich dem Rotstein aufgeschrieben habe, hab ich ihm auch nicht erzählt. Was kann er also Neues berichtet haben?"

„Was du ihm erzählt hast und was er dem Rotstein berichtet hat, sind zwei Paar Schuhe."

Erwin Hofschneider versteht sich seit seiner Verlegung vom Kranken- ins Arbeitslager mit Pionier-Hauptmann v. Techentin sofort gut. Sie schlafen nebeneinander, arbeiten aber in verschiedenen Arbeitskommandos.

v. Techentin hört nicht auf das Stöhnen, Schimpfen und Streiten seiner Mitgefangenen, auf ihre herausfordernden und boshaften Bemerkungen. Ihr tägliches Elend, ihre Illusionen und ihre Verzweiflung scheinen ihn nicht sonderlich zu erregen. Wer ihm zu sehr auf den Pelz rückt, bekommt eine passende und meist ironische Antwort. Eine stoische Ruhe geht von ihm aus.

v. Techentin ist bereits ein Jahr länger in Gefangenschaft als Erwin Hofschneider und öffnet ihm schnell die Augen für die Lagerzustände, die Dienstverhältnisse und die vielfältigen Abhängigkeiten: „Die russische Lagerleitung ist korrupt. Sie verschiebt einen Teil der ohnehin unzureichenden Gefangenenversorgung. Sie hat sich skrupellose Gefangene ausgesucht und mit ihnen alle Posten der deutschen Lagerleitung besetzt.

Unser Lagerältester ist nicht etwa der dienstgradhöchste Offizier, sondern ein junger Spund, ein ehemaliger Gebietsleiter der Hitlerjugend. Bis zu seiner Gefangennahme war er ein strammer Nazi. Kaum in Gefangenschaft wurde er zum glühenden Antifaschisten, geißelt seither die Naziherrschaft und fordert uns auf, unsere Verbrechen am Sowjetvolk durch fleißige Arbeit wiedergutzumachen. Wie die Leute ohne ausreichende Ernährung fröhlich und fleißig arbeiten sollen, sagt er natürlich nicht.

Dieser geläuterte Hitlerjunge, seine verdorbenen Helfer und Oberleutnant Rotstein von der russischen Lagerleitung haben das ganze Lager mit ihren Spionen überzogen. Sie bespitzeln nicht nur die Gefangenen, sondern auch sich untereinander. Ein paar idealistische Spinner, die glauben, was man ihnen sagt, sind auch dabei. Doch die meisten dieser Helfershelfer von russischen Gnaden denken nur an ihren Bauch und ziehen aus der Not ihrer Kameraden ihren Gewinn. Für einen Schlag Suppe oder eine leichtere Arbeit sind sie zu jeder Schandtat bereit.

Neben der russischen und der deutschen Lagerleitung gibt es noch eine sogenannte Anti Antifa Gruppe. Auch die hat überall ihre Spitzel und Zuträger. Diese Leute leben nicht ungefährlich. Ihre Gesinnung ist ihre Motivation, denn Vorteile gegenüber anderen Gefangenen haben sie nicht.

Irgendwann wirst du von Zuträgern und Mitgliedern all dieser Gruppen angesprochen werden. Mach's wie wir: keinem nachgeben und niemandem vor den Kopf stoßen. Wir sind ein paar Kameraden, die sich aus den Auseinandersetzungen zwischen Antifa und Anti Antifa heraushalten und die sich gegenseitig helfen. Allein kannst du hier nicht lange überleben."

v. Techentin ist ein glänzender Organisator. Als Ingenieur kennt er sich in vielen Handwerken aus und beherrscht Dutzende Kniffe, um ausweglos scheinende Situationen zu meistern. Davon haben auch die Russen ihren Nutzen, denn v. Techentin hilft ihnen, das Arbeitssoll zu erfüllen und ihre Abrechnungen zu verbessern. Dafür stecken sie ihm mitunter ein Stück Brot oder ein paar Kartoffeln für seine Mitgefangenen zu und sehen weg, wenn er einen kranken Kameraden einige Tage schont.

Im Gegensatz zu den Wachsoldaten sind die meisten russischen Arbeiter ebenso vom Hunger geplagt wie die Gefangenen. Anfangs haben sie den Gefangenen ihre Verachtung gezeigt, doch mit der Zeit begreifen sie die Situation der Deutschen. Das stimmt sie milder. Obwohl außerdienstliche Gespräche zwischen russischen Arbeitern und deutschen Gefangenen verboten sind, führen die Abläufe in dem großen Betonwerk nahezu zwangsläufig zu kurzen, gestenreichen Gesprächen. Kennt man erst einmal den Namen des vermeintlichen Feindes, nimmt man ihn augenblicklich als einen geplagten Menschen wahr. Stimmt die Chemie auf beiden Seiten, gewöhnt man sich aneinander.

v. Techentins Verdienst an einer erträglichen Zusammenarbeit ist groß. Leider hat Erwin Hofschneider vor seiner Arretierung nicht das Glück gehabt, in v. Techentins Arbeitskommando versetzt zu werden. Nach dem Arrest wird er zu seiner Freude aus seinem bisherigen Arbeitskommando genommen und v. Techentins Kommando zugeteilt.

Die Arbeit wird nicht leichter, die Verpflegung nicht besser. Die Körper der Gefangenen, die nicht zur Lagerhierarchie gehören, verfallen immer schneller. Einige Gefangene sind inzwischen so entkräftet, dass die Lagerärztin nach einer der üblichen „Arschbackenparaden" darauf besteht, diese Gefangenen nach Hause zu schicken, um nicht die gleichen Schandtaten verantworten zu müssen wie die Faschisten mit ihren Lagern. Gegen den Willen von Oberleutnant Rotstein gibt der Lagerkommandant ihrem Drängen nach.

„In der imperialistischen Presse erscheinen immer häufiger Artikel. Die reinsten Gräuelmärchen über unsere Lager. Das Rote Kreuz verlangt Zugang, will unsere Lager inspizieren. Lassen wir sie nach Hause. Wozu sind sie hier noch nütze? Lassen wir die Obrigkeit entscheiden." Er meldet das Problem seiner vorgesetzten Dienststelle. Sterben lassen, besser ernähren oder nach Hause schicken?

„Machen wir guten Wind – schickt ein paar der Halunken nach Hause", heißt es einige Wochen später. Die Entlassung der wenigen Gefangenen macht den Zurückbleibenden Mut. Vielleicht hat man sie doch nicht ganz vergessen.

Die Hitze des kurzen Sommers ist nicht leichter zu ertragen als die grimmige Kälte des Winters. Erwin Hofschneider erkrankt erneut an einem Abszess. Diesmal ist es ein Schweißdrüsenabszess in der linken Achselhöhle. Man führt ihn der Lagerärztin vor.

Mascha Wasilenkowa erkennt den Gefangenen an seiner Größe wieder. Wie dünn er inzwischen geworden ist! Geht es weiter so mit ihm bergab, wird er den kommenden Winter nicht überleben. Erneut muss sie beim Anblick des Gefangenen an ihren Bruder Fjodr denken. Der gleiche stolze Kopf mit dem dichten Haar, das der Gefangene noch immer trägt, weil er, zusammen mit einem Hauptmann, beim Lagerkommandanten vorstellig geworden ist, um sich über den Befehl zur Kopfrasur zu beschweren. In Deutschland schere man nur Schwerverbrechern die Köpfe kahl. Sie wären gefangene Offiziere und keine Schwerverbrecher.

Der Lagerkommandant hat den Vorfall während einer Besprechung genüsslich zum Besten gegeben. In seiner Stimme hat Anerkennung gelegen. „Die meisten Gefangenen sind froh, wenn sie mich nicht sehen. Wenn sich einige direkt bei mir beschwert haben, dann über die schwere Arbeit, das Essen, schlechte Bekleidung oder die Übergriffe eines Wachsoldaten. Sie aber kommen mir mit ihren Haaren, weil sie auch in der Gefangenschaft wie deutsche Offiziere aussehen wollen und nicht wie deutsche Schwerverbrecher. Seltsame Menschen, diese Fritzen – fast am Ende mit ihrer Kraft, aber die Frisur muss bis zuletzt sitzen."

An diesen Vorfall muss Mascha Wasilenkowa denken, als ihr der Gefangene den Abszess zeigt. Wieder weicht sie einen kurzen Schritt zurück. Unglaublich, wie dieser abgemagerte Körper das bisher verkraftet hat! Ohne zu zögern und ohne örtliche Betäubung öffnet sie den Abszess.

Trotz der Wundschmerzen spürt Erwin Hofschneider sofort Erleichterung. Wie die Ärztin staunt er nicht schlecht über die Menge der sich entleerenden Flüssigkeit. Die Wunde muss offen bleiben, wird gespült, desinfiziert und notdürftig verbunden. Die Ärztin befreit ihn für eine Woche von der Arbeit.

Er bedankt sich bei ihr. In ihren Augen glaubt er Mitgefühl zu sehen. Es fällt ihm schwer, nicht nach ihrer Hand zu greifen. So tief sitzt also die Sehnsucht nach einem mitfühlenden Menschen in dir, denkt er auf dem Rückweg zur Baracke. Seit zwei Jahren nur unnachsichtige, feindliche Soldaten und leidende Kameraden. Ich bin also noch nicht zu Stein geworden. Zum ersten Mal seit Monaten sehnt er sich wieder nach seinem Zuhause.

An das sinnlose Elend der Gefangenen werde ich mich niemals gewöhnen, denkt Mascha Wasilenkowa, nachdem Erwin Hofschneider ihr Zimmer verlassen hat.

Gefangenenlager – die deutschen ebenso wie die russischen – sind für mich Sinnbilder der Sittenverrohung und des moralischen Niedergangs unserer Völker. Ob sie sich Wegbereiter einer klassenlosen Gesellschaft oder Herrenmenschen nennen, in ihrer fanatischen Hingabe an ein abstraktes Menschen- und Gesellschaftsbild gleichen sich diese unversöhnlichen Feinde wie ein Ei dem anderen. Mit einem ins Religiöse gesteigerten Eifer trachten sie danach, ihre gefangenen Feinde erst zu demütigen, dann psychisch zu brechen und schließlich durch Hunger und Zwangsarbeit physisch zu vernichten. Auf beiden Seiten erfindet man Dutzende „Gründe", um jedes Mitleid mit den Gefangenen schon im Keim zu ersticken. Das Gift der Ideologien versetzt die Menschen in einen Rausch, der ihren Verstand trübt. Wer der Ideologie nicht verfallen ist, dem hat der grausame Kriegsalltag die Gedanken vernebelt: Sieh, wie sie deine Kameraden zugerichtet haben! Denk daran, was dir geschehen wäre, wenn du in ihre Hände geraten wärst!

Aber was waren und sind denn das für abstruse „Gründe"? Aus den Qualen der Gefangenen kann dem Sieger kein Nutzen erwachsen. Nur die Lust auf Rache kann man so befriedigen. Welchen anständigen Russen, welchen anständigen Deutschen könnte es befriedigen, wehrlose Gefangene zu quälen und umzubringen? Jetzt, da der furchtbare Krieg seit über einem Jahr beendet ist, sollten wir aufhören, Gefangene für ihre Politiker büßen zu lassen. Wie sollen unsere Kinder leben? Wieder und wieder blutige Kriege mit den Deutschen, weil die alten Wunden ständig aufgerissen und neue hinzugefügt werden? Können wir einander nicht vergeben, werden wir keine friedliche Zukunft haben.

Immer verzweifelter wehrt sich Mascha Wasilenkowa gegen das Gefühl der Ohnmacht, welches sie packt, wenn sie auf das stumme Leiden der Gefangenen sieht. Ihre Möglichkeiten zu helfen und Leiden zu lindern, sind, angesichts der Wucht des Elends, zermürbend gering. Wenigstens ihn, diesen abgemagerten deutschen Riesen will sie durchbringen. Zu sehr erinnert er sie an ihren Bruder Fjodr.

Oberleutnant Rotstein schreibt an seine Genossen. Er erkundigt sich nach dem Schicksal des Dorfes Tichaja Semlja und dem von Juri Konew. Er will wissen, wie es dem Dorf unter den Faschisten ergangen ist. „Es wird sich bald herausstellen, ob uns dieser stolze Deutsche in seinem schönen Mantel an der Nase herumführen will", sagt er zu seinem Sergeanten, der den Brief zuklebt und zur Post legt. Nicht nur dieser Mantel, sondern auch sein „arisches" Aussehen und vor allem die Umstände seiner Gefangennahme sprechen stark für ein Lügengespinst des Deutschen. Nach der Kapitulation seiner letzten Einheit hat er sich allein auf den Weg gemacht, um sich unserem Zugriff zu entziehen. Warum, wenn er sich nichts hat zuschulden kommen lassen? Nun, wir werden bald alles herausfinden.

Vor Wintereinbruch kommt die Antwort: „Der verdiente Parteiarbeiter und Partisanenführer Juri Konew ist im Sommer 1944 bei Witebsk schwer verwundet worden und auf dem Transport in ein Lazarett gestorben.

Das Dorf Tichaja Semlja wurde durch Brandschatzung seitens der Faschisten und von Kampfhandlungen zu etwa 70 Prozent zerstört. Es ist gegenwärtig noch nicht zu sagen, ob das Dorf zu neuem Leben erwachen wird. Nach Aussagen der wenigen Überlebenden trägt aber ein Teil der einst dort stationierten Faschisten keine Schuld an den Zerstörungen. Sie hätten ausschließlich Armeepferde gepflegt und das Dorf verlassen, ohne es zu zerstören.

Eine kleinere deutsche Einheit, die ebenfalls im Dorf stationiert gewesen ist, ist dagegen äußerst brutal gegen die Dorfbevölkerung und die Partisanen vorgegangen. Unter anderem haben sie auch die Eltern des Genossen Konew getötet. Sie haben das Dorf zu einer Verteidigungsstellung ausgebaut, Häuser gesprengt und Einwohner ermordet. Ihr Kommandeur ist mit einem Panzerfahrzeug entkommen.“

Entlastet dieser Brief den stolzen Deutschen, der immer noch sein Kopfhaar trägt und es wie eine Trophäe zur Schau stellt? Kann die kleinere deutsche Einheit nicht der Feldgendarmerie angehört haben und ihr entkommener Kommandeur jetzt hier im Lager als Veterinäroffizier getarnt spazieren gehen?

Für einen Moment klopft Oberleutnant Rotsteins Herz etwas schneller. Hat er einen größeren Fisch an der Angel?

Doch sofort meldet sich seine angeborene Skepsis. Einen Nachweis für diese These hat er nicht. Den können ihm nur der Deutsche oder seine Zuträger liefern. Er muss dem Deutschen nochmals auf den Zahn fühlen. Zu dessen Mantel will Unschuld einfach nicht passen.

Da schießt ihm ein Gedanke durch den Kopf, der ihn sogleich beschämt, weil er nicht schon früher darauf gekommen ist. Sollte der Deutsche tatsächlich ein Veterinär sein, dann müsste er viel von Pferden verstehen!

Am nächsten Tag fährt er in die Stadt, um einen Tierarzt ausfindig zu machen.

Erwin Hofschneiders Hass auf die Russen steigert sich mit jedem Schritt auf dem Weg in die Arrestzelle. Diesmal ist der Grund für den Arrest nicht eine zu geringe Arbeitsleistung, sondern seine Weigerung, zum fünften Mal Lebenslauf und militärische Laufbahn zu Papier zu bringen. Oberleutnant Rotstein hat getobt, ihn einen faschistischen Kriegsverbrecher genannt und ihm mit Straflager gedroht. Im Arrest habe er nun Zeit, über seine Weigerung, die Wahrheit zu schreiben, nachzudenken.

Diesmal ist die Zelle viel kleiner als beim letzten Mal. Sie ist völlig dunkel, feuchtkalt und zu seinem Entsetzen steht sie fast knöchelhoch unter Wasser.

Er tastet sich durch die Zelle in der Hoffnung eine trockene Stelle zu finden. Endlich erreicht er eine kleine Erhebung. Sie ist gerade so groß, dass er einen Fuß daraufstellen kann. Um sein Gleichgewicht nicht zu verlieren, muss er sich an der Zellenwand abstützen. Er stellt seine Füße abwechselnd übereinander. Das ist anstrengend, aber so bleiben sie einigermaßen trocken. Einsamkeit, Dunkelheit, Hunger, Kälte und Nässe bringen die Verzweiflung zurück. Gibt es noch Hoffnung, das ganze Elend in diesem Lager zu überleben?

Seine Verzweiflung wird vom Hass auf die Russen verdrängt. Lassen einen Offizier und Veterinärmediziner an Hunger und durch erniedrigende Arbeit langsam aber sicher zugrunde gehen. Zu Hause warten Frau und Kind, die Eltern. Aber das stört diese Barbaren nicht. Stecken einen in dieses lebensbedrohende Loch. Hauptsache sie können uns demütigen.

Nur nicht die Würde verlieren! Die Würde wollen sie einem zuerst nehmen.

Wie soll er, auf einer kleinen Erhebung und auf einem Fuß stehend, in einer nassen, kalten Zelle seine Würde bewahren? Schon nach wenigen Minuten schmerzen die eiskalten Füße. Gegeneinanderschlagen kann er sie nicht, wenn er auf der kleinen, trockenen Erhebung nicht den Halt verlieren will. Dann beginnt sein linker Arm, mit dem er sich an der Wand abstützt, zu kribbeln und steif zu werden.

Nach seinem Empfinden ist etwa eine Stunde vergangen, da spürt er bereits jeden Knochen im Leib. Die Kälte kriecht ihm langsam wie Schierlingsgift von den Füßen über die Beine in den Unterleib. Zu allem Überfluss spürt er Harndrang. Um seine Notdurft verrichten zu können, muss er sich mit der freien, der rechten Hand zu jenem Körperteil vorarbeiten, der ihm seit drei Jahren nur noch zum Wasserabschlagen dient.

Als er mit seinen Vorbereitungen fast fertig ist, rutscht er von der kleinen Erhebung. Unversehens steht er, mit Zornestränen in den Augen, bis zu den Knöcheln im eiskalten Wasser.

Ein paar Minuten später sagt er sich: Was nützt dir deine Würde, wenn du hier zugrunde gehst? Hier bist du in wenigen Stunden schwerkrank oder tot.

Er klopft an die Blechtür und ruft nach dem Posten. Der Posten lässt sich Zeit.

Viel braucht es nicht mehr, um dem stolzen Herrn Offizier das Lebenslichtlein auszublasen, denkt Oberleutnant Rotstein, als man den am ganzen Körper zitternden Deutschen hereinführt. „Du jetzt Wahrheit schreiben?"

„Ich habe immer die Wahrheit geschrieben", sagt Erwin Hofschneider leise und mit unterdrücktem Zorn.

„Du schon wieder lugen! Du nicht schreiben über Sondereinheit in Tichaja Semlja. Du Kommandeur Sondereinheit. Du Feldgendarmerie."

Die „Nahkämpfer"! Ich habe die Nahkämpfer nie erwähnt, weil ich nur über meine Einheiten berichtet habe. Warum sollte ich den Russen von Dingen berichten, die mich nichts angingen? Er versucht Oberleutnant Rotstein diesen Zusammenhang zu erklären und erläutert ihm hastig, was er über die Zusammensetzung, die Aufgaben und den Einsatz dieser Einheit weiß. „Es war keine Feldgendarmerie. Diese Einheit unterstand nicht meinem Befehl. Sie operierte völlig unabhängig von uns."

Oberleutnant Rotstein wischt mit seinem rechten Arm durch die Luft. Mit Verachtung im Blick sagt er streng: „Du jetzt Wahrheit schreiben!"

Er hat sich also über Tichaja Semlja erkundigt, weiß inzwischen Bescheid, überlegt Erwin Hofschneider. Es war ein großer Fehler, die Nahkämpfer nicht zu erwähnen. Jetzt wird alles von den Berichten der Bauern abhängen. Besonders vom alten Mamedow.

Diesmal schreibt er einen Bericht, der sich von allen bisherigen unterscheidet. Wird das nicht das Misstrauen der Russen bestärken?

Am nächsten Tag führt man Erwin Hofschneider zum Lagertor. Vor dem Tor steht ein Panjepferd. Oberleutnant Rotstein befiehlt ihm, das Pferd zur Ader zu lassen. Die dafür erforderlichen Instrumente liegen bereit. Da Erwin Hofschneider, bei einem Blick auf das

Pferd, keine Anzeichen für eine Krankheit feststellen kann, fragt er nach dem Grund für den Aderlass. Man brauche das Pferdeblut für Nährböden in einem Labor, heißt es.

„So viel?“, will er wissen.

„Du Aderlass!“, herrscht ihn der Lagerdolmetscher an.

Da begreift Erwin Hofschneider den wahren Grund des Aderlasses: Die wollen sehen, ob du tatsächlich ein Veterinär und kein Feldgendarmerie-Offizier bist! Nun gut, denkt er, dann will ich den Gaul mal um einige Liter Blut erleichtern. Ruhig trifft er seine Vorbereitungen und öffnet dann dem Pferd die Ader.

Als das erste Blut in den schmutzigen Eimer fließt, kommt das Kommando, den Aderlass zu beenden. Erwin Hofschneider versorgt die Stichwunde und will dann die Instrumente reinigen. Da winkt Oberleutnant Rotstein ab. Um die Instrumente kümmert sich ein Zivilist, den Erwin Hofschneider noch nie gesehen hat. Erwin Hofschneider wäscht sich die Hände und wird zurück ins Lager gebracht.

An diesem Tag fügt Oberleutnant Rotstein Erwin Hofschneiders Akte widerwillig den Vermerk hinzu: „Es muss davon ausgegangen werden, dass der Gefangene ein ausgebildeter Veterinärmediziner ist und somit die Wahrheit berichtet hat. Den Offiziersmantel der deutschen Feldgendarmerie hat er sich wahrscheinlich im Lager Horn angeeignet. An den Zerstörungen im Dorf Tichaja Semlja ist er nach gegenwärtigem Wissensstand nicht beteiligt gewesen. Ob er sich später an Kriegsverbrechen beteiligt hat, kann zurzeit nicht gesagt werden.“ Damit ist der für ihn ärgerliche Fall des stolzen Deutschen zunächst erledigt.

Im Dezember 1946 sorgt der Deutsche nochmals für seine Verärgerung, weil sich die Lagerärztin über seinen Willen hinweggesetzt und den entkräfteten Deutschen vom Arbeits- ins Krankenlager verlegen lässt.

Die Ärztin ist auch so eine. Nicht Fleisch und nicht Fisch. Vater Volksfeind, Mann und Bruder gefallen. Das waren die Umstände des Krieges. Volksfeind bleibt Volksfeind. Sie soll sich nur nicht zu sicher fühlen.

„Da wären wir also wieder zu Hause“, begrüßt Stabsarzt Doktor Niedermayer Erwin Hofschneider bei dessen Ankunft im Krankenlager. Er untersucht Erwin Hofschneider nur kurz. Was gibt es an einem Dystrophiker zu untersuchen? „Ein paar Tage Ruhe und dann bleiben Sie erst einmal wieder im Labor. Nicht anzunehmen, dass Sie bei dieser Verpflegung wieder arbeitsfähig werden.“

Erwin Hofschneider ist der Lagerärztin Mascha Wasilenkowa dankbar. Gestern, bei der „Arschbackenparade“, hat sie dafür gesorgt, dass er „bis auf weiteres“ vom Arbeitsdienst außerhalb des Lagers befreit und zum Innendienst ins Krankenlager zu Doktor Niedermayer überstellt worden ist.

Seit Wochen hat er sich nur mit äußerster Willensanstrengung zur Arbeit geschleppt und unter Einsatz seiner letzten Kraftreserven die Arbeitsnorm erfüllt. Nur so ist es ihm möglich gewesen, wenigstens die täglichen Hungerrationen zu empfangen. Ohne Arbeit keine Versorgung.

Bei all der Schufterei ist ihm keine Zeit für Privates geblieben.

Kaum sind die Appelle beendet gewesen, hat er sich erschöpft auf seine Pritsche fallen lassen, wie ein Toter geschlafen und sich beim Wecken wie gerädert gefühlt.

Außer dumpfen oder stechenden Schmerzen hat der Körper den ständig nagenden Hunger signalisiert, der von morgens bis abends in den Eingeweiden wütet.

Immer häufiger hat er sich in trübe Gedanken geflüchtet. Wenn die Russen uns hier nur als Arbeitsvieh benutzen und dann verrecken lassen, wäre es da nicht besser, gleich Schluss zu machen? In solchen Augenblicken ist ihm ein mutmachender Kamerad wie Hauptmann v. Techentin eine lebensrettende Hilfe gewesen. „Vielleicht hat uns das Vaterland längst vergessen. Aber den Ehrgeiz, am Ende stärker zu sein als die Schikanen der Russen, den habe ich schon. Und du solltest ihn auch haben, Erwin. Vielleicht nicht alle, aber sicher viele Familien und Organisationen wie das Rote Kreuz werden sich bemühen, herauszufinden, wo wir sind. Und warum sollten die Russen nicht auch lernfähig sein, uns eines Tages besser ernähren, weil sie unsere Arbeit schätzen?

Vielleicht kommt eines Tages alles glücklich zusammen: die Suche nach uns und die Einsicht der Russen."

„Und wenn die Russen nun behaupten, es gebe keine Gefangenen mehr oder nur noch sehr wenige? Dann sind wir für unsere Familien tot. Bis heute dürfen wir ihnen nicht schreiben. So eine Schweinerei hätte ich nie für möglich gehalten. Das ist doch nur von Nutzen, wenn sie uns auslöschen wollen, sobald wir nicht mehr arbeitsfähig sind."

„Nicht immer alles gleich in den schwärzesten Farben sehen, Erwin. Denk daran, wie du krank ins Lager gekommen bist. Hättest du damals daran geglaubt, dass du ein Jahr später immer noch auf die Russen und das Lagerelend fluchen kannst? Na also! Kommt Zeit, kommt Rat."

v. Techentin behält recht. Internationaler Druck und die Einsicht der Russen sorgen dafür, dass die sowjetische Führung Auskunft über einen Teil der Kriegsgefangenenlager gibt und den Gefangenen Schriftwechsel mit ihren Angehörigen erlaubt.

Das Herz schlägt Erwin Hofschneider heftig in der Brust, als er überlegt, welche Sätze er auf die Postkarte schreiben soll. Winzig klein erscheint sie ihm. So vieles ist es wert, geschrieben zu werden. Doch die Größe der Karte lässt nur wenige Worte zu. Wie ein Scharfrichter steht sie zwischen den Gedanken, die ihn bestürmen und den Worten, die ihm zur Verfügung stehen.

Was also soll ich schreiben, denkt er aufgewühlt. Ich habe kein Recht dazu, ihnen Sorgen zu bereiten. Unser Elend zu schildern, würden die Russen ohnehin nicht erlauben. Tapfer müssen wir alle sein und die Hoffnung dürfen wir nicht verlieren. Ja, die Hoffnung! Mit der Postkarte auf seinem Knie kehrt sie in seine Seele zurück. Ein paar zaghaft hingeschriebene Wörter blasen die trüben Gedanken auf der Stelle aus seinem Kopf. Zum ersten Mal seit seiner Ankunft im Lager gelingt es ihm, sich verschwommen Irmgards Gesicht vorzustellen und er hört deutlich ihre Stimme: „Warum meldest du dich nicht? Wir machen uns große Sorgen."

Mit feuchten Augen schreibt er mit der breiten Spitze eines Bleistiftstummels:

„Meine liebe Irmgard!

Als erstes Lebenszeichen von mir einen herzlichen Gruß! Es geht mir gut. Dasselbe hoffe ich auch von Dir, unserem Siegfried, den Eltern und allen anderen. Ich hoffe auf ein baldiges gesundes Wiedersehen.

Dein Erwin"

Von diesem Augenblick an bleibt die Hoffnung bei ihm.

Das zweite Leben

Der evangelische Divisionspfarrer Clausen versucht beharrlich, Schwerkranke mit tröstenden Worten zu heilen. Obwohl er weiß, dass sie dafür vor allem wirksame Medikamente, kräftigende Nahrung und ihre Freiheit benötigen. Nach den tröstenden Worten erfüllt er seine Christenpflicht und betet für die in der Nacht gestorbenen Kriegsgefangenen.

Ehe er die Baracke verlässt, trinkt er mit Doktor Niedermayer noch rasch dünnen Kräutertee. Die Verführung, die von einer Tasse warmen Tees ausgeht, ist größer als sein Ärger über die gewöhnlichen Attacken des Arztes gegen die göttliche Weltordnung.

Clausen fällt es sichtbar schwer, seinen Gott gegen den ketzerischen Arzt zu verteidigen, der ihn soeben fragt, ob er nicht langsam an einem Gott verzweifele, der Millionen Menschen in sinnlose Gemetzel jage und auch danach wie ein tollwütiger Sadist auf die Überlebenden einschlage.

Hunger, Seuchen und Zwangsarbeit raffen nochmals Millionen Menschen dahin. Und diejenigen, die eines Tages Krieg und Nachkrieg überleben werden? Traumatisiert, wenn sie noch Herz und Seele haben.

„Ich kann Ihren immer gleichen Singsang, Ihr: ‚Herr erbarme dich unser‘, nicht mehr hören, ohne in Zorn zu geraten. Ihr Gott, Clausen, hat ein Herz aus Stein. Ich sage bewusst: Ihr Gott, denn meiner ist er schon seit Stalingrad nicht mehr.“

Mit der ihm eigenen milden Strenge verteidigt Pfarrer Clausen seinen Gott: „Nicht Gott ist tollwütig geworden, sondern die Menschen sind es. Wer von diesem Krieg nicht geläutert in den Schoß der Kirche zurückkehrt, dem kann niemand mehr helfen. Gottes eindringliche Worte an uns Soldaten lauten: Kehret um!“

Als der Divisionspfarrer gegangen ist, sagt Doktor Niedermayer zu Erwin Hofschneider, der Zeuge dieses kurzen Disputes gewesen ist: „Wo waren denn all diese Heiligen, als es vielleicht noch möglich gewesen wäre, diesen sinnlosen Krieg zu verhindern? Mein Pfarrer jedenfalls hat damals um Gottes Segen für den Führer gebetet und diesen verblendeten Demagogen ein Geschenk Gottes an das deutsche Volk genannt."

Erwin Hofschneider fühlt sich von den Worten des Arztes herausgefordert. Wer beginnt sinnlose Kriege? Im gleichen Moment muss er, wie so oft in den letzten Jahren, an seinen gefallenen Freund Macke denken. Dieselbe Abneigung gegen das Kriegsgeschehen in Russland und gegen Hitler wie der Arzt. „Du bist der Meinung, der ganze Krieg war sinnlos?"

Ohne Erregung, ohne seine Stimme zu heben, sagt Doktor Niedermayer: „Sinnlos, überflüssig und dumm."

Erwin Hofschneiders Ehrgefühl wehrt sich gegen diese Sicht des Arztes, mit dem er sich inzwischen duzt. Welcher deutsche Staatsmann schickt Millionen deutsche Männer in einen sinnlosen Krieg? Es mag Irrtümer gegeben haben. Aber Dummheit? „Woher willst du das wissen? Über diesen Krieg wird eines Tages die Geschichtsschreibung urteilen. Sie wird anerkennen müssen, dass wir bis zuletzt alles uns Mögliche für das Vaterland getan haben. Für uns Soldaten hat es keine Wahl gegeben – nur Gehorsam und Pflicht."

„Die Geschichte, Erwin, hat ihr Urteil schon gesprochen. Vertragsbrüchig hat die Deutsche Wehrmacht ohne Kriegserklärung die Sowjetunion angegriffen und einen brutalen Ausrottungskrieg gegen ein ganzes Volk geführt. So wirst du es später in den Geschichtsbüchern lesen können. Wir haben alle Russen zu Untermenschen und ihre Armeen zu asiatischen Horden erklärt und damit den Vorwand für russische Vergeltung und russische Grausamkeiten geliefert. Am Ende wurden wir vernichtend geschlagen und mussten bedingungslos kapitulieren. Deutschland liegt in Trümmern und wir sitzen hier ausgehungert hinter Stacheldraht. Sehnsüchtig blicken wir jeden Abend nach Westen. Dorthin, wo unsere Angehörigen jetzt ohne uns ums tägliche Überleben kämpfen müssen. Soviel, mein stolzer Reitersmann, zum Urteil der Geschichte."

Niemand hat Erwin Hofschneider bisher so schonungslos auf dieses Bild von der Deutschen Wehrmacht hingewiesen. Erwin Hofschneider ist bestürzt. Wenn Feinde ein solches Bild zeichnen, na gut. Aber es kann doch nicht sein, dass ein deutscher Offizier in der Wehrmacht einen Erfüllungsgehilfen von Verbrechern sieht. Wir können doch nicht unsere Würde verlieren!

„Hast du schon immer geglaubt, dieser Krieg sei unsinnig? Mein Bruder und einer meiner Regimentskameraden haben schon vor dem Russlandfeldzug die Kassandra gegeben. Warst du auch solch eine Kassandra?"

„Nein", sagt Doktor Niedermayer, „bei Kriegsbeginn habe ich nicht so gedacht. Ich war nicht begeistert, aber voll Pflichtgefühl wie du. Nicht einmal das Elend in Stalingrad hat mir die Augen geöffnet. Erst nach meiner Gefangennahme hat sich mein Denken verändert. Auf dem Marsch in ein Sammellager sah ich nicht nur auf unseren Elendszug, sondern begann auch zu begreifen, welche Verluste und welches Elend wir den Russen zugefügt haben. Als wir ausgemergelten, in Lumpen gehüllten Gestalten uns durch die ersten zerstörten Dörfer schleppten, überlebten wir nur, weil uns die russischen Wachsoldaten mit Waffengewalt gegen die Bevölkerung schützten. Man hätte uns sonst mit Steinen und Knüppeln erschlagen. Beim Blick in die hassverzerrten Gesichter der Frauen, Kinder und Greise war mir auf der Stelle klar, welchen Klang das Wort Deutscher für diese Menschen hat. Sie haben nicht unser, sondern wir haben ihr Leben zerstört. Das dürfen wir nie vergessen.

Im Kriegsgefangenenlager angekommen, ging das Sterben auf beiden Seiten weiter. Der Hunger und vor allem das Fleckfieber raffte Deutsche und Russen hinweg. Mit unseren ersten kranken Kameraden starben russische Ärzte und Sanitäter, die sich um sie kümmerten.

Damals begriff ich diesen Krieg als ein großes Verbrechen an beiden Völkern. Wer in Stalingrad gewesen ist, Erwin, hat das Hinschlachten zweier Völker erlebt. Auf einem kleinen Flecken Erde haben wohl mehr als eine Million Menschen ihr Leben verloren. Da kann niemand mehr von Pflichterfüllung reden. Da kann man nur noch erschüttert schweigen."

„Du übertreibst die Verluste", zweifelt Erwin Hofschneider die von Doktor Niedermayer genannte Zahl an. Maßlos übertrieben, denkt er, passt überhaupt nicht zum Doktor.

Doch der bleibt dabei. „Im Gegenteil! Ich habe eher untertrieben. Wir waren noch etwa 100.000 Mann, als wir kapitulierten. Nach einem Jahr Gefangenschaft lebten kaum noch 10.000. Wir haben also in Stalingrad mehr als 250.000 Kameraden verloren. Die Verluste der Roten Armee waren mindestens doppelt so hoch. Hinzu kamen die vielen russischen Zivilisten. Zusammenrechnen kannst du allein."

Erwin Hofschneider schweigt betroffen. Das war nur Stalingrad, denkt er. Wie mag das Ergebnis dieses Krieges aussehen, wenn wir alle Opfer zusammenzählen? Hätte Hitler diesen Krieg auch dann begonnen, wenn ihm diese Opferzahl bekannt gewesen wäre?

Auf jeden Fall steht es jetzt schlimmer um Deutschland als vor dem Krieg. Waren alle Opfer und Leiden vergebens, wie der Doktor es sieht, oder gibt es vielleicht später einmal eine Anerkennung für unseren Kampf?

Je länger die Gefangenschaft dauert, umso häufiger fragt er sich – wie viele seiner Kameraden – ob er eine Mitschuld an diesem Krieg trage, wie die Russen und ihre neuen deutschen Freunde im Lager dies fortwährend behaupten.

Die meisten Kameraden lehnen eine Mitschuld ab. Für sie gibt es nur zwei Dinge: den Eid und den Befehl. Daran zu zweifeln, sich gar zu widersetzen, das wäre das Ende jeder militärischen Disziplin. Ihn und seine Kameraden hier im Lager für ihre Pflichterfüllung dem Vaterland gegenüber büßen zu lassen, das ist ihnen nichts anderes als Siegerjustiz, Siegerwillkür und Schikane.

Dieser Gruppe steht Erwin Hofschneider am nächsten. Sie verhält sich so, wie sich, nach seiner Meinung, ein deutscher, wie sich ein Offizier jeder Armee der Erde verhalten muss.

Auch eine andere Gruppe wird von Erwin Hofschneider respektiert. Sie verhält sich wie Doktor Niedermayer. Sie ist bereit, eine

Mitschuld an dem furchtbaren Kriegsgeschehen einzuräumen und erkennt die Berechtigung von Wiedergutmachungsforderungen der unter dramatischen Verhältnissen lebenden Russen an. Sie verurteilt aber die Art und Weise, in der dies hier geschieht. Den Russen hilft es kaum. Den Deutschen schadet es nur und bringt sie gegen die Russen auf.

Zwei kleinere Gruppen verachtet Erwin Hofschneider: die Jammerer und die Handlanger der Russen. Die einen beklagen die politische Blindheit des eigenen Volkes und malen bei jeder Gelegenheit den Untergang des Abendlandes an die Wand. Die anderen sind ihm feige, hinterhältige und ehrlose Verräter, die man nach ihrer Entlassung zur Verantwortung ziehen sollte.

In Ermangelung geistiger Aufgaben streiten sich diese vier Gruppen mitunter sehr heftig. Besonders heftig bekämpften sich die Offiziere von altem Schrot und Korn und die Handlanger der Kommunisten. Es ist schon vorgekommen, dass Anhänger dieser Gruppen spurlos verschwunden oder tot im Kot der Latrine gerieben sind.

Als es eines Tages auch in der Krankenbaracke zum erbitterten Streit kommt, fährt Doktor Niedermayer mit seiner sarkastisch klingenden Stimme dazwischen: „Wissen Sie überhaupt, was für ein lächerliches Bild Sie hier abgeben? Sie leiden an Wassersucht, Durchfällen, eiternden Wunden, Zahnausfall und Muskelschwund. Geflickte Lumpen hängen an Ihren klapprigen Gliedern. Und was tun Sie? Sie streiten sich um Offiziersehre und Fahneneid. Als ob das nach der Auflösung der Wehrmacht noch von Belang wäre. Nein, meine Herren, Sie sind hier auf den Uranfang der Menschwerdung zurückverwiesen worden. Solange Sie hier sind, können Sie nicht wieder zu sich selbst finden. Benutzen Sie das bisschen Ihnen verbliebene Denkvermögen zum Überleben, denn das müssen Sie, wenn Sie sich zu Hause ein neues Leben aufbauen wollen.“

Auf der Stelle herrscht betretenes Schweigen. In die Stille hinein sagt ein grauhaariger Hauptmann, der an Herzschwäche leidet: „Wie recht Sie haben, Herr Doktor, wie recht ...“ In seinen Augen glänzen Tränen.

Zwei Tage später ist er tot. Die Dispute um die Offiziersehre haben in dieser Baracke ein Ende.

Seit mehr als zwei Jahren erträgt Erwin Hofschneider das kraftraubende und würdelose Leben eines Kriegsgefangenen. Hätte man ihm bei seiner Ankunft im Lager gesagt, wie lange seine Gefangenschaft dauern würde, er wäre daran zerbrochen. Wie gut ist es gewesen, sich an v. Techentins und an Doktor Niedermayers Rat zu halten und nur von Tag zu Tag zu denken. Jeder überstandene Tag ist ein kleiner Sieg. 740 solcher Tage, 740 kleine Siege liegen jetzt bereits hinter ihm.

Doch diese kleinen Siege haben unübersehbare Spuren hinterlassen. Bei seiner Größe von 1,93 Metern wiegt er inzwischen nur noch 64 Kilogramm. Der körperliche Verfall drückt schwer auf sein Gemüt. Weiß er doch, wie viele Trainingseinheiten erforderlich gewesen sind, um seinen Körper athletisch zu formen.

Was er sich dagegen nicht eingestehen will, ist der Zustand seiner Seele. Wie der Körper sich nach Nahrung und der Berührung vertrauter Hände sehnt, so sehnt sich seine Seele nach Zuspruch, Trost und Liebe. Der seltene Briefwechsel mit Irmgard, dessen Häufigkeit dem Willen der Lagerleitung unterliegt, gibt ihm die einzige Hoffnung auf ein baldiges Ende dieser Leidenszeit.

Irmgard hält fest zu ihm. Das ist, wie er inzwischen von einigen seiner Kameraden gehört hat, keine Selbstverständlichkeit mehr. Männer, die da sind, wenn man sie braucht, sind beliebter als jene in der Ferne, von denen die Zeit mehr und mehr Erinnerungsspuren verweht und die man, vor allem im Osten Deutschlands, hin und wieder Kriegsverbrecher nennt.

Welche Kraft ihm aus jedem Brief seiner Frau zuströmt! Wie dankbar er ihr für jedes Wort ist! Und doch quält ihn mit jedem weiteren Monat seiner Gefangenschaft die unabweisbare Frage: Wie lange muss, wie lange kann ich noch durchhalten?

Der Barackenarzt Doktor Niedermayer hat schon viele unterernährte Gefangene sterben sehen. Er weiß, wie es langsam beginnt und dann rasch endet. Er spricht mit dem deutschen Lagerarzt Doktor Strauch über den „Langen“. Der Lagerarzt sorgt dafür, dass Erwin Hofschneider bei der nächsten „Arschbackenparade“ den russischen Ärztinnen und Ärzten vorgestellt wird.

Mascha Wasilenkowa setzt energisch durch, dass Erwin Hofschneiders Karteikarte mit einem Kreis versehen wird. Mit dem Zeichen für Gefangene, die man nach Hause schickt, weil sie keine Arbeitsleistungen mehr erbringen können, die dem Tode näher sind als dem Leben.

Der Kreis ist für die zierliche Ärztin ein Zeichen der Hoffnung auf Leben, auf einen kleinen Sieg über den allgegenwärtigen Tod. Als sie den dicken Kreis auf der Karte des Deutschen sieht, ist sie mit sich zufrieden. Der Deutsche erinnert sie stets an ihren Bruder Fjodr. Möge er leben, der deutsche Fjodr, denkt sie, wie gerne hätte ich ihm von meinem klugen Bruder erzählt.

Doktor Strauch strahlt übers ganze Gesicht: „Sie kommen schon bald nach Hause.“

Erwin Hofschneider will es nicht glauben. So viele Wehrpflichtige sind noch im Lager und er ist Berufsoffizier gewesen. Er ist davon überzeugt: Die Russen werden die Berufsoffiziere zuletzt entlassen.

Nach einer Woche ohne jede Nachricht denkt er: Es wäre zu schön gewesen, um wahr zu sein. Die Russen werden mich weiterhin festhalten. Nach einer weiteren Woche ist er sich dessen sicher.

Da erhält er Befehl, zu packen und sich mit Gepäck auf Baracke römisch Zehn zu melden. Dort wird aus dem Gerücht, die Russen entlassen einige Gefangene, mehr und mehr Gewissheit. Doch es heißt auch, einige der herbefohlenen Gefangenen werden aus unterschiedlichen Gründen wieder „zurückgestellt“.

Bis zum Schluss kostet der Barackenälteste sein Machtgefühl aus. Zuerst teilt er mit, 21 Gefangene werden zurückgestellt, dann lässt er seinen Blick langsam über die Gesichter der Gefangenen gleiten, schließlich liest er mit großen Pausen die Namen der zurückgestellten Gefangenen vor und streicht sie langsam von einer Liste.

Erwin Hofschneider rechnet den Streichungsterror Oberleutnant Rotstein zu und befürchtet, einer der Zurückgestellten zu werden. Er zählt die Namen der Aufgerufenen mit. Nach jedem Namen klopft sein Herz heftiger. Nummer 17, 18 – nein, nicht zum Schluss! Nummer 19, 20 – er fürchtet ohnmächtig zu werden. Nummer 21 – Letzter! So eine Niedertracht!

Ein anderer Kamerad tritt enttäuscht aus der Reihe. Erwin Hofschneider hat Mühe, Haltung zu bewahren. Ich werde entlassen, jubelt es in ihm. Neben ihm strahlende und feuchte Augen. Keiner kann sein Glück fassen. Dann ein Blick auf die 21 abziehenden Kameraden. Ihren Anblick vergisst er nie. Später erfährt er, dass drei dieser Kameraden die Gefangenschaft nicht überlebt haben.

In der Nacht ist er zu aufgewühlt, um schlafen zu können. Zunächst kann er nur an Irmgard und seinen Sohn denken. Wie kann ich sie benachrichtigen? Wie wird das Wiedersehen nach so vielen Jahren, das Zusammenleben nach all den Umbrüchen sein? Dann überlegt er, von wem er sich verabschieden muss, welche Strapazen die Heimfahrt bringen und wie ihn die Heimat empfangen wird.

Am Morgen ist er nicht müde, nur unruhig. Zu oft haben die Russen Hoffnungen geschürt und die Gefangenen dann bitter enttäuscht. Noch einmal Lagerappell, ein dürftiges Frühstück, etwas Marschverpflegung fassen und schon marschieren die abgemagerten Glückspilze ohne Tritt und unter den Klängen der ungarischen Lagerkapelle durchs Lagertor in Richtung der Gleise. Dort stehen Viehwaggons hinter einer rauchenden Lokomotive.

Zeit, sich von ihren Kameraden zu verabschieden, haben sie nicht. Wen sie zufällig sehen, dem winken und rufen sie zu. Die Russen sind heute nachsichtig.

Erwin Hofschneider hält angestrengt Ausschau, kann aber keinen Kameraden entdecken. Ich werde ihnen schreiben, sobald ich zu Hause bin, nimmt er sich vor. Dann entdeckt er doch noch v. Techentin an der Spitze einer Arbeitskolonne und winkt ihm zu.

„Benachrichtige meine Eltern und bleib gesund!“, ruft v. Techentin herüber.

Erwin Hofschneider nickt. „Komm bald nach!“

v. Techentin winkt traurig ab. Den Russen ist er zu wichtig, denkt Erwin Hofschneider, sie werden ihn bis zuletzt festhalten.

Vor dem Lagertor erkennt er Mascha Wasilenkowa, die Lagerärztin. Sie steht an der gleichen Stelle, an der sie damals gestanden hat, als er sich krank ins Lager schleppte. Damals ist es bitter kalt gewesen, jetzt ist es Sommer.

Die Ärztin hält besonders nach ihm Ausschau. Das kann er nicht wissen. Sie lächelt ihm zu und nickt. Alles Gute soll das wohl bedeuten.

Erwin Hofschneider ist voll Dankbarkeit für diese Frau. Ihr ruhiger, freundlicher Blick macht ihn verlegen. Blut strömt ihm in die eingefallenen Wangen, während er ihr zunickt. Diese kleine Frau hat ihre ethischen Prinzipien über alle Kriegserfahrungen gestellt, das hat er schnell verstanden. Wahrscheinlich, denkt er, verdanke ich diesen Prinzipien mein Leben.

Diesmal belegen nur vierzig Kameraden einen Waggon. Fünf Waggons – also 200 Heimkehrer. An den Lüftungsklappen kein Stacheldraht, die Türen werden nicht verriegelt.

Dann geschieht das schier Unbegreifliche: Die Lokomotive pfeift durchdringend und der Zug setzt sich langsam in Bewegung.

„Kameraden, es geht in die Heimat“, sagt einer. Er schreit es nicht hinaus. Er sagt es sehr leise. Und doch hört es jeder im Waggon, denn die Männer drängen sich in Türnähe, starren stumm und gebannt auf das kleiner und kleiner werdende Lager. Ihr Glücksgefühl macht sie für Minuten stumm.

Als das Lager am Horizont verschwindet, sagt jemand: „Kameraden, wir dürfen die Zurückgebliebenen nicht vergessen. Wir sollten ihnen hier versprechen, in der Heimat alles uns Mögliche für ihre Freilassung zu tun.“ Es gibt viel Zustimmung. Doch als es darum geht, festzulegen, auf welche Weise die Hilfe erfolgen soll, scheiden sich die Geister. Am nächsten Tag spricht keiner mehr darüber.

Sie fahren und fahren. Länger und länger wird ihr Zug. Waggons mit entlassenen Gefangenen aus anderen Lagern und Güterwaggons werden angekoppelt. Der erste Bahnhof, den sie erkennen, ist Tscheljabinsk. Ist das noch Asien oder schon Europa? Es geht nach Westen, das steht jetzt fest. Alle Hoffnung der Gefangenen hat sich seit zwei Jahren an ein einziges Wort geklammert: Heimat. Ein größeres Glück als ein Wiedersehen in der Heimat haben sie sich in dieser Zeit nicht vorstellen können. Jede Minute der ratternden Fahrt bringt sie diesem Glück ein Stückchen näher. In ihrer Fantasie malen sie sich ein Bild ihres neuen Lebens in leuchtenden Farben. Sie glauben in diesem Augenblick den Wert der Freiheit zu kennen und wissen noch nichts von dem dafür zu zahlenden Preis.

Schon beim nächsten Aufenthalt kommt die Angst zurück. Lastwagen mit NKWD-Soldaten fahren vor. Alle aussteigen, Namen vergleichen, „Läusekontrolle“. Einige Kameraden müssen ihr Bündelchen holen und werden weggefahren. Der Schreck sitzt tief. Bei jedem neuen Aufenthalt die gleiche Prozedur. Es ist noch längst nicht sicher, ob diese Reise in der Heimat endet.

Bei warmem Wetter fährt der Zug bald einen nordwestlichen Kurs. Die Versorgung ist besser als bei der Fahrt ins Lager, aber immer noch schlecht. Doch das schöne Wetter und die Vorfreude auf ein Wiedersehen mit den Lieben daheim lassen keine trübselige Stimmung aufkommen. Es wird viel gesprochen. Zukunftspläne wer den entworfen. Sie schweigen, wenn sie durch Ortschaften fahren, die verlassen in Trümmern liegen.

Abwechselnd sitzen die Heimkehrer im Türbereich und lassen ihre Beine ins Freie baumeln. Wer keinen Platz in der Tür und keinen Gesprächspartner findet, döst oder schläft. Da sie viel nachts fahren, sehen sie selten russische Menschen. Die wenigen, die sie sehen, betrachten die Heimkehrer mit gleichgültigen Blicken. Sie haben andere Sorgen. Mitunter winkt einer oder schüttelt eine Faust gegen sie.

Steif von der tagelangen Fahrt erreichen sie Brest. Hier müssen sie die Waggons wechseln. Fortan haben die Gleisanlagen eine andere, die europäische Spurbreite.

Ein letzter Appell auf russischem Boden. Einer der unbeliebten deutschen Antifaschisten liest eine vorbereitete Proklamation vor. Darin danken die Heimkehrer dem großen Stalin, weil er ihnen die Möglichkeit gegeben hat, durch ihre Arbeit einen Teil der von der faschistischen Wehrmacht verursachten Schäden wiedergutzumachen. Viele sind empört und empfinden das Pamphlet als eine Verhöhnung ihres Schicksals.

Erwin Hofschneider kämpft mit seinen Empfindungen. Er sieht seine Behandlung seitens der Russen als schreiendes Unrecht, das jetzt als großzügige Geste sanktioniert werden soll. Eine solche Lüge will er nicht unterschreiben.

Doktor Wolff, mit dem er sich während des Transportes angefreundet hat, bringt ihn zur Vernunft: „Unterschreiben Sie den Wisch. Die Russen schicken Sie sonst wieder zurück. Das ist die Sache nicht wert. Eine so eingeforderte Unterschrift verpflichtet uns zu gar nichts. Ich bin mir ziemlich sicher, dass dieser Wisch bald auf einem Lokus verschwindet. Das muss nicht einmal der Lokus der Geschichte sein. Denken Sie an Ihre Familie."

Erwin Hofschneider unterschreibt widerwillig und schämt sich dabei. Verlogene Kompromisse sind seine Sache nicht.

Während der Zug hinter Brest den Bug überquert, erinnert sich Erwin Hofschneider daran, wie er vor sechs Jahren, nicht weit von hier, mit seiner Einheit den Fluss überschritten hat. Sechs Jahre Tod, Zerstörung, Elend und Verzweiflung. Kein Nutzen für Deutschland. Im Gegenteil. Alles scheint verloren.

Als habe er seine Gedanken erraten, sagt Doktor Wolff: „Mein Gott, von hier aus wollten wir die Sowjetunion erobern! Jetzt, da ich weiß, wie endlos weit dieses Land ist, bleibt mir nur festzustellen: Was für ein Wahnsinn, was für ein Verbrechen an beiden Völkern! Ich schäme mich, dass ich dabei war. Wie soll ich das meinen Kindern erklären?" Diese Meinung des Doktors trifft Erwin Hofschneider ins Mark. Dass sich ein deutscher Offizier für den Krieg schämt, ist ihm neu.

Durch ehemalige deutsche Gebiete, die jetzt zu Polen gehören, geht es in Richtung Warschau. Die Heimkehrer begreifen das ganze

Ausmaß dieser Gebietsverluste. Das schmerzt. Deutschland ist kleiner geworden.

„Schlesien, Ostpreußen, Pommern und Hinterpommern sind verloren", sagt Doktor Wolff, als Erwin Hofschneider den Verlust des Warthegaus beklagt.

Während des Krieges und bei den langen Fahrten durch Russland haben sich Erwin Hofschneiders Augen an den Anblick der Zerstörungen gewöhnt. Als er Warschau sieht, stöhnt er auf. Das alte Warschau gibt es nicht mehr.

„Wie mühsam es ist, eine Stadt zu errichten und wie schnell man sie in eine Trümmerwüste verwandeln kann", sagt Doktor Wolff.

„In einigen deutschen Städten wird es wohl ebenso aussehen", versucht Erwin Hofschneider die deutsche Schuld herunterzuspielen. Sein Mitleid mit ehemaligen Kriegsgegnern hält sich in gut überschaubaren Grenzen.

Endlich rollt der Zug in Frankfurt über die Oder, die zum Grenzfluss geworden ist. Deutschland! Wie fast alle Kameraden ist Erwin Hofschneider den Tränen nahe. Knapp drei Jahre sind vergangen, seit er deutschen Boden verlassen hat, um in Mähren, Österreich und Ungarn zu kämpfen und dann in russische Gefangenschaft zu geraten. Dass ich diese drei Jahre überlebt habe, denkt er.

Auch Frankfurt ist schwer zerstört. Obwohl die Straßen geräumt sind, macht die Stadt den Eindruck, als hätten hier erst gestern die Kämpfe aufgehört.

Man führt sie in ein Sammellager. Hier werden ihnen offizielle, mit Stempeln versehene Entlassungspapiere ausgehändigt. Von diesem Augenblick an sind sie keine Kriegsgefangenen mehr.

Erwin Hofschneider blickt eine Ewigkeit stumm und staunend auf den Zettel in seiner Hand. Der Krieg, der sich acht Jahre lang in sein Leben gedrängt und es beherrscht hat, ist in diesem Augenblick für ihn beendet. Er ist kein Soldat mehr. Er ist frei.

Er sollte sich unbändig freuen und kann es nicht. In diesem Augenblick spürt er nur Trauer über die verlorenen Jahre und Dankbarkeit für seine wundersame Wiederauferstehung.

Die Kommunisten, die sie mit schwülstigen Reden in Empfang nehmen und sie auf ihre Schuld gegenüber dem Sowjetvolk hinweisen, halten sie eine Nacht im Lager fest. Sie sorgen für gute Verpflegung. Zum ersten Mal seit zwei Jahren kann sich Erwin Hofschneider an einer dünnen Mehlsuppe und an Schwarzbrot satt essen. Mein Gott, denkt er, kein Mensch, der nicht dort gewesen ist, wird jemals verstehen, was zwei Jahre ständiger Hunger für einen Menschen bedeuten.

Eine Möglichkeit, Irmgard anzurufen, gibt es hier nicht. Dann muss ich sie eben überraschen, denkt er. Er genießt das angenehme Gefühl der Sättigung und schläft sofort ein.

Am Morgen fahren sie weiter nach Berlin. Seit fast drei Jahren wieder in einem Personenzug. Dritte Klasse und doch das Gefühl einer Luxusreise.

In Berlin fahren sie mit der Straßenbahn zum letzten Mal zu einer Sammelstelle für Heimkehrer. Die Fahrt durch die zerstörte Stadt erschüttert die Heimkehrer tief.

„Die armen Menschen. Wie soll aus dieser Trümmerwüste jemals wieder eine Hauptstadt werden?“ Doktor Wolff fragt sich das laut.

Erwin Hofschneider denkt an seinen letzten Aufenthalt in Berlin. Das war 1943. Damals gab es bereits Luftangriffe, und er war darüber sehr erschrocken gewesen. Doch damals wirkten die Bombenschäden wie hässliche Inseln in einem intakten Häusermeer. Das Ausmaß dieser Zerstörungen hier, ist, ebenso wie der Anblick Warschaus, nicht zu begreifen. Jetzt ragt jedes noch einigermaßen bewohnbare Haus wie eine verlorene Insel aus einer Trümmerwüste heraus. Berge von Trümmern, gespenstische Ruinen.

Diesem Anblick zum Trotz lebt die Stadt, hasten Menschen, räumen Trümmer weg, bauen, sorgen für Wasser, Strom und für das Allernötigste zum Überleben. Wo wohnen, wie leben sie? In seiner Betroffenheit kommt Erwin Hofschneider ein Satz in den Sinn, den er in der Gefangenschaft von Antifaschisten oft gehört hat: Der Krieg, der von Deutschland ausging, ist nach Deutschland zurückgekommen. Stets hat er diesen Satz als kommunistische Propaganda weit von sich gewiesen. Der Anblick dieser verwundeten Stadt, an die er so viele gute Erinnerungen aus der Vorkriegszeit hat, lässt ihn zum ersten Mal ahnen: Nicht alle Aussagen der Kommunisten sind Propaganda. Wie soll Berlin, wie soll Deutschland wieder auf die Beine kommen, fragt er sich in einer Stimmung trauriger Verzweiflung.

Doch die Berliner sind nicht verzweifelt. Die Lage ist verzweifelt, aber nicht hoffnungslos – das scheint ihr Motto zu sein. Einige haben trotz oder wegen ihrer Schwierigkeiten einen Blick für den elenden Zustand der Heimkehrer.

„Aus England und Amerika kommen die Gefangenen gut genährt, vernünftig gekleidet und mit großen Paketen heim. Aus Russland kommen sie verhungert und in Lumpen zurück", sagt eine Frau.

Sofort widerspricht ihr ein junger Mann: „Niemand hat so unter der Wehrmacht gelitten wie die Sowjetunion. Die haben doch für die eigenen Bürger nicht genug."

Im dichten Gedränge spürt Erwin Hofschneider, wie sich jemand an seiner Manteltasche zu schaffen macht. Es ist noch immer der Offiziersmantel der Feldgendarmerie, mit dem er in die Gefangenschaft gefahren ist. Als er in die Tasche greift, fühlt er einen Geldschein. Kaum ist er ausgestiegen, findet er einen Zehnmarkschein. Sofort hat er einen Kloß im Hals. Jede Geste der Hilfsbereitschaft oder des Mitleids löst nach den Jahren der Demütigungen sofort einen kaum zu beherrschenden Gefühlssturm in ihm aus.

Nach der Versorgung und der Übernachtung in der Sammelstelle fahren sie zum Lehrter Bahnhof. Wieder macht sich jemand in der Straßenbahn an seiner Manteltasche zu schaffen. Diesmal findet er ein in Papier eingewickeltes Frühstücksbrot. Der Zehnmarkschein von gestern und das Frühstücksbrot von heute erfüllen Erwin Hofschneider mit Dankbarkeit und geben ihm Hoffnung.

Diese Gesten sagen ihm: Wir wissen, was ihr gelitten habt, und wir haben euch nicht vergessen. In diesem Augenblick ist er sich sicher, dass er sich immer, wenn sein Lebensmut in den nächsten Jahren einmal gegen Null sinken sollte, an diese Berliner erinnern wird. Sie werden ihm in seiner Verzweiflung Mut und Kraft geben, damit er nicht aufhört, sich für seine Familie und dieses gepeinigte Deutschland weiter zu schinden und zu plagen.

Im überfüllten Zug Richtung Hamburg finden er und seine Kameraden keine Sitzplätze. Das Stehen in der Enge fällt ihren ausgezehrten Körpern schwer. Eine britische Militärstreife entdeckt die von Menschen eingekeilten Heimkehrer und räumt sofort rüde den Waggon. Freundlich weisen die Briten den Heimkehrern die Sitzplätze zu. Der Krieg ist lange zu Ende. Die heimkehrenden Deutschen sind nicht mehr ihre Feinde. Sie erkennen an deren Zustand, von welcher Siegermacht sie entlassen worden sind.

„I hate the russian bastards. I willcome you in Germany“, sagt der Lieutenant zu Erwin Hofschneider.

Endlos lang erscheint ihm die Fahrt des Bummelzuges bis ins mecklenburgische Ludwigslust. Hier hat man am Bahnhof eine Meldestelle für die Heimkehrer nach Mecklenburg eingerichtet.

Sein erster Gedanke gilt Irmgard. Wieder ein vergeblicher Versuch, eine telefonische Verbindung herzustellen. Dann eben überraschen.

Irmgard Hofschneider steht vor dem großen Schrankspiegel und macht sich, wie jeden Nachmittag um diese Zeit, für den Laden zurecht. Während sie, mit ihrem Spiegelbild durchaus zufrieden, die Schranktür schließt, hört sie im Flur ihre Schwester aufgeregt nach ihr rufen. Noch bevor sie an die Tür geeilt ist, wird diese aufgerissen und ihre Schwester ruft ihr weinend zu: „Mein Gott, komm schnell! Der Erwin, der Erwin!“

Irmgard Hofschneider werden die Knie weich. Sie ist unfähig zur Tür zu gehen oder einen klaren Gedanken zu fassen. Seit Jahren hat sie diesen Augenblick herbeigesehnt und sich ausgemalt, wie sie ihren Erwin empfangen würde. Jetzt ist sie völlig durcheinander und muss sich an einer Stuhllehne festhalten, weil ihre Beine schwach werden. Was sie sich mit den Jahren zunehmend verzweifelter erhofft hat, ist von einer Sekunde zur anderen Wirklichkeit geworden.

Ihr Erwin steht in der Tür!

Ist es ihr Erwin? Ein stolzer Hüne hat sich verabschiedet, ein gebeugter, ausgezehrter Mann in Lumpen ist heimgekommen. Wenn er nur sonst gesund ist, denkt sie erschrocken, während sie zögernd auf ihren Mann zugeht. Erst als sie sich umarmen, schweigen die schlimmen Gedanken. Nach fast vier Jahren den Körper, den Atem des anderen zu spüren, sich auf eine vertraute Weise wieder zu haben, dafür braucht man weder Gedanken noch Worte. Nur fühlen, dankbar sein und weinen.

So stehen sie noch, als Irmgards Schwester die Eltern herbeigeholt hat. Nun stehen auch diese drei Menschen erschüttert, weinen und schweigen.

Johannes Voss findet die ersten Worte: „Was haben die Russen mit dir gemacht!" Er fragt es nicht. Er schreit es heraus, um seinen Gefühlen Luft zu machen. Um sich vor den Frauen keine weitere Blöße zu geben, fügt er sofort hinzu: „Keine Sorge, Erwin, wir päppeln dich schnell wieder auf."

Seine Worte bringen die Frauen von einer Wolke des Mitgefühls auf den Boden der unabweisbaren Tatsachen zurück. Sie wischen sich die Tränen aus den Augen und beratschlagen, was mit dem sichtbar geschundenen Heimkehrer zu geschehen habe. Baden, neue Wäsche und Kleidung sowie Essen stehen auf ihrer imaginären Liste ganz oben. Alles andere wird sich mit der Zeit finden.

„Mein Gott!", ruft Irmgard Hofschneider plötzlich erschrocken, „wo ist Siegfried? Hol doch mal einer den Siegfried. Erwin hat doch seinen Sohn noch nicht gesehen. Er wird staunen, wie prächtig sich sein Junge entwickelt hat."

Die Frauen schreien entsetzt auf. Wie konnten sie nur so durcheinander sein und den Siegfried vergessen! Der Junge ist ein paar Straßen weiter bei Tante Hannelore. Irmgards Schwester rennt los, um ihn zu holen.

Auch Erwin Hofschneider macht sich laute Vorwürfe, weil er in der Aufregung nicht an seinen Jungen gedacht hat. Seine Gedanken sind wirr und seine Gefühle außer Kontrolle. Er verliert den Überblick, fühlt sich benommen und muss sich setzen.

Irmgard gibt ihren Eltern mit Blicken zu verstehen: Lasst uns bitte allein. Sie drückt und streichelt ihren Mann noch eine Minute, dann nimmt sie ihm den schlimmen Mantel ab und findet, das furchtbare Schuhwerk müsse sofort von den Füßen. Und diese Wickelgamaschen und diese Fußlappen – wie ein Russe!

Als Erwin Hofschneider barfuß, die Füße schmutzig, in seiner verschlissenen Uniform, ohne Schulterstücke und Kragenspiegel, in der Stube steht, schiebt Irmgards Schwester den kleinen Siegfried in die Tür. Der Junge versteift sich, will nicht weitergehen. „Nun geh schon zu deinem Vati!"

Erwin Hofschneiders Brustkorb zieht sich schmerzhaft zusammen. Er sieht verlegen auf den Kleinen, dessen Vater er seit fast vier Jahren ist und den er heute zum ersten Mal sieht. Hilflos steht der Heimkehrer da, überfordert. Er hätte vor Freude und Stolz platzen sollen und empfindet stattdessen Verlegenheit.

„Hallo Siegfried", sagt er mit belegter Stimme und reckt seinem Kind unbeholfen die langen dünnen Arme entgegen.

Irmgards Schwester schiebt Siegfried weiter. „Nun geh schon zu deinem Vati!"

„Komm her, das ist doch dein Papa!", fordert seine Mutter ihn auf.

Der kleine Siegfried weiß schon lange, was ein Opa und was ein Onkel ist. Doch was ist ein Vati, was ein Papa? Ängstlich weinend flüchtet er sich in die Arme seiner Mutter.

„Wer ist der Onkel?"

Die Enttäuschung fährt Erwin Hofschneider wie ein Messer in die Brust. Er hat damit gerechnet, dass ihm sein Sohn um den Hals fällt, sich freut, ihm nicht mehr von der Seite weicht. Über eine Kinderseele und seine Aufgaben als Familienvater hat er noch nicht nachgedacht. Dort, wo er die letzten Jahre verbracht hat, ist über die Seelenzustände anderer Menschen nicht gesprochen worden.

„Das wird schon noch werden." Mit diesen Worten versucht Irmgard Hofschneider ihren Mann zu trösten. „Er weiß doch überhaupt noch nicht, dass du sein Papa bist."

Als Erwin Hofschneider in das dampfende Wasser der Badewanne steigt, schreit seine Frau erneut auf. Von seinem einst durchtrainierten, muskulösen Körper sind nur Haut und Knochen geblieben. An dem ausgezehrten Körper wirken die Gelenke groß und abweisend.

Irmgard Hofschneider muss an die Zeitungs- und Wochenschaubilder denken, die aus Konzentrationslagern befreite Häftlinge zeigten. Darüber empört sich zu Recht die ganze Welt, räumt sie ein. Doch sie sollte sich auch über die Lager der Russen empören.

„Was für Menschen müssen die Russen sein, wenn sie dich und deine Kameraden so haben hungern lassen“, sagt sie mit feuchten Augen.

„Alle Russen sind nicht so“, sagt Erwin Hofschneider und lehnt sich langsam in der Wanne zurück. Das warme Wasser umschmeichelt seinen geschundenen Körper. Sein erstes Wannenbad seit Jahren. Noch vor einem Monat hätte er jeden Gedanken an diesen Luxus ins Reich der wilden Fantasien verbannt.

Verwundert blickt er nach unten. Dieser dürre Körper, dieses Skelett, bin das wirklich ich, fragt er sich. Er denkt an seine Kameraden, die noch immer im Lager dahinvegetieren müssen.

Bilder tauchen auf: v. Techentin, Doktor Niedermayer, die 21 Kameraden, die man zurückgestellt hat, dann Mascha Wasilenkowa, die hat dortbleiben müssen in diesem Schmutz und diesem Elend. Dankbar und traurig greift er nach der Seife. Das Leben geht weiter.

Irgendwie.

Am ersten Tag bekommt Erwin Hofschneider nur kleine Portionen. Wassermehlsuppe und Brot, damit seine Verdauung nicht überfordert wird. Schlimme Geschichten werden über Heimkehrer erzählt, die man in den ersten Tagen zu gut, zu fett verpflegt hat.

Langsam werden, unter Johannes Voss' Regie, die Milch- und Fettanteile in den Suppen gesteigert. Erst nach einer Woche gibt es festere und kräftigere Nahrung. Bei Vossens muss nicht gehungert werden.

Noch bleibt Erwin Hofschneider erschreckend schwach. An Arbeit ist nicht zu denken. Selbst die ständig auf ihn einstürmenden neuen Eindrücke erschöpfen ihn schnell. Er will anderen nicht zur Last fallen, wird ungeduldig und leidet unter seiner Kraftlosigkeit.

„Rom wurde auch nicht an einem Tag gebaut", sagt Johannes Voss.

Zehn Tage vergehen, ehe er zum ersten Mal 100 Meter die Straße hin und zurück laufen kann. Im Rückblick staunt er darüber, wie er die lange Zugfahrt aus Sibirien, die Wege in Frankfurt und Berlin und den Weg vom Bahnhof nach Hause geschafft hat. Es ist wohl der unbändige Wille gewesen, der hier Berge versetzt hat.

Für einen Besuch bei seinen Eltern ist er noch zu schwach. Irmgard Hofschneider fährt nach Wismar, um seinen Eltern die Nachricht von seiner Heimkehr und ein paar Lebensmittel aus dem Hause Voss zu bringen. Sobald Erwin kräftig genug sei, werde er sie besuchen, lässt sie von ihrem Mann ausrichten.

„Alt sind sie geworden. Das mit Ludwig hat sie sehr mitgenommen", sagt Irmgard bei ihrer Rückkehr.

„Was ist mit Ludwig?", erkundigt sich Erwin mit großen Augen. Er schämt sich, weil er noch nicht nach Ludwig gefragt hat. Dass sein klügerer, älterer Bruder den Krieg überleben wird, daran hat er nie gezweifelt. Er ist sich sicher gewesen, ihn in Wismar gesund wiederzusehen. Zum ersten Mal erfährt er von Ludwigs Tod in Russland. Er wird bleich und muss sich setzen.

„Wann?", fragt er erschüttert.

„Im Sommer 43", sagt Irmgard, „das musst du doch schon lange wissen." Es ist unbegreiflich, aber er weiß es nicht.

„Warum um alles in der Welt hat mir das niemand geschrieben oder gesagt?" Aus seiner leisen Frage klingt Enttäuschung.

Irmgard wehrt sich gegen seinen Vorwurf. „Deine Eltern haben die Todesnachricht Wochen später erhalten. Ich habe es auch nicht von ihnen, sondern von Gudrun erfahren. Als ich deine Eltern darauf ansprach, haben sie mir gesagt, sie hätten dir geschrieben, du wüsstest Bescheid. Vielleicht ist der Brief verloren gegangen."

Den Rest des Tages läuft er wie abwesend herum, will nicht angesprochen werden. Nachts schläft er unruhig, wacht immer wieder auf. In seinen Gedanken ist nur Ludwig. Er erinnert sich an ihren Abschied vor dem Russlandfeldzug. Dann steigen Bilder aus ihrer behüteten Kindheit vor ihm auf. Deutlich sieht er Ludwigs Gesicht. Warum Ludwig? Du warst so klug, du wirst mir fehlen, sagt er in Gedanken zu Ludwig. Ludwig lächelt spöttisch.

Irmgard wird wach. Es ist dunkel. Da kann sie seine Offizierstränen nicht sehen.

Zwei Wochen später reicht seine Kraft gerade so aus, um Siegfried mit einem Handwagen auf die Felder zu fahren, ihn dort zu beaufsichtigen, damit Irmgard ungestört arbeiten kann. Seine Kleider schlottern um seinen langen Körper. Überall erntet er mitleidige Blicke.

Nur sehr langsam gelingt es ihm, in seine Vaterrolle zu schlüpfen. Bisher ist für Siegfried auch ohne ihn alles sehr gut geregelt gewesen, und ihm fehlt die Übung, auf belanglose Kinderfragen eine nicht zu gescheite Antwort zu finden.

Siegfried gewöhnt sich an den fremden Mann, der nun ständig im Haus lebt und mit Mutter im Bett schläft. Ein Bedürfnis ist ihm die Nähe zu diesem Riesen nicht. Weil Mutter ihm beigebracht hat, den Riesen Papa zu nennen, nennt er den Riesen Papa.

Erwin Hofschneider ist nicht nur Heimkehrer und Vater. Er ist auch ein ehemaliger Offizier der ehemaligen faschistischen Wehrmacht. Letzteres ist meldepflichtig. In der Lebensmittelkartenstelle fragt ihn ein Angestellter der Stadtverwaltung, ob er sich schon auf der sowjetischen Kommandantur gemeldet habe. Er mache sich sonst strafbar.

Als sich Erwin Hofschneider mit seinem Kräftemangel entschuldigt, sagt ihm der Mann: „Um Kinder herumzufahren, reicht Ihre Kraft offensichtlich aus. Wenn Sie glauben, Sie können sich Ihrer Meldepflicht entziehen, werden Sie schnell wieder dort landen, wo Sie hergekommen sind. Bei ehemaligen Wehrmachtsoffizieren verstehen die Russen und wir keinen Spaß."

Besorgt setzt sich Erwin Hofschneider auf sein Fahrrad und fährt zur sowjetischen Kommandantur nach Schönberg. Die Fahrt ist weniger anstrengend, als er es beim Losfahren befürchtet hat.

Sobald er die uniformierten Russen vor der Kommandantur sieht, beginnt sein Herz mit erhöhter Frequenz zu schlagen. Zu frisch sind die Wunden der Gefangenschaft. Angst hat ihn hergetrieben und Angst sitzt ihm im Nacken, als er das Gebäude betritt.

Deutschland ist ein besetztes Land. Noch nie hat er es so hautnah gespürt wie in diesem Augenblick. Was für eine Schmach, denkt er. Die Wehrmacht war zu schwach, um gegen die Russen bestehen zu können. Wir haben die Russen unterschätzt.

Da hört er in Gedanken Ludwigs Stimme: „Wenn er unsere Soldaten nach Russland schickt, wird er Deutschland zugrunde richten. Schneller, als wir uns das vorstellen können." Wie recht Ludwig hatte!

Geringschätzig prüft ein Oberleutnant die Entlassungspapiere. Seine Arroganz ist beleidigend. Dafür nimmt der Russe die verspätete Meldung nicht sehr ernst.

„Nu, Sibir gutt?", will er wissen.

„Nein", sagt Erwin Hofschneider, „Sibirien war nicht gut."

„Du Nazi, du SS?"

Damit kann Erwin Hofschneider nicht dienen.

„Du Veterinär?" Damit kann Erwin Hofschneider dienen.

„Nu, rabota – dawai!"

Jeden Monat soll er sich melden. Erleichtert fährt er zurück.

Am nächsten Tag hilft er zum ersten Mal auf dem Feld.

Die Fahrt nach Schönberg und zurück macht ihm Mut. Eine Woche später fühlt er sich kräftig genug, um eine Radfahrt zu den Eltern nach Wismar zu wagen und dort zwei oder drei Tage zu bleiben. Bald sieben Wochen im Land und die Eltern noch nicht besucht. Da steigen Schuldgefühle auf. Außerdem hofft er darauf, mehr über Ludwigs Tod zu erfahren. Mit Lebensmitteln, Wäsche und Rasierzeug im Rucksack nimmt er früh morgens den Weg unter die Pedale.

Es ist schon herbstlich. Nebelschwaden liegen über den feuchten Wiesen und die Getreidefelder sind abgeerntet. Nur Kartoffeln, Kohl und Rüben stehen noch in Reih und Glied. Einige Blätter der Laubbäume haben sich bereits braun und gelb gefärbt.

Der Anblick der Kartoffelfelder erinnert ihn an Tichaja Semlja und an den alten Mamedow. Ob der noch lebt? Den Verhören des Oberleutnants Rotstein nach zu urteilen, muss es im Dorf größere Zerstörungen gegeben haben. Alles in allem habe ich die beste Zeit des unseligen Krieges in diesem Dorf verbracht. Damals Ortskommandant hoch zu Ross und jetzt ein radelnder Heimkehrer ohne Arbeit. Er rechnet zurück. Als er in dem Dorf gelebt hat, ist Siegfried noch nicht auf der Welt gewesen.

Nach einer von mehreren Pausen unterbrochenen dreistündigen Fahrt taucht die imposante Silhouette seiner Heimatstadt am Horizont auf. Er fühlt eine stille Freude und eine große Dankbarkeit. Wie oft hat er sich in den letzten Jahren nach diesem Anblick gesehnt und wie oft befürchtet, ihn nicht mehr zu erleben.

Von Südwesten her nähert er sich der Stadt. Die Schäden an den großen Backsteinkirchen Sankt Marien und Sankt Georgen erkennt er schon aus der Ferne. Da sticht der Schmerz in seiner Brust. Viel Kummer hat die alte Hansestadt in ihrer langen Geschichte ertragen müssen. Doch ihre Kirchen hatten alle Jammerzeiten unzerstört überdauert und den Blick der geplagten Menschen auf die Überwindung aller Schwierigkeiten und auf die Beständigkeit des Glaubens gerichtet. Welche Barbarei, diese Kirchen wenige Tage vor Kriegsende zu zerstören!

Als er das Stadtzentrum erreicht, steigt er bestürzt vom Rad. Nicht nur die beiden Kirchen, sondern große Teile des gotischen Viertels liegen in Trümmern. Sein Zorn auf die Engländer ist groß. Doch schon muss er an die vielen Ortschaften denken, die von der deutschen Luftwaffe verwüstet worden sind. Für ihn sind das fremde Städte gewesen. Was ihre Zerstörung für die Menschen bedeutet hat, denen sie Heimat sind, wird ihm erst in diesem Augenblick klar.

Als er aufs Rad steigt, um in Richtung des Elternhauses zu fahren, sieht er neue Wunden, die der Krieg der Stadt seit seinem letzten Fronturlaub geschlagen hat. Wieder ist da der Gedanke: Der Krieg, der von Deutschland ausging, ist nach Deutschland zurückgekehrt.

Betroffen erreicht er das Elternhaus. Vor viereinhalb Jahren hat er es das letzte Mal verlassen. Wieder hat es bei den Bombenangriffen Glück gehabt. Aufgewühlt tritt er durch die Tür.

„Wie mager du geworden bist!“, ruft Berta Hofschneider aus, als er in die Wohnküche tritt. Sofort schießen ihr Tränen aus den Augen. Sie drückt sich an ihn, will ihn nicht loslassen.

„Mutter.“ Mitleid durchflutet ihn und er kämpft mit den Tränen. Eine tatkräftige Frau hat er verlassen, eine Greisin steht vor ihm: dürr, blass, grauhaarig, die Augen ohne Glanz.

„Dass wenigstens du wiedergekommen bist.“

Jetzt muss auch er weinen.

Nach einer Weile sagt sie: „Vater ist in der Werkstatt. Ich hol ihn gleich.“ Es fällt ihr schwer, sich von ihrem Sohn loszureißen. Es ist das erste Mal seit seiner Jugend, dass ihr Jüngster ihre Umarmung duldet.

Ein neuer Schock! Auch Vater ist erschreckend gealtert: gebeugt, mutlose Augen, eingefallene Wangen und mager, die wenigen verbliebenen Haare grau. Er sieht krank aus. Sofort laufen ihm Tränen übers Gesicht. Zum ersten Mal sieht Erwin Hofschneider seinen Vater weinen. Er braucht Zeit, um in den beiden Alten seine Eltern wiederzufinden.

„Dass es so schlimm gekommen ist“, sagt Berta Hofschneider. „Wozu all die Opfer?“ In ihre Gedanken versunken deckt sie den Tisch. „Ist aber nur Muckefuck.“

Herbert Hofschneider vermeidet den Blickkontakt, sieht zum Fenster hinaus. „Die neuen Machthaber behandeln mich wie einen Verbrecher, weil ich in der Führerpartei war. Auf einmal soll alles falsch gewesen sein und ein schweres Verbrechen.“

„Alles war nicht falsch, aber wahrscheinlich vieles. Alles falsch, das geht nicht und alles richtig auch nicht.“ Erwin Hofschneider will jetzt nicht über Politik reden. „Wie geht es euch?“

„Uns geht es wie den meisten Leuten. Es fehlt an allen Ecken“, erzählt Berta Hofschneider, während sie den Muckefuck in die Tassen gießt. „Zucker kannst du dir nehmen, Milch haben wir nicht, gibt nicht einmal genug für die Kinder."

„Ich bin doch kein Verbrecher", sagt Herbert Hofschneider in Richtung des Fensters. „Ich habe mein Lebtag lang hart gearbeitet und nur das Beste für uns und für Deutschland gewollt."

Kaum sitzt Berta Hofschneider am Tisch, beginnt sie wieder zu weinen. „Einer fehlt jetzt für immer. Warum musste Ludwig fallen? Wir konnten und wollten es dir nicht schreiben. Wenn du auf Urlaub gekommen wärst, hättest du es erfahren. Aber an der Front und in der Gefangenschaft wollten wir dich nicht belasten." Sie holt den Karton mit den beiden Büchlein, dem Familienfoto und dem Brief vom Oberleutnant Rost. „Das ist alles, was von Ludwig zurückgekommen ist. Ein Foto von Gudrun war noch drin, das hat sie wieder an sich genommen. Im Trauerjahr hat sie sich rührend um uns gekümmert. Inzwischen ist sie mit einem Umsiedler verheiratet, der seine Frau auf der Flucht verloren hat. Ein kleines Kind hat er mit in die Ehe gebracht. Ihre Mutter ist beim letzten Luftangriff umgekommen. Ich wünsche der Gudrun alles Glück der Welt. Worauf hätte sie warten sollen?"

Erwin Hofschneider liest den kurzen Brief des Oberleutnants, geschrieben im Sommer 43. Damals war er in Tichaja Semlja, hatte noch Ruhe vor dem Sturm. Er blättert in den beiden Büchlein herum. Als er Ludwigs feine Handschrift erkennt, spürt er hinter dem Brustbein einen Stich. In Gedanken sieht er Ludwig, wie er sich in eine Prügelei mit fremden Kindern stürzt, obwohl diese stärker sind und er kein Geschick für körperliche Auseinandersetzungen entwickelt hat. Doch zusehen, wie sein „Kleiner" verprügelt wird, konnte er nicht.

Ich konnte dich nicht beschützen, denkt Erwin Hofschneider. Wie recht du hattest und wie dumm ich und Vater waren. Wir sind auf den Hitler hereingefallen. Der Russlandfeldzug war ein schwerer Fehler. „Ludwig wusste so vieles", sagt er. Das Sprechen fällt ihm schwer. „Er wird mir sehr fehlen."

„Wenn wir doch wenigsten ein Grab hätten", klagt Berta Hofschneider.

Herbert Hofschneider will etwas sagen, doch die Stimme versagt ihm und er schweigt.

Das Leben geht weiter. Es ist eine Last. Nur die Verantwortung für die unschuldigen Kinder und die Hoffnung auf bessere Tage halten die Menschen am Leben, lassen sie den ermüdenden, täglichen Kampf ums Überleben ertragen.

Erwin Hofschneider ist mitunter der Verzweiflung nahe. Ein Leben ohne klare Befehlsketten, ohne Regeln, die für alle bindend sind, fällt ihm schwer. Das zivile Leben erscheint ihm verworren, lässt ihn an seinen Fähigkeiten zweifeln, macht ihn unbeholfen.

Irmgard sieht seine Schwierigkeiten, tröstet ihn, macht ihm Mut, hilft ihm auf die Sprünge. „Der Krieg ist verloren. Je schneller wir uns damit abfinden, umso besser“, sagt sie ihm, weil er sich für die Niederlage der Wehrmacht mitverantwortlich fühlt.

„Waren denn all unsere Entbehrungen und Opfer für die Katz?“, will er von ihr wissen. „Für Deutschland haben wir uns aufgeopfert, unser Blut vergossen, getan, was uns möglich war. Ist das kein Wort des Dankes wert? Die meisten von uns waren weder Verbrecher noch Faschisten, sondern Männer, die ihre Pflicht erfüllt haben. Dass die Sieger uns schlecht behandeln, kann ich verstehen. Doch die Verachtung einiger Landsleute bringt mich manchmal zur Verzweiflung.“

Erinnerungen und Beobachtungen drücken auf sein Gemüt. Doch die Verpflichtungen für seine Familie und für die Eltern zwingen ihn ins Joch des Lebens. Will er den geduldigen Schwiegereltern nicht weiter zur Last fallen, braucht er Arbeit und Wohnung. Beides muss er in einer Stadt finden, die unter den Kriegsfolgen ächzt und stöhnt. Die 80 Prozent ihrer Industrie und über 3.000 Wohnungen verloren hat. In diese Stadt, die nicht einmal den 30.000 Alteingesessenen ausreichend Wohnraum bieten kann, strömen über 12.000 Vertriebene – Umsiedler müssen sie hier genannt werden. Es fehlt an Nahrung, Kleidung, Schuhwerk, Heizmaterial, Strom, Gas und Räumlichkeiten aller Art. Unterernährung und unzureichende Hygiene machen die Leute anfällig. Seuchen brechen aus: Typhus, Diphtherie, Tuberkulose, Ruhr. Die Kranken müssen isoliert und behandelt werden. Wo? Womit? Von wem? Es fehlt an Krankenbetten, Ärzten, Schwestern, Medikamenten.

Das Elend der Erwachsenen ist kaum zu begreifen. Doch welcher Erwachsene kann das Elend der Kinder ertragen? Die Mütter kämpfen um ihre Kinder und geben damit den Männern ein Beispiel: Wenn euch eure Kinder nicht gleichgültig sind, dann müsst ihr hungrig ums tägliche Brot streiten und frierend eine warme Bleibe schaffen!

Erst arbeiten, dann essen. Das muss man begreifen und kann es doch kaum. Wenn es einem beim Arbeiten vor Hunger schwarz vor den Augen wird und man nicht einmal weiß, ob sich die Arbeit überhaupt lohnt.

Berge aus Arbeit sind abzutragen. Wo anfangen? Überall fehlen Arbeitskräfte, Ersatzteile, Materialien. Es gibt viele Menschen in der Stadt, aber kaum gesunde und kräftige. Frauen, Kinder, Alte, Kriegsinvalide wohin man blickt. Und die noch Kräftigen? Traumatisiert von Krieg, Vertreibung, Herumirren, Verlust.

In dieser oft ausweglos erscheinenden Lage ist die Besatzungsmacht eine zusätzliche schwere Bürde. Tausende Rotarmisten leben jetzt in der Stadt. 1.300 Wohnungen werden von ihnen requiriert. Ein Großteil der ohnehin knappen Arbeitskräfte muss dort eingesetzt werden, wo es den Russen wichtig erscheint: für Demontagen, Reparationen, Arbeiten in Kasernen und Offizierswohnungen, in der Landwirtschaft und im Hafen, wo viele Reparationsgüter verschifft werden müssen.

Genug der Drangsale? Nein. Es gibt kaum Verkehrsmittel. Um die wenigen Güter durchs Land fahren zu können, flickt man einige Autos, Kutter oder Lokomotiven zusammen. Will man sie auf Fahrt schicken, fehlt es an Benzin, Holz, Kohle, Öl.

Die Menschen fahren in, an und auf überfüllten Zügen hamsternd durchs Land. Der Schwarzhandel blüht. Geld ist nahezu wertlos. Nur Ware gegen Ware ist gefragt. Manch einer wird am Elend der Menschen reich.

Die Leute klauen, was nicht niet- und nagelfest ist – ach was, sie klauen auch, was niet- und nagelfest ist. Welche Strafe schreckt ab, wenn es ums nackte Überleben geht? Die Sicherheitskräfte sind hoffnungslos überfordert und leben gefährlich, denn nicht wenige bewaffnete Besatzungssoldaten sind an Räubereien, Diebstählen und Vergewaltigungen beteiligt.

Reicht das nicht endlich, wenn das Wort Leben noch seinen Sinn behalten soll? Nein. Den Menschen wird, manchmal bei einer passenden, meist aber bei jeder unpassenden Gelegenheit, eingehämmert, sie seien selbst schuld an ihrer Misere. Sie werden mit jeder Gräueltat der Nazis und ihrer SS-Schergen konfrontiert. Über die von den Siegern an ihnen begangenen Gräueltaten dürfen sie nicht mehr sprechen. Ihr habt diese Nazi-Verbrecher unterstützt oder geduldet. Ihr seid mitschuldig, weil ihr nicht auf die Mahnungen der Nazigegner gehört habt. Das deutsche Volk hat die Niederlage als eine Befreiung zu verstehen, Abbitte und Wiedergutmachung für das eigene Versagen zu leisten.

Deutschland wird „entnazifiziert". 1.800 Entnazifizierungsfälle werden in der Stadt verhandelt, darunter der Fall des Tischlermeisters Herbert Hofschneider. Selbst den Siegern fällt dazu nicht viel ein. Über 1.500 dieser Fälle werden unter der Rubrik „Mitläufer" abgehakt. Mit manchem unbescholtenen Bürger geht die Besatzungsmacht und die neuen Machthaber weniger zimperlich um. Besonders dann, wenn sie ihre begehrlichen Blicke auf dessen Eigentum gerichtet haben.

In dieser Situation macht sich Erwin Hofschneider auf Arbeitssuche. Dankbar, weil er Johannes Voss' Wirtschaft hinter sich weiß, weil er es deshalb leichter hat als die meisten Menschen in dieser Stadt.

Dennoch ist seine Sorge groß. Wer will mich, einen abgemagerten ehemaligen Stabsveterinär, der sich nur mit Pferden auskennt, aber bei Kühen, Schweinen, Schafen, Ziegen und dem lieben Federvieh kaum Wissen und keinerlei Erfahrungen vorweisen kann? Also selbständig machen? Er bleibt Realist. Für den Aufbau einer eigenen

Praxis fehlen ihm nicht nur Kenntnisse, sondern es mangelt ihm auch am nötigen Geld. Also versuchen, Gehilfe in einer der Tierarztpraxen zu werden, die den Krieg überdauert haben.

Der Zufall kommt ihm zu Hilfe. Einer der Tierärzte, Doktor Berger, hat von Erwin Hofschneiders Rückkehr erfahren. Er sucht händeringend einen Gehilfen, spricht bei Erwin Hofschneiders Eltern vor und hinterlässt eine entsprechende Nachricht. Freudig nimmt Erwin Hofschneider das Angebot an.

Sein Leben verläuft nun zweigleisig. An Werktagen arbeitet er bei Doktor Berger und wohnt bei den Eltern. Die Wochenenden verbringt er mit seiner kleinen Familie bei den Schwiegereltern. Die 35 Kilometer lange Strecke bewältigt er Sonnabend nachmittags und Montag früh mit demselben Fahrrad, das ihm schon in seiner Studentenzeit gute Dienste geleistet hatte.

Doktor Berger ist ein gewiefter Geschäftsmann. Er sieht in Erwin Hofschneider eine sehr nützliche und überaus billige Arbeitskraft. Für eine dreimonatige Einarbeitungszeit bezahlt er ihm keinen Pfennig. Dann handeln sie ein Gehalt aus, wie es vor der Währungsreform nicht gerade üppig gewesen wäre. Dem nach der Währungsreform einsetzenden Werteverfall trägt es keine Rechnung. Erwin Hofschneider kennt sich nicht nur bei Kühen und Schafen, sondern auch in Gelddingen nicht aus. Er hält Doktor Berger für einen korrekten Berufskollegen und seine Bezahlung demzufolge für angemessen. Als ihn Johannes Voss auf den Betrug aufmerksam macht, ist er bitter enttäuscht. Diese Lektion vergisst er nie. Im zivilen Leben gibt es keinen Ehrenkodex, auf den man blind bauen kann.

In die Dörfer fährt Erwin Hofschneider schon bald allein. Als er zum ersten Mal mit dem bepackten Fahrrad auf Praxis fährt, erinnert er sich an sein Gespräch mit Doktor Fink im Lager Mamaros Sziget. Der ältere Kollege hat mit seinem Pessimismus recht gehabt. Er hat die Gefangenschaft nicht überlebt und ich beinahe nicht. Und ich kann nicht mit dem Auto, sondern muss mit dem Fahrrad kreuz und quer durchs Land fahren.

Wie kommt es nur, denkt er, dass ich fast immer so optimistisch in die Zukunft geblickt und alle Warnungen überhört habe? Nie habe ich mir die Folgen der Gegenwart für die Zukunft realistisch vorstellen können. Mit so vielen Menschen bin ich in den letzten Jahren zusammen gewesen, die das dicke Ende klar vorausgesehen haben: Ludwig, Macke, Doktor Fink, v. Techentin, Doktor Niedermayer und andere. Nie habe ich ihnen geglaubt und immer haben sie recht behalten. Realistisch in die Zukunft zu blicken ist mir wahrscheinlich nicht gegeben.

Auf den Dörfern geht es dem Vieh ähnlich wie den Menschen in den Städten. Es leidet an Futtermangel, an schlechter Unterbringung und wird so anfällig für Seuchen. Die Kühe haben Lungen- und Eutertuberkulose, die Pferde die Räude und die Beschälseuche, die Schweine Rotlauf. Die Seuchenbekämpfung nimmt den größten Teil seiner Arbeitszeit in Anspruch. Daneben das Übliche: Geburtshilfe, Kastrieren, Fleischbeschau. Mit der Zeit lernt er viel. Bei den Pferden ist er weiterhin am liebsten, da ist er in seinem Element. Das spricht sich schnell unter den Bauern herum. Niemand in der Gegend versteht so viel von den Pferden wie der dürre Riese, aus dem mit der Zeit wieder ein kräftiger Riese wird.

Mit zunehmendem Gewicht stabilisiert sich auch seine Manneskraft. Irmgard teilt ihm an einem Wochenende im Frühjahr 48 mit, sie sei schwanger. Freude und Sorge halten sich bei dieser Nachricht die Waage.

Vor allem die Wohnungssuche wird jetzt noch dringender. Ein ehemaliger Lehrer und ein ehemaliger Hotelbesitzer – zwei entnazifizierte „Mitläufer" – suchen einen Partner, der sich mit Geld und Arbeit an der Sanierung des vom Brand beschädigten Lehrerhauses beteiligt. Sie sprechen ihn an und er willigt ein. Sie glauben wohl, ein ehemaliger Wehrmachts-Offizier passe gut zu ihnen.

Vertrag und Rechtsanwalt? Überflüssig. Ein Handschlag genügt ihnen.

Wenn Kraft und Zeit es zulassen, plagt sich Erwin Hofschneider nach seiner täglichen Arbeit auf der Baustelle. Da es ständig an Material und Handwerkern fehlt, kann er Pausen einlegen und muss sich nicht überarbeiten. Trotzdem erreicht er häufig die Grenze seiner Leistungsfähigkeit. Wäre er auf die kümmerlichen Rationen der Lebensmittelkarten angewiesen, könnte er Beruf und Feierabendarbeit nicht lange bewältigen. Nur die zusätzliche Versorgung von den Schwiegereltern hält ihn bei Kräften. Er fährt bei Wind und Wetter über die Dörfer, schindet sich mit dem Vieh, baut an der zukünftigen Wohnung, hilft den Eltern in Haus und Garten und radelt zwischen Familie und Arbeitsstelle hin und her. Trotz dieser Belastungen bleibt er von Krankheiten verschont. Nur seine rechte Hüfte schmerzt hin und wieder. Wohl eine bleibende Erinnerung an die Gefangenschaft in Sibirien. Aber was ist das schon bei all den Plagen, den vergangenen und all denen, die sind?

Etwas Gutes bringt die harte körperliche Arbeit mit sich. Er fällt abends wie ein Stein ins Bett und schläft sofort ein. So können ihn Erinnerungen an Krieg und Gefangenschaft nicht quälen. Nur tagsüber sieht und erfährt er, welche verheerenden Folgen die Niederlage für die Menschen hat. Dann bedrücken ihn Schuldgefühle. Wie konnte die Wehrmacht so versagen? Warum habe ich, warum haben die meisten meiner Kameraden die Nazis nicht rechtzeitig durchschaut, so wie Ludwig und Macke?

Fast täglich liest und hört er von neuen Verbrechen und Gräueltaten der Nazis. Was hätte geschehen, was hätten wir tun müssen, um diese Verbrechen, die Niederlage und das Elend zu verhindern? Ist es falsch gewesen, Berufsoffizier zu werden und sich nicht um Politik zu kümmern? Oder haben die Männer um Stauffenberg – einem Regimentskameraden aus seiner Bamberger Dienstzeit – recht, die gegen ihren Eid gehandelt und in die Politik eingegriffen haben?

Er findet keine klaren Antworten. Ludwig fehlt mir, denkt er in solchen Augenblicken. Dann ist er traurig und versucht sich zu beruhigen: Es war Krieg. Ich hatte Befehle auszuführen. Was blieb mir weiter übrig, wenn ich nicht mein Leben in Gefahr bringen wollte? Nur einmal, in Tichaja Semlja, hab ich einen Befehl nicht ausgeführt, hab ich das Dorf beim Rückzug nicht niederbrennen lassen.

Es fällt ihm ungeheuer schwer, nach all seiner Hingabe an den Offiziersdienst, den Ehrenkodex in Zweifel zu ziehen und Mitverantwortung für die Verbrechen der Nazis und für die Niederlage zu übernehmen. Die Behandlung seitens der Russen während der Gefangenschaft war, die penetrante Propaganda der neuen Machthaber ist nicht geeignet, eine persönliche Aufarbeitung des Erlebten zu befördern und endgültige Schlussfolgerungen daraus zu ziehen. Seine Gedanken, Erinnerungen und Gefühle lassen den für eine nüchterne Betrachtung so dringend erforderlichen Abstand nicht zu. Sie rebellieren gegen das einseitige Urteil der Sieger, das lautet: Die Deutschen sind an allem schuld. Alles, was ihnen widerfuhr und widerfährt, ist die zwangsläufige Folge dieser Schuld.

Die Sieger haben immer recht, denkt er in solchen Augenblicken verbittert. Verstand und Gefühl wehren sich vehement gegen die stark verkürzte Sicht der Sieger auf Vorkrieg, Krieg und Nachkrieg. Dann denkt er an die zerbombten deutschen Städte, an das Hinmorden wehrloser Menschen, an die Vergewaltigungen der Frauen und Mädchen von russischen Soldaten, an die Ermordung und Vertreibung seiner Landsleute aus ihrer Heimat, an ihre Verschleppung zur Zwangsarbeit, an die vielen Lager. Darüber muss doch auch gesprochen werden. Es kann doch zu keiner aufrichtigen Aussöhnung der Völker kommen, wenn man nur den Deutschen und nicht auch den Siegern ihre Verbrechen vor Augen hält.

Über die Verbrechen, die an Deutschen begangen wurden, zu sprechen, ist inzwischen gefährlich geworden. Es wird nur noch eine Version der Geschichtsbewältigung zugelassen: Die heldenhaften Russen sind unsere Befreier und helfen uns dabei, ein besseres Deutschland aufzubauen. Die faschistische Wehrmacht war die wichtigste Stütze der Nazis. Sie hat unsagbares Elend über viele Völker und Schande über das eigene Volk gebracht.

Wenn Erwin Hofschneider das liest, dann schreit es in ihm: Ich bin nie Faschist gewesen und kein Kriegsverbrecher! Und einige Russen haben keinen Grund auf ihre Taten stolz zu sein!

Das sind Momente, in denen er seelisch leidet und Ludwig vermisst. Ludwig hat sich immer dagegen gewehrt, negative oder positive menschliche Eigenschaften auf Völker, Rassen oder Religionsgemeinschaften zu übertragen. Für ihn zählte immer das Verhalten des einzelnen Menschen. Über die Nazis hat er sich oft lustig gemacht und sie verachtet. Was würde er über die neuen Machthaber denken?

Nach Erwin Hofschneiders Beobachtungen machen die Kommunisten dort weiter, wo die Nazis aufgehört haben. Sie sind die selbstlosen Volksfreunde, die das noch nicht erwachte Volk erwecken und in eine lichte Zukunft führen wollen. Und wie die Nazis zeigen sie mit ihren Fingern auf die vielen Feinde, die man bekämpfen und beseitigen muss.

Wenn Erwin Hofschneider über die verworrene Politik nachdenkt, bei der sich Wahrheit, Halbwahrheit und Lüge unentwirrbar verknoten, ist er anschließend oft wie gelähmt. Dann will das Leben keine Freude mehr machen. Dann ist er froh, wenn ihn der harte Alltag in die Pflicht nimmt. Das tägliche Leben lässt sich nicht mit politischen Grübeleien bewältigen, sagt er sich.

An einem solchen Grübeltag erhält er den Brief eines Kommilitonen aus Niedersachsen. „Was willst du bei den Russen", schreibt der Studienfreund. „Komm zu uns, ich helfe dir, hier eine eigene Praxis aufzubauen."

Ist das die Lösung? Weg von den Kommunisten und Russen? Dorthin, wo man als untadeliger Offizier nicht verachtet und mit Nazis in einen Topf geworfen wird? Die Versuchung, die Ostzone zu verlassen, ist groß.

„Und was wird aus unseren Eltern?", fragt Irmgard.

Erwin Hofschneider denkt an die Bauern, die auf seine Arbeit angewiesen sind. Es gibt hier viel krankes Vieh und nur wenige Tierärzte. Hier bist du aufgewachsen, hier leben deine Eltern und Schwiegereltern, hier ruhen deine Vorfahren. Und vielleicht, so hofft er, vielleicht kommt bald ein Friedensvertrag und der Einfluss der Russen und der Kommunisten geht zurück. Dann werde ich die politischen Kräfte unterstützen, die sich am konsequentesten für Frieden und Aussöhnung und gegen die Nazis und die Kommunisten einsetzen.

„Ich bleibe hier", schreibt er dem Kommilitonen.

„Hoffentlich bereust du dein Bleiben nicht", schreibt der zurück. Immerhin besucht er ihn, staunt, wie störungsfrei der Alltag in Niedersachsen schon wieder verläuft, erklärt ihm nochmals ausführlich die Gründe seines Bleibens.

„Du träumst, Erwin, du träumst".

Als Irmgard Hofschneider niederkommt, ist die Sanierung des Hauses in Wismar nahezu abgeschlossen. Irmgard entbindet im Haus ihrer Eltern. Diesmal ist Erwin Hofschneider in ihrer Nähe.

Irmgard quält sich hörbar und so hält er es für besser auf den Hof zu gehen und sich mit zitternden Händen eine Zigarette anzuzünden.

„Viel Lärm um nichts", beruhigt ihn Johannes Voss. „Bisher sind wir alle auf die Welt gekommen. Na bitte!"

Aus der Stube dringt Babygeschrei. Erwin Hofschneider drückt die Zigarette aus und eilt ins Haus. Schwiegermutter drängt ihn an der Tür energisch zurück. Alles dürfe ein Vater nicht sehen. Ein wenig müsse er sich noch gedulden.

„Meine Güte, da kommt ja noch eines!", ruft die Hebamme. Ein paar Minuten später ist Erwin Hofschneider Vater von Zwillingen, gesunden Mädchen. Irmgard weint vor Glück.

Einen Jungen- und einen Mädchennamen haben sie sich ausgesucht. Jetzt muss ein zweiter Mädchenname her. Der ist schnell gefunden. Elke und Gerlinde nennt man die beiden jungen Damen.

Vater und Bruder beugen sich über die beiden neuen Familienmitglieder. Siegfried will wissen, ob die Schwestern jetzt immer so schreien.

Das werde häufig so sein, sagt Mutter.

Dann müsse die Hebamme die Schwestern mitnehmen, damit wieder Ruhe herrsche, verlangt der kleine Siegfried.

Und Erwin Hofschneider? Der staunt über das Wunder der Menschwerdung, das dem der Pferdewerdung erstaunlich ähnlich ist. Nur, dass bei letzterem Veterinäre nicht ausgeschlossen werden, sondern erwünscht sind. Er freut sich, weil er sich erst heute als ein richtiger Vater fühlt. Er hat das Heranwachsen der Mädchen in Irmgards Leib miterlebt und wird ihre Entwicklung von ihren ersten Stunden an verfolgen können. Diese Kinder wird man ihm nicht – wie den kleinen Siegfried – mit vier Jahren zum ersten Mal in die Stube stellen und sagen: Da hast du deine Kinder.

Bei aller Freude bedrückt ihn eine große Sorge: Werde ich in dieser schwierigen Zeit die jetzt fünfköpfige Familie ausreichend versorgen und die Kinder zu anständigen und leistungsfähigen Menschen erziehen können?

Nicht nur die Sorgen, sondern auch die Forderungen, die der Alltag stellt, sind groß. Viel Arbeit für wenig Lohn und doch geht es Stück um Stück vorwärts, gibt es kleine Verbesserungen der Lebensbedingungen. Ehe es Winter wird, kann die sanierte Wohnung in Wismar bezogen werden. Erwins Familie lebt jetzt zum ersten Mal für sich allein. Das genießen Vater und Mutter Hofschneider. Nur Siegfried vermisst Tiere und Felder und die Fahrten auf dem Kutschbock neben Opa Voss.

Erwin Hofschneider ist zum ersten Mal Herr in seinen eigenen vier Wänden. Was ist eine Familie schon anderes als eine kleine Militäreinheit? Einer muss das Kommando übernehmen. Was beim Militär erfolgreich gewesen ist, kann für die Familie nicht ohne nützliche Folgen bleiben. Er gibt die Marschbefehle und sorgt für die Arbeitsteilung.

„Du“, sagt er seiner Irmgard, „bist der Innenminister und ich bin der Außenminister der Familie Hofschneider.“ Die Ehe verläuft harmonisch, weil sich beide an diese Vorgaben halten.

Noch ein weiteres Jahr schuftet Erwin Hofschneider für Doktor Berger, dann hat er genügend Erfahrungen gesammelt und ausreichend Geld gespart, um eine eigene Praxis gründen zu können.

Welche Freude und welcher Stolz auf die eigene Leistung, als das Praxisschild am Haus angebracht wird! Erwin Hofschneider findet, dies sei eine Fotografie wert. Vor dem Praxisschild lässt er sich mit seiner Familie fotografieren. Zwischen ihm und seiner ebenso stolzen Irmgard steht Siegfried. Der Junge greift nach der Hand seiner Mutter. Erwin Hofschneider nimmt die inzwischen einjährigen Zwillinge auf die Arme. Die Mädchen blicken staunend in die Kamera.

Und er selbst? Was macht er denn da, der Verführte, Geschundene, mitunter Verzweifelte, vom Krieg Belehrte, dem Tode Nahe und Wiederauferstandene?

Er lächelt!

Hans Mascharek ließ seinen Blick vom gelösten Gesicht seines jungen Schwiegervaters zu dem Mädchen auf dessen rechten Arm wandern. Es fiel ihm nicht leicht, sich vorzustellen, diese Kleine werde einmal seine Frau. Er sah ja nicht auf eine Fotografie, sondern in eine vergangene Zeit. Ich werde das Dreiäugige fragen, wo ich in diesem Augenblick gewesen bin, dachte Hans Mascharek. Noch bevor eine entsprechende Frage stellen konnte, antwortete ihm das Dreiäugige.

„Du hast keine Zeit für Firlefanz. Du hast nur diese eine Nacht. Und die reicht mit Mühe für das Leben deiner Vorfahren. Außerdem musst du noch einen weiteren Abstecher nach Tichaja Semlja machen und danach deine Reise dort beenden, wo du sie begonnen hast, in deinem Bett. Ehe es hell ist, musst du wieder in deinem Körper sein. Also auf!"

„Und meine Mutter? Ist sie es nicht auch wert, betrachtet zu werden?"

„Hans Mascharek, ich durchschaue dich", erwiderte das Dreiäugige. „Siehst du deine Mutter, dann siehst du auch dich. Immerhin beginnst du zu begreifen, wie viele Ereignisse und Schicksale eng miteinander verbunden sind. Siehst du nur einen Teil, verstehst du nichts.

Nun gut, schau kurz bei den Dombrowskis vorbei. Aber wirklich nur kurz."

Du sollst nicht lügen! Von allen Geboten hat Anna Dombrowski dieses am häufigsten gehört. In ihrer lebensfrohen Verwandtschaft gab es katholische, evangelische und orthodoxe Christen, die dieses Gebot beachteten oder sich schämten, wenn sie es einmal übertraten.

In der Familie ihres Mannes nahm man es mit den christlichen Geboten nicht allzu streng. Ihr Anton hatte ihr oft lachend gesagt: „Notlügen sind man erlaubt. Da drückt der Allmächtige een Auge zu.“ In meiner Notlage, versucht sich Anna Dombrowski zu beruhigen, ist eine Notlüge erlaubt.

Doch das Lügen fällt Anna Dombrowski schwer. In den letzten Wochen hat sie sich oft die Antwort auf die unumgängliche Frage nach dem Vater ihres Kindes zurechtgelegt. Jetzt ist der schwere Augenblick gekommen. Da versagt ihr beinahe die Stimme. Anton Dombrowski sagt sie. Nachdem es passiert sei, wäre ihr Mann vermisst. Sie kann das beschädigte Stammbuch vorzeigen, das sie während der Flucht in Hermanns Windeln versteckt und dann in einer Tasche am Körper getragen hat. Seit Kriegsende geht vieles drunter und drüber. Viele können keinerlei Papiere vorweisen. Wer amtlich bestätigt vier Kinder mit einem Anton Dombrowski gezeugt hat, kann auch gut ein fünftes mit ihm gezeugt haben. Niemand zweifelt die Vaterschaft an.

Einen Hans und einen Hermann hat sie schon, da passt ein Helmut gut dazu. Der Kleine wird als Helmut Dombrowski ins Geburtsregister eingetragen und ist nun ein eheliches deutsches Kind.

„Ein schönes Kind mit blonden Härchen“, sagt die Schwester.

Die Hebamme ist weniger begeistert: „2.200 Gramm, 47 Zentimeter, nicht gerade ein Recke.“

Als Anna Dombrowski ihr unerwünschtes Baby anblickt, muss sie weinen. Sofort steigen Bilder von der Vergewaltigung in ihr auf.

Während der Schwangerschaft hat es Tage gegeben, an denen sie sich geschworen hat, das Kind nach der Geburt sterben zu lassen. In dieser Zeit des Todes kein schwieriges und kein Aufsehen erregendes Unterfangen. Immer noch besser, als das Kind wieder und wieder mit der Vergewaltigung in Verbindung zu bringen und es vielleicht zu hassen.

Doch der hilflose kleine Kerl rührt ihr Herz. Er kann doch nuscht dafür, dass sein Vater ein verrohter Russe ist, denkt sie. Wie's scheint, liegt das Russische unserer Familie für immer im Blut. Schwiegervater ist Halb- und Anton war Viertelrusse. Aber das waren gewollte Kinder in richtigen Familien. Nun also ein ungewollter Halbrusse in einer Familie ohne Mann.

Der Kleine weiß noch nichts von den Widrigkeiten, die sich Gott für die Menschenkinder ausgedacht hat. Er hat eine warme, weiche Frau mit einer milchspendenden Brustwarze gefunden. Das genügt ihm. Und Anna Dombrowski? Sie hat Mitleid mit dem Winzling und so bleibt ihre Seele unbefleckt.

Viele Fragen schießen ihr durch den Kopf. Was hätte Anton gesagt, wenn er diese Schande hätte erleben müssen? Ob er zu mir gehalten hätte? Was werden die anderen sagen, die wissen, Anton ist schon 43 gefallen? Werden sie mich verstehen? Und die Kinder? Sie werden erst später danach fragen. Nur Maria wird bald vierzehn. Sie weiß inzwischen, wie Kinder gemacht werden und kann sich ihren Teil denken. Sie wird schweigen, weil sie zu mir hält und nicht an ihr schreckliches Erlebnis erinnert werden will.

Mein Gott, hätte ich das alles gewusst, dann wäre ich in Ostpreußen geblieben. Mehr als uns vergewaltigen hätten die Russen da auch nicht können. Doch der hilflose Kleine mit seinem Urvertrauen, der kann nuscht dafür. Den kann ich doch nicht verderben lassen und so vor Gott schuldig werden.

Sie stillt ihr Kind, streichelt ihm über die Flaumhärchen, die im Licht der Sonne golden leuchten und weint.

Nun ist ihr Alltag noch schwerer geworden. Sie muss die Kinder jetzt ohne Tante Friedas Hilfe durchbringen. Als sich ihr Leib unübersehbar wölbte, schenkte sie Frieda reinen Wein ein. Die schlug die Hände über dem Kopf zusammen. Ihr Schreck dauerte nur Sekunden, dann wusste sie, was getan werden sollte. „Entbindest das Russenbalg bei mir, und ich schaff's weg. Am besten zu den Schweinen. Keiner wird's merken und fertig ist die Laube.“

Als hätte es ihr Gespräch gehört, bewegte sich das Kind in Annas Leib und sie musste an Gott den Allmächtigen denken. „Das Kind soll leben. Es kann nuscht dafür. Und irgendwie wird's gehen.“, teilte sie Frieda ihre Entscheidung mit.

„Die Kinder kannste weiter schicken“, sagte Frieda, die immer, wenn sie aufgeregt ist, ins Ostpreußische verfällt, „aber dir will ich hier nich mehr sehen. Keene Angst nich, dem Ernst und der Elfriede werd ich nuscht von der Schweinerei schreiben. Nur vor deinem Anton, da solltest du dir schämen.“

Ein Glück, dass im Herbst 45 der Unterricht beginnt. Hans wird eingeschult und geht nun mit den beiden Mädchen in die Schule. Maria muss ihr letztes Jahr nachholen, Margita die vierte Klasse.

Die drei sind wenigstens vormittags unter Kontrolle und bekommen in der Schule mitunter ein dunkles Brötchen und eine Tasse Milch aus Milchpulver.

Nach dem Unterricht heizen Maria oder die Nachbarstochter abwechselnd den kleinen Herd an, wärmen die kümmerlichen Mahlzeiten auf, besorgen den Abwasch. Dann kümmert sich Maria um die Hausaufgaben ihrer Geschwister und um die beiden Kleinsten. Beim Spielen oder beim gemeinsamen Spaziergang mit dem Kinderwagen hören die Geschwister in der Regel auf ihre große Schwester. Nur Hans ist mitunter etwas wild und verschwindet gerne, ohne sich abzumelden, mit den beiden Nachbarsjungen. Treibt er es zu toll, lässt Anna Dombrowski ihre harte Hand sprechen. Doch keines ihrer Kinder bringt so viel Nahrungsmittel und Heizmaterial nach Hause oder weiß so gut, wo es in der Stadt etwas gibt, wie ihr Hans. Dann bereut sie ihre harte Hand und drückt ihn.

Probleme machen Anna Dombrowski am Vormittag die beiden Kleinsten. Tagsüber arbeitet sie wieder in der kleinen Fabrik nebenan. Dort werden jetzt Suppenschüsseln und Bratpfannen hergestellt, die offenes Herdfeuer nicht lange vertragen sowie Gartengeräte und kleine Stahlöfen. Der Lohn ist gering und wird nur gezahlt, wenn ausreichend Ware verkauft worden ist. Mitunter werden auch Waren auf dem Land gegen Lebensmittel eingetauscht und diese an die Arbeiter verteilt.

Man bekommt ohnehin wenig für sein Geld. Viel wichtiger ist die Bestätigung einer regelmäßigen Tätigkeit von der Firma. Dafür erhält man eine Arbeiter-Lebensmittelkarte und die Berechtigung, weiterhin in der Behelfsbaracke wohnen zu können. Da sie jetzt zu sechst sind, bekommen sie ein Zimmer dazu. Die kleine Küche müssen sie sich mit einer Familie teilen, zu der eine Mutter und vier Kinder gehören, das jüngste ist immerhin schon fünf. Zum Glück versteht sich Anna sehr gut mit der Nachbarin. Die Frauen machen das Beste aus ihrer Situation. Andere haben es schließlich noch schwerer.

Hermann und Helmut, die beiden Kleinsten, wachsen irgendwie auf. Früh schlafen sie länger. Bis die Großen aus der Schule kommen, darf Anna mehrmals nach dem Rechten sehen. Ihr Meister ist Witwer mit zwei Kindern und drückt beide Augen zu. Die Zeit muss sie nacharbeiten.

Nach der Arbeit beginnt die zweite Schicht. Wäsche mit Kern- oder Schmierseife waschen, bügeln, stopfen und stricken, wenn Garn vorhanden ist. Immerzu steht ein großer Topf mit Kochwäsche auf dem Herd.

Fünf hungrige Kinder sind zu ernähren. Womit? Noch hat sie Muttermilch für den Helmut, doch auch ihr Kleinster braucht seinen Brei und bald auch Brot. Alles, was die Natur bietet, wird gesammelt und verwertet: je nach Jahreszeit Beeren, Pilze, Brennnesseln, Sauerampfer, Löwenzahn, Bucheckern, Linden- und Holunderblüten. Mitunter schleppen Hans und Maria soviel heran, dass ihre Mutter Mühe hat, alles zu verarbeiten.

Der Herd in der Küche und der Ofen in der Stube müssen geheizt werden. Womit? Beim Kohlenhändler gibt's nur schwarzen Dreck, der raucht und stinkt und mehr glimmt, als brennt. Und selbst diesen Dreck gibt es nicht immer.

Stundenlang hastet sie durch die Stadt, steht Schlange, besorgt, was sie besorgen kann. Oft steht sie vergeblich.

Ein Segen ist das Kantinenessen. Dafür muss sie Lebensmittelmarken abgeben, aber für wenige Marken gibt es erstaunlich viel Essen. Die Hälfte ihrer Portionen bringt sie den Kindern. Was in der Kantine übrig bleibt, verteilt die Köchin an Kinderreiche. Das sind viele. Mitunter hat Anna Dombrowski Glück.

Es gibt Tage, da müssen die Kinder hungrig schlafen gehen. Dann ist Anna niedergeschlagen, liegt wie gerädert im Bett und kann doch nicht einschlafen. Hans braucht Schuhe, Maria ein Kleid, Margita Strümpfe und Hermann eine Hose. Varückte kannste werden, denkt sie an solchen Abenden, mit dem Anton wäre alles leichter.

Die Wochenenden läuft sie mit der Nachbarin über die Dörfer oder in die Wälder. Sie nehmen den ältesten Sohn der Nachbarin mit, der hat schon Kraft und den Hans, auf den ist Verlass beim Schmierestehen. Auf den Feldern wird geklaut oder nachgelesen, wenn diese abgeerntet sind. In den Wäldern wird so mancher Baum umgesägt, zerkleinert und das Holz samt Säge unter Reisig versteckt. Reisig holen ist erlaubt.

Überall müssen sie sich vor Flurschützern und Förstern in Acht nehmen. Meist warnt Hans die Frauen rechtzeitig, aber die Männer vom Flurschutz sind auch nicht ohne. Erwischen sie Männer, sind sie streng. Mit den abgehärmten Frauen haben sie mitunter Mitleid, sagen, sie hätten nichts gesehen und lassen sie ziehen.

Im Frühjahr 46 pachten Anna Dombrowski und ihre Nachbarin eine der Gartenparzellen, die, auf einer zur Fabrik gehörenden Wiese in der Nähe der Wohnbaracke, an Betriebsangehörige verteilt werden. Die Kinder müssen mit anpacken und lernen dabei viel über die Eigenheiten der Pflanzen und die Mühen, die jeder Ernte vorausgehen.

Die erste Ernte ist ein Freudenfest. Einen Teil der Ernte tauschen die Frauen auf dem Schwarzmarkt gegen Weckgläser, Weckgummis und Weckbügel. Bald stehen überall Gläser mit Eingewecktem aus Wald und Garten. Ihr Anblick weckt Hoffnung und tröstet die Seelen.

Schlimme Tage erleben die beiden Frauen, wenn ein Kind erkrankt. Bei so vielen Kindern keine Seltenheit. Medikamente gibt es kaum, nur gesammelte Kräuter und selbst gemachte Wickel. Besonders oft ist der kleine Helmut krank. Glüht der dünne, kleine Kerl im Fieber, drängt sich ein dunkles Ungeheuer in Anna Dombrowskis Gedanken, bedrückt sie schwer und lässt sie über sich erschrecken. „Lass es sterben", sagt das Furcht einflößende Ungeheuer, das in ihr wohnt „es ist kein Kind der Liebe. Gib es mir!" Dann ist sie verzweifelt, weil sie spürt, wie das Ungeheuer ihre Glaubensgrundsätze ins Wanken bringt. „Herrgott, gib mir die Kraft, dieser Versuchung zu widerstehen!", betet sie in solchen Momenten. Das Beten hilft ihr. Er ist doch auch mein Kind und vollkommen unschuldig. Wenn sie diesen Satz denkt, hat sie wieder Kraft für ihren Sohn, den ihr ein Russe brutal in den Leib gepflanzt hat.

„Der Helmut sieht aus wie ein kleiner Russe", sagt ihr eines Tages die nachbarliche Freundin, als Maria den Kinderwagen an ihnen vorbeischiebt. Das sitzt!

In der Stube fragt ihre Maria: „Mutti, ist der Helmut von damals, von den Russen?"

Der Schreck schnürt Anna Dombrowskis Hals zu. Sie nickt stumm und weint. „Mutti", Maria reißt erschrocken ihre Augen auf und schon laufen auch ihr Tränen übers Gesicht. Sie umarmt ihre Mutter. Ganz nah sind sich die Gepeinigten, als sich ihre Blicke wie von selbst auf das Russenkind richten. Der kleine Helmut strampelt fröhlich in seinem Wagen und blickt Mutter und Halbschwester unbekümmert mit seinen blauen Augen an.

Anna Dombrowski zerreißt es fast das Herz, als ihre Maria sagt: „Nicht wahr, Mutti, wir haben den Helmut trotzdem lieb?"

Sie nickt und nickt, drückt ihre Älteste, denkt dabei an ihren lieben Anton und dankt ihm und Gott für diese Tochter.

Eines Tages händigt man ihr im Büro einen Brief aus, der mit ihrem Namen an die Firma geschickt wurde. „Kennen Sie eine Gerda Kapschewski aus Wismar?“ Ihr Herz klopft freudig. Ihre Freundin aus ihrem Heimatdorf hat geschrieben. Wie hat sie ihre Adresse erfahren und warum schreibt sie aus Wismar? Als sie den Absender liest, muss sie gleich an die verlassene Heimat denken. Da werden ihr die Augen feucht.

In der Pause öffnet sie erregt den Brief. Gerda, erfährt sie, habe bei Tante Frieda nachgefragt, weil sie wisse, dass Anna mit ihren Kindern zu ihr fliehen wollte. Tante Frieda kenne nur den Namen der Fabrik, in der Anna arbeite, nicht die Wohnadresse.

Das ist also geklärt. Bleibt noch Wismar.

„Sei froh“, schreibt ihr Gerda, „dass du den Einmarsch der Russen in unser Dorf nicht miterlebt hast.“

Wenn du wüsstest, was ich mit den Russen erlebt habe, denkt Anna. Dann der Schreck: „Deine Schwiegereltern und deine Schwägerin wurden von den ersten Russen, im Gegensatz zu vielen anderen, noch gut behandelt. Doch bald kamen andere Russen. Die haben das Vieh vom Hof getrieben und alle zur Zwangsarbeit nach Russland verschleppt. Keiner weiß wohin und niemand gibt Auskunft.

Wer, wie ich, allein mit kleinen Kindern war, den haben sie zunächst verschont. Doch einige Monate später mussten alle noch im Dorf wohnenden Deutschen das Dorf verlassen. Mitnehmen durften wir nichts. Vor unseren Häusern standen schon Polen, die von den Russen aus ihrer Heimat im Osten vertrieben worden waren. Die Polen bezogen sofort unsere Häuser. Wir wurden in Viehwaggons gepfercht und ab nach Westen. Später wurden wir verteilt. Ich landete mit den Kindern in Wismar.

Anna, wir haben unsere Heimat für immer verloren! Es ist furchtbar, doch wir müssen uns wohl damit abfinden. Aber in der Seele tut’s weh!“

Annas vage Hoffnung, vielleicht in absehbarer Zeit in ihr ostpreußisches Heimatdorf zurückkehren zu können, ist dahin. Auch nach Litauen kann sie nicht zurück. Ihre Eltern sind während des Krieges gestorben und ihr Bruder ist als Angehöriger der Wehrmacht in Russland gefallen. Mit der Schwägerin hat es nur Zank und Streit gegeben, und wer weiß, ob sie die Russen nicht längst vom Hof vertrieben haben.

Der unabweisbare Gedanke an eine neue Heimat in der Fremde ist schwer zu ertragen. Da ist das Wissen um die Nähe der Freundin ein großer Trost. Schon am Abend schreibt sie nach Wismar.

Einige Wochen später kommt Gerda allein zu Besuch. Sie hat einen Neuen, der auf die Kinder aufpasst. Der Vater ihrer Kinder ist nur wenige Monate nach Anton gefallen.

Die Frauen fallen sich um den Hals und weinen. Das erleichtert ihnen die beladenen Seelen. Gerda erzählt ihr auf dem Weg zur Baracke von ihrem neuen Mann. „Ein Adonis ist er nicht, aber er kümmert sich rührend um uns. Er sitzt an einer wichtigen Stelle in der neuen Stadtverwaltung und versteht sich gut mit den Russen. Du musst dir auch wieder einen Mann suchen. Wie willst du sonst mit vier Kindern zurechtkommen?“

Mit fünf will Anna Dombrowski schon sagen. Doch sie schweigt. Sie hat vorgesorgt und den Helmut bei der Nachbarin untergebracht.

Und einen neuen Mann? Zu oft muss sie an ihren Anton denken. Außerdem sind Männer nach diesem Krieg rar. Der Frauenüberschuss springt jedem, der nicht blind ist, ins Auge. Welcher Mann nimmt unter diesen Umständen eine Witwe mit fünf Kindern?

In der Baracke kocht Anna Dombrowski Lindenblütentee. Der duftet nach Heimat und Gerda erzählt vom Leben im Heimatdorf unter den Russen.

„Hör auf!“, sagt Anna nach einer Weile. „Hör auf!“

Das Schicksal ihrer Schwiegereltern, ihrer Schwägerin und so vieler ihrer ehemaligen Nachbarn schnürt ihr den Brustkorb zusammen. Vergewaltigungen, Plünderungen, Verschleppung und Vertreibung, alles begangen an wehrlosen und zum größten Teil unschuldigen Menschen. Nicht einmal in ihren schlimmsten Albträumen hat es solche Gewalttaten gegeben. Die Propaganda der Nazis von den russischen Untermenschen und den bolschewistischen Horden ist eingetroffen, denkt sie. Ausgerechnet ihren Schwiegervater und seine Familie zu verschleppen, der sich über die Rassentheorie der Nazis immer lustig gemacht und seine Kinder zur Toleranz mit anderen Völkern erzogen hat. Er selbst ein Halbrusse. Das Ganze ist für sie in seiner Sinnlosigkeit nicht zu begreifen.

„Für mich sind das keine Befreier nich, wie sie in der Zeitung schreiben. So haben Anton und seine Kameraden in Russland bestimmt nich jehaust“, sagt Anna Dombrowski in ihrem Zorn und schüttelt verzweifelt den Kopf. „Was kann man für die nach Russland Verschleppten noch tun“, fragt sie Gerda.

„Nuscht“, sagt Gerda, „wir wissen ja nicht einmal, wo sie jetzt sind. Vielleicht ans Rote Kreuz schreiben. Das ist immerhin besser als nuscht. Und fleißig beten.“

„Was hab ich jebetet. Jeholfen hat’s bisher nuscht. Lass uns lieber noch einmal von unser schönen Zeit im Dorf sprechen“, versucht Anna dem Gespräch eine Wende zu geben, um freier atmen zu können. Die Frauengesichter hellen sich auf, während sie von vergangenen Zeiten schwärmen. Als alles gesagt ist, müssen sie wieder weinen.

„Am besten, du kommst nach Wismar“, schlägt ihr Gerda auf dem Bahnsteig vor. „Im Allgemeinen ist wegen der Wohnungsnot kein Zuzug gestattet. Doch mein Alfred kriegt das bestimmt als Familienzusammenführung hin. Eine bessere Unterkunft als deine hier wird er allemal finden. Und, ob es dir passt oder nicht, einen richtigen Mann werd ich für dich suchen.“

So lebensfroh ist sie schon früher gewesen, denkt Anna Dombrowski, als der überfüllte Zug mit Gerda abfährt. Das hab ich immer an ihr geschätzt.

In jedem Brief drängt Gerda, Anna Dombrowski solle nach Wismar ziehen, ihr Alfred habe schon eine Bleibe organisiert.

Anna ist des Hin- und Herziehens müde. Erst muss Maria mit der Schule fertig sein, schreibt sie zurück, später vielleicht.

Als Maria die Schule mit sehr guten Noten abschließt, flüchtet sich Anna in andere Hinderungsgründe. Ich kann doch nur Haus- und Landwirtschaft, bin froh, weil ich mich in der Fabrik so einigermaßen eingearbeitet habe. Wieder etwas anderes will ich nicht. Maria will Kinderkrankenschwester werden. „Jetzt noch nicht“, sagt Anna zu sich selbst, „erst wenn der Helmut aus dem Gröbsten ist, frühestens in einem Jahr.“ Und an Maria gewandt fährt sie fort: „Kannst ja schon üben mit die Kleenen.“

Maria übt und schmeißt fast den ganzen Haushalt.

„Ich schicke dir einen guten Bekannten. Wirst staunen!“, schreibt ihr Gerda eines Tages.

Jetzt is se überkandidelt, denkt Anna Dombrowski und das Blut strömt ihr dabei ins Gesicht. Se kann mir doch nich eenfach een fremden Mann schicken!

Der fremde Mann schreibt ihr einen Brief. Die Schrift ist schwer und ungelenk. Er kenne ihren Anton, stamme aus dem Nachbardorf, wäre mit Anton in die Schule gegangen.

Da klopft Annas Herz wild. Schreck, Schmerz und Freude treiben ihren Puls in die Höhe. Der Name des Mannes sagt ihr nichts, doch sie muss sich setzen und denkt: Kann das alles Zufall sein? Erst Gerda und nun Antons Schulfreund aus dem Nachbardorf?

Sie zieht sich ihr einziges Freizeitkleid über. Um ihre Haare kümmert sich ihre Nachbarin. Zum Bahnhof geht sie nicht und alle Kinder müssen in die Stube. Soll er gleich sehen, dass sie Sticker fünfe hat. Vier wird ihm Gerda gesagt haben. Kann er ihr ja Bescheid geben.

Als er verlegen in der Tür steht, wird auch sie befangen und steht da wie gelähmt. Er ist nicht ganz so groß wie ihr Anton, aber ebenso kräftig. Er hat dichtes dunkelbraunes Haar. An seinen Schläfen erkennt sie graue Fäden. Er stellt sich vor: Wilhelm Mascharek. Seine schwarzen Augen blicken ihr gerade ins Gesicht. Sie stechen nicht. Ihr Blick ist ruhig und warm.

„Kommen Sie herein. Das sind meine Kinder.“

Wilhelm Mascharek zählt und schluckt. Er begrüßt die größeren

Kinder wie Erwachsene, hält dem Helmut seinen Zeigefinger hin und lächelt. Seine beiden Kinder habe man auf der Flucht nicht durchgebracht, darunter leide er sehr, aber was hätte seine Schwester tun können, als die Flieger gekommen sind?

Er erzählt ohne Scheu von sich. Alles geht ein wenig durcheinander. Gesund sei er, nur das linke Bein ziehe er etwas nach. Nur ganz leicht, man sehe es kaum, eine Kriegsverletzung. Der russischen Gefangenschaft sei er gerade so und mit viel Dusel entkommen. Mit Anton habe er als Kind oft in der väterlichen Schmiede gespielt. Seine Frau sei 44 plötzlich gestorben. Keiner wisse, woran. Bei Wismar könne er jetzt einen Hof übernehmen. Aber allein mit Magd und Knecht? Er brauche eine richtige Bäuerin wie sie, die wisse, wo 's langgeht. Für die Kinder wäre gesorgt und Magd und Knecht könne man sich vielleicht trotzdem bald leisten.

Wilhelm benötigt nur zehn Minuten, dann weiß Anna alles. Lange Rede – kurzer Sinn, das gilt für einen Wilhelm Mascharek nicht. Er ist Schmied und Landwirt. Da frönt man weder der Diplomatie noch dem Süßholzraspeln.

Anna Dombrowski kann sich mit einem Mal nicht mehr entscheiden. Sein ungeschminktes Anliegen hat sie überrumpelt. Sie will ihn abwimmeln. Jetzt sagt sie, es komme alles so plötzlich. Sie brauche noch Zeit, alles zu bedenken.

Das sieht er ein. Er würde sich sehr freuen, wenn sie gemeinsam den Hof bewirtschaften könnten.

Sie bringt ihn zum Bahnhof. Dass der Helmut nicht vom Anton sei, wäre ihm klar, sagt er ihr unterwegs. Wenn es den anderen noch gäbe, könne sie ihm das sagen. Dann müsse er weiter suchen. Aber eine aus der alten Heimat soll es sein.

Anna erstarrt. Der Schreck nimmt ihr die Luft und Tränen glitzern in ihren Augen. Was sie auf ewig verschweigen wollte, gibt sie diesem gutmütigen, geradlinigen Mann preis. „Die Russen", sagt sie, „die Russen."

Wilhelm Mascharek reißt die Augen auf. Gleich darauf besinnt er sich wieder. Sie und keine anderen Frau will er auf seinem Hof haben. Er zieht sie sanft an seine breite Brust. „Es ist so viel passiert in diesem verdammten Krieg. Wir packen das schon. Wenn wir nur gesund bleiben und uns vertrauen.“

Der Wilhelm ist anständig, sagt sie sich. Wenn sie im Bett liegt und die ruhigen Atemzüge ihrer Kinder hört, spricht sie in Gedanken mit ihrem Anton.

„Ich kann dir doch nicht mehr helfen“, redet Anton ihr zu, „und der Wilhelm ist schwer in Ordnung, den kannste nehmen. Is doch scheen, wenn de Kinder versorgt sind. Hat doch nuscht mit Liebe zu tun, nur mit Vernunft. Is bissel so wie mit dem Helmut.“

Ach, Anton, flüstert sie ins dunkle Zimmer hinein und weint.

Sie fragt die drei ältesten Kinder. Zwei sind begeistert. Sie denken an ihr Heimatdorf, an Auslauf, Tiere und satte Bäuche. Nur Maria möchte in der Stadt bleiben und Kinderschwester werden.

„Kannste och in Wismar“, sagt Anna, „Is nich weit weg von Wilhelms Dorf.“

„Ich würd’s schon mal versuchen mit dem Hof“, schreibt sie dem Wilhelm.

Anfang September übernimmt Wilhelm Mascharek einen leer stehenden Hof in der Nähe von Wismar und Anna Dombrowski zieht mit ihren Kindern zu ihm. Den Hofbauern haben die Russen erschossen und die Bäuerin ist mit ihren zwei Kindern in die britische Besatzungszone geflohen.

Annas Begeisterung hält sich in Grenzen. Untergebracht sind sie besser als in der Baracke. Mädchen und Jungen haben getrennte Zimmer und Helmut schläft mit Wilhelm und Anna in einem Zimmer.

Die Versorgungslage ist anfangs schlecht. Es gibt Schwierigkeiten bei der Beschaffung von Lebensmittelkarten und Lebensmitteln.

Der Hof besteht zunächst nur aus gut erhaltenen Gebäuden. Das von der Bäuerin zurückgelassene Vieh hat man inzwischen aufgeteilt. Ein Teil wird zurückgebracht. Vier Kühe, sechs kleine Schweine, drei Schafe und eine Ziege. Dazu Federvieh und Kaninchen.

„Tauben müssen später auch noch sein", sagt Wilhelm.

Gerdas Alfred sorgt mit seinen Beziehungen für die wichtigsten Tiere: zwei Zugpferde, eine fünfjährige Fuchsstute und einen siebenjährigen Grauschimmelwallach. Rasse? Schwer zu sagen. Sähen, weil Wilhelm es so will, ein wenig nach Trakehnern aus. Eingespannt laufen und ziehen sie gut; Wilhelm strahlt.

Futter muss besorgt werden. Das ist schwierig. Auch hier findet Gerdas Alfred einen Weg: Das Futter wird *vorgestreckt*. Nächstes Jahr muss es zurück.

Über die Geräte staunt Wilhelm: Pflüge, Eggen, Heuwender, Kartoffelschleuder und -sortiermaschine, Mäh- und Dreschmaschine und alles in gutem Zustand. Das Schlossern, das Schmieden und die Holzarbeiten liegen Wilhelm im Blut.

„Die Pferde machst du, das andere Vieh lass mich man machen", sagt Anna. Schnell noch die Wintersaat in den Boden, die Kartoffeln, Kohl und Rüben vom Feld und schon neigt sich ein ereignisreiches Jahr seinem Ende zu.

Ohne klare Ordnung ist ein Bauernhof verloren. Es braucht dafür keine Gesetzbücher, nur ein paar Regeln. Wilhelm ist draußen der Chef, Anna drinnen. Sie reden einander nicht dazwischen – die halbe Miete für den Frieden auf dem Hof.

Maria ist die fleißige Magd und das geduldige Kindermädchen. Die anderen Kinder haben viel Auslauf, sind fröhlich, müssen jeden Abend unter die Pumpe und einmal in der Woche in die Zinkbadewanne.

Die beiden Mittleren gehen in die Schule und lernen, neben Rechnen, Lesen und Schreiben, auch spielend das Arbeiten. Irgendwann wird daraus Ernst werden, denn hart zu arbeiten, das ist die Bestimmung der Bauern auf dieser Erde.

Die beiden Kleinsten werden von allen umsorgt. Der Hermann ist schon zweieinhalb. Der kleine Helmut hat bald seinen ersten Geburtstag. Er blickt mit kindlichem Vertrauen in die Welt, bestaunt das Federvieh und die Kaninchen, ist zufrieden mit seinem Brei. Ein stilles Kind, das selten schreit. Ein lebendiger Beweis für den Widerspruch zwischen seiner Zeugung und deren Ergebnis. Offensichtlich kämpft das russische Blut seines unbekannten Vaters nicht mit dem litauisch-deutschen Blutgemisch seiner Mutter. Sein deutsch-litauisch-russisches Blut fließt friedlich durch seine Adern, ver- und entsorgt zuverlässig jede winzige Zelle in seinem schmächtigen Körper, weil ein kleines, unbekümmertes Herz fröhlich in seiner Brust klopft. Was kann man von einem kleinen Herz noch verlangen?

Anna ist Wilhelm jetzt sehr nahe. Er ist in seinen besten Jahren und hat große Sehnsucht nach ihrem schlanken Körper. Wenn er sie berührt, wird sie steif wie eine Ziege, die nicht in den Stall will und sie fasst ihn nicht dort an, wo er es gerne hätte. Sie muss an ihren Anton, an die Russen und an ein sechstes Kind denken. „Ich mag dich sehr", sagt Wilhelm, „aber wenn du nicht willst, muss es auch so gehen. Nur weh tut's."

Anna findet keine Worte, streichelt sein Haar und hat Tränen in den Augen. Der Wilhelm tut ihr leid.

Es dauert fast ein Jahr, ehe sie bereit ist für Wilhelm und mehr als Dankbarkeit empfindet. Sie hat ihre Tage genau gezählt und bittet Wilhelm darum, aufzupassen – doppelt halte besser. Sie streichelt Wilhelm mit ihren schwieligen Händen zärtlich den Rücken. Heute ist ihr Körper warm und weich. Zum ersten Mal seit Jahren empfindet sie wieder Lust und ihr Wilhelm gluckst vor Glück, als er kommt.

Annas herbes Gesicht entspannt sich und ihr Körper dankt ihr für die Lust, die er so lange entbehren musste. Er wird saftig wie eine reife Frucht und strotzt vor Gesundheit. Ein zweiter Frühling. Sie ist schön und lacht. Das macht auch die Kinder fröhlich.

Ihr Wilhelm fühlt sich endlich wieder wie ein richtiger Mann, durchwühlt die Felder wie ein entfesselter Maulwurf und hat anscheinend Kraft für zwei. Die Sorgen ums Futter, ums Wetter, um Gesundheit, Nahrung, Kleidung, Schuhwerk werden nicht kleiner, doch sie lassen sich leichter ertragen, wenn man einander Wärme und Lust spenden kann.

Sie heiraten. Anna streitet mit Wilhelm. Wegen Anton will sie nicht, dass seine Kinder den Namen verlieren. Doch zwei Namen in einer Familie, das gibt es mit Wilhelm Mascharek nicht. Ihre Kinder sind jetzt auch seine Kinder, basta. Und so werden aus vielen Dombrowskis viele Maschareks. Im Dorf heißt es, der Wilhelm ist verrückt geworden – eine mit fünf Kindern. Darüber kann er nur lachen.

Als das sechste Kind in Annas Leib heranwächst, verliert sie ihr viertes.

„Wo ist der Hermann?“, fragt sie Maria, das Mädchen für alles.

„Der spielt nachmittags stundenlang in der Sandkiste im Garten. Wenn es ihm zu langweilig wird, kommt er von sich aus oder ruft nach mir“, antwortet Maria. Sie sagt es ganz ruhig, weil sie Hermanns Eigenheiten kennt. Hermann spielt gerne allein, meldet sich, wenn ihn Bedürfnisse plagen oder Streicheleinheiten erwünscht sind.

„Du kannst ihn doch nicht stundenlang allein lassen. Wenn er nun wegläuft?“, ärgert sich Anna.

„Der Hermann läuft nicht weg.“

Woher diese Unruhe? Anna Dombrowski, die jetzt Mascharek heißt, sieht nach dem Rechten. Beleidigt folgt ihr Maria. Wenn Hermann spielt, dann spielt er. Pullern kann er ohne Hilfestellung und wenn er ein Kinderproblem nicht lösen kann, kommt er zu ihr.

Im Garten ist Hermann nicht zu finden. Nun wird auch Maria unruhig. Das hat es noch nie gegeben. Sie rufen. Keine Antwort. Das Gatter zur Wiese ist nicht ganz geschlossen, dort grasen die Schafe und die Ziege.

Das Gatter ganz zu schließen, schafft nur Wilhelm. Heute Morgen war er in Eile, weil er sich verspätet hat. Er ist aufs Feld gefahren, ohne das Gatter richtig zu schließen.

Unten, fast am Ende der Wiese, ist der Ententeich. Maria rennt und ruft. An der kleinen Uferböschung erkennt sie Hermanns Beine. Kopf und Oberkörper liegen im Wasser. Maria erstarrt, wird bleich und bricht zusammen.

„Hermann, Hermann!“, schreit Anna, während sie ihren Jungen, ihr letztes mit Anton gezeugtes Kind, aus dem Teich zieht. Sie stellt ihn auf den Kopf, schlägt ihm auf den Rücken und schreit ihre Verzweiflung in die stille Landschaft hinein.

Hans Dombrowski, jetzt Mascharek, hört die durchdringenden Rufe, rennt zum Garten, dann zur Wiese. Das Bild – seine Mutter verzweifelt und in Tränen aufgelöst, den Hermann in den Armen, daneben im Gras, bleich und leblos, die Maria – brennt sich schmerzhaft in seine Erinnerungen ein.

„Hol schnell den Wilhelm!“, ruft ihm die Mutter zu. Sie sagt nicht Vater.

Hans rennt wie noch nie in seinem Leben. Vielleicht kann der Wilhelm die Geschwister wieder lebendig machen.

Wilhelm lässt Feldarbeit Feldarbeit sein, springt auf die Stute, reitet auf den Hof. Hans bleibt beim Wallach.

Der kleine Hermann, der seinen Vater nicht kennt, der alle Schrecken der Flucht und die Not des Nachkriegs überstanden hat, erlebt seinen dritten Geburtstag nicht. Ein kaum metertiefer Ententeich in einem beschaulichen mecklenburgischen Dorf wird ihm zum Verhängnis. Sie begraben ihn auf dem winzigen Dorffriedhof. Der erste Mascharek, der hier begraben wird.

Die drei ältesten Maschareks fühlen sich schuldig an Hermanns Tod. Wilhelm macht sich bittere Vorwürfe, weil er das schwere Gatter noch nicht ausgetauscht hat.

Anna trägt jetzt doppelt schwer an jenem Teil der Last, den sie von sich genommen und ihrer Maria aufgebürdet hat.

Maria aber leidet wie ein weidwundes Tier. Ich, ich, ich, bedrängt sie ihr unerbittliches Gewissen. Sie wird noch ernster, noch scheuer, spricht noch weniger, weint bei geringen Anlässen. Nicht einmal ihr Lieblingsbruder, der Hans, bringt sie zum Lachen.

Annas sechstes Kind ist ein kräftiger Junge. Wolfgang soll er heißen. Wilhelm ist stolz wie ein Spanier. Er muss nicht mehr befürchten, dass er einst diese fruchtbare Erde verlassen wird, ohne ihr einen Stammhalter hinterlassen zu haben. Zwei Söhne hat er bei der Flucht verloren, der dritte tröstet ihn über ihren Verlust hinweg. Antons Kinder rücken in Wilhelms Kinderrangordnung ins zweite Glied, der Russe Helmut ins dritte.

Das Kind mildert Annas Schmerz um ihren Hermann.

Als Maria den kleinen Kerl sieht, muss sie an Hermann denken und weinen. Da zieht Anna den Kopf ihrer Tochter zu sich herab und sagt: „An dem Hermann hamm wir alle Schuld, du am wenigsten. Machen wir's an dem Kleenen wieder gut."

Als sie Wolfgang nicht mehr stillen muss, lässt sie Maria in die Stadt ziehen, wo ihr Gerdas Alfred eine Lehrstelle als Kinderschwester besorgt hat.

Trotz des hohen Abgabensolls kommen die Maschareks einigermaßen zurecht. Seit sechs Jahren betreiben sie den Hof. Aus der Ostzone ist inzwischen eine Republik geworden, aus den Westzonen auch. Das hindert das Vieh nicht daran, krank zu werden. Wird das Großvieh der Maschareks krank, muss der Tierarzt ran.

Als sein Wallach lahmt, erinnert sich Wilhelm Mascharek daran, was die Bauern im Dorf sagen: „Bei den Pferden ist der Hofschneider der Beste."

Erwin Hofschneider fährt nicht mehr mit dem Fahrrad, sondern mit einem altersschwachen Opel über die Dörfer. Als der Wagen mit seinen abgefahrenen Reifen auf dem Hof der Maschareks hält, steigt auf der Beifahrerseite ein kleines Mädchen aus.

„Die Elke wollte heute unbedingt mit aufs Dorf fahren und die vielen Tiere sehen", erklärt der Tierarzt die Anwesenheit der kleinen Dame mit der feschen Frisur, „Berliner Rundschnitt" genannt. Kühlwasser für das kränkelnde Auto braucht er auch. Der Kühler ist leck.

„Zeigst der Kleinen die Tiere, aber keinen Firlefanz", sagt Anna Mascharek zu ihrem Hans. Die Kleine lächelt, ihre Kulleraugen strahlen um die Wette und sie greift ohne Scheu nach der ausgestreckten Hand des Jungen. Der Grundstein für eine spätere Ehe ist gelegt. Das wissen die beiden Kleinen natürlich nicht. Und die Großen wissen es auch nicht.

Erwin Hofschneider behandelt den Wallach und kümmert sich

dann um die Kühe, erklärt dem Wilhelm alles und gibt ihm Ratschläge. Beim Wallach sei es ein Gelenk, bei den Kühen das Futter. Für den Wallach werde bald ein neues Pferd nötig sein.

Anna Mascharek grübelt die ganze Zeit darüber nach, warum ihr der Name des Tierarztes so vertraut klingt. Als sie hört, wie er Wilhelm erzählt, das mit den Pferden habe er beim Militär gelernt, geht ihr ein Seifensiederlicht auf. Sie erinnert sich an den schlimmsten Brief, den sie in ihrem Leben erhalten hat. Hat ihr nicht ein Stabsveterinär Hofschneider Antons Tod mitgeteilt?

Erwin Hofschneider staunt nicht schlecht, als sie ihn fragt. Den Anton Dombrowski? Den kenne er gut. Den haben alle gemocht. Schade, dass er den Krieg nicht überlebt habe. Sei sein Dolmetscher in einem russischen Dorf gewesen. Habe sich in Menschen- und Pferdeseelen ausgekannt. So ein Zufall!

„Ja, so ein Zufall aber auch“, sagt Anna.

Stolz hat Hans der kleinen Elke alle Tiere gezeigt. Sie lässt seine Hand nicht los und stellt fortwährend Fragen. Einige sind so verworren, dass er darauf keine Antwort weiß. Doch das behält er für sich. Als sie zurückkommen, hört er, wie sich seine Mutter mit dem Tierarzt über seinen Vater – den richtigen – unterhält.

Geld nimmt Erwin Hofschneider nicht. Anna packt ihm Eier und Äpfel ein. „Die Kleene könn se man wieder mitbringen. Der gefällt's uff'n Hof“, sagt Anna, als der Tierarzt ins Auto steigt.

„Woher kennt er unseren Papa?“, will Hans wissen. „Se warn zusammen in Russland im Kriech. So een Zufall aber auch“, erklärt ihm Anna, obwohl sich etwas in ihr gegen so viel Zufall sträubt: erst Gerda, dann Wilhelm und jetzt der Tierarzt.

„Euer Vater bin jetzt ich“, sagt der verärgerte Wilhelm Mascharek brummig.

Es ist spannend, sich im Alter als Kind zu erleben, dachte Hans Mascharek. Doch sich so als Kind gesehen, ohne dabei etwas empfunden zu haben, das war eine überraschende Entdeckung. Du hattest verdammt viel Glück und dir ist als Kind nichts Außergewöhnliches widerfahren, das waren seine ersten Gedanken. Auf der Stelle wurde ihm klar, wie viele Episoden seiner Kindheit er entweder damals nicht wahrgenommen oder später verdrängt hatte. Kann es nicht sein, fragte er sich, dass ich mein ganzes Leben lang ein Flüchtlingskind geblieben bin? Unerwünscht bei denen, in deren Lebensbereich ich mich gedrängt hatte und ständig darauf bedacht, unter ihnen nicht aufzufallen? War ich ein Außenseiter? Mehr geduldet als anerkannt?

Während er sich so mit seiner Kindheit beschäftigte, riss ihn die Stimme des Dreiäugigen aus seinen Gedanken.

„Alle Eitelkeiten restlos befriedigt, Hans? Auf diese Weise kannst du die dir zur Verfügung stehende Zeit wunderbar vertrödeln. Wolltest du nicht das Leben deiner Vorfahren in jener Zeit verstehen lernen?“

„Das schon. Doch bin ich nicht auch ein Teil des Geschehens gewesen“, gab Hans Mascharek zu bedenken.

„Für dich hast du noch genug Zeit, wenn ich dir nicht mehr zur Verfügung stehen werde. Niemand, Hans, wird dir den Sinn deiner körperlichen Existenz auf dieser Erde und unter Deutschen erklären. Das musst du allein herausfinden. Also noch einmal, nicht du bist für unsere Geschichte von Belang, sondern deine russischen und deutschen Vorfahren sind es. Denn du bist nicht für ihr Leben verantwortlich. Nur weil du unbeteiligt warst, kannst du es heute Nacht lernen, ihr Leben emotionslos zu betrachten und so erkennen, wie alles gewandelt geworden ist und wie sich alles wandeln wird. Du kannst erkennen, wie recht der Philosoph hatte, der dich in deinen Gedanken mit Ludwig Hofschneider verbindet, als er schrieb: ‚Es ist schön ein Ding zu schauen, furchtbar es zu sein.‘ Deshalb ein für alle Mal: Du trägst nur für den Teil der Geschichte Verantwortung, die du mitgestaltet hast. Und diese Verantwortung wirst du nur schultern können, wenn du fortan zwei Dinge beherzigst. Erstens: Nichts bleibt, wie es ist, und zweitens: Leben bedeutet Mitverantwortung für die Schöpfung.

Solange du das nicht begriffen hast, läufst du als Zweiäugiger herum. Das ist fast noch schlimmer als blind.“

Tätiger Mitvollzug, schoss es Hans Mascharek durch den Kopf. Hatte er diesen Hinweis nicht in Ludwig Hofschneiders Büchlein gelesen? Sollte das Dreiäugige vielleicht ... ?

„Du hast eine blühende Fantasie, Hans." Das Dreiäugige hatte wieder einmal seine Gedanken gelesen. „Nein, ich bin nicht der Geist des Philosophen. Der Geist des Philosophen war in Ludwig Hofschneider. Und beider Geist ist jetzt in dir. Ich bin das Dreiäugige. Nicht mehr und nicht weniger.

So und nun ist Schluss mit der Privatvorstellung. Zum letzten Mal führe ich dich nach Tichaja Semlja. In einigen Minuten wird es hell. Dann musst du allein mit dem zurechtkommen, was du in dieser Nacht gelernt hast.

Ich zeige dir, wie unser Held des Großen Vaterländischen Krieges, Michail Baschkow, ins zivile Leben zurückfindet."

Schon schwebte Hans Mascharek über einem ausrangierten Armeelaster, der über eine arg ramponierte Straße nach Osten holperte.

Der zweite Weg

Während er aus dem Fahrerhaus blickt, erinnert sich Michail Baschkow daran, dass der Kolchos vor dem Krieg bis hierher Felder bewirtschaftete. Einen halben Tag war man mit Pferden unterwegs gewesen, um vom Dorf zu diesen Feldern und wieder zurückzugelangen. Deshalb waren die Feldbaubrigaden stets für einige Tage auf den Feldern geblieben. Das hatte man gerne in Kauf genommen, denn dieser Boden ist schwer und fruchtbar. Wer ihn bestellt, muss sich plagen, aber die Erträge werden ihn dafür reich entschädigen. Jetzt liegen diese Felder brach und sind mit hoch aufgeschossenem Unkraut überwuchert.

Die unbestellten Felder vergällen ihm nicht die Wiedersehensfreude, doch betroffen macht ihn ihr Anblick schon. Sie haben nicht genug Leute für die Feldarbeit, sagt er sich. Vielleicht fehlen auch Pferde oder das Saatgut oder es fehlt an allem.

Ein Krieg schlägt schwer zu heilende Wunden. Führt man die Jugend zur Schlachtbank, fehlen bald Arbeitskräfte und Kinder, und den Überlebenden geht der Glaube an die Planbarkeit der menschlichen Existenz verloren, weil sie erlebt haben, wie ein Gemetzel dem anderen gefolgt ist und sie oft in Minuten um den kümmerlichen Lohn für ihre nie endenden Mühen gebracht worden sind. Erst wenn die Waffen schweigen, begreifen wir das ganze Ausmaß eines Krieges.

Der Anblick des wuchernden Unkrauts auf den fruchtbaren Feldern nimmt ihm sofort die Illusion von einer raschen Verbesserung der Lage im Dorf. Nun gut, redet er sich zu, dann eben die Mühen der kleinen Schritte. Mein Appetit auf friedliche Arbeit, auf die Menschen im Dorf, auf Feld- und Stallgeruch ist riesengroß. Zeigen werde ich allen, was in mir steckt. Ich werde ihnen Mut machen und Verantwortung übernehmen. So wie ich es gelernt habe.

Der Fahrer des in die Jahre gekommenen SIS zeigt stumm mit seinem kräftigen, schmutzigen Zeigefinger an Michail Baschkows Nase vorbei zum Horizont hinüber. Dort drüben erkennt Michail Baschkow die schwache Silhouette des Dorfes. Er hat sie anders in Erinnerung, länger gezogen. Sogleich beginnt sein Herz schneller zu klopfen. Zu Hause, jubelt es in ihm. Nach den schrecklichen Jahren des Krieges wieder zu Hause!

Was waren ein paar unbestellte Felder gegen diesen so oft herbeigesehnten Anblick. Seine Freude ist so groß, dass er sich wenig später entschließt, sich nicht ins Dorf fahren zu lassen, sondern das letzte Stück Weg zu Fuß durch die Wiesen und Felder zurückzulegen.

„Was wollen Sie dort?“, fragt ihn der Fahrer, der ihn mitgenommen hat, weil das Dorf auf halber Strecke liegt und ihm auf seinen langen Fahrten Unterhaltung stets willkommen ist. „Ein grässliches Dorf. Junge Leute hab ich dort noch nie gesehen. Es wird mit den Alten sterben. In zwei Wochen komme ich zurück und werde im Dorf nach Ihnen fragen. Sie werden froh sein, wenn ich Sie wieder in die Stadt mitnehme. Bleiben Sie hier, müssen Sie sich am Ende eine Alte anlachen.“

Der rostige SIS schaukelt weiter auf der unbefestigten Straße nach Osten. Dorthin, wo der Wald die Straße und jedes ihr folgende Fahrzeug verschluckt. Seht her, scheint der Wald zu sagen, ich bin mächtiger als alle Straßen und alle Stinkmobile.

Michail Baschkow geht eine Weile durch das hüfthohe Gras der blühenden Wiese. Die Luft ist feucht und schwül. Vom westlichen Horizont her kündigt sich ein Gewitter an.

Die Wiese duftet wie eine herausgeputzte junge Frau, die ihren Liebsten erwartet. Der würzige Duft der Blumen und Kräuter steigt ihm in die Nase, wärmt ihm Seele und Herz. Wie hat er diesen Duft vermisst, sich nach ihm verzehrt!

Er kann jetzt nicht weitergehen, geradewegs ins Dorf laufen. Dafür ist noch Zeit genug. Stöhnend legt er sich ins tiefe Gras, saugt genussvoll den Geruch der feuchten Erde und den Duft der von ihr genährten grazilen Schönheiten ein.

Die Luft ist erfüllt vom Summen und Zirpen der Insekten und vom Zwitschern der Vögel. Bunte Schmetterlinge flattern schwerelos über ihn hinweg und hoch oben schwebt, lautlos und ohne ihre Flügel zu schlagen, eine Weihe.

Jetzt hier liegen bleiben, denkt er, einfach liegen bleiben, eins werden mit der Erde, sich verwandeln in Halme, Blüten, Schmetterlinge und Käfer.

Doch sogleich erinnert ihn der Geruch der feuchten Erde an den Krieg. In ungezählten Metzeleien hat er sich verzweifelt an die Erde gepresst. Ihren Geruch in der Nase, ihren Geschmack im Mund, ihr Geräusch beim Herabfallen nach einer nahen Detonation im Ohr, hat er sich ängstlich an sie geschmiegt wie ein hilfloses Kind an seine tröstende Mutter. In vielen schrecklichen Stunden, in denen seinesgleichen ihm, ohne sich dafür rechtfertigen zu müssen, nach dem Leben trachtete, war die Erde seine einzige Verbündete gewesen. Sie ist immer da, denkt er, stumm, weich, fruchtbar und geduldig in allem, was sie durch unser grausames Geschlecht ertragen muss. Viele meiner Kameraden hat sie vor der Zeit aufgenommen – und viele Deutsche.

Werde ich immer, wenn ich Erde rieche, an die blutigen Gemetzel und die gefallenen Kameraden denken müssen? Wahrscheinlich immer. Für die Historiker ist der Krieg vergangen. Sie analysieren und interpretieren ihn bereits. Für die Menschen, die ihn durchlitten haben, wird er nie sein Ende finden.

Erstaunt sieht er auf das pralle Leben vor seinen Augen. Durch die Nähe und den Blickwinkel vergrößert und verzerrt erkennt er viele Käfer, Spinnen und Grashüpfer, die an den Halmen klettern und turnen, über Blüten stelzen und summend oder brummend herumfliegen. Sind da in ihrer unbegreiflichen Vielfalt, leben einfach und fertig. Fragen nicht, warum und wozu bin ich da? Habe ich auch morgen ein Auskommen? Wie viele Nachkommen kann ich mir leisten? Sie kennen keine Schlacht- und Staatspläne, keine Kommunistische Partei der Sowjetunion und keinen Obersten Sowjet. Und doch haben sie alle ein Ziel und wissen, was zu tun ist.

Die Menschen freilich gehen mit ihnen um wie mit ihresgleichen. Geben ihnen Namen, teilen sie ein in nützlich und schädlich und legen fest, wer als Schädling zu vernichten ist und wer ihren Plänen dienstbar gemacht werden kann. Regenwürmer und Marienkäfer dürfen bleiben, Engerlinge und Heuschrecken müssen weg.

Ein dumpfes Grollen beendet seine Träumereien. Das Gewitter kommt näher. Es ist besser, einen Unterschlupf zu suchen. Er erhebt sich, legt sich sein Jackett über die Schulter, nimmt seinen Koffer und macht sich auf den Weg in Richtung des Flusses. Er muss noch die Wiese durchqueren, ehe er die ersten bestellten Felder erreicht. Gerste, Roggen, Weizen, ein Haferfeld lässt er hinter sich. Kartoffeln, Kohl und Rüben werden sie auf der windgeschützten, feuchteren Waldseite angebaut haben, vermutet er.

Zwischen den großen Bäumen am Fluss erkennt er den zerstörten Turm der Dorfkirche. Seine Eltern haben ihn ohne Religion aufwachsen lassen. Die Dorfkirche kennt er nur als Lager für Geräte und geerntete Feldfrüchte. Doch nun berührt ihn der Anblick des zerstörten Turmes schmerzlich. Das haben, so scheint es ihm, die Erbauer und die Alten im Dorf nicht verdient.

Als er das Flüsschen fast erreicht hat, haben schwarzgraue Wolken die Sonne verdunkelt und es zucken erste Blitze. Zeit sich irgendwo unterzustellen. Bis Klein-Tichaja-Semlja ist es nicht mehr weit. Klein-Tichaja-Semlja nannten die Leute die fünf Höfe, die auf dieser Seite des Flüsschens lagen. Lagen, denn fast alle Gebäude sind niedergebrannt. Überall ragen verkohlte Balken in den Gewitterhimmel. Ein Haus hat man notdürftig repariert. Dort scharren schmutzige Hühner.

Der Gewitterregen prasselt auf das geflickte Dach des Hauses und Michail Baschkow stellt sich schnell unter einen Dachvorsprung neben das zum Trocknen gestapelte Holz. Ein Fenster wird geöffnet und ein Kopf mit zerzaustem Haar und einem zerknitterten, bärtigen Greisengesicht will sehen, wer da gekommen ist. Irgendwo aus dem wilden Bartgestrüpp dröhnt eine raue Trinkerstimme: „Bist ein Baschkow, das seh ich gleich. Willkommen in Zarskoje Selo. Komm rein, sonst erschlägt dich am Ende noch ein Blitz."

Die Luft in der Stube könnte man mit einer Sense zerschneiden. Blau-graue Machorkawolken schweben träge und sich langsam auflösend durch den Raum. Die Machorkawolken haben den unverwechselbaren Duft von gekochtem Kohl, das durchdringende Parfüm menschlichen Schweißes und den scharfen Geruch halb verdauten Wodkas aufgenommen und tragen dieses betörende Bukett in alle Winkel der liederlichen Stube.

„Bist du der Michail oder der Fedja? So, der Michail also. Kennst mich wohl nicht mehr?" Der Alte hüpft ihm auf einem Bein entgegen. „Das andere Bein hat mir eine deutsche Mine stibitzt. Musst dir meinetwegen den Kopf nicht zermartern. Ich bin der Wolodja. Wolodja Tschaikin. Hab inzwischen Mühe, mich selbst zu erkennen."

„Wolodja!" Der Krüppelgreis ist Michail Baschkows Jugendfreund. Dessen sichtbares Elend springt ihn an. Für einen Augenblick sieht er den Wolodja aus Jugendtagen vor sich: dichte schwarze Haare, fröhliche blaue Augen, den Schalk im Nacken. Kaum ein Streich, an dem Wolodja nicht beteiligt war. Der Lehrer sah ihm vieles nach, weil Wolodja sein bester Schüler war. Alle hatten Wolodja dazu gedrängt in der Stadt zu studieren.

„Wozu? Hier hab ich das weite Land und den Himmel. Dort aber verpesten sie die Luft derart, dass man den Himmel nicht mehr sieht und pferchen dir glatt hundert Leute in ein einziges Haus. Lassen sie übereinanderwohnen. Spazieren einander über ihre Köpfe hinweg."

Wolodja war im Dorf geblieben und über seine Lust, inmitten trauriger Zustände Bücher der fahrenden Bibliothek zu lesen, wunderten sich viele. Michail Baschkow staunte oft, worüber sein Freund Wolodja nachdachte und wie gelehrt er sich ausdrücken konnte.

„Meine Güte, Wolodja!" Er geht auf den Freund zu, der vor der Zeit gealtert ist. Die Augen werden ihm feucht, als er ihn umarmt. Eine Wodkafahne schlägt ihm entgegen.

„Vorsicht, sonst fall ich Einbeiniger um. Kannst also dein Herz noch sprechen lassen nach all den Lumpereien." Wolodja schießen Tränen in die Augen. „Wie ein Weib", sagt er verlegen, „Ist lange her, seit mich jemand so umarmt hat."

Wolodja will ihn mit Kohlsuppe bewirten. Da Michail Baschkow dankend ablehnt, wird die Getränkefrage erörtert. Selbstgebrannter sei griffbereit, Tee müsse gekocht werden. Frisches Teewasser gebe es am Brunnen. Sie kommen überein, besser damit zu warten bis das Gewitter vorbei ist.

Das Gewitter ist kurz aber heftig. Als es grollend abzieht, weiß Michail Baschkow, wie es Wolodja seit ihrer Trennung ergangen ist.

Sein Jugendfreund hatte die zierliche, resolute Krankenschwester Nadalja Uschakowa geheiratet, die wöchentlich mit der Ärztin ins Dorf gekommen war. Sehr zum Leidwesen seiner Eltern, die sich eine bodenständige Bäuerin als Schwiegertochter gewünscht hatten.

Ein kurzes Glück. Mit den ersten einberufenen Männern musste Wolodja sie verlassen und in den Krieg ziehen.

„Als ich 1944 wieder ins Dorf humpelte, empfing es mich mit allen Ehren: meine Eltern tot, unser Haus abgebrannt und meine Nadalja trieb es längst mit anderen Männern. Nach den erhebenden Jahren an der Front war ich zutiefst gerührt von all der Zuwendung und konnte mein Glück nicht fassen."

Michail Baschkow holt Teewasser. Vor der Tür atmet er tief ein. Die Luft ist kühl und rein. Von den Wiesen und Feldern steigt zarter Dunst auf und die Sonne scheint von einem klaren Himmel. Überall zwitschern die Vögel. Es riecht und klingt nach Wachstum, Lust und Leben.

Die Luft in der Stube empfängt ihn wie ein Keulenschlag. Er reißt die Fenster auf. „Wolodja, wir bringen uns um!"

„Was hast du denn gedacht?", erwidert Wolodja ungerührt. „Glaubst du, du könntest Mütterchen Russland mit ein bisschen frischer Luft retten?"

Beim Tee erzählt Wolodja vom Leben im Dorf und von seiner Entscheidung, allein auf dieser Seite des Flusses zu leben. Eine traurige Geschichte, die Michail Baschkow beunruhigt, weil ihm eine Kapitulation vor den Schwierigkeiten des Lebens fremd ist. Wolodja erzählt so ruhig, als erzählte er nicht von sich, sondern von einer längst erledigten Sache, mit der er nichts mehr zu schaffen habe.

„Das Pack feiert den Sieg, für die gefallenen Kameraden züngelt die ewige Flamme, und für uns einfache Frontkämpfer folgt auf das Elend des Krieges das Elend des Friedens in zerstörten Städten und Dörfern. Die Portion menschlicher Boshaftigkeit, die es zu allen Zeiten gibt, ist unter diesen Umständen noch schwerer zu ertragen.

Glaub mir, Michail, dir kann ich die Wahrheit sagen: Alles ist verlogen und verdorben. Die Anständigen hat man ausgelöscht oder sie haben sich geopfert. Das steht schon einmal fest. Wie soll es ohne sie eine bessere Welt geben?

Nein, mit mir kann das Pack nicht mehr rechnen. Hat das eigene Volk und seine besten Menschen hinschlachten lassen und feiert.

Hier lebe ich in Armut, aber frei. Hier kann ich denken, was ich will und meinen Hühnern schonungslos die Wahrheit ins Gesicht sagen. Sie neigen andächtig ihre Hälse und blinzeln mir verständnisvoll zu."

„Liest du noch, so wie früher?"

„Wozu?"

„Und wovon lebst du?"

„Ich brenne den besten Wodka weit und breit. Die Obrigkeit kriegt ihren Teil und drückt beide Augen zu. Einen großen Garten hab ich, Hühner und Kaninchen, eine Ziege. Wie du siehst, lebe ich und der Selbstgebrannte vertreibt mir Kummer und Einsamkeit. Ab und zu kommt eine, die es nicht mehr ohne Mann aushält. Schließlich fehlt mir nur ein Bein. Dort drüben aber fehlen Männer. Was kann ich Einbeiniger sonst noch vom Leben erwarten?"

Michail Baschkow zieht es ins Dorf.

„Wirst schon sehen", sagt ihm Wolodja beim Abschied. „Hier ist noch Platz für ein zweites Nachtlager. Wenn du willst, bringe ich dir das Schnapsbrennen bei."

Michail Baschkow zieht seine Stiefel aus, krempelt die Hosenbeine hoch und durchwatet die Furt. Hinter der mit Weiden und Sträuchern bewachsenen Uferbiegung erblickt er sein Dorf.

Er erstarrt.

Tief geht der Schreck. Er wusste, es gibt Zerstörungen. Dass sein Dorf so verwüstet ist, hat er jedoch in seinen schlimmsten Vorstellungen nicht für möglich gehalten. Dieser Anblick treibt ihm Tränen in die Augen. So viele Trümmer hat er gesehen. Doch das eigene Dorf so schwer verwundet zu erblicken!

Weit mehr als die Hälfte des für ihn von hier aus einsehbaren Dorfteils gibt es nicht mehr. Die Gebäude sind wie durch bösen Zauber verschwunden. Wo sie einst gestanden haben, wuchert Unkraut. Mitunter wird das Unkraut von einem verkohlten Balken oder von Ofen- und Schornsteinresten überragt. Die Kirche, die Schule und das Kolchosgebäude sind beschädigt. Irgendwer hat mit wenig Geschick versucht, sie zu reparieren, dann wohl die Geduld verloren und aufgegeben. Der zerstörte Teil des Dorfes liegt da, als hätte der Krieg erst vor einigen Wochen im Dorf getobt. Doch inzwischen sind fast drei Jahre vergangen.

Michail Baschkow weiß diese Zeichen zu deuten. Sie machen ihn traurig. Wenn sie nicht einmal Kraft fürs Wegräumen haben. Und kein neues Haus zu sehen.

Langsam weicht die Starre aus seinem Körper. Er entschließt sich zuerst zum Kolchosgebäude hinüberzugehen. Dorthin, wo er einen Teil seiner Jugend verbracht hat. Er nimmt den kurzen Weg über den Friedhof.

So viele Gräber! Er hat einen kleinen Friedhof in Erinnerung und findet ein Leichenfeld vor. An einigen Kreuzen bleibt er kurz stehen, liest die Namen. Die meisten sind ihm fremd. Nur an einige kann er sich erinnern.

Eine alte Bäuerin kommt ihm entgegen. Auf ihrem krummen Rücken trägt sie ein Bündel aus trockenen Zweigen und dürren Ästen. Aus dem schwarzen Kopftuch ragen weiße Haare. Ihr Gesicht ist ein Gewusel aus dunklen Runzeln, dazwischen matte, wasserblaue Augen.

„Wenn du jemanden suchst, Söhnchen, kann ich dir nicht mehr

helfen. Früher hab ich jedes Grab gekannt. Doch jetzt sind es zu viele. Auch die meisten alten Gräber sind nicht mehr an ihrem rechten Fleck. Granaten sind hier explodiert und haben alles durcheinandergeworfen. Wir haben jetzt auch noch einen Heldenfriedhof unten auf der Weide bei den Konews."

„Wie geht es dem alten Konew?", fragt er die Alte. Er erinnert sich an den kauzigen Pferdekenner mit dem trockenen Humor.

„Die Deutschen haben ihn und seine Frau umgebracht. Ihn haben sie an seinen Apfelbaum gehängt und seiner Frau haben sie in den Kopf geschossen, die Verfluchten. Bist wohl aus dem Dorf?"

Michail Baschkow nickt stumm.

„Und darf ich Alte wissen, wer du bist? So, ein Baschkow also. Dass du nach alldem in unser Dorf zurückkommst", staunt die Alte. „Willst uns Alten wohl das Tanzen beibringen?" Sie kichert, lässt ihn stehen und hinkt schwerfällig davon.

Auf dem Weg durchs Dorf trifft Michail Baschkow mehrere Leute. Die meisten sind alt, in der Mehrzahl Frauen. Auf den Feldern ist zurzeit wenig zu tun. Die Leute kümmern sich um ihre Gärten, bereiten die Ernte vor oder setzen ihre Häuser instand. Geht er grüßend an ihnen vorüber, unterbrechen sie kurz ihre Arbeit und grüßen zögernd zurück. Niemand erkennt ihn, er wiederum kann ihnen nur ungefähr einem Namen zuordnen. Sicher ist er sich seiner Zuordnung nicht, und so unterlässt er es, sie anzusprechen.

Auf dem Hof vor dem Kolchosgebäude stehen neben der Werkstatt zwei ausgebrannte Panzer und mehrere verrostete Militärfahrzeuge.

Der hintere Teil des Kolchosgebäudes ist ausgebrannt. Das schmerzt. Dort hat seine Familie vor dem Krieg gewohnt. In der Außenwand klafft das Einschlagsloch einer Granate.

Zwischen den Schrottfahrzeugen und dem zerstörten Gebäudeteil steht majestätisch wie immer und lieblich duftend die alte Linde. Hier haben sich Jung und Alt gern getroffen. Im Sommer wirft sie kühlen Schatten und bei kurzen Regengüssen bleibt es unter ihrem Blätterdach trocken.

Wenn sie erzählen könnte, denkt Michail Baschkow. Sie stand schon, als der Gutsherr ins Dorf kam. Sie gefiel ihm so sehr, dass er hier sein Gutshaus bauen ließ. Das weiß Michail Baschkow von den Alten im Dorf. Er freut sich, weil sie unbeschadet die Kämpfe im Dorf überstanden hat. In unsteten Zeiten hat sie die verstörten Menschen an die Kraft des Beständigen erinnert, ihnen Kraft gespendet und sie getröstet.

Die Treppen der Terrasse vor dem vorderen Gebäudeteil sind stark beschädigt und bis auf einen schmalen Streifen von Gras überwuchert. Ein Zeichen, dass sie nicht mehr häufig benutzt wird. In diesem Gebäudeteil haben sein Vater und der junge Konew ihre bescheidenen Büros gehabt. Der eine hatte die stufenweise Entwicklung des Kolchos und des Dorfes im Sinn, der andere wollte aus Tichaja Semlja ein Zentrum der proletarischen Weltrevolution machen. Beide waren leidenschaftliche Kommunisten und standen sich doch wie erbitterte Feinde gegenüber.

Auch dieser Gebäudeteil ist mit Kugel- und Splittereinschlägen übersät. Einige Fenster sind vernagelt. Der große Zeiger der Uhr über dem Eingang ist verschwunden, der kleine verbogen. Auf dem Ziffernblatt fehlen die Drei und die Zehn.

Der Flur ist schmutzig und leer. Michail Baschkow erinnert sich an die Geschäftigkeit, die hier stets geherrscht hat.

Ein Büro ist besetzt. Hinter dem fleckigen und zerschrammten Schreibtisch thront Judenitsch, der massige Parteivorsitzende des Dorfes, und mustert ihn misstrauisch.

„Das seh ich“, knurrt er mürrisch, nachdem sich Michail Baschkow vorgestellt hat. „So einen Namen vergisst man nicht. Man hat dich angekündigt. Eines sag ich dir gleich, damit es dir nicht ergeht wie deinem disziplinlosen Vater: In diesem Dorf steht niemand über der Partei. Ihre Direktiven und Beschlüsse sind für alle bindend.“

Das Blut schießt Michail Baschkow ins Gesicht. Heftiger, als es seine Absicht gewesen ist, fällt er Judenitsch ins Wort. „Und du vergiss nicht, dass auch ich die Partei bin. Mein Auftrag ist es, den Kolchos so zu leiten, damit seine Erträge gesteigert werden. Das werde ich tun und die Partei hat mich dabei zu unterstützen. Und jetzt sag mir, wo ich den Kolchosvorsitzenden finde."

„Nimm deinen Mund nicht zu voll, sonst erstickst du bald an deinen eigenen Worten. Was die Partei in diesem Dorf macht und welche Aktivitäten sie unterstützt, das bestimme immer noch ich. Der Kolchosvorsitzende Raskow ist im Dorf unterwegs, um eine Feldbrigade fürs Rübenhacken zusammenzustellen. Wir haben schließlich nicht auf dich gewartet, um zu entscheiden, was zu tun ist. Und nun stör mich nicht länger bei der Arbeit. Entweder du wartest vor der Tür auf ihn oder du suchst ihn im Dorf."

Der hat aus den Hunger- und Blutjahren nichts gelernt! Michail Baschkows Blut kocht. Zornig und enttäuscht von dem unfreundlichen Empfang geht er ins Dorf, um den Kolchosvorsitzenden zu suchen. Er kommt sich lächerlich vor mit dem lädierten Holzkoffer, der schwer in seiner Hand liegt. Nur langsam weicht sein Zorn.

Wie es scheint, kommen Leute wie dieser Judenitsch nur auf die Erde, um Macht über ihre Mitbürger ausüben zu können. Sie schlagen sich immer auf die Seite der Machthaber. Dieser aufgeblasene Kerl! Erst war er auf der Seite der reichen Bauern gegen die Bolschewiken, dann, nach dem Bürgerkrieg, auf der Seite der Bolschewiken im Kampf gegen das Kulakentum. Nach oben katzbuckeln und nach unten treten. Bah!

Michail Baschkow spuckt angeekelt aus. Einen Frontsoldaten einschüchtern zu wollen, der Fettwanst!

Die Eltern haben sich von niemandem einschüchtern lassen. Waren sie von einer Sache überzeugt, dann haben sie dafür gekämpft. Was für eine Freude wäre es für ihn gewesen, wenn er sie heute im Dorf wiedergesehen hätte. Wie viel klarer, wie viel einfacher wäre auf der Stelle alles gewesen.

Im selben Augenblick erinnert er sich an den Mitarbeiter der Parteileitung in der Stadt, der ihn mit fröhlichen Augen empfangen und die beiden Briefe geöffnet hat, die ihm von Michail Baschkow vorgelegt worden sind.

„Fährst schwere Geschütze auf", sagte der Parteiarbeiter, nachdem er die gewichtigen Unterschriften gelesen hatte und lachte. Dann überflog er kurz den Inhalt der Schreiben, erkannte deren Anliegen und wurde ernst.

„Koch ihm Tee", sagte er zur Sekretärin und verließ mit den Briefen den Raum.

Als er nach fast einer Stunde zurückkehrte, sah er betroffen aus.

„Hör zu, Genosse Baschkow, wir werden den Fall deiner Eltern prüfen. Dazu müssen wir ihre Akten finden. Sobald wir etwas in Erfahrung gebracht haben, werden wir dich informieren.

Damals, das war eine schwierige Zeit. Überall hatten sich Feinde eingeschlichen. Da konnte und durfte man nicht zögerlich handeln."

Dann erklärte er ihm die „Apfeltheorie", die Michael Baschkow schon viele Male gehört hatte, und die für Mittäter offenbar als Entschuldigung für ihre belasteten Seelen herhalten muss: Habe ein Apfel eine faule Stelle, dann könne man ihn nur retten, wenn man diese Stelle rasch herausschneide. Dabei werde man am Rand der faulen Stelle immer ins gesunde Apfelfleisch schneiden müssen. Bedauerlich für das gesunde Randfleisch, aber für die Rettung des Apfels sei das leider unvermeidlich.

„Vielleicht waren deine Eltern unglücklicherweise das gesunde Fleisch am Rand einer faulen Stelle. Dann wird man ihnen Gerechtigkeit widerfahren lassen. Alles andere wird sich dann finden. Wir werden uns kümmern. Das verspreche ich dir hiermit von Mann zu Mann.

Nun zu Dingen, die in unserer Macht liegen. Du möchtest gerne dein Studium abschließen. Daraus wird zunächst nichts. Für das, was wir mit dir vorhaben, bringst du bereits mehr als die erforderlichen Voraussetzungen mit: Sechs Semester Agronomie, vier Jahre Kampferfahrung als Offizier und ein Jahr Ortskommandant in Deutschland. Wenn das nicht ausreicht, einen Kolchos auf Vordermann zu bringen, Genosse, was dann? Und genau diese Aufgabe haben wir dir zugedacht, denn euer Kolchos in Tichaja Semlja liefert kaum ein Viertel seines Solls ab. Der Vorsitzende Raskow hat keinen Mumm, den Leuten in den Allerwertesten zu treten und der Parteivorsitzende Judenitsch ist ein behäbiger Sprücheklopfer, der um Ausflüchte nie verlegen ist. Die Leute im Dorf sind infolge ihrer Erlebnisse, der ständigen Schwierigkeiten und der Unfähigkeit der häufig wechselnden Leiter abgestumpft. Man muss kräftig dazwischenschlagen. Von hier aus kann man die Dinge nicht ins Lot bringen. Machen wir es kurz: Du kümmerst dich um den Kolchos und ich kümmere mich hier um das Schicksal deiner Eltern. Einverstanden?"

Daran muss Michail Baschkow denken und schon ist sein Zorn auf Judenitsch verrauscht und verflogen. Er kann den Parteiarbeiter in der Stadt nicht enttäuschen, das ist ihm klar. Will ich eine schnelle Auskunft über den Aufenthalt der Eltern haben, muss ich hier meinen Mann stehen. Kümmern wir uns also um den Kolchos!

„Jeder im Dorf kann dir sagen, wo der Saufaus gerne sitzt", mit diesen Worten bringt ihn eine in ihrem Garten arbeitende Alte auf die richtige Spur. Er findet den Kolchosvorsitzenden unter zufriedenen Zechern in einem Garten. So also werden in Tichaja Semlja Feldbrigaden zusammengestellt.

„Wer von euch ist Raskow", ruft er mit scharfer Stimme in die Saufrunde. Vier vom Selbstgebrannten träge gewordene Augenpaare blicken ihn an.

„Halt deine Fresse und setzt dich zu uns, Bruderherz. Willst du aber nicht mit uns saufen, dann such besser das Weite, sonst kann es schnell was aufs Maul geben", sagt mit schwerer Zunge ein schmuddeliger Blondschopf mit einem Prachtexemplar von einer Nase und verquollenen Augenlidern. „Raskow findest du dort." Über seinen breiten Rücken weist er mit dem rechten Daumen in Richtung der Beete. Dort liegt Raskow mit feuchten Hosen und schläft seinen Rausch aus.

„Kipp ihm Wasser in die Visage oder hau ihm in die Fresse", ruft ihm der Blonde zu.

Vom Ärger angefressen tritt Michail Baschkow dem Kolchosvorsitzenden mehrmals vergeblich in die Seite. Lächerlich kommt er sich vor, wie er so dasteht mit seinem Koffer und nach dem besoffenen Schläfer tritt. Resigniert verlässt er den Garten.

„Bist dir wohl mit deinem Koffer zu fein für uns, du Arschloch?"

Diesen Satz nimmt er mit auf die Dorfstraße.

Als er am Garten der Alten vorübergeht, arbeitet sie dort noch immer gebückt. Sie sieht ihn, richtet sich stöhnend auf und sagt: „Wozu seid ihr Mannsbilder nütze? Eine Schande seid ihr. Kaum wächst euch der erste Bartflaum, schon fangt ihr mit der Sauferei an. Eine Schande seid ihr, Gott ist mein Zeuge."

Der Tag, der so hoffnungsvoll begonnen und dann so viele Enttäuschungen bereitgehalten hat, neigt sich dem Ende zu. Es wird Zeit, sich nach einem Nachtlager umzusehen. Nur kurz kämpft Michail Baschkow mit der Versuchung, bei Wolodja ein Nachtlager aufzuschlagen, dann erinnert er sich an den verwahrlosten Strohschober, der ihm auf dem Weg zum Dorf ins Auge gefallen ist. Dort angekommen, räumt er das feuchte, verwitterte Stroh beiseite und bereitet sich ein stachliges Nachtquartier.

Da liegt nun der Held des Großen Vaterländischen Krieges im vergammelten Stroh vergangener Ernten und blickt bedrückt in den Nachthimmel, der sich nicht um Menschensorgen und Menschendummheiten kümmert. Während er den kümmerlichen Rest seines Reiseproviants verzehrt, bestürmt ihn wieder und wieder die gleiche Frage: Was habe ich in diesem Dorf noch verloren? Sehnsüchtig denkt er an die ältere, die sanftere Schwester seines Freundes Serjoscha. Wehmütige Erinnerungen an zärtliche Stunden vor nicht einmal fünf Tagen.

Schon reißt er sich los von den schönen Erinnerungen. Die Eltern, denkt er, du hast denen in der Stadt dein Wort gegeben. So viele augenscheinlich aussichtslose Schlachten hast du schon geschlagen. Beiß dich durch, Soldat!

Es ist Neumond. Mit der Dunkelheit nimmt auch die Zahl der sichtbaren Sterne zu. In verschiedenen Farben leuchten sie ruhig oder flimmern nervös. Manche scheinen sehr nah zu sein, andere weit entfernt. Einige stehen wie einsame Helden am Himmel, andere haben sich in die Nähe ihrer Himmelsgenossen geflüchtet und bilden kleinere oder größere Gruppen. Einige dieser Gruppen erinnern Michail Baschkow an die Klecksereien von Kindern. Andere zeigen ihren Sinn fürs Geometrische und bilden Figuren.

Warum ist mir das bisher nicht aufgefallen, wundert sich Michail Baschkow. Was für eine unbeschreibliche Pracht! Wie klein unsere Erde ist und wie verletzlich der Mensch. Dass es uns in der unvorstellbaren Weite des Weltalls gibt, ist ein einziges Wunder. Doch anstatt uns zu wundern, schlachten wir uns gegenseitig ab, beleidigen und demütigen wir einander und leben unsere Tage so, als hätten wir unendlich viele davon.

Die Sternenpracht wärmt sein Herz und ordnet seine Gedanken. Er weiß jetzt, was er morgen anpacken muss: Unterkunft und Versorgung klären, die Lage im Dorf und im Kolchos peilen, Bestandsaufnahme – danach werde ich weitersehen. Soweit kommt es noch – bei den ersten Schwierigkeiten davonlaufen! Den Eltern bin ich's schuldig, hier in diesem Dorf zu kämpfen. Hier und nirgendwo sonst auf der Erde muss ich allen zeigen, aus welchem Holz wir Baschkows geschnitzt sind.

Frösche und Insekten singen ihm ein lautes Nachtlied. Er fällt in einen Dämmerzustand. Irgendwann schläft er ein.

Er schreckt hoch, als ihn ein streunender Hund beschnuppert. Schimpfend schlägt er nach dem Tier. Solange es kein Wolf ist, denkt er. Seine Müdigkeit ist größer als seine Sorge um ungebetenes Viehzeug.

Eine Amsel weckt ihn mit ihrem Gesang. Er ist noch müde, doch der Vogel singt inbrünstig eine so schöne Arie, dass er ihm den Weckruf schon nach einer Sekunde verzeiht. Er kennt den Gesang vieler Vögel. Den der Amsel liebt er, seit er ihn zum ersten Mal gehört hat.

Als er seinen Kopf hebt, um nach der Amsel zu suchen, sieht er neben sich einen zusammengerollten Mischlingshund liegen. Augenscheinlich das Ergebnis einer unkontrollierten Vermehrung nach Lust, Laune und Gelegenheit.

Michail Baschkow erhebt sich und streckt seine steif gelegenen

Glieder. Sofort springt der Hund auf, gähnt mit Hingabe, streckt sich wie der Mann vor ihm und bietet ihm mit treuem Blick und eifrigem Schwanzwedeln seine Hundefreundschaft an.

„Du also hast meine Nachtruhe gestört. Das gehört sich nicht. Verstanden?“ Wild vor Freude kommt der Rüde näher. Michail Baschkow tätschelt ihm den Hals, krault ihn hinter den Ohren, streichelt ihm den Rücken und sorgt damit für Hundefreude und Hundeglück. „Wie’s aussieht, sind wir Schicksalsbrüder. Keine Bleibe und nichts zu beißen.“

Michail Baschkow wäscht sich im Fluss Kopf und Oberkörper. Das kalte Wasser weckt seine Lebensgeister und bessert seine Laune.

Er wirft ein trockenes Aststück in den Fluss. Der Rüde zögert kurz, springt dann doch ins Wasser, bringt das Holz zurück und schüttelt sich die Feuchtigkeit aus dem Fell.

„Morgenwäsche muss sein. Was soll man sonst im Dorf von uns denken?“, erklärt ihm Michail Baschkow und macht sich auf den Weg ins Dorf. Der Rüde folgt ihm mit gebührendem Abstand.

Als er an einer Scheune vorbeikommt, hört er eine ruhige und klare Frauenstimme sagen: „Einige sind noch müde. Wecken wir sie mit dem Lied, welches wir vorgestern gelernt haben. Du, Mischa, solltest es bleiben lassen. Machst deinem Namen alle Ehre und brummst wie ein Bär.“ Aus der Scheune klingt Kinderlachen.

Michail Baschkow spürt es instinktiv: In der Scheune verbirgt sich ein anderer Teil des Dorfes. Anders als derjenige, der ihm gestern die Wiedersehensfreude verdorben hat. Dieses Gefühl und die ruhige, warmherzige Frauenstimme lassen sein Herz schneller schlagen. Er kann nicht anders, muss in die Scheune sehen.

Auf alten Schulbänken sitzen etwa 30 Mädchen und Jungen verschiedenen Alters. Vor der großen Tafel steht eine schöne junge Frau. Singend lächelt sie den kleinen und den halbwüchsigen Sängerinnen und Sängern zu. Als sie Michail Baschkow erblickt, sieht sie ihn erstaunt und abweisend an. Sie hört auf zu singen. Die Kinder werden neugierig, verdrehen die Köpfe und unterbrechen ihren Gesang.

Michail Baschkow wird verlegen. „Entschuldigen Sie bitte die

Störung. Nicht Neugier, sondern die Freude darüber, dass es in unserem Dorf trotz allem noch Unterricht gibt, hat mich in die Scheune getrieben."

Sofort wird der Blick der jungen Frau freundlicher. „Wir haben aus der zerstörten Schule gerettet, was noch brauchbar ist. Es ist alles noch sehr provisorisch und bis zum Winter müssen wir eine andere Bleibe finden oder den Unterricht unterbrechen. Und wer sind Sie?"

„Ich bin Michail Baschkow. Vor meinem Studium hab ich hier gelebt. Jetzt bin ich zurückgekommen, um mich um den Kolchos und das Leben im Dorf zu kümmern."

„Genosse Hauptmann Baschkow?"

Michail Baschkow nickt stumm und kann sich nicht erklären, wovon der Reiz der jungen Frau ausgeht, der ihn unsicher macht.

Die grünen Augen der Schönen strahlen ihn an. „Wir haben öfter von Ihnen gesprochen, als Sie es ahnen können, und gerätselt, ob Sie wieder ins Dorf kommen oder in der Stadt bleiben. Fast alle haben gesagt: Warum soll er sich hier abplagen, wenn er es in der Stadt besser haben kann? Ich dagegen", während sie das sagt, lächelt sie ihn an „ich habe geahnt, dass Sie zu uns kommen. Wenn er ein Baschkow ist, wird er uns helfen.

Du liebe Güte, ich rede und habe mich noch nicht einmal vorstellt. Ich heiße Nina Zwetkowa. Ich bin die Tochter des Lehrers Zwetkow. Meine Eltern sind als Partisanen gefallen, sonst würde mein Vater Unterricht geben. Viel besser, als ich es kann. Doch eine neue Lehrerin oder einen neuen Lehrer hat man uns nicht geschickt. Unser Dorf wäre jetzt zu klein für eine Schule, sagen sie. Man darf doch nicht zulassen, dass unsere Kinder ohne Bildung aufwachsen. Kommen Sie." Lächelnd und ohne Scheu ergreift sie seine Hand und zieht ihn sanft vor die Kinder. Dorthin, wo sie ihren Platz hat.

„Kinder, das ist Genosse Hauptmann Baschkow, ein Held des Großen Vaterländischen Krieges. Er hat in unserem Dorf gelebt und kommt erst heute aus dem Krieg zurück. Jetzt wird er wieder in unserem Dorf leben und sich um den Kolchos kümmern. Wir wollen ihn mit unserem neuen Lied begrüßen."

Die Kinderaugen funkeln freudig und die Kleinen singen mit Hingabe. So viel Freundlichkeit bringt man ihm in dieser heruntergekommenen Scheune entgegen, dass ihm die Augen feucht werden. Auf der Stelle ist ihm klar, dass er trotz aller Schwierigkeiten im Dorf bleiben wird, bleiben muss. Eine untilgbare Schande wäre es, diese Frau und die Kinder im Stich zu lassen.

Sicher gibt es im Dorf noch andere hoffnungsvolle Entwicklungen, sagt er sich. Danach musst du suchen! Dir von den Judenitschs und Raskows nicht die Laune verderben lassen.

Die Kinder wollen wissen, ob er Orden erhalten habe – so wie ein richtiger Held. Ob er sie bei sich habe und sie ihnen zeigen könne.

Orden zur Schau zu tragen wie ein Pfau seine Federn, das ist Michail Baschkow von jeher verhasst. Weiß er doch, dass jeder Sieg in einem Krieg mit dem Blut gefallener Kameraden und gefallener Feinde bezahlt werden muss. Sollte man nicht besser die gefallenen statt der lebenden Kameraden ehren? Diese Frage hat er sich oft gestellt. Er hat so viele sinnlose, dumm geführte und verlustreiche Gefechte und Schlachten erlebt. Und dennoch wurden die für das Blutbad Verantwortlichen nach den Gemetzeln mit höchsten Orden geehrt. Kugeln und Orden treffen immer die Falschen, sagen die Soldaten nicht ohne Grund.

Obwohl er sich seinen Orden und die vielen Medaillen redlicher verdient hat als mancher General, widerspricht es seiner Überzeugung, Kriegsauszeichnungen herumzuzeigen. Doch den Kindern, die ihn erwartungsfroh ansehen, kann er diesen Wunsch nicht abschlagen. Er öffnet den leidgeprüften Koffer, der so viel von der Welt gesehen hat wie er selbst. Die Paradeuniformjacke mit den Auszeichnungen liegt obenauf. Er legt sie sich kurz über die Schulter. Die Kinder und Halbwüchsigen staunen um die Wette: Ein richtiger Held, mit richtigen Orden und Medaillen, noch dazu aus ihrem Dorf.

„So, Kinder, das muss genügen." Als er den Koffer wieder verschlossen hat, fühlt er sich besser. Auch Nina Zwetkowa findet, es wäre genug. Zur Feier des Tages schickt sie die Kinder nach Hause, damit sie im Dorf die Neuigkeit verkünden können. Fröhlich lärmend verlassen die Kinder die Scheune.

„Haben Sie schon eine Unterkunft gefunden?“

Michail Baschkow erzählt ihr, wie es ihm gestern ergangen ist.

„Sie haben Ihre Suche im verkehrten Teil des Dorfes begonnen“, sagt Nina Zwetkowa und lacht. „Dort herrschen die Judenitschs und Raskows. Wo die das Sagen haben, ist alles träge und liederlich. Dort gibt es Missgunst und Boshaftigkeit wie vor dem Krieg. Jeder kümmert sich nur noch um den eigenen Hof, lässt Kolchos Kolchos und Dorf Dorf sein. Und dieser Wolodja Tschaikin vom anderen Flussufer versorgt sie zu allem Übel auch noch fleißig mit Selbstgebranntem.“

Michail Baschkow erzählt ihr, was er von Wolodja weiß. Doch ihr Urteil bleibt hart: „Viele Männer sind verwundet zurückgekehrt. Mit Wodka können sie ihre Wunden nicht heilen. Kriegsinvaliden haben wir hier mehr als genug. Nur an gesunden jungen Männern und Frauen mangelt es uns. Wie soll man ohne sie wieder Leben und Schwung ins Dorf bringen? Wir versuchen alles, aber es ist mühsam und alles dauert viel zu lange.“

„Und wer ist *wir*?“, will Michail Baschkow wissen.

„Nun ja, Sie werden schon sehen. Am besten, Sie kommen erst einmal zu uns. Wir wohnen im Haus des verstorbenen Igor Mamedow, der unter den Deutschen unser Starosta war und im Haus der ebenfalls verstorbenen Prischins. Uns allen scheint es so, als ob der Geist dieser Toten uns beseelt und uns zwingt, nicht nur an uns, sondern stets auch an das Dorf zu denken.“

Als sie gemeinsam die Scheune verlassen, springt der Mischlingsrüde auf und folgt ihnen mit einigem Abstand. Michail Baschkow erzählt der jungen Frau, auf welche Weise er mit dem Hund bekannt geworden ist.

„Während des Hungers im Krieg ging es den Hunden an den Kragen. Keiner hat überlebt. Doch nach dem Krieg tauchten herumstreunende Hunde hier auf und einige von ihnen blieben am Leben.“

Unterwegs begegnen ihnen nur alte Frauen, die sie neugierig oder misstrauisch mustern.

„Hast dir wohl einen Fremden angelacht, weil dir die aus dem

Dorf nicht gut genug sind?", fragt eine.

„Was reden Sie da für Unsinn! Der ältere Sohn der Baschkows ist es", antwortet ihr Nina Zwetkowa. Ihre Stimme klingt verärgert.

Die Alte kichert. „Sag ich's doch, ein Fremder."

„Am besten man hört nicht hin", schimpft Nina Zwetkowa. Um das Thema wechseln zu können, erkundigt sie sich nach seinen Eltern und seinem Bruder. Er erklärt ihr seine Bemühungen und den unerfreulichen Sachstand.

Sie bleibt stehen. Ihre Augen, die ihn in der Scheune so freundlich angelacht haben, blicken ihn traurig an. „Wissen Sie, mein Vater hat die Verhaftung ihrer Eltern stets verteidigt. Ich selbst habe ihm geglaubt, denn ich bin ein kleines Mädchen gewesen und habe ihn sehr geliebt. Inzwischen weiß ich, dass Ihre Eltern kluge, tapfere Menschen sind. Nun habe ich Ihnen gegenüber ein schlechtes Gewissen. Ich hoffe von ganzem Herzen, Ihre Eltern mögen bald gesund zurückkehren."

Die schöne Frau, die ihn so ernst anblickt, der Aufrichtigkeit ins Gesicht geschrieben steht, rührt sein Herz. Er greift nach ihrer schmalen, festen Hand. „Ein guter Mensch sind Sie. Sie dürfen sich mir gegenüber nicht schuldig fühlen. Am Vergangenen können wir nichts mehr ändern. Nur lernen müssen wir daraus. Das Falsche vermeiden und das Nützliche bewahren. Hören Sie auf, sich mit Dingen zu belasten, die Sie nicht verhindern konnten und die Sie nicht zu verantworten haben. Bevor wir weitergehen, sollten wir uns versprechen, das Vergangene ruhen zu lassen und gemeinsam für unser Dorf zu arbeiten. Einverstanden?"

Nina Zwetkowa nickt und entzieht ihm ihre Hand. „Lassen Sie uns zu den anderen gehen." Und schon schreitet sie so kräftig aus, dass er Mühe hat, ihr zu folgen.

An diesem Tag lernt Michail Baschkow die Menschen aus Nina Zwetkowas Nähe kennen. Es sind die beiden Mamedow-Töchter und deren Angehörige. Irina Sedowa hat ihren Mann und einen Sohn im Krieg verloren – nur ihr Sohn Anatolij ist gesund heimgekehrt.

Ihre Schwester Larissa Nasarenkowa hat mehr Glück gehabt. Zwar muss ihr Mann seither mit einer großen Gesichtsnarbe leben, aber er strotzt vor Kraft, und ihre Kinder Darja und Bogdan haben ihr Schicksal nicht mit dem so vieler jungen Menschen teilen müssen.

Die Frauen empfangen ihn freundlich. Jeder kräftige, junge Mann ist für sie ein Geschenk und ein wenig mehr Hoffnung für das Dorf.

Gegen Mittag kommen die beiden jungen Männer. Sie sind hungrig und schimpfen auf Raskow, weil er die Arbeit wieder einmal schlecht eingeteilt hat.

Als Letzter fährt Ossip Nasarenkow mit Pferd und Wagen auf den Hof. „Sieht aus, als ob wir Verstärkung bekommen haben", begrüßt er vom Kutschbock aus Michail Baschkow mit seiner dröhnenden Bassstimme. Er will lachen, aber die Narbe hat etwas dagegen und so verzieht sich sein Gesicht zu einer unansehnlichen Grimasse. „Im Dorf pfeifen es bereits die Spatzen von den Dächern. Willkommen im Dorf der Habenichtse."

Als der Hüne absteigt, erkennt Michail Baschkow auf dem Bock einen kleinen Jungen mit schwarz gelocktem Haarschopf. „Komm her, du Namensvetter, wir wollen unseren Gast begrüßen." Als wäre der Junge eine Feder, hebt ihn Ossip Nasarenkow vom Bock.

Der Junge läuft schnurstracks zu Nina Zwetkowa, die ihn auf den Arm nimmt. „Das ist Onkel Michail. Er wird bei uns im Dorf leben."

Der offene Blick des hübschen Jungen dringt Michail Baschkow ins Herz. Vorsichtig ergreift er die kleine Hand des Jungen. Der Kleine lacht ihn wie einen Bekannten an. Da muss auch der Heimkehrer lächeln.

„Sagst du mir deinen Namen?" Der Junge lacht ihn noch immer an und schüttelt dabei seinen Lockenkopf.

„Was sind das für neue Dummheiten?", fragt ihn Nina Zwetkowa mit ernstem Gesicht und lachenden Augen. „Um Dummheiten ist der kleine Mann nie verlegen. Es ist mein Ossip. Er macht uns allen das Leben leichter. Nanu, das gab es ja noch nie." Der kleine Ossip streckt die Arme aus, will von Michail Baschkow auf den Arm genommen werden.

Das Zutrauen des Jungen, der sich ohne Scheu an ihn schmiegt, löst in Michail Baschkow ein so tiefes Glücksgefühl aus, dass er kaum noch in der Lage ist Haltung zu bewahren. Ein Gefühl, als habe ihm der kleine Kerl soeben seine durch den Krieg erkaltete Seele gewärmt und seinem geschundenen Körper neue Kraft eingehaucht. Die Gefühle, die der warme kleine Körper und das Vertrauen des Jungen in ihm auslösen, sind so überwältigend, dass er froh ist, als ihn Ossip Nasarenkows dröhnende Stimme in die Wirklichkeit zurückholt: „Wie's aussieht haben sich zwei gefunden."

Als Michail Baschkow in die Runde blickt, sieht er nur strahlende Augen und freundliche Gesichter.

„Und wer ist der glückliche Papa?", fragt er in Richtung der beiden jungen Männer, weil er in dem dunkelhaarigen Bogdan den Vater vermutet. Sofort werden alle Gesichter ernst und verlegene Blicke richten sich auf Nina Zwetkowa.

Ihr schönes Gesicht wirkt jetzt abweisend. „Seinen Vater haben die Deutschen umgebracht", sagt sie leise, ohne ihn anzublicken.

Nein, denkt er erschrocken, der Krieg nimmt wohl nie ein Ende. „Verzeihen Sie mir. Ich konnte nicht wissen ..."

„Niemand macht Ihnen einen Vorwurf. Sie haben die einfachste Frage der Welt gestellt. Die Antwort kennen Sie nun und dabei sollten wir es bewenden lassen."

Sie nimmt ihm den Jungen ab. Beide ärgern sich über die Frage, die den Zauber eines Augenblicks so jäh zerstört hat.

Eine Woche später steckt Michail Baschkow bis zum Hals in der Arbeit. Von morgens bis abends Probleme, Streit und Sorgen. Den Kolchosvorsitzenden Raskow hat er abgelöst. Die Vollmacht dazu hat man ihm in der Stadt ausgestellt, Raskow hat nichts dagegen gehabt und den Bauern im Dorf ist es, von einschlägigen Erfahrungen belehrt, schon lange ziemlich einerlei, wer für den ungeliebten Kolchos geradestehen muss.

Tagsüber ist er fast ständig unterwegs, befragt die Leute, spricht mit Engelszungen, schimpft wie ein Kutscher. Er hat den Eindruck, er rede gegen Wände an. Die Leute plagen sich auf ihren kleinen Privatfeldern, in ihren Gärten und mit ihrem Kleinvieh. Für mehr fehlt den meisten die Kraft. Nur widerwillig arbeiten sie für den ungeliebten Kolchos.

„Ihr müsst an die Menschen in den Städten denken", mahnt er.

„Denken die an uns", fragen die Leute zurück. „Benutzen uns nur für ihre Ziele und interessieren sich nicht für unsere Sorgen und Nöte."

Ganz unrecht haben die Leute nicht, das weiß Michail Baschkow. Er geht von Hof zu Hof. Manch einer lässt sich Zeit, ehe er den Hund an die Kette legt.

Nach wenigen Tagen überblickt er, wer noch Kraft hat, um für den Kolchos arbeiten zu können. Am Ende zählt er 43 Leute. Auf den großen Kolchosfeldern würden sie sich verlieren. Dieses Jahr ist für den Kolchos verloren, das sieht ein Blinder, doch im Herbst und im Frühjahr muss er ihre Aufgaben so festlegen, dass sie den täglichen Erfolg sehen können und nicht mutlos werden.

Auch sonst entdeckt Michail Baschkow wenig Erfreuliches. Nur acht Pferde nennt der Kolchos sein eigen, drei davon sind trächtig. Ossip Nasarenkows schöner Hengst Kusma hat die drei Stuten gedeckt, die Gene seiner ungleichen Eltern Dunja und Wotan der Pferdewelt vererbt. Im Dorf hat der Hengst seine Aufgaben erfüllt. In den Nachbardörfern haben sich seine Qualitäten herumgesprochen. Er bekommt Stutenbesuch aus mehreren Dörfern.

Dann gibt es noch einen Bullen, sechs altersschwache Ochsen und 51 Kühe, deren Euter nicht größer sind als die von gut genährten Ziegen. Das Kleinvieh schließlich reicht nicht einmal für die Eigenversorgung der Dorfbewohner, und die Winter- und Saatgutreserven sind zu gering, um optimistisch in die Zukunft blicken zu können.

Der Zustand der kolchoseigenen Gebäude ist katastrophal. Sie sind entweder zerstört oder zeigen deutliche Spuren des immer weiter fortschreitenden Verfalls.

Um die technische Ausrüstung kümmert sich anscheinend niemand. Defekt, verrostet und schmutzig liegt oder steht alles herum.

Keiner kann ihm sagen, was noch da ist. Der beschädigte Raupenschlepper, ein verrosteter Lastkraftwagen und ein zerbeulter Kübelwagen stehen in der ehemaligen Werkstatt, deren Dach einem Sieb gleicht. Die Werkstatttür ist ausgehängt. Die Leute haben mitgehen lassen, was sie gebrauchen oder verscherbeln konnten.

Von Tag zu Tag wird ihm die Erschöpfung des Dorfes bewusster. Werden 20 oder 30 fleißige, zielstrebige Menschen den Weiterbestand des Dorfes sichern können? Diese Frage trägt Michail Baschkow ständig mit sich herum. Sie quält ihn, behindert seine Arbeit. Er möchte sie loswerden und kann es nicht. Jeden Tag zwingt er sich zum Durchhalten. Den Eltern ist er es schuldig, der schönen Zwetkowa und ihren Freunden, dem kleinen Ossip, den Kindern im Dorf.

Er kann den Leuten keine freudigen Botschaften bringen. Die erwarten sie auch nicht von ihm. Von einer Obrigkeit erwarten sie schon lange nichts mehr. Geredet haben schon viele Machthaber mit ihnen. Möchtegerne und gewichtige Leute haben sie belogen, sie umschmeichelt oder ihnen gedroht. Am Ende der schönsten Versprechungen standen gewöhnlich zuerst der Zwang und dann eine mehr oder weniger große Katastrophe. Offenen Widerstand wagen sie schon lange Zeit nicht mehr. So murren sie nur kurz, als ihnen Michail Baschkow erklärt, warum jeder, der noch gesund und kräftig sei, seine Arbeitskraft zuerst dem Kolchos zur Verfügung zu stellen habe.

Nur den Alten und Kriegsversehrten erlaubt er, ausschließlich für sich selbst zu sorgen. Dagegen wettert Judenitsch, der bisher nicht einmal alle kräftigen Parteigenossen auf die Felder bringen konnte, mit erhobener Faust auf der Parteiversammlung: „Jedes Quäntchen Kraft gehört dem Kolchos, gehört der Sowjetmacht! Ausnahmen kann und darf es hier nicht geben!“

Michail Baschkow unterbricht Judenitschs stramme Rede. „Deine Sprüche behalt besser für dich. Was wir brauchen, sind bessere Erträge. Was sitzt du den ganzen Tag in deinem Büro. Dein Platz ist dort, wo gearbeitet wird.“

„Wenn ein wichtiger Anruf aus der Stadt kommt, muss ich sofort am Apparat sein. Die Post muss gelesen und beantwortet werden. Auf dem Feld kann ich das nicht“, wehrt sich Judenitsch. Sein Kopf glüht vor Zorn.

„Setz einen kriegsversehrten Genossen ans Telefon, dann hast du Zeit für wichtigere Dinge“, schlägt Michail Baschkow vor. Judenitschs Augen funkeln ihn wild an.

Michail Baschkows Aufwand steht in keinem vertretbaren Verhältnis zu den Ergebnissen. Abends fühlt er sich ausgelaugt. Er schläft in seinem Büro im Kolchosgebäude. Dort hat er sich hinter dem Schreibtisch ein Strohlager hergerichtet. Nebenbei hilft er einigen Alten in ihren Gärten. Als Gegenleistung erhält er seine karge Nahrung. Einen verwilderten Garten hat er gefunden, den will er auf Vordermann bringen. Gemüse kann er dort dieses Jahr nicht mehr ernten, dafür tragen Obstbäume und Beerensträucher gut. Einen Brunnen hat der Garten, das erleichtert die Bewässerung. Erst im Frühjahr kann er mit dem Gemüseanbau beginnen. Wie er über den Winter kommen kann, weiß er noch nicht. Er könnte auf seinen Vertrag pochen, der den Kolchos zu seiner Grundversorgung verpflichtet. Wer aber ist der Kolchos? Das ist die ernüchternde Frage. Am Ende bleiben mir immer noch Wolodja und das andere Flussufer, denkt er sarkastisch. Einen blühenden Kolchos wollte ich aufbauen; jetzt bin ich dabei, die Not mit dem Elend zu kurieren.

Die Nachbarn und Freunde der Zwetkowa unterstützen ihn, wo sie es können. Er fühlt sich dabei nicht wohl, befürchtet, er fiele ihnen zur Last und im Dorf könnten die Leute glauben, er wolle vor allem die Interessen seiner Unterstützer im Dorf durchsetzen. Er hält es daher für richtiger, in seinem Büro zu wohnen, damit jeder sehen kann, dass er sich allen im Dorf verpflichtet fühlt.

Nina Zwetkowa ahnt, warum Michail Baschkow sich immer öfter von ihr und ihren Freunden fernhält, lieber im Büro schläft als in ihrer Scheune und in anderen Gärten hilft: Für die Judenitschs und die Raskows sind wir hier diejenigen, die zu den Mamedows und Prischins gehören, die sich mit den Deutschen eingelassen haben.

Das stimmt zwar nicht, aber man kann mit dieser Lüge ausgezeichnet Stimmung gegen uns machen. Der neue Kolchosvorsitzende würde in ihren Augen sofort jeden Respekt verlieren, wenn er sich zu sehr auf unsere Seite schlägt. Vielleicht, überlegt sie, ist es auch nur sein Stolz und er will uns nicht zur Last fallen.

„Ist sich wohl zu fein für uns", nörgelt Ossip Nasarenkow.

„Ach was, zu fein", widerspricht ihm Irina Sedowa, „lass ihn erst einmal Boden unter den Füßen haben, dann werden wir schlauer sein."

Nina Zwetkowa teilt den beiden ihre Überlegungen über den neuen Kolchosvorsitzenden mit.

„Am besten, du gehst mit deinem Ossip zu ihm. Dann hat unser Rätselraten ein schnelles Ende", schlägt Irina Sedowa vor.

Nina Zwetkowa fühlt sich ertappt. Ihr Blick flattert, denn sie hegt den gleichen Gedanken. „Vielleicht hab ich ihm zu barsch geantwortet, als er nach Ossips Vater fragte. Aber einfach zu ihm gehen, das kann ich nicht. Was soll er davon halten."

„Dann denk nicht mehr laut darüber nach, warum er seit Tagen nicht mehr bei uns reingeschaut hat", sagt Irina Sedowa und lacht, weil sie diese Art Verlegenheit ziemlich sicher deuten kann.

Wenn Michail Baschkow Kinder zur Schulscheune gehen oder von dort zurückkommen sieht, denkt er an ihre schöne Lehrerin und bekommt ein schlechtes Gewissen. Sie hat ohne Zaudern angepackt und ein Zeichen gesetzt. Du aber willst gleich alles perfektionieren.

Als ob du in der Lage wärest, Perfektion in ein russisches Dorf zu tragen! Hör auf, dich zu überheben. Mach es wie die Zwetkowa und setze Zeichen, mache Mut, tu endlich was, vergeude deine Kraft nicht an den Judenitschs und Raskows, an den Mutlosen, den Säufern und den Faulpelzen! Wolodjas Schnapsproduktion drosseln, die ersten Häuser nach dem Krieg bauen, den Raupenschlepper wieder zum Laufen bringen – das wären solche Zeichen. Später eine richtige Schule, einen Kindergarten, eine Kolchosküche, eine Werkstatt unter Wolodjas Leitung.

Fangen wir mit dem armen Wolodja an. Vor dem Krieg hat er mit viel Geschick die Kolchoswerkstatt geleitet. Im Krieg ist er Panzermechaniker gewesen. Hat er erst einmal sein Auskommen und seine Anerkennung, wird sich alles andere leichter durchsetzen lassen.

„Wenn ich zu lange stehe, drückt sie", sagt Wolodja und schnallt sich seine Beinprothese ab, die er schon mehrmals *nachgearbeitet* hat. Dabei schimpft er abfällig auf die Lazarettärzte. „Ein Kluger oder ein Dummer, ein anständiger Kerl oder ein Lump, das ist ihnen gleich. Hauptsache sie können absägen und ausweiden.

Und danach? Humpel nach Hause, Soldat, oder fall auf die Fresse. So ein Pack ist das."

Er umhüpft den rostigen Raupenschlepper, spielt an dessen Hebeln, sieht unter die Haube, beäugt das Fahrwerk, kontrolliert Tankfüllung, Ölstand und Kühlwasser, sucht vergeblich nach den Batterien.

Nach dieser ersten Inspektion bleibt er vor Michail Baschkow stehen, wobei er sich am Schlepper festhält und ihm seine Wodkafahne ins Gesicht bläst. „Hör zu, du großer Vorsitzender, entweder bist du ein Träumer oder der Krieg hat mir ein Bein und dir den Verstand geklaut. Willst mit bloßen Händen den russischen Saustall ausmisten. Wenn ich nicht wüsste, was für ein kluger und aufrichtiger Kerl du bist, würde ich mich vor Lachen schütteln. Glaubst nach der ganzen epochalen Scheiße noch immer an ein gutes Ende. Das Leben hat dich in dieser Sache noch nicht genug belehrt. In einem russischen Dorf, mein Lieber, kannst du nicht fliegen. Du bist wie eine Lerche, der die Kehle vor Lebenslust schwillt, die aufsteigen will, um zu jubilieren, obwohl man ihr die Flügel gestutzt hat und auf die, falls sie den Aufstieg dennoch schafft, oben schon ein Falke wartet. So, Genosse Baschkow, ist das hierzulande mit den Mutigen.

Und was den Raupenschlepper angeht, da verlangst du von mir, dass auch ich die Rolle deiner Lerche übernehmen soll. Und das werde ich gegen alle Vernunft tun, weil du mein Freund bist. Ich werde dir Verrückten jetzt sagen, was ich dafür brauche: frisches Öl, Treibstoff, zwei Batterien, Dichtungsmaterial, Farbe und Werkzeug. Das Werkzeug hol ich mir im Dorf. Ich weiß, wer die Werkstatt geplündert hat. Alles andere gibt es nur in der Stadt. Offiziell wirst du dort erfolglos von Pontius zu Pilatus laufen. Hast du dagegen Nahrungsmittel zum Tauschen, kenn ich einen Weg, wenn du mich in die Stadt bringen lässt.

Noch einfacher wäre es, du würdest dem altersschwachen Kolchos deinen breiten Rücken zeigen und zu mir ans andere Ufer kommen. Wir könnten uns mit den Läufigen vergnügen, und, wenn uns der Magen knurrt, Fische und Krebse fangen oder im Wald Schlingen legen. Ich weiß, wo keine Minen liegen."

„Das mit dem anderen Ufer vergiss erst einmal, aber eine Angel könntest du mir leihen", sagt Michail Baschkow mit lachendem Gesicht.

Noch am gleichen Tag überredet er Ossip Nasarenkow zu einer Spazierfahrt in die Stadt – hin und zurück eine Woche. Besser jetzt als während der Ernte.

Am nächsten Vormittag spannt Ossip Nasarenkow den Hengst Kusma an. Auf dem Wagen verstecken sie unter Heu und Stroh drei Säcke mit Weizen. Obenauf der Hafersack für Kusma.

Wolodja steuert mehrere Flaschen Selbstgebrannten bei, versteckt sie im Stroh, steigt erstaunlich gewandt, sogar gewaschen und gekämmt auf den Wagen und lässt sich dort rücklings ins Stroh fallen. „Fahren wir also mit der Mitgift zur Braut", sagt er trocken. „Bei solch einer Mitgift wird sie schon anbeißen. Vor Kontrollen müssen wir uns nicht fürchten. Wenn sie den Kutscher sehen, werden sie erschrecken."

Die Mamedow-Töchter und deren Kinder begleiten den Aufbruch der Expedition mit nicht ganz ernst gemeinten Ratschlägen.

„Hauptsache, wir treffen nicht auf Stuten, sonst kann ich Kusma nicht halten", mit diesen Worten fährt Ossip Nasarenkow nach der mittäglichen Kohlsuppe vom Hof.

Als das Gespann verschwunden ist, spricht Michail Baschkow mit den beiden jungen Männern und ihren Müttern über den Bau neuer Häuser. Die jungen Männer sind weder abgeneigt noch begeistert. Bis die Ernte eingebracht ist, ginge es nicht. Wenn im Herbst Holz geschlagen wird, ließe sich vielleicht etwas machen.

Das Vielleicht lässt Michail Baschkow nicht gelten. Und was heißt hier keine Grundstücke? Er denkt an die verlassenen oder zerstörten Höfe ohne Erben, die dem Kolchos zugefallen sind. Er wird sie an die jungen Bauherren wieder herausrücken.

„Na gut, dann haben wir eines Tages unsere neuen Häuser. Fragt sich nur, wo wir junge Frauen finden“, geben ihm die jungen Männer zu bedenken.

„Eine fällt mir sofort ein.“ Michail Baschkow lacht. Er denkt an Nina Zwetkowa, die in unmittelbarer Nähe der beiden Männer lebt. Er ist sich der Wirkung der Schönen auf die mit ihr zusammen lebenden jungen Männer sicher. Die beiden blicken verlegen beiseite, sagen, man werde sehen, und verlassen den Hof.

Irina Sedowa schmunzelt und ihre Schwester Larissa lacht übers ganze Gesicht. „Unsere schöne Ninotschka hat den beiden schon lange den Kopf verdreht. Den Hof haben sie ihr gemacht, die beiden Unbedarften. Sind um sie herumgeschlichen wie brunftige Böcke; unbeholfen und blind vor Begehren.

Seit ihrer Kindheit haben sie zusammengehalten wie Pech und Schwefel, doch Ninotschka wegen haben sie sich fast zerstritten. Zum Glück hat ihnen Ninotschka kräftig die Köpfe gewaschen und ihnen gesagt, wen sie zu ihrem Mann nehme, das bestimme einzig sie selbst und niemand sonst. Und wir haben dafür gesorgt, dass Ninotschka zu unserer Darja und unser Bogdan zu Anatolij gezogen ist. Hier die Damen, dort die Herren. Seither geht es. Aber für die jungen Leute ist das Leben im Dorf eine ziemliche Plage. Voller Saft und Kraft und in Keuschheit leben müssen wie Nonnen und Mönche. Wie sollen sie das auf Dauer ertragen? Eines Tages werden sie über die Stränge schlagen, es mit den liederlichen Alten im Dorf treiben oder das Dorf verlassen.“

So hat Michail Baschkow die Dinge noch nicht betrachtet. Ohne die Umstände umfassend zu bedenken, sagt er: „Junge Leute aus anderen Dörfern oder aus der Stadt müssen zu uns kommen. Junge

Männer zu finden wird schwieriger sein, als junge Frauen ins Dorf zu locken. Doch für Anatolij und Bogdan müssten sich doch Frauen im Dorf finden lassen – zwei hübsche, kräftige Burschen."

Wieder lacht Larissa Nasarenkowa. „Während sich unsere beiden Hähne ohne Aussicht auf Erfolg um Ninotschka stritten, haben sich die wenigen jungen Frauen im Dorf Männer genommen. Drei junge waren noch da und gesunde ältere waren ebenfalls heiß begehrt. Wer jetzt im Dorf noch nicht unter der Haube ist, muss wohl oder übel mit Alten oder Kranken vorlieb nehmen. Einige ältere Frauen sind so verdorben, dass sie sich mit den Halbwüchsigen einlassen wie die Witwe Sajanowa, bei der sich die jungen Kerle die Klinke in die Hand geben. Sie sagt, so gut wie jetzt sei sie noch nie auf ihre Kosten gekommen, die Schamlose. Noch begehrter als diese Halbwüchsigen sind unsere beiden Jungen bei diesen losen Weibsbildern. Und einige halbwüchsige Mädchen werfen ihnen auch schon herausfordernde Blicke zu."

Was es alles gibt, denkt Michail Baschkow, dem das sich vertiefende Gespräch unangenehm wird. Alten Weibern unter die Röcke zu blicken, gehört für ihn nicht zu den Aufgaben eines Kolchosvorsitzenden.

Doch es kommt noch schlimmer. Unvermittelt und völlig ernst wendet sich Irina Sedowa an ihn. „Sie und unsere Ninotschka würden gut zueinander passen. Dann würde der Streit zwischen unseren Jungen ein schnelles Ende finden. Ninotschka bekäme einen sorgsamen Mann und der kleine Ossip, neben den vielen Onkels, endlich auch einen Vater."

Michail Baschkow schießt das Blut ins Gesicht. „Was Sie da so reden, Irina Igorjewna! Kaum bin ich ein paar Tage im Dorf, schon wollen Sie mich verkuppeln." Er ist froh, dass Nina Zwetkowa nicht in der Nähe ist.

Die umschwärmte Nina ist nicht so weit weg, wie er es glaubt. In der Stube schläft neben ihr der kleine Ossip seinen Mittagsschlaf. Amüsiert verfolgt sie das Gespräch im Hof. Als sie Irinas Vorschlag vernimmt, klopft ihr Herz sofort bis in den Hals hinauf. Ihr Gesicht beginnt zu glühen. Nein, diese Irina! Larissa hätte ich diesen Vorschlag zugetraut, denkt sie erschrocken, aber Irina! Sie bemüht sich, leise zu atmen, um Michail Baschkows Antwort besser hören zu können. Auf der Stelle wird ihr klar, wie wichtig ihr seine Antwort ist und das macht sie noch verlegener. Was du dir so denkst, du Dumme!

Irina Sedowa lässt nicht locker. „Nein, glauben Sie es mir. In solchen Dingen kenne ich mich aus. Sie würden gut zu unserer Ninotschka passen und sie zu Ihnen. Oder wollen Sie behaupten, sie gefalle Ihnen nicht."

Michail Baschkow versucht sich herauszuwinden. „Wie sollte sie mir nicht gefallen. Schön ist sie, klug, hat ihr Herz am rechten Fleck. Aber bedenken Sie den Altersunterschied und überhaupt, verkuppelt zu werden wäre mir peinlich. Eure Ninotschka wird allein herausfinden, wer zu ihr passt, wem sie ihr Herz schenkt. Für mich wird es höchste Zeit, an meine Arbeit zu denken. Sagen Sie ihr um Himmels willen nichts von unserem Gespräch."

„In unserem Dorf wird sich für Ninotschka kein besserer Mann und für den kleinen Ossip kein besserer Vater finden lassen. Denken Sie in Ruhe darüber nach!", ruft ihm Irina Sedowa nach, während er eilig den Hof verlässt.

Larissa lacht. „Was für Sachen du da machst, Schwesterherz."

Nina Zwetkowa erscheint verlegen und verärgert in der Tür. „Was hast du da nur angerichtet, Tante Irina! Ich hab in der Stube alles hören können. Ohne mich zu fragen! Ganz verschreckt hast du ihn. Wie soll ich ihm morgen in die Augen sehen?"

„Ganz tief", sagt Irina Sedowa und lächelt Nina Zwetkowa mit so viel Liebe im Blick an, dass deren Ärger schnell verfliegt.

Auch Larissa strahlt sie fröhlich an. „Ich glaube, Irina hat euch beide auf die richtige Spur gebracht, damit ihr keine Zeit verliert, sondern gleich anfangt, euch zu beschnuppern."

Ninas Stimme klingt schon nicht mehr so streng und vorwurfsvoll, als sie sagt: „Aber so geht das doch nicht. So kann daraus gar nichts werden. Das Herz muss entscheiden."

„Warten wir es ab“, sagt Irina, „warten wir es ab.“

An diesem Abend können zwei Menschen lange Zeit nicht einschlafen. Sie denken über ihr Leben nach. Über die wenigen kurzen Liebschaften, die hinter ihnen liegen, und über die brennende Sehnsucht nach einem lieben Menschen, mit dem sie Glück und Lust, Kummer und Leid in dieser rauen Menschenwelt teilen können.

Es ist Frühjahr geworden. Wieder einmal keimt zarte Hoffnung in Tichaja Semlja. Im Spätherbst und im Winter haben fünf junge Männer, unter ihnen Bogdan und Anatolij, begonnen, ihre Häuser zu bauen.

Noch ehe der Schnee das Dorf vom 20 Kilometer entfernten Sägewerk hat abschneiden können, hat Michail Baschkow Nägel mit Köpfen gemacht. Um abgelagerte Balken und Bretter für zehn Häuser zu bekommen, lieferten sie dem Sägewerk Holz für 15 Häuser, 20 Säcke Kartoffeln und 50 Flaschen von Wolodjas Selbstgebranntem. Bis zur Erschöpfung schlugen sie Bäume, schälten sie und sägten sie auf Transportlänge. Das reichlich entlohnte Sägewerk schickte ihnen seine Speziallaster in die Wälder und brachte ihnen das Bauholz ins Dorf. Sie lagerten es neben den Scheunen der Sedows und der Nasarenkows unter provisorischen Dächern.

Im Dorf bargen sie die Steine zerstörter Gebäude, um daraus Fundamente, Öfen und Schornsteine zu bauen. Den Transport der Steine übernahm der Raupenschlepper, den Wolodja Tschaikin, zur Freude der Kolchosbauern, wieder auf Vordermann gebracht hatte. Er weigerte sich strikt, einen zweiten Fahrer auf den Sitz zu lassen. „Die Dummköpfe fahren ihn zuschanden, ehe du dich einmal um deine Achse gedreht hast. Glauben, sie könnten mit ihm umspringen wie mit ihren Weibern.“

Um auf den Schlepper besser hinaufzugelangen und fahren zu können, schnitzte sich Wolodja eine „Spezialprothese“. Zu seinem Glück wird das Kettenfahrzeug über Lenkknüppel gesteuert wie ein Panzer. Gas gibt Wolodja mit dem gesunden Bein, die Hauptkupplung tritt er mit der Prothese. Schnaps ist auf dem Schlepper nicht erlaubt und Wolodjas Fahrtüchtigkeit wird mittels Anhauchen und kurzem Gehtest entweder von Michail Baschkow oder von Ossip Nasarenkow festgestellt. Seit er wieder eine Aufgabe hat, trinkt Wolodja tagsüber „nur ein Schlückchen". Stolz wie ein Spanier sitzt er auf seiner Raupe und sieht verächtlich auf alle herab, die ihn fragen, wann sein polterndes Kraftpaket das nächste Mal seinen Geist aufgebe.

Sobald der Boden aufgetaut ist, beginnen die Arbeiten an den neuen Häusern. Im Dorf kann Michail Baschkow zwei Alte als Ratgeber für den Bau von Fundamenten und Holzhäusern in der Bauweise der Väter gewinnen. Doch bald gesellen sich weitere Alte dazu und beginnen, sich über die rechte Art ein Haus zu errichten zu streiten. Mitunter ist ihr Streit amüsant. Doch als sie einmal mit Gehstöcken aufeinander losgehen, lässt Michail Baschkow nur noch die beiden Alten, die ihnen zuerst geholfen haben, auf die Baustellen. Ihr Streit ist weniger heftig und endet in der Regel mit einem gemeinsamen Vorschlag an die jungen Bauherren.

Kommt Wolodja mit seiner Raupe vorbei, freuen sich alle Bauherren und ihre Helfer. Lob ernten sie nicht, nur spöttischen Tadel. „Soll das etwa ein Dach sein? Lässt du einen fahren, fliegt es davon." Wolodja hat vor dem Krieg für sich und seine Natalja ein Haus gebaut, weiß, worauf es dabei ankommt. Er ist grob in seinen Urteilen, doch er bringt alle zum Lachen und recht hat er auch.

Bald sind die Fundamente errichtet, stehen die Außenwände, sind die Dächer mit Lärchenschindeln oder Blech gedeckt. Innen und auf den Höfen bleibt noch viel zu tun. Doch Rom wurde auch nicht an einem Tag erbaut. Schließlich ist man Kolchosbauer und unentbehrlicher Helfer in der Privatwirtschaft der Eltern, hat auf den Feldern und in den Ställen und mehr als genug zu tun.

Die jungen Bauherren sind stolz auf ihre Häuser. Die alten Männer begutachten streng die Bauwerke der vorlauten Jugend, finden da und dort kleine Bausünden. Die Dorfweiber bekreuzigen sich und seufzen dabei. Deuten sie doch jedes neue Haus als Auftakt für ein uraltes Leierstück: Hochzeit, Kinder, Haushalt, saufende und gewalttätige Männer – kurz: Berge aus Arbeit, aus Sorgen und Nöten. Jetzt, da die Plagen des Alters hinzugekommen sind, fragen sie sich immer öfter, was wohl gut gewesen sein mag an ihrem Leben. Gott allein kann es wissen und die Jugend wird noch früh genug merken: Auch ihre Bäume werden nicht in den Himmel wachsen.

Michail Baschkow hat sein Haus neben den einst verwilderten Garten gebaut. Er zieht in das halbfertige Haus ein, bringt Garten und Brunnen in Ordnung.

Wolodja hat ihm den zerbeulten Kübelwagen hergerichtet. Damit kann er nun durchs Dorf, auf die Felder und hin und wieder in die Stadt fahren. Ein Pferd braucht er dafür nicht mehr. Das ist bei der Feldarbeit nützlicher. Dem Stabschef seines ehemaligen Regiments hat er im Herbst acht brauchbare Zugpferde abgeluchst. Darunter eines, mit dem man, ohne ausgelacht zu werden, als Kolchosvorsitzender hat durchs Dorf reiten können.

So gut er es kann, weist Wolodja zwei Halbwüchsige in das Mechanikerhandwerk ein. Gemeinsam richten sie die Werkstatt her und die beiden Jungen helfen ihm nicht nur den Kübelwagen, sondern auch den alten Laster wieder fahrtüchtig zu machen.

Wolodjas Einsatz für den Kolchos beschämt viele, die mit Ausreden oder dem Hinweis auf ihre Kriegsverletzungen bisher die Kolchosfelder gemieden haben wie der Leibhaftige das Weihwasser. Anders als im Herbst befolgen sie schimpfend und klagend Michail Baschkows Anweisungen für die Frühjahrsbestellung. Zumal ihnen die realistischen Pläne des neuen Vorsitzenden zusagen und Wolodjas munter tuckernde und ratternde Raupe ebenso ein wenig Hoffnung auf eine gute Ernte gibt, wie die inzwischen beachtliche Pferdezahl.

Judenitsch hat sich in der Stadt mehrmals über Michail Baschkows Eigenmächtigkeiten beschwert und zweifelt die Rechtmäßigkeit der Grundstücksvergabe an die Bauherren der neuen Häuser an. So dauert es nicht lange, bis Parteiobrigkeit und Sowjetmacht im Dorf aufkreuzen, um nach dem Rechten zu sehen.

Michail Baschkow fährt mit den drei finsteren Genossen aus der Stadt über bestellte und unbestellte Felder, zeigt ihnen das dürre Vieh in den Ställen, den provisorischen Unterricht in der Schulscheune, Wolodjas bescheidene Werkstatt, die neuen Häuser. Er lässt sie ungestört mit den Leuten reden, bemüht sich, ihnen ein realistisches Bild zu vermitteln – Säufer, Invaliden, Kranke, Alte, Zerstörungen und Verfall eingeschlossen.

Nachdem sie sich betroffen geben, trägt er ihnen seine Wünsche vor. „Für alles, was ihr uns in diesem Jahr an Saatgut, Düngemitteln und Vieh zukommen lasst, werdet ihr schon im kommenden Jahr doppelt und dreifach belohnt. Und junge Leute müsst ihr uns schicken. Hier können sie sich ein neues Leben aufbauen und sind leidlich versorgt."

Doch die fürs Utopische bezahlten Genossen wollen in diesem Jahr nichts herausrücken und dennoch nächstes Jahr alles doppelt und dreifach haben.

Außerdem wundern sie sich darüber, dass ihnen der Kolchos, seit Michail Baschkows Amtsantritt, nicht mehr die unter Raskow üblichen Nahrungsmittelgeschenke zukommen lässt. Immerhin loben sie Michail Baschkows Einsatz und lösen den Parteivorsitzenden Judenitsch durch einen Jüngeren ab.

„Wir erwarten viel von euch", sagen sie dem Neuen, als ihm Michail Baschkow die Hand gibt.

Während zwei Genossen dem neuen Parteivorsitzenden unter sechs Augen erklären, was sie von ihm verlangen, nimmt der dritte Michail Baschkow beiseite und läuft mit ihm ein paar Schritte ins Dorf hinein, druckst herum und kommt dann auf Michail Baschkows Eltern zu sprechen: „Wir haben deinem Wunsch entsprochen und nach deinen Eltern gesucht, obwohl es in solchen Angelegenheiten besser ist, keine Fragen zu stellen. Die offizielle Antwort, die ich dir mitteilen darf, lautet: Deine Eltern sind verschollen. Es gibt keine Akten, die über das Schicksal deiner Eltern Auskunft geben könnten. Damals herrschten schlimme Zeiten. Da ging es mitunter drunter und drüber. Es gibt Hunderte solcher Fälle in unserem Bereich."

„Sie können sich doch nicht in Luft aufgelöst haben!", erregt sich Michail Baschkow. „Irgendwer hat sie verhaftet, verhört, verurteilt, sie abtransportieren lassen. Irgendwo hat man sie eingeliefert."

Während Michail Baschkow seinem Zorn freien Lauf lässt, blickt der Genosse aus der Stadt auf seine Füße. Als Michail Baschkow sich beruhigt hat, hebt der Mann aus der Stadt seinen Kopf, blickt Michail Baschkow in die Augen, greift nach dessen Oberarm und sagt mit ruhiger Stimme: „Hör zu, Genosse Baschkow, du bist ein aufrichtiger Mensch und ich bin es auch. Dass deine Eltern verschollen sind, ist, wie gesagt, die offizielle Version. Ich bin nicht berechtigt, dir eine andere vorzutragen. Was ich dir jetzt sage, ist meine private Sicht auf die Dinge. Alles muss unter uns bleiben, sonst ist es aus mit uns. Hab ich dein Wort?"

Michail Baschkow nickt stumm. Eine schlimme Ahnung ergreift ihn. Er spürt, wie sich seine Haut auf dem Rücken zusammenzieht, während ihm der Parteiarbeiter aus der Stadt eine Geschichte erzählt, die sein Blut gefrieren lässt und seinen Verstand lähmt.

„Mein Gewissen regt sich, Genosse Baschkow. Es ist mir nicht möglich, die offizielle Version hierzulassen und die Wahrheit wieder mitzunehmen.

Damals, in jenen schlimmen Jahren, war ich ein junger Parteiarbeiter und habe mich strikt an alles gehalten, was uns vorgegeben worden ist. Ich wusste von der Liquidierung der Kulaken und Volksfeinde in unserem Gebiet. Der NKWD war gründlich. Ich habe es sogar für notwendig gehalten und es gebilligt. Damals war es für mich kein Problem, zu einer Sondereinheit abkommandiert zu werden, die unsere Tschekisten bei der Verhaftung und Liquidierung der Volksfeinde in den Dörfern unterstützte.

Eines Tages kamen wir auch nach Tichaja Semlja, um unter anderem deine Eltern zu verhaften. Für uns war die Sache klar und wir empörten uns. Nach unserer Überzeugung hatte dein Vater die Rückkehr zur Kulakenwirtschaft eingeleitet. Wie mühselig war es gewesen, Bauernland in Kolchoseigentum umzuwandeln. Als es nahezu geschafft war, ging dein Vater dazu über, einen Teil des Kolchoslandes wieder an die Bauern zu verteilen und weniger Vieh und Getreide abliefern zu lassen. Gegen alle Entwicklungen im Land und gegen die Gesetze der Sowjetmacht. Ein Verrückter oder ein Volksfeind. Anders konnte es gar nicht sein. Dass die Menschen in Tichaja Semlja nur infolge seiner Entscheidung jenen furchtbaren Hungerwinter überlebt haben, während die Leute in den anderen Dörfern verhungerten, haben wir damals nicht gesehen. Außerdem waren die Bauern für uns halbwilde Individualisten, deren Widerstandswillen vielleicht der Hunger brechen konnte.

Erst viel später, als man viele anständige Genossen in meiner Umgebung, darunter auch meinen Onkel, als Volksfeinde verhaftete und verurteilte, kamen mir die ersten Zweifel. Heute glaube ich immer öfter, dass wir damals viel zu viele anständige und unschuldige Menschen liquidiert haben. Und was deine Eltern betrifft, da ist mir heute klar, dass sie nichts weiter wollten, als die Menschen im Dorf und die Dorfwirtschaft zu retten. Nicht zuletzt auch für das Überleben der Menschen in den Städten. Denn ohne Dörfer sind auch die Städte verloren.

Das sage ich nur dir ganz offen. In ein paar Minuten werde ich es wieder vergessen haben. Die Zeit ist noch nicht reif für solche Erörterungen. Die Angst sitzt tief. Auch für dich ist es besser, nie wieder darüber zu sprechen oder neue Gesuche zu schreiben. Hör also zu.

Im NKWD-Gebäude wurden deine Eltern getrennt. Deine Mutter brachte man in einen Raum im Flur. Deinen Vater führte man in den Keller. Damals wusste ich noch nicht, dass der Keller noch eine Verbindung zum Hof hatte. Nacht für Nacht fuhr man die Verhörten und Verurteilten von diesem Hof aus in den Wald, stellte sie vor Gruben und erschoss sie.

Mitunter starben welche, während sie verhört wurden. Diese Leichen fuhr man auch von diesem Hof aus zu den Gruben oder ins Krematorium.

Dein Vater, Genosse Baschkow, hat das NKWD-Gebäude über diesen Hof verlassen, da bin ich mir ganz sicher. Ob noch lebend oder bereits tot, kann dir niemand mehr sagen."

Michail Baschkow werden die Knie weich. Er hält sich an einem Zaun fest; ist erschüttert, nicht in der Lage klar zu denken. „Bist du dir ganz sicher?", fragt er mit einem Kloß im Hals.

„Ziemlich sicher. Heute weiß ich, was sich damals in diesem Keller abgespielt hat. Wer, wie dein Vater, diese Treppe hinabgeführt wurde, verließ ihn immer über den Hof. Nur dir sag ich das. Von diesem Augenblick an werde ich Stein und Bein schwören, nie mit dir darüber gesprochen zu haben."

Zwischen Trauer und Wut taumeln Michail Baschkows Gefühle, bedrohen seine Gedanken, rauben ihm um ein Haar die Selbstbeherrschung. Nur der Gedanke an die Mutter gibt ihm einen Hauch von Hoffnung. Irgendwie presst er die Frage aus sich heraus: „Und Mutter?"

„Den Namen deiner Mutter hab ich auf einer Liste mit anderen zu Lagerhaft verurteilten Frauen gefunden. Auf der Liste hat man ihren Namen durchgestrichen und mit dem Vermerk versehen: ‚Bei Fluchtversuch erschossen'. Das war nichts Außergewöhnliches. Tut mir leid, Genosse. Die Wahrheit wolltest du wissen, nun kennst du sie. Reiß dich zusammen, sonst verrätst du uns am Ende noch."

Michail Baschkow ist blass, zittert, ist unfähig seine Gedanken zu ordnen, unfähig zu sprechen. Er muss sich setzen, lehnt sich an den Zaun. So sitzt er eine Minute mit starrem Gesicht und großen Augen. Das erste Wort kann er nur hauchen, und doch versteht es der Genosse aus der Stadt: „Verbrecher."

„Was redest du da, Baschkow! Komm zur Besinnung! Mit den Feinden der Sowjetmacht durfte man nicht zimperlich sein. Zeit, alles gründlich zu prüfen, hatte man damals nicht. Manche hat man verleumdet, das kam vor. Und diejenigen von uns, die über die Stränge geschlagen hatten, wurden später zur Verantwortung gezogen und ebenfalls liquidiert. Ende der Durchsage. Benimmt dich wie ein Mann. Hol tief Luft, schluck's runter und lass uns zu den anderen gehen. Eine erfreuliche Nachricht hab ich auch noch für dich. Man hat deinen Bruder Fedja in einem Arbeitslager gefunden. Zu zehn Jahren wurde er wegen Feigheit vor dem Feind verdonnert, weil er sich den Deutschen ergeben hatte. Inzwischen gibt es Zweifel am Urteil gegen die Überlebenden seiner Einheit. Man wird ihm bald die

Reststrafe erlassen und ihn nach Hause schicken. Nun komm schon! Das Leben geht weiter. Schluck's runter. Ändern kannst du ohnehin nichts."

Michail Baschkow geht nicht zurück zu den anderen. Er will jetzt allein sein, will zur Besinnung kommen. Wie ein Fremder eilt er durchs Dorf, erkennt die Menschen nicht, weiß nicht, wer ihm unterwegs begegnet.

Als er sein neues Haus betritt, das innen schon recht wohnlich geworden ist, muss er sofort denken: wozu?

Den Eltern und Fedja wollte er bei ihrer Heimkehr sagen: Da ist es, unser neues Haus. Halten wir es in Ehren und kümmern wir uns um unser verwundetes Dorf. Im großen Raum sollt ihr schlafen, in den beiden kleinen Räumen Fedja und ich. Eine gemütliche Küche haben wir und eine geräumige Stube. Dort hinten ist die Waschküche, von dort aus geht es direkt auf den Hof. Einen Schuppen hab ich schon gebaut. Nur die Stallscheune fehlt noch.

Dieser Traum ist nun zerstört. Mit Kleidung und Schuhen wirft er sich auf sein Strohbett. Wut, Verzweiflung und Trauer nagen mit ihren scharfen Zähnen an seiner geschundenen Seele.

Sein bisheriges Leben zieht an seinen müden Augen vorbei wie ein verfilmtes Schmierenstück. Die behütete Kindheit, die Herausforderungen der Jugend, der allwissende, strenge, gerechte Vater, die fröhliche, zärtliche, tröstende Mutter, die bedingungslose Hingabe der Eltern an ihren Traum von einem besseren Russland, in dem der Mensch dem Menschen ein Helfer ist, ihre Auseinandersetzungen mit den Menschen im Dorf, der Abschied nach den Semesterferien, die letzten Worte der zierlichen Mutter, ihr zärtlicher Kuss, bei dem sie sich auf ihre Fußspitzen stellen und er sich herabbeugen musste: „Pass gut auf dich auf und mach uns weiterhin so viel Freude. Unser Fedja, der Faulpelz, will nicht studieren. Er will im Dorf bleiben und geht uns hier zur Hand."

„Mama", flüstert er in die lähmende Stille hinein, „wie hätte ich ahnen können, dass es ein Abschied für immer war, du Liebe?" Er kämpft gegen die aufsteigenden Tränen an.

„Ein Baschkow weint nicht!“, hört er Vaters Stimme. „Ein weinender Mann ist eine Schande für alle Männer dieser Welt.“

Er stellt sich das Entsetzliche vor: die Verhaftung der Eltern, die Demütigungen der Verhöre, die zum Himmel schreienden Urteile, ihre Ermordung und ihr würdeloses Verscharrtwerden an einem fremden Ort, den der Genosse aus der Stadt niemals preisgeben wird. Ja! Es war eiskalter Mord an unschuldigen Menschen, an überzeugten Kommunisten. Wer waren die skrupellosen, verblendeten Mörder? Die Partei, der NKWD, die Sowjetmacht? Nicht auszudenken! Doch da es Mord war, musste es auch Mörder geben.

Gab es, gibt es Mörder in wichtigen Partei- und Staatsämtern? Diese stumme Frage erschreckt ihn. Als der Schreck nachlässt, antwortet er sich: Ja. Es muss so sein. Unvorstellbar, dass sie davon an oberster Stelle nichts gewusst haben. Werden sie nicht ihrer Ämter enthoben und bestraft, dann ist alles für immer verloren. Dann bleibt der Traum, den die Eltern träumten, den ich träume, unerfüllbar und wer ihn träumt, ist ein Narr.

Du bist kein Narr und die Eltern waren keine Narren, schreit Michail Baschkows aufgewühlte Seele. Unrecht ist geschehen. Wir dürfen es nicht verschweigen und es nie wieder zulassen.

Ein neuer Gedanke drückt ihn nieder: Haben die Eltern, hast du nicht auch Gewalt als legitimes Mittel der Revolution befürwortet, der Diktatur des Proletariats das Wort geredet, ohne darüber nachzudenken, dass man hinter dieser Theorie verbrecherische Absichten verbergen kann? Hatte Walter Sager nicht recht, als er sagte, der demokratische Zentralismus unserer Partei sei nichts als ein Freibrief für eine Diktatur des Politbüros über Partei und Volk?

Er stöhnt auf, weil er fühlt, wie dieser Gedanke seine Lebensgrundsätze in Frage stellt. Er möchte ihn so gerne bannen und kann es doch nicht.

Dann denkt er an den Menschen verschlingenden Krieg, an die gefallenen Kameraden, die elend starben, während eine Verbrecherbande im Hinterland damit beschäftigt war, ihre Angehörigen in

Straflagern zu quälen und zu morden.

Wieder denkt er an Walter Sager. Warum immer Sager? Der Deutsche wusste mehr über unsere Schande als ich! Ein von deutschen Faschisten gequälter Deutscher hatte mehr Mitgefühl für die bei uns gequälten Kommunisten als ich, und ich habe ihm nicht geglaubt!

Vor Scham erhitzt sich sein Gesicht, doch schon beim nächsten Gedanken ist er so heftig erschrocken, dass ihm das Blut aus dem Kopf weicht. Wenn in unseren Lagern Verbrechen an unschuldigen Menschen möglich sind, was unterscheidet sie dann noch von den Lagern der Nazis?

Pass auf, dass du nicht verrückt wirst in deinem Schmerz, sagt er sich verzweifelt und stöhnt.

In dieser Nacht erscheint ihm Wolodja im Traum. Der Freund steht unter der großen Weide neben dem toten deutschen Beobachter.

„Was machst du da, Michail! Schießt junge Deutsche tot. Auf das Hitlerpack musst du schießen und auf das Pack dort drüben." Mit seiner Krücke zeigt er auf den Himmel hinter dem Hügel. „Dort feiert das Pack das Gemetzel mit Piroggen und Kaviar."

Kummer ist eine schwere Last. Michail Baschkow versucht diese Last zu tragen. Er weist seinen Kummer in die Schranken, will ihn verbergen hinter den dicken Mauern der Manneszucht – Freigang nur in einsamen Nächten.

Nina Zwetkowa sieht, wie sich der Mann verändert, der ihr schon seit Wochen nicht mehr gleichgültig ist, der sie anzieht mit seiner Art, mit seiner Stimme. Sie spürt den Druck auf seiner Seele, möchte ihn ansprechen, ihm helfen, wagt es aber nicht. So sorgt sie dafür, dass ihr Ossip viel in seiner Nähe bleibt.

Der Junge schmilzt in Onkel Michails Gegenwart dahin in seinem Kinderglück. Der Onkel bringt ihm ein Buch aus der Stadt mit. Darin reist ein kleiner Junge durch das weite Sowjetland. Fliegt mit dem Flugzeug, fährt mit Eisenbahn, Schiff, Bus, Taxi, Motorrad, erlebt dabei viele Abenteuer. Wieder und wieder muss Michail

Baschkow mit dem kleinen Ossip im Buch blättern, daraus vorlesen und die Kinderfragen beantworten.

Der stets fröhliche, unbekümmerte Ossip mildert Michail Baschkows Kummer, lässt nicht zu, dass sich sein Herz weiter verhärtet, erinnert ihn an seine Pflichten gegenüber den Kindern im Dorf. Er fühlt die Wärme des kleinen Körpers auf seinem Schoß, dessen Brustkorb seine schwielige Hand fast vollständig bedeckt, erahnt dessen Verletzlichkeit, erfreut sich an den hellwachen Sinnen. Es muss doch möglich sein, Kinder in Liebe und Frieden aufwachsen zu lassen, denkt er in solchen Augenblicken.

Er genießt diese Stunden, staunt darüber, welche Freude es ihm bereitet, dem Jungen Geschichten zu erzählen oder ihm aus dem Kinderbuch vorzulesen, ihm über die schwarzen Locken zu streichen, wenn er eine Frage stellt. „Das sind keine Haare, das ist eine Drahtbürste“, sagt Michail Baschkow.

Ist dieser Nachbarjunge Glück? Nur nicht sentimental werden, wettert der strenge Hüter der Manneszucht in Michail Baschkow.

Nina Zwetkowa beobachtet die beiden, den Riesen und den Zwerg, mit viel Freude. Sie ertappt sich bei dem Wunsch, dieser entschlossene Mann mit den grauen Schläfen, der kein Wort zu viel spricht, möge ihr ebenso zärtlich übers Haar streichen wie ihrem Ossip. Du Dumme, versucht sie, ihre Gefühle zurechtzurücken, so erfahren ist er, so viel älter! Warum sollte er so närrisch sein und dich streicheln? Doch mit diesen Gedanken lassen sich ihre Gefühle nicht aus der Welt schaffen.

Alles kommt schneller und wird schöner, als sie es sich wünscht.

Eines Abends bringt Michail Baschkow den Jungen nicht wie üblich zu ihr zurück. Nina Zwetkowa sieht nach dem Rechten. Als sie Michail Baschkows Hof betritt, sitzt dieser schlafend auf der Bank, den ebenfalls schlafenden Ossip auf seinem Schoß. Auf dem Tisch liegt, neben Brotkrümeln und Eierschalen, das aufgeschlagene Kinderbuch.

Der Anblick der den Jungen behütenden Männerhand und der Ausdruck des Vertrauens im Gesicht ihres an den Bauch des Mannes gelehnten Kindes berühren Nina Zwetkowa tief. Sie bleibt stehen, blickt wie gebannt auf die beiden ungleichen Menschen, die sich gefunden haben inmitten von Sorgen und Nöten. Sie möchte diesem Augenblick Dauer verleihen, fürchtet, jedes von ihr verursachte Geräusch könnte diesen glücklichen Augenblick beenden. Und doch kann sie nicht anders, muss sie sich näher heranschleichen, in die Hocke gehen, die gelösten Gesichter von Riese und Zwerg bestaunen, sich verzaubern lassen. Sie ist so froh, diesen Jungen geboren zu haben. Alle Sorgen und Mühen sind auf der Stelle in den Hintergrund getreten. Was für ein Glück ist es doch Mutter zu sein. Welch ein Unglück, wenn eine Frau keine Kinder gebären kann. Wie dumm, wenn sie es nicht will.

Dann gleitet ihr Blick über das schöne Männergesicht. Noch nie hat sie sich ihm so nah gefühlt wie in diesem Augenblick. Wie grau er schon ist, denkt sie betroffen, dabei ist er erst 32 Jahre alt.

Ihr Blick verweilt auf der langen Narbe über der rechten Augenbraue. Dieser verdammte Krieg! Dabei hat er noch Glück gehabt. Es hätte das Auge treffen oder ihn so entstellen können wie Onkel Ossip. Was mag er alles erlebt haben? In unserem Dorf hat der Krieg nur für Stunden getobt. Für ihn ist er vier Jahre lang Alltag gewesen.

Nahezu unbezwingbar wird ihr Verlangen die Narbe und das Gesicht des Mannes zu berühren.

Als hätte er ihre Gedanken erraten, öffnet Michail Baschkow die Augen, erkennt die neben ihm hockende Frau, lächelt, will sich aufrichten. Nina Zwetkowa legt ihren rechten Zeigefinger auf ihre Lippen. Er versteht, dass er den Jungen nicht wecken soll.

„Es war so schön, euch beide so entspannt schlafen zu sehen“, flüstert sie ihm zu. „Schade, dass ich Sie geweckt habe.“

„Ossip ist zuerst eingeschlafen. Ich wollte ihn nicht stören und bin dabei selbst eingeschlafen“, flüstert er zurück.

Der schlafende Junge schafft Vertrauen zwischen diesem Mann und dieser Frau. In seiner Gegenwart kann Verlegenheit nicht gedeihen.

Michail Baschkow sieht in die tief hinter langen Wimpern liegenden grünen Augen der jungen Frau, kann sich von ihrem warmen

Blick nicht losreißen. „Wie schön Sie sind, Ninotschka." Er erschrickt, möchte den Satz zurückholen, wird verlegen. Ein Baschkow ist nicht auf diese Welt gekommen, um jungen Damen Komplimente zu machen.

Nina Zwetkowas Augen werden groß und blitzen wie polierte Sterne. Sie sagt nichts, denkt nichts, legt ihren schönen Kopf auf die Schulter des Mannes, berührt mit ihrer linken Hand sanft seine Wange. „Sagen Sie bitte nichts." Sie flüstert es kaum, haucht es nur, weil sie Angst hat, ein falsches Wort könnte den Zauber dieses Augenblicks zerstören.

Die Berührung ihrer Hand löst eine Gefühlswelle in ihm aus, die er nur schwer kontrollieren kann. Keine Frauenhand hat ihn jemals so berührt wie diese. Es waren nicht viele in seinem Leben. Großmutter, Mutter, ein Mädchen aus dem Dorf, eine Studentin, Serjoschas Schwester. Keine Hand war so wie diese.

Seine Linke hält den Jungen, seine Rechte hebt sich wie von selbst über den Rücken der liebenswerten Frau, erreicht ihren Kopf und legt sich zärtlich auf die hochgesteckte braune Haarflut.

Beide misstrauen ihrem Glücksgefühl, das sich wie ein Sturzbach über sie ergießt. Sie wissen bereits, wie flüchtig dieses Glück ist und möchten es festhalten. Nach all dem Kummer und den Nöten der letzten Jahre können sie sich noch nicht vorstellen, wie ihre schwieligen Hände und ein schlafendes Kind ein dauerhaftes Glück begründen können. Nur sich spüren, sich nahe sein und sich vertrauen. Mehr Glück brauchen sie in diesem Moment nicht. So genießen sie diesen schönen Augenblick und möchten sein unabwendbares Ende verzögern, solange es ihnen möglich ist.

Der kleine Ossip erwacht, erkennt seine Mutter, dreht sich gegen das blendende Abendlicht, klammert sich mit seinen dünnen Armen fest an den Leib des Mannes, lehnt seinen Kopf an dessen Bauch und lächelt.

Nina Zwetkowas Hand verlässt das Männergesicht, streicht über den Kopf ihres Sohnes. „Hast du schön geschlafen?" Ihr Junge nickt nur ganz leicht. „Wir müssen nach Hause. Es ist schon spät. Onkel

Ossip und die Tanten warten schon auf uns." Der Kleine schüttelt den Kopf, will bei Onkel Michail bleiben. Ein komfortabler Schlafplatz ist so ein Männerbauch.

„Wenn Mama es erlaubt, kannst du morgen Abend bei mir im Heu schlafen." Sein Vorschlag macht ihn verlegen. Sie soll ihn nicht falsch verstehen.

Sie weiß nicht so recht, was sie sagen soll. Möchte es und möchte es nicht. Diplomatisch lässt sie den kleinen Ossip entscheiden. Der Junge will wissen, ob Mama auch mit ihnen im Heu schlafen werde.

Nina Zwetkowa hat ein Gefühl, als ob all ihr Blut zum Kopf dränge. Sie ist froh, dass ihr Gesicht braun gebrannt ist und niemand sehen kann, wie es um sie steht.

„Warum nicht?", sagt Michail Baschkow, ohne sie anzublicken. „Wenn wir Männer sie darum bitten, wird sie vielleicht mit uns im Heu schlafen."

Wieder einmal können Michail Baschkow und Nina Zwetkowa nicht einschlafen, weil sie aneinander denken müssen.

Er grübelt darüber nach, ob es ihm gelingen kann, sich dieser zwölf Jahre jüngeren Frau zu öffnen, während ihn die Erinnerungen an den Krieg und an das unbegreifliche Ende seiner Eltern auf der Seele lasten. Hat sie nicht ein Recht darauf, mit einem jungen, unbekümmerten Mann glücklicher zu leben als mit mir? Wird sie mich überhaupt aufrichtig lieben können, in mir mehr als einen Vater für Ossip sehen? Kann ich einem fremden Kind ein guter Vater sein und eigene Kinder mit Ninotschka in diese Welt setzen?

Ninotschka fühlt sich Ossips Vater Pawel gegenüber schuldig, der, so jung und ohne seinen Sohn gesehen zu haben, hat sterben müssen; befürchtet, eine neue Liebe könnte die Erinnerungen an Pawel auslöschen und dann ähnlich schmerzhaft enden wie die erste. Der tote Pawel ist ihr gegenüber so schwach und hilflos. Er beschämt sie, die Lebende, mit ihrer Sehnsucht nach Lust und Zärtlichkeit. Und noch ein Gedanke beunruhigt sie: Werde ich diesem lebensklugen, aufrichtigen Mann eine gute Frau sein können, ohne mich eingeengt zu fühlen?

Nachdem sie sich eine Weile diesen Gedanken hingegeben hat, ärgert sie sich. Was du dir alles so ausdenkst! Weißt nicht einmal, ob er dich mit einem Kind haben will und fühlst dich schon wie seine zukünftige Frau, obwohl er dich nur sanft berührt hat. Immerhin, denkt sie, ehe sie einschläft, immerhin hat er deine Berührung erwidert.

Tagsüber erzählt der kleine Ossip allen, er werde mit seiner Mama bei Onkel Michail im Heu schlafen. Seine Mutter hat viel Spott zu ertragen. „Vielleicht sollte ich Ossip allein schicken", wendet sie sich an Irina Sedowa. „Hör nicht auf die Spötteleien. Wenn dein Herz zu ihm möchte, dann trag es zu ihm."

„Sieh nur, wie sich unsere Ninotschka herausgeputzt hat. Dabei will sie doch nur mal kurz zu unserem Kolchosvorsitzenden hinüber", sagt Larissa lachend zu ihrer Schwester Irina als Nina Zwetkowa in ihrer neuen weißen Bluse, die glänzend gebürsteten, langen Haare offen, den kleinen Ossip an der Hand, den Hof verlässt.

„Lassen wir sie in Frieden. Vielleicht kommt es bald zu einem glücklichen Ende. Was für eine Freude wäre das für uns alle in diesem Jammertal", erwidert Irina Sedowa und lächelt der schlanken jungen Frau und dem fröhlich trippelnden Ossip versonnen nach.

So viel Glück hat der Krieg zerstört, denkt sie, und dennoch ist die Liebe stärker als das Leid.

Als Nina Zwetkowa mit ihrem Sohn auf dem Hof steht, begreift Michail Baschkow, dass sich sein Herz längst entschieden hat. Das beunruhigt ihn, und so errichtet sein Verstand emsig Barrieren gegen die heftig anrollenden Wogen der ihn bedrängenden Gefühle. So vieles will bedacht sein, redet sein Verstand auf ihn ein. Was weißt du schon von ihr? Wirkt ihre Schönheit nicht lähmend auf dein Urteilsvermögen? Benutzt sie am Ende ihren Sohn, um dich über ihn an sich zu binden?

In dem Augenblick, da sie ihn mit ihren strahlenden grünen Augen offen anblickt, schämt er sich seiner Gedanken. Wie konnte er ihr gegenüber so misstrauisch sein?

Der kleine Ossip beobachtet interessiert das scharrende und pickende Wesen der Hühner, spricht mit ihnen, belehrt sie über seine Absichten auf Onkel Michails Hof. Die Hühner neigen ihre Köpfe, blinzeln den Jungen kurz mit ihren ausdruckslosen Augen an und widmen sich dann wieder den Steinchen und Körnchen zu ihren Füßen.

Auf der Bank werden Nina Zwetkowa und Michail Baschkow von der Abendsonne beschienen. Gewöhnlich lassen sie sich an solch schönen Abenden ganz von der Natur gefangen nehmen, lauschen sie in sich hinein und warten auf das vielstimmige Echo in ihrer Brust.

Heute haben sie keinen Blick für die Natur. Die Berührungen von gestern haben in ihnen Veränderungen ausgelöst, deren Dynamik sie noch nicht erfassen können. Was geschieht da in ihnen, mit ihnen? Was verwandelt eine leidgeprüfte Mutter und einen von Gemetzeln und Unrecht verhärteten Mann in Sekundenbruchteilen in Geliebte und Geliebten? Denn das sind sie bereits, ohne sich dessen gewiss zu sein. Die Sehnsucht, einander zu berühren, einander zu gehören, pflanzte eine unsichtbare Macht in ihre Seelen. Diese Sehnsucht beginnt zarte Wurzeln zu schlagen. Will sie, dass Lust, Freude, Liebe und Vertrauen auch dann in dieser Welt bleiben, wenn Kriege und Nöte die Menschen niederdrücken und ihnen ihre Herzen verhärten? Oder ist sie nur eine Droge, die den kleinen Menschenverstand trübt, der die Menschen davon abhalten könnte, sich in dieser grausamen, trostlosen Welt zu vermehren? Welcher Mensch kann das wissen? Es sind Fragen an die Götter.

Die beiden auf der Bank stellen den Göttern keine Fragen. Ihre Oberschenkel berühren einander. Sie spüren durch Rock und Hose das warme, lustspendende Fleisch. Diese leichte Berührung genügt, um ihre Herzen schneller schlagen zu lassen.

Nina Zwetkowa lehnt ihren Kopf an seine Schulter. „Ich habe Angst, Sie könnten mich als aufdringlich empfinden, Michail. Aber so empfinde ich nun einmal."

Michail Baschkow will die daunenweiche Nähe der schönen Frau auskosten. Wozu reden? Er kann die Schöne neben sich fühlen, riechen, hören, sehen. Irgendwann, wenn sie es zulässt, wird er sie küssen. Dann weiß er auch, wie sie schmeckt.

Er greift nach ihrem Unterarm, nimmt ihre Hand, ihre Finger verschlingen sich ineinander. Sie erwidert den leichten Druck.

„Wir haben noch so viel Zeit", sagt er und denkt: Was kann ein Mann einer Frau schon groß erzählen? Soll ich ihr etwa sagen, ich bin in diesem Augenblick glücklich? Nein, bei einem gestandenen Mann meldet sich in Augenblicken des Überschwangs sofort die Manneszucht und tritt ihm kräftig auf die Kehle. Es ist Zeit, den kleinen Ossip ins Heu zu legen.

Weich ist das frische Heu. Es verströmt sein liebliches Parfüm aus Dutzenden Blumen-, Kräuter- und Gräsersorten. Es duftet noch stärker als Nina Zwetkowas unbegreifliche Haarflut, an der sich Michail Baschkow nicht sattsehen und sattriechen kann.

Ossip wird zur Ruhe gebettet wie ein kleiner Prinz. Vor sich seine neuen Bekannten, die Hühner, links neben sich seine Mutter, rechts neben sich Onkel Michail, der ihm noch eine Geschichte erzählen muss, deren Ende er nicht mehr hört. Ruhig und entspannt ist sein Kindergesicht im Schlaf.

Vorsichtig erheben sich die Verliebten aus dem Heu, setzen sich wieder auf die Bank. Die Sonne ist untergegangen. Es ist mild. Am Horizont verblutet der Himmel. Kein Lufthauch ist zu spüren. Heimchen krakeelen, als habe ihr letztes Stündlein geschlagen.

Die beiden hören sie nicht, haben nur Sinne füreinander, sehnen sich nach Zärtlichkeit, möchten geliebt werden von dem Menschen an ihrer Seite, dessen Wärme und Atem sie spüren.

Sie sind beide erregt und zugleich verwirrt. Sie haben Angst, sich schutzlos hinzugeben, ein falsches Wort zu sagen, enttäuscht zu werden oder zu enttäuschen.

Michail Baschkow überwindet zuerst seine Scheu. Sein Herz klopft wild, als er ihren Kopf heranzieht, sie auf Stirn und Augenlider küsst, ihr den Hals und den Rücken streichelt.

Du musst vernünftig bleiben, dir seiner erst sicher werden, denkt Nina Zwetkowa. Doch ihre Vernunft hat schon keine Macht mehr über ihr Handeln. Ihr junger Körper glüht, will sich verströmen, Lust verschenken und Lust empfangen. So lange hat sie auf die Zärtlichkeit eines Mannes gewartet. Wie trunken erhebt sie sich von der Bank, zieht Michail Baschkow zum Heu hinüber.

Er ist erstaunt über diese Wendung, kann sein Glück nicht fassen, als sie nackt im Dämmerlicht des Scheunentores steht.

„Ninotschka", fast versagt ihm die Stimme, „bitte bleib noch einen Moment so stehen." Der Anblick der sanften Konturen ihres schlanken Körpers überwältig ihn.

Sie ist froh über das Dämmerlicht. Nur zwei, drei Sekunden steht sie so, dann legt sie sich zu ihm, fordert ihn auf, sich zu entkleiden, nackt zu sein wie sie.

Er presst sie so fest an sich, als gälte es, jeden Quadratzentimeter seines Körpers mit ihrer Haut zu bedecken.

„Du tust mir weh", flüstert sie erschrocken.

Er lockert seinen Griff, löst sich von ihr, streichelt und küsst die sanften Hügel und Täler ihres geschmeidigen Körpers, bringt ihn zum Beben, erbebt selbst, ruft ihren Namen in die Nacht hinein und ergießt sich mit zusammengebissenen Zähnen. Mit seiner Brust an ihrem Rücken, ihren Kopf in seiner Armbeuge, seine Hand auf ihrem weichen Leib schlafen sie ein.

Wie in einem kitschigen Film weckt sie die Morgensonne. Sie spüren sich, sind sofort erregt. Das Glück ist kein rosaroter Traum. Warm und weich liegt es neben einem. Man kann es anfassen, es hat eine glatte Haut. Schwerelos, wunschlos schweben sie ein weiteres Mal auf einer riesigen Wolke aus Liebe und Lust.

Sie fallen langsam und weich.

Schleichend bedrängt sie die unerbittliche Zeit mit ihren profanen Forderungen an die zum Sterben verurteilten Menschenkinder.

Als Nina Zwetkowa eine Stunde später mit ihrem Sohn den heimischen Hof betritt, läuft der Kleine sofort zu seinem Namensvetter hinüber, der dabei ist, den Hengst Kusma einzuspannen.

„Na, du Ausreißer", sagt der große Ossip und lacht mit dem, was der Krieg von seinem Gesicht übrig gelassen hat.

Das Glück der jungen Frau strahlt Irina Sedowa über den Hof entgegen. Nina Zwetkowa muss ihr Glück teilen. Sie schmiegt sich an die stille, gutherzige Frau. Nina Zwetkowa muss kein Wort sagen. Irina Sedowa weiß auch so, was in der Nacht geschehen ist. Sie streicht der Jüngeren zärtlich über das lange Haar und entfernt dabei einen Heuhalm.

„Ninotschka", sagt sie mit so viel Wärme in ihrer Stimme, dass Ninotschka die Augen feucht werden, „ich freu mich für dich. Für uns Menschen gibt es nichts Schöneres als die Liebe. Verlieren wir sie, haben wir keine Freude mehr."

Beiden Frauen hat der Krieg die Väter ihrer Kinder genommen. Die Jüngere hat heute Nacht einen Liebsten gefunden. Niemand bringt der Älteren die Liebe zurück.

Im Frühjahr 1948 werden in Tichaja Semlja dreimal so viele Kolchosfelder bestellt wie im Frühjahr 1945. Noch immer sinkt die Einwohnerzahl, doch es werden wieder mehr Kinder im Dorf geboren als in den letzten Jahren. Michail Baschkow rechnet nach: Würden alle im Dorf geborenen Kinder hierbleiben, heiraten und vier Kinder zeugen, dauerte es vier Generationen, ehe der Vorkriegsstand erreicht wäre. Die Zahlen lügen nicht, denkt er, Tichaja Semlja wird nie wieder so groß werden, wie es einmal gewesen ist.

Ausgerechnet während der Frühjahrsbestellung wird er in die Stadt beordert. „Zwecks Klärung eines Sachverhalts." Er muss nicht lange überlegen. Im Winter, als der Schnee das Dorf mit seiner weißen Faust umklammerte, hatte ihn die Grübelsucht gepackt. Ständig waren ihm die Eltern in den Sinn gekommen, ihm in seinen Träumen erschienen. Sie hatten ihm stumm, aber mit vorwurfsvollen Blicken das Gewissen beschwert. In seiner Verzweiflung hatte er eine weitere Eingabe an die Parteileitung des Bezirkes geschrieben. Eine Entschuldigung will er, Einsicht in Unrecht, das Ende der ständigen Vorwürfe, Sohn von Volksfeinden zu sein. Eine Keule, die immer dann geschwungen wird, wenn er die Absichten von Widersachern im Dorf durchkreuzt.

Zu seiner Überraschung findet das Gespräch nicht im Partei-, sondern im NKWD-Gebäude des Bezirkes statt. Bedrohlich wirkt das Gebäude auf ihn.

Bedrohlich und wenig Vertrauen erweckend verläuft auch das Gespräch, an dem ein Mitarbeiter der Parteileitung nur als stummer Zeuge teilnimmt. Es ist nicht der Genosse, der ihm inoffiziell das wahrscheinliche Schicksal seiner Eltern mitgeteilt hat.

Das Gespräch leitet ein Oberleutnant Rotstein – bis vor kurzem für die NKWD-Aufgaben in einem Kriegsgefangenenlager verantwortlich. Anstatt ihn zu befördern, hat man ihn hierher versetzt.

„Worüber beschwerst du dich so wortreich?“, herrscht er Michail Baschkow an. „Dass man damals wenig Wert auf Etikette und persönliches Befinden gelegt hat? Liest man deinen Brief, könnte man glauben, es wären mordlüsterne Gesellen gewesen, die damals lauter Unschuldslämmer verhaftet und verurteilt hätten. Wie war das denn mit deinem Vater? Hat er das Gutsleben verherrlicht und den Handlangern des ehemaligen Gutsherrn wichtige Funktionen im Kolchos übertragen? Hat er.

Hat er rechtswidrig Kolchosland als Privatland an die Bauern verteilt? Hat er.

Hat er den Kolchosbauern gesagt, sie sollen vor allem auf ihren Privatfeldern arbeiten? Hat er.

Hat er, ohne die zuständigen Behörden zu fragen, einen Kolchoskindergarten eingerichtet und dessen Leitung einer Offizierswitwe aus der Zarenzeit übertragen? Hat er.

Hat er auf die Warnungen und den Widerstand des Parteivorsitzenden Konew gehört? Hat er nicht. Im Gegenteil, beschimpft und lächerlich gemacht hat er ihn.

Nun, du Schlaumeier, wer handelt so? Ein ehrlicher Kommunist, wie du meinst, oder ein Feind der Sowjetordnung?

Und deine Mutter? Hat sie an ihre Söhne gedacht? Hat sie nicht. Hat sich vor ihren Mann gestellt, ehrliche Genossen beschimpft und bedroht. Mehrmals ist sie gewarnt worden – alles vergeblich. An ihre Kinder hätte sie denken sollen, nicht an diesen Volksfeind. Wollte fliehen und sich so ihrer Verantwortung entziehen.“

Michail Baschkow kann nicht länger zuhören. Er hat Mühe, den hochkochenden Zorn zu zähmen, nicht die Fassung zu verlieren. Sein Herz klopft heftig. Er spürt, wie die kühle Sicht des Oberleutnants der eigenen Hochachtung für die Eltern widerspricht. Zugleich scheinen ihm die Ansichten des Oberleutnants nicht ganz ohne Logik zu sein. Und doch geben sie nur sehr unvollkommen und oberflächlich die Beweggründe seiner Eltern wieder. Sie waren doch ehrliche Kommunisten und keine Volksfeinde. Sie wollten den Menschen im Dorf helfen ihre Lebenslage zu verbessern.

„Die Eltern mögen Fehler gemacht haben. Volksfeinde waren sie nicht“, unterbricht Michail Baschkow den Oberleutnant. „Hätten sich damals die Leute im Dorf nicht zuerst um ihre eigenen Felder gekümmert, wären sie verhungert.“

„Wir sind hier nicht in einer Kolchosversammlung. Bei mir reden die Leute nur, wenn ich sie frage“, schneidet ihm der Oberleutnant das Wort ab. „Wo wurde damals nicht gehungert und verhungert? Trotzdem kam im ganzen Bezirk nur dein Vater auf den Gedanken, gegen alle Direktiven Kolchosland an die Bauern zu verteilen und sich so auf die Seite der Kulaken zu schlagen. Dafür ist er bestraft worden. Und du solltest als Kommunist einsehen, dass er uns zu diesen Maßnahmen gezwungen hat. Stattdessen verteidigst du ihn und stellst dich somit offen gegen unsere Sicherheitsorgane.“

„Ein Jahr später hat man im ganzen Land Boden zur privaten Bewirtschaftung verteilt, weil man die Hungersnot bekämpfen wollte“, erinnert Michail Baschkow den Oberleutnant. „Niemand wurde deshalb als Volksfeind verurteilt.“

„Eben! Ein Jahr später und aufgrund einer Direktive! So etwas entscheidet kein Kolchosvorsitzender. So etwas entscheidet die Partei. Wer bist du denn? Welche außergewöhnlichen Verdienste hast du vorzuweisen, um derart große Töne zu spucken? Das ist noch keinem bekommen. Ich habe mich über dich informiert und kann keine Ruhmestaten vermelden. Du hast im Krieg deine Pflicht als Offizier erfüllt. Nun gut, das haben viele. Deine Aufgaben als Kolchosvorsitzender erledigst du dagegen nur zum Teil. Noch immer erfüllt der Kolchos sein Ablieferungssoll nicht. Es gibt auch andere Ungereimtheiten. Das werden wir prüfen.

Wie du siehst, hast du genug vor der eigenen Haustür zu kehren. Anstatt uns hier mit Eingaben zu belästigen, solltest du dich besser um höhere Erträge bemühen. Hör damit auf, von den Sicherheitsorganen verurteilte Volksfeinde reinwaschen zu wollen. Fordere uns nicht länger heraus!“

„Er hat sich wohl in der Stadt eine Neue angelacht“, spöttelt Larissa Nasarenkowa. Sofort trifft sie ein vorwurfsvoller Blick ihrer Schwester Irina Sedowa. Nina Zwetkowa, der Larissas Spott gilt, glaubt nicht an eine andere, aber betroffen macht sie die Spöttelei schon. Seit zwei Tagen ist Michail Baschkow aus der Stadt zurück, ohne sich blicken zu lassen. Jedes Mal, wenn sie zu ihm hinübergeht, um – wie vor seiner Fahrt in die Stadt abgesprochen – seine Tiere zu versorgen, hofft sie ihn anzutreffen. Noch einmal geht sie hinüber, dann überwindet sie ihre Scheu und fragt im Dorf nach ihm. Die Leute lächeln vieldeutig und heben dabei die Schultern.

Eine Bäuerin schenkt ihr reinen Wein ein: „Seit zwei Tagen schweigt Wolodjas Traktor wie ein Fisch im Wasser. Der Genosse Vorsitzende will ihn seit Tagen holen, kann aber, wie's scheint, den Rückweg nicht finden.“

Für einen Augenblick hegt Nina Zwetkowa den Gedanken, am anderen Flussufer nach dem Rechten zu sehen. Doch sofort befürchtet sie, ihren Liebsten betrunken zu sehen, ihn vielleicht in Zorn zu versetzen oder sich für ihn schämen zu müssen.

„Stark und mutig sind die meisten Männer. Doch mitunter verwandeln sie sich urplötzlich in kleine Jungen. Sie leiden unter Niederlagen stärker als wir Frauen. Wir müssen von klein auf Geduld und Nachgiebigkeit lernen. Sie dagegen sollen stets stark sein und siegen. Wer kann das schon?“, sagt Irina Sedowa und drückt die traurige Nina Zwetkowa an sich. „Dein Michail wird bald zur Vernunft kommen. Sobald sein Verstand wieder klar ist, wird er nach dir und

Ossip fragen. Wirst noch früh genug erfahren, was ihn durcheinandergebracht hat."

Als Nina Zwetkowa am nächsten Tag nach seinem Vieh sieht, arbeitet Michail Baschkow schwitzend im Garten. Sie erschrickt über sein finsteres, unrasiertes Gesicht.

Er sieht ihr kurz in die Augen und senkt dann schnell den Blick: „Ninotschka", sagt er mit krächzender Stimme, „sag bitte nichts. Ich schäme mich, weil ich mich besoffen habe. Aber in der Stadt haben sie mir die Seele wund geschlagen. Sie blutet."

„Ich sag ja nichts, Liebster, ich sag ja nichts."

Michail Baschkow quälen düstere Gedanken. Mal wankt sein Weltbild wie eine Pappel im Sturm, mal steht es auf dem Kopf und er kann es nicht wieder auf die Beine stellen. Er braucht einen Menschen, mit dem er über das Durcheinander in seinem Kopf sprechen kann. Ninotschka, der Lieben, Schönen, kann er sich in dieser Sache nicht anvertrauen. Sie ist eine Frau und ihn quälen Männersachen. Mit dem verbitterten Wolodja hat er es versucht. Es hat mit einem wilden Besäufnis geendet.

In seiner Verzweiflung schreibt er seinem Kriegskameraden und Freund Serjoscha. Er lädt ihn zu sich nach Tichaja Semlja ein. Serjoscha sagt zu, aber es wird Herbst, ehe er Michail Baschkow besuchen kann.

„Schade, dass du nicht mein Schwager werden wirst. Zu schön ist deine Ninotschka. Ich verstehe dich und gönne dir dein Glück. Galina hat dein Schweigen längst richtig gedeutet. Ich werde es ihr schonend beibringen", sagt Serjoscha.

„Ich konnte es Galina nicht schreiben, wollte sie nicht kränken. Sie ist eine sehr empfindsame Frau. Wie sollte ich da als Mann die richtigen Worte finden?", gibt Michail Baschkow betreten zu.

Michail Baschkow fährt Serjoscha kreuz und quer durchs Dorf, zeigt ihm dessen Schrunden und Wunden, klagt nicht, ist stolz auf die kleinen, mit soviel Mühe erreichten Fortschritte. Seine Augen leuchten, wenn er Serjoscha seine „Pflänzchen" zeigt: die Kolchoswerkstatt, die Fahrzeuge und Maschinen, die wiederhergerichtete

Schule, den fast fertigen Kindergarten, die neuen Häuser.

Sie lassen den Kübelwagen am Dorfrand stehen und spazieren zum See hinüber, den Michail Baschkow gerne wieder fachgerecht bewirtschaften lassen möchte. „Bleib hier, Serjoscha, und werde unser Fischer. Ein schönes Leben kannst du hier führen."

Serjoscha lacht. „Die Fische würden ihren Spott mit mir treiben: Seht nur diesen Tollpatsch. Will sein Netz auswerfen und fällt dabei ins Wasser. Außerdem bin ich ein Stadtmensch. Hier würde ich vor Langweile sterben. Und dann, Genosse Kolchosvorsitzender, bin ich so gut wie verheiratet. Ich lade dich hiermit schon mal vorsorglich zu meiner Hochzeit ein. Termin irgendwann im Frühjahr."

Michail Baschkow freut sich über Serjoschas Glück.

Auf dem Rückweg suchen sie sich neben dem Feldweg einen sonnigen, windgeschützten Sitzplatz. Es ist so still, dass sie das Rascheln einer Maus und das geschmeidige Gleiten einer Ringelnatter hören können.

Hier schüttet Michail Baschkow sein Herz aus. Er spricht über seine Eltern, seine Erlebnisse in der Stadt, den deutschen Bürgermeister Kurt Sager, der besser über sowjetische Lager Bescheid gewusst hat als er selbst, über seine Zweifel und sein durcheinandergeratenes Weltbild.

Serjoscha hört ihm geduldig zu, wirkt mit einem Mal müde, raucht hastig und unkonzentriert, verbrennt sich um ein Haar die Finger.

Als Michail Baschkow seinen Redeschwall beendet hat, fasst ihn Serjoscha am Arm. „Es ist gut, dass du gesprochen hast, und ich bin traurig und erleichtert zugleich. Traurig, weil wir an diesem schönen Tag über diese Dinge reden müssen. Erleichtert, weil dir endlich die Zweifel gekommen sind, die mich schon vor dem Krieg gequält haben. Mit anderen Menschen konnte ich nicht darüber sprechen, weil ich Angst hatte, auch mit dir nicht, weil ich dich nicht kränken wollte. Während du noch zutiefst davon überzeugt warst, einer fehlerhaften, aber gerechten Sache zu dienen, wusste ich bereits von meinem Vater, dass unser Land von schlechten Menschen regiert wird. Von

Leuten, denen das eigene Volk nichts weiter ist als ein beliebig manipulierbarer Erfüllungsgehilfe für ihre bizarren Ideen und für ihre Machtgelüste."

„Serjoscha, bedenke doch, was du da sagst! Unsere ganze Sache wäre verloren, wenn du recht hättest! Wie sollte sie sich gegen den Willen des Volkes durchsetzen lassen?", unterbricht Michail Baschkow erschrocken den Freund.

„Lass mich bitte reden, Michail. Nach alldem, was wir in diesem grausamen Krieg erlebt haben, sollten wir mutig genug sein und der Wahrheit in die Augen schauen. Die gerechte Sache, an die noch viele Menschen in unserem Land glauben, ist schon lange verloren.

Ja, sie war von Anfang an verloren, weil sie mit einem Blutbad begann. Die Rechtfertigung für die Metzeleien sahen ihre Führer in der gerechten Sache. Mit reinem oder ohne Gewissen ließen sie von ihren Handlangern alles abschlachten, was sie für gefährlich hielten. Verstehst du, Michail, nicht wer sich ihnen entgegenstellte, das hätte man noch verstehen können, sondern wer in ihren Augen gefährlich war oder es hätte werden können, den ließen sie wegsperren, Sklavenarbeit verrichten oder abschlachten. Wenn sie entschieden, der da wäre ein räudiger Hund, dann konnte der Beschuldigte nicht beweisen, dass er ein unbescholtener, geradliniger Mensch sei. Dann war er eben ein räudiger Hund und wurde im Namen der gerechten Sache erschossen.

Immerzu ließen sie Menschen vernichten. Erst die Zarenobrigkeit, dann das alte Offizierskorps, dann die Popen und Mönche, danach die Menschewiki, die Kulaken, die alten Bolschewiken, den neuen Partei- und NKWD-Apparat, die aus Deutschland heimkehrenden Kriegsgefangenen und Zwangsarbeiter.

Der Wahnsinn wird weitergehen. Wer wird es diesmal sein? Vielleicht wieder einmal die Juden? Einen Sozialismus der Schlächter haben wir und ein Kommunismus der Schlächter wird es werden. Was für ein Verbrechen an allen, die mit aufrichtigem Sinn und mit selbstlosem Herzen eine bessere, gerechtere Welt aufbauen wollten."

Ist das noch der Serjoscha, den ich kenne, mit dem ich Entbehrungen und Leid geteilt habe, fragt sich Michail Baschkow. Er ist entsetzt über das harte Urteil seines Freundes. So reden Sowjetfeinde!

„Serjoscha, wie kannst du nur so reden? Wofür haben wir gelebt und gekämpft? Wir können doch unsere Überzeugungen nicht einfach wegwerfen, weil gewissenlose Menschen über die Stränge geschlagen haben. Überleg doch einmal, wie viel wir trotz aller Fehler erreicht haben. Wir haben die Deutschen vernichtend geschlagen und so ungeheuer viel erbaut. Vieles hat sich doch auch zum Besseren gewendet. Und dann denk an die vielen Opfer, die vielen Kameraden, die für diese Sache ihr Leben verloren haben. Willst du ihr Andenken beschmutzen? Ich will mit dir nicht so weiterreden."

Serjoschas Augen werden groß und blicken traurig. Seine Stimme wird leiser. „Du solltest mir keine Vorwürfe machen. Du hast mich nach meiner Meinung gefragt, und ich habe dir als dein Freund offen geantwortet. Ich verstehe dich sehr gut. Glaubst du, mir ist es leicht gefallen, mich von meinen Jugendidealen zu verabschieden? Deine Argumente kenne ich zur Genüge. Dazu muss ich dir sagen: Ja, wir haben die Deutschen besiegt, ja, wir haben viel erbaut und verändert. Aber zu welchem Preis, Michail, zu welchem Preis! Ströme aus Blut wurden dafür vergossen, Hunderttausende begabte, wertvolle Menschen vernichtet. Was für ein sinnloser Aderlass. Wie kann Menschlichkeit gedeihen, wenn der Grundsatz gilt: Jeder Mensch kann problemlos ersetzt werden? Was für eine Niedertracht gegenüber den begabtesten, wertvollsten Menschen unter uns. Jeder verdorbene Karrierist konnte und kann sie unter fadenscheinigen Anschuldigungen beseitigen und sich an ihre Stelle setzen lassen.

Nein, Michail, unser Traumgebilde von einer menschlicheren Gesellschaft ist zerplatzt wie eine Seifenblase. Unter den gegebenen Umständen konnte unser Traum nicht Wirklichkeit werden. Nur eine Umkehr könnte ihn retten. Keine noch so gerechte Sache rechtfertigt den sinnlosen Mord an unschuldigen Menschen. Und niemand kann sich von den eigenen Schandtaten reinwaschen mit dem Hinweis auf die Schandtaten seiner Feinde.

Noch erschrickst du über meine Ansichten. Doch bohrende Zweifel sind auch dir schon gekommen. Das hat Gründe, die nichts mit mir zu tun haben. Ich will dir doch helfen, dich nicht agitieren. Schau dich aufmerksam um und frage dich bei allem, was du siehst, ob es zufällig so geworden ist oder ob Absicht von höchsten Stellen dahinter steckt. Frag dich, wie war es früher, wie ist es jetzt, wie wird es morgen sein.

Mehr, Michail, werde ich dir dazu nicht mehr sagen. Ich will nicht, dass wir hier an diesem schönen, friedlichen Ort unsere Freundschaft leichtfertig zerstören, sie an Dingen scheitern lassen, deren Entwicklung wir nicht in der Hand haben."

Michail Baschkows Gedanken sind ein einziger Wirrwarr. Jetzt nur nichts sagen, was du später bereust, sagt er sich. „Sei mir nicht böse, Serjoscha. Ich bin durcheinander. Du hast das Bedrückende, das dumpf Geahnte so offen und klar ausgesprochen, dass ich darüber erschrocken bin. Wir sollten uns Zeit geben, um alles noch einmal zu überschlafen."

„Ich musste mit dir so offen reden, Michail, denn du bist mein bester Freund. Jetzt bist du über meine Worte erschrocken und eventuell auch empört. Das wird vergehen."

„Serjoscha, ich möchte so nicht weiterreden. Wie soll ich leben und arbeiten, ohne die Vision von einer kommunistischen Gesellschaft? Wie kannst du ohne unsere Ideale leben?"

Serjoscha greift nach Michail Baschkows Arm. „Es gibt im Leben immer einen zweiten Weg, Michail. Du solltest deine Ninotschka heiraten, mit ihr Kinder haben, die ihr zu aufrichtigen Menschen erzieht. Seid ihnen Vorbilder. Belehrt sie beizeiten über die Lügengespinste und die Leimruten der Machthaber. Kümmert euch um eure Familie und die anständigen Menschen im Dorf. Wenn wir Russland besser machen wollen, Michail, dann müssen wir mühsam von unten beginnen. Bei uns selbst und unseren Familien anfangen. Es sind diese kleinen Schritte, die alles ändern können, nicht die hochfliegenden Pläne der Mächtigen und deren Machenschaften. Ein besseres Leben können wir uns nur selbst aufbauen. Man kann es nicht von oben verordnen. Wir müssen mutiger, anständiger, klüger und geduldiger als diejenigen sein, die unser Land ausplündern, listiger als deren Helfershelfer.“

„Nein, Serjoscha, diesen Weg kann und werde ich nicht gehen. Du wirst mir fremd, wenn du so redest. Wir haben unsere Ansichten in dieser Sache ausgetauscht. Dabei sollten wir es belassen. Überschlafen wir alles.“

Serjoschas Blick wird wieder traurig, der von Michail Baschkow ist streng und abweisend.

Sie erheben sich und gehen zurück ins Dorf. Für die Schönheit der Natur haben sie keinen Blick mehr. Stumm und nachdenklich schreiten sie aus. Erst als ihnen die schöne Ninotschka lächelnd zuwinkt, schwinden die trüben, drückenden Gedanken, wird ihnen die Seele leichter, packt sie wieder die Lust auf die einfachsten, die naheliegensten Dinge des Lebens.

Am nächsten Tag reist Serjoscha ab. Er drückt Nina Zwetkowa so herzlich, als wäre sie nicht Michail Baschkows, sondern seine Geliebte.

„So ein Prachtmädchen hast du, Michail. Lass sie nie wieder los.“

Michail Baschkow bringt seinen Freund mit dem Kübelwagen zum nächsten Bahnhof. Ein Gegenbesuch ist ihm nicht möglich. Bei der Befragung im NKWD-Gebäude ist ihm der Pass abgenommen worden. Wie alle Dorfbewohner kann er seither das Dorf ohne eine schriftliche Genehmigung nicht mehr verlassen. Sergej verspricht ihm, im nächsten Jahr wiederzukommen.

Still sitzen sie noch eine Weile auf einer Bank. So vieles, was sie denken und fühlen, müsste noch gesagt werden. Die Scheu, einander wehzutun, macht sie stumm.

Als der Zug kommt, verabschieden sie sich herzlich.

„Serjoscha, vielen Dank! Auch wenn ich manches anders sehe, so sollten wir uns weiterhin achten und die Wahrheit ins Gesicht sagen. Ich möchte nicht ... “ Michail Baschkow ringt nach Worten.

Serjoscha legt ihm seine Hand auf die Schulter und lächelt ihn an. „Schon gut, Michail. Freunde waren wir und Freunde werden wir bleiben. Bis nächstes Jahr. Werde glücklich mit Ninotschka. Dieses Glück und die Freude an deiner Arbeit kann dir niemand nehmen.“

Nina Zwetkowa dringt nicht in ihn, obwohl sie ein wenig eifersüchtig auf seinen Freund Serjoscha ist, der mehr als sie über ihren Liebsten weiß. Zu gerne wüsste sie, was sich mit Serjoschas Besuch in Michails Leben verändert hat; möchte, dass er mit ihr darüber spricht. Den ganzen Tag über ist er wortkarg gewesen, und jetzt liegt er stumm wie ein Fisch neben ihr. Dennoch ist sie glücklich, neben diesem Mann liegen zu können. Sie schmiegt sich an seinen mit Narben übersäten Körper und genießt die Berührung seiner schweren Hand, die ihr langsam übers Haar, über Nacken und Rücken streicht. Ein einziges Wunder, denkt sie, während sie zwei Narben auf seiner Brust betrachtet. Jede dieser Verwundungen hätte ihn um ein Haar das Leben gekostet, und dennoch liegt er warm und voller Kraft neben mir, streichelt mich und lässt es zu, dass ich ihn umarme. Wozu also in ihn dringen? Wenn er reden will, wird er mit mir über Serjoschas Besuch reden.

Als hätte er ihren stummen Wunsch verstanden, sagt er leise: „Ninotschka, ich möchte, dass du mich nimmst."

Sie hat geglaubt, er wolle über Serjoschas Besuch sprechen und nun das. Sie ist erstaunt und wird verlegen. Bisher hat er sie genommen, wie es sich, nach ihrer Meinung, zwischen Mann und Frau gezieme. Sein Wunsch erinnert sie an den unerfahrenen Pawel, den Vater ihres Sohnes.

Vorsichtig greift sie nach ihm. Er ist erregt und ihr ist es ein Vergnügen, sein Glied zu umfassen, es zärtlich zu reiben und an ihre Wange zu drücken. Sie setzt sich auf ihn, bewegt sich langsam, begehrt ihn, wird schneller. Er presst sie auf sich, ergießt sich stumm.

Sie lassen ihre Lust abklingen. Er bleibt in ihr, lässt sie nicht los, streichelt ihr mit beiden Händen Lenden und Gesäß. Langsam findet er mit klopfendem Herzen in die Wirklichkeit zurück. Und schon erscheint ihm mit einem Mal alles viel einfacher zu sein als vor einigen Minuten. Serjoscha hat recht, denkt er. Solange meine schöne Ninotschka zu mir hält, werden mich Mut und Kraft nicht verlassen.

„Wirst du immer bei mir bleiben?"

Hat er diese Frage gestellt?

Nina Zwetkowa möchte jetzt kein Wort hören und kein Wort sprechen. Jedes Wort zerschneidet das zarte, schöne Gespinst ihres stillen Glücks. Sie spürt, wie sein halb steifes Glied in ihr neue Lust entfacht, zärtlicher, nicht so stürmisch wie vorhin. Ihr Kopf liegt zwischen seiner Brust und seinem Hals. Ihr Haar berührt sein Kinn. Sie hebt ihren Kopf nicht, blickt ihn nicht an. Ihre Lippen berühren seinen Halsansatz, als sie erstaunt sagt: „Was hast du denn gedacht, du Dummer?"

Später beginnt sie sich vorsichtig zu bewegen. Bis er sie wieder ausfüllt, bis ihr für den stets zu kurzen Augenblick die Sinne schwinden.

Er lässt sie gewähren, staunt über ihre hemmungslose Hingabe, erfreut sich an ihr, ist glücklich, weil er diesem schönen Frauenkörper solche Lust bereiten kann.

Ermattet legt sie sich auf seine Brust, regungslos, so als wäre sie mit ihrer Lust gestorben. Er streichelt sie, möchte sie immerzu streicheln, den Duft ihrer Lust und ihrer Haare durch seine Nase in seine Seele dringen lassen.

Ich sollte sie heiraten, denkt er. Die Leute im Dorf zerfetzen sich die Mäuler über uns. Für die Alten leben wir in Schande und bei der letzten Parteiversammlung haben sie mich attackiert, weil wir ein schlechtes Vorbild abgeben. Einige schicken ihre Kinder nicht mehr in Ninotschkas Schule, weil sie so schamlos mit mir zusammenlebt.

Auf welche Frau warte ich noch? Liebenswerter und schöner als Ninotschka kann keine sein. Keinen anderen Mann blickt sie an, seit wir zusammen sind.

Sanft hebt er ihren Kopf an, nimmt all seinen Mut zusammen. „Ninotschka", sagt er, „ich habe soeben gedacht, dass dein Ossip in mir seinen Vater haben sollte, und wir ihm noch zwei oder drei Geschwisterchen schenken könnten. Willst du?"

Ihre Augen werden feucht, während sie ihn anblickt. „Du Lieber", sagt sie, „du Lieber."

Sie heiraten, ehe es Winter wird. Keine Hochzeit wie vor dem Krieg, bei der das halbe Dorf zusammenläuft. Aber es kommen viele. Jeder bringt etwas mit und so sind alle gut versorgt.

Die Braut ist erblüht wie eine großzügig von Sonne und Regen bedachte Sommerwiese. Der Bräutigam ist stolz auf seine schönste Errungenschaft. Eine aus Fleisch und Blut, Herz und Verstand. Er hat jetzt noch mehr Neider im Dorf. So viel Glück und Schönheit will einigen nicht in ein Dorf mit schlammigen Wegen passen.

Die Braut wird umschwärmt, doch sie hat nur Augen für ihn. Wenn er an ihrer Seite lebt, was kann ihr dann noch widerfahren?

Überglücklich drückt sie sich an Irina Sedowa, die Lebenskluge, die einen großen Anteil daran hat, dass ihr Michail und sie zusammengefunden haben. Sie küsst die stille Frau, die ihr Freundin und Mutter geworden ist. „Wie recht du damals hattest. Wir dankbar ich dir dafür bin."

„Genieße dein Glück, meine Liebe. Von Herzen gönne ich es dir, nach all den schweren Jahren. Genieße es. Niemand kann wissen, wie lange es währt."

Schnee ist gefallen. Zum ersten Mal seit Kriegsende werden im Kolchos alle Kartoffel- und Rübenfelder und ein Teil der Kohlfelder abgeerntet, ehe der Frost einsetzt. Doch Michail Baschkows Freude darüber währt nicht lange. Dem Kolchos fehlen Transportmittel und die aus der Stadt lassen ihn bei Hackfrüchten und Kohl im Stich. Das Getreide haben sie rüde mit „Exekutivkomitees" eingetrieben, als wäre es nur wegen ihrer Propaganda gewachsen und stünde ihnen somit bis aufs letzte Körnchen zu. Ihr habt zu arbeiten und wir bestimmen über den Ertrag und seine Verteilung, das war ihr kurzsichtiges Handlungsmotiv. Das Abgeben und Eintreiben funktioniert im Sowjetland sehr gut, denkt Michail Baschkow. Je mehr sie eintreiben, umso größer ist die Anerkennung ihrer Vorgesetzten. Nur beim Verteilen geht es drunter und drüber. Da spielen die in der Stadt und ihre Helfer in den Dörfern ihre ganze Macht aus. Zum Glück haben sie diesmal einen Teil des Saatgetreides nicht gefunden. Michail Baschkow hat ihnen einen Teil des Saatgetreides gezeigt und gezetert, als sie es mitgenommen haben. Den anderen, den mit Hilfe zuverlässiger Leute versteckten Teil, haben sie nicht mehr gesucht. Ein Stein ist Michail Baschkow von der Brust gefallen. Wenn die Eintreiber über die Verteilung des gesamten Saatgetreides bestimmt hätten, dann hätte es schlimm kommen können. Es macht ihnen nichts aus, dem Kolchos mit der größten Getreideernte am Ende kaum Saatkorn zuzuteilen und ihn dafür mehr Kartoffeln und Mais anbauen zu lassen, obwohl er über keine dafür geeigneten Böden verfügt.

Beim Getreide sind sie unerbittlich gewesen, sind mit Wagenkolonnen gekommen, doch am Rest der Ernte scheinen sie kein Interesse zu haben.

Michail Baschkow lässt für Kartoffeln und Rüben Mieten anlegen und den Kohl in der Kirche lagern. Lange kann er sich dort nicht halten. Er wird wohl, zusammen mit vielen Kartoffeln und dem Rübenkraut, in der Silage als Viehfutter enden. Einen Teil der guten Staatsernte dürfen sich die Leute holen. Sie essen und lagern ein, was sie können, füllen riesige Tongefäße und Holzfässer mit gesalzenen Krautschnitzeln, um daraus Sauerkraut werden zu lassen. Im Dorf beginnen die Kohlwochen. Wolodja Tschaikin bringt es auf den Punkt: „Wenn's im Dorf kracht und knallt und die Leute in ihren Häusern an den Decken schweben, dann sind wir mitten in den Kohlwochen."

Bis zuletzt versucht Michail Baschkow den Verantwortlichen in der Stadt die prächtige Hackfruchternte schmackhaft zu machen und schimpft sich am Telefon die Seele aus dem Leib. Ob er denn glaube, für sie gebe es nur Tichaja Semlja, heißt es lapidar. Im Frühjahr werde man weitersehen.

„Im Frühjahr ist alles Matsch!", brüllt er ins Telefon. Was kann es für einen Bauern Schlimmeres geben als eine verdorbene Ernte?

„Für eine ordnungsgemäße Lagerung hast du gefälligst selbst zu sorgen!", giftet der liebe Genosse aus der Stadt zurück. Michail Baschkow kocht vor Wut über so viel Ignoranz.

„Die Sesselfurzer sind unser Untergang“, sagt Wolodja, der zufällig Zeuge des Gespräches wird, „fetter Arsch, Spatzenhirn und viel Macht, das passt in Russland wie's scheint, gut zusammen, bah.“

Zu Hause empfängt den erbosten Michail eine engelsgleiche Ninotschka. Ein paar neue Schulbücher und Schreibhefte, Bleistifte, Kreide und ähnliche Kostbarkeiten hat ihr der Postbote gebracht, der sich selten ins Dorf verirrt und dann stets bei Wolodja am anderen Ufer tankt. Mitunter dauert das Tanken mehrere Tage.

Beim Anblick seiner fast übermenschlich schönen Frau, die ihn zärtlich anblickt, schwirrt seine schlechte Laune davon wie ein unbekümmertes Vögelchen. Gleichzeitig fragt er sich, ob ihr unübersehbares Glück nur einigen Schulbüchern geschuldet ist und wundert sich, weil ihn ihre tiefen grünen Augen unentwegt anfunkeln.

Als er sie nach dem Grund ihres Glückes fragt, fällt sie ihm um den Hals und flüstert ihm ins Ohr: „Ein Kind erwarte ich von dir liebem, wortkargem Brummbär.“

Zärtliche Gefühle durchströmen ihn, Stolz spürt er, Freude und Dankbarkeit. Er presst sie an sich, küsst sie auf Augen und Mund. Bei so viel Glück, denkt er, können ruhig ein paar Kohlköpfe verfaulen. Im Überschwang möchte er seiner Ninotschka so vieles sagen. Doch woher die Worte nehmen?

„Du Gute“, sagt er. Mehr Worte findet er in diesem Augenblick nicht, um ihr seine große Freude mitzuteilen. Und Ninotschka, die Leidgeprüfte? Sie braucht kein Wort mehr. Sie fühlt auch ohne Worte, wie glücklich der Vater ihres zweiten Kindes ist.

Der erste Schnee liegt nur zwei Tage, dann taut er und die Wege verwandeln sich wieder in schlammigen Matsch. Fast zwei Wochen plagen sich die Leute mit dem zähen oder halbflüssigen Brei herum. Sind froh, als der Frost einsetzt und der Zustand der Wege wieder erträglicher wird.

An einem frostigen Vormittag spuckt ein wankender, mit Säcken und Kisten überladener Laster in Dorfnähe einen Mann aus. Während der Laster weitertorkelt, steht der Mann eine Weile wie versteinert und blickt unentwegt zum Dorf hinüber. Wären nicht kleine Atemwölkchen zu sehen, könnte man den Mann in dem verschlissenen Armeemantel für eine Vogelscheuche halten. Doch er atmet. Also lebt er.

Erst als er die Kälte spürt, wischt er sich die Augen, fährt sich über den grauen, zerzausten Bart, wirft den fast leeren Rucksack über die Schulter und stapft langsam zum Dorf hinüber.

Die Gärten und Wege sind menschenleer. Er hat große Mühe, sich zu orientieren. Zu viele Häuser fehlen, andere sind neu gebaut worden. Das hinter den neuen Häusern liegende Kolchosgebäude kann er von hier aus nicht erkennen.

Endlich ein Einspänner, der langsam über den vereisten Weg holpert. Der Mann befragt den Kutscher, dessen Gesicht von einer großen Narbe entstellt ist.

„Die Baschkows? Du stehst fast vor ihrem Haus. Dort ist es“, sagt der Narbige, ohne anzuhalten.

Das kranke Herz des Mannes beginnt heftig zu klopfen, als er auf den Hof des ihm gewiesenen Hauses tritt. Die Baschkows – hat ihm der Narbige gesagt. Wird er sie gleich alle gesund wiedersehen? Wird er diese Begegnung ertragen können? Warum ein neues Haus?

Ein angeleinter Rüde kommt bellend auf ihn zu, bleibt stehen, knurrt heftig und mustert ihn misstrauisch. Unschlüssig bleibt der Mann stehen. Eine unerklärliche Scheu bemächtigt sich seiner. Keiner wird dich erwarten, denkt er. Sie haben sich hier eingerichtet und du wirst sie unnötig stören und ihnen eine Last werden.

Nina Baschkowa bereitet wie fast jeden Sonntag den Unterricht für die kommende Woche vor. Ihr Ossip ist mit ihrem Mann, den er wie selbstverständlich seit der Hochzeit Vati nennt, in den Stall getippelt, um ihm dort auf Kinderart beim Füttern der Tiere zu helfen. Als der Hund bellt, blickt sie durchs Fenster und sieht den Mann mit dem zerzausten Bart, dem verschlissenen Mantel und den löchrigen Segeltuchstiefeln. Sein Anblick beunruhigt sie. Der Mann erweckt kein Vertrauen. Besorgt läuft sie in den Stall.

Michail Baschkow eilt auf den Hof, beruhigt den Hund, mustert den Fremden streng und abweisend. „Was wollen Sie hier?“

In den Augen des Fremden stehen mit einem Mal Tränen. „Mischka“, sagt er leise, „erkennst du mich nicht?“

Mischka haben Michail Baschkow mitunter nur drei Menschen genannt: seine Eltern und sein jüngerer Bruder Fedja. Woher kennt der Fremde diesen Namen? Er versucht den grauen Bart wegzudenken, blickt ihm nochmals in die Augen. Mein Gott, denkt er und erschrickt, das kann doch nicht sein. Doch sein Herz klopft schon wild.

„Fedja?“

Der Fremde nickt leicht.

„Fedja!“ Während er auf seinen Bruder zustürzt, laufen ihm unbemerkt Tränen übers Gesicht.

Nina Baschkowa steht wie erstarrt und blickt auf die beiden Männer, die sich in den Armen liegen. Sie kann die Tränen, die ihr wie kleine Sturzbäche aus den Augen fließen, nicht zurückhalten. Wie oft hat er ihr von seinem Bruder erzählt, der neben ihm wie ein alter Mann aussieht.

„Fedja, du lebst, du bist gekommen, alles wird gut werden“, hört sie ihren Michail sagen. Ihr kleiner Ossip drückt sich an sie und staunt über die Eltern, die aus ihm unbegreiflichen Gründen weinen.

Fedja kann nichts sagen. Seit Jahren hat ihn niemand umarmt, ist er niemandem willkommen gewesen. Ein trockenes Schluchzen schüttelt ihn. Er ist seinem Bruder dankbar. Über so viele Jahre ist Michail sein bester Freund gewesen. Doch schon quält ihn die Sorge: Wie soll ich alles vergessen und mit ihm im Dorf leben können?

„So ein Glück, Fedja! Sie haben mir schon vor über einem Jahr versichert, man werde dich entlassen. Ein Zimmer hab ich seither nur für dich freigehalten. Willkommen in der Heimat, du Lieber. Komm ins Haus. Es soll jetzt auch dein Haus sein.

Meine Güte, vor lauter Aufregung hab ich dir meine Frau noch nicht vorgestellt. Das ist meine liebe Ninotschka. Ninotschka, das ist mein Bruder Fedja. Und der kleine Mann ist unser Ossip. Ein fröhliches, kluges Bürschlein.

So dünn bist du geworden, Fedja, und so grau“, sagt Michail

Baschkow, nachdem er Fedja eines der freien Zimmer gezeigt hat. „Das Zimmer gegenüber habe ich für die Eltern freigehalten. Doch jetzt, wo ich Gewissheit habe, dass sie tot sind, kannst du auch dort wohnen. Es ist etwas größer."

Fedjas reißt die Augen auf und seine Pupillen weiten sich. „Sie sind tot?", fragt er mit fast tonloser Stimme.

Michail Baschkow ist erschrocken. „Ich Tollpatsch", ärgert er sich. „Ich hätte es dir schonend beibringen müssen. Du warst ja die ganze Zeit dort. Wie konnte ich das nur vergessen!" Er schweigt eine Weile betroffen, setzt dann aber mit fester Stimme hinzu: „Vater haben sie gleich nach seiner Verhaftung erschossen. Mutter sollte in ein Lager kommen. Während des Transportes wollte sie angeblich fliehen und wurde ebenfalls erschossen. Zwei so prachtvolle Menschen, Fedja, ich bin voller Zorn und Trauer."

Fedja wird bleich, sein Gesicht erstarrt, er greift mit beiden Händen nach Michail Baschkows Unterarm, presst ihn, bis es schmerzt. „Die Sache, Michail, für die unsere Eltern und wir gekämpft haben, gebe ich schon lange verloren. Sie wird kein gutes Ende nehmen."

Ins Zimmer, welches sein Bruder den Eltern zugedacht hat, will Fedja nicht einziehen.

Michail Baschkow spürt die Erregung seines Bruders, will jetzt nicht weiter in ihn dringen. Sie haben noch so viel Zeit über alles zu sprechen. Seit fast zehn Jahren haben sie sich nicht gesehen. Er hält es für besser, erst einmal ein Kaninchen zu schlachten, um Fedja angemessen bewirten zu können. Der kleine Ossip schaut ihm beim Schlachten zu, fragt wenig, staunt nur. Zum ersten Mal sieht er, wie einem Kaninchen das Fell über die Ohren gezogen wird.

Fedja hat keine Augen für das Schlachten. Regungslos sitzt er auf einem Strohballen, kaut langsam ein Stück Brot und blickt mit traurigem Gesicht durch die Stalltür in die Ferne. Es wird schon werden, denkt Michail Baschkow, der beim Ausnehmen des Tieres hin und wieder einen besorgten Blick auf Fedja wirft.

Während Ninotschka das Kaninchen zubereitet, läuft er mit Fedja durchs Dorf, erklärt ihm, wie radikal es der Krieg verändert hat.

„Ein trauriger Ort ist unser Dorf geworden. Kann es jemals wieder so werden, wie es einmal war?“ Das sind die einzigen Sätze, die Fedja während der ganzen Zeit spricht.

Ninotschka hat das Kaninchen nach Irina Sedowas Rezept zubereitet. Es schmeckt ausgezeichnet. Dennoch isst Fedja langsam und anscheinend mit wenig Appetit.

„Müde siehst du aus“, sagt Michail Baschkow, „wie sollte es auch anders sein. Am besten du legst dich gleich aufs Ohr. Schlafen, essen, zur Ruhe kommen, das ist erst einmal das Wichtigste für dich. Vor uns aber hab keine Scheu.

Wenn dir das Herz schwer wird und du reden willst, dann rede. Alles andere ist jetzt nebensächlich und wird sich finden.“

Nach der ersten sättigenden Fleischmahlzeit seit Jahren liegt Fedja in seinem sauberen Zimmer, das den Geruch von frischem Holz verströmt, auf einem soeben gestopften Strohbett, dessen Laken und Bettzeug angenehm duften.

Dass ich das noch einmal erleben kann, denkt er. Er ist sehr müde und kann doch nicht schlafen. Er erinnert sich an den Krieg und an die Jahre der Gefangenschaft in deutschen und sowjetischen Lagern und immer wieder mit Schuldgefühlen an die Eltern, die er nie wiedersehen wird.

Unruhig wälzt er sich hin und her. Bei jeder Drehung steigt ihm der Geruch von frischem Stroh und sauberer Bettwäsche in die Nase. Er ist voller Dankbarkeit für seinen Bruder und dessen Frau. Dankbarkeit, erlittenes Unrecht und Schuldgefühle vermischen sich in seinen Gedanken so unlösbar miteinander, dass er befürchtet, sein Kopf zerspringe ihm. Erschöpft von Reise- und Geistesplagen schläft er endlich ein. Später träumt er einen russischen Traum von Lagerhaft und von den hingemordeten Eltern.

Sie lassen Fedja schlafen, sind leiser als sonst. Gegen Abend weiß Ninotschka nicht recht, ob sie Fedja zum Abendessen holen soll.

„Lassen wir ihn schlafen“, sagt Michail Baschkow. Als sie im Bett liegen, hören sie Fedja nebenan im Schlaf stöhnen und sprechen.

Ninotschka ist noch damit beschäftigt, die Anwesenheit eines ihr fremden Mannes unter ihrem Dach hinzunehmen. So plötzlich ist alles gekommen. Sie hört die Geräusche von nebenan und legt ihren Kopf auf die Brust ihres Mannes. Er wird schon dafür sorgen, dass sie nach der Aufregung wieder zur Ruhe kommen und miteinander leben. Immerhin ist es sein Bruder – und jetzt auch mein Schwager.

„Er wird viel gelitten haben“, sagt sie leise.

„Alle, die im Krieg waren, haben viel gelitten“, flüstert Michail Baschkow träge.

Ninotschka macht sich ihre Gedanken: „Sicher hast auch du viel Schlimmes erlebt. Auch du rufst im Schlaf mitunter Namen oder gibst Befehle und bist dann immer schweißnass. Es quält dich, weil du nicht mit mir darüber sprichst. Du musst mit mir reden. Ich bin doch deine Frau. So vieles möchte ich von dir wissen und so wenig weiß ich. Ich habe dir alles erzählt, was mir im Krieg widerfahren ist und du schweigst, quälst dich mit der Vergangenheit herum und leidest. Das macht mich traurig.“

„Ninotschka, sei keine Dumme“, Michail Baschkow streicht ihr sanft übers Haar, „wie soll ein Mann über all das Schreckliche sprechen können? Wo sollten dafür die Worte herkommen? Schweigen muss er, einen einsamen Kampf gegen seine Erinnerungen führen. Jedes gesprochene Wort macht das Ungeheuerliche leichter, relativiert es und will es erträglicher machen. Dazu haben wir Überlebenden kein Recht. Unseren gefallenen Kameraden sind wir unser Schweigen schuldig. In meinem Herzen hab ich alles begraben, das Prachtvolle und das Widerliche.“

Ninotschka versteht ihn nicht. Dennoch gibt sie sich zufrieden. Wann hat ihr Brummbär schon einmal so viele zusammenhängende Sätze zu ihr gesprochen? Und dass richtige Männer sich aus ihr unerklärlichen Gründen lieber Lippen und Zungen blutig beißen, anstatt über ihre Gefühle zu sprechen, das weiß sie schon lange. Nur ihr Pawel, ihr bezaubernder, glatter Junge, hatte sein Herz auf der Zunge getragen. Mit diesem Gedanken schläft sie ein.

Michail Baschkow hört den ruhigen, gleichmäßigen Atem seiner Frau. Neben ihr zu liegen, ihren warmen Körper zu spüren, ist ihm Glück. Vorsichtig nimmt er ihren Kopf von seiner Brust. Er verschränkt seine Arme hinter dem Kopf und grübelt darüber nach, wie er Fedja beim Start in ein neues Leben helfen könne. Aus Watte ist er nicht, denkt er. Hat er erst einmal eine sinnvolle Arbeit, wird er schnell bei uns Fuß fassen. Auch Frauen ohne Männer haben wir genug. Eine wird sich schon finden lassen.

Fedja hat sich die Haare schneiden und den Bart stutzen lassen. Im Kolchos kümmert er sich zusammen mit seinem Jugendfreund Wolodja Tschaikin um Fahrzeuge und Feldgeräte, fährt, wenn Not am Mann ist. Goldene Hände hat er früher gehabt, die hat er behalten. Das Schmiedefeuer bringt er in Ordnung, schmiedet und schweißt, was das Zeug hält und Holzarbeiten erledigt er ebenfalls mit Geschick.

„Wie ein richtiger Stellmacher.“ Wolodja ist begeistert. Im Frühjahr holen sie aus einem 20 Kilometer entfernten Dorf zwei alte Lastwagen, wollen daraus einen fahrtüchtigen machen. Wolodja kümmert sich um Motor und Fahrgestell, Fedja um Karosserie und Holzaufbauten. Die beiden von Wolodja angelernten Jungendlichen gehen ihnen begeistert zur Hand.

Fedja arbeitet zuverlässig und ist beliebt. Dennoch ist Michail Baschkow mit seinem Bruder unzufrieden. Was war der einst für ein fröhlicher Bursche. Jetzt schaut er alles und jeden finster an, spricht wenig, bleibt verschlossen. Jedes Wort muss man ihm aus der Nase ziehen.

Eines Tages, als Fedja sich ein wenig öffnet und Ossip eine lustige Geschichte vorliest, spricht ihn Michail Baschkow daraufhin an. Sofort verfinstert sich Fedjas Gesicht wieder.

„Hör zu, Michail, verlang von mir nie wieder ein freundlicheres Gesicht. Für mich gibt es nichts mehr zu lachen. Wie Dreck hat man mich behandelt, mich meiner Ehre und aller Rechte beraubt.

Mein Gnadenbrot fress ich hier im Dorf."

Nachdem sie Ossip zu seiner Mutter geschickt haben, erzählt Fedja mit hastig gesprochenen Sätzen sein bitteres Schicksal. „Von der Ernte weg wurde mein Jahrgang einberufen. Mich haben sie zurückgestellt, weil sie mich dringend für die Technik auf den Feldern brauchten, doch ich wollte nur eines: Gegen die Faschisten kämpfen. Lange habe ich es im Dorf nicht ausgehalten, habe ich mich gestellt. Eine ausreichende Ausbildung bekamen wir nicht. Sie haben uns alte Karabiner und leichte Handgranaten in die Hände gedrückt und uns gesagt: Haltet die Faschisten auf, denkt an die Heimat, steht oder sterbt! Und ab ging es Richtung Smolensk an die Front.

Was wussten wir schon vom Krieg? Mitten hinein in den größten Schlamassel haben sie uns geführt. Ehe wir wussten, wie uns geschah, waren überall Deutsche. Sie kamen mit Stukas und Panzern und wir drohten ihnen mit Karabinern und mit Handgranaten, die du einem Deutschen in die Hand geben musstest, um ihm das Lebenslicht auszublasen. Anfangs hatten wir noch zwei leichte Feldgeschütze, einige Panzerbüchsen und leichte Maschinengewehre. Die ballerten und ratterten nicht lange. Die Deutschen bombten sie mit ihren Stukas in die Erde. Haltet aus Brüder, hieß es, die Unsrigen schicken Panzer! Nicht ein einziger ist gekommen. Kaum eine Stunde später war von unserer Einheit nur noch jeder Dritte am Leben, viele davon verwundet. Wir waren nicht feige, nur zornig und verwirrt. Fast alle Offiziere waren gefallen. Wie und womit sollten wir die Deutschen aufhalten? Bald hatten wir unsere Munition ziemlich unüberlegt verschossen. Als deutsche Panzer unsere Stellung erreicht hatten, warfen wir unsere lächerlichen Handgranaten. Einige deutsche Infanteristen blieben verletzt liegen. Die Panzer fuhren durch unsere Stellung hindurch, über uns hinweg. ‚Hebt die Hände, Brüder, rettet euer Leben', rief ein junger Offizier.

Die Deutschen feuerten mit ihren Maschinenpistolen auf uns. Da warfen wir unsere leer geschossenen Karabiner weg und ergaben uns. Heute weiß ich, es wäre besser gewesen, wenn ich damals gefallen wäre. Vieles wäre mir dann erspart geblieben.

Frag mich nicht, wie ich nach Deutschland gekommen bin. Auf dem Weg zum Sammellager wurden wir immer mehr. Zu Tausenden trieben sie uns in die Gefangenschaft. Nachdem wir die Wucht des deutschen Angriffs erlebt hatten und jetzt die allem Anschein nach endlosen Gefangenenkolonnen sahen, dachten wir alle nur eines: Der Krieg ist verloren.

Die Deutschen behandelten uns schlecht, schlugen und traten nach uns, ließen uns hungern, dursten und frieren. Wer zurückblieb, wurde erschossen. Die schwächeren, kranken und verwundeten Gefangenen ließen sie in der Nähe des Dorfes Pastbitsche auf eine Wiese treiben. Wir anderen marschierten weiter nach Westen, ohne auf eine Ortschaft zu stoßen. Irgendwo kamen wir in ein Sammellager unter freiem Himmel. Viele wurden krank und starben. Dann der Transport nach Deutschland – eine Ewigkeit schien er zu dauern. Jeder Zehnte erreichte den Zielort nicht.

In Deutschland wurde es etwas besser. Wir lebten in Baracken. Die Arbeit war hart und wir hungerten. Die Deutschen waren rücksichtslos. Ein toter Russe machte ihnen wenig Kopfzerbrechen. Wir hatten keine Hoffnung mehr. Wir dachten, sie werden uns hungrig schuften und dann verrecken lassen.

Doch dann sickerte die Nachricht durch: Die Deutschen sind in Stalingrad vernichtend geschlagen worden und ziehen sich zurück. Und immer öfter tauchten englische und amerikanische Flugzeuge auf und bombardierten die Stadt. Die Deutschen wurden nervöser. Das alles gab uns wieder Hoffnung auf ein Ende des Krieges und ein Wiedersehen mit der Heimat.

Dann kamen die Unsrigen in die Stadt. Wir konnten unser Glück nicht fassen und lagen uns in den Armen. Das hätten wir besser bleiben lassen sollen. Die Deutschen hatten uns verächtlich behandelt, so als wären wir eine minderwertige Art Mensch. Das war schwer genug zu ertragen gewesen. Doch die Unsrigen behandelten uns wie Verräter. Da saßen Offiziere und Soldaten mit Listen an einem langen Tisch. Die Offiziere befragten uns zur Person, nach unserer letzten Einheit und den Umständen unserer Gefangennahme. Sie ließen uns ihre ganze Verachtung spüren. Sie verurteilten die meisten von uns im Schnellverfahren, ohne die Möglichkeit einer Verteidigung zuzulassen, wegen Feigheit und Verrat zu zehn Jahren Lagerhaft. Wir waren wie vor den Kopf geschlagen. Wir wurden hart bestraft, weil wir uns nicht die letzte Kugel in den Kopf gejagt oder uns nicht mit Gewehrkolben auf die deutsche Panzer gestürzt hatten. Sie erklärten mir, ich hätte kein Recht darauf, am Leben zu bleiben, und meine Zwangsarbeit in Deutschland sei ein schweres Verbrechen am Sowjetvolk. Für einen Augenblick war mein Lebenswille stärker gewesen als meine Soldatenpflicht. Dafür muss ich büßen.

Das Leben in unserem Lager war noch härter als das in Deutschland. Von den eigenen Leuten gedemütigt und verachtet zu werden, das schmerzt. Kein Wort werde ich dir darüber sagen. Nur so viel: Dort haben sie mir alles genommen, was mir ein anständiges Leben nach Verbüßen meiner Strafe ermöglicht hätte. Denn im Lager überließ das Wachpersonal den Kriminellen das Kommando, machte mit ihnen gemeinsame Sache. Bei meiner Entlassung haben sie mir gesagt, es wäre für einen wie mich besser gewesen, im Lager zu krepieren, anstatt als Verräter am Sowjetvolk unter anständigen Menschen leben zu wollen. Schwer fällt es mir, es dir zu sagen, Michail, aber ich hab keine Freude mehr am Leben. Ich werde arbeiten, essen, schlafen, meine Notdurft verrichten und hoffentlich bald in der Grube liegen."

„So darfst du nicht reden, Fedja!" Michail Baschkow findet nur schwer Worte für seinen Bruder. Sein Verstand und seine Kriegserfahrungen sagen ihm, dass die Befehle „Steh oder stirb" und „Die letzte Kugel für dich selbst" nicht jeder Logik entbehrten. Er hat erlebt, wie sich eine Kompanie seines Regiments mit den Worten: „Für Stalin und seine Bolschewisten kämpfen wir nicht!", den Deutschen kampflos ergeben hatte, während die anderen Kompanien erbitterten Widerstand leisteten und neun von zehn Soldaten ihr Leben opferten, um die Deutschen für einige Stunden aufzuhalten. Er kannte aber auch die andere Seite der Medaille. Als sich die Überlebenden zurückgezogen hatten, um sich versorgen und einer anderen Einheit anschließen zu können, wären sie um ein Haar von NKWD-Soldaten wegen Feigheit vor dem Feind erschossen worden.

Sein Kopf versucht zu entschuldigen, was Fedja widerfahren ist. Sein Herz aber sagt ihm, dass er seinem Bruder helfen und ihm zur Seite stehen muss.

„Verrat haben diejenigen begangen, die sich trotz guter Bewaffnung und ohne sich zu wehren den Deutschen ergeben haben. Diejenigen, die sich mit den Deutschen während der Besetzung eingelassen, ihre Landsleute verraten oder an der Seite der Deutschen gegen die Rote Armee gekämpft haben.

Aber die meisten sind doch in den ersten Kriegswochen ohne jede Schuld in deutsche Gefangenschaft geraten. Schlecht geführt und von der Wucht und der Geschwindigkeit des deutschen Angriffs verwirrt, so wie deine Einheit. Hätten sich all diese Männer in uniformierte Selbstmörder verwandeln sollen? Fedja, es waren Hunderttausende!

Man hätte euch niemals wie Verräter behandeln dürfen. In Anbetracht der Wirren der ersten Kriegsmonate hätte es genügt, euch bei eurer Befreiung zu sagen: Ihr habt wenig Anteil an der Befreiung der Heimat gehabt. Macht, was ihr damals versäumt habt, durch eure Arbeit beim Aufbau der Heimat wieder wett.

Also arbeite weiter, Fedja, und finde wieder zu dir selbst. Ich bin so froh, dass du lebst und neben mir sitzt. Sieh dir Wolodja an. Er hüpft fröhlich auf einem Bein durchs Dorf, hat goldene Hände und bringt viele zum Lachen. Vergessen müssen wir, Fedja, vergessen."

Fedja winkt müde ab. „Versuch nicht, mich reinzuwaschen. Ich habe damals versagt und muss dafür bezahlen. Ich verfluche diesen Tag, an dem ich zu feige war, mir eine Kugel in den Kopf zu jagen.

Du bist ein tapferer, mehrfach ausgezeichneter Offizier, führst jetzt den Kolchos, bist geachtet. Wäre ich nicht dein Bruder, würdest du mich verachten. Siehst du, jetzt schweigst du."

Michail Baschkow wälzt sich im Bett hin und her, stöhnt und spricht im Schlaf. Im Traum sitzt er Oberleutnant Rotstein gegenüber, der ihn anfährt: „Deine Eltern haben wir als Volksfeinde liquidiert. Deinen Bruder, den Verräter, hätten wir schon damals erschießen sollen. Das haben wir jetzt nachgeholt. Auch mit dir machen wir kurzen Prozess. Noch heute Nacht machen wir ein Ende mit dir. Schluss mit den unbelehrbaren Baschkows."

Man wirft ihn in eine Zelle. Dort sitzt bereits sein Freund Serjoscha Pawlowskij und sieht ihn traurig an. „Man hat uns geopfert, Michail. Alles ist verloren."

In der Ecke der Zelle liegt eine leblose Gestalt.

„Wer liegt dort?", fragt er Serjoscha.

Serjoscha wendet sich ab. „Geh nicht hin."

Doch er muss hingehen. Er dreht die Gestalt auf den Rücken und prallt zurück. „Fedja!" Langsam öffnet Fedja die Augen, sieht ihn erstaunt an. Da geschieht etwas Schreckliches. Fedjas Gesicht verändert sich, wird fremd, nimmt andere Züge an. In dem fremden Gesicht mit dem vorwurfsvollen Blick erkennt er den deutschen Beobachter, den er aus dem Baum geschossen hat. Er weicht zurück.

Hinter ihm steht Ninotschka. „Du hast Menschen umgebracht, Michail", sagt sie und wendet sich ab.

Er wacht auf, ist schweißnass, sein Herz klopft schnell und hart. Er ist erleichtert: nur ein Traum! Im fahlen Mondlicht erkennt er das entspannte Gesicht seiner Frau. Er hört ihre gleichmäßigen Atemzüge. Sein Puls beruhigt sich. Wenn sie nur bei mir bleibt, denkt er, dann wird alles halb so schlimm werden. Zärtlichkeit durchströmt ihn. Er kann der Lust, seine Ninotschka zu berühren, kaum widerstehen. Doch ihr Schlaf ist ihm heilig. In ihrem Leib wächst sein erstes Kind heran.

Der Schnee ist geschmolzen. Die Felder sind noch zu feucht für die Frühjahrsbestellung, doch die holprige Fernstraße ist schon soweit abgetrocknet, dass die Genossen aus der Stadt die Reiselust packt.

Den Winter über haben sie die Umsetzung der allerneuesten Direktiven in ihrem Zuständigkeitsbereich vorbereitet und sich ihre Köpfe zermartert bei der Planung des gesellschaftlichen Fortschritts auf dem Land. Getragen von den tiefschürfenden Lehren des Genossen Stalin und des Genossen Lysenko gilt es eine erbarmungslose Schlacht zu schlagen. Das Volk soll gewaltige Pläne erfüllen. Dafür muss man es ernähren. Auch die kühnen Recken der kommunistischen Umgestaltung in den Parteihäusern müssen sich regelmäßig für ihren schweren Kampf stärken. Noch benötigen sie dafür Sonne, Regen und die russische Erde. Das wird sich ändern. Man wird die zurückgebliebene Natur überlisten: Licht ohne Sonne, Wasser nach Bedarf, Weizenkörner so groß wie Bohnen, Bohnen so groß wie Kartoffeln, Kartoffeln so groß wie Rüben, Rüben so groß wie Kürbisse.

Nun ist es an der Zeit, sich um die Menschen auf dem Land zu kümmern. Die Genossen in der Stadt mit ihren klugen, weitsichtigen Köpfen fechten den heroischen Kampf des wissenschaftlichen Überbaus gegen die widerborstige bäuerliche Basis. Mit Selbstkritik und forschen Verpflichtungen haben sie auf die Schelte von höchster Stelle reagiert und sich nicht geschont.

Endlich können die Genossen aus der Stadt den unaufhaltsamen gesellschaftlichen Fortschritt aufs Land bringen, und ihre unbeugsame Treue zur Partei unter Beweis stellen. In Tichaja Semlja lassen sie eine Dorfversammlung einberufen und verkünden die genialen Gedanken des Generalissimus vom kühnen Fortschritt und von der beispiellosen Entfaltung der sowjetischen Landwirtschaft auf höchstem Niveau. Die geniale Erkenntnis lautet: Wenn zwei Kolchosen ihr Ablieferungssoll nicht erfüllen, muss man sie zu einem einzigen großen Kolchos vereinigen und schon läuft die Sache wie geschmiert. Die neue Zauberformel lautet: Mehr Effektivität durch Zusammenschluss. So verblüffend einfach können geniale Geistesblitze mitunter sein. Die Augen der Genossen aus der Stadt leuchten.

Michail Baschkow ist wieder einmal nicht auf der Höhe der Zeit, ist verärgert, einem Zornesausbruch nahe. Niemand hat vorher mit ihm darüber gesprochen. Dagegen zeigt es sich, dass die alte Dorfobrigkeit und der neue Parteivorsitzende Bescheid wissen. Sie begrüßen die kluge Entscheidung, die vom Weitblick des Genossen Stalin künde.

Michail Baschkow kennt die Ernteerträge des Dorfes aus der Zarenzeit. Sein Vater hat sie ihm einst aufgezeigt, um ihm zu erklären, welche Aufgaben vor dem Kolchos liegen. Obwohl sich unter Michail Baschkows Leitung die Erträge vervielfacht haben, weiß er, dass die Erträge der Zarenzeit noch längst nicht erreicht sind und er kennt auch die Ursachen dafür.

Er macht den Genossen aus der Stadt eine andere Rechnung auf: Zweimal wenig ergebe nicht einmal viel. Das Gegenteil werde geschehen. Für die Kolchosleitung werde es schwieriger werden, den Überblick zu behalten. Die Leute wiederum verlieren bei solcher Größe die Bindung an den Kolchos, werden sich, noch mehr als bisher, zuerst um ihre Privatwirtschaft kümmern. Es werde nicht mehr Effektivität, sondern mehr Leerlauf geben, weil sich mit dem Zusammenschluss weder die Anzahl der Maschinen und Fahrzeuge, noch die der Arbeitsfähigen erhöhen werde. Außerdem liegen die Dörfer fast 20 Kilometer auseinander. Es bestehe keine Telefonverbindung und die Wege seien miserabel. Den Genossen Lysenko in Ehren, doch seine Zukunftsmusik könne man in Tichaja Semlja weder anbauen noch ernten, und ob sie wirklich so schön klingen werde, wie er es verspreche, muss sich erst noch erweisen.

Vom Sohn eines Volksfeindes habe er keine andere Meinung erwartet, faucht ihn der höchste Genosse aus der Stadt an. Öffentlich an den aus Moskau kommenden Richtlinien zu zweifeln, erfülle für ihn den Tatbestand der Volksverhetzung. Darüber werde noch zu sprechen sein. Zum Glück falle die abwegige Meinung eines Baschkows nicht ins Gewicht. Alles werde so geschehen, wie es die Partei beschlossen habe. Für beide Dörfer werde es nur eine Parteiorganisation, einen Dorfsowjet und einen Kolchos geben. Die neue Partei- und die neue Kolchosleitung werden im Nachbardorf ihren Sitz haben, der neue Sowjet berate zukünftig in Tichaja Semlja. Die Leitung des neuen Kolchos werde ein bewährter Genosse aus der Stadt übernehmen. Eine so wichtige Aufgabe könne die Partei schließlich keinem Sohn eines Volksfeindes übertragen, in dessen Haus ein abgestrafter Verräter lebe.

Was die Einrichtungen angehe, so werden folgende Beschlüsse umgesetzt: Die in Tichaja Semlja stationierte Technik und die Fahrzeuge werden ins Nachbardorf verlegt. Dort werde die Werkstatt ausgebaut. Die Werkstatt von Tichaja Semlja werde somit überflüssig. Ihr Personal werde in der neuen Werkstatt nicht benötigt und könne mit anderen Aufgaben betraut werden.

Dafür gehe der Unterricht für die Kinder in Tichaja Semlja weiter. Hier sei das Schulgebäude besser als im Nachbardorf und könne noch mehr Kinder aufnehmen. Da es aber zur Zeit nicht möglich sei, die Kinder aus dem Nachbardorf ständig hin- und zurückzufahren, bleibe alles beim Alten. Allerdings könne man den Unterricht nicht weiterhin einer Lehrerin ohne die erforderliche Qualifikation überlassen. Zumal ihr Lebensumfeld nicht gerade ein Beleg für ihre Ergebenheit gegenüber den Idealen einer kommunistischen Gesellschaft sei. Man habe eine Lehrerin aus der Stadt nach Tichaja Semlja verpflichtet. Sie werde in Kürze eintreffen.

Über das Vieh und andere Details müssen sich die Verantwortlichen beider Dörfer bis zum Beginn der Frühjahrsbestellung noch einigen und ihre Entscheidungen den Genossen in der Stadt mitteilen.

Am Ende der Versammlung ruft er den zwischen Zorn und Verzweiflung hin und her gerissenen Michail Baschkow sowie den Parteivorsitzenden von Tichaja Semlja und dessen Stellvertreter an den Tisch. Der Genosse aus der Stadt gibt im Namen der unbestechlichen Partei den Staatsanwalt und den Richter und eröffnet ein Parteiverfahren gegen Michail Baschkow. Eine Diskussion wird nicht zugelassen.

Der hohe Genosse verkündet sein Statement. „Die Partei ist in allem verständnisvoll und geduldig. Wenn sie sich gezwungen sieht, gegen dich ein Parteiverfahren zu eröffnen, dann hat sie dafür triftige Gründe. Sie will gewisse Fortschritte im Kolchos dank deiner Arbeit nicht leugnen. Doch da du laufend gegen Direktiven der Partei verstoßen hast, ist sie gezwungen, dir deine Grenzen aufzuzeigen. Sie kann deine Eigenmächtigkeiten nicht länger dulden.“

Michail Baschkow kann sich kaum beherrschen. Berge von Arbeit, Probleme über Probleme und die da kommen aus der Stadt daher und wischen alles mühsam Erreichte mit einer arroganten Handbewegung beiseite, helfen nicht, sondern zerstören. Wolodja, Fedja, die beiden Jugendlichen und ihre Werkstatt samt Fahrzeugen und Technik – Schluss damit. Ninotschkas Einsatz für die Kinder und den Wiederaufbau der Schule – nicht schlecht, doch nun brauchen wir dich nicht mehr.

Und ihn brauchen sie auch nicht mehr. Was sind schon eine Vervierfachung der Erträge, das zunehmende Vertrauen der jungen Leute in die Zukunft des Dorfes und die steigende Geburtenrate?

Unter den strengen Augen der Partei geben ungeheuerliche Vergehen ihre hässliche Gestalt preis: Verteilung von ablieferungspflichtigen Kohlköpfen, Rüben und Kartoffeln an die Leute im Dorf, illegale Beschaffung von Ersatzteilen, Schiebereien beim Baumaterial für die neuen Häuser, Duldung einer illegalen Schnapsbrennerei, mangelnde Absprachen mit der Partei – die Liste ist lang. Nichts ist aus der Luft gegriffen, doch für wen hat er es getan? Fürs Dorf und für die Erträge! Sollen sie ihm sein Haus nicht gönnen, aber zurechtrücken müssen sie die Dinge schon. Wie haben Dorf, Kolchos und Erträge ausgesehen, als er hier angekommen ist!

„Die Partei rückt stets alles zurecht“, herrscht ihn der Genosse aus der Stadt an. „Sie würdigt deine Verdienste im Krieg und im Dorf und erspart dir den Staatsanwalt. Sie nutzt weiterhin deine Kenntnisse und erlaubt dir, als zukünftigen Leiter der Feldbaubrigaden von Tichaja Semlja dem Kolchos und der Sowjetmacht zu dienen. Als Gegenleistung erwartet sie von dir hohe Erträge, Parteidisziplin und Ordnung in deinem persönlichen Umfeld. Parteivorstand und Kolchosleitung werden mir über deine Entwicklung berichten.

Ich verhehle nicht, dass einige Genossen der Meinung sind, man müsse dich aus der Partei ausschließen. Doch eine knappe Mehrheit hat entschieden, dich mit einer strengen Rüge zu bestrafen.

Bist du damit einverstanden und wirst du das Vertrauen, welches die Partei in dich setzt, rechtfertigen?“

Michail Baschkow möchte in seiner Verzweiflung so vieles sagen, doch er erinnert sich an den Rat seines Vaters, stets erst alles zu überschlafen. Dann denkt er an den kleinen Ossip und an das Kind, das in Ninotschkas Leib heranwächst, atmet gepresst und nickt.

Die Genossen beschließen einstimmig.

Michail Baschkow weiß nicht, dass er, auf „höchste" Anordnung hin, schon seit seiner Rückkehr unter Beobachtung steht. Zu lange ist er in Deutschland gewesen, um als unbefleckter Sowjetbürger zurückkehren zu können. Zu belastend ist seine Herkunft. Zu gefährlich sind seine eigenwilligen Entscheidungen. Eine dicke Akte hat er bei den Genossen in der Stadt. Auf einer Liste für die nächste „Säuberung" steht seit kurzem auch sein Name. Jetzt wird er „zurückgefahren", wie sie es nennen. Er ist einer von vielen. Man wird sehen. Noch haben sich die Vernichter der kommunistischen Ideale nicht endgültig entschieden.

Ninotschka ist traurig und Michail Baschkow müde. Seinen Zorn hat er niedergekämpft, Dutzende Fragen bleiben. Serjoscha fehlt ihm. Mit seinem niedergeschlagenen, abweisend blickenden Bruder Fedja will er nicht darüber sprechen. Ninotschka hat genug eigene Probleme. Er will sie mit Parteisachen nicht belästigen. Er schämt sich wegen seiner Nachgiebigkeit. Er hat es für Ninotschka, den kleinen Ossip und für den Winzling in Ninotschkas Leib getan. Ist es besser, sich zu verstellen und dann mit List den zweiten Weg zu gehen, wie Serjoscha es sieht? Oder muss man, gerade und aufrichtig und ohne Rücksicht auf die Folgen, für seine Überzeugungen kämpfen, wie es die Eltern getan haben?

Wenn er seine Frau ansieht, denkt er an Serjoscha. Wenn er nachts im Bett grübelt, denkt er an die hingemordeten Eltern. Das Leben ist schwieriger geworden, seit er Verantwortung für eine Familie übernommen hat.

Ninotschka ist an Kummer gewöhnt. Sie leidet heftig, aber kurz. Es muss auch ohne die Schule weitergehen. Schließlich ist sie keine ausgebildete Lehrerin. Die Kinder werden ihr fehlen.

„Sie hätten mich mit der neuen Lehrerin gemeinsam unterrichten lassen können. Ich hätte von ihr lernen können. Wie gerne hätte ich einen Fernkurs für Lehrer besucht. Sie haben es abgelehnt. Nun gut, bald werde ich mich um zwei Kinder kümmern müssen und auf dem Hof kann ich dir jetzt eine bessere Hilfe sein."

Nur wenige Tage braucht sie, dann ist sie mit der Sache fertig. Ihrem Mann, findet sie, haben sie doch viel schlimmer mitgespielt. Kommen uneingeladen aus der Stadt und bringen, ohne zu fragen, alles durcheinander.

Michail Baschkow fällt es schwer, sich dem neuen Kolchosvorsitzenden unterzuordnen. Der erinnert ihn an den jungen Konew. Nur, dass der Neue das Zentrum des kommunistischen Fortschritts ins Nachbardorf verlagern will. Wie alle schlechten Leiter will er rücksichtslos alles sofort und auf einmal ändern. In Michail Baschkow kocht es. Kocht es zu stark, dann denkt er an seinen Vater und an das Kind in Ninotschkas Leib.

In diesen Tagen ist er froh, wenn er sich um die Felder und die Feldbaubrigaden von Tichaja Semlja kümmern kann. Auf ihren Feldern vermissen sie jetzt schmerzlich Wolodja und seine Raupe. Der neue Kolchosvorsitzende lehnt es strikt ab, einen ständig angetrunkenen Krüppel mit einer schweren Maschine „auf die Menschheit loszulassen". Michail Baschkow erklärt ihm die Geschichte mit Wolodja und seiner Raupe und kann ihn doch nicht umstimmen. Beleidigt zieht sich Wolodja ans andere Ufer zurück. Die Raupe arbeitet seither viel auf den Feldern des Nachbardorfes und fällt häufig aus. Als Michail Baschkow nach Wolodja schickt, weigert der sich strikt, für Leute zu arbeiten, die nicht begreifen, dass auch Maschinen eine Seele haben. Wenn man sie beleidige, arbeiten sie eben nicht.

Abends im Bett und in unruhigen Nächten grübelt Michail Baschkow viel. Dann denkt er an Serjoscha, an Walter Sager, an Fedja und Wolodja. Sein Herz will die Ansichten dieser Männer nicht wahrhaben, doch sein Kopf lässt ihn nicht zur Ruhe kommen. Bin ich blind, ideologisch verblendet, fragt er sich. Wenn der Weg zum Kommunismus mit Leichen gepflastert, mit Geschundenen und

Enttäuschten gesäumt ist, was für ein Kommunismus ist das dann am Ende des Wegs noch? Welchen Nutzen hätte das Volk davon – nach all dem Blut, dem Leid, der Mühe?

Wer führt unser Land? Diese Frage hat ihm Serjoscha gestellt. Sie hat sich ebenso tief in sein Gedächtnis eingebrannt wie Serjoschas Antwort: Wenn eine kleine „Avantgarde" die Hälfte der Menschen eines Landes zu Volksfeinden und den Rest zu politisch Unbedarften erklärt, die sie mit harter Hand führen müsse, dann ist ihr Scheitern so sicher wie das Amen in der Kirche. Kluge Führer schonen ihre Völker. Unsere haben das Volk ohne jedes Erbarmen geschunden und es bluten lassen.

So quälen Michail Baschkow in diesen Tagen die widersprüchlichsten Gedanken. Er hat das Gefühl, als ob in seinem Kopf zwei unversöhnliche, aber gleich starke Feinde erbittert gegeneinander kämpfen.

Auch Fedja grübelt viel. In der neuen Werkstatt im Nachbardorf wird er nicht mehr benötigt. Auf den Feldern oder in den Ställen kann er nicht arbeiten, das lässt sein krankes Herz nicht zu. Wenn er gleichmäßig und langsam arbeitet und regelmäßig Pausen einschiebt, dann geht es noch einigermaßen. Wenn er aber mit den anderen Schritt halten will, dann klopft es wild und kommt aus dem Takt. Dann schnürt es ihm die Kehle zu. Er hat die Ärztin gefragt, die alle zwei Wochen im Dorf vorbeischaut. Sie hat ihre Schulter gehoben und gesagt: „Schon in jungen Jahren fangt ihr mit dem Rauchen und Saufen an. Kein Wunder, wenn das Herz krank wird."

Nun gut, sagt er sich, ich werde Wolodjas Einladung annehmen und ans andere Ufer ziehen, dort werde ich für mich selbst sorgen, niemandem zur Last fallen. Sie haben mich aus ihrer Welt verstoßen. Sollen sie ihr Leben leben, ich lebe meins. Dann hat auch Michail weniger Sorgen mit mir, muss sich nicht für meine Anwesenheit in seinem Haus verteidigen.

Das sind seine naheliegenden Gedanken. Doch da brodeln aus der Tiefe seiner Seele noch andere, dunkle, ungestüme Gedanken in sein Bewusstsein, nagen an seiner Lebenskraft, fressen seine letzten Hoffnungen auf. Du hast dein Leben verpfuscht, bedrücken sie ihn, hast dich den Deutschen ergeben, dich nicht selbst gerichtet. Sieh deinen Bruder an. Er hat tapfer gekämpft, die Eltern nicht verraten, ist geachtet, hat eine schöne Frau, hat mit eigenen Händen ein Haus gebaut. Und du? Du liegst ihm auf der Tasche, neidest ihm sein Liebesglück, das lustvolle Stöhnen in den Nächten. Du wirst kein Haus haben, keine Frau, keine Kinder. Sei einmal in deinem Leben ein Mann und mach reinen Tisch!

Eines Morgens haben ihn die finsteren Gedanken besiegt.

„Wo willst du hin?“, fragt Michail Baschkow besorgt, als er den düsteren Fedja mit seinem fast leeren Rucksack zum Torbogen gehen sieht. „Zu Wolodja? Was willst du bei Wolodja? Was hast du dort, was es hier nicht gibt?“

„Ab heute werde ich keinem mehr zur Last fallen.“

„Fedja, du redest Unsinn. Du bist mein Bruder. Wie kannst du mir da zur Last fallen? Komm zu dir! Auch wenn es nur drei Wörter sind, die du tagsüber mit mir sprichst – sie würden mir sehr fehlen.“

Fedja schluckt, hat große Mühe, ihm in die Augen zu blicken. „Du bist ein guter Mensch, Mischa“, sagt er leise, „doch ich bin nicht der, für den du mich hältst. An den Eltern bin ich schuldig geworden.“

„Ich will nicht, dass du so denkst und redest!“ Michail Baschkow ist verärgert. Ein Mann schüttelt sich kurz und beißt sich dann weiter durchs Leben. Was kann es nach diesem Krieg noch an Schrecklichem geben? Es fällt ihm schwer, Fedja bei diesem Gejammere offen ins Gesicht zu sehen.

„Sieh mich an, Mischa, sieh mir in die Augen!“ Fedja spricht diese Worte nicht, er stößt sie Michail Baschkow entgegen. „Sieh mich an, deinen Bruder und Sohn unserer Eltern. Ich habe mich damals von ihnen losgesagt. So weit habe ich mich bringen lassen. Was für eine unaustilgbare Schande! Damals hab ich diesen Leuten aus der Stadt alles geglaubt, wusste nicht, was ich heute weiß. Und dich? Haben dich diese Leute auch in Schande gebracht?“

Michail Baschkow ist betroffen, kann nicht sprechen, schüttelt den Kopf. Dass Fedja sich von den Eltern losgesagt hat, hätte er nie für möglich gehalten. Er ist entsetzt und enttäuscht, doch er sieht auch, wie sehr Fedja bereut und leidet.

„Siehst du", sagt Fedja mit einer hohen Stimme, die fremd klingt, „wie willst du da mit meiner Schande unter einem Dach leben? Glaub mir, Michail, wenn sie mich nicht gezwungen hätten, an den Ort meiner Schande zurückzukehren, ich hätte dieses Dorf nie wieder betreten. Wenn ich also schon hierbleiben muss, wie kann ich dann jeden Tag unter deinem Dach leben und dir in die Augen blicken?"

Bevor Michail Baschkow wieder einen klaren Gedanken fassen, ein Wort sprechen kann, ist Fedja durchs Tor gestürzt und stapft, mit weiten Schritten und ohne sich noch einmal umzublicken, über die staubige Dorfstraße zum Fluss hinunter.

„Hat Onkel Fedja mit dir geschimpft?", will der kleine Ossip wissen, den Fedjas laute Stimme aus seinem Spiel gerissen hat.

„Nein, nur laut gesprochen."

„Kommt Onkel Fedja bald wieder?"

„Ich weiß nicht", sagt Michail Baschkow und blickt, von dem Erlebten noch ganz benommen, an dem Jungen vorbei.

„Wenn er nicht wiederkommt, wer baut mir dann Schiffe und Flugzeuge aus Papier? Und das Schiff aus Rinde ist doch noch gar nicht fertig. Das Fass ist dafür zu klein, hat Onkel Fedja gesagt. Es muss auf dem Fluss bis ins große Meer schwimmen."

Der kleine Ossip beginnt zu weinen.

Eine Woche später sind Fedja und Wolodja tot. Flammen lodern eines Nachts in den Himmel. Ein alter Bauer bemerkt den Brand. Doch bevor er Hilfe herbeirufen kann, ist alles vorbei. Man findet die verkohlten Überreste der beiden Männer im Brandschutt neben einigen Schnapsflaschen. Am Morgen danach trifft man überall auf freilaufende Hühner und herumhoppelnde Kaninchen. Am Fluss grast Wolodjas störrische Ziege; noch gezeugt vom legendären Ziegenbock Artjom des alten Mamedow.

„Das Stallgebäude ist nicht verbrannt. Sie haben wohl vorher das Vieh freigelassen“, sagt jemand.

Diese Worte treffen Michail Baschkow ins Herz. Er stellt sich vor, wie sein Bruder und Wolodja die unschuldigen Tiere in die Freiheit entlassen, sich dann betrinken und Feuer legen, um darin ihr Leben zu beenden.

Ich habe als Bruder und als Freund versagt, verachtet er sich. Ich habe sie in ihrer Verzweiflung alleingelassen. Sofort fallen ihm mehrere Versäumnisse ein. Er leidet wie ein geprügelter Hund.

„Fedja wird gewusst haben, warum er ans andere Ufer gezogen ist“, heißt es im Dorf. Dieses Gerede lähmt ihn wie der Biss einer Otter.

Alles Schlimme hat er bisher in seinem Herzen begraben. Für den Schmerz, den er bei Fedjas und Wolodjas Tod verspürt, ist dort kein Platz mehr. „Schuldig fühle ich mich, Ninotschka, so klein und elend wie noch nie in meinem Leben. Doch wie hätte ich Fedja zurückhalten können, ohne ihn zu demütigen?“

Ninotschka legt ihre Hand auf seinen Arm. „Es ist nicht deine Schuld. Fedjas Herz und Seele waren krank und Wolodja hat der Schnaps zerstört. Auch ich bin traurig über ihr frühzeitiges Ende. Doch wenn Menschen nicht mehr leben wollen, dann kann man ihnen nicht helfen. Niemand kann das. Du hast mehr für die beiden getan als irgendwer im Dorf. Sei traurig aber quäl dich nicht mit Gewissensbissen.“

Michail Baschkow leidet noch lange. Wenn ihn der Schmerz und die Erinnerungen an all die lieben Menschen, die er in seinem kurzen Leben verloren hat, zu sehr niederdrücken, dann bringt ihn ein Blick auf Ninotschkas Leib zur Vernunft. Dann läuft er hinaus und blickt über das verwundete Dorf hinweg in die weite Landschaft, dorthin, wo sich Himmel und Erde berühren. Dort, denkt er, ist die Erde nicht zu Ende und der Himmel ist ihr gnädig.

Als der Schmerz nicht mehr so heftig sticht, fragt er den kleinen Ossip: „Wo ist das Schiff, das Onkel Fedja mit dir bauen wollte?“

Sein Herz krampft sich zusammen, als ihm Ossip das halbfertige

Schiffchen aus Rinde bringt. Fedja hat es noch vor gar nicht langer Zeit in seinen geschickten Händen gehalten. Wo hat Fedja dieses schöne, dicke Stück Rinde gefunden? Wo hat er es gelernt, daraus Schiffe zu bauen? Zwei Löcher für die Masten sind schon gebohrt und eine Nut für den Kiel ist geschnitzt.

Während Michail Baschkow den Kiel aus Blech, die Masten aus Holz und die Segel aus Ölpapier fertigt und setzt, lockert sich der Griff des Kummers um sein Herz. Eine milde Trauer legt sich auf sein Gemüt. Ganz nah fühlt er sich Fedja, wenn er das Schiffchen in seinen Händen hält. Es ist ihr gemeinsames Werk.

„Wo ist Onkel Fedja jetzt?“, will Ossip wissen. Gerne würde Michail Baschkow ihm sagen: Im Himmel. Doch da er nicht daran glaubt und das Wort „tot“ ein Kindergemüt nicht erreichen kann, sagt er: „Er ist draußen auf dem Meer und wartet auf unser Schiff.“

Und so strahlt der kleine Ossip übers ganze Gesicht, als sie die aufgetakelte und mit einem Kiel versehene Rinde in die „Wilde Nonne“ setzen. Der sanfte Fluss hat ein Einsehen mit dem Treibgut, mit dessen toten und dessen lebenden Erbauern. Langsam zieht er es in seine Mitte und trägt es gemächlich mit sich fort.

Verzeih mir Fedja, denkt Michail Baschkow, als sich das letzte gemeinsame Werk der Brüder Baschkow der Flussbiegung nähert, hinter der Fedja und Wolodja ihr schreckliches Ende gefunden haben.

Der kleine Ossip aber hüpft vor Freude. „Onkel Fedja wartet auf dich“, ruft er dem stolzen Segelschiff zu. Und als er sich freudetrunken umdreht, fragt er: „Warum weinst du, Vati?“

Im Frühjahr kommt Ninotschka nieder und schenkt ihrem Brummbären einen Sohn, von dessen Gesicht sich mühelos auf den Vater schließen lässt. Sie nennen ihn Fedja.

Ninotschka weint vor Glück. Und ihr Michail? Der Hartgesottene wischt sich verstohlen zwei Tränen aus den Augen, küsst seine Ninotschka und sagt beim Anblick des kleinen Wunders an ihrer Brust: „Gute Eltern werden wir ihm sein.“

Trotz ihrer Ermattung strahlt ihn Ninotschka mit ihren unergründlichen grünen Augen an. Und was sagt sie ihrem Mann lächelnd ins Gesicht? „Zu drei Männern im Haus gehört noch eine zweite Frau. Wir sollten uns Mühe geben.“

Bald kommen alle, die sich mit ihnen freuen. Die Sedows, die Nasarenkows und die Leute aus dem Dorf, die wissen, was das Dorf den Baschkows und ihren Freunden zu verdanken hat.

Während er auf diese Menschen, auf seine Frau und seine Kinder sieht, kommt Michail Baschkow ein Gedanke, bei dem er spürt, dass er sein Leben verändern wird. Wie konntest du nur den Mut verlieren, denkt er. Sie sind doch alle noch da, diese lieben Menschen. Unser Dorf ist noch da und das weite Land, das uns trägt und ernährt. Dafür lohnen sich Mühen und Kämpfe.

Und im gleichen Augenblick erkennt er, dass er für sein Leben keine Parteibeschlüsse mehr braucht. Nur diese Menschen sind wichtig, Gesundheit, Sonne, Schnee, Wind, Regen und Frieden.

Frieden.

Beim Erwachen war Hans Mascharek zunächst nicht in der Lage, sich zu orientieren und seinen Gedanken Struktur zu geben. Leise rief er nach seinem nächtlichen Begleiter. Vergeblich.

Hatte er alles nur geträumt? Er kniff sich in den Unterarm. Es schmerzte. Also war er in seinem Körper und am Leben. Vorsichtig blickte er zu seiner Frau hinüber. Sie schlief ruhig. Zögernd tastete er mit der rechten Hand über seine Stirn. Kein drittes Auge.

Wie hätte es auch anders sein sollen, du Einfaltspinsel, dachte er. Wie kann ein Teil eines Menschen seinen Körper verlassen und schwerelos, in Begleitung eines dreiäugigen Wesens, in die Welt seiner Vorfahren schweben, um sich am Ende in einem russischen Dorf zu tummeln?

Er versuchte sich zu beruhigen. Es war nur ein Traum, sagte er sich. Ein langer, erstaunlicher Traum, der sich erklären ließ: Die Aufzeichnungen und Erzählungen seines Schwiegervaters, Ludwig Hofschneiders Büchlein, seine Kindheitserinnerungen an die Eltern, das Dreiäugige aus der indischen Mythologie. Sein Gehirn hatte im Traum versucht, den Gedankenwirrwarr zu ordnen. Dazu ist es schließlich da.

Wie aber konnte er sich die vielen Russen erklären, denen er in dieser Nacht begegnet war? Über Igor Mamedows Leben hatte ihm Schwiegervater kein Wort erzählt. Es gehörte nicht zu seinen Lebensgewohnheiten russische Lebensumstände zu hinterfragen. Und die vielen anderen: Ninotschka, Michail Baschkow, die Prischins, Konews, Sedows, Nasarenkows, Achmatows, Vater Nikolai? Das Dorf in all seinen Einzelheiten? Wie sind all diese Menschen, Dinge und Ereignisse in sein Gehirn gedrungen?

Nun gut, er hat viel über Russland gelesen, hat in seiner Jugend Erzählungen und Romane der weltbekannten russischen Schriftsteller verschlungen. Doch die geträumten Ereignisse im Dorf Tichaja Semlja ließen sich damit kaum erklären. Und wenn doch, warum träumte er erst 50 Jahre später davon? Wieso sprachen im Traum alle in seiner Muttersprache?

Es war und blieb seltsam. Mythen fielen ihm ein, die von der Manipulation ihrer Helden im Schlaf berichteten. Unbemerkt gelangten feinstoffliche Substanzen in die Gehirne der schlafenden Helden. Als sie erwachten, waren sie in ihrem Wesen verändert.

„Märlein“, sagte der alte Skeptiker in ihm, „die deiner ausufernden Fantasie entsprungen sind. Du solltest ausspannen.“

Zu seiner Verwunderung gewann er keinen Abstand zu diesem Traum. Eine merkwürdige Fügung. Fast 60 Jahre alt musste er werden, ehe ihn die

Schicksale seiner Vorfahren und die ihrer russischen „Gegenspieler" tief berührten. Durch seinen Traum begann er, ihr Leben in diesem erbittert geführten Krieg besser zu verstehen.

So wie er es gelernt hatte, fragte er sich zunächst, was bei beiden Völkern gleich war und wo die Unterschiede lagen.

Gleich war die Zwangslage der Menschen im Krieg. Nicht in den Krieg zu ziehen, hätte für die Männer den sicheren Tod oder große Schande bedeutet. Den Krieg aber konnten sie mit viel Glück überleben. Und die Frauen? Was hätten sie anderes tun können, als um das tägliche Überleben ihrer Kinder zu kämpfen und auf die Heimkehr ihrer Männer und Söhne zu hoffen? Es ist leichter einen Krieg zu verlieren als einen lieben Menschen.

Gleich auch der Fluch, der auf den Menschen in jedem Krieg lastet. Einmal im Krieg, lässt sich nichts mehr zurückschrauben und nichts mehr relativieren. Der Hass triumphiert über die Nächstenliebe, die Rache über die Gnade, die Verzweiflung über die Hoffnung, der Befehl über die Skrupel, die Propaganda über das Denken. Hat das Morden erst einmal begonnen, erschrickt man über den Verlust der Kameraden, der Angehörigen, von Hab und Gut und Heimat. Man ist empört über die Schandtaten des Feindes und rechtfertigt damit die eigenen.

Und noch etwas war auf beiden Seiten gleich. Beide Völker hatten machtgierige, größenwahnsinnige, skrupellose Führer, die in den Menschen nichts als gefügige Steine auf ihrem Spielbrett sahen.

Genug Gemeinsamkeiten, um zwei große Völker leiden zu lassen, und sie bis an den Rand der Selbstzerstörung zu „führen".

Wo lagen die Unterschiede?

Es gab nur einen. Einen gravierenden, in keinem Geschichtsbuch zu tilgenden. Trotz eines Nichtangriffspaktes und ohne Kriegserklärung hatte die Deutsche Wehrmacht die Sowjetunion überfallen und einen von den Nazis geforderten, rücksichtslosen Vernichtungsfeldzug begonnen. Augenblicklich war die Sowjetunion der moralische Sieger, war jedes ihrer eingesetzten Mittel vor den Augen der Welt gerechtfertigt. Ein solch verbrecherischer Angreifer wie die Deutsche Wehrmacht musste unter allen Umständen vernichtet werden.

War uns Deutschen also nur eine gerechte Strafe zuteil geworden, fragte sich Hans Mascharek. War sein Vater zu Recht gefallen, seine Mutter mit ihren Kindern zu Recht aus der Heimat vertrieben und vergewaltigt worden, hatte man seine Großeltern, seine Tante zu Recht nach Russland deportiert?

Über das Schicksal seines Schwiegervaters konnte man sich streiten. Aber dessen Bruder Ludwig?

Und uns Kriegskinder, ließ man uns zu Recht hungern und frieren, Bomben und Tiefflieger fürchten, an Seuchen sterben und zu Halbwaisen und Waisen werden?

Bedankt euch bei eurem Hitler und bei euren Eltern, die ihm zugejubelt haben! War das die Antwort? Hätten diese Menschen also anders handeln können, anders handeln müssen? Da rede nur klug, du Nachgeborener!

Und die Sieger in jenem russischen Dorf? Vor dem Krieg war ihr Leben besser als nach dem ruhmreichen Sieg. Die jungen Männer waren auf den Schlachtfeldern verblutet, das Dorf und die Felder verwüstet. Hunger, Verwundungen und Krankheiten bedrückten die Überlebenden, die sich auf den Feldern abplagten und denen am Ende fast nichts blieb. Bei ihrem Kampf gegen Verzweiflung und Mutlosigkeit hatte es die Hoffnung im siegreichen Russland nicht leichter als im besiegten Deutschland.

Wieder quälte Hans Mascharek die gleiche Frage, die ihn schon vor seinem Traum gequält hatte: Warum habt ihr euch das einander angetan? Vor dem Krieg waren doch die meisten von euch liebenswerte Menschen. Was hat euch in reißende Tiere verwandelt? Wenn wir die Ursachen dafür nicht finden, wird es wieder und wieder geschehen.

In seiner Verzweiflung erinnerte er sich erneut an sein drittes Auge. Was hatte ihm das Dreiäugige in der Nacht geraten? „Wenn es dir gelingt, frei von Vorurteilen zu sehen, dann wird sich dir ein drittes Auge öffnen. Dann hörst du auf, die Welt mit fremden Augen zu sehen und deine selektive Blindheit wird geheilt sein."

Es wollte sich ihm kein drittes Auge öffnen. Sein Geist schien auf ewig gefangen zu sein in seinem mit den Jahren schwerer gewordenen Körper.

Sein Denken blieb auch an diesem Morgen verworren und arbeitete selektiv.

Rede dir da nur nichts ein, dachte er, es bleibt bei deinen beiden Augen und zweifellos befindest du dich in einem schlimmeren Zustand als vor dem Traum.

Da fragte er sich, ob es einem Menschen wie ihm überhaupt gegeben sei, vorurteilsfrei zu sehen und zu denken. War sein Denken nicht für immer verdorben von den ständigen Forderungen seines von egoistischen Trieben beherrschten Körpers? Ausgelaugt von Hunderten Verpflichtungen und Kämpfen in Familie, Beruf und Gesellschaft?

Ein Engel kann vielleicht vorurteilsfrei denken. Aber ein Mensch?

Noch einmal erinnerte er sich an das Dreiäugige: „Vorurteilsfrei kannst du erst dann sehen, wenn du in dein Inneres geblickt und erkannt hast, wer du bist. Erkenne dich selbst!“

Nein, dachte Hans Mascharek, jetzt ist es genug! Es war nur ein Traum und ein drittes Auge wird dir nicht wachsen.

Epilog

„Was hast du mit der Kriegsgräberfürsorge zu tun?“, fragte Elke Mascharek ihren Mann, während sie ihm die Post auf den Schreibtisch legte.

„Nichts, vielleicht wollen sie eine Spende.“

Während Hans Mascharek die Mitteilung des Volksbundes las, hatte er das Gefühl, sein Herz würde sich verhärten und aufhören zu schlagen. Es war gut, dass er bereits saß.

„Was hast du?“, hörte er wie aus weiter Ferne die besorgt klingende Stimme seiner Frau.

„Vater“, sagte er leise und schluckte. „Sie haben Vaters Gebeine in der Nähe des russischen Dorfes Tichaja Semlja gefunden und sie auf einem Soldatenfriedhof beigesetzt.“

„Ist denn dieser Krieg nie vorbei?“, fragte seine Frau leise und fügte hinzu: „Irgendwann muss man doch die Toten ruhen lassen.“

„Er war mein Vater. Ohne ihn wäre ich nicht am Leben und ohne seinen Tod in der Nähe des russischen Dorfes hätten wir beide uns wahrscheinlich nicht kennengelernt. Dann gäbe es auch unsere Kinder nicht.“

Sie hatten unterschiedliche Auffassungen zu Soldatenfriedhöfen.

„Soldatenfriedhöfe verhindern keine neuen Kriege“, gab ihm seine Frau zu bedenken.

„Wer kann das wissen?“, widersprach er ihr. „Wer beim Anblick der Kreuze und Grabsteine den Wahnsinn nicht begreift, dem kann ohnehin keiner helfen. Ich gehe noch weiter: Man sollte an allen Kampforten für jeden gefallenen Soldaten ein Kreuz errichten; russische und deutsche Gefallene nebeneinander. Und jedes Jahr müssen die Staatsoberhäupter und Regierungschefs beider Länder gemeinsam am 22. Juni an den Kreuzen eines solchen Friedhofes vorbeilaufen. Fernsehsender beider Länder sind dabei.

Dann legen die Politiker Blumen auf einige Gräber, die Deutschen auf russische und die Russen auf deutsche. Und am Ende sagen sie jedes Jahr aufs Neue in Richtung der Kameras: Der größte politische Streit ist immer noch tausendmal besser als der kleinste Krieg. Wir werden uns nie mehr bedrohen. Es gibt kein höheres Gut als den Frieden. Wir wollen und werden miteinander und nicht gegeneinander leben."

„Du bist ein Romantiker. Und wieso immer Soldatengräber? Wo bleiben die vielen gemordeten Zivilisten?"

Wo eine Frau recht hat, da hat sie recht. Hans Mascharek schwieg.

„Nun fahr schon", sagte seine Frau einige Wochen später, „ich spüre, wie sehr es dich nach Russland zieht."

Er setzte sich mit der Kriegsgräberfürsorge in Verbindung und bereitete seine Reise nach Russland vor.

„Hat man Ihnen überhaupt mitgeteilt, auf welche Weise wir die Überreste Ihres Vaters gefunden haben?", fragte ihn der Mitarbeiter, an den ihn die Frau im Vorzimmer verwiesen hatte.

Heinz Mascharek schüttelte den Kopf.

„Mit den örtlichen russischen Behörden haben wir mitunter Schwierigkeiten. Häufig stoßen wir auf Gleichgültigkeit, manchmal auf Ablehnung. Sie haben viele ihrer eigenen Soldaten nicht ausgegraben, was kümmern sie da die deutschen.

Dagegen unterstützen uns die einfachen russischen Menschen oft sehr bereitwillig. Es sind vor allem die Älteren, die sich an Kampfhandlungen und verscharrte deutsche Soldaten erinnern.

In einer kleinen Zeitungsanzeige haben wir uns für diese Unterstützung bedankt und um weitere Informationen gebeten. Eine alte Bäuerin hat diese Anzeige gelesen und uns einen anrührenden Brief geschrieben. Sie habe noch eine deutsche Erkennungsmarke im Haus und wisse auch, wo der deutsche Soldat verscharrt worden sei. Der Soldat, dessen Erkennungsmarke sie aufbewahrt habe, sei ein guter Mensch gewesen. Sie habe ihn persönlich gekannt und könne nur dann in Ruhe sterben, wenn er in einem richtigen Grab mit einem Kreuz ruhe. In den letzten Jahren habe sie mehrmals vergeblich versucht, seine Umbettung zu erreichen.

Dieser deutsche Soldat war ihr Vater. Über die anderen Kameraden, die wir mit ihm in einem Massengrab gefunden haben, hat die Alte zunächst kein Wort verloren. Als wir sie danach fragten, sagte sie mit einer abweisenden Geste, das seien die vom anderen Ufer. Sie wolle Toten nichts Schlechtes nachsagen.

Wir haben herausgefunden, dass die vom anderen Ufer einer Spezialeinheit zur Partisanenbekämpfung angehörten, die an der Zerstörung des Dorfes wesentlich beteiligt war."

Während der Mitarbeiter erzählte, begann Hans Maschareks Herz schneller zu schlagen. Nein, nicht schon wieder, dachte er, es war doch nur ein Traum! Wie kann etwas in Russland geschehen sein, wovon er zu Hause in seinem Bett geträumt hatte? Im Traum hatte Kolja Prischin seinem Vater die Erkennungsmarke abgenommen und sie Igor Mamedows Tochter Irina Sedowa hinterlassen. Sie müsste längst tot sein. Wer war die Bäuerin, die sich gemeldet hatte? Was war hier Traum und was geschah hier tatsächlich mit ihm?

Um seine Betroffenheit zu überspielen, fragte er den Mitarbeiter, was mit den anderen Skeletten aus dem Massengrab geschehen sei.

„Zum Glück konnten wir die meisten identifizieren. Sie liegen jetzt in Einzelgräbern. Die anderen haben wir in einem Gemeinschaftsgrab beigesetzt."

„Und wie haben Sie meinen Vater identifiziert?"

„Es war der einzige Tote mit Uniformresten. Man habe ihn als einzigen Gefallenen in seiner Uniform verscharrt, das hat uns die Bäuerin erzählt. Ein alter Russe hatte ihm eine Hälfte der Erkennungsmarke abgenommen. Sie wurde von Generation zu Generation weitergegeben. Eine erstaunliche Geschichte."

„Hören Sie", sagte Hans Mascharek, „ich muss diese Bäuerin unbedingt sprechen und mich persönlich bei ihr bedanken."

„Offiziell geht so kurzfristig gar nichts", entgegnete der Mitarbeiter, nachdem er sich lange genug über Hans Maschareks Hartnäckigkeit geärgert hatte. „Ich werde das mit unserem Mann vor Ort besprechen. Vielleicht sieht er eine Möglichkeit, Ihnen zu helfen.

Doch da Sie mit einer Reisegruppe einreisen, möchte ich Ihnen keine allzu großen Hoffnungen machen.“

Manfred, der Mann vor Ort, führte Hans Mascharek vor das Grab seines Vaters und ließ ihn dort allein.

Als aufgeklärter Mensch wusste Hans Mascharek, das hier ist nur eine Steinplatte, in die man Buchstaben eingraviert hatte. Und unter ihr lag nicht sein Vater. Dort lagen diejenigen Überreste, die sich am längsten der Verwesung widersetzt hatten.

Doch als er den Namen seines Vaters las, war er nicht mehr in der Lage, der kalten Vernunft zu folgen. Eine geheimnisvolle Kraft zwang ihn nieder.

Als er sich hinhockte, öffnete sich eine Schleuse im Strom seiner Erinnerungen, und er sah sich als kleinen Jungen. Vater in seiner Uniform kniete vor ihm, um sich auf Nimmerwiedersehen von ihm zu verabschieden, um dann seit nahezu 60 Jahren in russischer Erde zu verwesen. Zum ersten Mal in Hans Maschareks Männerleben flossen ungehemmt Tränen. Durch den Grabstein hindurch sprach er in Gedanken mit seinem Vater.

Er entschuldigte sich bei seinem Vater, weil er sich in all den Jahren nicht um dessen Schicksal gekümmert hatte, er vergab ihm seine Abwesenheit in den Jahren ihrer Not. Dann, so als ob noch etwas von Vater da wäre, das in der Ungewissheit keine Ruhe finden kann, erzählte er ihm die Geschichte seiner Familie.

„Die Russen, in deren Heimat du begraben bist, hatten uns übel mitgespielt“, sagte er ihm. „Wärest du am Leben geblieben, hättest du unser Dorf nicht mehr betreten dürfen. Dort leben seither Polen, die von den Russen aus ihrer Heimat vertrieben worden waren. Deine Eltern und deine Schwester Martha hatten sie nach Russland deportiert. Sie galten lange Zeit als vermisst. Inzwischen wissen wir, wie es ihnen erging. Deine Mutter überlebte den Transport nicht und dein

Vater und deine Schwester verhungerten noch im gleichen Jahr. Gräber gibt es nicht.

Unsere Mutter hatte es sehr schwer. Ohne sie hätten wir Kinder die Flucht und die Nachkriegszeit nicht überlebt. Um uns durchzubringen, heiratete sie deinen Schulfreund Wilhelm Mascharek. Gesprochen hatte sie bis zuletzt von dir. Ich glaube, dem Wilhelm war sie dankbar und dich hatte sie geliebt. Die Flucht, die Not und die Vergewaltigung von den Russen hatten sie hart und oftmals ungerecht gegen uns gemacht. Und doch hätte sie sich für uns in Stücke reißen lassen. Mit dem Wilhelm betrieb sie in unserer neuen Heimat bei Wismar einen Hof. Später mussten sie ihren Hof in eine Genossenschaft geben. Wilhelm war zwei Jahre lang Vorsitzender der Genossenschaft. Dann bekam er es mit dem Herzen und starb.

Die Maria war unsere zweite Mutter. Auch sie hatten Russen, zusammen mit unserer Mutter, vergewaltigt. Mutter hatte nie und Maria erst kurz vor ihrem Tod mit mir darüber gesprochen. Da drückte ich sie an mich und sie weinte lange. Als Kinder- und als Krankenschwester hatte sie gearbeitet und nicht geheiratet. Sie hatte unsere Mutter auf dem Sterbebett gepflegt und sie nur um zwei Jahre überlebt. Sie war mir von all meinen Geschwistern die Liebste.

Margita war das Sorgenkind. Viel zu früh ließ sie sich mit Jungen ein. Mal hier mal dort. Mit 18 hatte sie ein Kind, keinen Mann und keinen richtigen Beruf. Später fing sie sich, fand einen anständigen Mann und bekam noch zwei Kinder. Sie lebt jetzt in der Nähe von Hamburg.

Den Hermann hast du nicht mehr kennengelernt. Als er geboren wurde, warst du schon gefallen. Er war unser aller Liebling. Mit drei Jahren ertrank er. Das lastet bis an unser Ende auf unseren Seelen.

Dann sind da noch der Helmut und der Wolfgang. Der Helmut hatte es schwer. Er sieht nicht nur aus wie ein Russe, sondern er ist wie unser Großvater Halbrusse – seine Geburt war Folge der Vergewaltigung. Das erfuhr ich erst von unserer Maria, als Mutter gestorben war. Mutter und der Wilhelm waren sehr ungerecht zu ihm und wir Jungen und Margita ärgerten ihn oft. Nur Maria nahm ihn immer in Schutz. Er ertrug alles mit stoischer Ruhe. Ausgerechnet der Helmut ist der Klügste von uns. Er hat Medizin studiert, ist Landarzt geworden und Maria zog zu ihm. Sie ging ihm in seiner Praxis und seiner Frau im Haushalt zur Hand. Der Helmut hat drei Kinder. Dass sein Vater ein Russe ist, weiß er noch nicht. Maria hatte es nicht übers Herz gebracht, es ihm zu sagen. Wenn ich zurück bin, werde ich ihm reinen Wein einschenken.

Den Wolfgang zeugte der Wilhelm mit unserer Mutter. Er ist geradlinig und kann zupacken. Er ist Landwirt geworden und im Dorf geblieben.

Auch mich hat es in die Landwirtschaft gezogen. Die Maschinen hatten es mir angetan. Ich lernte Landmaschinenschlosser in der Genossenschaft. Später schloss ich ein Ingenieurstudium ab und bin Werkstattleiter geworden. Geheiratet habe ich eine Tochter deines Kompaniechefs Erwin Hofschneider. Dich kommandierte er und mich hat er beschenkt. So unglaublich scheint mir auf einmal alles zu sein, dass ich es dir jetzt nicht erzählen kann. Drei Kinder haben wir großgezogen. Zwei Jungen und ein Mädchen. Du hättest viel Freude an ihnen gehabt. Julia ist dir wie aus dem Gesicht geschnitten.

Wie du siehst, musst du dir um uns keine Sorgen machen. Ich bin dankbar, weil es jetzt ein Grab von dir gibt, und ich bin glücklich und traurig zugleich.

Glücklich, weil ich später im Frieden hab leben können und keinen Menschen töten musste. Traurig, weil uns der verfluchte Krieg kein Gespräch unter Männern ermöglichte. Ich vermisse dich oft. Je älter ich werde, umso mehr. Und nun ruhe in Frieden und vergib mir. So wie ich dir vergebe und wie die Russen von Tichaja Semlja dir vergeben haben. Und die Bäuerin, die nicht eher ruhen wollte, bis man dich in ein richtiges Grab gelegt hat.“

So sprach Hans Mascharek in das Grab seines Vaters hinein. Als er sich erhob, fühlte er sich erleichtert. Langsam kam er zu sich und erkannte in einiger Entfernung den Reiseleiter, der auf seine Uhr blickte und ihn auf den straffen Zeitplan hinwies.

„So war es hier schon zur Zarenzeit. Die Sowjetherrschaft hat daran nichts geändert und die neue Zeit wird es auch nicht“, erklärte ihm Mitja Kogan, Aron Kogans Enkel, den Straßenzustand. Dabei lachte er verschmitzt.

Aron Kogan, wieder einer der vielen Zufälle, war in Hans Maschareks Haus in Wismar eingezogen. Der alte Herr, ein ehemaliger Deutschlehrer, hatte seine Frau beerdigt und war seinem Sohn nach Deutschland gefolgt. Er war der letzte Jude in seiner Heimatstadt, seines geliebten „Schtetls“, gewesen.

„Der Mitja“, hatte ihm Aron gesagt, „der kriegt das hin und etwas Deutsch kann er auch. Das habe ich ihm noch beigebracht. Nur nach Deutschland wollte er nicht. Er ist dort glücklich mit seiner russischen Frau und den beiden Kindern.“

Mitja hatte alles wie mit einem unsichtbaren Zauberstab erledigt, Tichaja Semlja gefunden, sich dort erkundigt, war Hans Mascharek bei den russischen Behörden behilflich gewesen. Mitjas Deutsch war viel besser als Hans Maschareks Russisch. Hätten Vater und Großvater länger gelebt, wäre das sicher anders gewesen, dachte Hans Mascharek. Freilich wäre ich dann auch nicht nach Tichaja Semlja gefahren.

Seit Stunden lenkte Mitja den alten Geländewagen durch die russische Sommerlandschaft. Plötzlich bog er nach rechts ab und fuhr auf einer Wiese weiter. „Wir sind gleich da. Unter dem Gras ist der Weg nur zu erahnen.“

Sechs bewohnte Häuser gab es noch. Das war alles, was von Tichaja Semlja geblieben war. Nur die Natur war dem Dorf gnädig. Vom Frühjahr bis in den Herbst hinein überwucherte sie den Verfall mit Gräsern und Kräutern, Büschen und Sträuchern, Blüten und Blumen und im Winter verbarg sie ihn unter weißem Schnee.

Die sechs Häuser lagen nahe beieinander. Auch sie machten einen vernachlässigten Eindruck. Trotzig schmiegten sie sich an die Erde. Noch widerstanden sie der Schwerkraft. Noch, aber wie lange?

Die Gärten neben den Häusern waren gepflegt und kündeten,

ebenso wie die Holzstapel und das Kleinvieh, von ihren Bewohnern. Sie gingen auf eines der Häuser zu und Mitja rief einen Namen. Wie aus dem Nichts baute sich plötzlich ein bärtiger Alter vor ihnen auf. In seinen Händen hielt er ein mit ihm in die Jahre gekommenes Jagdgewehr.

„Stoi!“, rief er ihnen zu. Es klang nicht sehr freundlich. Mitja sprach kurz mit dem Alten, der langsam eine Hand vom Gewehr nahm und dessen Lauf senkte.

„Sie ist im Garten“, sagte Mitja schmunzelnd.

„Sie“, das wusste Hans Mascharek inzwischen, war nicht die Bäuerin, die für die Beisetzung seines Vaters gesorgt hatte, sondern deren Tochter. Die Bäuerin war inzwischen gestorben.

Mit misstrauischen Blicken verfolgte der Alte den Weg Fremden durch den Garten.

Hans Mascharek hatte sich eine füllige, gebeugte Bäuerin vorgestellt. Doch im Garten hackte eine hagere Frau Unkraut aus den Gemüsebeeten. Als sie die Fremden bemerkte, richtete sie sich auf, stützte ihre Arme in Brusthöhe auf den Hackenstiel und blickte sie abweisend an. Auf ihrer Stirn glitzerten Schweißtröpfchen und aus ihrem bunten Kopftuch ragten graue Haarsträhnen.

Mitja sprach sie an, um ihr den Zweck ihres Besuches zu erklären. Jetzt erkannte sie ihn wieder, ihr Gesicht entspannte sich. Nachdem sie einige Worte mit ihm gewechselt hatte, drehte sie Hans Mascharek das Gesicht zu. Er schluckte und sein Herz begann schneller zu schlagen. Aus dem faltigen, gebräunten Gesicht sahen ihn tief liegende grüne Augen an. Die Augen waren so klar und blickten ihn so aufmerksam an wie die Augen eines jungen Mädchens. Vor ihm stand eine Frau, die früher sehr schön gewesen sein musste.

Da war er wieder, der seltsame Traum, der ihn in jener Nacht in eine andere Wirklichkeit entführt hatte. Ninotschka, dachte er. In seiner Erregung hätte er fast diesen Namen ausgesprochen.

Anja Pawlowskaja, so hieß die in Schönheit älter gewordene Frau, führte sie zu einer Holzbank, die an der Westseite ihres Hauses unter einem kleinen Vordach stand. Sie setzte sich zwischen die

Männer. Hans Mascharek erklärte ihr, welch unbezwingbarer Wunsch ihn zu ihr getrieben habe und wickelte dabei seine kleinen Geschenke aus. Kaffee, Tee, Kandiszucker und ein Bild, das seine Enkeltochter für die Bauersfrau und die russischen Kinder im Dorf' gemalt hatte. Es zeigte Kinder und Tiere auf einer Wiese mit Blumen unter einem blauen Himmel mit einer strahlenden Sonne.

Sie schien nur Augen für das Bild zu haben. Sie drückte es kurz an ihre Wange und sagte: „Es ist gut, dass Sie gekommen sind". So als wäre es die selbstverständlichste Sache der Welt, griff sie nach seiner Hand, während Mitja angestrengt versuchte, eine deutsche Übersetzung zu finden. Und so erfuhr Hans Mascharek von der ergrauten, aber immer noch schönen Frau, wie die Erkennungsmarke seines Vaters in ihrer Familie gehütet worden war wie ein Schatz. Und von dem Vermächtnis des alten Kolja Prischin, für eine gottgefällige Bestattung seines Vaters und die Benachrichtigung seiner Familie zu sorgen. Sie habe das mitunter als ziemlich übertrieben empfunden. Noch dazu bei einem Deutschen. Doch jetzt könne sie vor Rührung weinen. Es wäre so, als hätten ihre Mutter, Tante Irina und Herr Prischin es gewusst, die Erfüllung ihres Vermächtnisses führe zu Hans Maschareks Besuch in ihrem Dorf.

Wie schade, dass ihre Mutter das nicht mehr erleben könne. Sie habe seinen Vater gekannt. Wie glücklich wäre sie gewesen, wenn sie dessen Sohn noch kennengelernt hätte. Sie sei im Frühjahr gestorben. Immerhin habe sie erlebt, wie die Überreste seines Vaters ausgegraben und in ein richtiges Grab gelegt worden sind.

Sie schwieg eine Weile. Dann bat sie Hans Mascharek, ihr etwas über sein Leben zu erzählen.

Hans Mascharek sprach nicht gerne über sich und war dankbar für die Denkpausen, die ihm Mitjas Übersetzungen gewährten. Als er ihr sein Alter nannte, drückte sie seine Hand. „Ein Kriegskind." Sie habe Glück gehabt, sei erst 1950 hier geboren worden.

Er begann, ihr von seiner Kindheit im Krieg zu erzählen. Sie unterbrach ihn. Sie wisse genug darüber, um sich vorstellen zu können, was sich auf beiden Seiten ereignet habe. Ihre Eltern hätten den

Krieg bis zur bitteren Neige auskosten müssen. Ihre Mutter habe ihre Jugendliebe, ihre Eltern, ihren Bruder und ihre Freundin verloren. Das Dorf sei fast vollständig zerstört worden. Sie könne sich gut vorstellen, was sich ereignet habe, als der Krieg in sein deutsches Dorf gekommen sei.

Sie wollte nicht mehr über den Krieg reden. „Es gibt nichts Dümmeres. Freuen wir uns über unsere Begegnung im Frieden. Ich werde uns Tee kochen. So viel Zeit muss sein. Kommen Sie."

Die große Stube war spärlich ausgestattet und blitzsauber. Es roch nach gekochten Kartoffeln. In einer Ecke stand auf einem Wandbrett eine Ikone. Vor ihr zwei Kerzen. Darunter lag eine große Bibel. Über dem Sofa hingen mehrere gerahmte Fotografien, auf denen verschiedene Menschen abgebildet waren. Auf dem Tisch stand eine schön geformte Glasvase. Darin ein großer Strauß frischer Margeriten.

Während Anja Pawlowskaja Tee kochte, unterhielt sich Mitja mit ihr. Hin und wieder übersetzte er ihm Teile des Gesprächs. Über den Nachbarn mit dem Jagdgewehr lachte Anja Pawlowskaja. Nach dem Ende der Sowjetunion sei es hier wieder einmal drunter und drüber gegangen. Banditen seien ins Dorf gekommen und hätten viel weggefahren. Vor allem auf Vieh, Schrott, Steine und Holz hätten sie es abgesehen gehabt. Auch einige Häuser hätten sie geplündert. Seither versuche ihr Nachbar Jewgenij, Fremde mit seiner Jagdflinte zu erschrecken. Ein ganz Lieber wäre er. Sie lachte und Hans Mascharek staunte über ihre Zähne. Sie hatte noch erstaunlich viele davon. Sie waren klein und elfenbeinfarbig. Nur ein Eckzahn trug eine Metallkrone.

Als der Tee auf dem Tisch stand, setzte sie sich ihnen gegenüber. Sie sah Hans Mascharek freundlich und aufmerksam an. Ihr Blick war so offen und klar, dass er zunächst Mühe hatte, ihm standzuhalten. Wie alt ist sie, dachte er, so alt wie ihr Gesicht oder so alt wie ihre Augen?

„Es ist schön, dass Sie an meinem Tisch sitzen", sagte sie und erzählte, wie ihre Eltern ihr beigebracht hätten, das deutsche Volk nie mit den Hitlerfaschisten und der Deutschen Wehrmacht gleichzusetzen. „Und immer haben sie dabei von Ihrem Vater und von einem deutschen Bürgermeister gesprochen, den mein Vater gekannt hatte. Und von den Unterschieden zwischen den deutschen Soldaten, die in unserem Dorf waren. Ich hoffe, auch Sie machen nicht alle Russen für das verantwortlich, was in Deutschland geschehen ist."

„Wir beide haben einander kein Leid zugefügt, müssen uns nichts vorwerfen und nichts vergeben. Wir können uns offen ins Gesicht blicken und Ihren Tee genießen. Ich bin voller Zuneigung für Sie und die Menschen in ihrem Dorf, die trotz ihres Leids die Erinnerung an meinen Vater bewahrt haben." Er erzählte ihr von dem russischen Soldaten, der ihm in jenem Hungerjahr regelmäßig eine Scheibe Brot geschenkt hatte. „Ich dachte damals, er hätte genug davon. Bis ich später erfuhr, dass auch er hungerte."

Wie viele Kinder er habe, wollte sie wissen. Sie nickte zufrieden. Ohne Kinder sei das Leben ohne Wert. Fast ihr ganzes Leben lang habe sie sich um Kinder gekümmert. Ihre Mutter habe es so gewollt. „Sie sagte immer, dass stecke uns im Blut."

Während sie von ihrer Mutter sprach, blickte sie auf die Wand mit den Fotografien. Hans Mascharek bat sie, die abgebildeten Menschen ansehen zu dürfen. Sie nickte, erhob sich und erklärte ihm, wer diese Menschen seien. „Das war unsere Familie." Sie zeigte auf das Bild, welches im Zentrum der Fotos hing. „Mama, Papa, Ossip, Fedja und ich. 1961."

Sie war ihrer Mutter wie aus dem Gesicht geschnitten, das sah er sofort. Doch als er in das Gesicht ihres Vaters sah, klopfe ihm wieder einmal das Herz im Hals. Der Mann auf dem Bild! Es war verrückt, aber er hätte schwören können, ihn schon einmal gesehen zu haben. Hör auf zu spinnen, ermahnte ihn der alte Zuchtmeister, der irgendwo unter seiner Schädeldecke thronte. Pass auf, damit dir nicht auch noch der letzte Sinn fürs Wirkliche abhanden kommt! Das Dreiäugige hat dich völlig durcheinandergebracht.

Um seiner Verwirrung Herr zu werden, bat er sie, ihm etwas über ihre Familie zu erzählen.

Mitja stand hinter ihnen und übersetzte.

Ihre Eltern, sagte sie, habe die gleiche große Vision durch ihr Leben getrieben, die bereits ihre Großeltern gehabt hätten. Sie hätten von einer Gesellschaft ohne Ausbeutung, ohne Not und ohne innere Zerrissenheit geträumt. Von einer Gesellschaft, in der jeder das gebe, was er geben könne und in der die Menschen einander helfen, besser zu werden.

Die Großeltern seien für diese Vision gestorben. Und die Eltern wären durch viele Enttäuschungen darüber belehrt worden, dass der Mensch kein Werkstück sei, dem man, mit den richtigen Werkzeugen und dem nötigen Geschick, eine gewünschte Form geben könne.

Die Eltern hätten sie und ihre Geschwister schon nicht mehr zum Kommunismus und zur Ehrfurcht vor der Partei erzogen, sondern zum Respekt vor der Natur und zur Solidarität mit den Menschen, denen es schlechter gehe als ihnen. Als Breschnew Soldaten nach Afghanistan geschickt habe, hätten ihre Eltern endgültig mit der Partei gebrochen. Daran, am von Ignoranten herbeigeführten Niedergang des Dorfes und am Wegzug seiner Kinder wäre ihr Vater zerbrochen. Er wäre ein strenger und gerechter Vater gewesen. Ein Mann mit Prinzipien und zugleich voller Liebe für seine Familie und für das Dorf. Nach seinem Tod wäre es mit ihrer Mutter schnell bergab gegangen. Sie hätte ihr Interesse an der Welt hinter dem Dorf verloren, in der Bibel zu lesen und zu beten begonnen.

„Das hier ist mein Bruder Fedja." Er sei ein geachteter Rinderzüchter geworden. Über die Entwicklung der Landwirtschaft habe er sich mit den Eltern zerstritten. Die Eltern hätten ein wirtschaftlich und menschlich gesundes Dorf gewollt und Fedja landwirtschaftliche Großbetriebe und Agrarstädte. Er sei in die Gegend von Twer gezogen. Nicht einmal zu Vaters Begräbnis sei er gekommen, der Dickkopf. Erst als ihre Mutter auf dem Sterbebett gelegen habe, hätte er sich hier blicken lassen und ihr erklärt, dass er inzwischen Vaters Beweggründe verstehe. Mutters Antwort habe ihn tief getroffen. „Ich verzeihe dir, was du mir angetan hast. Doch für das, was du Vater angetan hast, kann ich dir nicht verzeihen. Das hätte nur er gekonnt.

Und weiß Gott, er hätte es getan."

Fedja habe zwei Söhne gehabt. Als sein jüngster Sohn in Tschetschenien gefallen sei, habe er kaum noch gesprochen, wäre krank geworden und kurze Zeit später gestorben.

„Das hier ist mein Halbbruder Ossip. Seinen leiblichen Vater brachten die Deutschen vom anderen Flussufer um. Er war fast noch ein Kind."

Ossip hätte schon als kleiner Junge mit einem Schiff über die Meere fahren wollen, um dort ein Schiffchen aus Baumrinde wiederzufinden, das er einst mit ihrem Vater unten am Fluss ausgesetzt habe. Ossips Sehnsucht nach dem Meer wäre größer gewesen als ihres Vaters Traum von einem Erben im Dorf. Viele Jahre wäre Ossip zur See gefahren. Bis ins ferne Wladiwostok habe es ihn verschlagen. Er habe eine Chinesin geheiratet und mit ihr zusammen zwei hübsche Töchter. Er wäre alle zwei oder drei Jahre zu Besuch gekommen und hätte den Eltern gegenüber immer ein schlechtes Gewissen gehabt.

„Das hier bin ich, das Küken", sagte sie und lachte.

„Und wie ist es dem Küken ergangen?", wollte Hans Mascharek wissen.

„Mama wünschte sich, aus mir möge eine Dorflehrerin werden." Das Lernen falle ihr leicht. Aber zum Studium in die Stadt, das habe sie nicht gewollt. Und dann sei es doch so gekommen. Ein Freund und Kriegskamerad ihres Vaters habe mit seiner Familie während des Sommers das Dorf besucht. Da habe sie sich unsterblich in dessen Sohn verliebt. Er sei ein stärkerer Magnet als die Eltern und das Dorf gewesen. So sei auch sie in die Ferne gezogen, Lehrerin und eine Pawlowskaja geworden und habe mit ihrem Mann drei Kinder ins Leben begleitet. Kaum seien die Kinder aus dem Haus gewesen, sei ihr Mann ganz plötzlich gestorben. Da habe es sie mit Macht zurück ins Dorf gezogen. Mitunter schlage das Leben Purzelbäume. Wenn man jung sei, könne man das nicht wissen. Und im Alter werde man mitunter närrisch. Denn hier wäre das Leben schwer und das Dorf werde wohl mit den Alten sterben. Dennoch sei sie zufrieden, solange ihre Kinder und die Enkel sie besuchen. Sonst habe sie hier alles und wäre so frei wie die Vögel unter dem Himmel. Hier habe sie ihre Wurzeln. Hier wären ihre Eltern begraben und hier möchte auch sie begraben werden. Vorausgesetzt, sie würde nicht die letzte Alte im Dorf sein. „Wer begräbt mich dann?"

Sie sprachen kurz über das Sterben.

„Tot ist tot." Mit diesen Worten gab Hans Mascharek den aufgeklärten Mitteleuropäer.

So habe sie früher auch gedacht. Doch dann habe sie hier in dieser Stube ihre Mutter vor der Ikone beten und in der Bibel lesen gesehen und sich darüber gewundert. Als ihre Mutter gestorben sei, habe sie es nicht übers Herz gebracht, Ikone und Bibel wegzuräumen. Eines Tages habe sie das Gefühl gehabt, der Ikonenheilige sehe ihr wie ein Lebender in die Augen. Das wäre ihr durch und durch gegangen. Da habe sie sich an die Geschichte dieser Bibel dort erinnert.

Sie erzählte ihnen, wie das kostbar verzierte Buch mit dem ersten Dorfgeistlichen ins Dorf gekommen und von dessen Ziehsohn vor dem Verbrennen bewahrt worden sei. Über Onkel Kolja und Tante Irina wäre es dann auf ihre Mutter übergegangen.

Nun lese auch sie darin und glaube mit einem Mal, dass es vielleicht doch ein Leben nach dem Tod und einen Schöpfer gebe. „Vielleicht aber werden wir im Alter alle närrisch." Während sie das sagte, legte sie ihre Hand auf die große Bibel. „Was wird aus ihr werden, wenn ich gestorben bin?"

Nein, nein, nein, dachte Hans Mascharek. Vater Nikolais Bibel, es war doch nur ein Traum! Mit einem Traum konnte er leben. Was aber, wenn es kein Traum war? Was waren dann sein Leben und seine Überzeugungen noch wert?

Um wieder zu sich zu finden, erzählte er ihr von seinem Schwiegervater, der einst Kommandant in diesem Dorf gewesen sei und von den verschlungen Pfaden des Lebens, die am Ende vielleicht doch auf ein Ziel hinführen.

Anja Pawlowskajas Augen wurden groß. Sie schüttelte den Kopf. „Das ist ja wie in einem Roman." Über den Kommandanten, seinen Schwiegervater, hätten sich die Alten oft lustig gemacht. Er wäre so gewesen, wie sie sich einen deutschen Offizier vorgestellt hätten. Doch habe er das Dorf nicht niederbrennen lassen, das hätten sie ihm hoch angerechnet. Die schlimmen Deutschen hätten auf der anderen Uferseite gelebt.

Hans Mascharek fragte sie nach den Gräbern. Sie winkte ab. Bis auf wenige Gräber sei der alte Friedhof verwildert. Die drei Gräber, in denen die Prischins und Igor Mamedow liegen, habe man nach dem Tod der Mamedow-Töchter eingeebnet und über den neuen Friedhof wäre längst das Gras gewachsen. In der Bibel habe sie gelesen, dass alles Geschehen unter der Sonne seine Zeit, seine Stunde habe. Daran müsse sie jetzt immer denken, wenn sie an den überwucherten Gräbern vorbeikomme.

Ihr Abschied war herzlich, voll süßer Schwermut. Er schenkte ihr zwei Fotos. Eines zeigte seine Familie und eines seinen Vater. Anja Pawlowskaja revanchierte sich mit zwei kleinen Fotos. Auf einem erkannte er sie mit ihren Eltern und Geschwistern, auf dem anderen war sie mit ihrem verstorbenen Mann und ihren drei Kindern abgebildet, zwei Söhnen und einer Tochter.

„Ich werde wiederkommen“, versprach er ihr.

„Wer kann schon wissen, ob es mich und Tichaja Semlja dann noch gibt“, sagte sie mit einem feinen Lächeln und ohne Wehmut in der Stimme.

Sie könne ihn doch auch in Deutschland besuchen. Er würde sich sehr darüber freuen.

Jetzt lachte sie und schüttelte lebhaft den Kopf. Ihre grünen Augen blitzten.

Sie werde nicht mehr reisen. Nicht in die Stadt zu den Kindern und schon gar nicht nach Deutschland. Ihr Leben habe sich so gefügt und so soll es zu seinem Ende kommen. „Wir sind nur unruhige und staunende Gäste auf Erden. Lassen wir die Toten ruhen und wünschen wir unseren Kindern und Enkeln Frieden.“

Sie winkten mehrmals zurück. Als sie sich zum letzten Mal umdrehten, stand ihr Nachbar neben ihr. Diesmal ohne sein Gewehr.

„Diese Frau werde ich wohl nicht mehr vergessen“, sagte Hans Mascharek. „Meine ostpreußische Großmutter hat mir einmal gesagt: Mancher Reiche ist arm dran und mancher Arme besitzt die ganze Welt. Ich musste ziemlich alt werden, um den Sinn ihrer Worte verstehen zu können.“

Mitja nickte.

Die Konturen der letzten Häuser von Tichaja Semlja lösten sich im Grün der Landschaft auf. Da hielt Mitja den Geländewagen an und stieg aus.

„Kommen Sie“, sagte er, „hier wurden die Überreste Ihres Vaters gefunden.“

Sie standen auf einer rechteckigen Fläche, deren Bewuchs spärlicher und dunkler war als das Gras der sie umschließenden Wiese.

Hans Mascharek wurden die Knie weich. Er lehnte sich an den Geländewagen und blickte mit feuchten Augen über das weite Land. Eine grüne Ebene, die nach Westen hin bis zum Horizont reichte und von drei Seiten von Wäldern umschlossen wurde. Dazwischen einige sanfte Hügel. Zwischen dem Grün leuchteten wie Farbtupfer auf einem Bild von Monet die Sommerblumen. Kein Haus, kein Schornstein, kein Strommast. Nur Wiesen, Wälder, der noch immer blaue Himmel und eine sengende Sonne.

Vater, dachte er, bis hierher haben sie dich getrieben, weg von deiner Frau und deinen vier Kindern, um dich in dieser Weite für einen Verrückten sterben zu lassen. So ein Wahnsinn! Was wollten diese Wirrköpfe hier erobern? Was hatten sie, was hattest du hier verloren?

Es fiel ihm schwer, zu begreifen, wie diese wahnwitzigen Gedanken der Nazis, über die in seiner Familie nur gelacht worden war, in Menschenköpfe gelangen und verinnerlicht werden konnten. Die Nazis hatten Ernst gemacht mit dem Unsinn. Sie hatten die Soldaten in dieses allem Anschein nach endlose Land mit weiten Ebenen und wenigen Straßen befohlen, um es sich anzueignen, es auszubeuten, die jüdischen und slawischen „Untermenschen“ zu verdrängen und durch die germanischen „Herrenmenschen“ zu ersetzen. Ein paar Millionen deutsche Soldaten gegen ein Imperium, das vom Bug bis Kamtschatka, von Spitzbergen bis zum Kaukasus reichte.

Darüber den Kopf zu schütteln, das konnte er schon lange und immer wieder. Doch hier, diese von dichten Wäldern umgebene anscheinend endlose Ebene vor Augen und seine Füße auf dem Massengrab, in das man seinen Vater geworfen hatte, begriff er schlagartig den ganzen Wahnsinn dieses Völkermordes.

Er stellte sich vor, wie hasserfüllte Russen, die mit dem Namen Deutschland alles Schlimme, das ihnen widerfahren war, verbunden hatten, seinen Vater zusammen mit einigen Mordgesellen in die Erde unter seinen Füßen geworfen hatten. Und immer, wenn ein getöteter Feind aufgeklatscht war, hatten sie ihm einen Fluch in sein würdeloses Grab mitgegeben.

Ausgerechnet Vater, den Viertelrussen und Naziverächter, der den Militärdienst und den Krieg gehasst hatte, der in den russischen Bauern keine Feinde sehen konnte, sondern Menschen, die sich wie er und seine Vorfahren damit abmühten, der Erde das tägliche Brot abzuringen. Ihn hatte man zusammen mit denen in einer Grube verscharrt, die mit Hingabe Russen abgeschlachtet und deren Dörfer zerstört hatten.

Noch nie war ihm die Sinnlosigkeit des Krieges so bewusst gewesen wie in diesem Augenblick. Diese Erkenntnis bedrückte ihn. Doch gleichzeitig begriff er die wahre Größe der Tat des alten Prischin und der anderen Menschen in diesem Dorf. Er spürte die unendliche Hoffnung, die von ihr ausging. Trotz ihrer eigenen schweren Verluste und Drangsale wollten sie das Unrecht, das seinem Vater widerfahren war, nicht hinnehmen. Sie hatten nicht eher Ruhe gegeben, bis sein Vater und die Mordgesellen in verschiedenen Gräbern lagen.

Er war stolz auf diese Menschen und auf seinen Vater. Und auch sein kantiger, knorriger Schwiegervater war ihm niemals so nahe gewesen wie in diesem Augenblick. Angesichts der Menschen und ihres Dorfes hatte er zum ersten und einzigen Mal einen Befehl verweigert und das Dorf nicht niederbrennen lassen.

Dann traf ihn ein Gedanke wie ein Keulenhieb. Damals, dachte er, sind unsere Soldaten bis hierher marschiert, weil man ihnen erklärt hatte, hier müsse Lebensraum für das deutsche Volk geschaffen werden. Jetzt erklärt man ihnen, sie müssten Freiheit und Demokratie am Hindukusch verteidigen. Wieder einmal kursiert die entsetzliche Wortschöpfung vom gerechten Krieg durch unser Land. Was für ein Widersinn. Wie kann ein Krieg jemals gerecht sein? Mit einem Mal schien es ihm nicht mehr sicher zu sein, dass die Deutschen lernfähig sind und die Russen schienen es ihm auch nicht zu sein.

Er dachte an seine Enkel. Haben wir und unsere Kinder sie klüger gemacht? Oder werden sie sich, von ein paar verlogenen Schlagworten angetrieben, in neue Gemetzel schicken lassen? Werden sie ein ähnliches Schicksal wie ihre Urgroßeltern erleiden müssen? Wozu dann alle Mühen, wenn der Krieg wie ein ewiger Fluch auf den Menschen lastet?

Als wolle sie seine trüben Gedanken vertreiben, begann über ihnen eine Lerche zu trällern.

Vielleicht, dachte Hans Mascharek, ist sie ein Nachkomme der Lerchen, die mir in jener denkwürdigen Nacht an der Seite des Dreiäugigen erschienen waren. Eine große Hoffnung zieht mit ihrem Gesang in die Welt hinaus. Nach fast 500 schlimmen und schönen Jahren wird Tichaja Semlja bald unbewohnt sein und verfallen. Doch die Lerchen werden bleiben. Und vielleicht, wer kann das schon wissen, wird ihr Gesang wieder Menschen erfreuen, die staunend auf diesen schönen Flecken Erde blicken, sich auf ihm niederlassen, und ihn beackern werden. Es werden friedfertige Menschen sein, welcher Rasse, welcher Religion und welchem Volk sie auch angehören mögen. Und wenn die Welt es zulässt, werden sie in Frieden miteinander leben.

Hans Mascharek stand auf einer Wiese im fernen Russland. Die saftige, blühende Wiese war seinem Vater zum Grab geworden.

Er blickte in den blassblauen Himmel, um eine trällernde Lerche zu suchen.

Der Vogel jubilierte. Hans Maschareks Herz blutete.

Es war der Tag, an dem sich sein drittes Auge öffnete.

Essay von
Valentin Michajlowitsch Falin

Übersetzung aus dem Russischen von
Hans-J. Müller, Berlin

Vor mir liegt Roland Linowskis Werk. Es verkörpert die Gefühle und Gedanken des von der tollkühnen Aufgabe getriebenen Autors, nachzuvollziehen, wie sich entscheidende Umschwünge und Ereignisse globalen Ausmaßes im Leben einer Handvoll Menschen widerspiegelten oder widerspiegeln konnten, von Menschen, die der Möglichkeit beraubt wurden, auf die zahllosen Plagen jeglicher Art Einfluss zu nehmen, die aber die Hauptlasten und Kosten zu tragen hatten.

Warum sich der Entdecker der „Stillen Erde“ auf das Lösen von Rätseln eines fremden Landes konzentrierte, ist nicht ganz klar. Nicht ausgeschlossen ist, dass hier die Gewohnheit ihre Rolle spielte, denn wie es im Buch der Bücher heißt, „sieht man eher den Dorn im Auge des Anderen…“. Oder finden wir die Erklärung des Phänomens bei Horaz, der behauptete: „Maler und Dichter dürfen alles sagen und wagen“?

Doch weshalb sollte sich R. Linowski nicht dieses Privilegs bedienen, das seit jeher der Schaffensfreiheit eigen ist. Umso mehr, als hier kein Geschichtswerk, sondern ein Roman geschrieben wurde. Darin ist die Geschichte mehr Hintergrund, der den Schriftsteller dabei unterstützt, in gediegener Literatursprache den Leser aufzufordern, das Wesen der Erscheinungen, die Natur des Menschen, die Philosophie des irdischen Lebens zu ergründen zu suchen. Letzteres scheint mir ein besonderer Vorzug des Buches, sein außerordentlich wichtiger Bestandteil zu sein, aktuell wie noch nie gerade heute, in der Epoche der Gewaltverherrlichung als Volksglaube. Doch kaum jemand wird die unbestreitbare und traurige Tatsache anfechten – die Wirklichkeit bestätigt täglich und stündlich die Rechtlichkeit Linowskis, des Zunftbruders des antiken Dichters Vergil: „So viele Kriege, so viele Formen des Lasters“.

Die heißen und kalten Kriege, die erklärten und geheim geführten, die äußeren und inneren, verfolgen die Menschheit ohne Zahl und schicksalhaft. Von den dreieinhalbtausend Jahren, die sich in Keilschriften und Chroniken widerspiegeln, fallen nach Expertenberechnungen lediglich 232 Jahre auf friedliche Unterbrechungen. Unfassbar ist das Unvermögen der früheren und besonders der heutigen Machthaber, die Tatsachen adäquat wahrzunehmen. Was verhüllt ihnen den Blick? Haben sie denn wirklich nicht genug Kriege geführt? Anscheinend neiden sie Herostratos den Ruhm. Sie brennen darauf, nicht nur ein Weltwunder zu vernichten, sondern gleich die ganze Welt auszurotten. Deshalb rückt der Traum Immanuel Kants vom ewigen Frieden gleich einer Fata Morgana immer weiter in die Ferne, wie Wissenschaft und Technik vor den Kriegswagen gespannt wurden und nach Laune der Herrscher deren hegemonistische, räuberische Begierden bedienen.

Versuchen wir, von diesem Standpunkt aus die „Stille Erde“ zu betrachten. Wenn ich die Gelegenheit habe, ein Kunstwerk kennen zu lernen, das an ein konkretes historisches Ereignis gebunden ist, halte ich als Stimmgabel die Mahnung Alexander Puschkins bereit. „Der Dramatiker“, schrieb er, „darf kein falsches Spiel treiben, sich nicht einer Seite zuneigen und dabei die andere Seite opfern. Nicht er, nicht seine politische Voreingenommenheit dürfen in der Tragödie sprechen, sondern die Menschen vergangener Tage, ihre Gedanken, ihre Vorurteile. Es ist nicht an ihm zu rechtfertigen, zu beschuldigen und Reden zu soufflieren. Seine Sache ist es, die vergangene Zeit in ihrer ganzen Wahrheit wiederaufleben zu lassen“. In der moralischen Bedeutsamkeit auf eine Stufe mit Puschkins Vermächtnis stellen lässt sich nur Salomos Gleichnis: „Zweierlei Gewicht und zweierlei Maß, beide sind dem Herrn ein Gräuel“ (Neue Jerusalemer Bibel, Spruch 20/10, S. 880). Eben dieser moralische Grundsatz sollte der Leitsatz des Schriftstellers und Dichters, des Wissenschaftlers und eines jeden sein, der mit der Vergangenheit in Berührung kommt.

Jedoch konnte und kann kaum jemand die so hoch gelegte Latte überspringen. Sowohl Professoren als auch Freischaffende schwimmen häufiger mit der Strömung, deren Verlauf von oben geregelt wird. Und was kommt tatsächlich heraus? Schwarz wird als Weiß ausgegeben, der Rechte wird nicht zum Gerechten, sondern zum Mächtigen, Gnadenlosen, der alle Tabus bricht. Schauen wir mit mehr Aufmerksamkeit auf die Sozial- und Informationsökologie, in der – gegen seinen Willen – der moderne Mensch von der Geburt bis zum Tode untergetaucht ist. Das Ändern von Geschmack, Moral und Begriffen wird massenhaft betrieben und zur Methode der Bewusstseinsklonung erhoben. Der Homo sapiens degeneriert zum Homo robotus. Alternatives Denken, diese unerlässliche Bedingung des Fortschritts, ist im Rückgang begriffen, dafür wird eine politische, ökonomische und soziale Monokultur verbreitet, nach dem Grundsatz: Wer nicht mit uns ist, ist gegen uns.

Aus diesem einen Grund ist das Aufarbeiten der Ereignisse des 20. Jahrhunderts und ihre erneute Prüfung durch das Prisma individueller Erlebnisse und nicht des politischen Opportunismus, dem eigentlich die „Stille Erde" gewidmet ist, eine erznotwendige und nützliche Beschäftigung. Ist es R. Linowski gelungen, im tosenden Ozean der Leiden wenn schon nicht die gelobte Küste, so doch wenigstens ein Inselchen auszumachen, wo das menschliche Element nicht unter dem Druck der Umstände und gewisser „höherer Vernunft" zuliebe aufgegeben wurde? Wahrscheinlich lässt sich hier nicht mit einsilbigem „Ja" oder „Nein", denn schon mehr mit „Plus" als mit „Minus" antworten. Schlecht, wenn dem Leser die Chance genommen wird, mit dem Autor des Buches zu streiten, und noch wichtiger, in einen Dialog mit sich selbst und mit den eigenen Lebenserfahrungen zu treten, an etwas zu zweifeln oder, im Gegenteil, zu wiederholen – „hier stehe ich und kann nicht anders". Jeder von uns hat seinen Weg der Erkenntnis des Wahren, des Guten und Bösen, und teilnahmslos zuhören kann nur der, dem alles gleichgültig ist.

Glauben Sie mir, aus mir spricht keine Nostalgie. Meine Abneigung gegenüber Dogmatismus aller Schattierungen ist hinreichend bekannt. Jedenfalls habe ich das nicht verheimlicht, wofür ich bisweilen, ohne das Ziel zu erreichen, viel zu teuer bezahlt habe. Meine hartnäckigen Versuche, den Stalinismus als antisozialistische Konterrevolution, die die Volksmacht und mit ihr Hunderttausende, wenn nicht gar Millionen Freidenkende opferte, mit dem Bannfluch zu belegen, fanden keine Resonanz auf dem sowjetischen Olymp. Weder vor M. S. Gorbatschow noch während seiner Zeit. Die irdischen Götter sowjetischen Schlages gaben einer eindimensionalen virtuellen Welt den Vorzug vor der dreidimensionalen, realen Welt. Losgelöst vom Boden unter den Füßen und sich emporschwingend über die raue Wahrheit des Seins, verdammten sie das Land zur Katastrophe. Zugleich akzeptiere ich weder eine unverhüllte Russophobie noch elegant verkleidete einseitige Darstellungen, die alle nur den Endzweck haben, die Russen als von der menschlichen Gesellschaft Ausgestoßene und die Rus selbst, also Russland, die Sowjetunion, die Russische Föderation, von Beginn an als Sackgasse in der Genealogie der Zivilisation auszugeben, von der man sich schon längst getrennt haben sollte.

Diese Bemerkung soll kein Vorwurf an den Autor der „Stillen Erde“ sein. Im Untertext des Romans mache ich den wahren Gedanken aus – die guten Absichten und die für breite Kreise bestimmten Erklärungen sind kein Ersatz für konstruktive Handlungen. Die programmatischen Meilensteine der Oktoberrevolution von 1917 fanden dankbaren Widerhall bei Hunderten von Millionen Menschen auf der ganzen Welt, und ob! Wozu hatte die junge Sowjetmacht aufgerufen: Die Waffen nieder – Frieden den Völkern; das Land denen, die es bearbeiten; die Fabriken denen, die darin arbeiten; Wählbarkeit aller Machtstufen und Rechenschaftspflicht der Gewählten gegenüber den Wählern; das Recht jeder Nation, ihr Schicksal selbst gestalten zu können. Gelang es, irgendetwas von der Karte ins Gelände zu übertragen, wie man beim Militär zu sagen pflegt? Teilweise ja. Die Völker wurden aus Objekten zu Subjekten der Politik. Ja, und das schändliche Kolonialsystem brach zusammen. Ja, der Kapitalismus, wenn auch nicht überall und mit Zähneknirschen wendete sich zum sozial gefärbten Markt.

Aber wenn wir das Erreichte, die Investitionen in die Gesundheit des Menschen und der Erde selbst mit den riesigen Ressourcen vergleichen, die mit militaristischen Tornados verschleudert wurden, auch nur zum Beispiel im „Kalten Krieg", gibt es keinerlei Anlass zu Optimismus. Was die Russen anbetrifft, so wurden sie an der Wende zum 21. Jahrhundert auf den letzten Platz zurückgerollt. Das Land wurde in ein Prokrustesbett, gefertigt in Washington, gezwängt und von Russland alles „Überflüssige" abgeschnitten.

Wer nun annimmt, dass die „Demokraten" mit der „kommunistischen Ketzerei" abgerechnet hätten, irrt zutiefst. Sowohl im 1. Weltkrieg, als noch der Zar auf dem Thron saß, als auch im 2. Weltkrieg und im „Kalten Krieg" unter den Generalsekretären, die formal Diener des Volkes hießen, war in der Strategie der USA und Großbritanniens die Angst vor den Russen eingeschlossen. Und die Histörchen hinsichtlich des Schutzes vor den gottlosen Utopien der „Menschenrechte", der menschlichen Freiheiten, der Rettung der geistigen Werte, der Utopie, mit dem Erdklima als Kontraindikation sind etwas für Leichtgläubige. Wie übrigens auch gegenwärtig die Verweise auf den Kampf gegen den Terrorismus in der Begründung des 600-Milliarden-Rüstungsbudgets der USA, das die Militärausgaben aller übrigen Mitglieder der Weltgemeinschaft zusammengenommen übertrifft, nur Tarnung sind. Wer sich nicht mit den Legenden vom Altruismus Washingtons zufrieden geben will, wird mit dem Etikett „Unruhestifter" versehen.

Einer der Weisen bemerkte, dass jedes Jahrhundert sein Mittelalter habe. Für das vergangene Jahrhundert traf das mehrfach zu. Zweifellos waren seit alters her Russen und Deutsche vom Hang gekennzeichnet, sich Probleme zu schaffen, an deren Lösung Generationen angestrengt zu arbeiten hatten. Offenkundig absurd ist die Fragestellung: Lohnte es sich, die Despotie der Selbstherrschaft gegen die Tyrannei des Stalinismus zu tauschen, denn im November 1917 wurde das Dilemma völlig anders formuliert. Damals beabsichtigte man eine Gemeinschaft zu erbauen, in der die Selbstverwaltung Schritt für Schritt die Funktionen des Staates zunichte machen sollte. Nach der Auflösung der Streitkräfte (die stattfand) war beabsichtigt, die Justizorgane unnötig zu machen. In einer Gesellschaft mit hohem Niveau des zivilen Selbstbewusstseins würde ihre Notwendigkeit an und für sich entfallen.

Nach neunzig Jahren kann man diese Orientierungen tatsächlich als Utopien ansehen. Die Hoffnung auf ein Absterben des Staates beruhte auf falschen Prämissen. Die Rechnung, dass die Politik des guten Beispiels (Abrüstung, Frieden ohne Annexionen und Kontributionen) sogleich Nachfolger findet, dass der Pazifismus obsiegt, ging auch hier nicht auf. Anstatt Frieden auf dem Boden gutnachbarlicher Beziehungen schließen zu können, war das wehrlose Russland von allen Seiten der Aggression von 14 Staaten ausgesetzt. Die Entente hatte beschlossen, sich auf Sowjetrussland zu stürzen. Und das nach noch nicht einmal vier Wochen nach der Wachablösung in Petrograd. Es gab bis dahin weder weißen noch roten Terror. Der Bruder stürzte sich noch nicht auf den Bruder, der Sohn noch nicht auf den Vater, doch die „Demokraten“ hatten in einem Geheimkomplott mit dem kaiserlichen Deutschland Russland in „Einflusssphären“ geteilt und schickten sich an, dem noch lebenden Bären das Fell abzuziehen.

Endresultat: Anstelle der Selbstverwaltung bekam das Land den „Kriegskommunismus“. Nach der Atempause der Neuen Ökonomischen Politik mutierte dieser zum Stalinismus. Wer war denn der Pate oder genauer gesagt, der Inspirator des Bürgerkrieges und allen ihn begleitenden Elends? Wer erdrosselte denn die Idee des Sozialismus noch in der Wiege? Der Knappheit halber sei Churchill zitiert, der 1940 mit Befriedigung feststellte, Stalin habe mit den Idealisten der III. Internationale Schluss gemacht und Russland in seine gewohnten absolutistischen Bahnen zurückgeholt.

Es sei gestattet, zum Thema zu kommen, was ist was und wer war wer, aus einem anderen Blickwinkel gesehen. Ob gut oder schlecht – die Sowjetunion zerfiel. Auf ihren Trümmern wird bis jetzt das sowjetische Erbe „vermahlen". Vermahlen und verfressen. Wir fragen uns, ob die tektonischen Verwerfungen der 90er Jahre die Einstellung der patentierten „Demokraten" zu Moskau verändert haben? Ist denn das Ziel von der Tagesordnung, Russland bis zum „Punkt der Nichtwiederherstellung" zu bringen? Und was ist unter diesem Punkt bzw. unter diesen Gedankengängen zu verstehen: Rückkehr zum System, das 1991 zusammenbrach, oder Nichtrückkehr zur Größe, die Russland vom größten Teil des 18. Jahrhunderts an bis zum 20. Jahrhundert besaß? Nehmen Sie die Scheuklappen ab. Die realen Tatsachen geben die richtige Antwort.

Ein orientalisches Sprichwort sagt: Wenn du sprichst, müssen deine Worte besser sein als dein Schweigen. Das Gleiche gilt für das zu Papier gebrachte Wort. Wahrscheinlich wird es mir nie gelingen, die mich seit fast 65 Jahren quälende Frage zu überwinden: Wofür und warum kamen bei der faschistischen Invasion 27 Angehörige meiner Familie ums Leben? Die meisten von ihnen lebten in der Nähe von Leningrad, in ärmlichen, gottverlassenen Dörfern. Sie lebten still, störten niemanden und vergriffen sich nicht an anderen wie die Helden der „Stillen Erde". Meine Verwandten hatten Pech mit den ungebetenen Fremden, großes Pech. Doch ich glaube Roland Linowski, dass es unterschiedliche deutsche Soldaten und Offiziere gab, wie auch die russischen nicht eines Schlages waren.

Über die Ströme von Blut, über den von den Leiden gegrabenen Abgrund lassen sich immer nur schwer Brücken schlagen. Die Erinnerung im Herzen verhärtet vor den Vernunftgründen des Verstandes. Aber wenn wir in Bewusstsein und Gefühlen keinen Strich unter die Vergangenheit ziehen, wird es uns niemals gelingen, weder ein Licht am Ende des Tunnels anzuzünden, noch uns am Ende der Probleme, die die Erde über alle Breiten und Längen hinweg zerreißen, auf eine

Wellenlänge einzustimmen, was helfen würde, die kategorischen Imperative von Gegenwart und Zukunft richtig wahrzunehmen und richtig auf sie zu reagieren.

Gemeinsam mit Prof. W. Thiele, dem Vorsitzenden des Volksbundes Deutsche Kriegsgräberfürsorge, hatte ich einst vorgeschlagen, im Kursker Bogen, wo 1943 die in der gesamten Geschichte blutigsten Schlachten tobten, ein gemeinsames Denkmal für die im Krieg 1941-1945 Gefallenen zu errichten. In meinem Notizbuch erhalten blieb der Entwurf einer Inschrift, die in das Monument eingemeißelt werden sollte: „Sie versöhnte der Tod. Möge das Leben unser Leitstern in eine bessere Zukunft sein“. Leider war diese Gefühlsbekundung damals in den 70er Jahren des vergangenen Jahrhunderts nicht gefragt.

Ich möchte meinen, dass die „Stille Erde“ wie auch andere Werke, die die Menschen aufrufen, nicht ihr menschliches Antlitz zu verlieren, nicht gegen ihr Gewissen zu verstoßen, vielen Lesern helfen kann, ihre Palette bei der Wiederherstellung des Bildes der Vergangenheit zu bereichern und, was noch wichtiger ist, ihren Gesichtskreis in den Überlegungen zur Zukunft zu erweitern.

Valentin M. Falin
Moskau, 20. Oktober 2007